晚明經世學鉅著
《皇明經世文編》
及其相關問題研究

戴文和 著

文史哲學集成
文史哲出版社印行

國家圖書館出版品預行編目資料

晚明經世學鉅著《皇明經世文編》及其相關
問題研究 / 戴文和著. -- 初版 -- 臺北市：
文史哲，民 101.06
頁；公分（文史哲學集成；617）
參考書目：頁
ISBN 978-986-314-038-2（平裝）

1.中國政治制度 2. 明史

573.16   101011454

文史哲學集成 617

晚明經世學鉅著《皇明經世文編》
及其相關問題研究

著　　者：戴　　　　文　　　　和
出 版 者：文 史 哲 出 版 社
http://www.lapen.com.tw
e-mail：lapen@ms74.hinet.net
登記證字號：行政院新聞局版臺業字五三三七號
發 行 人：彭　　　　正　　　　雄
發 行 所：文 史 哲 出 版 社
印 刷 者：文 史 哲 出 版 社
臺北市羅斯福路一段七十二巷四號
郵政劃撥帳號：一六一八〇一七五
電話886-2-23511028・傳真886-2-23965656

實價新臺幣八六〇元

中華民國一百零一年（2012）六月初版

誌謝詞（一）

　　本書「晚明經世學鉅著《皇明經世文編》及其相關問題研究」出版蒙「行政院國家科學委員會」補助「學術性專書寫作計畫（個別型）」（NSC 100-2410-H-240-005-），謹此致上十二萬分謝意。

戴文和寫於僑園

2012 年 5 月 20 日

誌謝詞（二）

　　今年是甲申年，也是筆者以「晚明經世學鉅著《皇明經世文編》及其相關問題研究」為題目而完成博士學位的一年，十分湊巧的是，明朝崇禎皇帝自殺，吳三桂引清兵入關也是甲申年（1644年）；前後整整歷經了三百六十年的漫長歲月。套用宋代理學家邵雍的象數哲學來說，一世三十年，一運十二世，二者相乘也正好是三百十六年。撫今追昔，總覺得「世」、「運」交替，宇宙靜靜地變動，滔滔滾滾的時間洪流則不斷地往前走，人世衰而盛，盛而衰，滄海桑田，往返週始，循環不已。歷史如此，個人如此，許許多多的著作也是如此。

　　然而，人畢竟是有血有淚有感情的動物，而非無知無覺的石頭。就在這本博士論文完成的同時，一股感激的情懷自動地從筆者的心靈深處泛湧開來，於是趁論文付梓印刷之際，我趕緊藉著這篇「誌謝詞」來表達自己真情的告白。首先，我要感謝余傳韜校長、指導教授陳郁夫老師。民國七十三年，國立中央大學的余傳韜校長，冥冥中是我生命轉捩點的「貴人」。由於他力主外系學生可以報考中文研究所，使得電機工程學系畢業的我，終於有機會踏入中文研究的領域內，也才有今天中文博士畢業的我。不單單這樣而已，由於余校長的真性情，對後輩無私的呵護、關心，對文化傳承的執著和堅持，都深深撼動過筆者的生命 —— 如枉駕參加筆者的婚禮、諄諄勉勵筆者持續研究傳統文化、贈予著作⋯⋯

等等，實在難以一一道盡。古人說：「大恩不言謝」，對於余校長，筆者正是有著這樣的心情。

陳郁夫老師指導我七年，七年呵，真是好長的一段歲月。猶記得博一修習老師的「周易」，在乾、兌、離、震、巽、坎、艮、坤等等神祕的六十四卦中，領略老師無津無涯的胸襟和學問。博二修習老師的「宋明理學」時，更知道原來老師真正學問的根柢、真正生命的精神主要是得力於宋明大儒們，而不純然只是世人所熟知的「中文資訊」而已。往後五年，邊寫論文邊向老師請教問題，點點滴滴，老師的智慧如甘露般灌溉學生的心苗。這本博士論文裡頭就有不少論點，正是得力於老師的啟蒙。未來，筆者期許自己能再多下點功夫，將老師指點的學問發揚光大，提升研究的境界。

二人之外，筆者也要藉此感謝博士班修業的老師們：周質平老師，若非您講授的「晚明文學與思潮」，學生將不會留意到此一時代的學術課題，更不會以此為博士論文的焦點了；劉兆祐老師，您的「校讎學研究」和「文獻學研究」二課程，讓學生紮紮實實地有了「東吳中文人」的氣息；黃登山老師，您「明清散文」深入淺出的教學境界，讓學生迄今仍不禁要拍案叫絕；沈謙老師，您「修辭學」的機鋒和幽默，讓學生知道文人另一番生命的精彩所在……。另外，筆者要特別感謝「僑光科技大學」的陳次溫祕書先生、陳秀純副校長，由於他們對筆者的關懷、鼓勵，讓筆者能夠全心投入教學工作、研究工作，既作育英才，也不斷地自我提昇與成長。語云「十年樹木，百年樹人」，筆者進入「僑光科技大學」迄今已整整十四年了，從剛投入職場的新鮮人到如今獲得博士學位，祕書先生、副校長先生謝謝您們對後輩的指導。

回想撰寫這本博士論文的時候，筆者最小的兒子誕生了，中

部九二一大地震筆者救了好幾個人，筆者任教的學校升格為「學院」、再升格為「科大」，總統大選選了兩次，帶了三個班級的導師……；大大小小，點點滴滴，「世」、「運」挪移，滄海桑田，人事變化無常。筆者自知這本博士論文只是成千上萬的博士論文之一罷了，然而正如指導教授陳郁夫老師所說：「取得博士學位其實才正是做學問的開始。」大哉斯言！偉哉斯言！我想：在往後的歲月裡的持續研究，認認真真地做學問，誠誠懇懇地待人，才應該更是對師長們表達謝意的具體表現吧！陳老師的話，我會時時刻刻銘記在心，自我期許，並認真實踐。

最後，感謝口試委員吳哲夫教授、葉國良教授、林安梧教授、陳恆嵩教授，您們大部分的建議，學生已實際地加以修改、調整，而有些觀念、見解則仍留存在學生的心靈深處蘊釀發酵，可以預料的是，在學生未來的著作裡，這些觀念、見解將會漸漸地茁壯、成長，乃至開花、結果。再次向您們大聲地說：「謝謝！」

戴文和寫於僑園
2004 年 6 月 20 日

晚明經世學鉅著《皇明經世文編》及其相關問題研究

目　　次

中文摘要

　　由晚明著名文人陳子龍領銜主編的《皇明經世文編》一書，是部史料豐富的學術鉅著，是明人輯錄明代「經世文」最全面的書籍，同時也是晚明文人救亡圖存的高度使命感的具體表現。然而學界對它的研究卻顯得相當地薄弱，本論文之撰寫，正是緣此而發。

　　編纂《皇明經世文編》有主編三人：陳子龍、徐孚遠和宋徵璧，選輯群二十四人，參閱（校）者一百四十六人，顧問團有一百八十六人。全書五百零八卷，約三百六十多萬字，收錄明代臣僚四百多人，奏疏、尺牘、雜文三千一百多篇；還有九萬三千多個評註文字，十一萬七千多個警醒的旁圈。內容涉及層面極其廣泛，政治、武備、文教、皇室，無所不包。正因為如此，本論文在研究方法上特別重視四項：（一）、透過「資料庫處理」方便檢索。（二）、量化、統計與排序以輔佐研究。（三）、文學、史學與哲學，三者並重。（四）、熟悉當代學者對「經世」的解釋。前二項著重文獻和形式層面的處理，後二項偏於詮釋和內涵的探索。文獻與詮釋，形式與內涵，本為一體兩面，相互佐助也彼此關聯。

　　本書共計八章，首章緒論，末章結論。此外第二章、第三章之設，乃針對「為什麼有《皇明經世文編》一書誕生問世呢？」這一問題而發。第四章針對「是誰編纂出《皇明經世文編》這部晚明經世學鉅著呢？」這一問題而發。第五章針對「《皇明經世文

編》用什麼原則選錄人物和文章呢？」這一問題而發。第六章與第七章，則針對「《皇明經世文編》這部鉅著的內容究竟是什麼呢？」這一問題而發，分量較重。此外，本論文尚收錄五項附錄，皆是圍繞在《皇明經世文編》相關的文獻資料和統計資料，盡量化繁為簡，可為閱讀與研究《皇明經世文編》的佐助工具。

　　就晚明文化、經世思想和明史文獻三大領域而言，無疑地，《皇明經世文編》一書都有著難以取代的價值存焉。透過本論文的研究，將會對《皇明經世文編》一書，以及此書所涉及的晚明文化、經世思想和明史文獻，有著更深的理解和認識。

　　關鍵詞：晚明、經世、陳子龍、經世文編、《皇明經世文編》

Abstract

"Huang-Ming Ching-shih Wen-bian" is great work about Ming Dynasty, is an all-inclusive compilation which people of the Ming Dynasty compiled "Ching-shih Wen" of Ming Dynasty, and it is also a good guide to intellectuals of the Late-Ming Dynasty who had an earnest desire to save Ming Dynasty. Unfortunately, there has been little researche concerning in this book till now.

Compiling the "Huang-Ming Ching-shih Wen-bian" was the work of many people. They included three chief editors, Chen Zi-long, Xu Fu-yuan and Song Cheng-bi, 24 people who chose suitable papers, 144 people who partooke in reading and revising and 186 people who belong to adivisory group. The Huang-Ming Ching–Shih Wen-bian is a vast collection of printed works. In this book, there were 508 scrolls, over three thousand articles, and over three million words. The contents are very extensive, including Politics, the Military, Economics, Culture and the Royal Family. There fore, I used four methods to guide my research : 1) Indexing the necessary data 2) mathematically counting, sorting and arranging 3) placing equal stress on Literature, History and Philosophy 4) Practicing in the modern scholar's expound of "Ching-shih. " The first and second methods stress the forms and documents, third and fourth methods stress the content and expound. These Methods complement each other.

My paper has thirteen chapters. The first and last chapters are the introduction and conclusion. The second and third chapters try to answer the question "Why was the Huang-Ming Ching-shih Wen-bian created? " The fourth and fifth chapters examine the authorship of the Huang-ming Ching-shih Wen-bian. The seventh chapter examines the compilers selected the courtiers and articles? " While the eighth to twelfth chapters examine the content of Huang-ming Ching-shih Wen-bian. There are seven appendix which could be convient to the readers.

The "Huang-Ming Ching-shih Wen-bian" is undoubtly an important book. This study seeks to understanding and interpretation of this book. The further, this study is helpful for some divisions round this book such as Culture of Late-Ming Dynasty, Philosophy of Chinese Ching-shih, and Document of Ming- Dynasty?

Key words：Late-Ming, Ching-shih, Chen Zi-long, Ching-shih Wen-bian, "Huang-ming Ching-shih Wen-bian"

第一章　緒　　論

第一節　研究動機與論題的提出

一、研究動機

　　由晚明著名文人陳子龍等人主編的《皇明經世文編》（案底下簡稱《經世編》）一書，是部史料豐富的學術鉅著，是明人輯錄明代「經世文」最全面的書籍，同時也是晚明文人救亡圖存的高度使命感的具體表現。

　　《經世編》的主編除陳子龍外，還有徐孚遠、宋徵璧二人，選輯群有二十四人，參閱（參校）者有一百四十六人，列名「鑒定名公姓氏」的顧問團成員更高達一百八十六人；他們直接創生了《經世編》這本經世學鉅著，同時也成為晚明經世思想最具體的實踐者。《經世編》共有五百零八卷，三百六十多萬字，收錄明代臣僚四百多人，奏疏、尺牘、雜文等三千多篇；同時還有九萬三千多個評註文字，十一萬七千多個警醒的旁圈。《經世編》的內容十分廣泛，諸如政治的用人、薦舉、銓政、禮樂、曆法等；財經的理財、錢幣、賦役、漕運、鹽課、商稅、礦政等；軍事的操練、軍伍、軍器、屯田、邊防、馬政等；文教的科舉、國史、輿

地、著作等；其它如皇室的宗藩、陵廟、皇莊、宦官等，都有所涉汲。正因為如此，許多從事明代史研究的學者都曾或多或少地引錄裡頭的篇章或文字，以為自己學術研究的佐證資料或輔助文獻。然而，《經世編》雖然具備如此豐富的研究價值，學界迄今卻仍然罕見直接針對這本鉅著做深入而有系統的研究。

　　研究晚明文學思潮，一直以來，學界的焦點多集中在公安派、竟陵派及其相關的各類「小品文」身上；撰述的論文極為繁多[1]。相較之下，長篇大論的「經世文」作品，及其相關的研究，則顯得相當薄弱。近來（1970 年以後），學界由於對「經世思想」和晚明才女「柳如是」的討論十分熱烈，連帶地，陳子龍和《經世編》也似乎沾了光，開始受到人們的重視和肯定。然而必須指出的是：學界對經世思想的研究，焦點多偏向清代道光、光緒年間所編的《皇朝經世文編》、《皇朝經世文續編》、《皇朝經世文三編》、《皇朝經世文四編》等著作，意欲透過經世思想的研究來詮衡「傳統」和「現代化」的關係。在這樣的學術氛圍中，學者雖都承認清代所編的各項經世文編是上承晚明陳子龍等人編的《皇明經世文編》，卻也僅止於承認而已，僅止於順帶一提而已；溯本清源，究竟陳子龍這本《經世編》的體例、編纂、要旨和內容為何？則相對地顯得冷清得多。而另外，由於女性主義的進步和抬頭，將西方女性主義的思想和理論帶進了古典文學的研究，蔚為學界另一項奇特的潮流。從史學家陳寅恪作《柳如是別傳》開始，到晚近孫康宜的《陳子龍柳如是詩詞情緣》的暢銷，晚明文人才女的

---

1 吳承學、李光摩編《晚明文學思潮》（武漢：湖北教育出版社，2002 年 10 月），《20 世紀晚明文學思潮研究論著目錄索引》裡頭的〈論文選目〉有 753 篇，〈專注選目〉有 150 本，〈港台地區目錄〉有 165 篇；合計 1068 種，九成以上皆以研究小品文及其相關問題為主，頁 526-569。

研究顯得特別活絡。這些研究者提到陳子龍時，總不忘拿《經世編》來證明陳氏的愛國和忠貞；卻也僅止於順帶一提而已，僅止於承認《經世編》的重要而已。風花雪月、男女浪漫，固然是晚明文人性靈的永恆追求；熱血救時，經世濟民，其實更是晚明文人無可逃避的沈重使命。學術研究的重彼略此，總不免令人感到遺憾。本論文之作，正是有鑑於此而發，冀能補晚明學術研究之不足。

二、論題的提出

（一）明代學術思想不只陽明學一派而已

本文以《經世編》一書為中心，關心的論題諸如：「經世」是不是明代重要學術思想呢？《經世編》一書，在明代的學術思想中地位如何？《經世編》一書，與晚明儒者文人的關係如何？《經世編》一書，涉及的人物、要旨為何？《經世編》一書，文獻史料的價值為何？《經世編》一書的得失、影響為何？以下將先就「經世」於明代學術思想中的重要性提出筆者的觀察與見解，其它論題則在底下各章節隨文介紹和探討。

提到明代的思想學術，我們似乎都很自然地被王守仁及其所代表所開展的「陸王學派」、「陽明學」、「良知」、「心外無物」等等給引去了注意力。彷彿這是明代的一朵奇葩，從始至終代表著明代的思想學術。捨此，就沒有其它的思想學術可談了。馮友蘭《中國哲學史》述及明代，即以「陸象山王陽明及明代之心學」為標題；勞思光《中國哲學史》也是以王守仁為主，間及其後學；韋政通《中國思想史》以人之介紹為綱領，述及明代，亦僅王守

仁一人而已。錢穆則將明代之思想學術分為「初期明學」、「中期明學」、「晚期明學」三項，卻仍然說：「其實明代學術，只須舉王守仁一人作代表，其他有光彩有力量的，也都在守仁後[2]。」所以錢氏將守仁之前叫做「初期明學」，王守仁及其弟子代表「中期明學」，東林學派則代表「晚期明學」。

我們贊同錢氏對明代的思想學術（明學）作初期、中期、晚期的說法，卻不完全同意他說「明代學術，只須舉王守仁一人作代表」的見解。因為即便這個說法成立，我們也不相信王守仁之所以為王守仁的「陽明學典範」是立刻造就出來的[3]，特別是在明初「朱子學典範」確定盛行的年代裡，更遑論王守仁自己也說「平生於朱子之學，如神明蓍龜，一旦與之背馳，心誠所未忍。」[4]晚年更撰《朱子晚年定論》而引發不同的爭論[5]。

---

2 語見《宋史理學概述》（台北：聯經出版社，收入《錢賓四先生全集》第九冊），頁 235。

3 韋政通在《中國思想史》（台北：大林出版社，民 74 年 7 月），第三十九章〈王守仁〉，即云：「朱子與陽明是宋、明新儒學史上最重要也是影響力最大的思想家，陽明的思想又是長期從朱子的系統中奮鬥而轉出，所以這二人的關係，以及思想中轉進的變化，是這一階段思想史值得注意的問題。朱子的心態，基本上不能發展孟子的傳統，但他所處的歷史階段，在專制與佛教的雙重壓力下，不得不重建道統與之對抗，這個要求使他的思想不能湊合於孟子，因而造成他系統內部的不調協。但朱子的系統蘊涵著儒學發展的一個新動向，陽明不了解這一點，長期與朱子奮鬥的結果，發展出一個新的系統，這個新系統雖以『學』、『庸』的問題為主，心態上卻是能與孟子相應的，所以陽明的思想，代表孟學路向中最成熟的發展，也是這個路向中最後的一個高峰。」，頁 1239。此外，如古清美《明代理學論文集》也有類似的看法。

4 語見（明）王守仁撰、陳榮捷編《王陽明傳習錄詳評集註》（台北：學生書局，民 72 年 12 月），卷中，〈答羅整庵少宰書〉，頁 248。

5 如韋政通《中國思想史》（書同註 3）：云「陽明於朱子最令後人非議的，是他的所謂『朱子晚年定論』之說，定論序文說到自龍場悟後，深覺『聖人之道，坦如大路』，道之不明，『皆世儒之多言有以亂之。』從那時候起，對自己的體悟，頗有信心，『獨於朱子之說，有相牴牾，恒疚於心。』後來在留

　　另一方面，就歷史事實觀察，《明史》即云：「學術之分，則
自陳獻章、王守仁始。宗獻章者曰江門之學，孤行獨詣，其傳不
遠。宗守仁者曰姚江之學，別立宗旨，顯與朱子背馳，門徒遍天
下，流傳愈百年，其。教大行，其弊滋甚。嘉隆而後，篤信程朱
不遷異說說者，無復幾人矣。」[6]清代的四庫館人也說：

> 朱、陸二派，在宋已分。洎乎明代，宏治以前，則朱勝陸，
> 久而患朱學之拘。正德以後，則朱、陸爭詬。隆慶以後，
> 則陸竟勝朱。又久而厭陸學之放，則仍伸朱而絀陸。講學
> 之士，亦各隨風氣以投時好[7]。

　　《明史》和四庫館人所云，都很能對明代思想學術變遷的大
趨向，作簡明扼要的說明。後一引言中的「陸」，即為「陸王」的
省稱，宋代為陸九淵、明代即王守仁。韋政通更因四庫館人的說
法而將明代劃分為四期：述朱期、朱王對抗期、王學盛期、申朱

都做官，重讀朱子書，發現『其晚歲固已大悟舊說之非，痛恨極艾，至以為
自誑誑人之罪，不可勝贖，世之所傳『集註』、『或問』之類，乃中年未定之
說。』因而他責怪當時學者，『徒守朱子中年未定之說，而不復知其晚歲既
悟之論。』朱子一生，常有今是而昨非之語，如謂『近者竊讀舊書，每恨向
來講說，常有過高之弊。』又說：『學者以玩索踐履為先，不當汲汲於著述，
既妨日用切己工夫，而所說又未必是，徒費精力。此區區前日之病，今始自
悔。』對一個不斷有發展的思想家而言，這是常有的現象。但陽明說朱子的
思想和象山早異而晚同，這是很容易引起爭論的，顧東橋的信中，對此舉就
表示了異議：『聞語學者，乃謂即物窮理之說，亦是玩物喪志。又取其厭繁
就約，涵養本原數說，標示學者，指為晚年定論，此亦恐非。』陽明在答書
中，對東橋的疑問，沒有切題的回答，只含混地說：『則凡區區前之所云，
與朱子晚年之論，皆可以不言而喻矣。』羅欽順對晚年定論，也有批評：『程
子言性即理也，象山言心即理也。至當唯一，精議無二。此是則彼非，彼是
則此非，安可不辨明之。』」，頁 1242-1243。
6　語見《明史》（上海：上海古籍出版社，1995 年 12 月 11 刷，《二十五史》本
　　第 10 冊），卷二八二，〈儒林傳敘〉，頁 8561。
7　語見《欽定四庫全書總目》（北京：中華書局，1997 年 1 月），卷九十七，〈子
　　部・儒家存目三〉，評〈朱子聖學考略〉，頁 1276。

絀王期。並說：

> 以上這四期的變化，是以朱、王為中心，明代思想除了這
> 個主流之外，還有些思想家，既不宗朱，也不宗王，甚至
> 對二者都有批評，其中之一，即與陽明同時的王廷相，他
> 提倡經世之學，為明末清初經世思想的先導，重「習」的
> 思想，後來成為顏習齋實用主義的核心理論，他的知識論
> 與十八世紀的戴東原正是走的同一路數，「理根於氣」則是
> 復活了北宋張橫渠的基本觀念。他批評南宋至明的思想
> 說：「晚宋以來，徒為講說，近日學者，崇好虛靜，皆於道
> 有害。」由於他對天文學的興趣，同時反對各種迷信，心
> 智的表現，頗與漢代的桓譚、王充相近。當王學盛行的時
> 代，還有位獨立的思想家呂坤，他的思想路向似王廷相，
> 重視事功與經驗的學習，主張氣一元論，反對迷信。他的
> 反專制思想為清初痛斥專制毒害的先聲。他厭惡道學，自
> 稱「我只是我」，「不是道學。」二人有一點很值得注意的
> 地方，他們都重視農業，王廷相曾為《齊民要術》作序，
> 呂坤更為農民申冤：「盈天地只靠兩種人為命，曰農夫織
> 婦，卻又沒有重他，是自戕其命也。」[8]

　　韋氏的看法，除了和《明史》、四庫館人的意見一樣，皆以明
代的主流思想為朱學、王學的爭勝、消長。此外，韋氏還提及朱、
王之外的思想，如王廷相提倡的「經世之學」、呂坤「重視事功與
經驗」的學說，這些思想影響到了後來清代的顏元、戴震。換言
之，韋氏指出了明代學術的另一股思潮，值得重視。而這股思潮，
即是至今仍被學界忽略的「經世學」。

---

8 語見《中國思想史》（書同註 3），第四十章〈明末清初思想的變化及其新趨
　向〉，頁 1265-1266。

　　從這裡看來，將明代學術狹限在「陽明學」而忽略了「朱子學」、「經世學」在明代學術思想上的意義和影響，是很明顯的不足。筆者贊同韋氏將「朱學」與「王學」定位為明代的主流思想，但在朱學、王學之外，就學術的客觀面而言，其實仍然不夠全面，因為他只舉了王廷相和呂坤的學說。王、呂二人雖然都有被收錄進《經世編》中，然《經世編》所收至少就有四百多人，兩相對比，韋氏的舉例，明顯地是有所不足的。甚至筆者認為，如同曾國藩所強調的，在「義理」、「詞章」和「考據」外，中國學問本就有一「經濟」（即「經世」）的傳統，是另一股學術思想的主流[9]。準此，筆者認為：陽明學、朱子學、經世學其實都是明代值得重視的學術思想。三者相激相盪，同異交融，變化矛盾，蔚為明代精彩的學術思想史。

　　以明代的學術史著作而言：《明儒學案》是部以王學（陽明學）為重心的學術史著作，亦即是「明代的陽明學史」；乾隆年間沈佳所編的《明儒言行錄》，雖然罕為人知，卻是部代表朱學的學術史

---

9 《曾國藩全集》（台北：漢苑出版社，民 65 年 3 月），〈日記‧問學‧辛亥七月〉載：「有義理之學，有詞章之學，有經濟之學，有考據之學。義理之學，即《宋史》所謂道學也，在孔門為德行之科。詞章之學，在孔門為言語之科。經濟之學，在孔門為政事之科。考據之學，即今世所謂漢學也，在孔門為文學之科。此四者，闕一不可。予於四者，略涉津涯，天資魯鈍，萬不能造其奧究矣。惟取尤要者，而日日從事，庶以漸磨之久，而漸有所聞。義理之學，吾之從事者二書焉，曰：『四子書』曰：『近思錄』。詞章之學，吾之從事者二書焉，曰『曾氏讀古文鈔』、『曾氏讀詩鈔』，二書皆尚未纂集成帙，然胸中已有成竹矣。經濟之學，吾之從事者二書焉，曰『會典』、曰『皇朝經世文編』。考據之學，吾之從事者四書焉，曰『易經』、曰『詩經』、曰『史記』、曰『漢書』。此十種者，須要爛熟於心中。凡讀此書，皆附於此十書，如室之有基而丹艧附之，如木有根而枝葉附之，如雞伏卵，不稍歇而使冷，如蛾成垤、不見而思遷。其斯為有本之學乎！」，頁 359。

著作,可視為是「明代的朱子學史」[10];而晚明陳子龍等人所編的《經世編》一書,其學術價值則可說是代表著「明代的經世學史」了,其重要性由此可見一斑。

(二) 勿謂明人事功不足觀

再次強調:《經世編》是明代經世學的代表著作,標幟著明代學術思想的一股動向,在陽明學、朱子學外,呈現著為人所罕注意到的另一思想面向。

由晚明進入清初的黃宗羲,他的《明儒學案》是研究明代思想學術的權威著作,正如莫晉所云:「黃梨洲先生《明儒學案》一書,言行並載,支派各分,擇精語詳,鉤玄提要,一代學術,瞭如指掌。」[11]雖然如此,這本書卻帶有非常強烈的陽明學傾向,「尊王絀朱」,《明儒學案》幾乎就是一部明代的陽明學思想史,也鑄就了後人對明代思想學術 —— 捨陽明學沒有其它,如此牢不可破的印象。尤其是黃氏底下的兩段話:

---

10 沈佳此書完全以朱子為宗,去取標準亦然,正可以拿來和《明儒學案》相互參酌。《欽定四庫全書總目》(書同註 7)卷五十八,評云:「是編仿朱子《五朝名臣言行錄》之例,編次有明一代儒者。各徵引諸書述其行事,亦間摘其語錄附之。所列始於葉儀,迄於金鉉,凡七十五人,附見者七十四人。《續錄》所列,始於宋濂,迄於黃淳耀,凡五十九人,附見者九人。佳之學出於湯斌,然斌參酌於朱、陸之間。佳則一宗朱子,故是編大旨,以薛瑄為明儒之宗,於陳獻章則頗致不滿。雖收王守仁於正集,而守仁弟子則刪汰甚嚴,王畿、王艮咸不預焉。持論頗為淳謹,初,宗羲作《明儒學案》采摭最詳。顧其學出於姚江,雖於河津派,不敢昌言排擊,而於王門末流諸人,流於猖狂恣肆者,亦頗為迴護。門戶之見,未免尚存。佳撰此錄,蓋陰以補救其偏。鄞縣萬斯大,宗羲之弟子也,平生篤信師說,而為佳作是錄序,亦但微以過嚴為說,而不能攻擊其失,蓋亦心許之也。學者以兩家之書相參證,庶乎有明一代之學派可以得其平允矣。正不必論甘而忌辛,是丹而非素也。」,頁 817。
11 語見《明儒學案》(台北華世書局,1987 年 2 月),〈莫晉序〉,頁 15。

> 有明之學，至白沙始入精微。其喫緊工夫，全在涵養。喜
> 怒未發而非空，萬感交集而不動。至陽明而後大[12]。

> 嘗謂有明文章事功，皆不及前代，獨於理學，前代之所不
> 及也，牛毛繭絲，無不辨晰，真能發先儒之所未發。程、
> 朱之闢釋氏，其說雖繁，總是只在跡上；其彌近理而亂真
> 者，終是指他不出。明儒於毫釐之際，使無遁影。陶石簣
> 亦曰：「若以見解論，當代諸公儘有高過者。」與羲言不期
> 而合[13]。

　　筆者在很長的一段時間曾經深信不疑，總認為整個明代的「文章」和「事功」是不足觀的，真正值得研究的，只有做好修養、體認良知的陽明思想學術罷了。

　　多年來，由於筆者對明代文化的興趣和用功，明代歷史知識涉獵漸多，不禁開始對黃氏的話產生質疑。筆者並非質疑陽明學問的精微偉大，而是在於對明代事功的重新見解：明代的事功真的不足觀嗎？明代的事功真的不及前代嗎？縱觀明代二百七十六年，十六帝、十七朝，是漢族統治的最後一個王朝。明清之際的大思想家黃宗羲在天崩地裂改朝換代後，曾做〈原君〉一文痛罵自私自利的君主[14]；其實明代的皇帝更在自私自利外還要加上昏

---

12 語見《明儒學案》（書同註 11），卷五，〈白沙學案上〉，頁 78。
13 語見《明儒學案》（書同註 11），〈明儒學案發凡〉，頁 17。
14 （明）黃宗羲《明夷待訪錄》（台北：新興書局，民 45 年 1 月，影印道光
　　十九年錢熙祚校梓本），〈原君〉云：「古者以天下為主，君為客，凡君之所
　　畢世而經營者，為天下也。今也以君為主，天下為客，凡天下之無地而得
　　安寧者，為君也。是以其未得之也，屠毒天下之肝腦，離散天下之子女，
　　以博我一人之產業，曾不慘然曰：『我固為子孫創業也。』其既得之也，敲
　　剝天下之骨髓，離散天下之子女，以奉我一人之淫樂，視為當然，曰：『此
　　我產業之花息也！』然則為天下之大者，君而已矣。向使無君，人各得自
　　私也，人各得自利也。嗚呼！豈設君之道固如是乎？」

庸無能。劉新鳳先生就曾指出：

> 雄才大略的朱元璋無法想像的，恐怕是他的後代究竟昏庸
> 無能到什麼地步。乾坤輾轉，日月更替。無論叔姪相拚，
> 或子繼父業，或弟兄禪讓，總有人即位南面，總有人俯首
> 稱臣。明朝皇位的遞嬗，雖然偶爾也殺機四伏，瀰漫著血
> 腥，攙雜著仇恨，難免有人死于非命，葬身火海（建文帝），
> 或者命喪紅丸（光宗），但是，大多還能平安無事。明朝不
> 乏幼帝，英宗朱祁鎮登基時，年僅九歲，神宗朱翊鈞十歲
> 稱尊，武帝朱厚照、世宗朱厚熜即位時也只有十五歲，熹
> 宗朱由校是十六歲，憲宗朱見深、孝宗朱祐樘是十八歲，
> 思宗朱由檢是十九歲……以年之幼而承襲大統，為奸宦佞
> 臣弄權擅政提供了時機與方便。于是，正統朝有王振，成
> 化朝有汪直，正德朝有劉瑾，嘉靖朝有嚴嵩，萬曆朝有鄭
> 妃亂政，天啟朝有魏閹專權，實在是禍患連綿，不絕如縷；
> 而少君接二連三地不斷出現，則不但使皇權旁落達到了讓
> 人瞠目結舌的程度，而且也使明朝國力虧空，一蹶不振。
> 尤其是成祖身後，十三個皇帝，數來數去，也還是賢少愚
> 多，各有各的昏法[15]。

　　平心而論，劉氏的話是頗符合歷史的實情，皇帝的問題之外，
明代的內憂外患也從沒止息過：胡惟庸案、空印案、土木之變、
荊襄流民、大藤峽之亂、大禮議、礦監稅使、北虜、倭夷、女真
等等，隨手拈來，一個接一個，多得數不清。儘管如此，令人十
分驚訝的是：明代仍然勉力維持了二百多年的歷史，文化的發展、
國土的開擴、人口的增長、城市的興起、水陸交通體系的充實也

---

15 語見《枯榮之間》（北京：中華書局，2001 年 1 月），〈漫話明史〉，頁 2-3。

從未停止過。為什麼？劉新鳳先生說：「明朝的皇室，遠不是強悍繁盛的宗支，因此，不足以在危機四伏的情況下，挽狂瀾于既倒。它孱弱、昏憒，江河日下，奄奄一息，但是，即便如此，在明朝二百多年的歷史上，為什麼竟沒有產生一個王莽、桓玄、武則天？為什麼它竟可以在與之相始終的風起雲湧的社會動盪之中，勉力維持了那樣長的時間？為什麼？……也許它所擁有的開國帝王朱元璋為他的子孫們想得太周到了。也許它擁有的股肱之臣，如李善長、劉基、于謙、李賢、徐階、張居正；如徐達、戚繼光、熊廷弼、袁崇煥；如解縉、楊廷和、雒于仁、海瑞、楊漣等等，太得力了。也許，歷史需要在這裡沈思！」[16]

　　簡言之，如果不是明朝臣僚如此的盡心盡力、奉獻犧牲，換句話說即如果不是歷代大臣們對經世思想經世精神的認真實踐的話，我們很難想像「這個與西歐面積相彷彿的世界上最大的社會」[17]，憑什麼能夠維持二百多年來的穩定與緩緩進步呢？而政府官員又是如何幫助這個大帝國解決處理風起雲湧、綿綿不斷的各項問題呢？

　　或許，晚明著名文人陳子龍等人所編纂的《經世編》一書，及其中的各項相關的經世思想正好提供了這個問題的答案。

第二節　文獻回顧與探討

　　根據《經世編》的〈凡例〉第二十八條記載「此集始于戊寅

---

16 語見《枯榮之間》（書同註 15），頁 5-6。
17 語見《劍橋中國明代史》（北京：中國社會科學出版社，1995 年 11 月 3 創），〈導言〉，頁 7。

仲春，成于戊寅仲冬」，也就是在崇禎十一年（1638）二月開始，費時十一月編成。六年後，李自成攻入北京，崇禎帝自縊於壽皇亭，明亡，吳三桂引清軍入關。

　　《經世編》在清朝纂修《四庫全書》時，列入「違礙」、「應燬」的書目中[18]，大臣上繳時說：「是書明陳子龍輯，華亭人。共五百八卷。彙載明代奏疏，旁加評騭。內有李化龍、王象乾等疏，語多觸忌。」[19]史學家吳晗則說得更清楚：

> 清乾隆時多次頒布禁燬書目，主要目的是要掩飾清先世和明朝的關係，說成建州部族從來是一個獨立的民族，沒有受過明朝冊封等等，替祖先臉上抹金。《明經世文編》恰好收入清朝皇帝最不願意為人所知的一些歷史文獻，例如王瓊《王晉溪本兵敷奏・為計處夷情以靖地方事》，說出建州左衛一些首領「做賊」的行逕；張學顏《張心齋奏疏・撫遼疏》和〈申飭邊臣撫夷疏〉，說出建州領袖王台、王杲對明朝的不同態度；楊道賓《楊宗伯奏疏・海建二夷踰期違貢疏》和〈海建夷貢補至南北部落未明遵例奏請乞賜詰問以折狂謀事〉，說明建州和海西兩部對明朝的朝貢制度、時間、人數和奴兒哈赤兵力情況；熊廷弼《熊經略集・敬陳

18　《纂修四庫全書檔案》（上海：上海古籍出版社，1997 年 7 月），有多處提及《皇明經世文編》此書「違礙」、「應燬」，如：（1）第三八七〈浙江巡撫三寶奏呈續獲應燬書籍摺（附清單）乾隆四十二年五月二十日〉，頁 608、頁 654。（2）第四二一〈兩江總督高晉奏續繳違礙書籍板片摺（附清單）乾隆四十二年八月二十二日〉，頁 704。（3）第四八八〈閩浙總督鐘音奏查繳應銷各書解京摺（附清單一）乾隆四十三年三月二十六日〉，頁 801。（4）第六一三〈江蘇巡撫楊魁奏續繳應燬書籍並再實力妥辦摺（附清單）乾隆四十四年四月初八日〉，頁 1025。（5）第六七六〈山東巡撫國泰奏續繳應燬違礙書籍板片摺（附清單二）乾隆四十六年二月三十日〉，頁 1306。

19　語見《纂修四庫全書檔案》（書同註 1），第三八七〈浙江巡撫三寶奏呈續獲應燬書籍摺（附清單）乾隆四十二年五月二十日〉，頁 608。

戰守大略疏〉、〈上葉相公書〉、〈答友人書〉，更具體說出李
成梁如何計殺奴兒哈赤祖父叫場和他失，又封奴兒哈赤為
龍虎將軍，奴兒哈赤遠交近攻，日益強大的原委；姚希孟
《姚宮詹文集·建夷授官始末》，更是原原本本闡述了建州
和明朝的關係。這些真實的寶貴的史實，觸怒了清朝統治
者，《明經世文編》因之被列為禁書。（案：本文所引，依據
北京中華書局《明經世文編》六冊本，底下引本書時，僅標冊數、
頁碼，不再註出書名。第一冊，頁1）

正是在這種情形下，《經世編》一書後世罕能流傳，更遑論對
之加以研究了。

道光年間魏源應賀長齡之邀而編《皇朝經世文編》時，雖體
例殊異，但從名稱與收錄的奏議、尺牘、雜文觀察，實遙承《經
世編》而來。俞樾就說：「自賀藕耕先生（案：即賀長齡）用前明
陳臥子（案：即陳子龍）之例，輯《皇朝經世文編》，數十年來，
風行海內，凡講求經濟者，無不奉此書為矩矱，幾於家有其書。」
[20]其中「陳臥子之例」，指的就是以陳子龍為代表所編的《皇明經
世文編》此書。由此可見，道光、光緒年間，《經世編》應該是自
動解禁、流傳了開來，而且還應該有不少讀書人都覽閱過。

民國以後，北京的中華書局在1962年6月出版《經世編》的
影印本，去掉「皇」字，定名為《明經世文編》；台北的國風出版
社則於民國五十三年（1964年）11月依國家圖書館珍藏崇禎平露
堂本，出版《經世編》影印本，仍定舊名《皇明經世文編》。六〇
年代前後，研究《經世編》的文獻，就筆者所知有底下六項：

1.1956年9月，張舜徽〈皇明經世文編選目〉，湖北人民

---

20 語見《皇朝經世文續編》（台北：國風出版社，民53年6月），〈皇朝經世
文續編序〉。

出版社《中國史論文集》[21]。

2.1962 年 3 月，吳晗〈影印明經世文編序〉，北京中華書局影印《明經世文編》，頁 1-8。

3.1962 年 5 月，陳乃乾〈明經世文編影印附記〉， 北京中華書局影印《明經世文編》，頁 9。

4.1964 年 5 月，蘇瑩輝〈皇明經世文編序〉，台北國風出版社影印《皇明經世文編》，頁 15-18。

5.1967 年，方豪〈皇明經世文編與徐文定公集〉，《大陸雜誌》卷 25，期 19， 頁 15-19。

6.1967 年，李光濤〈正在影印中之皇明經世文編〉，《明清史研究論集》，頁 58-63。

這六篇文章裡，方豪先生之文偏重個人（徐光啟）的研究，《經世編》只是輔佐的工具性質而已。另五文則近似古人序、跋的評介文章，其中史學家吳晗先生的見解不凡，不少論點至今仍廣為學界所接納。張舜徽先生的意見則啟發北京中華書局〈明經世文編〉在書末加入《明經世文編分類目錄》。總之，這一時期研究《經世編》的文章，除張舜徽先生之外，其餘篇幅都不長，少於十頁，隸屬評介性質居多。

六〇年代之後迄今（2004），研究《經世編》的文獻，就筆者所知有底下三篇：

1.1986 年 6 月，許淑玲的《幾社及其經世思想》，國立台灣師範大學歷史研究所碩士論文，共 235 頁。

2.1993 年 6 月，王坤地的《陳子龍及其經世思想》，東海

---

21 本條資料出處主要是依據中國社會科學歷史所編《中國史學論文索引》（北京：中華書局，1995 年 11 月），第三編中冊，頁 52。又張舜徽先生論文的內容收錄於所撰《舊學輯存》（濟南，齊魯書社，1988 年），下冊，頁 1615-1640。

大學中國文學研究所碩士論文，共 199 頁。

　　3.1994 年 9 月，馬濤的〈《明經世文編》及其經世思想〉，《中國實學思想史》中卷，頁 117-155。

　　這三種著作，探討、研究《經世編》的篇幅較六〇年代的作品，明顯增加不少。其中許氏、王氏是碩士論文，論文裡以兩個章節探討陳子龍的經世思想，及涉及《經世編》的部分問題。許文以「歷史觀」、「經世目標」、「濟世方策」和「一條鞭法」為論述重心，進而概括《經世編》的經世思想。王文則著重在《經世編》的編纂，探究編纂的原因、成員、體例及原則等等的問題。馬氏的作品則是《實學思想史》的一章，分「通今者龜鑑」、「明治亂以清朝政」、「重經濟以充財用」、「詳軍事以增強國防」等四節，近四十頁的篇幅，中規中矩，大略還算是平實地介紹《經世編》的著作。

　　必須指出的是：前二文是台灣學者的論著，後文則是大陸學者的編撰，兩岸持續都還有人對《經世編》在做研究的工作，這些論文分量比起前期雖然多了不少，然而相較於《經世編》本身三百六十多萬字的龐大內容來說，這些研究著作仍嫌不夠全面。

　　此外，擷取《經世編》中的特殊史料而成書成文者有三：（1）、《明經世文編選錄》一書，1971 年 3 月，台灣文獻叢刊第二八九種，選錄「凡屬以閩海—包括台灣為中心的關係文獻」，共 100 條資料，成為研究明代的台灣歷史的絕佳文獻。（2）、林燊祿先生輯《明辭釋義輯錄—明經世文編》一書，2001 年 4 月，引《經世編》之文解釋《經世編》所提到的 465 個專業辭語，成為一本研究《經世編》的工具書。（3）、張愛妹先生〈《明經世文編》中的澳門史料〉一文，2001 年，《江海學刊》第一期。全文不到一千字，提及《經世編》內有 24 篇文章的史料，是「全方位的反映了

早期中葡關係與澳門的情況」。這些著作也是值得重視的《經世編》部份研究成果。又有些論文大量引用《經世編》的文章，形成論文的主要資料來源，如 1996 年 5 月，《燕京學報》新六期有何朝暉先生的〈明朝道制考論〉一文，共 134 條註釋，其中就有 31 條引用到《經世編》一書，將近四分之一，在論文徵引文獻的數量而言，比例不可謂不高。又如 2001 年 4 月，《明清論叢》第二輯有張德信先生的〈戚繼光奏議〉研究，就不厭其煩地將《經世編》收錄的二十三篇戚文拿來與《類輯練兵諸書》、《戚少保年譜耆編》列表比較，形成論文的文獻基礎。凡此，皆可見《經世編》高度的學術價值，以及日益受到現今學者重視之一端。

第三節　研究方法

一、透過「資料庫處理」方便檢索

本論文的研究是以《皇明經世文編》一書為中心，然而這書卻是部史料文獻極為豐富的鉅著。根據筆者約略的估計：《經世編》收錄的人物多達四百二十九人，文章三千一百五十八篇，字數三百六十多萬字；選輯群二十四人，參閱群和顧問團加起來高達三百多人，評註字數有九萬三千多字，警醒的旁圈有十一萬七千多個，尚不包括在編輯《文編》時，文獻圖書的提供者和相互切磋討論的友朋輩在內。於是，本論文的研究不可避免地要面對如何系統而有效率的管理這繁多卻又是最最基礎的資料對象 —— 包括所選的篇章、人物、編選者等等在內。這些資料將直接影響到本

論文的各項研究問題：《經世編》究竟是那些人編纂出來的呢？《經世編》收錄了那些內容？那些人收得多，那些人收得少？那類文章收得多，那類文章收得少？那些人（文章）的評註文字多？那些人（文章）評註文字少？那些人（文章）旁圈多？那些人（文章）旁圈少？……等等問題。

　　以《經世編》所收錄的文章為例，周積明就曾感慨地說：

> 然而，《皇明經世文編》的體例固然有利於個案研究，名公巨卿關於同一問題的討論卻因此支離零碎，無法顯示出整體面貌。又例如，有明一代的漕運論是這一時期經濟思想的重要方面，但在《皇明經世文編》中，邱濬的《漕運之宜》在一冊第 601 頁。馬卿的《償運糧儲疏》在第二冊第 1734 頁。徐階的《復駱兩溪》在第三冊的第 2572 頁。方廉的《會議漕政疏》在第四冊 3003 頁。王宗沐的《條例漕宜四事疏》在第五冊第 3688 頁。熊廷弼《答李虛白督餉》在第六冊第 5303 頁。同為討論鹽課，邱濬的《鹽法議》在第一冊第 613 頁。王守仁的《再請疏通鹽法疏》在第一冊第 126 頁。錢薇的《鹽法論》在第三冊的第 2251 頁。馬森的《奏鹽法事宜》在第四冊 3138 頁。姜定的《鹽法議》在第五冊第 4151 頁。袁世振的《鹽法議》在第六冊的 5243 頁。檢索起來殊為不便。[22]

　　其實周氏所提的還不是大問題，因為北京中華書局出版的《明經世文編》在第六冊末尾已編有《分類目錄》，計分類四：政治、文教、武備、皇室，各類底下又分子目，合計六十三子目。如「漕運」即隸屬「政治類」的第 17 子目，共有 42 篇文章；雖分屬在

---

22 語見〈「切問齋文鈔」與明清「經世文編」〉，《孔孟月刊》第 34 卷：第 8 期，民 85 年 4 月，頁 25。

各冊各卷內，而非統一集中在某幾卷，但《分類目錄》都已標明頁碼，所以還不算太難檢索[23]。

真正困難的地方在於：三千多篇文章的文體分別是什麼？各有多少字數？什麼時候寫的？針對什麼事情？旁圈有多少？評點文字是什麼？對於這些資料的妥善處理，將更直接影響論文研究

---

23 這 42 篇文章分別是：（1）王恕〈議事奏狀〉（第一冊，頁 302）（2）楊鼎〈議覆巡撫漕運疏〉（第一冊，頁 318）（3）馬昂〈會議漕運事宜〉（第一冊，頁 322）（4）丘濬〈漕輓之宜〉（第一冊，頁 600）（5）丘濬〈漕運之宜〉（第一冊，頁 601）（6）丘濬〈漕運河道議〉（第一冊，頁 602）（7）丘濬〈通州輓運至京議〉（第一冊，頁 603）（8）叢蘭〈論漕運積債之害〉（第二冊，頁 980）（9）何孟春〈寄河南巡撫陳都憲〉（第二冊，頁 1206）（10）魏校〈京口紀行〉（第二冊，頁 1524）（11）夏良勝〈淮南議〉（第二冊，頁 1547）（12）陸深〈加耗〉（第二冊，頁 1561）（13）馬卿〈早定足邊大計以免後患疏〉（第二冊，頁 1724）（14）馬卿〈分處糧銀以便完納疏〉（第二冊，頁 1728）（15）馬卿〈價運糧儲疏〉（第二冊，頁 1734）（16）馬卿〈價運糧儲疏〉（第二冊，頁 1740）（17）蔣曙〈興革利弊疏〉（第三冊，頁 1779）（18）唐龍〈價運糧儲疏〉（第三冊，頁 1953）（19）鄭曉〈答吳初泉〉（第三冊，頁 2273）（20）徐階〈復駱兩溪〉（第三冊，頁 2572）（21）阮鶚〈量河渠以備規則疏〉（第四冊，頁 2843）（22）王忬〈請給官銀收買贏畜以便轉運疏〉（第四冊，頁 2989）（23）方廉〈會議漕政疏〉（第四冊，頁 3003）（24）陸樹德〈民運困極疏〉（第四冊，頁 3071）（25）朱衡〈裁冗費以便民疏〉（第四冊，頁 3122）（26）張瀚〈免兌運以恤貧軍疏〉（第四冊，頁 3154）（27）張瀚〈暫免帶磚以恤運軍疏〉（第四冊，頁 3156）（28）高拱〈論海運漕河〉（第四冊，頁 3197）（29）王宗沐〈乞優恤運士以實漕政疏〉（第五冊，頁 3676）（30）王宗沐〈乞破格處分漕政因陳足國大計疏〉（第五冊，頁 3678）（31）王宗沐〈乞廣餉道以備不虞疏〉（第五冊，頁 3681）（32）王宗沐〈條列漕宜四事疏〉（第五冊，頁 3688）（33）王宗沐〈條列議單款目永為遵守疏〉（第五冊，頁 3693）（34）王宗沐〈海運疏〉（第五冊，頁 3700）（35）王宗沐〈海運詳考〉（第五冊，頁 3715）（36）張養蒙〈議定南運以濟東運疏〉（第六冊，頁 4665）（37）張養蒙〈議明春運船疏〉（第六冊，頁 4666）（38）張養蒙〈春運價領防護要務疏〉（第六冊，頁 4668）（39）張養蒙〈議陸運疏〉（第六冊，頁 4670）（40）熊廷弼〈答李孟白督餉〉（第六冊，頁 5303）（41）熊廷弼〈答李孟白督餉〉（第六冊，頁 5307）（42）熊廷弼〈與登萊道陶副史〉（第六冊，頁 5319）。

的部分見解。

文章如此，人物更是。《經世編》收錄的臣僚群有四百多人，《經世編》的編輯群及相關者有三百多人，總共加起來，至少就有七百多人。這些人每個都有「姓」、「名」、「字」、「號」、「籍貫」等等，有些人還可能有「諡號」、「封號」、「官職」；而古人寫文章提及這些人時，有時就喜歡只提某個詞（如「諡號」、「籍貫」或「官職」），卻讓研究者要猜上老半天。以收錄的臣僚為例，諡號「襄毅」的，就有十二位：

作者	字	號	諡號
1.項 忠	藎臣	喬松	襄毅
2.韓 雍	永熙		襄毅
3.秦 紘	世纓		襄毅
4.許 進	季升	東崖	襄毅
5.彭 澤	濟物	幸庵	襄毅
6.張 珩	珮玉	南川	襄毅
7.王邦瑞	惟賢	鳳泉	襄毅
8.楊 博	惟約	虞坡	襄毅
9.王崇古	學甫	鑑川	襄毅
10.李化龍	于田		襄毅
11.朱燮元	懋和		襄毅
12.翁萬達	仁夫	東涯	襄毅

又如諡號「文肅」的，也有八位：

作者	字	號	諡號
1.王 翱	九皋	晉溪	文肅
2.岳 正	季方	蒙泉先生	文肅
3.何喬新	廷秀	淑丘	文肅
4.羅 玘	景鳴	圭峯先生	文肅
5.張 治	文邦		文肅
6.趙貞吉	孟靜	大洲	文肅
7.王錫爵	元馭	荊石	文肅
8.文震孟	文起	藥圃	文肅

　　所以當文章出現只「襄毅」或「文肅」時，就很難判斷究竟是那一個人了。即便是著名的《明會要》，也未必能夠全部列出而無一遺漏[24]。又如宋徵璧在《經世編》的〈凡例〉第十三條說：

> 高皇詔廢中書，文皇政歸內閣，三楊秉鈞而後，勢以益重，
> 至嘉隆之間，幾幾真相矣。若洛陽、餘姚之謹亮，永嘉、
> 丹徒之才略，新都、華亭之弘博，新鄭、江陵之英毅，山
> 陰、歸德之端方，內輔君德，外總機務，朝政之清濁，海
> 內之安危，職任綦重，衷輯尤詳。（第一冊，頁52-53）

　　案這話就說明《經世編》很重要的編選原則之一是各時各朝的內閣宰輔，然而文中提及的洛陽、餘姚、永嘉、丹徒、新都、華亭、新鄭、江陵、山陰、歸德等等，這些全是以「籍貫」為代表的人物，他們究竟是誰呢？筆者根據《明宰輔考略》和《經世編》卷首所收謝廷楨的《皇明經世文編姓氏爵里總目》比對，始知是底下各人物：

作者	字	號	籍貫	入閣朝代	謚號
（洛陽）1.劉健	希賢	晦庵	河南／洛陽	孝宗、武宗	文靖
（餘姚）2.謝遷	于喬	木齋	浙江／餘姚	孝宗、武宗、世宗	文正
（永嘉）3.張孚敬	秉用		浙江／永嘉	世宗	文忠
（丹徒）4.楊一清	應寧	邃庵	雲南／丹徒	武宗、世宗	文襄
（新都）5.楊廷和	介夫	石齋	四川／新都	武宗、世宗	文忠
（華亭）6.徐階	子升		直隸／華亭	穆宗	文貞
（新鄭）7.高拱	肅卿		河南／新鄭	世宗、穆宗	文襄
（江陵）8.張居正	叔大	太岳	湖廣／江陵	穆宗、神宗	文忠
（山陰）9.朱賡	少欽		浙江／山陰	神宗	文懿
（歸德）10.沈鯉	仲化		河南／歸德	神宗	文端

24　（清）龍文彬《明會要》（北京：中華書局，1998年11月3刷），卷二十，
　　〈禮・謚法下〉，列名「襄毅」者漏了許進、張珩二人，頁324。又卷十九，
　　〈禮・謚法上〉，列名「文肅」者漏了王翱、張治二人，頁310-311。

　　《經世編》收錄的人物，大體而言，大多仍是明代知名度較高的臣僚，真要檢索尚非十分困難。何況，《經世編》編輯之初已經請謝廷楨編纂長達八十九葉的《姓氏爵里總目》，至少已作出了初步的資料匯整的工作成績。相對而言，與《皇明經世文編》編輯群相關的三百多人的資料則困難度高出了許多。如書首，介於〈序〉和〈凡例〉中間所列的一百八十六名「鑒定名公姓氏」，都只以「姓/字（或號）先生」出現而已，他們都是晚明人物；但僅憑「姓/字（或號）」，就想要確認某人是誰，即便是大史學家陳寅恪都不免要自承不能完備了[25]。

　　面對如此的困境，筆者透過資訊界的「資料庫處理」的佐助，建立起「收錄之人物資料庫」、「篇目資料庫」、「編輯人物資料庫」等等，在閱讀或行文時，只要涉及前述所及的問題，即能迅速檢索，方便查閱。

二、量化、統計與排序以輔佐研究

　　再次強調，《經世編》是部史料文獻極為豐富的鉅著，而面對繁多的人物和文章時，筆者立即想到的就是本論文研究至少要採用數量化、統計和排序的方法，使自己、讀者能對《經世編》有一定程度的認識和掌握，進而佐助本論文的各項課題。

　　初次面對《經世編》這部鉅著，筆者立即浮於腦海而想問：這本書共收錄多少人呢？多少篇文章？茲後，順著這個問題再深

---

25 陳寅恪《柳如是別傳》（北京：生活・讀書・新知三聯書店，2001年1月），
　　第三章〈河東君與「吳江故相」及「雲間孝廉」之關係〉，云：「原書所列
　　『鑒定名公姓氏』。姓名未能知，仍俟詳考。」，頁299。

入些想問：若以「人」為單位的話──《經世編》收錄的四百多人中，每個人各有多少卷？多少篇文章？多少個字數？甚至各類文體的數量多少？評點文字多少？警醒旁圈多少？……。

又創生《經世編》一書的主編、編輯群、參閱者和顧問團們，分別是多少人呢？是否職務重複擔任者？每個人負責編纂《經世編》多少卷？同樣地，若以「文章」為單位的話──《經世編》收錄的三千多篇文章中，依內容分類，各性質內容之作究竟有幾篇呢？依「文類」而分，各文類究竟有幾篇？每篇文章究竟多少字？多少評註文字？多少警醒的旁圈？……等等。

這些看似繁雜而瑣碎的問題，卻頗能提供研究者宏觀地觀察《經世編》一書的歷史意義和文獻價值。因為與性質類似的前後經世著作相比較，它就變成「中國經世學研究」的一個文獻座標參考，同時也是「鉅著」之所以為「鉅著」的一個重要因素。隨著每個人物和每篇文章的數量化，不可避免地有著「統計」和「排序」的工作。統計《經世編》收錄的每個人物的「總」文章數量、字數多少，乃至評註文字、警醒旁圈，就順理成章地將「排序」變得容易得多了。經過「統計」和「排序」的方法後，以前三名為例，我們將很容易得出底下的數據：

	第一名	第二名	第三名
①依文章篇數	張居正 101 篇	楊一清 50 篇	丘濬 50 篇
②依字數	徐光啟 59,558 字	楊一清 56,176 字	楊博 46,658 字
③依評註字數	徐光啟 2,217 字	王守仁 1,659 字	王世貞 1,545 字
④依旁圈字數	馮琦 3,313	楊一清 2,741	王瓊 2,463

這些數據的背後除去反映《經世編》的編輯群高度重視這些

人物，及其相關涉及的名項經世課題外，其實還有極為豐富的意義和價值，值得研究者反覆推敲和研究。

　　同樣的道理，將篇章數量化並經過「統計」和「排序」的方法後，以前三名為例，我們將很容易得出底下的數據：

	第一名	第二名	第三名
①依「文類」分	疏 1662 篇	書（牘）546 篇	序 203 篇
②依「內容」分	邊防 603 篇	治安 317 篇	海防 232 篇
③字數最多	余珊〈陳言時政十漸疏〉共 13,716 字	侯先春〈安邊二十四議疏〉共 13,689 字	倪岳〈會議〉共 12,542 字
④字數最少	儲巏〈寄劉司寇〉僅 60 字	鄭曉〈書六關圖後〉僅 73 字	葛守禮〈與楊夢山司馬論招軍〉僅 79 字
⑤評註最多	徐光啟〈漕河議〉共 1,047 字	徐貞明〈西北水利議〉共 712 字	趙貞吉〈三幾九弊三勢疏〉共 657 字
⑥旁圈最多	徐光啟〈漕河議〉共 1,016 字	趙貞吉〈三幾九弊三勢疏〉共 1,001 字	茅坤〈條上李汲泉中丞海寇事宜〉共 575 字

　　這些數據的背後，除去反映《經世編》的編輯群高度重視某些文類如疏、書、序，某些議題：如邊防、治安、海防、水利、政治、總論等等外，按圖索驥，研究者將不難找出許多蘊涵未顯的意義。

　　筆者在處理本論文時，正是對《經世編》全書作過一番數量化、統計與排序的功夫，除去隨著論文各章節的需要而徵引外，更在《附錄》的地方列出部分的量化統計表，讀者在閱讀本論文有需要時可自行加以查閱。

三、文學、史學、哲學三者並重的研究

　　《經世編》是文章的總集，也是史料價值甚高的文獻，更是

明代經世思想的學術著作。因此研究《經世編》，文學、史學、哲學三者實不能偏廢。

依傳統「目錄學」經、史、子、集的分類觀察，令人十分訝異的是：《皇明經世文編》一書最常被分類到「集部總集類」而與《明文衡》、《明文海》、《明文選》、《明文纂》等書列在一起，代表它擁有著明人文章總集的特色，而不是一般人常識性所聯想到的「史部」。這是因為《經世編》所收的文章雖然以大臣的奏、疏居多，性質近似純以奏疏為主的《皇明奏疏類鈔》、《皇明奏議選》等書（案：這些著作常被歸為「史部·詔令奏議」類），但在奏、疏之外，《經世編》所收還包括了：諭、敕、詔告、制、議、策略、表、檄、露布、揭、論、說、記、志、考、頌、銘、題跋、題後、贊、狀、碑記、書（牘）、雜記、雜著等等各式各樣的文類。就這點來說，《經世編》毋寧更像是囊括明代「經世文」的「類書」了。

此外，《經世編》的文學研究之所以重要，還有底下兩個因素。其一，《經世編》的編輯群陳子龍、徐孚遠、宋徵璧及「幾社」的許多人，本來就是道道地地的文人。「幾社」也是「文社」的代表者，雖然編輯《經世編》有史學、社會、政治和思想學術的目的，但文人所編的著作，仍難完全擺脫文人色彩和文人的生命情調。忽略了這一面，將很看出《經世編》的全貌。其二，《經世編》尚有代表編輯者的「評」、「旁圈」，一方面代表編輯者的品鑒與意見（如九萬多的評註文字），另一方面也標幟著編選者所認為收錄文章的警醒重要處在那裡（如十一萬多個旁圈）；而這樣的方式，正是承襲著「評點文學」的作法。正因為這樣的緣故，《經世編》的評文仍有著如下的評語：「文法甚簡老」（頁1）、「鋪揚雅飭」（頁2）、「俱擬平淮西碑」（頁3）、「詞意古奧」（頁3）、「模畫質勁，非常手筆」（頁3）、「論序有本」（頁3）、「法意簡嚴」（頁4）、「文

氣蒼老」（頁 9）、「序次雅瞻」（頁 10）、「文法高老」（頁 10）、「起手高卓」（頁 13）等等純粹文學性的用法。這些都彰顯出要全面理解《經世編》，文學研究是不可或缺的一環。

　　《經世編》一書，目前最受到史學界的重視，從本文第二節〈文獻回顧與探討〉一節中，不難看出《經世編》的研究文獻九成以上都是史學界的學者。事實上，《經世編》的主編者陳子龍，就自覺地要讓《經世編》成為「史」，陳氏〈皇明經世文編序〉云：

> 古者有記事之史，有記言之史。史之要者，大都見於記事之文矣。導其發端，使知所緣，條析其緒，使知所究，非言莫詳。甚矣，事之有藉於言也，而況宗臣碩彥，敷奏之章，論難之語，所謂訏謨遠猷，上以備一代之典則，下以資後世之師法，不為之裒綴，後之君子何以考焉？此予與徐子、宋子《經世編》所纂輯也。（第一冊，頁 38）

　　也就是說陳氏認為史分「記事之史」和「記言之史」，而《經世編》是被當作「記言之史」來編輯的，於是編纂史書最常遇到的困難：如公家檔案、私人收藏、缺略散軼的困境，也同樣發生在《經世編》的身上。陳子龍的〈皇明經世文編序〉云：「夫金匱之藏，非遠臣所知，然有大纂修，莫不載在方冊。永樂中，命閣臣士奇等輯《名臣奏議》，蓋前代蕆備矣。昭代之文，至今闕焉，章奏貯諸省中，以待纂集，幸無蠹敗，率割裂其義，不足觀。又古者大臣沒，或求其遺書，副在太史，今無有也。漢之武宣，及隋唐之盛，遣使四出，懸金購書，今無有也。雖欲不散軼，安可得哉？故曰，朝無良史。六季以前，無論矣，唐宋以科舉取士，而世家鼎族，相望於朝，《家集》、《宗功》，藏之祖廟。今者貴仕多寒酸，公卿鮮賢胤，至有給簡冊於爨婢，易縑素於市兒者，即欲搜討文獻微矣。故曰：國無世家。」（第一冊，頁 39-40）裡頭

「朝無良史」、「國無世家」就是指公家、私人史料搜集的困難。

　　為了克服史料搜集的困難,《經世編》的編輯群投注了不少的心血,這也讓《經世編》成了史料價值極高的著作。宋徵璧在〈凡例〉第三十一條、第三十二條說:

> 藏書之府,文集最少,多者百種,少者數家。四方良朋,
> 惠而好我,發緘色動,及至開卷,恆苦重複。予等因遣使
> 送出,往復數四,或求其子姓所藏,或托于宦跡所至,搜
> 集千種,繕寫數萬。至條陳冗泛,尺牘寒暄,及文移重疊,
> 又悉加剪截,乃成斯集。雖未敢云聖朝之洪謨,亦足當經
> 世之龜鑑矣。(第一冊,頁57)

> 國朝太平三百載,文獻之盛,無過今時。然而世祿之家,
> 忘其先功,名卿之後,或降皂隸。其他湮滅而無聞者,何
> 可勝計。如韓襄毅、許武功,皆本吳產,襄毅《疏草》、武
> 功《文集》,訪其後人,竟未可得。瑯玕纓簪累葉,代有其
> 人,而思質司馬之集,已失其半。靈寶四許,鼎盛一時,
> 問宦其地者云,諸集皆已散佚,訪求之難,大概可見。以
> 故名公鉅卿,不能盡備。海內同志,有司空之富者,幸惠
> 寄抄錄,以俟續選。(第一冊,頁57)

「搜集千種、繕寫數萬」,既可以看出史料搜集的繁富,又可看出編輯群付出的心血和代價是多麼的大。無怪乎史學家吳晗也要在〈序〉文感歎地說:「明朝人選錄明朝人的文章,當時已經這樣困難,現在隔了三百二十多年,《文編》所收的文集,其中有些已經沒有傳本,只是通過《文編》的選錄而保存下來。」(第一冊,頁6)

　　目前史學界研究到明代歷史及其涉及的相關問題時,引用《經

世編》的情形相當普遍；有些論文或著作甚至還加以大量引用，或為論文著作重要的骨幹[265]。反過來思考，本論文既以《經世編》為研究重心，自無避開史學研究的理由了。

《經世編》最重要的思想和精神就是「經世」二字，而這正是中國儒家思想範疇內目前引發廣泛討論的對象。新儒家大師牟宗三先生曾提出的「中國文化大動脈中的現實關心問題」和「中國文化大動脈中的終極關心問題」，「經世」其實就是涉及到了「現實關心」和「終極關心」的各種儒學範疇和問題：諸如內聖、外王，王霸之辨，復古與新變，經學與樸學，實學與心性之學，乃至政治、經濟、軍事、文教、水利、外交等等。《經世編》正是透過編選明人文章來具體表現「經世」的思想和精神，尤其是：為什麼有些人入選，而有些人被擯除在外？為什麼有些人的文章選得特別多，而有些人的文章特別少？為什麼有些類型的文章選得特別多，而另一類型的文章少？乃至於，同樣都是明代「經世」編選的作品，《皇明經世文編》和它書的差異，其實也代表著晚明人獨特的經世觀。

研究《經世編》是為了對「經世」的思想和精神有更深刻的瞭解。一樣地，對「經世」的思想和精神認識越多，將更有助於對《經世編》的全面理解。這是研究的循環、理解的循環和詮釋的循環。這也說明了，哲學研究的方法對《經世編》的研究，有它無可取代的重要意義。

四、廣採當代學者關於「經世」的意見

---

26 如何朝暉先生的〈明朝道制考論〉一文，《燕京學報》新六期，1996 年 5 月。該文共 134 條註釋，其中就有 31 條引用到《皇明經世文編》一書裡的資料，將近四分之一，比例極重。

　　丘為君、張運宗先生在〈戰後台灣學界對經世問題的檢討與反省〉一文指出：從一九七〇年代開始，劉廣京和張灝教授帶頭推動「經世」思想的研究。一九八〇年代初期，中央研究院近史所召開兩次「近世中國經世思想研討會」，激發學界研究經世思想的熱情。一九八〇年代中葉以後，進入了「高峰期」。一九九〇年以後，研究的風氣似乎已有轉弱的傾向。文中甚至認為「在儒學思想的研究當中，台灣學界所提出的以『經世』觀念作為近世中國史與中國思想研究的主要焦點之一，則又是近五十年來，台灣學界在漢學研究方面最具成績的部分。」[27]

　　雖然這一波經世思想研究的風潮是以晚清的改革運動（尤其是《皇朝經世文編》等書）為重心，溯源而上，明末清初的經世思想研究也開始被注意到了，漸漸有相關的研究論文出現，尤其是號稱清初三大儒的顧炎武、黃宗羲、王夫之第三人，更常引發學者研究的興趣。當代學者在詮釋或界定「經世」思想時，頗有一些值得參考和借用之處。當然，除去當代學者外，早先如國學大師錢穆、新儒家大師牟宗三等人，也對這個課題提出寶貴的意見，他們所創立的見解也都對本論文有所助益。茲列舉如下：

（一）經術與政事

　　案：這是當代國學大師錢穆在解釋「宋學」時所提出：「經術與政事是儒學的體用，也是北宋學術的兩大精神。不循漢唐注疏而創通經義是體，其業至朱熹而遂。鄙薄漢唐之治而革新政令是用，其事至王安石而止。宋學精神所寄在書院講學，在護持師道。其風至明末之東林而始竭，所以晚明的東林是本之經術、推之政

―――――――――――

27 語見〈戰後台灣學界對經世問題的探討與反省〉，《新史學》7 卷 2 期，1996
　年 6 月，頁 181。

事，持續北宋學術真源之所貫注。」[28]

（二）中國文化大動脈中的現實關心問題與
　　　中國文化大動脈中的終極關心問題

　　案：這是當代新儒家大師牟宗三先生的兩場講演記錄中所提出來，前者著重在政治、經濟的現實面，陳述「君」、「相」、「士」、「民」在現實層面的地位和困境，以及儒者的理想主義如何和政治現代化相互調配的大問題。後者則指出中國文化的終極關心問題，是如何成德，如何成就人品的問題，探討中國文化的動源所在，追求真正的民族精神，創造真正的文化智慧。[29]

（三）道德經世（moral statesmanship）與
　　　實用經世（practical statesmanship）。

　　案：這是張灝先生首先提出，主要是認為要完整地瞭解儒家的經世思想，就不可忽略「修身」與「經世」在理學思想中的二種關係。修身的最終目的是將道德精神思想往外擴充，從而建構一個理想的社會。這是「道德經世」。「實用經世」則是以「富強」作為社會秩序的目標，仍承認修身的重要性，修身必須以社會共同接受的道德規範為前提，尤其是領導者的修身更是建立社會規範的關鍵[30]。

---

28 見錢穆先生《中國近三百年學術史》（台北：台灣商務印書館，1995 年 9 月臺二版），第一章〈引論〉頁 1-6。
29 見牟宗三先生〈中國文化大動脈中的現實關心〉和〈中國文化大動脈中的終極關心問題〉二文，《中國文化的省察─牟宗三先生講演錄》（台北：聯合報出版，民 75 年 2 月 4 刷），頁 71-99、頁 101-131。
30 見張灝先生的〈宋明以來儒家經世思想試釋〉，《近世中國經世思研討會論文集》（台北：中央研究院，民 73 年 4 月），頁 3-19。

（四）激進的經世思想（radical Ching-shih thought）與溫和的經世思想（modest Ching-shih tought）

案：這是美籍學者墨子刻（Thomas A Metzger）先生承張灝所論而更強調、更深入而提出的名詞，又叫做「轉化式（transformative）的經世思想與調適式的（accomodative）經世思想」，主要認為明朝覆亡前與後，學者的經世思想方式其實是不同的。覆亡前，如《皇明經世文編》是希企藉由對政治體制之溫和改良的「調適」方式，來解決明末出現的政治社會危機。覆亡後，則企求從根本上作政治秩序的改變，如顧炎武。前者溫和，後者激進；前者調適，後者轉化。[31]

（五）經世學三派：實踐派、技術派、經學史學派

案：這是日籍學者山井湧所提出，他認為明末清初的經世致用之學是心學發展「過渡」到考證學的「橋樑」。而這一時期的經世學，他將之分為三派：實踐派、技術派與經學史學派[32]。繼承如此「派別劃分」的作法，如王家儉先生則是將「晚明實學」分為三：程朱理學型、技術實用型、宗教改革型[33]。其中「技術實用型」又分為三：經世派、科學派、實用派。又如林保淳先生則將經世思想分為二：心性派與事功派[34]。

---

31 見墨子刻（Thomas A. Metzger）先生的"Ching-shih Thought and the Societal Changes of the Late Ming and Early Ching Periods： Some Preliminary Considerations"，《近紀中國經世思想研討會論文集》（書同註 9），頁 21-49。

32 見山井湧先生的〈明末清初的經世致用之學〉，《史學評論》12 期，1986 年 7 月，頁 141-157。

33 見王家儉先生的〈晚明的實學思潮〉，《漢學研究》第七卷第 2 期，頁 279-320。

34 見林保淳先生的《經世思想與文學經世—明末清初經世文論的研究》（台

（六）實學與經世

案：這是何佑森先生所提出，然而在說明上可以大陸學者葛榮晉主編的《中國實學思想史》為代表。葛書中認為「實學」就是「實體達用之學」，包含極為廣泛。

實體包括「宇宙實體」和「心性實體」：反對佛教的「空」、道家的「無」而有「宇宙實體」，強調道德實踐而有心性實體。達用包括：經世之學（經世實學）與實測之學（自然科學）。一般說來，提出「實學思想」的研究者認為：經世肯定是實學而沒有疑問，但實學的範疇又遠遠大於經世。[35]

（七）雜家型的經世文編與治國制度型的經世文編

案：這是區志堅先生所提出，認為明代編纂「經世文」的著作極為繁多，而細究內容可分為二類：雜家型的經世文編和治國制度型的經世文編。前項著作所收內容廣而雜，待人接物，處理日常瑣事，乃至陰陽四時、國家制度的內容都有，如鄭善夫《經世要談》、陳仁錫《八編經世類纂》等等。後項著作輯錄的對象則以有助治道為主，偏重君主或朝臣討論時務、國家制度的文章奏疏，如萬表《皇明經濟文錄》、馮應京《皇明經世實用編》、陳子龍《皇明經世文編》等等[36]。

北：文津出版社，民 80 年 12 月），第一章第二節〈「經世」思想的分趨〉，頁 39-44。

35 見葛晉先生主編的《中國實學思想史》（北京：首都師範大學出版社），〈導論〉，頁 1-24。

36 萬表乃正德十五年（1520 年）進士，《皇明經濟文錄》共有四十一卷。馮應京乃萬曆二十年（1592 年）進士，《皇明經世實用編》共有二十八卷，二書

第四節　使用文獻的説明

　　本論文使用的文獻，自然地是以《皇明經世文編》一書為主。本書是明崇禎雲間平露堂刊本。目前有二本流傳最廣：北京中華書局影印本（共 6 冊）和台北國風出版社影印本（共 30 冊）。其中，北京中華書局本較台北國風出版社本多了〈張國維序〉、〈鑒定名公姓氏〉、〈姓氏爵里總目〉，並在書末加了〈分類目錄〉和〈作者姓名索引〉，是比較全面完整的文獻，對學術研究的使用也比較方便。本文研究即以北京中華書局影印本為主，直標冊數、頁碼，間有需要，再參酌台北國風出版社本。

　　本論文所使的文獻，是以《皇明經世文編》為中心而往外擴充，只要與本論文研究課題相關的文獻自然都須加以注意。其中，《經世編》所收的文章，若其人《文集》迄今仍存的話，就文獻的可靠度而言，仍以《文集》所收為高。奧崎裕司、山根幸夫二先生即針對《經世編》云：

　　　　有關經世文章，在這一類的編纂書之中，此書網羅最廣，

皆近於「政書」類，內容重在時務與國家制度。本論文第三章〈明人編著經世編簡介〉及介紹於後，讀者可加以參看。區志堅先生的〈從明人編著經世文編略探明代經世思想的涵義〉載：「明人以『經世』與『經濟』二詞，同是指稱『經國濟世』，二詞可以並用，故有『雜家型的經世文編』以『經濟』名，輯錄談治國施政和人倫物情的言論，如馮琦的《經濟類篇》，陸次雲的《冊林經濟籍》；另一方面，也有輯錄只談國家制度的『治國制度型的經世文編』，同以『經濟』名，如黃訓編《皇明經濟名臣錄》、萬表編《皇明經濟文錄》、李伸編《經濟文集》、陳子壯編《昭代經濟言》及《經濟宏詞》，與以『經世』為名的文編，如陳子龍《皇明經濟文錄》，馮應京編《皇明經世實用編》，同是以輯錄經國濟民，經國濟世的言論為主。」，《中國文化研究》春之卷，總第 23 期，1999 年頁 97。

　　且儘可能照原型收錄。將經世文章全部整理在一起，這一
　　點很方便。但如果奏疏在原來的文集已有時，應使用原本。
　　就明代的研究而言，是重要文獻[37]。

　　這話除肯定《經世編》的文獻價值外，也提醒讀者若「原來
的文集已有時，應使用原本」，真是非常正確的言論。以心學大師
王守仁為例，《經世編》卷一三〇，所收〈攻治盜賊二策疏〉（頁
1250）、〈添設平和縣治疏〉（頁1250）、〈立崇義縣治疏〉（頁1252）、
〈浰頭捷音疏〉（頁1254）、〈添設和平縣治疏〉（頁1260）、〈再請
疏通鹽法疏〉（頁 1261）等六篇文章，若與近人吳光等人編校的
《王陽明全集》（案：此書乃現今研究陽明學者最常使用之本）對
看的話[38]，不難發現到《經世編》所收的文章都是節錄，較《文
集》內相同文章短缺少字；其中〈添設和平縣治疏〉，《文集》所
標的題目則為〈添設清平縣治疏〉，「和平」與「清平」有異，縣
名明顯不同。又如卷四五八，顧憲成的〈上婁江王相國書〉（頁
5015），眉批已明言「婁江再起，端文有〈癇言〉、〈寐言〉與相難，
文多不載」（頁5015），可見想深入了解這位東林領袖與宰輔王錫
爵對於「建儲」問題處理的歧見時，還是非得要覽閱顧憲成的《文
集》內所收的文章不可。其它《經世編》刪去全文一、二條（乃
至更多）資料的文章零星可見，若想要一睹該文全貌的話，仍得
找出《文集》的原文仔細閱讀才行。

　　林慶彰先生在《明代考據學研究》一書中曾指出，研究明人
學術在文獻的使用上有三大困難，林氏云：「研究明學，余以為有

---

37 語見高明士主編《中國史研究指南・IV 明史・清史》（台北：聯經出版事業
　公司，民79年5月），〈明史（三）〉，頁173。
38 分見《王陽明全集》（上海：上海古籍出版社，1997年8月3刷），頁311、
　頁318、頁350、頁355、頁318、頁321、頁321。

三難：其一，資料凌亂：明人之著作見存於今者，不下數萬種，惟散見於國內外各圖書館，即庋藏於國內者，亦未經整理，難以充分引用。其二，明人刻書草率，魯魚亥豕，郭公夏五，觸目皆是，至有不可卒讀者，閱讀明人之著作，輒事倍功半。其三，明人好奇炫博，引資料以奇僻為尚，至有不明所出而沒為己有者。欲以原書覆按，實戛戛其難。至於喜以奇僻字為文，尤不易閱讀與了解，有此三難，研究明學實非易易。」[39]筆者在深入研究《經世編》時，對於林氏之歎，實有著很深的共鳴存焉。例如以清代紀昀等人所撰的《欽定四庫全書總目》觀察，楊慎即撰有三十二部書、326 卷之多[40]，陸深有二十三部書、178 卷[41]，王世貞有十

---

39 語見《明代考據學》（台北：臺灣學生書局，民 72 年 7 月），〈序〉，頁 1。
40 《欽定四庫全書總目》（書同註 7）收有楊慎的著作如下：
　　(1)《檀弓叢訓》（禮存二）2 卷　(2)《別本家禮儀節》（禮存三）8 卷 (3)《奇字韻》（小學二）(4)《古音駢字》1 卷（小學二）、續編 5 卷 (5)《轉注古音略》（小學三）5 卷 (6)《古音略例》（小學三）1 卷 (7)《古音叢目》（小學三）(8)《六書索隱》（小學存一）5 卷 (9)《石鼓文音釋》（小學存一）3 卷、附錄 1 卷 (10)《經子難字》（小學存一）2 卷 (11)《滇程記》（傳記存六）1 卷 (12)《滇載記》（載記存）1 卷 (13)《水經注碑目》（目錄存）1 卷 (14)《異魚圖贊》（譜錄）4 卷 (15)《墨池瑣錄》（藝術二）4 卷 (16)《丹鉛餘錄》（藝術三）17 卷、續錄 12 卷、摘錄 13 卷、總錄 27 卷 (17)《譚苑醍醐》（雜家三）9 卷 (18)《謝華啟秀》（類書存一）8 卷 (19)《均藻》（類書存一）4 卷 (20)《哲匠金桴》（類書存一）5 卷 (21)《可知編》（類書存一）8 卷 (22)《廣夷堅志》（小說存二）20 卷 (23)《古今諺》2 卷（小說存二）、古今風謠 2 卷 (24)《升菴集》（別集二五）81 卷 (25)《詩話補遺》（詩文評二）3 卷 (26)《詞林萬選》（詞曲存）4 卷 (27)《金石古文》（總集存二）14 卷 (28)《古儁》（總集存二）8 卷 (29)《風雅逸篇》（總集存二）10 卷 (30)《翰苑瓊琚》（總集存二）8 卷 (31)《三蘇文範》（總集存二）18 卷 (32)《布姓補》5 卷（類書存三），合計三十二部書，326 卷。
41 《欽定四庫全書總目》（書同註 7）收有陸深的著作如下：
　　(1)《南巡日錄》1 卷、《北還錄》1 卷（雜史存二）(2)《淮封日記》（傳記存六）1 卷 (3)《南遷日記》（傳記存六）1 卷 (4)《蜀都雜鈔》（地理存六）1 卷 (5)《科場條貫》（政書存一）1 卷 (6)《史通會要》（史評存一）

七部書、887 卷[42]，焦竑有十六部書、259 卷[43]，王世懋有十五部書、96 卷[44]，郭子章有十四部書、289 卷[45]。單這六人加總，便高

---

3 卷（7）《同異錄》（儒家存二）二 2 卷（8）《古奇器錄》（譜錄存）1 卷（9）《儼山外集》（雜家）34 卷（10）《河汾燕閒錄》（雜家存四）2 卷（11）《停驂錄》（雜家存四）2 卷、續錄 3 卷（12）《傳疑錄》（雜家存四）2 卷（13）《春雨堂雜鈔》（雜家存四）1 卷（14）《儼山外紀》（雜家存八）1 卷（15）《書輯》（藝術存）3 卷（16）《玉堂漫筆》（小說存一）3 卷（17）《金臺紀聞》（小說存一）2 卷（18）《春風堂隨筆》（小說存一）1 卷（19）《知命錄》（小說存一）1 卷（20）《豀山餘話》（小說存一）1 卷（21）《願豐堂漫書》（小說存一）1 卷（22）《儼山集》（別集二四）100 卷、續錄 10 卷（23）《行遠集》、《行遠外集》（別集存二），合計二十三部書，178 卷。

42 《欽定四庫全書總目》（書同註 7）收有王世貞的著作如下：
　　（1）《史乖考誤》（史評存二）10 卷（2）《弇山堂別集》（雜史）100 卷（3）《嘉靖以來首輔傳》（傳記二）8 卷（4）《畫苑》（藝術存）10 卷（5）《書苑補益》（藝術存）4 卷（6）《弇州山人題跋》（藝術存）7 卷（7）《異物彙苑》（類書存一）5 卷（8）《彙苑詳註》（類書存一）36 卷（9）《　不　錄》（小說二）1 卷（10）《世說新語補》（小說存一）4 卷（11）《讀書後》（別集二五）8 卷（12）《弇州山人四部稿》（別集二五）174 卷、續稿 207 卷（13）《鳳溯筆記》（別集存四）24 卷、續集 4 卷（14）《弇州稿選》（別集存四）16 卷、後集 4 卷（15）《尺牘清裁》（總集存二）60 卷、補遺 1 卷（16）《全唐詩說》（詩文評存）1 卷、詩評 1 卷（17）《王氏書苑》10 卷、《書苑補益》8 卷（藝術存），合計十七部書、887 卷。

43 《欽定四庫全書總目》（書同註 7）收有焦竑的著作如下：
　　（1）《易筌》（易存二）6 卷、附論 1 卷（2）《俗書刊誤》（小學二）12 卷（3）《熙朝名臣實錄》（傳記存四）27 卷（4）《獻徵錄》（傳記存四）120 卷（5）《國史經籍志》（目錄存）6 卷（6）《支談》（雜家存二）3 卷（7）《焦弱侯問答》（雜家存二）1 卷（8）《焦氏筆乘》（雜家存五）8 卷（9）《焦氏類林》（雜家存九）8 卷（10）《二十九子品彙釋評》（雜家存九）20 卷（11）《玉堂叢語》（小說存一）8 卷（12）《莊子翼》（道家）8 卷、莊子闕誤 1 卷、附錄 1 卷（13）《老子翼》（道家）3 卷、老子考異 1 卷（14）《陰符經解》（道家存）1 卷（15）《養正圖解》（未收五）（16）《中原文獻》（總集存三）24 卷，合計十六部書、259 卷。

44 《欽定四庫全書總目》（書同註 7）收有王世懋的著作如下：
　　（1）《卻金傳》（傳記有六）1 卷（2）《三郡圖說》（地理有三）1 卷（3）《閩部疏》（地理有六）無卷數（4）《名山游記》（地理有七）1 卷（5）《學圃雜疏》（譜記存）1 卷（6）《澹思子》（雜家存 2 二）1 卷（7）《經子臆解》（雜

達一百十七部書、2,035 卷，還不含《欽定四庫全書總目》所未收的著作在內。也就是說，單以這六人的所有著作而論，讀者就已經很難搜集，覽閱殆遍，一一比對讎校了，更遑論《經世論》收錄多至四百二十九人，所要面對的文獻困難，就顯得異常的艱鉅了。

　　林氏提及「明人刻書草率」、「魯魚亥豕」的情形，《經世編》也不例外。明顯的錯字不少，如：彼此貪「緣」，錯為「綠」字[46]；生靈之「困」，錯為「困」字[47]；學「校」，錯為「挍」字[48]；所關「不」細，錯為「下」字[49]；無得「干」擾，錯為「千」字[50]；出「柙」之處，錯為「押」字[51]…等等，隨處可見[52]。即便是選輯者

家存二）1 卷（8）《望崖錄》（雜家存二）2 卷（9）《讀史訂疑》（雜家存三）1 卷（10）《遠王文》（雜家有四）1 卷（11）《窺天外乘》（雜家存四）1 卷（12）《二酉委談》（小說存二）1 卷（13）《王奉常集》（別集存五）69 集（14）《關洛記游稿》（別集存五）2 卷（15）《藝圃擷餘》（詩文評二）1 卷，合計十五部書、96 卷。

45 《欽定四庫全書總目》（書同註 7）收有郭子章的著作如下：
（1）《蠹衣生易解》（易存一）14 卷（2）《平播始未》（雜史存三）2 卷（3）《豫章書》（傳記存四）122 卷（4）《聖門人物志》（傳記存四）12 卷（5）《郡縣釋名》（地理存一）26 卷（6）《阿育土山志》（地理存五）10 卷（7）《蠹衣生馬記》（譜錄存）1 卷（8）《蠹衣生劍記》（譜錄存）1 卷（9）《黔類》（類書存二）18 卷（10）《六語》（小說存二）30 卷（11）《粵草蜀草》（別集存）7 卷（12）《晉草楚草家草》（別集存）12 卷、家草 7 卷（13）《黔草》（別集存）21 卷（14）《豫章詩語》（詩文評存）6 卷，合計十四部書、289 卷。

46 見（明）陳子龍等撰《皇明經世文編》（北京：中華書局，1997 年 6 月 3 刷），卷八十，頁 711。

47 見《皇明經世文編》（書同註 46），卷八十二，頁 735。

48 見《皇明經世文編》（書同註 46，卷一百五十三，頁 1528。

49 見《皇明經世文編》（書同註 46），卷一百五十七，頁 1580。

50 見《皇明經世文編》（書同註 46），卷三百七十一，頁 4026。

51 見《皇明經世文編》（書同註 46），卷四百六十四，頁 5079。

52 本書第八章裡，即有一段文字舉出《皇明經世文編》明顯的錯字，至少就有七十多例，讀者可加以參看。

同一人，前後出現時，名字甚至也有所出入。如既是「選輯者」、又是「參閱者」的宋家禎（善先）在各卷皆為此名字[53]；然而卷四百三十四卻是宋「嘉」禎（善先），容易讓人誤以為是不同的二個人。又如只參閱二卷的「錢泮」，在卷二百十四時字為「雍『俌』」，在卷二百十五時字為「雍『誦』」，「俌」與「誦」二字形狀類似，卻差異極大。

《經世編》用到奇僻之字也頗多，如「因」字（頁 2510），「商」字（頁 2301），「懼」字（頁 2306），「深」字（頁 1103），「派」字（頁 3699），「搜」字（頁 4193），「農」字（頁 4483），「運」字（頁 3919），「厭」字（頁 4231），「降」字（頁 4637）……等等，《經世編》版刻時捨常用字而改用偏僻的字眼，數量極多，不勝枚舉。此外，如經常出現在〈凡例〉的資料中的詞語——像「冢宰」、「司馬」、「司農」、「司空」、「司寇」、「宗伯」、「冬官」等等，大半都不是明代官職的稱呼，然而在《經世編》中，卻常冠在明人身上，這時讀者就需要花費一番功夫加以查考，否則錯將「冢宰」當成內閣首輔，恐怕就要遺笑方家了。

---

53 宋家禎（善先）出現的各卷，分別是：卷 197、198、199、386、404、405、434。其中，卷 434 乃以「宋『嘉』禎（善先）」出現。

第二章　晚明經世思想的糾葛

第一節　儒家與政治糾葛中的經世思想

一、「經世」是各家可用的詞語，因儒學而有道德的理想色彩

　　「經世」一詞，即「經世濟民」、「經國濟世」的省稱。考查文獻，「經世」一詞，最早見於《莊子‧齊物論》：「春秋經世先王之志，聖人議而不辯」。在《莊子》原文裡，「春秋」二字是否指《春秋》一書？「經世」二字是否指後人理解的「治理天下」之意？「志」是否指「聖人之志」？迄今學界仍有不同的看法[1]。「經

---

1 詳林保淳先生的《經世思想與文學經世》（台北：文津出版社，民 80 年 12 月），第一章〈經世思想與文學經世〉云：「『春秋經世先王之志』一語，相當不容易理解，大多數的注家都以寥寥數語，一筆含糊地帶過，甚至根本不注，如向、郭之《注》，只於『聖人議而不辯』下，云『順其成跡而凝乎至當之極，不執其所是以非眾人也』，藉此發揮個人的哲學觀念，並未涉及上文；而成玄英的《疏》，雖是現存最早予以疏解的著作，卻於此語焉不詳，含糊籠統，至前後相互扞隔，可見原文確實不易索解。就所見諸家注本約略分析，此句的關鍵，正在「春秋」二字，對『春秋』不同的解釋，直接影響到下文『經世』和『志』的訓義。大抵上，對『春秋』的解釋有兩種較凸出的差異，一是將『春秋』釋成『時代（指四季時序，而非特定的歷史名詞）』，就《莊子》原文來看，應是比較合理的解說；一則是以『春秋』當《春秋經》，這是企圖援莊入儒的儒家式解說。其所以會在『春秋』二字上產生歧義，自

世」一詞，從含糊籠統的語義逐漸到「經世濟民」、「經國濟世」的意涵，越到後代越加明確。如晉朝郭象注《莊子・外物篇》的「是以未嘗聞任氏之風俗、其不可與經於世亦遠矣」時，說「此言志趣不同，故『經世』之宜，小大各有所適也」[2]之後，晉朝葛洪的《抱朴子・審舉》云：「故披《洪範》而知箕子有『經世』之器，覽九術而見范生懷治國之略。」[3]，南朝宋范曄的《後漢書・西羌傳論》云：「計日用之權宜，忘『經世』之遠略，豈夫識微者之為乎？」[4]，提到的「經世」，則已經是「治理天下」、「管理社

然與《春秋經》原就稱為『春秋』，及其在歷史上的特殊地位有關，而早在成玄英的《疏》中，就已明顯地有混淆的跡象了，《疏》云：『春秋者，時代也；經者，典誥也；先王者，三皇五帝也；志，記也。夫祖述軒頊，憲章堯舜，記錄時代，以為典謨，軌轍蒼生，流傳人世。』很明顯地，成《疏》雖然明言『春秋者，時代也』，不將之與《春秋經》混同，誠如王先謙所說的：『春秋經世，謂有年時，以經緯世事，非孔子所作《春秋》也。』原泛指一般以年月日時為順序的歷史記載，但是，成玄英在有意無意之間，還是以《春秋經》為典範而加以比附了，我們從司馬遷稱《春秋經》『上明三王之道，下辨人事之紀；別嫌疑，明是非，定猶豫，善善惡惡，賢賢賤不肖』的贊述中，可知成《疏》所云的『憲章堯舜』、『軌轍蒼生』，實不能逸離此一範疇。故後世的注《莊》之書，遂有『《春秋》，治世之大經大法』、『《春秋》，是非之書也』，將「春秋」等同於《春秋經》的情形。大多數的儒者都傾向於支持這種解說，如朱子述程頤之語，便直截了當地稱《春秋》之書，亦經世之大法也，徑取莊子「經世」之語形容《春秋經》了。『經世』一詞，在對『春秋』的兩種互異之解釋下，遂有了詞性上的區別，依王先謙『有年時以經緯世事』的解說，『經世』是『春秋』的形容詞，其義固近於章炳麟所說的『世紀編年』；而依近人劉武對王先謙的駁正，則『經世』是『春秋』的主動詞，實即『經劃世務』之意。由歷代學者對『經世』的用法上看來，顯然皆以後者為依準；連帶著，下文的『志』，也非『記載』、『徽號』，而是指先王『軌轍蒼生』的大志了。」，頁 26-28。

2　（清）郭慶藩編、王孝魚整理《莊子集釋》（台北：木鐸出版社，民 71 年 9 月），卷九，〈外物〉，頁 927。

3　見晉葛洪撰、（清）孫星衍校正《抱朴子》（台北：世界書局，民 56 年 9 月再版），外篇，卷十五，〈審舉〉，頁 128。

4　見（南朝宋）范曄《後漢書》（上海：上海古籍出版社，1995 年 12 月 11 刷，《二十五史》本第 2 冊），卷一百十七，〈西羌傳・論〉，頁 1056。

會」的意涵，殆無疑義。

　　「經世」一詞再拆開來看，「經」字本來是名詞，作織布機上的縱紗，與梭上的緯線相對，而在「經世」詞裡則轉成動詞使用，整理絲縷、理出絲緒都叫做「經」，於是蘊涵有治理、管理、經營之意。「世」字是名詞，三十年稱世，朝代稱世，社會、家國、天下、眾人也稱做「世」，於是蘊涵有世界、世事、世道之意。合而言之，「經世」就是治理世界（天下）、管理世事、經營世道……等等意函。古人有時用「經濟」、「經略」、「經綸」等等詞語，意思與「經世」差不多；有時用此，有時用彼。又「經世」一詞常常是底下詞語的省稱，如「經國家」、「經邦國」、「經邦濟時」、「經世致用」、「經世濟民」、「經國濟世」、「經理世務」、「經略天下」……等等，意涵相近。

　　要言之，「經世」既是心態、精神，也代表著思想。「經世」代表著積極入世、統治天下、管理國家、解決時代的現實問題。要能夠「經世」，就得研究「經世學」，包括：認識時代的癥結問題，研究現實的典章制度，天下的事、勢、物、權的各種關係，以及別人經世的經驗和得失。平心而論，「經世」是個中性的詞語，儒家有「外王學」，法家有「帝王之術」，道家有「黃老治術」，墨家有「兼愛非攻」，縱橫家有「權事制宜」等等，都可以以「經世」之詞代之，成為各家各派的「經世學」。

　　必須指出的是，後代「經世」一詞隨著儒家成為中國文化的主流後，也隨之被「儒家化」而有了濃厚的道德的理想色彩。尤其是加上「道德的動機」和「道德價值的目標」，「經世」在儒者的心目中，其實就是「內聖」的延伸、「外王」的實踐。所謂道德的動機就是要求「己欲立而立人，己欲達而達人」，而所謂道德的目的就是要讓整個天下都能上達堯舜三代的德治世界，甚至是《禮

記‧禮運》的大同世界——換句話說也就是要讓全天下成為道德
世界，道德宇宙。就此而言，經世正是因為儒家而有道德的理想
色彩。

二、儒者的理想：從內聖擴充到外王的聖王政治

儒家思想，簡言之，就是內聖和外王的學問。「外王」是與「內
聖」相對待的名詞。「內聖」，簡單地說即是透過道德修養的工夫
（或云心性修養），不斷地清澈自己內在的心靈、昇華自己生命的
精神層面，步步實踐，隨時消化自己非理性反理性乃至罪惡的各
種意識、潛意識，讓自己達到聖人的生命境界為終極目標。內在
修養、終極成聖，即「內聖」簡單的定義。不過，所謂的「聖人」，
先秦儒者如孔子、孟子、荀子等人雖然很強調「內在修養」的重
要性，卻同時也都強調「博施濟眾」、「修己以安百姓」、「禮義治
國」等等王業的重要性。也就是說，「內聖」的道德修養是儒者的
必要條件，在這個基礎上，如果不能擴充出去，不能潤澤百姓、
有用天下，終不免有憾。「外王」，簡單地說即是在道德修養的基
礎上，不斷往外擴展，使自己所接觸到的任何人、事、物都能道
德提昇、合理定位，乃至安身立命，以讓社會、家國、天下都浸
潤在聖王的德澤之中為終極目標。孟子說：「古之人，得志，澤加
於民；不得志，脩身見於世。窮則獨善其身，達則兼善天下。」[5]
修身見於世、獨善其身，正是內聖的修養工夫；澤加於民、兼善
天下則為外王的事業。

得志不得志，或者說外王事業成功不成功，有時候和「時運」、

---

5 語見《四書章句集注‧孟子集注》（台北：漢京文化事業有限公司，民 76 年
10 月），卷十三，〈盡心章句下〉，頁 351。

「機緣」、「外在環境」有著很密切的關係,往往非個人所能絕對掌控。先秦大儒:孔子「累累若喪家之犬」,孟子「轍環天下、卒老於行」、荀子「逃讒於楚、廢死蘭陵」,非僅無可厚非,反令人嗟歎、同情。然而時運許可、機緣不錯,外在環境不錯,也就是得志之時,「治國平天下」、「修己以安百姓」、「己立立人」、「己達達人」仍是所有儒者的共同心願。即便是擔任小小的縣令,也都會盡心盡力、認真負責;在實際的從政行為當中,體現出他們所服膺所信仰的外王思想。另一方面,即便真的不得志,儒者仍有他的外王思想,包括合理的政治方略、倫理主張、文化關懷、教育實踐、乃至出處進退的指導原則等等,有時甚至取得時代發言權;下則教化鄉里、移風易俗,上則經筵進講、端正君心,發揮一定的影響力。

　　《大學》裡有所謂的八條目:格物→致知→誠意→正心→修身→齊家→治國→平天下。從「格物」到「修身」,隸屬「內聖」範疇;從「修身」到「平天下」隸屬「外王」範疇。必須提醒的是,不管內聖之學或外王之學,每個「→」所指涉的問題,都蘊藏著極為豐富的知識和學問。同樣的「格物」字詞,同樣的「致知」字詞,朱熹、陽明的見解就紛歧不一;更不必說「心」、「意」、「性」、「理」等等充滿彈性而多義的字詞了。外王思想也不例外。如何從修身到齊家,裡頭有許許多多值得探討的問題;如何從修身到治國、平天下,也不例外。同時,儒者立論又多喜歡混著精微的心性思想體系,連繫到外王思想來。如「理一分殊」,既可以是本體論宇宙論的重要命題,也可以是倫理學「親其親」、「子其子」的重要意義。前者連繫內聖之學,後者則連繫外王之學。凡此,都可以說是儒者思想的一貫而完整的特性,既是內聖思想,也同時是外王思想,這些都值得細細探究。

　　從另一個角度思考，依現在的知識分類，外王思想究竟包括了那些？筆者認為，除去傳統執以為重心的「政治」之外，尚有經濟、社會、教育、文化等等皆是。如孫中山先生《三民主義》裡，民族主義涉及國家民族的地位、民族的尊嚴；民權主義涉及政治的原理、政治的結構；民生主義涉及土地、資本、食衣住行等等。這些，皆可以謂之為外王思想。儒者外王思想的大原則，皆以仁道為政治之根本，崇尚堯舜三代之治，期望聖王之君統治天下。然因所處之時代環境有別，每人之思想體系不同，仕宦講學順逆之異，所強調外王思想的某些層面，的確也呈現出不同的面貌。

三、現實的政治：從外王（霸）的事實再回頭找內聖的說法

　　就儒者而言，由內聖開出外王，是他們不變的堅持與信仰，也就是所謂的「道」，所謂的「體」；師徒相傳，「游文於六經之中，留意於仁義之際」，在教育文化的領域內成效尤其卓著。然而就歷代實際的政治現實考察，許多建立新朝代打天下出身的君主，其實都沒有「內聖」（即道德修養）的工夫，多數人打天下的主觀動機也與儒家標榜的「仁心」相去甚遠。所以儒家口口聲聲所提的「聖王」—道德領袖或道德聖人，現實的情形卻經常是凡夫俗子的君、非道德的王、及至反道德的皇帝[6]。道德的「聖」與政治的

---

6 如秦末陳勝起兵乃因「失期當斬」，目的為了保住自己的生命。項羽、劉邦二人都是在看到秦始皇的威儀後，一個說「大丈夫當如此也！」、一個喟然歎息地說：「嗟乎！大丈夫當如在此也！」都是貪權好勢的動機。即使是開創明代的朱元璋，從軍起義之初，是：「謀避兵，卜于神，去留皆不吉，乃曰：『得毋當舉大事乎？』卜之吉，大喜，遂以閏三月甲戌朔入濠見子興。」完全沒有什麼神聖的道德動機或目的。上述見《史記》的〈陳涉世家〉、〈高祖本紀〉、〈項羽本紀〉，《明史》的〈太祖紀一〉等。

「君」，並不是沒有矛盾的，也不是理所當然可以結合在一起的。
針對這一點，當代新儒家大師牟宗三先生有段精闢的言論：

> 即令如此，儒者總不放棄要求天子做「聖君」。這裏我們必
> 須對聖君這個名詞作一交代。依理而論，「君」和「聖」是
> 不同的。聖是道德人格之名；君，是政治人格之稱。君主
> 專制政體中的君，具有無上的權力，我們既沒有一個法律
> 制度的安排來限制他，便只有用道德來教訓他，要他成為
> 「聖人」了。這樣，我們對那個君王，既賦予他政治上的
> 無限權力，又要求他成就道德上的無限人格。我們對他的
> 要求不是太多了，也過分了嗎？但是，以從前儒家知識分
> 子看來，一個君主如果沒有道德上的無限人格，就不能行
> 使政治上的無限權力，就不能理想地成為一個「君」。要求
> 一個普通人做聖人，已經是很難了；要求一個憑武力自己
> 打來天下或憑祖先繼承天下享有無限權力的大皇帝做聖
> 人，更難。可是，一個君主如果在道德人格方面無成就，
> 就一定不能做一個好皇帝。這道理並不難了解。所以，以
> 前的儒者就非要求大皇帝做聖人不可。天天用聖人之道教
> 訓他，要他「法天」以保育萬民乃至萬物，就只因為他是
> 「天子」。這樣，天子實受不了。因為他也是個「人」，不
> 是「神」，不是「天」。他那能依你的安排、教訓而成「神」，
> 成「天」，成就一個無限的道德人格把自己完全客觀化出去
> 呢？你一定要他這樣做，他就一定受不了[7]。

儒之所以為儒，就在他對「內聖外王」的堅持與信仰中。君
之所以為君，就在他於政治領域中擁有無限的權力。有道德的人

---

7 語見《中國文化的省察—牟宗三講演錄》（台北：聯經出版事業公司，民75
　年2月4刷），〈中國文化大動脈中的現實關心問題〉，頁79-80。

不一定有權力，有權力的人不一定有道德；現實的情況有時甚至
是，有道德的人沒有權力，有權力的人沒有道德。幾乎所有的儒
者都企盼自己能夠啟蒙天子、經筵進講，以端正君心或做帝王師
為己任；因為他們相信「君心正」了，天下事千變萬化，無不隨
之而正，任何問題也無不隨之而變得簡單容易解決了，事實上，
就這個層面而言，很少有成功的儒者，聖人之道的教訓在實際政
治中能發揮多大的效果，是頗值得再重新衡定的。

更有甚者，歷代君王還蠻喜歡拿「天下一統」的外「王」（實
際上是「霸」）事實，再替自己安插上「內聖」的理由，如說自己
是「禁暴去亂」、是要讓「黎民安居樂業」，自己的「無敵」是因
為自己是個「仁者」。只要打出了天下，「成者為王、敗者為寇」，
掌握了權力也就跟著掌握了歷史的解釋權，南宋永嘉永康事功學
派的名言：「功到成處，便是有德，事到濟處，便是有理」[8]，其
實用來概括歷代君王的「外王（霸）→內聖」是很貼切的話。君
王這樣的做法，讓自己名義上是聖君而不是武夫，至少可以讓自
己打出來的政權合理化合法化，更易於為自己統治天下找到名正
言順的理由和藉口；同時，也有利於找來有學問治術的儒生們為
其效力 —— 那個儒者會不願意為「聖君」做事情呢？那個儒者會
不希望天下安定、百姓幸福呢？於是，儒學的思想和人物，在君
王的手中常常被工具化地利用著。在不挑戰皇權的前提底下，儒
者也因投入政治而得以漸漸發揮自己的外王事業，就這個角度而
言，這其實也有助於儒學的發展，和文化的保存。

《孟子‧公孫丑》云：「以力假仁者霸，霸必有大國；以德行
仁者王，王不待大，湯以七十里，文王以百里。以力服人者，非

---

8 語見《陳亮集》（台北：漢京文化事業有限公司，民72年12月），卷二十，
〈附錄‧陳傅良「致陳同甫書」〉，頁331。

心服也，力不瞻也；以德服人者，中心悅而誠服也，如七十子之
服孔子也。《詩》云：『自西自東，自南自北，無思不服。』此之
謂也。」[9]用孟子的話來說，儒者希望的是「王道」，歷史給的現
實情況卻是「霸道」居多。緣此，南宋大儒朱熹甚至認為漢唐千
五百年之間，只是「架漏牽補，過了時日，其間雖或不無小康，
而堯、舜、三王、周公、孔子所傳之道，未嘗一日得行於天地之
間也。」[10]朱熹的話代表著許多正統純儒的意見，三代的道德政
治（稱「三代之治」），於是成了儒學的政治理想與烏托邦了。

四、儒者的經世：依違在理想和現實之間

從儒者的「內聖→外王」來看「經世」思想時，必會注重「義
利之辨」，注重「王道」、「霸道」的嚴格區分，借張灝先生的話來
說就是「道德經世」。宋明理學即以「道德」、「心性」等內聖功夫
擅長，而「經世」是理想的懷抱，可遇不可求，但仍需加以堅持
的，像朱熹就是這類儒者的典型代表人物。

然而，並不是所有的儒者都是「修身經世」的信仰者，尤其
是在遇到國家存亡或天崩地裂的關鍵時刻，不少人會將注意的進
點轉向現實的問題上頭，把思想的重心轉成如何救亡圖存的事功
上面，筆者將之命名為「救亡經世」。也正因為如此，他們甚至會
將國家衰敗、天下困蹙的責任歸諸為儒者或他們的追隨者身上，
說他們只會侈談「道德性命」等等。如浙東學派之一的永康陳亮

---

9 語見《四書章句集注·孟子集注》（書同註5），卷三，〈公孫丑章句上〉，頁
235。
10 語見（宋）朱熹撰《晦菴先生朱文公集》（上海：商務印書館，《四部叢刊
初編集部》縮印明刊，卷三十六，〈答陳同甫〉，頁579。

云：「今世之儒士自以得正心誠意之學者，皆風痺不知痛癢之人也。舉一世安于君父之讎，而方低頭拱手以談性命，不知何者之謂性命乎！」[11]陳亮正是針對時弊，主張義利、王霸統歸一路，大倡農商和事功之學。基本上，沒有儒者會去反對王道，只是像陳亮這些人，認為「霸道」其實也是本於「王道」而來的東西，進而去認為「仁義」就是有利於國家、民生的事功，而所謂的「聖王」也是結合「事功」或「功利」，才配被稱作「聖王」的。要言之，陳亮雖然主張義利雙修、王霸並用，其實仍是在儒學的外王思想中的側重和發揮。

「修身經世」，就是「道德經世」，重在內聖的道德修養、心性的體悟上頭，從「終極關心」用功，希望強化道德的影響力，從個人延伸而齊家、治國、平天下。這類儒者的經世思想，重在修養，重在道德，重在教化，對於王霸的分辨尤其堅持。「救亡經世」則近似於「實用經世」，特別注重功效而不強調動機，注意的焦點往往投向現實關心的問題：人材、軍事、財賦、山川等等都是。這類儒者的經世思想，重在「有用」，重在「救亡圖存」，重在對典章制度的熟悉，重在對現實事務的嫻熟，對王道霸道採並用、雜用的方式，只要有利天下國家即可。

依此，《皇明經世文編》「修身經世」的份量較少，而在「救亡經世」方面則份量較多較重。

五、晚明的東林黨：道德經世，
不知忠義必無經濟

東林黨，是學術團體，是政治團體，也是晚明儒學的代表，

---

11 語見《陳亮集》（書同注 8），卷一，〈上孝宗皇帝第一書〉，頁 8-9。

國學大師錢穆甚至認為「宋、元、明三朝六百年講學史者亦以東
林為殿。」[12]東林在受到宦官魏忠賢無情的政治迫害、打壓以後，
變為「復社」，「復社」內又分有「幾社」。《皇明經世文編》正是
以陳子龍為代表乃許多復社、幾社成員們所共同編纂而完成的。
依此而言，《經世編》實與東林有著千絲萬縷的關係，難以忽略。
如孫承宗、蔡懋德、錢謙益、錢龍錫、許譽卿、何吾騶、房可壯、
方震孺、方逢年、侯恂、黃道周、徐石麒等人，全是魏忠賢所公
布《東林黨人榜》的人物[13]，他們也全是《經世編》的「鑑定名
公姓氏」上的人物；其中，許譽卿還為《經世編》寫了序，放在
卷首。其他如金鉉、盧象昇、馬世奇、陳龍正、高世泰、張國維
等人，或廁列《經世編》的「鑑定名公姓氏」中，或為《經世編》
寫序，而也都可以在清人陳鼎的《東林列傳》中找到名字。又如
朱東潤的《陳子龍傳》認為陳子龍由「文士」變為「志士」，是受
到東林大儒黃道周的啟迪和感動[14]；而「志士」的陳子龍正因為
受到大儒黃道周的影響，才會去編《皇明經世文編》一書。

　　萬曆三十二年（1604），大儒顧憲成被革職還鄉，於是與高攀
龍、錢一本、薛敷教、史孟麟、于孔謙、顧允成等人，於無錫的
東林書院講學。這些人都是當時名聲顯赫、行修學博的大儒者，
他們一方面為重振王學末流空談本體的狂禪學風而特別強調「工
夫」、「實踐」與「是非」之學；另一方面，他們有感於政治腐化、
時局敗壞、宦官擅權、貧富不均等等問題，而又主動積極的以「裁

12　語見《中國近三百年學術史》（台北：臺灣商務印書館，1995 年 9 月臺二版），
　　第一章〈引論〉，頁 9。
13　見（清）陳鼎撰《東林列傳》（台北：新文豐出版社，民 64 年 11 月），〈黨
　　人榜天啟五年十二月乙亥朔頒示天下〉，頁 1-4。
14　見呂慧鵑等編《中國歷代著名文學家評傳》（濟南：山東教育出版社，1997
　　年 9 月），第四卷（元、明），〈陳子龍〉，頁 553-576。

量人物、訾議國政」為己任。講學是內聖的道德修養問題，議政是外王工夫的具體表現，二者在東林而言是一體貫通的。大儒黃宗羲在《明儒學案》記顧憲成的講學宗旨云：

> 先生論學，與世為體。嘗言官輦轂，念頭不在君父上；官封疆，念頭不在百姓上；至於水間林下，三三兩兩，相與講求性命，切磨德義，念頭不在世道上，即有他美，君子不齒也。故會中亦多裁量人物、訾議國政，亦冀執政者聞而藥之也。天下君子以清議歸於東林，廟堂亦有畏忌[15]。

可見東林所辦的「念頭」，就是誠心、正意的內聖修養工夫，而「念頭」的對象，則是看你做什麼官居什麼職的地位而定——像君父、百姓、世道，無一不是外王的表現。對東林而言，本體工夫之辨就是是非之辨，而是非之辨就是人物之辨、國政之辨。高攀龍說的「紀綱世界，全要是非明白」[16]，正說出了東林的精神所在。

就「經世」的角度來看，東林是憂國憂民的儒者群，是道德救世的信仰群，師友砥礪、結社宣教全是要以天下蒼生為念，以孔孟仁心為重點，充滿著道德理想主義的色彩。

必須指出的是，東林和傳統儒者的差異在於他們更重視朋友的「群」的關係。「群」，是書院講學的師友砥礪，也是結社宣教的結果；「群」，使得東林獲得不少朝野士人慕風、應和，也獲得當時社會廣泛的影響力。但也因為「群」的講是非、裁人物、議國政的清議力量的強烈，以致招來閹宦血腥的鎮壓。《東林會語》載：

> 自古未有關閉門戶，獨自做成的聖賢。自古聖賢，未有離

15　語見（明）黃宗羲撰《明儒學案》（台北：華世出版社，1987年2月台一版），卷五十八，學案一〉，頁1,377。
16　語《明儒學案》（書同註15），卷五十八，〈東林學案一〉，頁1399。

群絕類、孤立無與的學問。所以然者何？這道理是簡極精
極細的物事，須用大家商量，方可下手。這學問是簡極重
極大的勾當，須用大家幫扶，方可得手。…于是群一鄉之
善士，講習即一鄉之善，皆收而為吾之善，而精神充滿乎
一鄉矣。群一國之善士，講習即一國之善，皆收而為吾之
善，而精神充滿乎一國矣。群天下之善士，講習即天下之善，
皆收而為吾之善，而精神充滿天下矣。其悅當何如哉？[17]

東林要求人人做敢講是非而又有道德修養的君子，鄉鄉講習
聖人學問而皆成善士，國國講習聖人學問而都是風俗敦厚的地
方，處處都是良善的境地，天下自然會得到太平——個人道德藉
「群」而推廣出去，進而成為道德世界、道德宇宙。然而，歷史
的發展並沒有照著東林的道德邏輯行走，相反地，天啟四年
（1624），魏忠賢因東林黨人楊漣彈劾他二十四大罪[18]，開始逮捕

---

17 語見《東林書院志》（南京：江蘇教育出版社，1995年9月，《中國歷代書
　院志》本第7冊），卷三，〈東林會語〉，頁206。
18 楊漣彈劾魏忠賢二十四大罪，收錄於《皇明經世文編》卷四百九十六，〈糾
　參逆璫疏〉一文，簡錄二十四大罪如下：（1）徑自內批，不相照會，壞祖
　宗二百餘年之政體。（2）交通孫杰論受顧命之大臣鄒元標，不容皇上不改
　父之臣。（3）嗾言官劾去禮臣孫慎行、憲臣鄒元標，不容先朝有痛念弓鼎
　之老臣。（4）不容盛時有正色立朝之直臣。（5）妄預金甌之覆字，竊作貂
　座之私情。（6）顛倒有常之銓政，掉弄不測之機權。（7）稍忤忠賢傳奉，
　盡全降斥。屢經恩典，竟阻賜環。（8）令皇上且不能保其貴幸。（9）令皇
　上不能保其妃嬪。（10）令皇上不能自保其第一子。（11）擅殺擅逐內臣，
　不知數十千百。（12）擅用朝臣，規制僭擬陵寢。（13）濫蔭名爵，褻朝近
　之名器。（14）動搖三宮，枷死皇親家人，久興大獄。（15）趙高鹿可為馬，
　忠賢煤可為礦。（16）草菅士命，辱恥壁宮泮藻。（17）侵吏部銓除之權，
　奪言官封駁之職，成中官大尊之賓。（18）開羅織之毒於士紳，不守大明之
　律全。（19）玩弄言官於股掌，令天下後世視皇上為何如主？（20）興同文
　之獄，刊黨錮碑，當年西廠汪直之橫，恐未足語此。（21）眉塢深藏，不知
　九門內外，生靈安頓何地？（22）謀同奸相沈淮，創立內操，使親戚黨羽，
　交壬盤踞，招納亡命，意欲何為？（23）改駕四馬，羽幢青蓋，夾護雙遮，

並瘋狂地殺害楊漣、左光斗、黃尊素、周順昌等人。天啟五年（1625），列《東林黨人榜》三百有九人頒示天下，「生者削籍，死者追奪，已經削奪者禁錮」[19]，東林正式瓦解。崇禎年間，「復社」和「幾社」都是承東林之餘緒，甚至要到順治九年（1652）被清政府強力取締而竭。

要言之，東林多廉吏清官，上忠於君、下愛於民，是典型儒者「內聖外王」的經世實踐的代表人物[20]。「道德」是他們的共同信仰和核心價值，道德具有優先性和本體性，「道德」可以經世，可以救世；離開道德則不足以言經世、救世。如：

> 時四郊多壘，士爭談經濟。鍾巒曰：「不明於死生，必不能忠義；不知忠義，必無經濟。」作〈勸學說〉與同志砥礪焉[21]。

> 予以世患無真品望，不患無真經濟耳。所謂道德事功，垂

儼然乘輿，反狀已露。（24）亂臣賊子，一念放肆，遂至不可收拾。見第六冊，頁 5491-5497。

19 見《東林列傳》（書同註 13），〈黨人榜天啟五年十二月乙亥朔頒示天下〉，頁 1-4。

20 劉澤華、葛荃主編《中國古代政治思想史》（天津：南開大學出版社，2001年 6 月 4 刷），第二十章第五節〈東林黨人以政治為調節為特色的政治思想〉，張分田先生云：「東林黨人政治主張的根本特點是立足於調節和緩和社會矛盾，在維護明王朝根本利益的前提下，兼顧君、民各方的利益和要求。嚴格而論，其中並不含有民主思想成分。他們是儒學聖道的崇拜者和踐行者，是儒學正統主義的實際體現。表現在政治實踐中，東林黨人大多能愛護百姓，懲治貪吏，為政清廉。如楊漣任常熟知縣，舉廉吏第一；周起元政績卓然，『以廉惠稱』；李應昇任南康推官時，『出無辜十九人於死，置大猾數人重辟』，民謠頌之『清和無比』【引文均見《明史》各本傳】。東林黨人既忠於君主，又能得到民眾擁護，是典型的『清官』形象，亦即封建統治階級自我調節機制的典型表現。」，頁 496。

21 語見《東林列傳》（書同註 13），卷十二，〈吳鍾巒傳〉，頁 30。

但是更多的文人在時代氛圍的激盪下，開始積極地追求經世，希冀自己有用於世；陳子龍是文人，幾社是文人社團，《經世編》之成，與文人的關係絕不遜於與儒者的關係。

晚明受到時局的刺激，甚至連科舉考試都有所改變。如崇禎九年（1636 年），「命鄉、會試二三場，兼《武經》、書、算，放榜後騎射」[27]；崇禎十年（1637 年），「今天下府、州、縣學皆設武學生員，提學官一體考取。已又申《會典》事例，簿記功能，有不次擢用、黜退、送操、獎罰、激勵之法」[28]，崇禎十四年（1633），「特設裕國足民、奇謀異勇科，諮訪徵辟，稱朕破格旁求之意」[29]等等。這些都是朝廷意欲透過科舉考試，直接對士子宣示：國家目前最需要的是懂兵食、敢勇戰、能富強的經世人才；而不是只會感風吟月、呻吟咿哦的柔弱文人。這就說明了在現實考量下，

（台北：世界書局，民 50 年 2 月）所載，有：「（李先輩流芳）萬曆丙午，與余同舉南畿，再上公車不第。天啟壬戌，抵近郊聞警，賦詩而返，遂絕意進取，誓畢其餘年，讀書養母，刻心學道，以求正定之法。」（丁集下，頁 581）、「（歸待詔子慕）萬曆辛卯，舉于鄉。一再試不第，不赴公車，屏居江邨。其室如蝸殼壺子，圭竇不完。簷溜之外，因樸籟編籬為圃，布衣蔬食，泊如也。與梁溪高存之、嘉善吳子佳講性命之學，過從習靜，端坐不語，終日凝然。三人者，有所自得，听然相語，有吟風永月之思，他人莫之知也。」（丁集下，頁 582-583）「（錢秀才謙貞）生而韻令，有雋才，起於孤童，能自鍛礪。早謝舉子業，讀書求志，闢懷古堂以奉母。簾戶靚深，書籤錯列，所與游惟魏沖叔子、馮舒已蒼，相與論詩度曲，移日永下，下鍵謝客，意泊如也。」（丁集下，頁 600）、「（陳秀才价夫）少為諸生，踏省門不見收，遂隱居賦詩以自娛。」（丁集下，頁 634）、「（陳徵士繼儒）年未三十，取儒衣冠焚棄之，與徐生益孫，結隱于小崑山。仲醇（案即陳繼儒）為人，重然諾，饒智略，精心深衷，妙得老子陰符之學。」（丁集下，頁 637）。

27 語見（清）谷應泰撰《明史紀事本末》（書同註 22），卷七十二，〈崇禎治亂〉，頁 829。

28 語見（清）張廷玉等撰《明史》（上海：上海古籍出版社，1995 年 12 月 11 刷，《二十五史》本第 10 冊，卷六十九，〈選舉志一〉，頁 7959。

29 語見《明史紀事本末》（書同註 22），卷七十二，〈崇禎治亂〉，頁 835。

當時的士子即便是要參加科舉考試、仕進當官、求取富貴，也必須要對時代的現實問題加以關心和研究。幾社成員曾出版過方便士子參加科舉研讀的參考書：《幾社六子會義》、《幾社壬申文選》、《幾社會義》（陸續出版五集）等等，與這些著作相同的地方是：《經世編》的編纂完成，對於有些參加應考的士子們，除去理想面的精神激盪外、相信就算在現實面的考量下，《經世編》也將會是他們心目中的一本好參考書。

二、晚明文人的各種經世面貌

不少晚明文人正是在亂世衰世的刺激下，而有著經世的志向，如《列朝詩集小傳》所載：

> （唐處士時升）字叔達，嘉定人。少有異才，未三十謝去舉子業，讀書汲古，通達世務。居恆笑張空拳、開橫口者、如木驪泥龍，不適於用。酒酣耳熱，往往捋鬚大言曰：「當世有用我者，決勝千里之外，吾其為李文饒乎？」…天下漸多事，上言利病者紛如。叔達私議，某得某失，兵農錢穀，具言其始終沿革，若數一二。東西搆兵萬里外，羽書旁午，獨逆斷其情形虛實，將帥成敗，已而果然。辰玉問：「子何以知之？」叔達曰：「吾觀古人事，固有類此者，竊意之耳。」…余未幾罪廢，不克副其望，而叔達之窮老憂國為何如也。叔達為人，志大而論高，平居意思豁然，獨好古人奇節偉行，與夫古今謀臣策士之略。討論成敗興亡之故，神氣揚揚，若身在其間。…語及國事，眄眄抵掌，所謂精悍之色，猶著見于眉間也。（世界書局本，底下僅標集號、頁碼，不再寫出書名。丁集下，頁 579）

（顧先輩雲鴻）起家孤貧，讀書修行，以忠孝名節為己任。篤於交友，責備行誼，慷慨急難，以古人相期許。中萬曆庚子鄉試，退而卜築虞山之藤溪。嘗謂余曰：「天下多事，丈夫當出而死國。及此介居，留連煙雲泉石間，聊借以瑩心神養氣骨耳。掃除一室，豈吾黨之所有事乎！」丁未鎖院對策，語及朝政敝竇，天災民隱，淚籔籔下，沾漬畢牘，不能收。下第歸，發病卒。（丁集下，頁583）

（茅待詔元儀）元儀，字止生，歸安人。…止生好譚兵，通知古今用兵方略，及九邊阨塞要害。口陳手畫，歷歷如指掌。東事急，慕古人毀家紓難，慨然欲以有為。高陽公督師，以書生辟幕僚，與策兵事，皆得要領。…止生自負經奇，恃氣凌人，語多誇大。能知之者，惟高陽與余。…而其大志之所存者，則在乎籌進取，論匡復，畫地聚米，決策制勝。（丁集下，頁591-592）

（沈山人璜）璜，字璧甫，吳人。與王德操、林若撫、先後稱詩。璧甫長身頳面，狀貌類河朔間人。重氣任俠，好為人急難畫策，矢口縱談，盱衡奮臂，雅不欲以吳中纖兒自命。嘗遊遼左，督師汝南公延致幕下。劇論兵事，往往屈其坐客。汝南歿後，痛其罪疑辟重，酒間歎息，聲淚俱下。（丁集下，頁593）

（何秀才允泓）允泓，字季穆，年十四五，則已厭薄程文熟爛之習。為詩歌古文，累數萬言。長而學問日以成就，

自唐宋以來經世大典，如杜、鄭、馬、丘四氏之書，儒者
多不能舉其凡例，而季穆麋摭解剝，窮極指要。凡古今、
地理、官制、河漕、錢穀，與夫立國之強弱，用兵之利害，
上下千餘年，年經月緯，如數一二。間有所舉正辨駁，矯
尾厲角，若質古人于窗戶之間，而與之抗論也。好談三吳
水利，訪問三江古道，及夏周疏瀹遺跡，窮鄉沮洳，扁舟
往反。嘗遇盜奪，襆被忍凍以歸，家人不知其何所為也。
遼亡之後，論失地喪師之故，每拍案呼憤，或靳之曰：「遼
東西是君田舍耶？」相與一笑而止。（丁集下，頁 597-598）

　　案唐時升、顧雲鴻、茅元儀、沈璜、何允泓等五人都與明末
清初的錢謙益（1582-1664）約略同時，收錄在《列朝詩集小傳》
內，代表著他們文人的身份（尤其是詩歌的造詣），名銜分別是：
處士、先輩、待詔、山人、秀才；有的人參加科舉考試，有的人
沒參加，然而那份關心天下，思為國用的經世情懷卻是相同的。
每人展現的經世面貌各有特色，唐時升「討論成敗興亡之故，神
氣揚揚，若身在其間」；顧雲鴻「語及朝政敝竇，天災民隱，淚簌
簌下」；茅元儀「好譚兵，通知古今用兵之方略，及九邊阨塞要害，
口陳手畫，歷歷如指掌」；沈璜「重氣任俠，好為人急難畫策，矢
口縱談，盱衡奮臂，雅不欲以吳中纖兒自命」；何允泓「凡古今、
地理、官制、河漕、錢穀、與夫立國之強弱，用兵之利害，上下
千餘年，年經月緯，如數一二。」經世面貌儘管互異，但憂時憂
民、一腔救世的熱血卻是一樣的。

　　五人之外，文人具經世之志或經世之行尚多，如鄭秀才胤驥
[30]、韓國博上桂[31]、顧勳衛大猷[32]、周秀才永年[33]、顧仲子大武[34]、

---

30 見《列朝詩集小傳》（書同註 26），丁集下，〈鄭秀才序胤驥〉載：「胤驥，
　　字閑孟，嘉定人。……閑孟為文章，雄健好譚經濟。……嘉定多讀書汲古

王遺民鐀[35]、劉武庫黃裳[36]、俞山人安期[37]、錢山人希言[38]、陳秀才衍[39]、茅太學維[40]、阮徵士漢聞[41]、徐道士穎[42]、傅秀才汝舟[43]等

之士，余所知者徐允祿，字汝廉，以經學為大師，**奮髯扼腕**，好談天下大計。東事急，余在左坊，三千里寓書，當唱大議，亟勸主上南遷。己巳之役，徐元玉為忠言至計，而于廷益不幸而中也。其經奇如此。」，頁584-585。

31 見《列朝詩集小傳》（書同註26），丁集下，〈韓國博上桂〉載：「天官、兵法、壬遁之書，無不通曉。」，頁587。

32 見《列朝詩集小傳》（書同註26），丁集下，〈顧勳衛大猷〉載：「搜採國朝掌故，條列時政，著書數千卷，盈箱溢帙，祕不以示人。」，頁590。

33 見《列朝詩集小傳》（書同註26），丁集下，〈周秀才永年〉載：「晚而扼腕時事，講求掌故，思此桑榆自奮。」，頁594。

34 見《列朝詩集小傳》（書同註26），丁集下，〈顧仲子大武〉載：「仲子權奇俶儻，以古豪傑自命，讀書邑之東塔寺，每射輒中。」，頁595。

35 見《列朝詩集小傳》（書同註26），丁集下，〈王遺民鐀〉載：「三之長安，國事日非，東西交訌，登臨弔古，憂時欷世，胸中塊壘，發之於詩，往往牢愁結轖，不能盡其百一。」，頁613。

36 見《列朝詩集小傳》（書同註26），丁集下，〈劉武庫黃裳〉載：「倭犯朝鮮，有興復屬國之師，以知兵見推擇，贊畫宋司馬軍事，遷郎中。兵罷，請告歸里而卒。」，頁615。

37 見《列朝詩集小傳》（書同註26），丁集下，〈俞山人安期〉載：「羨長巨目曷鼻，魁顏長身，狀貌如河北傖父。與之談，盱衡抵掌，意氣勃如也。」，頁630。

38 見《列朝詩集小傳》（書同註26），丁集下，〈錢山人希言〉載：「又徵古今劍事，撰『劍筴通』；記本朝遼事始末，作『遼志』，摭採詳博，卷帙甚富，蓋棺之後，其書未削稿者盈箱溢帙，今皆散佚不存矣。惜哉！」，頁633。

39 見《列朝詩集小傳》（書同註26），丁集下，〈陳秀才衍〉載：「老於場屋，好談邊事利害，及將相大略。窮老盡氣，不少衰止。」，頁635。

40 見《列朝詩集小傳》（書同註26），丁集下，〈茅太學維〉載：「不得志於科舉，以經世自負，詣闕上書，幾得召見，如陳同甫所謂『天子使召問，何處下手』者。」，頁635。

41 見《列朝詩集小傳》（書同註26），丁集下，〈阮徵士漢聞〉載：「積學嗜奇，留心當世之務，落落無所遇。」，頁642。

42 見《列朝詩集小傳》（書同註26），丁集下，〈徐道士穎〉載：「好談兵，以徐鴻客、姚榮靖自許。兵後，入閩粵，不知所終。」，頁663。

43 見《列朝詩集小傳》（書同註26）丁集下，〈傅秀才汝舟〉載：「幼孤，負至性，奇崛好古，讀書能知大意，矢口辨駁，多有別解。好譚經濟大略，矯尾厲角，人無以難也。」，頁664。

等都是。其中，顧大猷還曾「搜採國朝掌故，條列時政，著書數千卷，盈箱溢帙，秘不示人」，其書今雖遺佚，依理推之，應該就是近似《經世編》此類的作品；錢希言也曾「記本朝遼事始末，作《遼志》，採摭詳博，卷帙甚富」，這也是經略遼東的好文獻，可惜也已遺佚。要之，從上文引述資料看來，晚明文人，特別是崇禎朝時，由於政治、時局、遼左喪師等等因素，激發出文人一腔救世的熱血，平居飲酒狂俠，好談兵、喜讀經世大典，蔚為風潮。依此看來，《經世編》出自文人之手，背後是有其特殊的時代氛圍。

三、文人與儒者的差異

必須指出的是：文人是文人，儒者是儒者，生命情調有差，有些思想和價值判斷也就迥異。一般說來，儒者強調道德操守、名譽氣節，堅持執著，意志強而久；儒者有時則對現實問題的關鍵則不夠敏銳，易流於迂腐而不切實際[44]。文人多才華洋溢，反應機靈，面對現實問題常能機變處之；然而文人有時會投機取巧，易隨時勢而變操改節。即使都強調著「經世」，文人與儒者間彼此仍可能存在著某些異議。

如大儒黃宗羲就曾批評過當時的文人社團云：

> 制科盛而人才絀，於是當世之君子，立講會以通其變，其興起人才，學校反有所不逮。⋯猶吳有東林，越有證人，古今人才，大略多出於是。然士之為經義者，亦依倣之而

---

44 龔鵬程先生的《晚明思潮》（台北：里仁書局，1994 年 11 月），第八章〈儒學經世的問題：以顏元為例〉，第二節〈儒者之迂〉第三節〈復古之害〉，論點亦然，讀者可加以參看，頁 305-321。

立社。余自涉事自今，目之所睹，其最著者：雲間之「幾
社」，有才如何剛、陳子龍、徐孚遠、而不能充其所至。武
林之「讀書社」，徒為釋氏之所網羅。婁東之「復社」，徒
為奸相之所訾謷。此無他，本領脆薄，學術龐雜，終不能
有所成就[45]。

這話就是盛讚東林，且以之為準而訾議各文社的缺失。如批
評幾社文人「有才而不能充其至」、「本領脆薄，學術龐雜，終不
能有所成就」。要之，儒者判教，總是要拿儒學的真精神、真血脈
來做判準；而在這樣的判準底下，在大儒黃宗羲的眼裡，文人（即
便是經世文人）往往只是有「才」卻無「學」，或「學術龐雜，終
不能有所成就」。換句話說，即文人經世精神雖然可感，卻難以創
出什麼事業來。依此推論，其實大多數的儒者就是這麼看待文人的。

一樣地，文人對於儒者也不是完全沒有微辭的。儒者有時守
經而不知權，也常引發政治慘酷冷血的鬥爭；尤其是東林過度「激
於濁世、出持清議」的是非之論，有時不免顯得「慘刻而不情」，
以致更加激起門戶之爭黨派之鬥。如幾社重要成員夏允彝就曾批
評云：

二黨之於國事，皆不可謂無罪；而平心論之，東林之始而
領袖者為顧、鄒之賢，繼為楊、左，又繼為文震孟、姚希
孟，最後輩如張溥、馬世奇輩、皆文章氣節足動一時。而
攻東林者，始為四明，繼為元、趙，繼為魏、崔，繼為溫、
周、又繼為馬、阮，皆公論所不與也。東林中亦多敗類，
攻東林者亦間有清操獨立之人；然其領袖之人，殆天淵也。
東林之持論高而於籌虜剿寇卒無實著，攻東林者自謂孤立

---

45 語見（明）黃宗羲撰《南雷文定》（台北：臺灣商務印書館，民 59 年 4 月
臺一版），卷三，〈答萬充宗質疑書壬子〉，頁 49。

任怨，然未嘗為朝振一法紀，徒以忮刻，可謂之聚怨而不
可謂之任怨也。其無濟於國事也，則兩者同之耳。…若兩
黨之最可恨者，專喜逢迎附會。若有進和平之說者，既疑
其異己，必操戈隨之；雖有賢者，畏其鋒而不能自持。又
有因友及友並親戚門牆之相連者，必多方猜防，務抑其進
而後止。實有和平無競、公正無偏者，亦不之信者也。激
而愈甚，後忿深前，身家兩敗，而國運隨之，謂皆高皇帝
之罪人可也[46]。

　　這段話就指出「東林」與「攻東林」二黨，對於晚明國事日
非、國運傾頹的結局，要負同樣的責任。夏允彝認為「攻東林」
者如魏忠賢輩，是「聚怨者」，是「公論所不與」之人，而東林的
領袖人物和顧憲成、鄒元標、楊漣、左光斗、文震孟、姚希孟、
張溥、馬世奇等人，「文章氣節足動一時」，是毫無疑問的事實。
然而東林的缺點如：「持論高而於籌虜剿寇卒無實著」、「東林中亦
多敗類」、「專喜逢迎附會」、排除異己、不信和平公正之人等等，
與攻東林者流相比，也好不到那裡去。

　　其實，夏允彝批評東林的這一段話裡，有些地方因沒有指名
道姓，尚只有門戶、黨派爭鬥誤國的隱約輪廓而已。若以天啟年
間傑出的軍事家熊廷弼的遭遇為例，可能就會更加清楚了。天啟
元年（1621），後來被稱作清太祖的努爾哈赤繼「薩爾滸之戰」、「開
鐵之戰」的勝利，攻破瀋陽、遼陽，完全控制了遼河以東的地區，
京師大為震動。明朝廷召熊廷弼入朝，恢復其經略遼東的軍務；
同時擢王化貞為巡撫。熊氏主守，創有名的「三方布置法」[47]：

─────────────

46 語見（明）夏允彝撰《幸存錄》（台北：臺灣銀行，民 56 年 9 月，《臺灣文
　獻叢刊》第 235 種），〈門戶大略〉，頁 17-18。
47 《明史》（書同註 28），卷 259，〈熊廷弼傳〉載：「廷弼入朝，首請免言官

集馬兵步兵於廣寧，以形勢格之，牽制敵軍主力；天津、登萊各置舟師，乘虛入遼南，搖動敵方人心；登萊設巡撫如天津制，經略駐山海關，節制三方，統一事權。王氏主戰，不顧遼東的實際情況，想利用西部蒙古的援助和降將李永芳為內應，一意鼓吹進攻，處處阻撓熊廷弼的防禦計劃。王化貞史稱「為人騃而愎，素不習兵，輕視大敵，好謾語，文武將吏進諫，悉不入，與廷弼尤牴牾」[48]。熊、王二人意見不合，王在廣寧擁兵十四萬，熊徒擁經略之名，僅有兵四千，明朝內閣和兵部都支持王化貞的主張。結果，明軍大敗，廣寧失守，努爾哈赤佔遼西四十多城，明朝實際上喪失了整個遼東。

這次戰後的失敗誤國，軍事問題外，背後其實更有著如夏允彝所說「東林」與「攻東林」二黨爭鬥誤國的因素在內。平情而論，熊廷弼雖然「性剛負氣，好謾罵，不為人下，物情以故不甚附」[49]，但他實在是一名有膽略，知兵事，且經略遼東有成的傑出軍事將領。他的戰略沒錯，他的主張沒錯，他的治軍、經略統統沒錯，然而真正的致命傷是熊廷弼不僅不是東林黨人，而且還曾經在當御史時「以排東林攻道學為事」，而王化貞則是拜葉向高為座主的人，葉向高是代表東林且在天啟初當國掌權者，所以朝廷支持王化貞，予以重兵。正因為如此，東林將王化貞視為己黨，將熊廷弼看若仇敵。戰敗，明廷起初是「逮化貞，罷廷弼」，但由於東林黨人對熊仇弼的仇恨，在鄒元標等人「必欲置之死地」的

貶謫，帝不可。乃建『三方布置策』：廣寧用馬、步列壘河上，以形勢格之，綴敵全力；天津、登萊各置舟師，乘虛入南衛，動搖其人心，敵必內顧而遼陽可復；於是登萊議設巡撫如天津，以陶朗先為之，而山海特設經略，節制三方，一事權。」，頁 8,499。

48 語見《明史》（書同註 28），卷二百五十九，〈熊廷弼傳附王化貞〉，頁 8,500。

49 語見《明史》（書同註 28），卷二百五十九，〈熊廷弼傳附王化貞〉，頁 8,499。

堅持下，不顧二者責任輕重，一定要並論死刑。熊廷弼轉而向閹黨求救，「令汪文言賄內廷四萬金、祈緩」，又因沒錢而背約，惹得魏忠賢大恨，「誓速斬廷弼」[50]。東林黨又因此而紛紛申救熊廷弼，魏忠賢更恨，以致最後熊廷弼在天啟五年八月棄市，還傳首九邊示眾。最荒謬的是，曾經「以排東林攻道學為事」的熊廷弼還赫然列名在《東林黨人榜》上頭，而與葉向高、鄒元標等人同榜[51]。傅衣凌主編的《明史新編》說：「從遼瀋、廣寧失守到熊廷弼被殺，可以說完全是當時政治腐敗的結果，熊廷弼成了東林黨和閹黨相互攻擊的犧牲品。熹宗對遼東戰局束手無策，朝臣中各朋黨則借『遼事』互相攻訐。反對閹黨的東林黨人，在遼事也只是喋喋不休，『持論過高，而籌邊制寇，並無實著』。在這一片混爭聲中，遼東的邊防日益敗壞」[52]。熊廷弼事件，正為夏允彝的話做出最好的註解：如「持論高而於籌虜剿寇率無實著」、「東林中亦多敗類，攻東林者亦間有清操獨立之人」、「兩黨之最可恨著，專逢迎附會」等等，都指出了東林的弊病。

　　《經世編》的編輯群是以陳子龍為代表的幾社文人為主，幾社宗旨雖標「昌明涇陽之學，振興東林之緒」[53]，但這並不意味著幾社與東林的政治意見就完全相同。再以熊廷弼為例，《經世編》共收錄其人三十七篇文章，28,618 字；評註有 1,003 字，警醒的旁圈有 1,694 字，分量極重。相形之下，《經世編》雖也收錄東林

50 語見《明史》（書同註 28），卷二百五十九，〈熊廷弼傳〉，頁 8,500。

51 見（清）陳鼎撰《東林列傳》（書同註 13），〈黨人榜天啟五年十二月乙亥朔頒示天下〉，頁 1-4。

52 語見傅衣凌主編，楊國楨、陳支平著《明史新編》（台北：昭明出版社，1999年 9 月），第十章〈天啟崇禎間的政治危機和社會矛盾〉，頁 463。

53 語見（明）杜登春撰《社事始末》（台北：藝文印書館，《百部叢書》藝海珠塵本），頁 4。

黨人的文章，如李三才、鄒元標、馮從吾、高攀龍、左光斗、楊漣、魏大中、繆昌期等等，卻明顯地少了許多[54]。透過編選評點，《經世編》對熊廷弼的重視，是不言而喻的。雖然《經世編》的「凡例」說熊廷弼「剛愎自用，已經服法」，卻也同時盛讚他「籌策東隅，多有英論」；尤其是眉批云「是時宰猶最黠」（頁5305）、「此著自不可少」（頁 5307）、「讀此而相公之本謀不遂，中朝不得辭其責」（頁5310）；《皇明經世文編姓氏爵里總目》更說他「雖服國法，論者以為不死於封疆，而死於門戶。」（頁 99）等等，就是肯定熊廷弼而致責於中朝宰輔。

四、晚明文人的經世典範：漢朝的 魏相與明朝的張居正

（一）從漢宣帝、魏相到張居正

　　文人經世與儒者經世不可避免地要涉及到一個核心的問題，即治理天下究竟是要「純任德教」或「霸王道雜之」呢？治理天下究竟是要法堯舜三代之治或法後王呢？一般而言，儒者多主張前者，而文人則多偏向後者。

　　歷史上，漢宣帝劉詢是採用「霸王道雜之」的統治方法的君主，成就了「吏稱其職，民安其業」，史稱「中興」的局面。他一

---

54 《經世編》收錄情形如下：（1）李三才，6 篇文章，6,973 字，評註 203 字，旁圈 87 字。（2）鄒元標，3 篇文章，13,306 字，評註 182 字，旁圈 300 字。（3）馮從吾，1 篇文章，925 字，評註 18 字，旁圈 0 字。（4）高攀龍，3 篇文章，2,259 字，評註 66 字，旁圈 31 字。（5）左光斗，4 篇文章，9,935 字，評註 189 字，旁圈 251 字。（6）楊漣，3 篇文章，4,893 字，評註 59 字，旁圈 339 字。（7）魏大中，4 篇文章，3,342 字，評註 56 字，旁圈 65 字。（8）繆昌期，1 篇文章，831 字，評註 14 字，旁圈 0 字。

面尊崇儒學，在甘露三年（西元前 51 年）詔諸儒講論五經異同；
另一方面又採用法家綜核刑名之術，處死許多地位很高的官吏，
如司隸校尉蓋寬饒，京兆尹趙廣漢。太子劉奭曾因此與之爭辯，
建議重用儒生，宣帝則斥責說：「漢家自有制度，本以霸王道雜之，
奈何純任德教，用周政乎？且俗儒不達時宜，好是古非今，使人
眩於名實，不知所守，何足委任？」[55]。當時的御史大夫是魏相，
他在談論事情、建議政策時，經常佐以漢代典故及名臣賈誼、晁
錯的言論上言，頗稱宣帝之意。後魏相陞為丞相，與丙吉共同輔
政，整吏治，綜核名實，為世所稱。魏相的做法，基本上就是法
後王的表現；以當代的典章制度、言論思想為法，而有利於解決
現實的政治問題[56]。被晚明思想專家嵇文甫譽為「異軍特起」的
萬曆名臣張居正[57]，正是位十分推崇漢宣帝和魏相的作法，並且
加以學習效法的政治家，張氏云：

> 故曰：法後王便也。往代無論已。明興，高皇帝神聖統天，
> 經緯往制。博稽逖采，靡善弗登。若六卿仿夏，公孤紹周，
> 型漢祖之規摹，憲唐宗之律令，儀有宋之家法，采勝國之
> 歷元。而隨時制宜，因民立政，取之近代者十九，稽之往
> 古者十一。又非徒然也。即如算商賈，置監官，則桑孔之
> 遺意也；論停解，制年格，則崔亮之選除也；兩稅三限，
> 則楊炎之田賦也；保甲戶馬，經義取士，則安石之新法也。

---

55 語見（漢）班固撰、（唐）顏師古注《漢書》（上海：上海古籍出版社，1995
　　年 12 月 11 刷，《二十五史》本第 1 冊），卷九，〈元帝紀〉，頁 391。
56 《漢書》（書同註 55），頁 74，〈魏相傳〉載：「相明《易經》，好觀漢故事，
　　乃便宜章奏，以為古今異制，方今務在奉行故事而已。數條漢興已來國家
　　便宜行事，乃賢臣賈誼、晁錯、董仲舒等所言，奏請施行之。」，頁 654。
57 見嵇文甫撰《晚明思想史論》（北京：東方出版社，1996 年 9 月 2 刷），第
　　四章，〈異軍特起的張居正〉，頁 73-79。

諸如此類，未可悉數，固前代所謂陋習敝政也，而今皆用
之，反以收富疆之功效，而建昇平之業。故善用之，則庸
眾之法可使與聖哲同功，而況出于聖哲者乎？故善法後王
者，莫如高皇帝矣。……夫漢宣帝，綜核之主也。然考其
當時所行，則固未嘗新一令，創一制，惟日取其祖宗之法
修飭而振舉之，如曰「漢家自有制度耳」。且其所任相，最
為稱上意者，亦未嘗以己意有所創建，惟條奏漢家故事，
及名臣賈誼，晁錯等言耳。當其時，雖五日一視事，而上
下相維，無苟且之意，吏不奉宣詔書則有責，上計簿徒具
文則有責，三公不察吏治則有責。其所以振刷綜理者，皆
未嘗稍越于舊法之外。惟其實事求是而不采虛聲，信賞必
罰而真偽無眩，是以當時吏稱其職，民安其業。政事、文
學、法理之士咸精其能，下至技巧工匠，後世鮮及。故崔
實稱其優于孝文，而仲長統極其嘆服，荀悅論美元帝而李
德裕深以為非，良不誣矣。……成憲具存，舊章森列，相
與圖實之而已。毋不事事，毋泰多事。怯積習以作頹靡，
振紀綱以正風俗，省議論以定國是，核名實以行賞罰，則
法行如流，而事功輻輳矣。若曰：此漢事耳，吾且為唐虞，
為三代，則荀卿所謂俗儒也[58]。

案張居正這席話一反歷代大儒們頌揚三代的道德政治的復古
思想，甚至直斥之為「俗儒」，張氏認為「法後王」般的「貴今主
義」對國家、對百姓才真正更有好處。在議論中強而有力的歷史
佐證就是強調「王霸雜用」、「漢家自有制度」的漢宣帝，和通熟
漢朝典故議論的輔臣魏相。順著這個理念，張氏認為明朝從朱元

---

58 （明）張居正撰《張太岳集》（上海：上海古籍出版社，1984年2月，明萬
曆刻本），卷十六，〈辛未會試程策・二〉，頁193-194。

璋統理天下以後，即已確實地在「法後王」了。所以明朝的許多制度法令、統治作為，其實就是廣采夏、周、漢、唐、宋、元的各項典章制度，「化陋習敝政為富強之功」。如此，張氏認為要治理天下管理國家，就只要好好研究清楚明初的這些「成憲」、「舊章」，並徹底而嚴格地加以實踐，自然而然就可以「怯積習」，「振紀綱」，「省議論」，「核名實」，也就可以「法行如流，而事功輻輳矣」── 自然地就達到國富兵強的地步了。張氏這樣的看法已逸出法堯舜三代之治，以德為教的儒者的立場了，當時已經有人質疑他的作法不是儒者行徑，反是儒者所羞談的「霸術」了。但是張氏認為國富兵強比談王霸之辨更重要，甚至才是真的王道，而不是俗儒所說的「假王道」。如《經世編》即收錄張氏的〈答福建巡撫耿楚侗談王霸之辯〉一文云：「憶昔初入政府，欲舉行一二事，吳旺湖每與人言曰：『吾輩謂張公柄用當行帝王之道，今觀其議論，不過富國強兵而已。』僕聞而笑曰：『旺湖過譽我矣！君安能使國富兵強哉！』孔子論政，開口便說足食足兵。舜命十二牧，曰『食哉惟時！』周公立政，其克詰爾戎兵，何嘗不欲國之富且強哉？後世學術不明，高談無實，剽竊仁義謂之王道，纔涉富強，便云霸術。不知王霸之辯，義利之間，在心不在跡，奚必仁義之為王，富強之為霸也，僕自秉政以來，除密勿敷陳，培養沖德外，其播之命令者，寔不外此二事。今已七、八年矣，而閭里愁歎之聲尚未息，倉卒意外之變尚或難支，焉在其為富且強哉！」（第四冊，頁3512）張氏雖力辯自己的作為才是真正的王道，實際上卻是「不問王霸，只要事成」的政治思想，這種思想其實是和商鞅極為近似，與法家追求富強追求霸道的路數相同，而不是儒者德教外王的做法。

　　事實上，張居正掌權柄政的作法，和漢宣帝劉詢十分類似----

即霸王道雜之，一面尊崇儒學，一面採用法家的綜核刑名之術。
張氏表面上也崇尚儒學做出和許多儒者相近的言行，尤其是在教
育年幼的君王廣泛閱讀儒家經典，以及君王統治天下所需的各類
參考的著作，以備成為未來的聖君。如《明史紀事本末》所載諸事：

> （隆慶六年）六月甲子，皇太子即位，年始十歲。…十二
> 月張居正進《帝鑑圖說》，上見捧冊進，喜動顏色，遽起立，
> 命左右展冊，居正從旁指陳大義，上應如響。（卷六十一，
> 「江陵柄政」，頁653-655）

> （萬曆二年）張居正進講章疏略曰：「義理必時習而後能
> 悅，學問必溫故而知新。臣今將今歲所進講章重複刪定，《大
> 學》一冊，《虞書》一冊，《通鑑》四冊，進呈睿覽。雖淺
> 近之言，然亦行遠登高之一助（同上，頁657-658）

> （萬曆二年）上御文華殿，講畢。…請錄《皇陵碑》及《高
> 皇御製集》以上，見創業之艱，聖謨之盛。明日，輔臣進
> 《皇陵碑》。上覽畢，謂居正曰：「朕覽碑，讀之數過，覺
> 感傷欲泣。」居正曰：「祖宗當日艱難，蓋以天心為心，故
> 能創制顯庸。皇上以聖祖之心為心，乃能永保洪業。因述
> 聖祖微時事，及即位勤儉。」上愴然曰：「朕敢不黽勉法祖，
> 然尚賴先生輔導也。」（同上，頁658）

> （萬曆八年）十二月甲辰，張居正請屬儒臣以累朝《寶訓》、
> 《實錄》，分四十餘則：曰創業艱難、曰勵精圖治、曰勤學、
> 曰敬天、曰法祖、曰保民、曰謹祭祀、曰崇孝敬、曰端好
> 尚、曰慎起居、曰戒遊佚、曰正宮闈、曰教儲貳、曰睦宗

藩、曰親賢臣、曰去奸邪、曰納諫、曰守法、曰敬戒、曰
務實、曰正紀綱、曰審官、曰久任、曰重守令、曰馭近習、
曰待外戚、曰重農、曰興教化、曰明賞罰、曰信詔令、曰
謹名分、曰卻貢獻、曰慎賞賚、曰甘節儉、曰慎刑獄、曰
褒功德、曰屏異端、曰飭武備、曰禦寇盜，仍敕次第進呈。
俟明年開講，其諸司章奏切要者即講畢面裁。時，上留意
翰墨，居正以為筆札小技，非君德君道所繫，故有是請，
上嘉納之。（同上，頁666）

（萬曆九年）春正月，大學士張居正請入翰林分番入直，
應和文章、或令侍上清讌，質問經義，陳說治理，如唐宋
故事。（同上，頁666）

　　當代學者多注意到張氏「禁講學」、「毀書院」的反儒作為，
殊不知古人為張居正辯護時，「尊崇儒學」的部分反而是常被拿來
和他的實際政績相提並論的[59]。所引記敘張居正作為的五段文
字，幾乎是任何大儒外王事業所追求的理想的實踐，「助人君順陰
陽，明教化者也，游文於六經之中，留意於仁義之際」。張居正對
於教育萬曆皇帝的經筵、進講的重視，完全是儒家的教育幼帝的
方式，究竟他是真實地崇尚儒學，抑或只是為了「樹立中央政府
的權威」[60]？

59　《明史紀事本末》（書同註22），卷六十一，〈江陵柄政〉載：「論者以居正
　　之為相也，進《四書經解》，而聖學修明；進《皇陵碑》、《帝鑑圖》，而治
　　具克舉；請詞林入直，而清讌無荒。」，頁670。
60　《明史新編》（書同註29），第六章，第三節〈張居正改革與一條鞭法〉載：
　　「要真正樹立中央政府的權威，首先就必須克服自明正統以來歷朝皇帝那
　　種荒嬉乖戾的偏頗作風。……張居正對於明神宗的良苦用心，固不能取得
　　如意成效，但如此督促明神宗日講不息，必然對當時的嚴肅吏治，起到了
　　一定的推動作用。」，頁260。

　　另一方面，張居正施政的主要措拖即採嚴格地綜核刑名之術，如「嚴考成、覈名實、清郵傳、核地畝」等等措施，而且要徹底有成效，「以尊主權，課吏職，信賞罰，一號令為主。雖萬里外，朝下而夕奉行」。不管喜歡或不喜歡張居正的人，最後都不得不承認他的「治續炳然」，使整個明朝出現了罕見的中興景象 ——「十年來海內肅清」、「攘地千里，荒外警服」、「太倉粟可支十年」、「冏寺金積至四百餘萬」[61]。

（二）私德和國政的是非：張居正的奪情爭議

　　張居正的斐然政績，雖廣泛地被大家承認接納，然張居正的為人私德卻始終爭議不斷。批評的意見如出賣高拱、交附宦官、摧折台諫、言奪情者罪、禁講學、毀書院等等[62]，其中言奪情者罪的作法，直接刺激著東林黨的興起。明人吳應箕云：「溯東林所自始，而本之於爭奪情，以其為氣節之倡也。夫江陵之鋒，觸之立碎，諸君子豈甘以其身為劉安成之續哉？扶國紀而明人倫，雖身死何惜。」[63]從張居正到東林，以經世的角度觀察，也是從「霸王道雜之」漸漸轉向「道德經世」的變化。

　　萬曆五年（1577）九月，張居正父親過世。早在《論語》裡頭，至聖先師孔子和學生宰我就曾有過一段「是否為父母守喪三年」的爭議，宰我堅持一年就夠了，孔子則大罵宰我是個沒有仁

---

61 語見《明史紀事本末》（書同註 52），卷六十一，〈江陵柄政〉，頁 668。
62 另據費振倫撰《墮落時代・明代文人的集體墮落》（台北：立緒文化事業有限公司，民 91 年 5 月），〈墮落的快意〉，提及張居正服房中秘藥，甚至到嚴冬不能戴貂帽。而這秘藥還是大將戚繼光所獻。蓋今人以此嘲弄批訾居正私德之虧，與古人論調迥異。聊備一說，讀者可自加參看，頁 105。
63 （明）吳應箕《東林事略》（成都：巴蜀書社，2000 年 9 月，《中國野史集粹》第 1 冊），下〈本末論七首〉，頁 534。

心的人 ——「予（宰我）之不仁也！子生三年，然後免於父母之懷。夫三年之喪，天下之通喪也。予也，有三年之愛於其父母乎？」[64]也就是說在儒家思想，子女為父母守喪三年，是自然仁心的流露，是天經地義的事情，是倫理綱常的表現，也是道德實踐的要求。後代常將守喪三年視為法制，官員遭遇親喪（祖父母、父母），理應解職守制，萬不得已，朝廷在當事人未滿喪期而強使就任，這就叫做「奪情」。一般而言，在儒家思想為主流的中國社會裡，守喪是常道，奪情是非不得已的下策，明朝也不例外[65]。

　　關於張居正奪情引發的爭議和是非，如果依現代政治的常識來看，其實就「個人私德」和「公共政務」衝突的問題。然而當這個衝突糾葛到儒家文化堅持的道德信仰，政治的人事鬥爭和權力的運作賞罰上時，就變得無比的複雜，以致於言人人殊，議論甚多。整個事件的約略輪廓如下：萬曆五年（1577）九月，柄政掌權的首輔張居正父親張文明過世，戶部侍郎李幼孜倡「奪情」之議，當權的宦官馮保也贊同慰留居正。翰林王錫爵、張位、趙志皋、吳中行、趙用賢、習孔教、沈懋學等人持反對意見；御史

---

64 語見《四書章句集注・論語集注》（台北：漢京文化事業有限公司，民 76 年 10 月），卷九，〈陽貨〉，頁 181。

65 林麗月撰《明末東林運動新探》（台北：國立臺灣師範大學歷史研究所《博士論文》，民 73 年 7 月），第二章〈從議「奪情」到爭「國本」——清流蔚起與明末明黨之起源〉載：「明代官員有丁憂的制度，祖父母、親父母之喪，自聞喪之日起守制二十七個月，期滿起復。英宗正統七年（1442）曾令：官吏匿喪者，俱發原籍為民；十二年（1447）又令：內外大小官員丁憂者，不許保奏奪情起復。唯萬曆以前，明代大學士丁寧起事，曾有『故事』多起。如永樂間，楊榮先丁父憂，繼丁母憂，結果『兩情俱奪』；黃淮母喪，胡廣母喪，亦皆以特旨奪情。宣德初年，大學士全（案：應為金）幼孜母憂，張瑛父憂，楊溥母憂，亦因宣宗頒旨眷留而起復，未曾終喪。景泰四年（1453）閣臣江淵丁憂，景帝留之而奪情，王文於四月丁憂，九月起復。成化間，大學李賢丁父憂，亦以四辭不許而奪情親事。在上述九人之中，唯李賢為首輔。」，頁 44-45。

曾士楚，給事中陳三謨則交章留奏。九月二十五日，張居正咨行吏部題請回籍守制，神宗皇帝下召依前例奪情起復。

　　由於當時皇帝年僅十五歲，加上張居正長期掌權柄政，所以皇帝是否能準確地判斷這一事件的是非而真正自主地頒布詔令，這在當時的大臣間是普遍存疑的；大家都傾向於認為，這是張居正勾結宦官馮保而有的結果。於是在張居正父喪還「吉服」視事的時候，編修吳中行，檢討趙用賢藉著「星變」而開始疏論張居正奪情之非。接著，刑部員外郎艾穆，給事沈思孝合疏爭論，直指張居正「忘親貪位」、「厚顏就利」。後來，新科進士觀政刑部鄒元標（即後來東林黨的領袖之一）奏上〈亟斥輔臣回籍守制以正綱常疏〉，在裡頭大聲疾呼：「以居正在京守制，天下後世謂陛下何如主？綱常自此而壞，中國自此而衰，人心自此而死。居正一人不足惜，後世有攬權戀位者，輒援居正故事，甚至窺竊神器，貽禍深遠，難以盡言者矣。」（《經世編》第六冊，頁4889）結果張居正又怨又恨，吳、趙、艾、沈同時受到杖打，吳、趙「即日驅出國門，人不敢候視」；艾、沈遭遇則更為慘毒，「復加鐐鎖，且禁獄，越三日，始僉解發戍」；鄒元標則「受杖，謫戍貴州都勻衛」。五人之外，居正自認有德於吏部尚書張瀚，本冀望瀚「持慰留旨」，瀚卻「動以微言」欲居正守制，居正不聽，瀚拊膺太息：曰：「三綱淪矣！」，被劾斥去。於是，滿朝大臣無不恐懼，「各倡保留之議」。「巨星從東南方起，長亙天」，而「言奪情者得罪，都人士皆憤怨，作謗書懸於長安門，謂居正且反。」最後皇帝召諭群臣，「再及者，誅無赦。」才讓整個奪情事件暫時地劃上了結束的句點[66]。

66　見《明史》（書同註28），卷二百十三，〈張居正傳〉，頁8376-8377。《明史紀事本末》（書同註22，卷六十一，〈江陵柄政〉，頁662-663。

奪情事件中，張居正贏得的是政治上、表面上的勝利；反對者卻獲得了輿論普遍的支持，不畏死亡的「直聲」震動了全天下。張居正的勝利是短暫的，即便是後代備極推崇張居正功業的學者，對張氏的奪情事件，仍不免語帶微詞，多有批評，──於是奪情事件成了張居正一生最難以抹滅的污點所在，特別是在講倫理，重綱常，以儒家文化為主流的中國社會裡頭[67]。明代有名的清官海瑞曾說張居正是位「工於謀國，拙於謀身」的人，史學家孟森也說他「明於治國，昧於治亂」[68]，都很能平心靜氣地指出張居正的千秋功過。萬曆十年（1582）張居正過世，二年後家被籍沒，抄家時「子女多瀝避空室中，比門啟，餓死者十餘輩」，「株連頗多，荊川騷動」，其弟張居易，子張編修、張嗣修都被發配戍守到瘴煙之地。史稱：「終萬曆世，無敢白居正者。」[69]，也就是沒有人敢替張居正辯護、為他說句公道話。

（三）從文人到志士

雖然崇禎皇帝朱由檢是明朝的亡國之君，但在亡國之前全國上上下下多期盼他，也相信他是位「中興之主」。有趣的是崇禎皇帝和漢代的中興之主宣帝劉詢有著不少類似的地方：如崇禎十九歲繼承大統，乃因天啟帝朱由校無子；這與漢宣帝十八歲稱帝，也是因昭帝無嗣子相同。二人又同樣都崇尚綜覈名實。以是之故，

---

67 如明人沈鯉、清人陶澍對張居正相業備極推崇，津津樂道其振衰起蔽、綜覈名實、安定社稷，然論及「奪情」事件時，沈鯉說「諸君子抗疏言奪情者，持論自正，處之已甚，未免失天下士夫之心。」，陶澍說「精能之至，近於刻覈；勞怨不辭，近於專擅，惡聲所蒙，遂至巢傾而卵覆，其亦可哀也已。」，語見《張文忠公全集》（【日本】京都：中文出版社，1980 年 1 月），〈附錄二〉，〈張文忠公論〉、〈重刻張太岳先生全集序〉，頁 825、836。

68 語見孟森撰《明代史》（台北：華世出版社，民 44 年），頁 280。

69 語見《明史》（書同註 28），卷二百十三，〈張居正傳〉，頁 8,377。

崇禎時的士人，多喜歡提漢宣帝時的史事；一方面期待崇禎帝能如宣帝中興漢朝那般地中興明朝，另一方面也期待有大臣能如魏相那樣輔佐君王，進而使國家富有軍隊強盛，解決現實的各項問題，挽狂瀾於當代。崇禎十一年（1638年）正在編輯《經世編》的文人們，尤其強烈，如云：

> 愚嘗觀西漢之隆，宣帝練群臣，核名實，而丞相高平侯數上封事，皆稱上旨。然其所以為能者，不過好觀漢故事，及便宜章奏，如賢臣賈誼、晁錯、董仲舒所言，奏請施行之而已。今皇帝神聖，非漢宣中庸之主能較其萬一。而十四朝之鴻文偉略，有不止于賈、董諸人者，假使公卿之中有一人為高平侯，則夷狄安足禦，而盜賊安足平哉！（第一冊，〈張國維序〉，頁10）

> 夫欲黽勉于效忠之路，如臥子所輯《經世編》，其不可不讀也。魏相非條上本朝故事，而欲以傾筐倒篋，久事綜核之，漢宣吾知其淺瑕，不難見也。…故《經世編》所以廣為臣者效忠之路也。（第一冊，〈任濬序〉，頁12-13）

> 余雅意所在，不欲以文士自業。然而身賤素久，無所用於世。今之所成，豈敢妄希兩文忠之事乎？蓋賤者效焉，貴者嘗焉，他日有魏弱翁其人者當國，省覽此書，以為有裨鹽梅之用。庶幾因是，推其緒來，以漸窺高皇帝之淵微。或有弘益哉！或有弘益哉！（第一冊，〈徐孚遠序〉，頁37-38）

　　案這三段話講的「丞相高平侯」、「魏相」、「弱翁」等等都是同一個人，即輔佐漢宣帝中興漢朝的宰相魏相，即「好觀漢故事，及便宜章奏，以為古今異制，方今務在奉行故事而已。」的「法

後王」的魏相[70]。張國維、任濬、徐孚遠三人的〈序〉文，都不約而同地以之為效法典範，殷殷期待當時能有大臣如彼，禦夷狄、平盜賊，為朝廷效忠，創建一番經世事業。史書記載魏相「數條漢興以來，國家便宜行事，及賢臣賈誼、晁錯、董仲舒所言，奏請施行。曰：……昧死奏故事詔書，凡二十三事。」[71]魏相的作法，正直接啟發著《經世編》的編輯與創作。

　　張居正的思想和作法，與漢宣帝、魏相十分類似，張氏甚至還在《辛未會試程策》一文中對之備極推崇，藉二人之例來佐證自己「法後王」，追求富強的政見[72]。如前文所述，由於政治鬥爭，萬曆年間沒有人敢再提及張居正各項炳然的治績。然而明朝愈接近滅亡，追念張居正治國功勳的人就愈多。崇禎三年（1630），距居正過世近五十年的時間，終於在禮部侍郎羅喻義等人的建議下，「復二蔭及誥命」[73]，尚書李日宣等云：「故輔居正，受遺輔政，事皇祖者十年。肩勞任怨，舉廢飭弛，弼成萬曆初年之治。其時中外逸安，海內殷阜，紀綱法度，莫不修明。功在社稷，日久論定。人益追思。」[74]最後崇禎皇帝同意，於是恢復張居正兒子張敬修官職，授敬修之孫同敞中書舍人。算是為張居正徹底地平反。

　　最能引發文人對於張居正的認同，莫過於張氏本來就是文人的身分。張氏在嘉靖二十六年（1547）考上進士，選為翰林院庶吉士，授編修。這樣的官古代稱為「詞臣」，即隨侍皇帝身邊的文人。與其它文人不同的是，張氏當官以後就如同漢代的魏相一般，

70 語見《漢書》（書同註 55），卷七十四，〈魏相傳〉，頁 654。
71 語見《漢書》（書同註 55），卷七十四，〈魏相傳〉，頁 654。
72 語見《張太岳集》（書同註 58），頁 193-194。
73 語見《明史》（書同註 28，卷二百十三，〈張居正傳〉，頁 8,377。
74 語見《明史》（書同註 28），卷二百十三，〈張居正傳〉，頁 8,377。

對明代的典章制度，大臣的議論，乃至切要的時務都特別下功夫，苦心地閱讀研究，為日後的首輔生涯、炳然政績，奠下了成功的基礎。如《明史記事本末》云：「居正性深沉，機警多智，數為史官，時嘗潛求國家典故，及時務之切要者剖晰之。遇人多所諮詢，及攬大政，登首輔，慨然有任天下之志。勸上力求祖宗法度，上亦悉心聽納。」[75]最後「海內肅清」、「荒外警服」、「太倉粟可支十年」、「㕮寺金積至四百餘萬」，政績炳然，成為文人經世的理想典範。張居正這樣文人經世的作為和途徑，幾乎就是崇禎時期文人所嚮往，所追循的經世典範。如《經世篇》主編徐孚遠就在〈序〉文裡說：

> 蓋天下有文章淹雅之家，有經術幹理之家，二者其致不同。當其執卷操筆，所趣各殊矣。余嘗聞諸長者云：「新都楊文忠公，江陵張文忠公，自釋褐以後，即棄去向所業文詞，盡取國朝典故誦之，手指心憶，得其條理。及其當國，沛然施之，無不如意。」二公當艱難之時，而能措置安平，功業駿朗，不偶然也。（第一冊，〈徐孚遠序〉，頁35）

　　案這話裡頭的「新都」是四川新都，指的是武宗、世宗朝為相的楊廷和；而「江陵」是湖廣江陵，指的是神宗朝為相的張居正。《經世編》的主編徐孚遠即認為張居正從「釋褐」（即考上進士）以後，就「棄去向所業文詞，盡取國朝典故誦之」，成了日後當國柄權，施政如意的重要因素。治國成功，政績炳然，詞臣行，張居正行，其他文人有什麼不行的呢？以理推之，這個想法應該是崇禎時代許多文人的共同心聲吧！

　　《經世編》對張居正的文章是高度重視的，共收錄有：5卷，

---

75 語見《明史紀事本末》（書同註22），卷六十一，〈江陵柄政〉，頁668。

101 篇文章，45,571 字；評語 1,498 字。在《經世編》收錄的四百二十九人中，以文章篇數而論的話，高居《經世編》之冠，而卷數、字數、評語之多，也都在前十名之內。而評選者在文章的眉批中，對張居正各項措施的肯定和讚揚，更是溢於言表，如：「公秉政所行，不出此數款，非言之難，行之難耳！」（頁 3450）、「其言皆近武鄉侯」（頁 3450）、「江陵輔政十年，國帑餘千餘萬」（頁 3450）、「若閣臣果能運籌幃幄，克致大勳，雖受上賞，亦不為過。如近者虜飽颺去，而陞賞滿朝，閣遂正孤卿之位，乃可愧耳。」（頁 3463）、「江陵此中自有作用，然侃侃有大臣之風矣！」（頁 3478）、「江陵公極調護戚元敬，故能成薊門之功」（頁 3482）、「近來裁節駐遞，便生他端，及知天下事必處之有道也！」（頁 3502）等等，說張居正有「大臣之風」，說他近於武鄉侯諸葛亮；說他「運籌幃幄，克致大勳」；說他調護大將戚繼光等等。尤其在張居正的政績和崇禎當時各項作法的執行和成效相比較後，益發有天壤之別，更顯出在張居正的政績嚮往、追述張居正的濃厚情懷。

對張居正的才幹和炳然政績，即使是起初對之非常不滿的東林黨人，愈到國事紛亂明朝將近滅亡的時候，也紛紛對張居正加以肯定和稱揚。如曾列名《東林黨林榜》單中而同時也是文人的錢謙益，就說：

> 嗚呼！江陵枋國，譚、戚在邊，邊防修舉，北虜帖服，此何時也。江陵歿，譚、戚敗，邊防隳廢，日甚一日，而國勢亦從之魚爛瓦解，馴致今日，繼江陵而為政者，豈能不任其責乎？第詩有云：「譚今已死戚復南，邊境危疑慮叵測。論者不引今昔觀，紛紛搜摘臣滋惑。」第徒慉歎于搜摘之多口，而未及循本于政，殆亦知之而不敢言也。嗚呼

悕矣[76]！

　這話因當時「國勢魚爛瓦解」而更加地追念張居正治國之功，今昔對比，進而批評為政者只知「搜摘」、羅列張居正罪狀，卻不「循本於政」。既為張居正平反，又代表時代的普遍心聲。

第三節　《皇明經世文編》的
編輯動機與經世傾向

一、編輯動機

　從時間的角度觀察，《經世編》的編纂，是從崇禎十一年（1638年）二月開始，當年十一月就已經完成，工作不滿一年的時間。崇禎十一年，上距明朝開國立號二百七十年，下離明朝滅亡，明思宗自縊煤山僅僅六年。依此，說《經世編》是衰世之書，末世之學，似乎並不為過。然而這是三、四百年後的「後見之明」，當時《經世編》的編輯群們根本不會想到「皇明」會有滅亡的一天，也根本不相信他們的「勤思大業、宵旦未違」、「堯舜之主」的崇禎帝會上吊自殺。以明人文章喜歡用「醫/病」關係來譬喻時政說明的話[77]，在《經世編》編輯群們的心裡，明朝只不過是生病罷

---

76 語見《列朝詩集小傳》（書同註 26），丁集中，〈戚少保繼光〉，頁 541。

77 明人論政喜以醫病關係加以類比，如方孝孺〈指諭〉一文，即借拇疾以諷喻國政。《皇明經世文編》所收者也不例外，如卷 256 收有茅坤的〈贈元州張公總督粵〉一文，以「支頸之瘦」、「腸胃之癰」、「醫家所稱蕩之以汗下之劑」等等詞語來譬喻管理兩粵的複雜政治事情，頁 2,715；如卷 269，收有任環的〈答王來臺書〉一文，云：「夫東南之患，何異七年之病哉！夫去七年之病，則非三年之攝不可也。今之命醫者曰，速已之！速已之！醫必

了，病輕或病重，容或有所爭議，但這病是治得好的，卻是大家的共識。面對時代社會的現實問題，以陳子龍為代表的編輯群們「按劑切脈，探穴下砭」、「本豐美之形儀，壯瘠弱之神氣」，他們所開出來的藥方就是這本皇鉅著──《皇明經世文編》。

藥方是因為有病才要開出來的，所以問《經世編》為什麼要編纂呢？答案肯定是離不開被陳子龍等編輯群們視為「病」的──這個日趨衰敗的晚明時代。同樣地，這個日趨衰敗的晚明時代的病，《經世編》編輯群們的看法是和三、四百年後能夠擁有「後知之明」的學者的看法是不一樣的。

根據《經世編》的三十四條〈凡例〉、九篇〈序〉文和部分的眉批，《經世編》的編輯動機可以約略歸納為三：為君分天下之憂、為臣立效忠之路、為士明實學經世之術。

取于歲月之遠，而無旦夕之效，則曰是庸醫也，怒而逐之，致使盧、扁在旁，莫敢下手。」即以病喻東南倭患，頁 2,846。他如：卷 130、王守仁〈添設和平縣治疏〉，頁 1,260;卷 153、崔銑〈上西涯相國書〉，頁 1,533；卷 172、汪文盛〈重明詔懲奸黨以隆新政疏〉，頁 1,756；卷 276、楊博〈會議京營戎政核實十事疏〉，頁 2,921；卷 289、陸粲〈法祖宗復舊制以端治本疏〉，頁 3,045；卷 301、高拱〈議處遠方有司以安地方，并議加恩賢能府官，以彰激勸疏〉，頁 3,176;卷 351、萬恭〈為閘分緊要隄工亟行修築以保運道疏〉，頁 3,774；卷 388、魏允貞〈條陳救弊四事，乞賜採納，以弘治道疏〉，頁 4,201；卷 398、徐貞明〈西北水利議〉，頁 4,313；卷 426、陳于陛〈披陳時政之要，乞採納以光治理疏〉，頁 4,645；卷 440、馮琦〈為災異疊見，時事可虞，懇乞聖明謹天戒、憫人窮，以保萬世治安疏〉，頁 4,814；卷 442、馮琦〈款貢策〉，頁 4,857;卷 446、鄒元標〈敷陳吏治民瘼，懇乞及時修學疏〉，頁 4,898；卷 447、涂宗濬〈狡酋糾眾屢犯疏〉，頁 4,910；卷 461、葉向高〈答劉雲嶠〉，頁 5,051；卷 463、王象乾〈諸虜協力助兵，俯准量加犒賞疏〉，頁 5,087；卷 469、汪若霖〈主德日昭，臣職宜恪疏〉，頁 5,150；卷 474、袁世振〈附戶部題行十議疏〉，頁 5,206；卷 477、袁世振〈綱冊凡例〉，頁 5,248。凡此文章，裡頭皆有以醫病關係來論議時務、政事，類此之例尚多，讀者稍加閱覽，自能發現，不煩一一枚舉。

（一）為君分天下之憂

　　忠君愛國是傳統儒家的重要精神價值，也是中國文化人不辯自明的普遍道德理想。在當時，效忠思宗崇禎皇帝朱由檢，為其分天下之憂，幾乎是當時所有士人的共同情懷。

　　崇禎之前的熹宗天啟皇帝朱由校，對處理國政興趣不大，最後大權完全掌握在殘酷的閹宦，被呼為「九千九百歲爺爺」的魏忠賢手中[78]。魏忠賢在被東林黨領袖之一的楊漣參劾二十四大罪之後，惱羞成怒，瘋狂地報復忠臣義士居多的東林黨人，慘虐酷刑，令人髮指。《明史‧刑法志》載：

> 田爾耕、許顯純在熹宗時，為魏忠賢義子，其黨孫雲鵬、楊寰、崔應元佐之，拷楊漣、左光斗輩，坐贓比較，立限嚴督之，兩日為一限，輸金不中程者受全刑。全刑者曰械、曰鐐、曰棍、曰拶、曰夾棍，五毒備具，呼暑聲沸然，血肉潰爛，宛轉求死不得。顯純叱咤自若。然必伺忠賢旨，忠賢所遣聽記者未至，不敢訊也。一夕令諸囚分舍宿，於是獄卒曰：「今夕當有壁挺者。」壁挺，獄中言死也。明日，漣死，光斗等次第皆鎖頭拉死。每一人死，停數日，葦蓆裹尸出牢戶蟲蛆腐體，獄中事祕，其家人或不知死日。莊烈帝禽戮逆黨，冤死家子弟，望獄門稽顙哀號，為文以祭。帝聞之惻然[79]。

　　案標榜著「風聲、雨聲、讀書聲，聲聲入耳；家事，國事、

78　（明）呂毖撰《明朝小史》（台北：正中書局，民 70 年 8 月，玄覽堂叢書），卷十六，〈天啟紀〉載：「太監魏忠賢，舉朝阿諛順指者，俱拜為乾父，行五拜三叩首禮，口呼九千九百歲爺爺。」，葉3。

79　語見（清）張廷玉等撰《明史》（書同註 28），卷九十五，〈刑法志三〉，頁8034。

天下事、事事關心」的東林黨領袖楊漣、左光斗的下場竟然是「五毒備具，呼籲聲沸然，血肉潰爛，宛轉求死不得」、「葦蓆裹尸出牢戶，蟲蛆腐體」，而家人只能「望獄門稽顙哀號，為文以祭」，這在當時（乃至今日）真是「草木為之含悲，風雲因而變色」的悲慘情形。最後崇禎皇帝（即文中的莊烈帝）朱由檢「禽戮逆黨」，算是為楊、左平反，同時也為他贏得了許許多多的人心。《劍橋中國明代史》記載著：「天啟皇帝死亡本來是朝廷莊嚴哀悼的時刻，但許多官員在聽到這帶來無窮災難的一朝已經結束時，都感到欣慰。一些樂觀的觀察家甚至把朱由檢的繼位看成是進行深遠改革和復興明朝的機會。回想起來，在 1627 年秋，這種樂觀主義是完全合理的，因為新皇帝就像他的差不多七年前即位時的兄弟一樣的神秘。盡管朱由檢後來成了一個比許多年任何一個皇帝遠為認真負責的統治者，但這不能彌補他的缺乏經驗、多疑和剛愎自用── 這些性格特點促成他的王朝的覆滅。」[80]

　　盡管崇禎皇帝是一個「比許多年任何一個皇帝遠為認真負責的統治者」，但天啟末年因為魏忠賢的掌政已把國家弄得瀕臨滅亡的地步：朝廷上魏忠賢本人與東林黨不斷爭鬥而造成時時刻刻動盪不安的政治局勢；遼東、廣寧失守而致熊廷弼首領被傳送「九邊示眾」，後來經營有成的孫承宗又被迫去職歸里，傑出將領袁崇煥的職位被頂替，滿人直接威脅明朝；苗族首領安邦彥在四川、貴州、湖廣等西南地區製造麻煩；川陝邊界因魏忠賢所派官員貪汙腐化而騷動不安；天災旱潦相繼，飛蝗遍地造成國匱民窮，流賊闖寇紛紛而起⋯⋯。如何讓明朝轉危為安。化弱為強，重振明

80 語見（美）牟復禮、（英）崔瑞德主編《劍橋中國明代史》（北京：中國社會科學出版社，1995 年 11 月三版），第 10 章〈泰昌、天啟、崇禎三朝〉，頁 662-663。

初太祖、成祖二皇赫赫武功的大一統天下，這是時代的大問題，也崇禎皇帝管理天下的大憂。

在這樣的時代大背景底下，《經世編》的編輯群們，大多有著「為君分天下之憂」的強烈使命感，如〈序〉文和〈凡例〉云：

> 國朝良法美意，未變於昔。士大夫矜文學之彥，修儒雅之容，十室獨有，顧激風搖之，動見露肘，致煩天子咨嗟改容，欲詘文右武，有君無臣，辱在科目，聖人之憂，士大夫之恥也。（第一冊，〈黃澍序〉，頁 19）

> 今天子明聖，急求忠良，共圖治平。而人材自逆豎摧折之後，正氣甫伸，邪氛未淨，小人當國，災害竝至。於是奴寇交訌，兵餉兩詘，致煩至尊宵旰，而士大夫俛仰自若，轉展推避，急則首鼠兩端，緩則泄沓一意，於是天子乃心厭薄之。…豈聖衷所繇得已哉，亦士大夫經濟闊疏，積漸使然耳。（第一冊，〈許譽卿序〉，頁 26-27）

> 至熹宗在御，宵人竊柄，閉隱之歎，於斯為極。我皇聿興，如離始照，十年之間宵衣旰食，而太平未臻，殷憂日切。夫國家之景運既如彼，我皇之聖明又如此，必有異人並出，以助緝熙，不愧肅皇之世者，當拭目觀其盛耳。予與徐子、陳子論昭代人才之概，而於名公貴卿，深有望云。（第一冊，宋徵璧〈凡例〉第二條，頁 50）

在第一文中，黃澍明言「『聖人』之憂，士大夫之恥也」，這個「聖人」指的就是當時經常咨嗟改容的「天子」──崇禎皇帝朱由檢。黃氏認為讓天子憂愁，是「士大夫之恥也」，分憂之意，溢於言表。第二文許譽卿更指出當時的天下是：「正氣甫伸，邪氛

未淨，小人當國，災害並至。於是奴寇交訌，兵餉兩詘」，情勢如此的糟糕，所以導致「至尊宵旰」、「急求忠食」，可是士大夫卻「經濟闊疏」、「轉展推避」，只會鼠竄或推拖而難以濟事，難以為君分憂。第三文宋徵璧說皇帝「十年之間宵衣旰食」，可是仍然「太平未臻」、「殷憂日切」，所以期待著「異人並出」來輔佐君王、興盛時代，也就是分擔解除君王的殷憂。

要言之，在《經世編》的編輯群們的心目中，當時的崇禎帝是「聖明」之君，是「急求忠良、共圖治平」之君，是「宵旰衣食」、厲精圖治之君，是可以讓明朝中興富強之君。於是，忠君就是愛國，為君王分憂就是治理好天下的經世實踐，所以他們認為替這樣的君王分天下之憂，是道義，是責任，也是無可逃避的使命。

（二）為臣立效忠之路

所謂「經世」，就是治理天下，就是要解決時代所面對的現實大問題，古代君與臣是一體的兩面，誰能夠真正為君分天下之憂呢？理想上，「天下興亡，匹夫有責」，凡是「自命豪傑」的「有志之士」，權家、儒家、史家，文人、武夫、策士無一不可。現實上，自然地要屬於掌握大權的大臣們了，包括廢掉中書省以後的「內閣」、統率百揆的「冢宰」、掌握軍權的「大司馬」等等。

大臣要如何為君分天下之憂呢？要如何行效忠之路呢？《經世編》之作，正是有鑑於此而發，而這又涉及到橫、縱的兩個層面。就橫的層面而言，天下事萬萬千千，彼此鉤連糾纏，經常都是大臣或有志之士所當留心注意者，如〈方岳貢序〉所提到：贊君德、弼盛猷、語財賦、論掌故、山川險易、天文星律、邊備、河漕等等（第一冊，頁 3-4）；個人甚至可就自己的才性、興趣，而就某一範疇鑽研、留意，獨所擅長。事實上，《經世編》所收的

內容，遠遠多於方岳貢所提的項目，近人甚至把它分之為四大項、四十三類[81]，不難看出大臣若欲行效忠之路，要研究、涉獵的學問極多極廣，至少《經世編》之作就是提供了不少這樣的學問。

就縱的層面而言，《經世編》特別強調「知古易而知今難」，認為要解決時代所面對的現實大問題，取資於明朝的典章故實更勝過取資於遙遠的往古。如方岳貢、徐孚遠的〈序〉文云：

> 學士家不知近事，往往是往古而非當今，然而《傳》曰：「法後王」，則以昭代之人文，經昭代之國事，豈有不足者耶！
> （第一冊，〈方岳貢序〉，頁 4-5）

> 余嘗聞諸長者云，新都楊文忠公、江陵張文忠公，自釋褐以後，即棄去所業文詞，盡取國朝典故誦之。手指心憶，得其條理。及其當國，沛然施之，無不如意。二公當艱難之時，而能措置安平，功業駿朗，不偶然也。（第一冊，〈徐孚遠序〉，頁 35）

第一段文字強調「以昭代之人文，經昭代之國事」，綽綽有餘。然而必須注意的是，所謂的「昭代」，其實是從洪武初年到天啟結束，也有長達二百六十年的歷史。二百六十年的各項經世課題，前面所提橫的各項層面，都有值得借鑑能夠參考的地方。第二段

---

81 據北京中華書局的《明經世文編》末尾，有朱士春編的《明經世文編分類目錄》，內容：一、政治項：總論、禮樂、曆法、用人、薦舉、銓政、職官、諫諍、彈劾、封贈、理財、錢幣、賦役、農政、救荒、倉儲、漕運、驛遞、鹽課、茶課、商稅、市舶、研政、戶政、刑法、營造、水利、地方行政、外交等二十九類。二、文教項：太學、武學、科舉、國史、輿地、著作、對策、歌頌、紀恩、雜文等十類。三、武備項：軍政、將帥、軍伍、糧草、軍器、馬政、城堡、屯田、京營、邊防、治安、海防等十二類。四、皇室項：修省、講學、制誥、巡幸、宮闈、承祧、宗藩、郊祀、陵廟、內供、皇莊、宦官等十二類。合計四大項，四十三類。

文字更舉兩位文忠公，即楊廷和（新都）、張居正（江陵）二人，分別擔任正德、萬曆年間的閣揆，正是得力於之前對「國朝典故」的「手指心憶、得其條理」，而各有不錯的功勳彰著於世。就這個意義來說，《經世編》的編輯群們正是廣泛地收集當代的典章故實的作品，正是希望這本書能夠成為幫助當代大臣們治理天下、安邦定國的好文獻。

　　事實上，明代崇禎之前的各朝，出現過不少忠誠幹練的大臣，上輔君主，下理百事，或守成，或改革，或創新，或平亂，或修城，或治河…。這些人物及他們治國理民的各項意見，常是《經世編》所收錄的重點所在。而在問題叢生、紛亂不斷的崇禎朝，《經世編》的作者是打從內心深處企盼能有像先前各朝的經世大臣出現，好好整頓綱紀，扭轉乾坤，中興朝政的。如黃澍、張國維的〈序〉文云：

> 洪惟二祖列宗，先後輝映，經濟之材不借異代。以余約略近輓，在英宗則以王、于兩忠肅為倡，周文襄、耿清惠為輔；在憲宗則以王端毅、項襄毅為傑，李襄敏、陳康懿為輔；在孝宗則以馬端肅、劉忠宣為冠，倪文毅一人為輔；在武宗則以王文成、李康惠為首，胡端敏為輔；在世宗則以張永嘉為最，徐文貞為輔。是皆具命世之才，經世之識，持世之學，故其勳名爛然，文章踔約，於今為烈，功等開創。（第一冊，〈黃澍序〉，頁 19-20）

> 本朝二祖以來，賢聖繼作，山嶽降靈，英人傑士，比肩相望，昌言偉論，不絕於時。然求其說行于君而功見于世，如三楊之於宣宗，于忠肅之於景帝，李文達之於英宗，劉忠宣之於孝宗，永嘉之於世宗，江陵之於神宗，寥寥寡儔，

不可概見。故得道行君，古人以為難。而其他議出而爭起，
策行而謗生者，不可勝計。及其事定之日，則是非得失，
朗然皆見。數傳之後，猶可獲其言之利焉。愚嘗觀西漢之
隆，宣帝練群臣、核名實，而丞相高平侯數上封事，皆稱
上旨，然其所以為能者，不過好觀漢故事及便宜章奏，如
賢臣賈誼、晁錯、董仲舒所言，奏請施行之而已。今皇帝
神聖，非漢宣中庸之主，能較其萬一。而十四朝之鴻文偉
略，有不止于賈、董諸人者。假使公卿之中有一人為高平
侯，則夷狄安足禦而盜賊安足平哉！（第一冊，〈張國維序〉，
頁 9-10）

在第一文中，黃澍大力讚揚明代各朝的名臣：英宗時的王翺
（忠肅）、于謙（忠肅）、周忱（文襄）、耿九疇（清惠[82]），憲宗
時的王恕（端毅）、項忠（襄毅）、李秉（襄敏）、陳康懿（案恐指
王憲〔康懿〕或陳俊[83]），孝宗時的馬文升（端肅）、劉大夏（忠
宣）、倪岳（文毅）、武宗時的王守仁（文成）、李承勛（康惠）、
胡世寧（端敏），世宗時的張孚敬（永嘉）、徐階（文貞）等人，
說他們都是「具命世之才、經世之識、持世之學」，所以能夠「勳
名爛然，文章踔約」。除去耿九疇外，《經世編》都不吝收錄了這
些大臣們的偉論，一方面表彰他們的豐偉業的「事」和超絕獨特
的「言」；另一方面也能讓當代人能夠借鑑參考，作為謀國用世之
資。第二文中，張國維則提到：宣宗時的三楊（楊榮、楊溥、楊
士奇）、景帝時的于謙（忠肅）、英宗時的李賢（文達）、世宗時的

---

82 事實上，《皇明經世文編》只收耿九疇之子耿裕，並未收錄耿九疇其人，黃
澍的序文恐未細察及此。
83 事實上，諡號為「康懿」者有陳俊和王憲二人，然《皇明經世文編》未收
陳俊其人。若指陳俊，則黃澍的序文恐未明察及此。若指王憲其人，則《皇
明經世文編》雖收錄其人，黃澍的序文恐將姓氏誤寫。

張孚敬（永嘉）、神宗時的張居正（江陵）等人，說他們是「其說行于君，而功見于世」的「英人傑士」，說他們的「昌言偉論」是「不絕於時」的。張國維文序更強調《經世編》收錄許多議出策行、爭起謗生的政策和言論，值得讀者細心留意。張序最後甚至更引漢宣帝劉詢中興漢朝的典故，認為當時丞相高平侯魏相（弱翁）即因熟悉漢代奏章典故而能成功地佐助宣帝中興，進而企盼當代公卿大臣們有人能夠因為熟讀《經世編》而成為第二個高平侯魏相（弱翁）輔佐崇禎帝中興明朝。

　　要之，忠君愛國是《經世編》的精神價值，治理天下、解決時代的現實大問題則是大臣們效忠的最佳路途。《經世編》的編輯群們認為只有效忠之心是不夠的，更要「學」才行。只有透過「學」，才能有「用」，才能有「效」，也才能真正的走上大臣的效忠之路。正是如此，《經世編》所收錄的人物和政論，就是當代大臣學習的最好對象了。任濬序云：「忠孝之性，雖不可以假人，然聞見空疏，徒知自勉，不可強也。豆目不足以研變，覓腸不足以貯理，于是忽略不能以措治，道不可以格君，敷奏則隔靴，詰責則透裘，此非不才不忠之過，而不學之過也。故臥子（案即陳子龍）《經世編》所以廣為臣者效忠之路也。非神聖之主，其臣莫及，必不能令群下自知不足，而盡相勉于好學，而非有識大之賢者，亦不能薈訂謨于蘙蕪，而要其歸于明良之揆，令二百七十年之偉人，呼其名于紙上，儼然廷立而議，為願忠者謀斷之先資，而取法取裁，皆于是乎有當也，是則臥子之力也夫。」（第一冊，〈任濬序〉，頁13-14）案這話裡頭指出大臣效忠不僅要「才」、要「忠」而已，更需要「學」。學甚麼呢？就是學《經世編》這本書裡蒐錄的明朝將近二百七十年「偉人」的言論與意見。由此而言，《經世編》一書，是可以成為「願忠者謀斷」的先資，更是立出了「廣為臣者

效忠之路也。

（三）為士明實學經世之術

　　《經世編》的編輯群們大多是文人，是以陳子龍、徐孚遠、宋徵璧等人為代表的「幾社」成員。「幾社」是崇禎初年創立於江蘇松江的「文社」，陳子龍、徐孚遠都列名倡立該社的「幾社六子」名內[84]。「幾社」曾併入具有濃烈政治色彩號稱「小東林」的「復社」。但與復社相較，幾社成員比較不卷入政治派別之爭，且取友極嚴，由師生子弟而入社，以「盡取友會文之實事」。幾社成員重在砥礪文章、觀摩時文，以求功名，每逢三、六、九聚會，詩酒唱酬，誠如謝國楨先生所說的：「在崇禎初年，幾社雖然與復社合作，但是復社對外，幾社對內。復社成天在外邊開會活動，幾社的同志，欲閉戶埋首讀書。復社開了三次大會，風頭真是出夠了；但是張天如（案指復社領袖張溥）已死，復社就嗣響終絕，而幾社的文會卻繁盛起來。」[85]

　　朱東潤先生在《陳子龍傳》書中曾提到，陳子龍生命有三階段：文士（1626-1636 年）、志士（1636-1644 年）、戰士（1644-1647年）。尤其是在崇禎九年遇到大儒（同時也是政治家）黃道周以後，慢慢地從「江南才子」變成「以國事為己任的人才」[86]。崇禎十

84　「幾社六子」乃因幾社編有《幾社六子會議》一書而得名，（明）杜登春撰《社事始末》（台北：藝文印書館，《百部叢書》藝海珠塵本）載云：「先君子（案即杜麟徵）與彝仲（案即夏允彝）有《幾社六子會義》之刻。『幾』者，絕有再興之『幾』而得，知『幾』其神之義。……六子者何？先君子與彝仲兩孝廉主其事，其四人則周勒卣先生立勳、徐闇公先生孚遠、彭燕又先生賓、陳臥子先生子龍是也。」，頁 4。

85　語見謝國楨撰《明清之際黨社運動考》（台北：臺灣商務印書館，民 57 年 6 月臺二版），九〈幾社始末〉，頁 190。

86　見呂鵬慧等編《中國歷代著名文學家評傳》（濟南：山東教育出版社，1997 年 9 月），第四卷（元、明），〈陳子龍〉，頁 553-576。

一年，《經世編》的編纂，就有著針砭文人的柔弱無用和批判士人只追求個人富貴功名的強烈企圖心，進而有著為士人、文人闡明實學經世之術的深意存焉。如云：

> 余雅意所在，不欲以文士自業。然而身賤素久，無所用於世。今之所成，豈敢妄希兩文忠之事乎？蓋賤者效焉，貴者嘗焉，他日有魏弱翁其人者當國，省覽此書，以為有裨鹽梅之用，庶幾因是，推其緒來，以漸窺高皇帝之淵微，或有弘益哉！或有弘益哉！（第一冊，〈徐孚遠序〉，頁37-38）

> 夠今日而憂特甚，南寇北奴，日益滋大，乃文人柔弱既已，論卑氣塌，無當上旨。凡而咕哦誦記，自章句而外無聞焉，毋論天文、斗宿、地脈、龍蛇、通靈、返光、元聲、大律之書，未曾夢見。即昭彰如漕馬、鹽茶、按部，如九邊、圖塞、星列、綦布，如坵塍、圖甲、揭鼓，如屯鑄、爛陳，如孫、吳、諸葛兵法，持一往叩，東支西吾，如拾敗莩於零霜，丐殘羹於覆鼎，縱有所得，皆出棄餘。又夠嗜欲營營，本原淆混，生殷憂逼仄之時，希倖於優游福勝之事，懷此道也以往，即奈何欲佐聖主，成唐虞三代之治乎？（第一冊，〈黃澍序〉，頁15-16）

> 予惟學士大夫，半生窮經，一旦逢年，名利嬰情，入則問舍求田，出則養交持祿，其於經濟一途，蔑如也。國家卒有緩急，安所恃哉！古今人不甚相遠，古人經生時即以天下為己任，何至今動稱乏才也！（〈許譽卿序〉，頁26）

案三文中，徐孚遠自言「不欲以文士自業」，黃澍詈罵「文人柔弱既已，論卑氣塌」，許譽卿直言學士大夫「入則問舍求田，出

則養交持祿」，都反映了當時士人只會「咕哦誦記」、只會科舉考試的「章句」罷了！只會汲汲營營個人的財富和利益罷了！對時代現實大問題，漠不關心，無關痛癢。所以經濟空疏，對當時紛亂的時世毫無裨益。其實，何止文人、學士、儒生大夫而已，連閣臣也不例外。《明鑑綱目》記載崇禎五年，云：

> 【綱】夏五月，以禮部尚書鄭以偉、徐光啟，並兼東閣大
> 學士，預機務。【目】以偉讀書過目不忘，而不能票擬。章
> 疏中有『何況』二字，誤以為人名也，擬旨提問，帝駁始
> 改悟。自是詞臣為帝所輕，遂諭館員須歷外僚，而閣臣自
> 是不專用翰林。光啟雅負經濟才，有志用世，及入閣，年
> 已老。周延儒、溫體仁專政，不能有所建白[87]。

這就說明了崇禎帝亟須經世才幹的閣臣，然而徐光啟雖符合要求，卻已年紀老邁。而鄭以偉以「詞臣」入閣，竟然空疏到把「何況」誤為人名的地步，以致最後「詞臣為帝所輕」，「閣臣自是不用翰林」了。後來的周延儒、溫體仁也都沒有建樹。崇禎帝好惡如此，時代氛圍如此，無怪乎《經世編》之作，要大力提倡經世實學，要極力強調有用之術，而與「幾社」原來立社的宗旨迥異。

要言之，就像陳子龍由「文士」變為「志士」那樣，《經世編》的編輯，背後是有著闡明實學經世之術，改變學風、士風、仕風的強烈動機的。因為只有這樣，有用的人材才會源源不斷地出現，往上始足以為君分天下之憂，往下始能夠行效忠之路。陳子龍云：「俗儒是古而非今，文士擷華而舍實。夫保殘守缺，則訓詁之文，充棟不厭。尋聲設色，則雕繪之作，永日以思。至於時王所尚，

---

87 見錢基博修訂《明鑑綱目》（台北：啟明書局，民 48 年 7 月），卷十五，〈莊烈帝〉，頁 601。

世務所急，是非得失之際，未之用心。苟能訪其書者蓋寡，宜天下才日以絀，故曰『士無實學』」（第一冊，〈陳子龍序〉，頁 40）這話既說出《經世編》的編輯動機，也指出晚明空虛不實的學風。

二、經世傾向

　　《經世編》的編輯們是以晚明著名文人陳子龍及幾社成員為主，這些人大多是道道地地的文人，所以《經世編》與文人的關係十分密切。《經世編》的編輯動機是要為君分天下之憂、為臣立效忠之路、為士明實學經世之術，所以和當時政治、社會脫離不了關係。《經世編》的經世思想和精神，又和儒家的外王思想有莫大關係；更何況陳子龍及幾社，與儒家思想彰顯的復社、東林的關係更是血肉相連，難以割捨。所以《經世編》一書，其實就是文人、儒學與政治糾葛牽纏出來中的產物。

　　一九八〇年代，學者研究「經世」思想蔚為風潮，針對「經世」一詞也創造了不少的新詞語，諸如道德經世、實用經世、激進的經世、溫和的經世、實學經世派、經世實學等等。既豐富又繁雜。由於本文的研究是以陳子龍等文人所編輯的《經世編》一書為重心，所以不免想問《經世編》自身的「經世」思想與原則究竟是什麼呢？針對這一問題，《經世編》的〈凡例〉有三段文字。是很值得注意的，先看第一條：

> 儒者幼而志學，長而博綜，及致治施政，至或本末眩瞀，措置乖方，此蓋浮文無裨實用，擬古未能通今也。唐宋以來，如《通典》、《通考》，暨《奏疏》、《衍義》諸書，允為切要，亦既繁多。乃本朝典故，缺焉未陳，其藏之金匱石室者，聞見局促，曾未得睹記。所拜手而獻，抵掌而陳者，

　　若左右所記，小生宿儒，又病於抄撮，不足揄揚盛美，網
　　羅前後，此有志之士所撫膺而歎也。徐子孚遠、陳子子龍，
　　因與徵璧取國朝名臣文集，擷其精英，勒成一書。如采木
　　於山，探珠於淵，多者多取，少者少取。至本集所不載，
　　而經國所必須者，又為旁采以助高深。共為文五百有奇，
　　人數稱是，志在徵實，額曰「經世」云。（第一冊，頁49）

　　文中說明命名「經世」之由，正是稟承儒者志向：「幼而志學，
長而博綜，致治施政」。然而當儒者真的當官從政時，有些人卻「本
末眩瞀、措置乖方」，完全是因為俗儒一味地追求無用的浮文，迂
儒又只會遵古而不能通今而造成的。正是有鑑於此，徐孚遠、陳
子龍、宋徵璧才會廣收明代經世有成的名臣們的文章，特別是「經
國所必須」而又徵實可靠的作品。要言之，《經世編》所謂的「經
世」是要儒者致治施政時，有本有末，措置合宜，確實有用。要
儒者成為大儒、通儒，避免成為俗儒、迂儒，所謂的經世學實就
是從儒家入世、用世進而求其效、求其通的學問。

　　至於「經世」的實際內容是什麼？〈凡例〉第三條載云：

　　天下有一定之理，有萬變之事。正心誠意之言，親賢遠佞
　　之說，治忽之分，罔不由茲。然義簡而直，數語可盡。故
　　集中惟元臣正士，入告我后者，載數十首以概其餘。至於
　　萬變之事，代不同制，人各異師，苟非條析講求，何以規
　　摹得失。若乃方幅之內，或迂闊見譏；廓落之談，復以功
　　利相擯。鄙人不敏，敬聞命矣。（第一冊，頁50）

　　文中強調著經世的內容分「一定之理」和「萬變之事」，借用
張灝先生的詞語來說，前者近於「道德經世」，後者則近於「實用
經世」。所謂「一定之理」，其實就是強調國家安危、天下治亂繫
於君王的道德修養，即繫於「君心」這樣一定的道理。這是上承

朱熹所云：「天下之事千變萬化，其端無窮，而無一不主于人主之心者，此自然之理也。」[88]正因為如此，所以朱熹認為君主要「正心誠意」，以公去私，「只看合下心不是私，即轉為天下之大公」。朱熹如是政治主張影響明代政治十分深遠。如邱濬的《大學衍議補》也繼承這樣的見解，邱濬主張為君要正心，為臣要「革君心之非」；對大臣來說，這是為政的關鍵，也就是說如何使帝王「惟以一人之心體天下之心，以天下人之心為一人之心，推而廣之，概而取之，各則其所，而天下平矣！」[89]，是大臣們必須念茲在茲的頭等大事。邱書在明代是被奉為圭臬，廣為明人接受的典範作品。影響明人政治思想之深遠，是庸置疑的事實。

　　《經世編》肯定「一定之理」的道德經世的重要，說「正心誠意之言，親賢遠佞之說，治忽之分，罔不由茲」。但是，《經世編》也認為這一部分的道理簡單而又直接，幾句話就可說盡了，所以收錄好幾十篇文章而已，相較全書三千多篇而言，份量是很單薄的。《經世編》真正用心用力的地方是在「萬變之事」這個領域，也就是「實用經世」的地方，如軍政、薦舉、銓政、賦役、漕運等等實際政經課題上面。《經世編》認為「萬變之事，代不同制，人各異師，苟非條析講求，何以規摹得失？」也就是說要解決現實的各項問題就要多多研究，當初立制的用意究竟是什麼呢？在各代流衍變化、沿習得失之處是什麼？大臣有什麼興革意見？成效如何？各項問題有各自的特性和範疇，所以《經世編》著力於此甚多。肯定「一定之理」的道德經世，可能被譏為迂闊；

88　語見（宋）朱熹撰《晦菴先生朱文公集》（上海：商務印書館，《四部叢刊初編集部》縮印明刊本），卷十一，〈戊申封事〉，頁169。

89　語見（明）邱濬《大學衍義補》（北京：京華出版社，1999年4月），卷一百五十九，〈治國平天下之要‧聖功神化之極中〉，頁1,392。

強調「萬事之變」的實用經世，也可能被斥為功利。在迂闊和功利間，《經世編》從選錄文章的實踐中，清晰地表達他（們）偏重「萬事之變」的實用經世的傾向。

正是這樣的傾向，《經世編》對儒者和文人的選錄，自有一番說詞：

> 古之傑士，言足載道，不為雕飾，如薛文清、岳文毅、劉忠宣、章文懿、羅文肅、顧文端、馮恭定、高忠憲之徒，有日星河嶽之望，乃吉人辭寡，於斯足徵，錄其數篇以為模範。（第一冊〈凡例〉第七條，頁51）

> 本朝文士，風雲月露，非不斐然，然求之經濟，十不一、二。至若宋文憲之精粹，李空同之諒直，王浚川之練達，王弇州之博識，寧非卓爾之姿，濟世之彥哉！罕有通才，未嘗一概。其他若丘文莊、霍文敏、馮文敏、徐文定，學術淵深，足為世用。一稱立言之家，一為實用之準。（第一冊，〈凡例〉第九條，頁51-52）

〈凡例〉第七條第一文主要在談論儒者，《經世編》認為儒者「言足載道、不為雕飾」、其人則有「日星河嶽之望」，本就不以「言」見長。《經世編》既重在實用經世，所以收入儒者的人和言，其實都不多。〈凡例〉自己就提到八人：薛瑄（文清）、岳正（文毅）、劉大夏（忠宣）、章懋（文懿）、羅玘（文肅）、顧憲成（端文[90]）、馮從吾（恭定）、高攀龍（忠憲），據筆者統計《經世編》收錄的篇數、字數，分別是：薛瑄二文（1,554字）、岳正三文（959字）、劉大夏十五文（5,587字）、章懋六文（5,912字）、羅玘六

---

[90] 據《明會要》和《皇明經世文編爵里姓氏總目》所載，顧憲成的謚號為「端文」，並非「文端」，宋徵璧〈凡例〉所云，恐涉筆誤。

文（3,333 字）、顧憲成二文（2,295 字）、馮從吾一文（925 字）、高攀龍三文（2,259 字），字數全未超過六千字。這在《經世編》收錄各人物的篇幅、份量而言，明顯地是偏少的。〈凡例〉第九條文主要是在談論文人，如果是「學術淵源，足為世用」者，那就視為十分重要的經世大臣而要另當別論，如丘濬（文莊）、霍韜（文敏）、馮琦（文敏）、徐光啟（文定）等四人就是。其餘雖文名儘管頗盛，文彩再怎麼斐然，「然求之經濟，十不一二」，於是收入文人的數量極少了。〈凡例〉提到四人：宋濂（文憲）、李夢陽（空同）、王廷相（浚川）、王世貞（弇州）。據筆者統計《經世編》收錄的篇數、字數，分別是：宋濂十七文（12,678 字）、李夢陽二文（5,550 字）、王廷相十二文（16,852 字）、王世貞三十九文（37,915 字），除李夢陽外，篇數、字數則都相當豐富；然相對於他們自身豐贍的著述而言，《經世編》所收仍是徵乎其微的分量。「立言」者未必「實用」，明顯地《經世編》所收重在「實用」，而非「立言」。

　　要之，《經世編》：選仍以「萬變之事」的現實問題為主，以實用經世為主；在這標準底下，收錄儒者、文人的作品不是沒有，但明顯地較少。

第三章　經世學著作簡介

　　陳子龍等人編纂的《皇明經世文編》一書，目前已廣為學界所肯定和推崇，學者甚至譽之為「特別重要的明史資料」[1]、「真正是『致用』的經世之學」[2]，或「是迄今為止選錄面最廣，篇幅最大的一種明文選集」[3]。然而透過對「經世文」的編纂輯錄，表達出編纂者的經世思想，這本書並不是第一部；也就是說它是繼承著同類型的著作而日益完善與全面。史學家吳晗即指出這個事實說：

> 這部書的編輯也是有所繼承的，前此，有陳九德的《明名臣經濟錄》，分為十目，取奏疏事蹟上有關治道的分別編列，時間從明初到正德末年止；有陳其儵的《明經濟文輯》，分十七目；有萬表的《明經濟文錄》等等。《明經世文編》繼承了這個傳統，規模更大。後於此，清朝人編的《經世文編》，那就更多了。（第一冊，〈吳晗序〉，頁3）

　　依此，考察《皇明經世文編》之前的各類著作，溯源歸本，觀其流衍，將有助於認識和理解《皇明經世文編》一書。

1　語見（美）牟復禮、（英）崔瑞德編《劍橋中國明代史》（北京：中國社會科學出版社，1995年11月3刷），第12章，〈明代的歷史著述〉，頁821。
2　語見余英時撰《中國思想傳統的現代詮釋》（南京：江蘇人民出版社，1998年6月4刷），〈清代學術思想史重要觀念通釋・經世致用〉，頁241。
3　語見錢仲聯等編《中國文學大辭典》（上海：上海辭書出版社，1997年7月），〈明代文學・總集〉，頁908。

　　必須指出的是，要對《皇明經世文編》溯源歸本，立刻就會有許多的問題出現：例如什麼是「經世文」呢？在《皇明經世文編》之前，書名標「經世」的著作，究竟有那些？書名標「經世」的著作，內容為何？又書名標「經濟」、「經略」等與「經世」近似的詞語算不算經世文編呢？書名不標「經世」或與之類似的詞語，算不算呢？凡此，底下以文獻研究的方式，逐一敘述。

第一節　以「經世」為書名的著作

一、宋元時代

　　「經世」一詞，早在先秦的《莊子‧齊物論》裡頭就已經出現過[4]，然而真正將之列入書名，就筆者所知，最早為宋代邵雍的《皇極經世書》和唐仲友的《帝王經世圖譜》。邵書書名「皇極」，取自《尚書‧洪範》孔穎達疏：「皇，大。極，中也。凡立事當用大中之道」[5]以此名書，意思是用最大的規範來經緯世事；這是一部運用《易》理、《易》數推究宇宙起源、自然演化和歷史變遷的著作。《欽定四庫全書總目》評邵書云：「《皇極經世》蓋即所謂物理之學也。其書以元經會，以會經運，以運經世，起于帝堯甲辰，至後周顯德六年己未。凡興亡治亂之跡，皆以卦象推之。」[6]十分

4　（清）郭慶藩編《莊子集釋》（台北：木鐸出版社，民 71 年 9 月），卷一下，〈齊物論第二〉載：「春秋經世先王之志，聖人議而不辯，故分也者，有不分也；辯也者，有不辯也。」，頁 83。

5　語見（唐）孔穎達疏《尚書正義》（台北：藝文印書館，《十三經注疏》本第 1 冊），卷十二，〈洪範第六〉，頁 168。

6　語見（清）紀昀等撰《欽定四庫全書總目》（北京：中華書局，1997 年 1 月），卷一百〇八，〈子部‧術數類一〉，評《皇極經世》，頁 1,422。

有趣的是：在生活形態和生命境界觀之，邵雍是宋明儒最無後代所謂「經世」形象的人，然而書名卻名之為「經世」，可見儒者對於外王、經世始終難以忘情[7]。《四庫全書》將邵書歸類為「子部」裡頭，以「陰陽五行、生克制化」為重的「術數類」[8]；明人焦竑《國史經籍志》歸為「子類」的「儒家目」[9]；明人孫能傳等奉敕撰《內閣藏書目錄》歸為「理學部」[10]；明人葉盛《菉竹堂書目》歸為「性理類」[11]。無論如何，術數、儒家理學、性理、諸類的著作，邵雍這本《皇極經世》書都與後代所謂的「經世文編」的著作，有很大的出入。

宋人唐仲友的《帝王經世圖譜》是本彙集「名物制度」的「圖譜類書」，《欽定四庫全書總目》云：「其書分類纂言，大要以《周禮》為綱，而諸經史傳以類相附。于先聖大經大法，咸縱橫貫串，曲暢旁通。故以帝王經世為目。其所繪畫，州居部分，經緯詳明，具有條理。」[12]此書除《內閣藏書目錄》將之歸為「理學部」外，

---

7 唐君毅撰《中國哲學原論原教篇》（台北：臺灣學生書局，民73年2月），第二十五章〈事勢之理在國思想中之地位及三百來之中國哲學（上）〉載：「以生活形態而論，邵康節乃最無經世之業，而一生若無所事事者。然其書，仍名曰皇極經世，則正見宋明儒者，雖極無所事事，亦不忘經世也。」，頁671。

8 《欽定四庫全書總目》（書同註6），卷一百〇八，〈子部‧數數類小敘〉載：「術數之興，多在秦、漢以後。要其旨，不出乎陰陽五行，生克制化。實皆《易》之支流，傳以雜說耳。」，頁1,419。

9 見（明）焦竑撰《國史經籍志》（北京：書目文獻出版社，1994年1月，《明代書目題跋叢刊》粵雅叢書本），卷四上，頁302。

10 見（明）孫能傳等奉敕撰《內閣藏書目錄》（北京：書目文獻出版社，1994年1月，《明代書目題跋叢刊》適園叢書本），卷五，頁535。

11 見（明）葉盛撰《菉竹堂書目》（北京：書目文獻出版社，1994年1月，《明代書目題跋叢刊》粵雅堂叢書本），卷一，頁900。

12 見《欽定四庫全書總目》（書同註6），卷一百三十五，〈子部‧類書類〉，評《帝王經世圖譜》，頁1,780。

許多目錄皆將之歸為「類書」或「事類」[13]。平情而論，唐書已頗接近後代所謂的「經世文編」的著作，所以明人楊士奇等撰的《文淵閣書目》是把它列入「盈字號第三廚書目」內，與《元朝經世大典》、《經世大典纂錄》並列[14]。然而由於南宋大儒朱熹曾前後上奏六狀彈劾唐仲友其人[15]，唐氏此書遂以人而廢，罕被稱引，沈埋蠹簡數百年，直至四庫館臣修《四庫全書》時，始從《永樂大典》裡抄撮出來。

　　降及元代，以「經世」名書最著者當推趙世延、虞集等人奉敕編纂的《皇朝經世大典》（有時又稱《元經世大典》或《經世大典》）。這本鉅著《皇朝經世大典》在明正統間的《文淵閣書目》中已經殘缺不全了，而在萬曆年間的《內閣藏書目錄》則未列入，恐彼時已經遺失。據《元文類‧經世大典序錄》可知：該書在元文宗至順二年（1331）修成，係參酌《唐會要》、《宋會要》的體例而編成的元代官修政書[16]。全書共八百八十卷，目錄十二卷，附公牘一卷，纂修通議一卷；分十篇：君事四篇，帝號、帝訓、帝制、帝系；臣事六篇，治典、賦典、禮典、政典、憲典、工典，各典下復分若干目。有些地方，甚至還逸出《唐會要》、《宋會要》的範圍之外，而有所創新。如〈工典篇〉的二十二目：官苑、官

13 如（明）楊士奇等編《文淵閣書目》、（明）陳第撰《世善堂藏書目錄》和（清）紀昀等撰《欽定四庫全書總目》等書皆是。

14 見（明）楊士奇等撰《文淵閣書目》（北京：書目文獻出版社，1994 年 1 月，《明代書目題跋叢刊》讀書齋叢戊本），卷十一，頁 115。

15 見《晦菴先生朱文公集》（上海：商務印書館，《四部叢刊初編集部》縮印明刊本），卷十八，〈按知台州唐仲友第一狀〉、〈按唐仲友第二狀〉、〈按唐仲友第三狀〉；卷十九，〈按唐仲友第四狀〉、〈按唐仲友第五狀〉、〈按唐仲友第六狀〉。

16 語見（元）蘇天爵撰《元文類》（台北：世界書局，民 56 年 12 月再版），卷四十、四十一、四十二，〈雜著‧經世大典序錄〉。

府、倉庫、城廓、橋樑、河渠、郊廟、僧寺、道宮、盧帳、兵器、鹵簿、玉工、金工、木工、搏埴之工、石工、絲枲之工、皮工、甄嘼、畫塑、諸所等等。各篇目正文之前均有敘文撮述梗概，內容所依據則多為中朝及外路各官府文件，將蒙古話譯為漢文，並刪去冗詞繁語。依此而論，元代這本官修的《皇朝經世大典》可堪稱是部十分全面、規模龐大的「經世文」的文編著作了。十分可惜的是，此書已經亡佚，只在《永樂大典》和《廣倉學宭叢書》中存留部分遺文。

二、明　代

　　不少明人喜談「經世」，排斥宋儒浮議空談。如崔銑〈政議十篇〉云：「國家有漢之全盛，亡其強；亡宋之苟安，類其弱。蓋由士業草略，登仕太易，鮮治經世之學。」（《經世編》第二冊，頁1530）這是強調「經世之學」的重要。霍〈上楊邃奄書〉韜云：「宋朝士夫，動擁虛名，動多浮議，其未見用，人多以大用期之。及其見用，亦只如此而已矣。嘗謂宋儒學問，動師三代，而致君圖治之效，不及漢唐。漢唐宰輔雖不知學，猶能相其君，以安中夏而制四夷。宋人則高拱浮談，屈事戎狄，竭民產以納歲幣，苟延旦夕之安，履霜不戒，卒覆中夏而後已。」（第三冊，頁 1944）這就非常看不起宋儒的議論、學問了。霍氏甚至還說：「宋朝士夫浮議，甚于戰國之橫議，而流禍之烈，甚于晉之清談。」（引同上）幾乎要將國家滅亡的責任歸諸宋儒了。其他如涂宗濬、王錫爵、熊廷弼等人，對宋人也都有所批評[17]。

17　《皇明經世文編》收錄：涂宗濬云：「臣常言，國常馭虜，當為漢之強，不當為宋之弱。」（卷四百五十，〈速補衝邊將領伐狄謀疏〉，頁 4,950）；王錫

　　「經世」一詞，在明代使用得十分普遍。如李贄的《藏書》裡頭有〈經世名臣傳〉，沈錫侯《翰海》對書信的分類有一項即是「經世類」，秦駿生的《皇明奏議》就首分〈經世集〉，曾大奇的《治平言》首議亦為〈經世〉。甚至連陽明後學王畿都說：「儒者之學，以經世為用，其實以無欲為本。無欲者，無我也。天地萬物本吾一體，莫非我也。」[18]王畿所說，真是比較獨特的「經世」話語；從中卻也可知「經世」一詞，明人使用得很普遍。以是之故，明朝比起宋、元，直接以「經世」名書的著作也顯著地增加了許多。《皇明經世文編》不算，根據清人的《四庫全書總目》、《纂修四庫全書檔案》、《國家圖書館善本書志初稿》與《湖北藝文志》等書所載，至少就有如表 3-1 所列的二十二本之多：

3-1 明人編著書名「經世」著作簡表

	書名 （卷數）	作者 （編者）	內容大要	部別 （類別）	備　　註
1	文公先生經世大訓（6 卷）	余祐	全採朱熹言論，無一字發揮。	子部（儒家）	・祐弘治三年（1490）進士。 ・《澹生堂藏書目》編為「經類」「理學」項。
2	經世要談（1 卷）	鄭善夫	泛論立身為治之理。	子部（雜家）	善夫弘治十八年（1505年）進士。
3	經世策（1 卷）	魏校	仿《春秋》而作，編年紀事	史部（編年）	弘治十八年（1505）進士。

爵云：「今之議者，獨引宋人以和自愚之說。殊不知彼出關奉虜，此開關欵虜；彼稱南北兄弟為敵國，此稱臣納貢為屬國。古今強弱之勢，原自絕然不同。」（卷三百九十四，〈論邊事疏〉，頁 4,258）、「國家之事本非宋，而好事者日趣之入宋耳，可不為之深慮哉！」（卷三百九十四，〈陳東西欵貢疏〉，頁 4,261）；熊廷弼云：「金人語宋人曰：『待汝等議論定時，我已過河矣！』今者寔類于是。此時正經事尚不暇給，何暇爭執此事？」（卷四百八十二，〈答李孟白督餉〉，頁 5,317。）

18 語見（明）王畿撰《龍谿王先生全集》（台北：廣文書局，影印日本江戶年間和刻本），卷十三，〈賀中丞新源江公武功告成序〉，頁 1,019。

4	春秋經世 （1卷）	魏校	注釋《春秋》的作品，惟注隱公一卷	經部 （春秋）	
5	經世民事錄 （12卷）	桂蕚	配合《明大統曆》節氣，刊布曉諭百姓應注意事宜。	子部 （農家）	蕚正德六年（1511）進士。
6	經世格要 （28卷）	鄒泉	以故實分隸六官，六官中又各立子目，附以諸儒之論。	子部 （類書）	泉正德年間諸生。
7	經世宏辭 （15卷）	王錫爵等編，沈一貫參訂	選錄明代歷朝翰林詞臣館試日課之作，各類文體皆有。	集部 （總集）	・錫爵嘉靖四十一年（1562）會試第一名。 ・一貫隆慶二年（1568）進士。 ・《國家圖書館善本書志初稿》收錄此書，名為「增定國朝館課經世宏辭」。
8	皇明館課經世宏辭續集 （15卷）	王錫爵等編、陸𤪌之輯	前書之續作，乃翰林院教習庶吉士	總部 （總集）	此書清朝列入禁燬。
9	經世大論 （4卷）	李材	摘錄經、傳、子、史各書牽涉經世之論、性與天道，皆各摘一、二條或十餘條。	子部 （雜家）	・材嘉靖四十一年（1562）進士。 ・見《國家圖書館善本書志稿》。
10	經世要略 （20卷）	萬廷言	收歷代名相、名臣、謀臣、將。有句讀，有註文。	史部 （傳記）	・廷言受業王守仁，《明儒學案》有傳。 ・見《國家圖書館善本書志稿》。
11	經世實用編 （28卷）	馮應京	大都稟祖訓為律令，以歷朝沿革附之，分乾、元、亨、利、貞五集。	史部 （政書）	應京萬曆二十年（1592）進士。
12	經世環應編 （8卷）	錢繼登	所採皆史籍權變之術。	子部 （雜家）	繼登萬曆四十四年（1616）進士。
13	經世八編類纂 （285卷）	陳仁錫	依己意立題目而類纂八書：《大學衍義補》、《史纂左編》、《右編》、《稗編》、《讀書	子部 （類書）	・仁錫天啟二年（1622）進士。 ・見《國家圖書館善本書志稿》。

			編》、《函史編》、《實用編》、《經濟類編》。		・此書清朝列入禁燬。
14	經世碩畫（3卷）	辛全	收錄前代有關治道的事跡、議論，分二門：一曰皇朝聖典門；二曰諸儒經世定論門。	子部（儒家）	・全萬曆末貢生。・《國家圖書館善本書志初稿》收錄此書，名為「經世石畫」。
15	經世捷錄（34卷）	鄭仲夔	此書近於筆記小說之作，有清言、偶記、耳新、雋區。	子部（小說）	仲夔崇禎末貢生。
16	經世篇（12卷）	（偽托）顧炎武	依科舉的策目而立，每目一篇，附以諸家雜說，大概是抄撮類書而成。	子部（類書）	極可能是坊賈托名顧炎武。
17	大統皇曆經世（3卷）	胡獻宗	其書以明代《大統曆》所列九宮紫白圖，俗師多有訛異，故特揭而明之。	子部（術數）	獻宗自號六六道人，婺源人。
18	經世奇謀（8卷）	俞琳	彙集歷代經權奇正之謀，分備患、紓禍等十九類。	子部（雜家）	・俞琳，字汝良，號象筠，婺源人。・見《國家圖書館善本書初稿》。
19	經世挈要（20卷）	張燧	所載皆邊防及屯田練兵之政，兼有指陳時政之處。		・張燧，湘潭人，生平事跡不詳。・此書清朝列入禁燬。
20	經世要略（4卷）	黃仁溥	清人云：「內有《女直論傳》，字句違礙」、「此系明人防邊之書，字句違礙」。		・黃仁溥，生平事跡不詳。・此書清朝列入禁燬。
21	經世集（？？卷）	秦駿生			・秦駿生，生平事跡不詳。・此書清朝列入禁燬。
22	皇明經世（？？卷）	盧爾惇			・盧爾惇，黃安人。生平事跡不詳。・見於《湖北藝文志附補遺》。

　　根據這二十二本著作觀察，鄭仲夔的《經世捷錄》純然借用「經世」為名，內容多清言、隨筆，宜乎入之「小說類」，而與「經

世」無涉。胡憲宗的《大統皇曆經世》，是陰陽五行、曆書吉凶之類的著作，宜乎入之「術數類」，而與「經世」關係不大。魏校《經世策》為編年紀事的史書，《春秋經世》則為注釋《春秋》的經學作品，二書作者有「經世」之志而刻意名書，實則內容與「經世」的關係稍嫌牽強。

　　四書之外，「經世」重在人的「應世」部分，偏於如何待人接物，以及做事處世如何能夠守經達權，有奇有正者，如錢繼登的《經世環應編》、俞琳的《經世奇謀》二書。「經世」尚有為考試而作的，如針對科舉有偽托顧炎武的《經世篇》，針對翰林詞臣有王錫爵的《經世宏辭》、《皇明館課經世宏辭續集》。單為農事而發的，有桂萼的《經世民事錄》。以道學為立揚，並採語錄，兼重性與天道者，或立身為治之理者：如余祐的《文公先生經世大訓》，鄭善夫的《經世要談》，李材的《經世大論》，辛全的《經世碩畫》，鄒泉的《經世格要》等等都是，此五書近於「道德經世」類的作品。馮應京的《皇明經世實用編》、張燧的《經世挈要》、黃仁溥的《經世要略》，三書近於「實用經世」類的作品。陳仁錫的《經世八編類纂》抄撮八書而成之作，分類上既有《易經》、《書經》、《詩經》、《春秋》、《禮記》、《樂》。又有吏、戶、禮、兵、刑、工等經世之篇，甚至連「婦」、「戚」全都列入；其實是本「雜」書或「類書」，只是標上「經世」之名罷了。

　　綜合說來，依時間而言，明朝以「經世」為書名的著作萬曆以前尚屬少見，萬曆以後則漸為繁夥。可見「經世」一詞逐漸形成社會共識，廣為士人接納，也當在萬曆以後。依卷數而言，除陳仁錫《經世八編類纂》有二百八十五卷較多外，其餘著作卷數都不多，各項著作多為數卷至數十卷之間，以不超過五十卷者居多，罕見如陳子龍等編《皇明經世文編》高達五百多卷的著作。

依內容而言，以「經世」名書的著作範圍頗廣，有為考試而作者，有為應世權變、設奇置謀而作者，有單為農事而作者。其中以兼談個人修身，兼論治理，兼重性與天道，乃至雜採語錄者，偏於道德經世這一類的著作最多；而強調典章制度，各職各官，指陳時政，偏於實用經世的著作次之。陳子龍等編的《皇明經世文編》正是繼承這兩類著作，而踵事增華，後出轉精轉博。依所收文章之時代而言，各項著作以廣收歷代文章居多，專收明人文章其次，如《增定國朝館課經世宏辭》、《皇明館課經世宏辭續集》、《皇明經世實用編》、《經世八編類纂》四書，陳子龍等編《皇明經世文編》則以收明人文章為主。依體例而言，各項著作多以「類」收文，文從其事，既像政書，也像類書。

　　陳子龍所編的《皇明經世文編》則以「文從其人，人從其代」為體例，按人物先後排列，再就人而選其文，像史書，像總集。又清人纂修《四庫全書》時，明人這些以「經世」為書名的著作，大多不是列入「存目」[19]，就劃歸「禁燬」[20]。一般來說，《四庫全書》列入「存目類」── 就是「姑存其目，為冗濫之戒而已。」[21]輕蔑之意，極其明顯。而劃歸「禁燬」，多因內容涉及邊防，尤其是談到滿人祖先、女真、建州衛、建夷等等清人認為是違礙的

---

19 收錄於《欽定四庫全書總目》（書同註6）的「存目類」有：余祐《文公先生經世大訓》、鄭善夫《經世要談》、魏校《經世策》、魏校《春秋經世》、桂萼《經世民事錄》、鄒泉《經世格要》、王錫爵、沈一貫《經世宏辭》、馮應京《經世實用編》、錢繼登《經世環應編》、辛全《經世碩畫》、（偽托）顧炎武《經世篇》、胡獻宗《大統皇曆經世》，共12書。

20 收錄於《纂修四庫全書檔案》（上海：上海古籍出版社，1997年7月），列於查燬、禁燬著作有：王錫爵、陸釴之《皇明館課經世宏辭續集》、陳仁錫《經世八編類纂》、張燧《經世挈要》、黃仁溥《經世要略》、秦駿生《經世集》，共5書。

21 語見《欽定四庫全書總目》（書同註6），卷一百八十六，〈集部‧總集小敘〉，頁2,598。

字句。陳子龍等編《皇明經世文編》即亦屬於「禁燬之列」。

第二節　以「經濟」爲書名的著作

　　以「經世」名書不一定就是編纂「經世文」的經世著作，一樣地，不以「經世」名書卻很可能就是編纂「經世文」的經世著作。其中，尤以與「經世」類似的「經濟」一詞最為明顯。儘管清初萬斯同反對「經世」就是「經濟」[22]，然而明人大多將「經濟」視為「經世」。經世濟民，經國濟世，既是「經世」的省稱，也是「經濟」的省稱。明人李贄《藏書》裡頭有「名臣傳」，首門即「經世名臣」，從漢魏相到元耶律楚材[23]。李贄又有《續藏書》，裡頭有「經濟名臣」一門，即接「經世名臣」，而選明代大臣，從王翱到陸光祖[24]。也就是說「經世名臣」即「經濟名臣」，「經世」與「經濟」意義相同。又如馮應京的《皇明經世實用編》一書，在明人祁承㸁《澹生堂藏書目》裡頭則錄為《皇明經濟實用編》，卷數，作者都一模一樣；然一為「經世」，一為「經濟」，也可佐

22　（清）萬斯同撰《石園文集》（上海：上海古籍出版社，民84年3月刷），《續修四庫全書》，第1,415冊，《四明叢書》約園刊本），卷七，〈與從子貞一書〉「夫吾之所謂『經世』者，非因時補救，如今所謂『經濟』之爾也。將盡取古今經國之大猷，而一一詳究其始末，斟酌其確當，定為一代之規模，使今日坐而言者，他日可以作而行耳。若謂儒者自有切身之學，而經濟所務，彼將以治國平天下之業，非聖賢學問中事哉，是何自待之薄，而視聖學之小也。」，頁512。

23　（明）李贄撰《藏書》（台北：臺灣學生書局，民84年10月3刷），卷十三、十四，〈名臣傳・經世名臣〉，頁221-247。

24　（明）李贄撰《續藏書》（台北：臺灣學生書局，民84年10月3刷），卷十五～十八，〈經濟名臣〉，頁298-390。

證「經世」與「經濟」是可以相通的[25]。一樣地，陳子龍等編的
《皇明經世文編》的情形也類似，〈方岳貢序〉的開頭即高倡「文
章莫尚乎經濟矣！」（頁 3），〈黃樹序〉云：「經濟之材，不借異
代」（頁 23），〈張溥序〉云：「余謂賢者識大，宜先經濟。」（頁
27）等等，裡頭的「經濟」其實就是「經世」。甚至「經濟」一詞，
強調實用、治理、解決現實問題這一方面的側重，反而涵意更加
明晰，不像「經世」有時還爭議不斷。

正統六年（1441）楊士奇等奉敕撰的《文淵閣書目》，「黃字
第三號廚書目」首即「經濟類」，始於《唐太宗帝範》迄于《董論
太平直言》，共 128 部，書名重複不計尚有 95 部之多[26]，裡頭多

---

25 （明）祁承㸁撰《澹生堂藏書目》（北京：書目文獻出版社，1994 年 1 月，
 會稽徐氏刊本），卷三，〈史類第一・時務〉，頁 959。

26 （明）楊士奇撰《文淵閣書目》（北京：書目文獻出版社，1994 年 1 月，讀
 書齋叢書戊本），卷四，〈黃字第三號廚書目〉，〈經濟〉，收錄有：（1）《唐
 太宗帝範》（2）《魏鄭公諫錄》（3）《陸宣公奏議》（4）《唐賢策要》（5）《南
 唐陳致雍曲臺奏議》（6）《宋詔令》（7）《宋仁皇訓典》（8）《帝學》（9）《范
 文正公奏議》（10）《富文忠公奏議》（11）《包教肅公奏議》（12）《范蜀公
 奏議》（13）《蘇東坡奏議》（14）《宋傅范劉三老奏議》（15）《王明叟內翰
 奏議》（16）《陳諫議諫垣集》（17）《任伯雨戇草》（18）《江公望奏議》（19）
 《建炎聖政草》（20）《東南防守利便》（21）《陳修撰奏議》（22）《吳伸嬰
 鱗吐金集》（23）《張魏公中興備覽》（24）《張魏公奏議》（25）《胡忠簡公
 奏議》（26）《陳正獻公奏議》（27）《虞忠肅公奏議》（28）《葉石林奏議》（29）
 《趙忠定公奏議》（30）《李文蕭公經濟編》（31）《韓元吉登封錄》（32）《葉
 正賢良進卷》（33）《鄭魯公西垣詞草》（34）《李桃溪奏議》（35）《彭龜年
 內治聖鑑》（36）《呂東萊制度詳說》（37）《呂東萊集歷代奏議》（38）《張
 南軒奏議》（39）《朱子奏議》（40）《朱子經濟文衡》（41）《楊萬里論策》（42）
 《董煟活民書》（43）《倪思承明集》（44）《崔菊坡奏疏》（45）《趙庸齋瑣
 闈集》（46）《趙庸齋表箋》（47）《龍升之中興要略》（48）《章公權進卷》（49）
 《弁清忠公奏議》（50）《鄭立菴內制》（51）《鄭立菴外制》（52）《樓山奏
 議》（53）《劉顏輔弼名對》（54）《陳模東宮備覽》（55）《國之材青宮備覽》
 （56）《曹彥約經幃管見》（57）《呂中皇朝大事記講義》（58）《錢文子漢唐
 制度》（59）《李橘園策》（60）《謝疊山考定策券》（61）《宋太平寶訓》（62）

為宋、元名臣奏議及其「經濟文編」。其實這些經濟文編的著作，已略具規模，而為陳子龍等編的《皇明經世文編》所遠祧。《文淵閣書目》，以「經濟」為書名者有四：

    1.《李文肅公經濟編》，一部四冊完全，墊本六冊[27]

    2.《朱子經濟文衡》一部六冊，闕

    3.《宋名臣經濟錄》一部十六冊，殘缺

    4.《宋名臣經濟錄續編》一部三冊，闕

    四書之外，明人錢溥所撰《祕閣書目》尚有《朱子經濟文術》[28]。又明人李伸為其元代祖先李士瞻編有《經濟文集》四卷，李士瞻是至正十一年（1351）進士，仕至翰林學士承旨，封楚國公。此書即士瞻之文集，不乏酬答簡札之作。然由於士瞻位居要津，當時之朝政、兵事、藩臣情況，亦多賴其文章而得以考見[29]。

《宋掖垣詞草》（63）《萬年龜鏡錄》（64）《鑑古編》（65）《宋名臣奏議》（66）《宋名臣經濟錄》（67）《宋名臣經濟錄續編》（68）《大元通制》（69）《國朝綸綍》（70）《國朝典章》（71）《詔赦條畫》（72）《皇朝崇儒寶訓》（73）《帝王寶範》（74）《元經筵錄》（75）《張養浩經筵餘旨》（76）《鄭以忠宮學正要》（77）《瞻思河防通議》（78）《虛白處士為政九要》（79）《張珍疊代世範纂要》（80）《歷代事實》（81）《趙天麟太平金鏡策》（82）《呂助教萬言策》（83）《呂助時務策準》（84）《李繒翁三場文範》（85）《孫可淵集詔誥章表》（86）《郭明如集詔誥章表》（87）《馮子亮舉業筌蹄》（88）《倪士毅作義要訣》（89）《劉鼎策場制度通考》（90）《劉錦文荅策祕訣》（91）《朱禮對策機要》（92）《林泉生古今制度通纂》（93）《梁寅策要》（94）《梁寅方策稽要》（95）《董論太平直言》，頁 45-49。

27 《文淵閣書目》之外，此書亦收錄於（明）孫能傳等撰《內閣藏書目錄》（北京：書目文獻出版社，1994 年 1 月，適園叢書本），卷三，〈集部〉載「《文肅李公經濟編》六冊全，宋敷文閣直學士李椿著。」，頁 509。

28 見（明）錢溥撰《秘閣書目》（北京：書目文獻出版社，1994 年 1 月），〈經濟〉，頁 650。

29 （清）紀昀等撰《欽定四庫全書總目》（書同註 6），卷一百六十七，〈集部·別集類二十〉，評《經濟文集》：「元李士瞻撰。士瞻字彥聞，先世新野人，徙居荊門。至正初，中大都路進士，中書辟充右司掾，除刑部主事，累官

　　宋、元以「經濟」名書的著作，多賴明刊刻以存。朱熹的《經濟文衡》，正德辛巳（1521年）初刻，萬曆丙午（1606年）再刻[30]；元代李士瞻的《經濟文集》，則是在正統九年（1444）編刊[31]。

　　降及明代，明人編纂、刊刻明人作品的經濟文集，就筆著所知有十一本，如表3-2所列。

3-2 明人編著書名「經濟」著作簡表

	書名（卷數）	作者（編者）	部別（類別）	出　處	備　註
1	皇明經濟文錄（41卷）	萬表	史部（表奏）	《國家圖書館善本書志初稿》	表正德十五年（1520）進士。
2	名臣經濟錄（53卷）	黃訓	史部（詔令奏議）	《欽定四庫全書總目》	・訓嘉靖八年（1529）進士。 ・此書在明人書目中名「皇明名臣經濟錄」。
3	經濟錄（2卷）	張煉	子部（雜家）	《欽定四庫全書總目》	煉嘉靖二十三年（1544）進士。
4	皇明經濟文錄（40卷）	阮鶚	史類（時務）	《澹生堂藏書目》	鶚嘉靖二十三年（1544）進士。

戶部尚書，出督福建海漕，就拜行省左丞，召入為參知政事，改樞密副使，拜翰林學士承旨，封楚國公，以至正二十七年卒。《元史》不為立傳。惟《順帝本紀》載，至正二十二年樞密副使李士瞻上疏，極言時政，凡二十事。具列其目，大抵當時急務，蓋亦讜直之士也。是集為其曾孫伸所編，所錄始于為右司掾時，而迄于奉使閩中。故《元史》所載〈時政疏〉，不在其中。然所載往來簡札至七十餘通，幾居全集之半，雖多屬一時酬答之作，而當時朝政之姑息，兵事之乖方，藩臣之跋扈，多可藉以考見。其彌縫匡救，委曲周旋，拳拳憂國之忱，亦不在所上〈時政疏〉下。《元史》于順帝時事最稱疏略，存此一集，深足為考證之助，正不徒重其文章矣。」，頁2,238-2,239。

30 見《欽定四庫全書總目》（書同註6），卷九十二，〈子部・儒家類二〉，評《經濟文衡前集、後集、續集》，頁1,216。

31 見《國家圖書館善本書志》（台北：國家圖書館，1999年6月），〈集部・別集類〉，〈經濟文集六卷二冊〉，頁73-74。

5	皇明名臣經濟錄 （18卷）	黃訓編，陳 九德刪訂	史部 （雜著）	《國家圖書館 善本書志初稿》	九德生平事述不詳。
6	經濟類編 （100卷）	馮琦	史部 （類書）	《欽定四庫全書 總目》	琦萬曆五年（1577） 進士。
7	經濟言 （12卷）	陳子壯	史部 （類書）	《欽定四庫全書 總目》	子壯萬曆四十七年 （1619）進士。
8	經濟文輯 （23卷）	陳其儁	集部 （總集）	《欽定四庫全書 總目》	・其儁字素心，餘杭 人，生平事跡不詳。 ・此書成於天啟丁卯 年（1627）。
9	明經濟名臣傳 （4卷）	賀中男	史部 （傳記）	《欽定四庫全書 總目》	・賀中男，永新人， 生平事跡不詳。
10	經濟宏詞 （12卷）	汪學信或 汪以時	子部 （類書）	《欽定四庫全書 總目》	・汪學信、汪以時， 二人生平事跡均不 詳。
11	皇明經濟錄 （18卷）	黃溥	史部 （故事）	《明史・藝文志》	・黃溥有二人，一為 正統十三年（1448） 進士；一為永樂庚子 （1420）舉人。 ・此書不知哪一人所 編？

　　十一書之外，《世善堂書目》的「奏議類」尚有《經濟編》十
八卷，下有「本朝名公」四字，無編者姓名[32]。《澹生堂藏書目》
尚有《宋文憲經濟文錄》，《嚴嵩經濟文錄》、《馬文升經濟文錄》、
《程敏政經濟文錄》等等個別大臣的「經濟文錄」著作[33]。

　　依所列十一書觀察，與「經世」為書名的著作相同的是：除
馮琦的《經濟類編》有一百卷外，餘多為數卷至數十卷的著作，
卷數皆較少，罕見超過五十卷者；又裡頭不乏針對科舉考試而編
的參考書，如陳子壯的《經濟言》，汪學信或汪以時的《經濟宏詞》

32 （明）陳第撰《世善堂藏書目錄》（北京：書目文獻出版社，1994年1月，
　　知不足齋叢書本），卷上，〈奏議〉，頁837。

33 （明）祁承㸁撰《澹生堂藏書目》（書同註25），卷四，頁972。

等等就是；各項著作的體例仍是「以類收文，文從其事」者居多，而像《皇明經世文編》之「文從其人，人從其代」的體例則較少。與「經世」為書名的著作不同的是，以「經濟」為書名者多偏向實用經世的內容——「經國理財、濟世治民」，針對時務，典章制度者居多，不像「經世」那般的彈性而有各式各樣的意涵和著作。以陳子龍等編的《皇明經世文編》的研究立場而言，再次引用史學家吳晗所說：「這部書的編輯也是有所繼承的，前此有陳九德的《明名臣經濟錄》，分為十目，取奏疏事蹟上有關治道的分別編列，時間從明初至正德末年止；有陳其愫的《明經濟文輯》，分十七目，有萬表的《明經濟文錄》等等。《明經世文編》繼承了這個傳統，規模更大。後於此，清朝人編的《經世文編》，那就更多了。」（第一冊，〈影印明經世文編序〉，頁3）。吳氏所提的《皇明經世文編》所繼承的著作，其實全都是以「經濟」為書名，內容則如上所所述。

第三節　其他經世著作

有沒有既非「經世」名書，又非「經濟」名書的「經世著作」呢？這個答案肯定是有的，至少有底下五點可加以證明。

一、明人所編的《文淵閣書目》、《祕閣書目》、《晁氏寶文堂書目》、《菉竹堂書目》等目錄學著作，裡頭均特別設有一「經濟類」，所收各書的名稱多非「經世」或「經濟」，反以「帝範」、「奏議」、「典章」名書者居多[34]。依此觀察，這些目錄學著作收錄的

---

34 《文淵閣書目》卷四，〈黃字號第三廚書目‧經濟〉；《祕閣書目》，〈經濟〉；《晁氏寶文堂書目》卷中，〈經濟〉；《菉竹堂書目》卷二，〈經濟〉。

各項著作，反映出在明人心目中，這些著作雖不以「經世」、「經濟」名書，內容卻是不折不扣的經世（經濟）作品了。

　　二、明末清初的錢謙益《列朝詩集小傳》載何秀才允泓，云：

> 年十四五，則已厭薄程文熟爛之習。為詩歌古文，累數萬言。長而學問日以成就，自唐宋以來經世大典，如杜、鄭、馬、丘四氏之書，儒者多不能舉其凡例，而季穆麇摭解剝，窮極指要[35]。

　　所謂的「自唐宋以來經世大典，如杜、鄭、馬、丘四氏之書」，指的就是：唐代杜祐的《通典》，宋代鄭樵的《通志》，元代馬端臨的《文獻通考》，明代丘濬的《大學衍義補》。這四書雖非以「經世」或「經濟」名書，然在明代士人的心目中卻是不折不扣的「經世大典」。

　　三、本章第一節〈以「經世」為書名的著作〉提到陳仁錫編的《經世八編類纂》一書，其實就是類纂底下編者認為是經世性質的八部書：

　　　1.丘濬《大學衍義補》

　　　2.唐順之《史纂左編》

　　　3.唐順之《右編》

　　　4.唐順之《稗編》

　　　5.章潢《圖書編》

　　　6.鄧元錫《函史編》

　　　7.馮應京《皇明經世實用編》

　　　8.馮琦《經濟類編》

　　案這八書全是明人著作，後二書分別以「經世」、「經濟」名

---

35 語見（清）錢謙益撰《列朝詩集小傳》（台北：世界書局，民 50 年 2 月），丁集下，〈何秀才允泓〉，頁 597-598。

書，正合其所謂的「經世」之編，本章第一節、第二節已簡介過此二書。惟前六書雖非「經世」、「經濟」名書，至少陳仁錫認為是經世著作，才會刻意將之與後二書並列，而名此書為「經世八編」。

四、明人呂純如有《學古適用篇》，自序云：「馮慕岡《經世實用》，義在憲章當世，而明以前存而不論。馮琢庵《經濟類編》，羅列雖多，間或不適於用。萬思默《經世要略》，其揚摧止于就人匯事，未嘗就事求人[36]。」呂氏之作，其實就仿效馮應京（慕岡）《皇明經世實用編》，馮琦（琢庵）《經濟類編》和萬廷言（思默）《經世要略》三書，呂氏雖不以「經世」、「經濟」名書，然「經世」的動機和內容卻完全是「經世」的。

五、近代日本東洋文庫的「明史研究室」所編《明代經世文分類目錄》，所依據的內容為底下十一書：

1.陳子龍等編《皇明經世文編》508 卷

2.萬表編《皇明經濟文錄》41 卷

3.汪少泉編《皇明奏疏類鈔》61 卷

4.張瀚編《皇明疏議輯略》37 卷

5.孫旬編《皇明疏鈔》70 卷

6.王嘉賓等編《皇明兩朝疏鈔》12 卷

7.黃訓編《皇明名臣經濟錄》53 卷

8.陳九德編《皇明名臣經濟錄》18 卷

9.黃仁溥編《皇明經世要略》5 卷

10.陳子壯編《昭代經濟言》14 卷

11.吳亮編《萬曆疏鈔》50 卷

其中 1、2、7、8、9、10 六書直接以「經世」、「經濟」名書，

---

36 語見（清）紀昀等撰《欽定四庫全書總目》（書同註 6），卷一百三十二，〈子部・雜家類存目九〉，評《學古適用篇》，頁 1,743。

殆無疑義。而 3、4、5、6、11 五書,其實全是編輯明代「奏議」的作品,也就是說日本的「明史研究室」認定這些明代奏議類的著作都是「經世文」這一類的著作了。

綜合前述五點所提及的經世著作有十五部之多,茲依時代順序排列,製一簡表並概述如下:

3-3 不以「經世」、「經濟」名書的「經世著作」

	書名 (卷數)	作者 (編者)	部別 (類別)	備 註
1	通典 (200 卷)	杜 佑	史部 (政書)	佑,唐貞元十九年(803)拜檢校司。
2	文獻通考 (348 卷)	馬端臨	史部 (政書)	端臨,宋度宗咸淳九年(1273)漕試第一。
3	通志 (200 卷)	鄭 樵	史部 (政書)	樵,宋高宗紹興中以薦召對,援迪功郎,兵部架閣。
4	大學衍義補 (160 卷)	丘 濬	子部 (儒家)	濬明代宗景泰五年(1454)進士。
5	右編 (40 卷)	唐順之	史部 (詔全奏議)	順之,嘉靖八年(1529)會試第一。
6	史纂左編 (124 卷)	唐順之	史部 (史抄)	順之,嘉靖八年(1529)會試第一。
7	荊川稗編 (120 卷)	唐順之	子部 (類書)	順之,嘉靖八年(1529)會試第一。
8	明疏議輯略 (37 卷)	張 瀚	史部 (詔令奏議)	瀚嘉,嘉靖十四年(1535)進士。
9	皇明奏疏類鈔 (61 卷)	汪少泉	史部 (政書)	・汪少泉,生平事跡不詳。 ・見《國家圖書館善本書志初稿》。
10	函史上編(81 卷)、下編(21 卷)	鄧元錫	史部 (別史)	元錫,嘉靖三十四年(1555)舉人,萬曆中以翰林待詔徵,未至而卒。

11	皇明兩朝疏鈔 （12 卷）	顧爾行編， 王嘉賓、 王之輔校刊	史部 （政書）	・爾行，萬曆二年 （1574）進士。 ・見《國家圖書館善本 書志初稿》。
12	皇明疏鈔 （70 卷）	孫　旬	史部 （政書）	・旬，萬曆二年（1574） 進士。 ・見《國家圖書館善本 書志初稿》。
13	萬曆疏鈔 （50 卷）	吳　亮	史部 （政書）	・亮，萬曆二十九年 （1601）進士。 ・見《國家圖書館善本 書志初稿》。
14	學古適用篇 （91 卷）	呂純如	子部 （雜家）	純如，萬曆二十九年 （1601）進士。
15	圖書編 （127 卷）	章　潢	子部 （雜家）	潢，萬曆三十二年 （1605）以薦授順天府 學訓導。

　　依所列十五書觀察，其中以著重典章制度的「政書類」和右史記言、大臣議政的「奏議類」居多。所列各書的卷數明顯比較龐大，大多高於五十卷的數量，乃至二百、三百之數，亦所在多有。杜佑的《通典》、鄭樵的《通志》和馬端臨的《文獻通考》，世稱「三通」，雖然不是明人著述，然其內容、體例與門類，明顯地影響到明人眾多的經世著作。

　　「三通」的作者之外，其餘十二本著作的作（編）者，全是明朝人。又除去專收明人奏議的著作外，各書多貫通古今，從前代至明皆加以收錄。此外，像唐順之的《史纂左編》這類史評、史抄的著作，如果是經世之作的話，那李贄的《藏書》、《續藏書》，江盈科的《皇明十六種小傳》、張岱的《史闕》這些性質類似的著作又該如何評斷呢？又將唐順之的《荊川稗編》和章潢的《圖書編》這頗為冗雜的「類書」歸入經世著作，其實是充滿爭議的做法。

　　承上，仍有值得再商議的地方。如：是否「政書類」的書籍就一定是經世著作？是否「奏議類」的書籍就一定是經世著作？自然地，這個問題往往會因為論者不同的「經世」觀念而有迥異的答案；例如《大明會典》或個別大臣的奏議集，肯定就有些人認為是，而有些人認為不是。反過來問：是否經世著作就一定是「政書類」或「奏議類」呢？這個答案恐怕是否定的。從有些經世著作被劃歸為「子部・儒家類」、「子部・雜家類」、「子部・類書類」或「集部・總集類」，就可以明顯地看出許多經世文章很可能不是「奏議」，也不是談論典章制度的作品，也許只是「雜文」或「尺牘」罷了。

　　不以「經世」、「經濟」名書的著作除去所列十五書外，尚有不少值得深入研究之處；如明人楊士奇等撰《文淵閣書目》內有「經濟」一類，收錄 128 部書，去其重複不計者外，也有高達九十五本著作，從《唐太宗帝範》、《魏鄭公諫錄》到《梁寅策要》、《董論太平直言》等書。

　　最後，要再強調的是，「經世」、「經濟」之外，有些詞語很重要，如「經略」一詞就是，李遂《督撫經略疏》是針對淮陽而發，潘季馴《兩河經略疏》是整治河水之事，鄭若曾《江南經略》是感於倭寇橫行而寫，宋應昌《經略復國要編》則針對朝鮮問題，皆收錄於《四庫全書》裡；明人焦竑《國史經籍志》卷三有楊　的《經略疏議》，明人陳第的《世善堂藏書目錄》卷下有戚繼光的《蘇門經略》；國家圖書館有熊廷弼的《經略熊先生全集》等等。雖各有所側重之處，其實也都是「經世」具體實踐的一種面向，而值得學者加以重視。又日本東洋文庫《明代經世文分類目錄》只用五本明代的奏疏總集，即便是純以「奏議類」觀察這種做法，可以肯定的是：這樣文獻資料的使用仍是加強的空間。

第四章　編輯群、參閱群與
鑒定名公姓氏

　　回答《皇明經世文編》的編輯究竟是誰這一問題時，通常我們會得到「陳子龍等」或「陳子龍、徐孚遠、宋徵璧三人」這樣浮泛的答案。事實上，根據《經世編》的〈凡例〉以及全書所列的「選輯」、「參閱」、「參校」、「鑒定名公姓氏」、「序」、「姓氏爵里總目」等等文字，不難發現《經世編》的編纂除去陳子龍、徐孚遠、宋徵璧這三人外，其實還有龐大的編輯群、參閱群和顧問群。無疑地，對這些人物認識得越多，將對《經世編》的編纂有著更為深刻的了解。

　　《經世編》的編纂過程，宋徵璧在〈凡例〉第二十八條說：

> 此集始于戊寅仲春，成于戊寅仲冬，寒暑未週，而披覽億萬，審別精詳，遠近嘆吒，以為神速。良由徐子、陳子，博覽多通，縱橫文雅，并用五官，都由一目，選輯之功，十居其七。予質鈍才弱，追隨逸步，自嗤塞拙，以二子左縈右拂，奔命不遑，間有選輯，十居其二。若溯厥始事，則周勒卣立勳、李舒章雯、彭燕又賓、何慤人剛、徐聖期鳳彩、盛鄰汝翼進、及家伯氏子建存標、家季轅文徵興，咸共商酌。適李子久滯京邸，周子壯遊梁苑，彭子棲遲邢上，何子寄跡駕水，徐子、盛子，則各操月旦，伯氏、家季，則

　　潛心論述，曾無接談之暇，未假專日之工。若友人吳繩如
嘉胤、唐尹季允諧、李存我待問、張子美安茂、朱早服積、蔡
季直樅、單質生恂、郁子衡汝持、沈臨秋泓、陸子玄慶曾、朱
宗遠灝、董士開雲申、郁選士繼垣、張子服寬、張子退密、錢
子璧穀、李素心愫、徐惠朗桓鑒、邵霏玉梅芬、徐武靜致遠、
李原煥是楫、華芳乘玉芳，皆卓然命世之姿，夙具同心，咸
資討論。（第一冊，頁 56）

　　宋氏這段話說明幾項事實：（一）《經世編》是在崇禎十一年
（1638 年）二月開始編纂，當年十一月完成，歷時約九個月。（二）
《經世編》的「選輯之功」，徐孚遠、陳子龍占了十分之七，宋氏
則謙稱自己只有十分之二。（三）剛開始從事編選時，宋氏與徐孚
遠、陳子龍三人外，主要還有：周立勳、李雯、彭賓、何剛、徐
鳳彩、盛翼進、宋存標、宋徵輿等八人。而當時這八人卻各有事
情而無法持續編纂，李雯「久滯京邸」，周立勳「壯遊梁苑」，彭
賓「棲遲邗上」，何剛「寄跡駕水」，徐鳳彩、盛翼進「各操月旦」，
宋存標、宋徵輿「潛心論述」，所以最後仍是陳子龍、徐孚遠、宋
徵璧三人為主。（四）在選輯《經世編》時，除上所十一人外，宋
氏尚列出二十二人之姓名，說他們「皆卓然命世之姿，夙具同心，
咸資討論」。也就是說《經世編》的選輯，這二十二人都參與討論，
付出不少的心血。

　　其實，《經世編》每卷首葉皆標明「選輯」（第二、三行）、「參
閱」（第四行）者的姓名，更能反映出《經世編》編輯群的人物和
編輯分量。筆者即據此統計，並拿來檢視宋徵璧〈凡例〉之言，
可以得知宋氏之言大抵符實而小有出入，特別是編輯群所列名姓
部分，尚有不少地方須再多加說明 。

　　選輯之外，《經世編》的編纂尚涉及二大群體，一為高達 146

名的「參閱者」，一為高達 186 名近似顧問團的「鑒定名公姓氏」。一為知名度較低，身份地位不高，默默為《經世編》校對的眾人；另一則是知名度高，身份地位高，為《經世編》出「名」、出「錢」、出「力」的顧問。

涉及《經世編》的編輯、參閱群與顧問群的數量統計如表 4-1 所示，細節則待後文詳述。

表 4-1《皇明經世文編》的編輯群、參閱群與顧問群數量統計表

		姓　　名	數量（人）
編輯群	主編	陳子龍、徐孚遠、宋徵璧	3
	選輯	李　雯、周立勳、何　剛等	24
參閱群		宋存標、宋徵輿、董雲申等	146
顧問群		孫承宗、錢龍錫、周延儒等	186

第一節　復社幾社為主幹的編輯群

《經世編》共 508 卷，每卷皆標四人選輯，一人參閱（少數卷次標後代子孫「校」或「較」）。《經世編》列名「選輯」者，共有 24 人，其中多幾社、復社的成員。24 名選輯者中，編輯最多的人分別是：陳子龍共編選 507 卷（卷 482 除外）、宋徵璧共編選 506 卷（卷 26、卷 502 除外）、徐孚遠共編選 505 卷（卷 244、卷 245、卷 356 除外）；將近百分之百的比率，名此三人為「主編」是符合事實的說法。值得一提的是：宋徵璧在卷 26 是「參閱」者，在卷 502 標題為「姪徵璧尚木較」（案本卷為宋懋澄的《宋幼青九籥集》）；徐孚遠在卷 244、卷 245 標題為「世姪孫孚遠按」（案此二卷為徐階的《徐文貞公集》），卷 356 標題為「曾孫徐孚遠閱公

校」（案本卷為徐陟的《徐司寇奏疏》），從「姪」、「世姪孫」、「曾孫」的稱謂裡，又可看出主編宋徵璧、徐孚遠二人在選輯自己先人的作品時，那份誠惶誠恐、戰戰兢兢的心情。宋、徐二人在未選輯的卷數裡，其實也參與著「參閱」或「校」的工作，尤其擔任著自己的先人或長輩的文字校對工作。

一、主編三人：陳子龍、徐孚遠與宋徵璧

（一）陳子龍

　　《經世編》編纂是在崇禎十一年，當時陳子龍是進士、宋徵璧是舉人、徐孚遠則仍是諸生，所以方岳貢在序文裡稱「徐文學孚遠、陳進士子龍、宋孝廉徵璧」。其中陳子龍是新科進士，名氣高響，最受注目，《經世編》的編輯群及相關人物，或師長、或友朋、或弟子，幾乎都和陳子龍都有所關聯。要言之，陳子龍是《經世編》編纂的靈魂人物。

　　介紹陳子龍生平事跡的傳記資料不少[1]，茲錄《明史稿》的記載為代表，如下：

> 陳子龍，字臥子，松江華亭人。生有異才，工舉子業，兼治詩、賦、古文，卓絕流輩。崇禎十年舉進士，選紹興推官。東陽諸生許都者，副使達道孫也。家富，任俠好施，

---

1 陳子龍生平事跡的傳記文獻頗多，如：《明史》卷二百七十七，《明史稿》卷二百五十八，《明人小傳》卷四，《明末忠烈紀實》卷十六，《南疆繹史》卷十八，《明詩綜》卷七十五，《小腆紀年》卷三、六、十、十四，《明詞綜》卷六，《甲申後亡臣表》，《前明忠義別傳》卷二十，《崇禎忠節錄》卷十，《勝朝殉節諸臣錄》卷一，《明季南都殉難記》，《小腆紀傳》卷四十四，《明詩紀事》辛集一，《靜志居詩話》卷二十一，《陳忠裕公自述年譜》，朱東潤撰《陳子龍傳》等。

陰以兵法部勒賓客子弟，思得一當。子龍嘗薦諸上官，不
用。東陽知縣姚孫棐，桐城人。以備亂斂士民賞，坐都萬
金，都乞免不得。適義烏奸人中貴名招兵，事發，孫棐謂
都結黨謀持之急。都葬母山中，會者萬人。或告監司王雄
曰：「都反矣。」雄遽遣使收捕，都遂反。旬日間聚眾數萬，
連陷東陽、義烏、浦江、遂逼郡城，既而引去。巡撫董象
恆坐事逮，代者未至，巡按御史左光先以撫標兵，命子龍
監軍討之，稍有俘獲。而遊擊蔣若來破其犯郡之兵，都乃
率餘卒三千保南砦。雄欲撫賊，語子龍曰：「賊聚糧據險，
官軍不能仰攻，非曠日不克。我兵萬人，止五日糧，奈何？」
子龍曰：「都，舊識也，請往察之。」乃單騎入都營，責數
其罪，諭令歸降，待以不死。乃挾都走山中，散遣其眾，
而以二百人降。光先與孫棐同里姻連，竟斬都六十餘人於
江滸。子龍爭，不能得。以定亂功擢兵科給事中，命甫下
而京師陷，乃事福王於南京。其年六月，言：「防江之策，
莫過水師。海舟議不可緩，請專委兵部主事何剛訓練。」
從之。太僕少卿馬紹愉奉使陛見，語及陳新甲主款事。王
曰：「如此，新甲當恤。」廷臣無應者，獨少詹陳盟曰可。
因命予恤，且遣罪嘗劾新甲者。廷臣懲劉孔昭殿上相爭事，
不敢言。子龍與同官李清交章力諫，事獲已。未幾，列上
防守要策，請召還故尚書鄭三俊，都御史易應昌、房可壯、
孫晉，並可之。又言：「中使四出搜巷，凡有女之家，黃紙
貼額，持之而去，閭井騷然。明旨未經有司，中使私自搜
採，甚非法紀。」乃命禁訛傳誆惑者。諸生涂仲吉以救黃
道周廷杖，舉人祝淵以爭劉宗周不當黜被逮。子龍請擢置
言路，不從。子龍又言：「中興之主，莫不身先士卒，故能

光復舊物。今入國門再旬矣。人情泄沓，無異昇平。清歌
漏舟之中，痛飲焚屋之內，臣不知其所終。其始皆起於姑
息一、二武臣，以致凡百政令，皆因循遵養，臣甚為之寒
心也。」亦不能聽。明年二月以時事不可為，乞終養去。
子龍與夏允彝同負重名。允彝死，子龍念祖母年九十，不
忍割，遁為僧。尋以受魯王部院職銜，結太湖兵，欲舉事，
事露被擒，乘間投水死。子龍為文宗魏晉，其駢體精妙，
徐陵、庾信弗能過也[2]。

案這段文字敘寫陳子龍，多偏重在崇禎十七年（1644）明亡
以後，到陳子龍投水自殺約三年時間的事跡，很能表現出陳子龍
有志經世、忠義愛國的生命特色，包括：許都事件、奉事福王的
各項奏議、建言等等。尤其是指斥南明君臣「人情泄沓，無異昇
平。清歌漏舟之中，痛飲焚屋之內」，不啻是當時沈重的暮鼓晨鐘，
只是要再怎麼樣也喚不醒苟且偷歡的南明君臣，挽不回瀕臨滅亡
的南明氣運；以致最終只能以死明志，投湖自盡。這樣的精神，
這樣的生命，正是經世精神與經世生命的最好見證。

值得注意的是，陳子龍的文人才華，以及因文人特色而結社
交朋的各項表現，對於《經世編》的產生是有莫大的實質影響。
根據近人研究，陳子龍在天啟年間至少就結交過夏允彝、周立勳、
顧開雍、宋存標、宋徵璧、彭賓、朱灝、周鍾、陳繼儒、侯豫瞻、
錢彥林、張溥、張采、楊廷樞、徐汧等人[3]；這些人都是崇禎年間
幾社、復社的重要成員，也是《經世編》的編輯群、參閱群與顧

2 （清）王鴻緒等撰《明史稿》（台北：明文書局，周駿富輯《明代傳紀叢刊·
綜錄類⑨》），卷二百五十八，〈列傳一百五十三·陳子龍傳〉，頁333。
3 參見劉苓苓撰《復社與晚明學風》（台北：國立政治大學中國文學研究所，
民74年6月《碩士論士》），許淑玲撰《幾社及其經世思想》（台北：國立臺
灣師範大學歷史研究所，民75年6月《碩士論文》）。

問群的相關人物。

　　崇禎元年（1628），張溥、孫淳、吳翽等人，聯合當時的幾個文社，以「興復絕學」、「復興古學」為口號，結成「復」社。約略同時，杜麟徵、夏允彝因會試不第而南返開始另創社群，徐孚遠、周立勳、彭賓、陳子龍來歸，取「絕學有再興之『幾』」與「知『幾』其神」之義，結成「幾」社，並有為科舉考試而編的《幾社六子會義》之刻[4]。連同「幾社」在內，當時各地文社雖皆統合在「復社」名下，共同推舉張溥為盟主，但各社對內仍以己社為名，保有相對獨立的地位和特色；惟「昌明涇陽之學，振起東林之緒」，繼承東林精神的總原則是不變的。

　　相對於張溥等人的「尹山大會」、「金陵大會」、「虎丘大會」的積極活動，陳子龍與幾社諸君則偏向讀書、會藝，切磋舉業為

4　（明）杜登春撰《社事始末》（台北：藝文印書館，《百部叢書》藝海珠塵本），載：「天如、介生有《復社國表》之刻。復者，興復絕學之意也。先君子與彝仲有《幾社六子會義》之刻。幾者，絕學有再興之幾而得，知幾其神之義也。兩社對峙，皆起於己巳之歲。余以是年生。生之時，作湯餅，兩郡畢賀；社事之有大會，自賀余生始也。婁東、金沙兩公之意主於廣大，欲我之聲教不訖於四裔不止。先君子與會稽先生之意主於簡嚴，惟恐漢、宋禍苗由我身親之，故不欲並稱復社，自立一名，盡取友會文之實事，幾字之義，於是寓焉。《國表》初刻，已盡合海內名流，其書盛行，即《戊辰房稿》，莫之與媲。《幾社會義》則止於六子，塵封坊間，未能大顯。至庚午榜發，臥子、燕又兩先生並雋，而江右、福建、湖廣三省賈人，以重資請翻刻矣！六子者何？先君子與彝仲兩孝廉主其事，其四人則周勒卣先生立勳、徐闇公先生孚遠、彭燕又先生賓、陳臥子先生子龍是也。周、徐古今業，固吾松首推；又利小試，試輒高等，特不甚留心聲氣。先君子與彝仲謀曰：我兩人老困公車，不得一二時髦新采共為薰陶，恐舉業無動人處。遂敦請文會，倩誼感孚，親若兄弟。時先王父延燕又先生於家塾，授我諸叔古學，頗才穎，凡得五人同事筆硯，甚相得也。臥子先生甫弱冠，聞是舉也，奮然來歸。諸君子以年少訝之，乃其才學則已精通經史，落筆驚人，遂成六子之數。……然幾社六子自三、六、九會藝，詩酒倡酬之外，一切境外交遊，澹若忘者。至於朝政得失、門戶是非，謂非草茅書生所當與聞；而以中原壇坫悉付之婁東、金沙兩君子，吾輩偷閒息影於東海一隅，讀書講義，圖尺寸進取已爾。」，頁4-5。

主。崇禎十年（1637），幾社重要成員陳子龍和夏允彝同時考上進士，於是翌年陳子龍帶頭編輯了《皇明經世文編》五百零八卷的煌煌鉅著。《陳子龍年譜》載崇禎十一年（1638）云：「是夏讀書南園，偕闇公、尚木網羅本朝名卿鉅公之文有涉世務國政者為《皇明經世文編》五百餘卷。歲餘梓成。雖成帙太速，稍病繁蕪，然敷奏咸備，典實多有。漢家故事，名相所採，史臣必錄者也。」

　　朱東潤在《陳子龍傳》書中，曾將陳子龍一生劃分為「文士」、「志士」、「戰士」三階段[5]。順著朱氏的劃分，筆者甚至認為《經世編》的編纂與完成，正是陳子龍由「文士」蛻變為「志士」的最佳代表物。史傳所載，則多偏重在「戰士」身上。

（二）徐孚遠

　　徐孚遠大陳子龍九歲，科舉的際遇卻遠不如子龍順利。陳子龍在崇禎十年（1638）已考中進士，徐孚遠卻遲至崇禎十五年（1642）始中舉人。徐孚遠的伯祖徐階，曾任內閣閣臣，《經世編》卷 244、卷 245 收錄徐階四十七篇文章、22,002 字，孚遠署「世姪孫」並親自校對。徐孚遠的曾祖徐陟曾任南京刑部右侍郎，《經世編》卷 356 收錄徐陟一篇文章，2,772 字，孚遠署「曾孫」親自校對。

　　和陳子龍一樣，徐孚遠的傳記資料多偏重在明亡以後。孚遠的言行和作為。茲錄清人全祖望的〈徐都御史傳〉作為代表，如下：

　　　徐都御史孚遠，字闇公，明南直隸松江華亭縣人。太師文
　　　貞公之族孫，而達齋侍郎裔也。崇禎壬午貢士。方明之季，
　　　社事最盛於江左，而松江幾社以經濟見。夏公彝仲、陳公

---

5 見呂鵾慧編《中國歷代著名文學家評傳》（濟南：山東教育出版社，1997 年
　9 月），第四卷（元、明），〈陳子龍〉，頁 553-576。

臥子、何公愨人與公，又社中言經濟者之傑也。時寇禍亟，頗求健兒俠客，聯絡部署，欲為勤王之備。陳公任紹興府推官，公引東陽許都見之，使之召募義勇，西行殺賊。又令何公上疏薦之。而東陽激變之事起，陳公心知都無他，及許以不死，招降之。大吏持不可，竟殺都。既殺，而何公疏下，已召之。公貽陳、何二公書曰：「彼以吾故降耳。今負之矣。」故陳公雖以功遷給事，而力辭不赴。馬、阮亂南都，尤惡幾社諸公，乃杜門不出。南都既亡，夏公起兵，公贊之，閩中授福州推官。已而以張公肯堂薦，晉兵科給事中。閩事不支，浮海入浙，而浙亦亡。錢忠介公方自浙奔閩，相見於永嘉，慟哭。忠介復拉公同行。會監國至，再出師。公周旋諸義旅間，欲令協和共事。而悍帥如鄭彩、周瑞之徒不聽，公勸忠介以早去。時諸軍方下福寧，圍長樂，忠介望其成功，不用公言。公復返浙東，入蛟關，結寨於定海之柴樓。已而鄭彩兄弟累畔換，忠介遺書於公，服其先見，卒以憂死。然公雖告忠介以引身，而其栖栖海上，卒亦不能自割，特其來往風波之間，善於自全，則知有過人者。監國自長垣至舟山，公入朝從之。時寧、紹、台諸府俱有山寨，以為舟山接應，柴樓最與舟山聲息相近，以勸輸充貢賦，海濱避地之士多往依焉。遷左僉都御史。辛卯，從亡入閩。時島上諸軍盡隸延平，衣冠之避地者亦多。延平之少也，以肄業入南監，嘗欲學詩於公，及聞公至，親迎之。公以忠義為鏃屬，延平聽之，娓娓竟夕。凡有大事，諮而後行。戊戌，滇中遣漳平伯周金湯間行至海上，晉諸勳爵，遷公左副都御史。是冬，隨金湯入覲，失道入安南，安南國王要以臣禮，公大罵之。或曰且將以公

為相。公愈罵。國王歎曰：「此忠臣也！」厚資遣之，卒以
完節還。公歸，有《交行詩集》。明年，延平入白下不克，
尋入臺灣。延平尋卒，公無復望，飭巾待盡。未幾，卒於
臺灣。閩中自無餘開國以來，臺灣不入版圖。及鄭氏啟疆，
老成者德之士，皆以避地往歸之，而公以江左社盟祭酒為
之領袖，臺人爭從之遊。公自歎曰：「司馬相如入夜郎教盛
覽，此平世之事也，而吾以亡國之大夫當之，傷何如矣。」
至今臺人語及公，輒加額曰：「偉人也！」公一子。鄭氏內
附，扶柩南還。未幾，其子餓死。故公《海外集》佚不傳。
嗚呼！明季海外諸公流離窮島，不食周粟以死，蓋又古來
殉難之一變局也。幾社殉難者四：夏、陳、何三公也死於
二十年之前，公死於二十年之後，九原相見，不害其為白
首同歸也。蛟門方修縣志，以公有柴樓山寨之遺，來訪公
事。先贈公曾預公山寨中，知之最詳，予乃序次而傳之[6]。

案這篇傳文屢提到的夏、陳、何氏即幾社著名的代表人物：夏允
彝、陳子龍、何剛。夏允彝在南京被攻破後，「自投深淵以死」；
何剛佐史可法守揚州，城破後投井死；陳子龍欲結太湖兵起事，
事露被俘而乘間投水死。傳主徐孚遠則毀家舉義，負天下重望，
最後兵敗浮海追隨鄭成功寄寓臺灣，死於臺灣，連橫著名的《臺
灣通史》在〈列傳一〉裡，仍列名「都察院左副都御史徐孚遠」。[7]

　　傳文中說的「幾社殉難者四：夏、陳、何三公也死於二十之
前，公死於二十年之後，九原相見，不害其為白首同歸也」，指的

6　（清）全祖望撰、朱鑄禹彙校集注《全祖望集彙校集注》（上海：上海古籍
　　出版社，2000 年 12 月），《鮚埼亭集外編》，卷十二，〈徐都御史傳〉，頁 961-963。
7　見連橫撰《臺灣通史》（台北：眾文圖書有限公司，民 83 年 5 月 2 刷），卷
　　二十九，〈列傳一‧諸臣列傳〉，頁 735。

就是徐孚遠寄遇台灣、死於台灣守節守義這件事。又傳文中提及崇禎年間的「許都事件」，前文介紹陳子龍時已提及到，二文相證，可以讓事情更加清晰。

崇禎十一年（1638），諸生的徐孚遠雖然名氣比不上進士的陳子龍，然而在《經世編》的編纂過程中，徐氏的重要性是值得再加以強調的。徐孚遠的兩個弟弟徐鳳彩、徐致遠分別擔任著《經世編》「選輯」、「參閱」的工作，而徐孚遠本人還多次參與《幾社會義》的選刻工作，算是具備編纂、選刻豐富的實務經驗[8]。

《皇明經世文編》崇禎年間平露堂刻本封面

值得一提的是，《經世編》的選文皆附刻句讀旁圈，正文的字旁還有小字評註之語，直接表達出意見，

8　（明）杜登春撰《社事始末》（書同註4），載：「闇公援此雍例，欲咨回南，使者從水道不達，致阻鄉薦。西銘聞之，竊歎貧士遭逢，天意似不可強。又慮闇公先生艱於家食，乃議以選政歸闇公，而兼文一選出焉。蓋吳下選手久虛，唯艾千子有《艾選》，溧陽陳百史先生名夏有《五十大家》之刻，他房行社稿試牘則統於秉文。闇公先生之教，至是大昌，皆婁東為之主持而推轂之也。」，葉八-九。又載：「甲戌、乙亥，陳、夏下第，專事古文詞，文會各自為伍，彙於闇公先生案前，聽久旦。至丙子刻二集、戊寅刻三集、己卯刻四集，人材輩出，非游於周、徐、陳、夏之門，不得與也。」，葉十二。

很能代表編纂者的好惡傾向和思想見解。然而《經世編》句讀旁
圈和小字的批語究竟是誰做的呢？歷來多以為是陳子龍所為，因
為全書卷首書名的兩旁特別標有「陳子龍先生評選」和「雲間平
露堂梓行」斗大的字樣。「平露堂」是陳子龍居處之名，這三個字
還是陳子龍老師黃道周所書寫的[9]。因為如此，也無怪乎多數人總
理所當然地認定本書的評註文字是陳子龍所寫。

　　然而若再詳加考察，不難窺出徐孚遠的重要性。如《經世編》
卷二八三，評王〈條陳末議以贊修攘疏〉云：「庚戌之役，張家灣
亦已築城，此家文貞建議也。」（第四冊，頁 2984）案庚戌為嘉
靖二十九年（1550），此年八月北虜奄答侵犯京師，情況十分危急，
「京師戒嚴，詔各鎮勤王，分遣文武大臣各九人，守京城九門」。
[10]張家灣築城，即護衛京師的「重城」之事，避免北虜入侵，直
擾京城。《經世編》卷二四四，徐階的〈答重城諭一〉有：

> 伏蒙皇上以今日之風占在上功，賜問重城之建，果有可賴
> 否？臣惟城郭之制，自古有之，重城即郭也。今都城之南，
> 萬民聚居，百貨萃集，必須有城，乃有保障。庚戌南關之
> 民，一聞警報，不勝驚恐，今年則皆倚重城為安。庚戌四
> 外之民，皆奔入都城，今年則多在重城。其都城之內，不
> 聞擁塞喧擾，其效可睹矣。（第三冊，頁 2548）

可見徐階在庚戌事件之後，即建議築城以應突然之變；此疏
乃言其實效可睹，與庚戌之役當時不可同日而語。徐階即徐孚遠
的伯祖，謚號為「文貞」；所以評語說「家文貞」，依理推之，前

9　（清）楊開第修、姚光發等纂《重修華亭縣志》（台北：成文出版社，清光
　　緒四年刊本，《中國方志叢書》華中地方第四五號），卷二十一，〈名蹟・第
　　宅〉載：「平露堂黃道周書，在普照寺西，陳忠裕子龍居。」頁 1,555。
10　錢基博修定《明鑑綱目》（台北：啟明書局，民國 48 年 7 月），卷十，〈世
　　宗〉，頁 392。

所引評註小字應當就是徐孚遠所說所寫的。

　　單憑一條評註的資料固然無法推斷全書九萬多字的評註就是徐孚遠一人所為，更無法定讞十一萬多個警醒旁圈是出自何人之手。然而這一條評註資料提醒著我們，即便所有的評點評註不是徐孚遠一人所為，至少在《經世編》的編纂工作中，徐孚遠付出的心力，是不該被陳子龍的才名掩蓋過，乃至被有意無意地忽略掉。明末清初的朱舜水，在答日本人野節問題時云：「幾社以周勒卣為首，孚遠字闇公次之，陳臥子又次之。」[11]將徐孚遠高置於陳子龍之上，這話就頗耐人尋味了。

（三）宋徵璧

　　幾社創立之初，專治舉業，宋徵璧並未加入，所以《幾社六子會義》沒有宋氏的名字。崇禎辛未（1631）、壬申（1632）以後，幾社在時文之外，也開始兼攻詩和古文辭。到了《壬申文選》時，宋徵璧已經列名其上。崇禎十一年（1638）編《經世編》時，宋氏不但和陳子龍、徐孚遠並列成為主編，選輯大部分的篇章；而且卷首說明編輯的體例、來由和偏重處的〈凡例〉，共三十四條、十八葉，就完全是出自宋徵璧一人之手了。

　　宋徵璧與弟弟宋徵輿在明亡以後，都入清做官，與陳子龍投水自殺、徐孚遠流離窮島形成鮮明的對比。吳晗說：「同是復社、幾社的人，在面臨嚴重考驗時，卻走的截然相反的道路。這一事實說明了當時知識分子的分化和兩面性。」（第一冊，〈影印明經世文編序〉，頁8）指的正是宋徵璧、陳子龍、徐孚遠三人在明亡的表現這一事實。

---

11 語見（明）朱之瑜撰、馬浮編《朱舜水全集》（台北：世界書局，民52年2月），卷十五，〈答問・答野節問〉，頁197。

　　或許是後人鄙薄宋氏的氣節，關於宋徵璧的傳記資料並不多見。茲錄《復社姓氏傳略》和朝鮮闕名的《皇明遺民傳》的〈宋徵璧傳〉如下：

　　　　宋存楠，字尚木，後改名徵璧。崇禎癸未進士，授中書舍
　　　　人，充翰林院經筵展書，以國變歸里。本朝薦授祕書院撰
　　　　文中書，後以從征舟山有功，陞潮州府知府。卒於任，有
　　　　《抱真堂詩集》[12]。

　　　　宋徵璧，字尚木，江南華亭人。天啟中，以膏粱少年入京
　　　　師，時魏閹竊國柄，徵璧日賈酒悲歌燕市中，骯髒阨塞，
　　　　一發之詩，感慨激楚，晚變和平淡婉，歸之于忠愛，有《抱
　　　　真堂集》[13]。

　　據《徐闇公年譜》記載，宋徵璧天啟七年（1627）中舉於鄉，也就是考中舉人[14]。案第一段文字云「崇禎癸未進士」，即指崇禎十五年（1642），可見宋徵璧在這年考中進士。在這之前，明亡後，入清任祕書院撰文中書、潮州知府等職。當時宋徵璧的詩名頗盛，感慨激楚與和平淡婉之作，兼而有之。

　　宋徵璧的著作除《抱真堂詩集》外，清人朱彝尊的《經義考》尚收錄有其《左氏兵法測要》二十二卷。這書是宋氏還沒考上進士時所作，主要是節錄《左傳》裡頭治兵、行師、攻謀、交伐之事，並論其得失。宋氏殆有感於明末內盜外寇頻生，思有以救時

12　語見（清）吳山嘉錄《復社姓氏傳略》（台北：明文書局，周駿富編《明代
　　傳記叢刊‧學林類⑥》道光十一年南陔堂藏版），卷三，〈青浦〉，頁164。
13　語見朝鮮闕名撰《皇明遺民傳》（濟南：齊魯書社，2000年6月，董治安主
　　編《二十五史外人物總傳要籍集成》第3冊），卷五，〈宋徵璧傳〉，頁3320。
14　陳乃乾、陳洙纂輯《徐闇公先生年譜》（台北：臺灣銀行，民50年10月，
　　《臺灣文獻叢刊》第一二三種），頁8。

之作。《經義考》並收有方岳貢、李雯、陳子龍、徐孚遠、朱一是等五人的序文[15]。

二、選輯群二十四人

本章開頭曾引宋徵璧所撰之《經世編》的〈凡例〉第二十八條文字，指出《經世編》的編纂除去陳子龍、徐孚遠、宋徵璧三人之外，剛開始主要還有周立勳等八人參與編纂事務，後因各自的事務而中止。八人之外，〈凡例〉尚提及二十二人參與編輯《經世編》的討論，付出不少的心血。要言之，即《經世編》之成，在陳子龍、徐孚遠、宋徵璧這三名主編外，其實還有為數不少的選輯群。

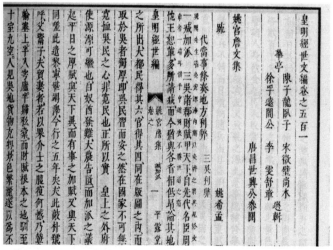

《皇明經世文編》卷五百一的首葉，從第二欄、第三欄可以看出這卷是何人選輯；第四欄則可看出是何人參閱

---

15 見（清）朱彝尊撰《經義考》（北京：中華書局，1998 年 11 月，影印《四部備要》本），卷二百七，〈春秋四十〉，頁 1,061。

　　如何精確地指出《經世編》的選輯群呢？《經世編》每卷卷首所標「選輯」、「參閱」（少數是「校」或「較」）者應該是比較全面的答案。宋徵璧的〈凡例〉第二十八條所提及的人名全都列名其上，甚至還有為數不少的人名為〈凡例〉所無。

　　茲依書列名「選輯」者加以整理，其中有些人出現在《復社姓氏傳略》書中，是隸屬復社的成員；有些人出現在幾社的《社事始末》書中，是隸屬幾社的成員；也有些人在入清以後，變節為官者。

　　選輯群 24 名的生平大略，與選輯《經世編》文章數量多寡情形，如表 4-2 所示。《經世編》共 508 卷，每卷皆標四名選輯者名。逐卷加以統計，通共二十四人，茲依其所選卷數多寡排列，並簡介選輯者之生平大略如下：

表 4-2《皇明經世文編》選輯群生平大略與選輯數量統計表

	姓名	字（號）	籍貫	登科時間	著作	社群	明清交替表現	選輯數量	生平出處	選輯卷名（卷數）	備註
1	陳子龍	臥子	松江華亭	崇禎十年（1637）進士	《安雅堂稿》、《湘真閣稿》、《壬中幾社文選》	復社幾社	投水自殺	507	《明史》卷277、《明史稿》卷258 等	（除卷482外，全書皆選）	陳子龍的詳細介紹，參見本章節所述主編部份。
2	宋徵璧	尚木	松江華亭	崇禎十六年（1643）進士	《抱真堂集》、《左氏兵法測要》	復社幾社	入清，官祕書院撰文中書、潮洲知府	506	《復社姓氏傳略》卷3、《皇明遺民傳》卷5	（除卷26、卷502外，全書皆選）	・宋徵璧，本名宋存楠，後改名。 ・宋徵璧的詳細介紹，參見本章節所述主編部份。
3	徐孚遠	闇公	松江華亭	崇禎十五年（1642）		復社幾社	隨鄭成功來台灣，死	505	《全祖望集・徐都御	（除卷244、卷245、卷356 外，全	徐孚遠的詳細介紹，參見本章節所述主編

				舉人			於台灣		史傳》、《徐闇公先生年譜》	書皆選）	部份。
4	李雯	舒章	青浦	崇禎十五年（1642）舉人	《蓼齋集》	復社幾社	入清，官宏文院中書舍人	125	《復社姓氏傳略》卷3	卷5、6、7、21、26、27、36、42、43、44、53、68、76、77、78、81、82、84、93、99、107、108、121、123、127、137、138、139、141、148、151、152、156、159、172、174、181、183、184、189、191、196、197、198、199、204、207、209、210、220、226、227、233、235、246、248、249、250、251、260、263、265、266、270、276、278、282、284、285、	

| | | | | | | | | | | | 286、287、289、290、292、298、299、303、304、306、322、325、330、337、342、361、375、379、382、383、388、399、409、410、425、430、431、449、450、451、453、455、456、463、465、466、467、471、472、474、475、476、477、478、480、481、482、486、487、490、494、496、501、502、504、506，共125卷。 | |
| 5 | 周立勳 | 勒卣 | 松江華亭 | 幾社始創六子之一，死於崇禎十二年（1639） | | 復社幾社 | | | 87 | 《靜志居詩話》卷21 | 卷1、2、10、12、14、26、35、37、38、46、59、61、66、83、85、91、92、95、 | |

								96、112、	
								116、119、	
								140、146、	
								150、153、	
								158、160、	
								168、176、	
								177、178、	
								179、180、	
								200、202、	
								231、237、	
								238、239、	
								240、241、	
								244、245、	
								247、252、	
								253、261、	
								262、275、	
								279、280、	
								283、291、	
								301、302、	
								305、307、	
								310、311、	
								315、323、	
								324、329、	
								336、356、	
								376、390、	
								398、403、	
								404、405、	
								412、421、	
								423、424、	
								447、452、	
								464、482、	
								485、488、	
								495、499、	
								500、502、	
								505，共 87	
								卷。	
6	何剛	愨人	上海	崇禎三年（1630）		復社幾社	史可法守揚州，	62	《復社姓氏傳》	卷 8、9、33 、 48 、	·何剛，《明史》卷 274 附

				舉人			城破投井而死		略》卷3	51、60、62、63、64、67、69、113、117、129、130、131、132、134、142、145、161、167、182、193、194、222、242、254、255、257、258、259、267、269、273、295、308、309、312、326、332、333、334、335、363、371、374、378、381、391、393、416、417、418、448、460、479、489、491、493、498、508，共62卷。	見〈史可法傳〉中。·清乾隆十一年（1746），賜諡忠節。
7	夏允彝	彝仲（瑗公）	松江華亭	崇禎十年（1637）進士	《夏文忠公集》、《倖存錄》、《私制策》、《禹貢合注》	復社幾社	自投深淵以死	46	《復社姓氏傳略》卷3	卷3、8、20、109、114、115、120、124、143、149、154、155、162、164、187、190、	夏允彝，《明史》卷277附見〈陳子龍傳〉中。

										203、212、223、224、225、228、268、288、313、316、317、318、319、341、366、370、394、395、397、408、413、414、419、420、422、435、440、459、461、462，共46卷。	
8	彭賓	燕又、穆如	松江華亭	崇禎三年（1630）舉人，幾社始創六子之一	《搜遺稿》	復社幾社	入清，官汝寧推官	37	《復社姓氏傳略》卷3	4、11、15、16、17、24、39、89、125、135、136、144、165、175、186、201、205、206、213、214、215、216、217、218、297、300、356、373、392、396、432、441、442、470、483、484、492，共37卷。	
9	顧開雍	偉南		貢監生，擅長書法		復社幾社	入清，順治八年(1651)	34	《復社姓氏傳略》卷	卷22、23、25、29、32、34、	

序號	姓名	字	籍貫	功名	著作	社	卷數	出處	卷號	備註
				貢入太學。	3、《皇清書史》				40、55、57、58、65、79、122、128、171、173、211、234、236、271、277、296、328、339、367、372、377、387、401、402、433、458、497、507，共34卷。	
10	吳培昌	永生（坦公）	松江華亭	崇禎十年（1637）進士			34		卷71、72、73、74、75、86、87、88、102、103、104、105、106、157、166、169、170、192、195、221、229、230、314、340、364、365、368、369、389、407、426、438、444、469，共34卷。	·吳培昌，與陳子龍同年進士，子龍有詩與之唱和。 ·吳培昌，亦列名於本書《鑒定名公姓氏》之中。
11	徐鳳彩	聖期	松江華亭	明末以諸生入太學	《毛詩博議》	復社幾社	20	《復社姓氏傳略》卷3	卷31、41、47、80、97、110、111、118、219、272、	徐鳳彩，主編徐孚遠之弟

										274、327、380、400、415、428、429、443、473、503，共20卷。	
12	李待問	存我	松江華亭	崇禎十六年（1643）進士		復社幾社	助沈猶龍守城，城破被殺。	14	《復社姓氏傳略》卷3	卷13、52、70、208、243、346、347、349、350、352、357、358、359、360，共14卷。	·李待問，《明史》卷277附見〈沈猶龍傳〉中。 ·清乾隆四十一年（1746年）賜諡忠節。
13	吳嘉胤	方最、純如、繩如	松江華亭	天啟四年（1624）舉人			自縊於樹	8	《南都死難紀略》、《皇明四朝成仁錄》卷6	卷30、100、101、281、293、406、445、446。	
14	宋徵輿	轅文	松江華亭	順治四年（1647）進士	《林屋文稿》、《林屋詩稿》		入清，官至都察院副都御史。	8	《欽定四庫全書總目》卷181	卷54、147、256、320、321、351、434、439。	宋徵輿，主編宋徵璧之弟
15	宋存標	子建	松江華亭	崇禎十五年（1642）舉人	《遙和集》、《史疑》、《國策本論》、《秋士偶編》	復社幾社		7	《復社姓氏傳略》卷3	卷126、163、264、294、427、436、437。	宋存標，主編宋徵璧伯父。
16	盛翼進	鄰汝	松江		編《幾社六子詩》	復社幾社		7	《復社姓氏傳略》卷3	卷19、28、90、94、331、411、454。	盛翼進，與陳子龍友善。
17	沈泓	臨秋（悔菴）	松江華亭	崇禎十六年（1643）進士	《易憲》、《東山遺草》、《懷謝軒詩文	復社	入清，削髮為僧	5	《復社姓氏傳略》卷5	卷50、98、185、338、468。	沈泓，入清後遁入為僧，名宏忍，號無寐，住會稽東

					集》						山國慶寺。
18	張安茂	子美（蓼匪）	松江	（清）順治四年（1647）進士	《頖宮禮樂全書》	復社幾社	入清，累官陝西西寧道參議	4	《復社姓氏傳略》卷3	卷45、49、384、385。	
19	唐昌世	名必、存世（巽公）	青浦			幾社		4	《社事始末》	卷232、353、354、355。	唐昌世，亦列名本書《鑒定名公姓氏》之中。
20	唐允諧	尹季（集公）	松江華亭			幾社		3	《社事始末》	卷50、188、348。	唐允諧，亦列名本書的「參閱群」，共參閱7卷。
21	朱積	元蘊早服（汸水）	松江	崇禎十六年（1643）進士		復社幾社		3	《社事始末》	卷343、344、345。	朱積，為世家子弟。
22	郁汝持	子衡		崇禎十六年（1643）進士		復社幾社		2	《復社姓氏傳略》卷3	卷362、卷457。	
23	單恂	質生（竹庵、狷庵）	松江華亭	崇禎十三年（1640）進士		幾社		1	《明詩紀事》、《靜志居詩話》	卷133。	
24	宋家禎	瑞生、善先（艾詒）	松江華亭	崇禎三年（1630）、崇禎十五年（1642）兩中舉人。	《鳩菴文集》、《修吉堂詩草》、《惜陰雜筆》	復社		1	《復社姓氏傳略》卷3	卷386。	

綜合言之，從第十二位選輯者李待問以下，每人所選不超過二十卷；徐鳳彩以上，則每人所選皆超過二十卷（含）。李雯個人所選甚至多達一百二十五卷，超過全書五分之一，重要性不言可諭。《經世編》的選輯者多為松江華亭人，幾社、復社成員，以及

與主編陳子龍、徐孚遠、宋徵璧同年登科的士人。復社成員皆收錄在《復社姓氏傳略》書中，共有十九人；幾社成員則收錄在幾社的《社事始末》中，共二十人。既是「復社」又是「幾社」，二者重疊者高達十七人。與主編陳子龍同年（1637）登科的進士有夏允彝與吳培昌二人；與主編宋徵璧同年（1643）登科的進士有李待問、沈泓等六人；與主編徐孚遠同年（1642）登科的舉人有李雯、宋存標、宋家禎等三人。早夭者二人，為周立勳、宋家禎。明亡，入清當官者六人，為宋徵璧、李雯、彭賓、顧開雍、張安茂，宋徵輿即是。其餘十多人不是自殺殉節，就是削髮為僧，深具忠君愛國的節義情操，真正承繼著東林的精神和理想。

　　要之，以陳子龍為代表的「選輯」者這二十四人，分別列名在《經世編》每卷的卷首第二、三欄裡，緊鄰標明書名卷次的第一欄後，刊刻如此，應是如實地反映《經世編》的編纂情形。相較之下，如本章開頭引錄宋徵璧在《皇明經世文編·凡例》第二十八條文字所提到的三十三人則較為籠統[16]，究竟這三十三人在「選輯」和「咸資討論」之間隸屬為何呢？拿已編成且出版的《經

16 《皇明經世文編》的〈凡例〉第二十八條載云：「此集始于戊寅仲春，成于戊寅仲冬，寒暑未週，而披覽億萬，審別精詳，遠近嘆吒，以為神速。良由徐子、陳子，博覽多通，縱橫文雅，並用五官，都由一目，選輯之功，十居其七。予質鈍才弱，追隨逸步，自噊蹇拙，以二子左縈右拂，奔命不遑，間有選輯，十居其二。若溯厥始事，則周勒卣立勳、李舒章雯、彭燕又賓、何懲人剛、徐聖期鳳彩、盛鄰汝翼進、及家伯氏子建存標、家季轅文徵輿，咸共商酌。適李子久滯京邸，周子壯遊梁苑，彭子樓遲邗上，何子寄跡鴛水，徐子、盛子，則各操月旦，伯氏、家季，則潛心論述，曾無接談之暇，未假專日之工。若友人吳繩如嘉胤、唐尹季允諧、李存我待問、張子美安茂、朱早服積、蔡季直樅、單質生恂、郁子衡汝持、沈臨秋泓、陸子玄慶曾、朱宗遠灝、董士開雲申、郁選士繼垣、張子服寬、張子退密、錢子璧轂、李素心憕、徐霏朗桓鑒、邵霏玉梅芬、徐武靜致遠、李原煥是楫、華芳乘玉芳，皆卓然命世之姿，夙具同心，咸資討論。」（第一冊，頁56）

世編》每卷卷首所列名字來考察〈凡例〉之言，其中陳子龍、除孚遠、宋徵璧、周立勳、李雯、彭賓、何剛、徐鳳彩、盛翼進、宋存標、宋徵輿、吳嘉胤、唐允諧、李待問、張安茂、朱積、單恂、郁汝持、沈泓等十九人，毫無疑問都是《經世編》的選輯者；此外，蔡樅、陸慶曾、朱灝、董雲申、郁繼垣、張寬、張密、錢穀、李愫、徐桓鑒、邵梅芬、除致遠、李是楷、華玉芳等十四人，其實不是選輯者，而是「參閱」者的身分。另一方面，宋徵璧的〈凡例〉其實還漏舉了五名選輯者的姓名：夏允彝（選有 46 卷）、顧開雍（選有 24 卷）、吳培昌（選有 34 卷）、唐昌世（選有 4 卷）、宋家禎（選有 1 卷）；而實際參與「參閱」者則多達一百四十五名，宋氏所舉的十四人，相較之下，實在只是點到部分而已。

這二十四名選輯者，有二人同時列名「鑒定名公姓氏」之中，分別是吳培昌（坦公）和唐昌世（興公）；既是選輯群又是顧問群的身份。

第二節　數量眾多的參閱者

一、參閱群簡介

《經世編》的選輯共有二十四人，參閱者則多達一百四十六人。宋徵璧在〈凡例〉第二十六條、第二十七條云：

> 四方蘭譜，若楊子常彝、楊龍友文驄，則分教吾土，樂與晨夕。其他諸友，或夙倅同好，或本未謀面，但曾任較讎，暨名集惠寄者，俱登姓氏，不沒其實。（第一冊，頁 56）

同郡先輩，若徐厚翁先生，及唐繕部存少，聞予輩搜借艱
苦，俱發鄴架之藏，悉供傳寫。至許霞翁先生，移書遠近，
廣收博覽，裨益尤多。若徐勿齋、馬素修、張西銘三先生，
及張受先、黃仲霖、吳志衍、夏彝仲、吳坦公，搜軼編於
吳越閩浙，張訒叟、吳來之、朱聞玄，郵遺集於齊魯燕趙。
他若宛平金伯玉鉉、王敬哉崇簡、崔道母子忠、王大舍谷、
桐城方密之以智、孫克咸臨、萊陽宋澄嵐繼澄、侯官陳道掌
元綸、陳克理兆相、金沙周介生鍾、丹陽荊實君廷實、攜李錢
孚于嘉徵、錢彥林梅、錢雍誦泮、黃復仲子錫、陸芳洲上瀾、
朱子莊茂暻、歸安唐子儀起鳳、虎林嚴子岸渡、張幼青埨、
茂苑楊維斗廷樞、許孟宏元溥、姚瑞初宗典、姚文初宗昌、玉
峰王與游志慶、吳江周安期逢年、吳日生易、漻水侯雍瞻岐
曾、傅令融凝之、婁東王子彥瑞國、吳純祐國杰、張無近王治、
維揚鄭超宗元勳、海虞顧麟士夢麟、彭城萬年少壽祺皆係良友
素知，瓊瑤之贈，遙睇臨風，二酉之藏，傾箱倒篋矣。（第
一冊，頁 55～56）

　　第一段話裡的「蘭譜」泛指志同道合的好朋友，宋氏說他們
「曾任較群」或「名集惠寄」，《經世編》都登上姓氏以「不沒其
實」，如楊彝（字子常）、楊文聰（字龍友）二人。其實，「曾任較
讎」者列名「參閱」（或「參較」）居多，如楊彝、楊文聰就是。
至於「名集惠寄」，提供圖書獻文者，第二段話更是舉出四十九人
姓氏名字；這四十九人中，有不少其實是顧問群的成員，列名在
「鑒定名公姓氏」裡頭，留待下文再討論；有些則是參閱群的身
分，隸屬底下參閱群一百四十六人的名單中。

　　《經世編》每卷首葉，在選輯者下一欄皆標出參閱者姓名

（字），有時還有籍貫冠於姓名字號之上。由於參閱者數量眾多，筆者將之按參閱（較）卷數多寡製作或表 4-3，如下。

表 4-3《皇明經世文編》參閱群作者簡介及參閱卷數統計表

	姓名	字（號）	籍貫	生平大要	社群	參閱數量	參閱卷數	備註
1	宋存標	子建		崇禎十五年（1642）舉人	復社幾社	47	卷 8、33、67、77、78、80、100、112、114、120、143、144、158、159、170、194、210、213、231、242、243、252、253、257、263、267、268、274、289、290、325、339、341、362、366、391、394、395、396、426、428、453、455、485、488、507、508	選輯群之一
2	宋徵輿	轅文		（清）順治四年（1647）進士	幾社	25	卷 18、34、115、140、146、150、153、179、180、181、226、259、260、261、285、301、302、303、326、371、397、425、452、465、490	選輯群之一
3	董雲申	士開			幾社	14	卷 52、210、270、298、330、337、338、342、382、399、463、464、486、487	選輯群之一
4	彭賓	燕又、穆如	松江華亭	崇禎三年（1630）舉人，幾社始創六子之一	復社幾社	10	卷 3、30、117、190、241、255、417、418、460、468	選輯群之一
5	盛翼進	鄰汝	松江	幾社始創六子之一	復社幾社	9	卷 15、16、134、172、254、372、380、429、506	選輯群之一
6	周立勳	勒卣	松江華亭	幾社始創六子之一，死於崇	復社幾社	9	卷 17、316、317、318、319、440、441、442、494	選輯群之一

			禎十二年 （1639）				
7	吳嘉胤	方最、 純如、 繩如	松江 華亭	天啟四年 （1624） 舉人		9	卷 32、59、60、136、276、 284、309、329、459	選輯群之一
8	朱積	元蘊、 早服 （汸水）	松江	崇禎 十六年 （1643） 進士	復社 幾社	9	卷 123、147、220、273、 346、347、349、350、361	選輯群之一
9	蔡檅	季直	松江 華亭		復社	9	卷 28、130、131、132、 473、474、475、476、477	本名蔡文瀛， 後改是名
10	吳祖錫	佩遠	吳江	崇禎 十五年 （1642） 舉人	復社	9	卷 46、89、133、216、286、 364、365、368、369	·明亡，從 陳子龍、徐 孚遠等謀恢 復。 ·後更名鉏， 字稽因。
11	夏允彝	彝仲 （瑗公）	松江 華亭	崇禎十年 （1637） 進士	復社 幾社	8	卷 12、193、332、333、 334、335、445、446	選輯群之一
12	李待問	存我	松江 華亭	崇禎 十六年 （1643）	復社	8	卷 237、238、239、240、 262、275、299、462	選輯群之一
13	楊澄清	通侯				8	卷 54、124、167、185、 186、187、188、310	
14	唐允諧	尹季	松江 華亭		幾社	7	卷 9、69、217、393、449、 454、458	選輯群之一
15	何剛	愨人	上海		復社 幾社	7	卷 10、11、119、293、373、 392、500	選輯群之一
16	李雯	舒章	青浦	崇禎 十五年 （1642） 進士	復社 幾社	7	卷 13、37、55、280、331、 419、420	
17	馮瑞振	振仲				7	卷 38、85、113、223、224、 225、427	
18	杜甲春	端成		幾社始 創六子 之一，	復社 幾社	7	卷 162、163、164、165、 176、177、178	

				崇禎 十五年 （1642） 舉人				
19	張宮	處中	松江		幾社	6	卷 5、83、91、139、413、414	受業於陳子龍
20	徐桓鑒	惠朗	松江 華亭	客死 桐城	復社	6	卷 19、36、44、95、324、328	受業於陳子龍
21	徐鳳彩	聖期	松江 華亭	明末以 諸生入 太學	復社	6	卷 39、70、169、271、381、436	選輯群之一
22	姚臺	元可				6	卷 42、48、145、384、385、456	
23	黃孟瀾	波仙	檇李		復社	6	卷 63、64、149、175、288、422	
24	張垲	幼青			復社	6	卷 72、73、74、230、438、444	
25	張安茂	子美 （蓼匪）	松江	（清） 順治四年 （1647） 進士	復社 幾社	6	卷 118、249、400、409、450、491	選輯群之一
26	許清胤	价夫				6	卷 168、232、357、358、359、360	
27	宋家禎	善先	松江 華亭	崇禎三年 （1630） 崇禎 十五年 （1642）， 兩中舉人	復社	6	卷 197、198、199、404、405、434	選輯群之一
28	黃坦	朗生 （省庵、 惺庵）	即墨			5	卷 251、353、354、355、443	
29	顧開雍	偉南		清順治 八年 （1651） 貢入太學	復社 幾社	5	卷 2、53、265、266、499	選輯群之一
30	張密	子退		清順治 二年	復社 幾社	5	卷 50、125、439、478、492	陳子龍內弟

			（1645）恩貢生，官南京都司務				
31	錢爾進	及甫			5	卷 35、51、447、448、503	
32	楊彝	子常	常熟	與顧麟共創「應社」，與復社、幾社齊名	復社	5	卷 66、292、340、389、467	
33	姚宗典	文初	長洲	崇禎十五年（1642）舉人	復社	5	卷 103、105、192、295、481	父姚希孟是東林黨人
34	謝廷禎	提月				5	卷 121、247、351、386、489	《皇明經世文編》在「凡例」之後有《姓氏爵里總目》，即謝廷禎所編
35	周鍾	介生		·崇禎十六年（1643）進士 ·李自成陷京師，鍾降，後因從賊罪，棄市	復社	5	卷 135、305、307、308、388	
36	唐昌世	名必、存世（興公）	青浦		幾社	5	卷 160、161、200、466、501	·選輯群之一 ·「鑒定名公姓氏」之一
37	嚴嶠	銳子				5	卷 248、249、250、379、430	
38	姚宗昌	瑞初			復社	4	卷 102、104、294、482	·父姚希孟乃東村黨人 ·兄姚宗典

39	單恂	質生（竹庵、狷庵）	松江華亭	崇禎十三年（1640）進士	幾社	4	卷 109、110、111、497	選輯群之一
40	李倓	素心		·崇禎六年（1633）舉人·清順治九年（1652）進士，官至湖廣分巡僉事	復社幾社	4	卷 343、344、345、415	
41	王崇簡	敬哉	宛平	·崇禎十六年（1643）進士·入清官至禮部尚書	復社	4	卷 174、411、431、470	
42	何如召	祖燕				3	卷 20、155、437	
43	朱灝	宗遠		崇禎中以保舉授延平府通判	復社	3	卷 47、152、323	
44	徐允貞	麗沖			幾社	3	卷 57、401、402	
45	黃子錫	復仲（麗農）			復社	3	卷 62、173、314	
46	陳子慶	聖游				3	卷 81、82、469	
47	巢鳴盛	端明（五峰、止庵、貞孝、崆峒）	嘉興	崇禎九年（1636）舉人		3	卷 86、87、88	明亡，與沈壽民、徐枋，天下稱「遺民三人」
48	楊世愈	爾韓	錫山			3	卷 22、92、282	
49	郁汝持	子衡		崇禎十六年	復社幾社	3	卷 108、138、209	選輯群之一

			（1643）進士				
50	馮瑞儀	羽公				3	卷 126、142、154	
51	王元玄	噩公	松江華亭		復社幾社	3	卷 141、196、398	
52	朱兆奎	伯高	山陰			3	卷 156、233、287	
53	張安苞	子固			幾社	3	卷 202、203、435	
54	宋存楳	端木				3	卷 211、278、322	
55	沈嗣選	仁舉（果菴）	嘉興	天性孝友，需次歲薦，以親老不赴	復社	3	卷 212、218、313	
56	徐孚遠	闇公	松 江華亭		復社幾社	3	卷 244、245、356	·徐孚遠為本書主編之一 ·卷 244、245 為徐階《徐文貞公集》，孚遠自署「世姪孫」 ·卷 356 為徐陟《徐司寇奏疏》，乃孚遠曾祖父
57	姜雲龍	神超				3	卷 471、472、493	
58	李之楠	仙植（載見）	南匯			2	卷 6、43	
59	陳玄燾	鑑先				2	卷 14、432	
60	王之翰	子大				2	卷 24、483	
61	董會	逢吉				2	卷 25、151	
62	宋徵璧	尚木	松江華亭	崇禎十六年（1643）進士	復社幾社	2	卷 26、502	·宋徵璧為本書主編之一 ·參閱卷 502，乃宋懋澄《宋幼青九籥集》，徵璧自稱為「姪」

63	沈泓	臨秋	松江華亭	崇禎十六年（1643）進士	復社	2	卷27、68	選輯群之一
64	鄭重光	古愚				2	卷31、90	
65	錢穀	子璧、內史	松江		復社幾社	2	卷40、41	
66	周如璽	鴻章	無錫		復社	2	卷45、 457	
67	郁繼垣	選士		·崇禎九年（1636）舉人 ·入清，任虹縣教諭	復社	2	卷47、49	
68	陶方燦	星若				2	卷56、207	
69	周季勳	成子				2	卷61、320	
70	朱茂曔	子莊				2	卷71、75	
71	陳台孫	階六（楚州酒人）	山陽			2	卷75、234	
72	崔子忠	道母（北海）	順天			2	卷96、383	崔子忠，初名崔丹，字開予，又號青蚓
73	王有孚	尹玉		清順治十一年（1654）貢生	復社	2	卷97、129	
74	相熊	伯祥				2	卷99、484	
75	楊廷樞	維斗（復菴）	吳縣	·崇禎元年（1682）恩貢入大廷 ·清順治四年（1647）密謀叛清，被斬	復社	2	卷101、106	

76	夏鼎	展吾		崇禎八年（1635）選貢生		2	卷 116、300	
77	華玉芳	芳乘				2	卷 128、312	
78	彭彥臣	君鄰（韋齋）	青浦			2	卷 135、387	
79	宋學璟	友姚				2	卷 183、375	
80	翁曆	紀長				2	卷 191、370	
81	朱質	野臣	長洲			2	卷 205、206	卷 205、206 為朱紈《朱中丞斁餘集》，朱質朱紈之曾孫。
82	張齔	組垂				2	卷 208、236	
83	錢泮	雍誦、于斯	海鹽	崇禎九年（1636）舉人	復社	2	卷 214、215	·卷 214、215 為錢薇《承敬堂集》，錢泮乃錢薇之曾孫。 ·父錢嘉徵，亦為參閱群之一。
84	董姚申	士餘				2	卷 221、315	
85	楊文驄	龍友（山子）	黃陽	天啟元年（1621）舉人		2	卷 222、410	
86	徐銘常	成紀				2	卷 272、505	
87	邵梅芳	霏玉			幾社	2	卷 277、433	受業於陳子龍
88	張王治	無近（攽奄）	太倉	·崇禎時拔貢生 ·清順治四年（1647）進士，官至工部給事中。	復社 幾社	2	卷 279、311	
89	湯涵	公瑾			幾社	2	卷 304、327	

90	宋卓	立萬、人峨		明末諸生	復社	2	卷 321、376	
91	杜延祁	清宰				2	卷 336、361	
92	錢嘉徵	孚于	海鹽	天啟元年（1621）順天副榜	復社	2	卷 374、479	子錢泮，亦為參閱群之一
93	文秉	文孫、孫符（竺塢、應符）	吳縣	明亡，秉殉南都難		2	卷 390、406	大學文震孟之子
94	姜爾珠	慈授		晚明諸生	復社	2	卷 408、421	
95	夏完愚	民古			復社	2	卷 423、424	
96	王言	達庭	攜李			1	卷 4	
97	王會荃	星宰			復社	1	卷 7	《復社姓氏傳略》卷 2 載：「王令荃，字星宰。」殆為同一人
98	彭容	有如、愚若			復社	1	卷 21	《復社姓氏傳略》卷 3 載：「彭容，字愚若。」殆為同一人。
99	徐纘高	孝若（敬齋）	松江華亭	崇禎九年（1636）舉人，出家為僧	復社	1	卷 23	
100	夏之旭	元初	松江華亭	·明末諸生·明亡，自縊		1	卷 29	選輯者夏允彝之兄
101	徐期生	處柔、無爽		崇禎三年（1630）舉人	復社	1	卷 58	
102	王元琮	清城				1	卷 65	
103	陳增齡	鶴朋				1	卷 76	
104	朱兆宣	季方				1	卷 84	
105	陳正容	威玉				1	卷 93	

106	陳爾振	永和、子威		明末諸生		1	卷 94	
107	王光承	超世、王佑	上海			1	卷 98	弟王烈亦參閱 1 卷
108	李是楫	原渙		清順治貢生	復社	1	卷 101	《復社姓氏傳略》載李是楫，字原渙。
109	許元溥	孟宏（　千卷生）	長洲	崇禎三年（1630）舉人	復社	1	卷 107	
110	吳欽章	含文	松江華亭			1	卷 122	選輯者吳嘉胤之子，又吳嘉胤亦參閱 9 卷。
111	吳培昌	永生（坦公）	松江華亭	崇禎十年（1637）進士		1	卷 127	・選輯群之一 ・名列「鑑定名公姓氏」之中
112	劉芳	墨仙			復社	1	卷 148	
113	周逢年	安期				1	卷 157	
114	宋與琦	有韓	松江華亭		復社幾社	1	卷 166	
115	李恂	恂如				1	卷 182	
116	秦鏡	光四				1	卷 184	
117	周鑣	仲馭、仲御（鹿溪）	金壇	崇禎元年（1628）進士	東林黨	1	卷 189	名列「鑑定名公姓氏」之中
118	黃基	應存	即墨			1	卷 195	
119	許遠猷	子嘉				1	卷 204	
120	盛慶遠	靈飛			復社	1	卷 227	
121	張定	之慧				1	卷 229	
122	章簡	次公、次弓		・天啟四年（1624）舉人。 ・協助沈猶龍守城，	幾社	1	卷 235	

				城破，不屈死。			
123	陸慶曾	子玄、文孫			復社幾社	1	卷 246	
124	徐開	幼承				1	卷 256	
125	陸慶臻	集生（真凌、笏田、薺菴）	松江華亭	崇禎十五年（1642）舉人	復社	1	卷 258	
126	夏完德	在明			復社	1	卷 264	
127	許友	長仁	侯官	明末諸生	復社	1	卷 269	「鑒定名公姓氏」中有許豸（平遠先生），許友即許豸之子
128	張寬	子服			復社幾社	1	卷 281	選輯群之一
129	王瑞國	子彥（書城）		·天啟元年（1621）舉人 ·入清，任增城令	復社	1	卷 283	卷 283 為王忬《王司馬奏疏》，王瑞國為王忬曾孫
130	陸景元	公美	松江華亭			1	卷 291	卷 291 為樹聲《陸宗伯文集》，陸景元為陸樹聲之後代子孫
131	許國杰	純佑				1	卷 296	
132	孫臨	克咸、武公、武功			復社	1	卷 297	「凡例」屬名「孫克咸臨」，卷 297 板刻為「孫咸克咸」，應是「孫克咸臨」，板刻誤。
133	王會芬	于野	婁東			1	卷 306	

134	錢栴	彥林	嘉善	崇禎六年（1633）舉人	復社	1	卷 348	
135	宋啟瑞	迪震				1	卷 377	
136	唐同伯	少伯				1	卷 378	
137	徐致遠	武靜	松江華亭		復社幾社	1	卷 403	主編徐孚遠之弟
138	朱用霖	耳侯				1	卷 407	
139	金鉉	伯玉	武進	·崇禎元年（1628）進士 ·明亡，投水死		1	卷 412	名列「鑑定名公姓氏」之中
140	華嘉	子魚				1	卷 416	
141	王志慶	與游（丙園、漢陰丈人）	崑山	·天啟七年（1627）舉人 ·崇禎十五年（1642）卒		1	卷 451	
142	周永年	安期（山樵、周山樵）	吳江	明末諸生		1	卷 480	
143	方以智	密之（無可、鹿起、浮山、藥地和尚）	桐山	明亡，出家為僧		1	卷 495	「鑑定名公姓氏」有方孔炤（仁植先生），方以智即方孔炤之子
144	王溥	聖時、勝時、大來	松江	明末諸生		1	卷 496	·受業於陳子龍 ·後改名為「王澐」
145	周榮起	仲榮	江陰	明末諸生		1	卷 498	《皇清書史》卷 21 載，周榮起字伯榮。
146	王烈	名世	上海			1	卷 504	兄王光承也參閱 1 卷

二、總括參閱群的特色

總括《經世編》一百四十六名參閱者，至少有底下幾項特點值得加以注意：

（一）前文所提及的《經世編》二十四名選輯者中，除陳子龍外，其餘二十三名皆身兼參閱（校）者的身分。除孚遠共校三卷，宋徵璧參閱一卷、校一卷，周立勳參閱九卷，夏允彝參閱八卷，彭賓參閱十卷，李雯參閱七卷，何剛參閱七卷，李待問參閱六卷，張安茂參閱六卷，沈泓參閱二卷，宋徵輿參閱二十七卷，唐允諧參閱七卷，吳培昌參閱一卷，宋存標參閱四十七卷，單恂參閱四卷，唐昌世參閱五卷，朱積參閱七卷，郁汝持參閱三卷，宋家禎參閱六卷。總計二十三名選輯者共參閱（校）二百三卷，約占全書五分之二的份量。

（二）有五名參閱者，也名列在「鑒定名公姓氏」之中，隸屬《經世編》的顧問團。這四名分別是：金鉉（伯玉先生）、夏允彝（瑗公先生）、吳培昌（坦公先生）、唐昌世（存少先生）、周鑣（仲馭先生），也就是說他們既參與了實際的參閱、校對的煩瑣工作，又在本書的「去取」、「鑑識」方面提供了一定的意見。

（三）這些參閱者「復社」、「幾社」成員極多。即列名於《復社姓氏傳略》之中，列名於《社事始末》裡，隸屬幾社成員，計有三十九名。其中復社、幾社重複出現者有二十七名。《經世編》的參閱者與復社、

幾社的成員，彼此間真是有著萬千絲萬縷的關係。前文在簡介《經世編》的選輯者，參閱者時，文獻資料的參考仍以復社的《復社姓氏傳略》和幾社的《社事始末》居多。同樣的邏輯反推，《復社姓氏傳略》共收錄 2,196 人，《社事始末》共收錄 137 人，而《經世編》的參閱者約有五、六十人統統不在二書之內。這五、六十人肯定與復社、幾社有著或深或淺的關係，只是尚未受到學界的重視罷了。

（四）在眾多參閱者中，有六人是後代子孫為先人整理文集、校對文章，而在整理校對中，發揚先人的德業，文獻價值更超越在明人校對明人文章之上，顯得更加地珍貴。如：徐孚遠所校的《徐文貞公集》二卷，《徐司寇奏疏》一卷，宋徵璧所校宋懋澄的《宋幼青九籥集》一卷，朱質所校朱紈的《朱中丞甓餘集》二卷，錢洊所校錢薇的《承敬堂集》二卷，王端國所校王抒的《王司馬奏疏》一卷，陸景元所校陸樹聲的《陸宗伯文集》一卷。

（五）以身分地位而論，《經世編》的二十四名選輯者以舉人、進士居多，而一百四十六名參閱者則以諸生（秀才）、舉人居多。就重要性而言，選輯者高於參閱者，二者的身分地位也就隱然有著階級高低之別，雖然不是很明顯，卻自然而然潛藏其中。以地域而論，由於復社、幾社的影響，參閱者多以東南的松江府、蘇州府居多。

（六）幾社的《社事始末》曾提及成員多昆弟、姻婭、師生關係。事實上，在《經世編》眾多參閱者中，也

多有此類情形存焉，同樣都是參閱者的身分，兄弟關係如：徐孚遠、徐鳳彩、徐致遠；王光承、王烈；夏之旭、夏允彝；姚宗典、姚宗昌；張寬、張密等。師生關係如：王元圓是陳子龍的老師，王溥、邵梅芬、張宮、徐桓鑒受業於陳子龍等。父子關係如：吳嘉胤（父）、吳欽章（子），錢嘉徵（父）、錢泮（子）等。姻婭關係如：陳子龍的內弟是張寬、張密等。此外尚有參閱者與列名顧問團的成員有著關係的，如「父／子」與「顧問／參閱」這樣關係的人，像「方孔炤／方以智」、「吳昌時／吳鉏錫」、「許豸／許友」等等。又如楊文驄是參閱者，其姻婭馬士英（瑤草先生）則是顧問團成員之一。

（七）《經世編》眾多參閱者都是身處改朝換代，天崩地裂的明末清初的局勢中，自然地，他們的出處進退也就格外地引人注意了。如同本文第（三）條所指出《經世編》的參閱者不少是「復社」、「幾社」的成員，明亡入清以後，許多人或慷慨赴死，或自殺殉國，或遠逃海外，或成僧為道，或含悲忍憤地過著遺民的生活。也有些人則或降賊，或改節，或參加科舉，或仕宦為官，參閱者如：宋徵輿、李雯、周鍾、李愫、王崇簡、宋徵璧、郁繼垣、王有孚、張王治、陸慶曾、王瑞國等即是。必須強調的是，一般說來，士大夫入清為官，操守志節大多是被鄙薄不屑的，有如顧炎武〈廉恥〉一文所譏諷者[17]。然

17　（明）顧炎武撰、（清）董汝成集釋《日知錄集釋》（臺北：臺灣中華書局，《四部備要》本），卷十三，〈廉恥〉載：「《五代史‧馮道傳論》曰：『禮、

而，即便如此，仍有值得再深入細辨之處：如他們在明末亡時的官職功名為何呢？諸生？舉人？進士？乃至中央官員、朝廷閣臣？因身分職位的差異，在被要求殉節殉國的道德要求上面，自然地有著強弱程度的差異，而批評或論斷是非也因此而有所不同。又如即便都是入清為官，表現的不同，評價自然地也就有所差異，像王崇簡上疏建議褒揚明末殉節諸臣，就獲得很高的讚揚；像張王治建議改革漕、兌之害，請求開濬三江、分置藩臬，都造福百姓不淺。王、張二人，較之其他諸人，歷史功過，自是不能一概而論，等同視之了。

（八）比對宋徵璧的〈凡例〉第 26 條、27 條、28 條文字，除提供資料的長輩借書者隸屬顧問團的成員外，裡頭提及到的成員九成皆出現在選輯者、參閱者的名單內。平心而論，〈凡例〉所提不及本文所據每卷卷首所列之名字去逐一探索來得全面而精確。然而，

義、廉、恥，國之四維。四維不張國乃滅亡。善乎管生之能言也！禮、義，治人之大法；廉、恥，立人之大節。蓋不廉則無所不取，不恥則無所不為。人而如此，則禍敗亂亡，亦無所不至。況為大臣而無所不取，無所不為，則天下豈有不亂，國家豈有不亡者乎？』然而四者之中，恥尤為要，故夫子之論士曰：『行己有恥。』孟子曰：『人不可以無恥。無恥之恥，無恥矣。』又曰：『恥之於人大矣！為機變之巧者，無所用恥焉。』所以然者，人之不廉而至於悖禮犯義，其原皆生於無恥也。故士大夫之無恥，是謂國恥。吾觀三代以下，世衰道微，棄禮義，捐廉恥，非一朝一夕之故。然而松柏後彫於歲寒，雞鳴不已於風雨，彼眾昏之日，固未嘗無獨醒之人也。頃讀《顏氏家訓》，有云：『齊朝一士夫，嘗謂吾曰："我有一兒，年已十七，頗曉書疏。教其鮮卑語及彈琵琶，稍欲通解，以此伏事公卿，無不寵愛。"吾時俯而不答。異哉，此人之教子也！若由此業，自致卿相，亦不願汝曹為之！』嗟乎！之推不得已而仕於亂世，猶為此言，尚有《小宛》詩人之意，彼閹然媚於世者，能無愧哉！」葉十四-十六。

值得一提的是，有十五名人員只在〈凡例〉出現，卻不見於《經世編》每卷卷首的名單內，分別是：王谷（大含）、宋繼澄（澄嵐）、陳元綸（道掌）、陳兆相（克理）、荊廷實（實君）、陸上瀾（芳洲）、唐起鳳（子儀）、嚴渡（子岸）、吳易（日生）、侯岐曾（雍瞻）、傅凝之（令融）、鄭超宗（元勳）、顧夢麟（麟士）、萬壽祺（年少）、吳國杰（純祐）等人。〈凡例〉說他們與許多參閱者，「皆係良友素知，瓊瑤之贈，二酉之藏，傾廂倒篋矣。」這十二名堪稱是《經世編》編纂的無名英雄，值得再加以表揚一番。

第三節　「鑒定名公姓氏」及其蘊涵的意義

《經世編》的編纂，尚多得助於背後龐大的顧問團，這也是他書罕見處，進而成為本書極為鮮明的特色所在。這些顧問團的姓名，分別出現在本書的「封面」、「《凡例》第二十三、二十四、二十五、二十六條資料」、多篇「序文」與「鑒定名公姓氏」等文獻中；尤其是「鑒定名公姓氏」共列出一百八十六個人，幾乎是顧問團最完整的文獻資料，其它各項文獻所列的人名，幾乎全都在「鑑定名公姓氏」裡頭。

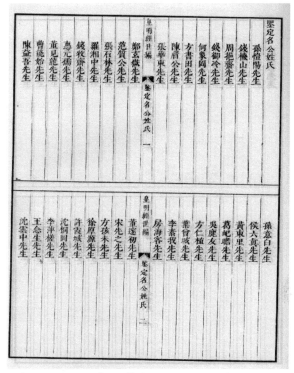

《皇明經世文編》的「鑒定名公姓氏」第一、二葉

　　然而，十分可惜的是，「鑒定名公姓氏」大多只列出「姓」與
「字」、「號」而已，本名為何？生平事跡為何？則頗需研究者下
一番查考的功夫。宋徵璧《皇明經世文編‧凡例》的第二十三、
二十四、二十五等三條文獻資料載：

> 郡公禹翁方師，素抱安濟之略，聿登著作之堂，居恒揚藝
> 論文，窮日不倦。其訓迪士子，專以通達時務為亟，《經世》
> 一編，尤所注意，退食之餘，首勤評閱。雖一麾出守，十
> 年不遷，而窮達一致，喜慍不形，亮節貞心，于斯可見。
> （第一冊，頁 54-55）

> 予輩志識固陋，鮮所取衷，幸高賢大良，一時雲會。若李
> 寶翁先生，李載翁先生，王依翁先生，吳雪翁先生，皆具
> 良史之才，宦游吾土，士紳咸奉規範。此編出入，共稟鑑
> 裁，遭逢之盛，良為侈矣。（第一冊，頁55）

> 執友陳眉公先生，棲心隱逸，道風映世，丹砂岣嶁，渺然
> 塵外。其孫希天、仙覺，才氣英邁，甫係髫齡，熟于史學。
> 予輩山齋信宿，時承提命，每至夜分，因得稔識前言往行。
> 此編去取，多所商確，皤皤黃髮，非特後輩典型，允為熙
> 朝文獻矣。（第一冊，頁55）

從中可知：方岳貢（禹脩）、李瑞和（寶弓）、李載陽（案即李載翁）、王依日、吳之琦（雪因）、陳繼儒（眉公）等六人，對於《經世編》和選文去取，評鑑審定，實在是有著極深的影響。其中方岳貢是松江太守，地方父母官，「《經世》一編，尤所注意。退食之餘，首勤評閱」；陳繼儒則以「志尚高雅、博學多通」，名重當代，而《經世編》的去取也與之「多所商確」。方、陳二人乃成為《經世編》的首席顧問，書名封面甚至特標「方禹脩陳眉公兩先生鑒定」等十一字。李瑞和、李載陽、王依日，吳之琦四人，則為宦遊松江的「高賢大良」，《經世編》編纂時也是「共稟鑑裁」而成為顧問團成員。

六人之外，宋徵璧在《皇明經世文編・凡例》的第二十六條文獻資料載：

> 同郡先輩，若徐厚翁先生，及唐繕部存少，聞予輩搜借艱
> 苦，俱發鄴架之藏，悉供傳寫。至許霞翁先生，移書遠近，
> 廣收博覽，裨益尤多。若徐勿齋、馬素修、張西銘三先生，

及張受先、黃仲霖、吳志衍、夏彝仲、吳坦公，搜軼編於
吳越閩浙，張訂叟、吳來之、朱聞玄，郵遺集於齊魯燕趙。
他若宛平金伯玉鉉、王敬哉崇簡、崔道母子忠、王大含谷、
桐城方密之以智、孫克咸臨、萊陽宋澄嵐繼澄、侯官陳道掌
元綸、陳克理兆相、金沙周介生鍾、丹陽荊實君廷實、檇李錢
孚于嘉徵、錢彥林梅、錢雍誦泮、黃復仲子錫、陸芳洲上瀾、
朱子莊茂暻、歸安唐子儀起鳳、虎林嚴子岸渡、張幼青塏、
茂苑楊維斗廷樞、許孟宏元溥、姚瑞初宗典、姚文初宗昌、玉
峰王與游志慶、吳江周安期逢年、吳日生易、水侯雍瞻岐曾、
傅令融凝之、婁東王子彥瑞國、吳純祐國杰、張無近王治、維
揚鄭超宗元勳、海虞顧麟士夢麟、彭城萬年少壽祺皆係良友
素知，瓊瑤之贈，遙睇臨風，二酉之藏，傾箱倒篋矣。（第
一冊，頁55～56）

　　這段文字提到十四人，提供、搜集編纂《經世編》所需的圖
書和文獻資料，分別是：徐禎稷（厚源，案即徐厚翁）、唐昌世（存
少）、許譽卿（霞城，案即許霞翁）、徐汧（勿齋）、馬世奇（素修）、
張溥（西銘）、張采（受先）、黃澍（仲霖）、吳繼善（志衍）、夏
允彝（彝仲）、吳培昌（坦公）、張元始（訂叟）、吳昌時（來之）、
朱永祐（聞玄）等人。他們或「發鄴架之藏，悉供傳寫」，或「移
書遠近，廣收博覽」，或「搜軼編於吳、越、閩、浙」，或「郵遺
集於齊、魯、燕、趙」。我們可以這麼說：《經世編》一書史料價
值越高，文獻價值極高的背後原因，正是因為像這十四人的顧問
團成員，殫心誦慮地在背後支援有著很大的關係。

　　十四人外，宋徵璧又提到三十五人，也作出類似的貢獻。然
十四人多長輩先進，三十五人則是「良友素知」。事實上，據筆者
的研究考查，後三十五人其實多列名在「參閱者」上，如前述即是。

　　《經世編》共收有九篇序文，除去主編陳子龍、徐孚遠的序文外，尚有方岳貢、張國維、黃澍、張溥、許譽卿、任濬、馮明玠等七人的序文，前五人同時名例在「鑒定名公姓氏」之中；後二人事跡不詳，疑即「鑒定名公姓氏」中的「任文水先生」和「馮忝生先生」。要之，為《經世編》寫序，極力贊揚，大加引薦，進而冠於書首，實有光耀全書的意義和價值存焉。這也是顧問團成員的重要貢獻之一。

一、首席顧問：方岳貢與陳繼儒

《皇明經世文編》卷一的首葉，第二、三欄特標
「方禹脩先生、陳眉公先生評定」。

　　在《經世編》眾多的顧問團成員裡，最重要的莫過於當時的松江府太守方岳貢和布衣名流陳繼儒。二人一仕一隱，一訓迪士子、一博學多通，二人堪稱是《經世編》的首席顧問。主編陳子

龍等人與二人過從甚密，交情匪淺，所以《經世編》也很刻意在封面加上「方禹脩、陳眉公兩先生鑑定」的字樣，如實指出二人首席顧問的重要地位，也借二人名聲提高本書的知名度。

（一）方岳貢

　　方岳貢，字四長，號禹脩，穀城人。《經世編》編纂時，方任松江太守。《經世編》的主編，編輯群和眾多參閱者，籍貫或寓居松江者不少，有現任知府的支持、鼓勵與實質幫助，對《經世編》的編纂，肯定是有莫大的助益。方岳貢的生平事跡，《明史》載云：

　　方岳貢，字四長，穀城人，天啟二年進士，授戶部主事，進郎中。歷典倉庫，督永平糧儲，並以廉謹聞。崇禎元年，出為松江知府，海濱多盜，捕得輒杖殺之。郡東南臨大海，颶潮衝擊，時為民患。築石堤二十里許，遂為永利。群漕京師數十萬石，而諸倉乃相距五里，為築垣護之，名曰「倉城」。他救荒助役、修學課士，咸有成績，舉卓異者數矣！薛國觀敗，其私人上海王陛彥下吏，素有郤，因言岳貢嘗饋國觀三千金，遂被逮。士民詣闕訟冤，巡撫黃希亦白其誣，下法司讞奏。一日，帝晏見輔臣，問：「有一知府積俸十餘年，屢舉卓異者誰也？」蔣德璟以岳貢對。帝曰：「今安在？」德璟復以陛彥株連對，帝頷之。法司讞上，言行賄無實跡，宜復官。帝獎其清執，報可。無何，給事中方士亮薦岳貢及蘇州知府陳洪謐，乃擢山東副使兼右參議，總理江南糧儲，所督漕艘，如期抵通州，帝大喜。吏部尚書鄭三俊舉天下廉能監司五人，岳貢與焉。帝趣使入對，見於平臺，問：「為政何先？」對曰：「欲天下治平在擇守令，察守令賢否在監司，察監司賢否在巡方，察巡方賢否

在總憲。總憲得人，御史安敢以身試法？」帝善之，賜食，
日晡乃出，越六日，即超擢左副都御史。嘗召對，帝適以
事詰吏部尚書李遇知，遇知曰：「臣正糾駁。」岳貢曰：「何
不即題參？」深合帝意。翼日，命以本官兼東閣大學士，
時十六年十一月也。故事：閣臣無帶都御史銜者，自岳貢
始。岳貢本吏材，及為相，務勾檢簿書，請戡敕前舊賦，
意主搜括，聲名甚損。十七年二月，命以戶、兵二部尚書
兼文淵閣大學士，總督漕運、屯田、練兵諸務，駐濟寧，
已而不行。李自成陷京師，岳貢及邱瑜被執，幽劉宗敏所，
賊索銀，岳貢素廉，貧無以應，拷掠備至。搜其邸，無所
有，松江賈人為代輸千金。四月朔日，與瑜並釋。十二日，
賊既殺陳演等，令監守者并殺二人。監守者奉以縗，二人
並縊死[18]。

　　案這段文字已很能將方岳貢的生平事跡詳實地加以介紹。方
岳貢是個操守清廉，頗有政績（尤其是糧儲方面）的地方父母官，
救荒課役、修學課士，造福當地百姓不少，深獲當地百姓的民心
──以致於當他被冤誣賄賂時，當地士民「詣闕」為之訟冤；當
李自成攻陷北京時，方岳貢貧無所應，也是「松江賈人為代輸金」。
要之，方岳貢堪稱是晚明著名的「循吏」，晚明地方官吏的楷模。

　　方岳貢治理松江府十多年，深得士子、百姓的擁護愛戴，與
《經世編》的主編陳子龍、宋徵璧等人的關係匪淺。陳子龍有〈送
方郡伯入覲序〉、〈禹脩方公像贊〉等文，盛讚方禹貢「及施有政，
兆民所匡。成季之愛，厥文用彰。國僑之毅，濟惠乃良」[19]、「決

---

18 語見（清）張廷玉等撰《明史》（上海：上海古籍出版社，1995 年 2 月 11
　　刷，《二十五史》本第 10 冊），卷二百五十，〈方岳貢傳〉，頁 8,477。
19 語見（明）陳子龍撰《安雅堂稿》（台北：偉文圖書出版社，60 年 9 月），
　　卷十四，〈禹修方公像贊〉，頁 987。

嫌疑，定可否，義形於色。其訓姦除國，罔避怨憤，然往往不窮根株以示廣大。故郡之民始而畏之，既而愛之，誠得相濟之道，而信其為民之深也。」[20]；換言之，方岳貢在以陳子龍為代表的幾社復社諸生的心目中，幾乎就是「經世」實踐的好典範。事實上，方岳貢也頗看重陳子龍等人，曾囑付陳子龍編次徐光啟的《農政全書》，曾為宋徵璧的《左氏兵法測要》寫了序文[21]。

　　方岳貢對《經世編》的編纂極為重視，宋徵璧在〈凡例〉第二十三條云：「郡公禹翁方師，素抱安濟之略，聿登著作之堂，居恒楊藝論文，窮日倦。其訓迪士子，專以通達時務為亟，經世一編，尤所注意，退食之餘，首勤評閱。雖一麾出守，十年不遷，而窮達一致，喜慍不形，亮節貞心，于斯可見。」應是符實之論。又《經世編》的第一篇序文，即是方岳貢所寫的。第二篇大中丞張國維的序文，則是方出示《經世編》給存人張國維看，進而請其寫序。最後，《經世編》梓行出書，封面即特標「方禹脩鑒定」，頗有借方岳貢之名為本書的品質做背書保證的意味存焉。

---

20 語見（明）陳子龍撰《安雅堂稿》（書同註 19），卷五，〈送方郡伯入覲序〉，頁 339。

21 （清）朱彝尊撰《經義考》（北京：中華書局，1998 年 11 月，影印《四部備要》本），卷二百七，〈春秋四十〉，方岳貢序云：「今天下多事，緩急少依賴之人，或以為文武之途分，故不盡人材之用，而實非也。洪武中，有司請立武成王廟，聖祖諭之，以文武之道本出於一，合則人才盛，分則人才衰，遂罷武成廟不立，豈不以養成於學校，漸之以經術，如羆如虎之士，惟我所用之哉！不觀於《春秋》之事乎？晉文之擇帥也，爰舉卻穀，以其悅禮樂而敦詩書也。故入則為卿，則為帥，至於司馬軍尉之屬，皆慎其選。於是魏絳、羊舌父子，終身其閒，故軍無秕政，所向成功。及至後世，別流以處之，分銓以序之，文事、武備離而為二，而古意衰矣！尚木宋子著《左氏測要》一書，援古證今，不私其所見，不避其所難，其書斷然不可廢矣！使國家異日收文武之用者，其在斯歟！」，頁 1,061。

（二）陳繼儒

　　《經世編》的另一位首席顧問，是晚明著名的布衣文人 ── 陳繼儒。陳繼儒，字仲醇，號眉公、雪堂、麋公、清懶居士、無名釣徒等，華亭人。人們多以陳眉公稱之，主持文壇藝壇，引領風騷，極負盛名。陳繼儒的生平事跡，《明史》的〈隱逸傳〉載：

　　　　陳繼儒，字仲醇，松江華亭人。幼穎異，能文章，同郡徐階特器重之。長為諸生，與董其昌齊名。太倉王錫爵招與子衡讀書支硎山。王世貞亦雅重繼儒，三吳名下士爭欲得為師友。繼儒通明高邁，年甫二十九，取儒衣冠焚棄之。隱居昆山之陽，搆廟祀二陸，草堂數椽，焚香晏坐，意豁如也。時錫山顧憲成講學東林，招之，謝弗往。親亡，葬神山麓，遂築室東佘山，杜門著述，有終焉之志。工詩善文，短翰小詞，皆極風致，兼能繪事。又博文強識，經史諸子，術伎稗官，與二氏家言，靡不較覈。或刺取瑣言僻事，詮次成書，遠近競相購寫，徵請詩文者無虛日。性喜獎掖士類，屨常滿戶外，片言酬應，莫不當意去。暇則與黃冠老納窮峰泖之勝，吟嘯忘返，足跡罕入城市，其昌為築來仲樓招之至，黃道周疏稱「志尚高雅，博學多通，不如繼儒」，其推重如此。侍郎沈演，及御史、給事中諸朝貴，先後論薦，謂繼儒道高齒茂，宜如聘吳與弼故事，屨奉詔徵用，皆以疾辭。卒年八十二，自為遺令，纖悉畢具[22]。

　　案這段話已很能將陳繼儒這位布衣名流的生平事跡詳實地加以介紹，陳繼儒天資穎異、聰明高邁，聲名顯著的情形，有如《列

---

22 語見（清）張廷玉等撰《明史》（書同註 18），卷二百九十八，〈隱逸・陳繼儒傳〉，頁 8,606。

朝詩集小傳》所載:「於是眉公（案即陳繼儒）之名,傾動寰宇。遠而夷酋土司,咸丐其詞章,近而酒樓茶館,悉懸其畫像,甚至窮鄉小邑,鬻粗粆市鹽鼓者,胥被以眉公之名,無得免焉。直指使者,行部薦舉無虛牘,天子亦聞其名,屢奉詔徵用。」[23]儘管清朝的四庫館人譏詆他是開啟晚明「掉弄聰明,決裂防檢」,以致「國政壞而士風亦壞」的人物[24],然而在晚明士子文人的心目中,陳繼儒卻是位「志尚高雅、博學多通」兼又多才多藝的「通隱」者。唐代大詩人李白有詩云:「吾愛孟夫子,風流天下聞。紅顏棄軒冕,白首臥松雲。醉月頻中聖,迷花不事君。高山安可仰?徒此挹清芬。」[25]只要將「孟」更為「陳」,李白這詩的內容,幾乎就是晚明士子文人心目的陳眉公的最好寫照了。

　　陳繼儒是松江華亭人,《經世編》的主編陳子龍、徐孚遠、宋徵璧也都是松江華亭人,佔著地理籍貫上的同鄉情誼,晚輩請教長輩,長輩賜教、指正晚輩,毋寧很自然的事情。《明史》稱繼儒「性喜獎掖士穎,屢常滿戶外,片言酬去,莫不當意去」,而陳子龍的〈佘山訪陳眉公先生〉詩也云:

> 朝日啟東嶺,靄然秋滿山。方舟度林澗,杖策欹松關。喬木亂雲氣,游禽日以閑。主人秀南紀,忘機駐紅顏。丹經注盈卷,羽旗時往還。高談泰皇際,馬驚羞人寰。眷言蒸黎事,天步何險艱。勖予從王路,騏驥相追攀。崢嶸鹿門

---

23 語見（清）錢謙益撰《列朝詩集小傳》（台北:世界書局,民50年2月）,丁集下,〈陳徵士繼儒〉,頁637-638。

24 語見（清）紀昀等撰《欽定四庫全書總目》（北京:中華書局,1997年1月）,卷一百三十四,〈子部‧雜家類存目十一〉,評《張氏藏書》云:「如斯之類,殆于侮聖言矣。明之末年,國政壞而士風亦壞,掉弄聰明,決裂防檢,遂至于如此,屠隆、陳繼儒諸人不得不任其咎也。」,頁1,763。

25 （唐）李白撰、瞿蛻園校注《李白集校注》（台北:洪氏出版社,民70年再版）,卷九,〈贈孟浩然〉,頁593。

語，躑躅桑柘間²⁶。

這詩前十二句寫陳繼儒幽棲隱居，高談「泰皇」的隱者情事，後六句則寫陳繼儒諄諄勉勵陳子龍要在人間做事，有益百姓，有如騏驥行走在王路上，必能建勳立業，造福桑梓。崇禎十年（1637），《經世編》編纂的前一年，陳繼儒八十歲，陳子龍有〈壽陳眉公先生八秩序〉文，云：「先生非有詭激之行，恢奇之論也。不違親以為高，不絕俗以為貞，則汝南之操也。統六經之微言，彙百家之渺論，則高密之學也。群正臣而不同，其險宗俊傑而不共其功，則南州鹿門之風也。故遇之者，大至於國家之事，細至於農桑漁牧之間，無不各得其意以去。要其大旨，不近名，不喜事，清淨無為，而物來自應，如此而已。」²⁷據此可知，拜訪陳繼儒的人，不單單是與之品茶論畫、談詩論文的文人雅事而已，其實「國家之事」、「農桑漁牧」等等經世內涵的問題，也在請教之列。崇禎十一年（1638），《經世編》在編纂時，也正是如此的情形，宋徵璧的〈凡例〉第二十五條即云：「執友陳眉公先生，棲心隱逸，道風映世，丹砂岣嶁，渺然塵外。其孫希天、仙覺，才氣英邁，甫係髫齡，熟于史學。予輩山齋信宿，時承提命，每至夜分，因得稔識前言往行。此編去取，多所商確，皤皤黃髮，非特後輩典型，允為熙朝文獻矣。」（第一冊，頁 55）又如《經世編》卷二百九十三，評註楊繼盛的〈早誅奸險巧佞賊臣疏〉一文時，評註文字云：「聞公疏未上，往拜嚴世蕃，時天甚寒，世蕃留公飲美酒，公別歸，于馬上呼名自罵，遂決志上矣。公拜世蕃，

---

26 詩見（明）陳子龍撰、方雲點校《湘真閣稿》（瀋陽：遼寧教育出版社，2001年2月），卷二，〈風雅體·佘山訪陳眉公〉，頁 23。

27 語見（明）陳子龍撰《安雅堂稿》（書同註 19），卷六，〈壽陳眉公先生八秩序〉，頁 365。

時此疏在袖中也。此係公軼事，執友陳眉公為予言之。」（第四冊，頁 3091）楊繼盛劾奸相嚴嵩十罪五奸，死西市；陳繼儒則告訴《經世編》的編輯們更多的軼事軼聞，陳繼儒自身正是一部「活文獻」。

　　《經世編》編完的隔年（1639），陳繼儒即以八十二歲高齡過世。就現實利益的角度而言，由於陳繼儒的盛名，當時凡是標「陳眉公」之名的書籍，大多能「遠近競相購寫」，大賣特賣，為書坊或出版者獲得可觀的利潤。以此而言，陳繼儒列名《經世編》的首席顧問，對《經世編》的編纂更有著實質的助益。

二、〈鑑定名公姓氏〉簡介

　　《經世編》卷首在〈目錄〉、〈序文〉、〈凡例〉外，尚多了〈姓氏爵里總目〉和〈鑑定名公姓氏〉二文。其中，〈姓氏爵里總目〉是《經世編》書內所收入文章的作者的概略生平簡介，由謝廷楨（提月）一人所輯。然而〈鑑定名公姓氏〉則不知何人所列，只知是《經世編》顧問團最詳備的文獻資料。首席顧問方岳貢、陳繼儒列名其上；為《經世編》寫序的方岳貢、張國維、黃澍、張溥、許譽卿等人，均列名其上；〈凡例〉第二十三、二十四、二十五、二十六條所提到的「共稟鑑裁」或「搜軼編」、「郵遺集」的顧問們，也統統列名其上。〈鑑定名公姓氏〉列出一百八十六人，且只有「姓」和「號」（或「字」），並不直接寫「名」，如沒有任何介紹文字，恍如一道繁富深奧的「謎題」，等待後之研究者深入查考。筆者據各項文獻加以查驗，繪製簡表 4-4，如下。

表 4-4　「鑒定名公姓氏」姓名籍貫生平大要簡表

	姓名	字（號）	籍貫	生平大要	社群	生平事跡出處	鑒定名公姓氏	備註
1	孫承宗	穉繩（維城、愷陽）	保定高陽	・萬曆三十二年（1604）・進士崇禎十一年（1638）守高陽，全家死難百餘口	東林	《明史》卷250、《天啟崇禎兩朝遺詩小傳》	孫愷陽先生	
2	錢龍錫	稚文（機山）	松江華亭	萬曆三十五年（1607）進士	東林	《明史》卷251、《皇明遺民傳》卷1	錢機山先生	
3	周延儒	玉繩（挹齋）	宜興	・萬曆四十一年（1613）進士・《明史》列於「奸臣傳」		《明史》卷308	周挹齋先生	
4	錢士升	抑之（御冷、塞庵、文貞先生、息園老人）	嘉善	萬曆四十四年（1616）殿試第一		《皇明遺民傳》卷1	錢御冷先生	
5	何吾騶	龍友（象岡）	香山	・萬曆四十七年（1619）進士・降清，撰《順治私史》，稱述功德	東林	《明史》卷253附〈王應熊傳〉、《永曆實錄》	何象岡先生	何吾騶富甲東南
6	方逢年	書田（玉田、獅巒）	遂安	天啟二年（1622）進士	東林	《東林列傳》卷12、《明史》卷253附〈程國祥傳〉	方書田先生	入閣與《皇明經世文編》編纂時間相同
7	陳繼儒	仲醇（眉公、	松江華亭			《明史》卷298	陳眉公先生	首席顧問

		雪堂、清嫻居士、無名釣徒）					
8	張延登	濟美（華東）	濟南鄒平	・萬曆二十年（1592）進士 ・晚明知名之士如吳麟徵、祁彪佳、夏允彝、劉理順等人皆出其門		《天啟崇禎兩朝遺詩小傳》	張華東先生
9	鄭三俊	用章（玄嶽、元嶽、純庵、巢雲老人）	池州建德	萬曆二十六年（1598）進士		《明史》卷254	鄭玄嶽先生
10	范景文	夢章（質公、且園、思仁、范佛子）	吳橋	・萬曆四十一年（1613）進士 ・李自成陷京師，投井殉國	東林	《明史》卷265	范質公先生
11	張宗衡	石林（孟應、梁山）	臨清	萬曆四十一年（1613）進士		《明史稿》卷136	張石林先生
12	羅喻義	湘中、禹鐘（萸江）	益陽	萬曆四十一年（1613）進士	東林	《明史》卷216	羅湘中先生
13	錢謙益	受之（牧齋、蒙叟、東澗遺老）	常熟	・萬曆三十八年（1610）進士 ・入清，官至禮部侍郎	東林	《清史稿》卷484	錢牧齋先生	錢謙益藏書豐富
14	惠世揚	抑我、抑之	陝西清澗	・萬曆三十五年（1607）	東林	《東林黨籍考》	惠元孺先生

		（元孺、元儒）	進士・清順治四年（1647）以副都御史致仕				
15	董應舉	崇相（見龍）	閩縣	萬曆二十六年（1598）進士		《明史》卷242	董見龍先生
16	曹學佺	能使（石倉、西峰、雁澤）	侯官	・萬曆二十三年（1595）進士・隋唐王、事敗、投繯而死		《明史》卷288	曹能始先生
17	陳必謙	益吾（旦融）	常熟	萬曆四十一年（1613）進士	東林	明季北略》、《萬斯同明史》卷357	陳益吾先生
18	孫必顯	克孝（意白）	潼關衛	萬曆四十四年（1616年）進士	東林	《明史》卷236附〈孫振基傳〉、《牧齋初學集》卷52	孫意白先生
19	侯恂	若谷（六真）	河南商丘	・萬曆四十四年（1616）進士・李自成破京師，恂預迎，封偽工政大堂	東林	《東林黨籍考》《國榷》卷100	侯六真先生
20							黃東里先生
21	葛寅亮	冰鑑、水鑑（屺瞻）	浙江錢塘	萬曆二十九年（1601）進士		《皇明三元考》卷14、《欽定四庫全書總目》卷37	葛屺瞻先生
22	吳甡	鹿友（柴庵、峀愚）	楊州興化	・萬曆四十一年（1613）進士・天啟間忤魏忠賢而削籍		《明史》卷252	吳鹿友先生

23	方孔炤	潛夫（仁植、環中、南浮野人、貞述先生）	桐城	萬曆四十四年（1610）進士		《明史》卷260附〈鄭崇儉傳〉	方仁植先生	子方以智為參閱群之一
24	葉燦	以沖（曾城、天柱山人）	桐城	・萬曆四十一年（1613）進士 ・天啟間忤魏忠賢而削籍	復社	《明詩綜》卷60	葉曾城先生	
25	李凌雲	峻甫（素我）	松江華亭	萬曆三十二年（1604）進士		《華亭縣志》卷15	李素我先生	
26	房可壯	陽初（海客）	山東益都	・萬曆三十五年（1607）進士 ・入清，官至左都御史	東林	《清史列傳》卷79〈貳臣傳〉	房海客先生	
27	董羽宸	原學（邃初）	上海			《上海縣志》	董邃初先生	
28	宋繼登	先之（涑溪）	萊陽			《萊陽縣志》卷8	宋先之先生	子宋玫（九青先生）亦為「鑑定名公」之一
29	方震孺	孩未（念道人、孩未先生）	原籍桐城，後移壽州	萬曆四十一年（1613）進士	東林	《明史》卷248	方孩未先生	
30	徐禎稷	叔開（厚源、餘齋、鴻州先生）	松江華亭	萬曆二十九年（1601）進士		《明詩綜》卷59、《靜志居詩話》卷16	徐厚源先生	
31	許譽卿	公實、袞實（霞城）	松江華亭	・萬曆四十四年（1616）進士	東林	《明史》卷258	許霞城先生	為《皇明經世文編》撰寫序文

			·明亡，削髮為僧				
32	沈正宗	因仲（桐崗）	吳江		東林	《蘇州府志》卷105	沈桐岡先生	
33	李繼貞	徵尹、平槎（萍槎、敬尹）	太倉	萬曆四十一年（1613）進士	東林	《明史》卷248	李萍槎先生	
34	王陛	超之（念生）	上海	萬曆四十四年（1616）進士	東林	《華亭縣志》卷15	王念生先生	
35	？						沈雲中先生	
36	馬士英	瑤草	貴陽	·萬曆四十四年（1616）進士 ·《明史》列於「奸臣傳」		《明史》卷308	馬瑤草先生	
37	顧錫疇	九疇（瑞屏）	崑山	萬曆四十七年（1619）進士	東林	《明史》216	顧九疇先生	
38	姜曰廣	居之（燕及）	新建	萬曆四十七年（1619）進士		《明史》274	姜居之先生	
39	張瑋	席之、韋之（二無、之靖、清惠）	武進	萬曆四十七年（1619）進士	東林	《明史》254	張二無先生	
40	蔡懋德	維立、公虞（雲怡）	江蘇崑山	·萬曆四十七年（1619）進士 ·北京陷，自縊死	東林、復社	《明史》263	蔡雲怡先生	
41	鄭二陽	見素、敦次（潛菴、潛菴居	開封鄢陵	萬曆四十七年（1619）進士		《明季北略》、《中州人物考》	鄭潛菴先生	

			士）				
42	曾化龍	大雲（霖寰）	晉江	萬曆四十七年（1619）進士		《乾隆修泉州府志》卷44	曾霖寰先生	
43	李逢申	行初、延之（若鶴）	青浦	萬曆四十七年（1619）進士		《崇禎忠節錄》	李若鶴先生	·原名李見素·子李雲為選輯群之一
44	張世偉	異度（泌園）	吳縣	萬曆四十年（1612）舉順天鄉試		《明詩綜》卷70、《天啟崇禎兩朝遺詩小傳》	張異度先生	
45	?						王澄川先生	
46	黃道周	幼玄、幼平（石齋、大滌、石道人、石齋老人）	漳浦	·天啟二年（1622）進士·事福王、唐王，兵敗，不屈死		《明史》卷255	王石齋先生	·主編陳子龍之師·與劉宗周並為晚明兩大儒
47	盧象昇	建斗（九台、斗瞻、湄隱居士）	宜興	·天啟二年（1622）進士·清兵南下，力戰陣亡		《明史》卷261、《天啟崇禎兩朝遺詩小傳》	盧九台先生	
48	張國維	九一、其四（玉笥、止菴）	金華東陽	·天啟二年（1622）進士·隋魯王、安東陽，赴水死	東林	《明史》卷276	張玉笥先生	為《皇明經世文編》撰寫序文
49	?						任文水先生	疑為為《皇明經世文編》撰寫序文的「任濬」
50	?						許朗城先生	
51	王錫袞	龍藻（昆華、仲山）	祿豐	天啟二年（1622）進士		《明史》卷279	王昆華先生	

52	陳演	發聖（贊皇）	井研	天啟二年（1622）進士		《明史》卷253	陳贊皇先生	
53	？						王孺初先生	
54	倪元璐	玉汝、玉如（鴻寶、園客）	上虞	・天啟二年（1622）進士・李自成陷京師，自縊而死	東林	《明史》卷265	倪鴻寶先生	
55	黃宗昌	長倩（鶴嶺）	即墨	天啟二年（1622）進士	東林	《明史》卷258附〈毛羽健傳〉、《天啟崇禎兩朝遺詩小傳》	黃鶴嶺先生	
56	王鐸	覺斯（癡菴、嵩樵、覺之、士樵）	河南孟津	・天啟二年（1622）進士・入清，官至禮部尚書		《清史列傳》卷79〈貳臣傳〉	王覺斯先生	
57	孫三傑	景濂（松石）	樂安	天啟二年（1622）進士		《樂山縣志》卷12	孫松石先生	
58	馮元颺	爾庚、元仲（留仙、元沖）	慈谿	崇禎元年（1628）進士		《明史》卷257附〈馮元飆傳〉	馮留仙先生	弟馮元飆（鄴仙先生）亦為「鑒定名公」之一
59	馮元飆	爾弢（鄴仙）	慈谿	天啟二年（1622）進士		《明史》卷257	馮鄴仙先生	兄馮元颺（留仙先生）亦為「鑒定名公」之一
60	方岳貢	四明（禹修）	穀城	天啟二年（1622）進士		《明史》卷250	方禹修先生	《皇明經世文編》首席顧問撰寫序文
61	？						何蓬宿先生	
62	徐石麒	寶摩（休翁）	嘉興	天啟二年（1622）進士	東林	《明史》卷275	徐寶摩先生	
63	喬可聘	君徵、聖任（陶園、	寶應	・天啟二年（1622）進士・忤魏忠	東林	《東林列傳》卷24、《皇明遺民傳》	喬聖任先生	

	松田遺民)		賢,被誣贓削籍東林 ・隨福王,嘉興城陷,自縊死	卷 2			
64	?					馮忝生先生	疑為為《皇明經世文編》撰寫序文的「馮明玠」
65	吳執御	朗公、君駕(江廬)	黃巖	天啟二年(1622)進士	《明史》卷 258	吳朗公先生	
66	張昂之	匪激、匪石(六銷、冷石、如菴)	松江華亭	天啟二年(1622)進士	《華亭縣志》卷 15	張六銷先生	
67	華允誠	汝立(鳳超、豫如)	無錫	・天啟二年(1622)進士 ・明亡,屏居墓田,不肯薙髮	東林	《明史》卷 258、《明儒學案》卷 61	華鳳超先生	
68	唐顯悅	子安(梅臣、泊菴、雲衲子、仙遊人)			《全閩詩傳》卷 44	唐梅臣先生	
69	?					徐大玉先生	
70	黃景昉	太穉(東匡、東崖)	晉江	・天啟五年(1625)進士 ・明亡,家居十餘年,卒	《明史》卷 251 附〈蔣璟德傳〉	黃東涯先生	
71	熊開元	魚山、玄年(檗菴、檗菴和尚)	嘉魚	・天啟五年(1625)進士 ・棄家為僧,隱蘇州之靈巖以終	《明史》卷 258	熊魚山先生	

72	項煜	仲昭 （水心）	吳縣	・天啟五年（1625）進士 ・李自成陷北京，降賊		《小腆紀傳》卷19	項水心先生	
73	宋玫	文玉 （九青）	萊陽	・天啟五年（1625）進士 ・清兵攻登州，守城死		《明史》卷267	宋九青先生	
74	鄭友元	元韋 （滄石、 滄山）	京山			《京山縣志》卷13	鄭滄石先生	
75	陳士奇	平人 （弓父）	漳浦	・天啟五年（1625）進士 ・張獻忠攻蜀，城陷被俘罵不絕口而死	東林	《明史》卷263	陳平人先生	
76	翁鴻業	一桓、 一巘 （水因）	侯官			《欽定勝朝殉節諸臣錄》	翁水因先生	
77	張肯堂	載寧 （鯤淵）	松江 華亭	・天啟五年（1625）進士 ・隋魯王，守城十日，自縊而死		《明史》卷276	張鯤淵先生	
78	侯峒曾	豫瞻、 廣成	嘉定縣	・天啟五年（1625）進士 ・明亡，挈二子並沈於池而亡		《明史》卷277	侯豫瞻先生	
79	李建泰	復餘 （括蒼）	曲沃	天啟五年（1625年）進士		《明史》卷253附〈魏德藻傳〉	李括蒼先生	
80	何楷	玄子、 元子 （黃如）	漳州 鎮海衛	・天啟五年（1625）進士 ・隋唐王，後抑鬱而死		《明史》卷276	何玄子先生	
81	楊汝成	元章 （方壺）	松江 華亭	天啟五年（1625）進士		《華亭縣志》卷12	楊方壺先生	

82	盧世淮	德水、紫房（杜亭、涪軒、南村病叟）	德州	·天啟五年（1625）進士 ·明亡，屏居尊水園十年，前自營墓道，棺槨		《明代千遺民詩詠三編》卷2	盧德水先生	
83	袁繼咸	季通、湛師（臨侯、袁山、湛思）	宜春	天啟五年（1625）進士		《明史》卷277	袁臨侯先生	
84	李模	子木（灌溪）	吳縣	天啟五年（1625）進士		《南疆繹史勘本列傳》卷19	李子木先生	
85	周庭鑲	元立（芮公、樸園、樸園舍士）	晉江			《泉州府志》卷54	周芮公先生	
86	路振飛	見白（皓月）	曲周	·天啟五年（1625）進士 ·隋唐王，死於途		《明史》卷276	路皓月先生	
87	？						趙匡谷先生	
88	唐昌世	存少、存必（興公）	青浦		幾社	《社事始末》	唐存少先生	選輯群之一、參閱群之一
89	黃端伯	元公、元功（元之、海岸、海岸道人）	建昌	崇禎元年（1628）進士	復社	《復社姓氏傳略》	黃元公先生	
90	金聲	正希（子駿、赤壁）	休寧	·崇禎元年（1628）進士 ·明亡，自殺殉國		《明史》卷277	金子駿先生	

91	管紹寧	幼承（承齋、泰階）	武進籍（丹徒縣）	崇禎元年（1628）廷試第三人		《皇明四朝成仁錄》卷6	管誠齋先生	
92	金鉉	伯玉（在天）	武進	崇禎元年（1628）進士		《明史》卷266	金伯玉先生	參閱群之一
93	史可法	憲之（道鄰）	大興籍（祥符）	・崇禎元年（1628）進士・守揚州，城破被殺		《明史》卷274	史道鄰先生	
94	張采	受先	太倉	崇禎元年（1628）進士		《明史》卷288附〈張溥傳〉	張受先先生	
95	賴垓	元武（字肩）	永春			《全閩明詩傳》卷4	賴宇肩先生	
96	劉若寧	胤年	潛山	崇禎元年（1628）廷試一甲第一名		《無聲詩史》卷4	劉胤平先生	
97	張元始	貞起（訒叟、寅清）	上海			（清光緒五年）《南匯縣志》卷13	張訒叟先生	
98	曹荃	元宰（履垣）	無錫	崇禎元年（1628）進士		《明詩紀事》辛籤卷19	曹履垣先生	
99	徐汧	九一（勿齋）	長洲	・崇禎元年（1628）進士・明亡，投橋死		《明史》卷267	徐勿齋先生	
100	曹勳	允大（峨雪、莪雪）	松江			《攜李詩繫》	曹峨雪先生	
101	？						梁眉居先生	
102	姚思孝	永言	江都	崇禎元年（1628）進士			姚永言先生	
103	王應華	崇閣（園長）	東莞			《東莞詩錄》卷24	王園長先生	
104	徐開	錫餘	崑山	崇禎元年（1628）進士		《皇明遺民傳》卷4	徐錫餘先生	

105	孫晉	明卿（魯山）	桐城			《桐篇集》卷35	孫魯山先生	
106	？						徐蓂莪先生	
107	宋學顯	令申	長洲	・崇禎元年（1628）進士 ・李自成陷北京，任驗馬寺卿		《明季北略》	宋令申先生	
108	？						葉大木先生	
109	？						胡去非先生	
110	李沾	公授（崧軒）	松江			《揚州府志》	李必軒先生	
111	周鑣	仲馭、仲御（鹿溪）	金壇	崇禎元年（1628）進士	東林		周仲馭先生	
112	陳讓	克遜（默菴）	上元			《倪文喜公集》卷27	陳默菴先生	
113	馬世奇（馬士奇）	君常（素修、無奇）	無錫	崇禎四年（1631）進士	復社	《明史》卷266、《復社姓氏傳略》卷3	馬素修先生	
114	？						王炳蔡先生	
115	熊文舉	公遠（雪堂）	江西新建	・崇禎四年（1631）進士 ・入清，官至兵部左侍郎	復社	《清史列傳》卷79〈貳臣傳〉、《復社姓氏傳略》卷6	熊雪堂先生	
116	楊廷麟	伯祥（機部、兼山）	清江	・崇禎四年（1631）進士 ・明亡，赴水死	復社	《明史》卷278、《復社姓氏傳略》卷6	楊機部先生	
117	朱徽	子美、遂初	江西新城	・崇禎四年（1631）進士 ・入清，官吏科都給事，已固原乏備道副使致仕	復社	《復社姓氏傳略》卷6	朱子美先生	

118	吳太沖	若谷（默置）	錢塘	·崇禎四年（1631）進士·明亡入清，以原官徵，辭不就	復社	《復社姓氏傳略》卷5	吳嘿置先生	
119	許豸	玉斧、玉史（平遠）	侯官	崇禎四年（1631）進士	復社	《復社姓氏傳略》卷7	許平遠先生	
120	？						屠愚仙先生	
121	成勇	仁有、寶慈	樂安	·天啟五年（1625）進士·明亡，披緇為僧		《明史》卷258	成寶慈先生	《明史》成勇乃「安樂」人誤，當為「樂安」人。（見官大樂《明史校記三則》）
122	？						張太羹先生	
123	張溥	乾源、天如（西銘、仁學先生）	太倉	·崇禎四年（1631）進士·主持「復社」	復社	《明史》卷288	張天如先生	為《皇明經世文編》撰寫序文
124	王重	有三	金壇	崇禎四年（1631）進士	復社	《復社姓氏傳略》卷3	王有三先生	
125	陳于泰	大來	宜興	·崇禎四年（1631）廷試第一·明亡，削髮為僧		《明鼎甲徵信錄》卷4	陳大來先生	
126	羅明祖	宣明（紋山）	永安			《全閩明詩傳》卷46	羅紋山先生	
127	吳偉業	駿公（梅村、梅村野火）	太倉	·崇禎四年（1631）廷試第一·入清，官秘書院侍講	復社	《清史稿》卷484、《復社姓氏傳略》卷2	吳駿公先生	

128	？					劉念先先生	
129	徐天麟	凌如（退谷）	上海	崇禎四年（1631年）進士	復社	《復社姓氏傳略》卷3	徐退谷先生	
130	沈允培	君厚（蒼嶼）	歸安	崇禎四年（1631）進士	復社	《復社姓氏傳略》卷5	沈蒼嶼先生	
131	？					錢大鶴先生	
132	？					胡平六先生	
133	？					程九屏先生	
134	？					楊幼麟先生	
135	李瑞和	寶弓	漳浦	崇禎中進士		《小腆紀傳》卷57	李寶弓先生	
136	李焻	洪圖、元馭（唐谷）	晉江			《泉州府志》卷45	李唐谷先生	
137	吳昌時	來之	嘉興	·崇禎七年（1634）進士 ·頗為東林致力，然通廠衛，棄市	復社	《明史》卷308附〈奸臣·周延儒傳〉、《復社姓氏傳略》卷2	吳來之先生	子吳祖錫，參閱群之一
138	左懋泰	大來	萊陽	·崇禎七年（1634）進士 ·降賊、降清授官	復社	《復社姓氏》卷10	左大來先生	
139	文德翼	用昭（鎧巖、燈巖）	德化	崇禎七年（1634）進士	復社	《復社姓氏傳略》卷6、明詩綜》卷68	文用昭先生	
140	陳龍正	惕龍、發蛟（幾亭、幾序、文潔）	嘉善	崇禎七年（1634）進士		《明史》卷258、《東林書院志》卷10	陳幾亭先生	原名「陳龍致」

141	朱永佑	爰啟、爰起（聞玄、聞元）	松江華亭	·崇禎七年（1634）進士·隨魯王，被執不屈，就戮		《華亭縣志》卷15	朱聞玄先生	
142	馬嘉植	培原（木山）	平湖	·崇禎七年（1634）進士·明亡，祝髮栖居，自號鐵雪道人	復社	《復社姓氏傳略》卷5	馬培原先生	
143	袁彭年	介眉、述之（特丘）	公安	·崇禎七年（1634）進士·降清，隳節貪榮		《永曆實錄》卷19	袁特丘先生	
144	陳際泰	陳際泰（方城）	臨川	崇禎七年（1634）進士	復社	《明史》卷288附〈艾南英傳〉《復社姓氏傳略》卷6	陳大士先生	
145	？						王依日先生	史學家陳寅恪疑其為「王佐聖」，字克仲，崇禎十四年選遵義知縣。（《柳如是別傳》）
146	黃家瑞	禎璪（如千）	松江華亭	·崇禎七年（1634）進士·明亡，赴水死		《崇禎忠節錄》	黃禎璪先生	
147	周仲璉	彝仲	長興	崇禎七年（1634）進士	復社	《復社姓氏傳略》	周彝仲先生	
148	？						姜神超先生	
149	陳函輝	寒山（木椒、寒椒、隨園、	臨海	·崇禎七年（1634）進士·從王航海，已而相		《明史》卷276附〈余煌傳〉	陳寒山先生	

		小寒山子、寒椒道人）	失，投水死			
150	翁元益	稚謙（象韓）	松江			《明人室名別稱字號索引》	翁象韓先生
151	吳文瀛	叔登（存初）	松江			《明人室名別稱字號索引》	吳存初先生
152	楊枝起	扶曦（遜菴）	松江華亭	·崇禎七年（1634）進士 ·李自成陷北京，授吏政府從事		《明季北略》	楊扶曦先生
153	?						李香巖先生
154	?						唐損占先生
155	劉同升	晉卿、孝則	吉水	·崇禎十年（1637）進士 ·隨唐王，卒於贛州，諡文忠	復社	《復社姓氏傳略》卷6	劉晉卿先生
156	倪長圩	伯屏	平湖	崇禎十年（1637）進士		《明詩綜》卷六十九	倪伯屏先生
157	?						陳武匡先生
158	?						李載陽先生
159	?						唐敏乙先生
160	錢肅樂	希聲、虞孫（止亭、振之、東林遺老）	鄞縣	·崇禎十年（1637）進士 ·隨魯王，憂憤卒於舟。	復社	《明史》卷276	錢希聲先生
161	陳之璘?						陳素菴先生	《北游錄》有〈上大司農陳素菴書〉，

							知其人曾任大司農一職。又《四庫焚燬書目》中有陳之璘《陳傃菴集》，疑陳之璘即陳素菴。
162	?					廖孟符先生	
163	唐階泰?					唐瞿瞿先生	疑為唐階泰，字亨予，一字「瞿之」，四川達州人。見《明代千遺民詩詠》二編卷8。
164	吳之琦	元圭（雪因）	晉江	崇禎十年（1637）進士	復社	《復社姓氏傳略》卷7	吳雪因先生
165	張明弼	公亮	金壇	崇禎十年（1637）進士	復社	《復社姓氏傳略》卷3	張公亮先生
166	周銓	簡臣	金壇	·崇禎十年（1637）進士·明亡，死之。	復社	《復社姓氏傳略》卷3	周簡臣先生
167	趙士春	蒼霖、景之（蒼林、天全、達客、東田居士、煙霞老人）	常熟	崇禎十年（1637）進士	復社		趙景之先生
168	吳克孝	人撫（魯崗）	鎮洋	崇禎十年（1637）進士	復社		吳人撫先生
169	?					黃仲霖先生	疑即為《皇明經世文編》撰

							寫序文的「黃澍」，序文末署「客越盟社弟」，可能是復社或幾社成員。
170	洪天擢？	（西崖）	直隸歙縣	・崇禎十年（1637）進士 ・入清，授吏部右侍郎		《永曆實錄》卷19	洪西巖先生	即洪天擢
171	余颺	賡之（季蘆、蘆中）	莆田	崇禎十年（1637）進士	復社	《復社姓氏傳略》卷7、《名詩綜》卷69	余賡之先生	
172	熊人霖	伯甘	進賢	崇禎十年（1637）進士	復社	《復社姓氏傳略》卷6	熊伯甘先生	
173	曹溶？	秋岳（潔躬、鑒躬、倦圃）	嘉興	・崇禎十年（1637）進士 ・入清，官戶部侍郎、廣東布政使等職。		《清史稿》卷483	曹丘嶽先生	
174	吳繼善	志衍	太倉	・崇禎十年（1637）進士 ・張獻忠陷城，不屈死。	復社	《復社姓氏傳略》卷2、《萬斯同明史》卷381	吳志衍先生	
175	趙士驤	黃澤	萊陽	・崇禎十年（1637）進士 ・崇禎十六年（1643）募守萊陽，城破死之。	復社	《復社姓氏傳略》卷10	趙黃澤先生	
176	時敏	子求（修來）	南直常熟	・崇禎十年（1637）進士 ・降賊		《明季北略》	時子求先生	
177	高世泰	彙海（石屋遺民）	無錫	講朱子之學於紫陽書院	東林	《清儒學案小識》卷10、《小腆紀傳補遺》卷3	高彙海先生	高世泰為東林領袖高攀龍之子
178	？						顧餘拭先生	

179	?						牛鶴沙先生	
180	?						許平若先生	
181	?						袁與立先生	
182	?						施沛然先生	
183	夏璦公	彝仲（璦公）	松江華亭	崇禎十年（1637）進士	復社、幾社	《明史》卷277附〈陳子龍傳〉	夏璦公先生	・選輯群之一 ・參閱群之一
184	吳培昌	永生（坦公）	松江華亭	崇禎十年（1637）進士			吳坦公先生	・選輯群之一 ・參閱群之一
185	包爾庚	長明（宜墅居士）	松江華亭	崇禎十年（1637）進士	復社	《復社姓氏傳略》卷3、《華亭縣志》卷5	包長明先生	
186	?						張又仲先生	

三、解讀〈鑒定名公姓氏〉所蘊涵的意義

　　《經世編》的〈鑒定名公姓氏〉蘊涵著何意義？史學家陳寅恪曾說：

　　　　或謂臥子家貧，一人何能鐫此巨冊？由書坊出資，請其編
　　　　選，似亦可能。鄙意臥子之家固貧，此書所列作序及鑒定
　　　　諸人，疑皆不僅以空文相藻飾，實或多或少曾有金錢資助，
　　　　不過當時風氣，不便明言耳。就諸人中之姓名及文字考之，
　　　　知當日松江府方岳貢助力最多。此書乃當時江左文社之政
　　　　見，諸文士一旦得志，則此書不但託之空言，即可付之實
　　　　施矣。又方氏請其時江南最高長官張國維作序，並列有復
　　　　社魁首張溥之序，可知當日江南名宦及士紳，亦皆贊同此

政見。斯鑒定及作序者之姓名所以繁多若是之故歟？[28]

　　陳氏這段話指出〈鑒定名公姓〉對《經世編》一書而言，蘊涵有二個意義：一、松江知府方岳貢對助力最多。二、諸人對《經世編》有或多或少的金錢資助。江南名宦士紳，皆贊同《經世編》所代表的政見，金錢資助部分，陳氏主要是在批駁吳晗先生以為書坊出錢的意見[29]。陳氏則認為〈鑒定名公姓氏〉所列諸人，「實或多或少曾有金錢之資助，不過當時風氣，不便明言耳」。究竟《經世編》編纂、刻板、印刷的經費從何而來呢？吳晗持書坊出資之見，陳寅恪則以為〈鑒定名公姓氏〉所列諸人資助，然皆無明確而直接的證據。一樣地，許淑玲在《幾社及其經世思想》的論文

28　陳寅恪撰《柳如是別傳》（北京：生活・讀書・新知三聯書店，2001 年 1 月），第三章〈河東君與「吳江故相」及「雲間孝廉」之關係〉，頁 293-294。

29　吳晗先生在〈影印明經世文編序〉云：「《文編》由松江書坊雕板印刷：當時書坊和儒生、士大夫的合作情況，雖然沒有記載可以查考，但從十八世紀前期著作的《儒林外史》，還可以看到知識分子為書坊選文的情況，如第十三回蘧駪夫求賢問業：（蘧駪夫）那日從街上走過，見一個新書店裡貼著一張整紅紙的報帖，上寫道：『本坊敦請處州馬純上先生精選三科鄉會墨程，凡有同門錄及硃卷賜顧者，幸認嘉興府大街文海樓書坊不誤。』選文是有報酬的，第十四回馬二先生對差人說：『我的束脩其實只得一百兩銀子。』第十八回匡超人在文瀚樓選文，則只有二兩銀子。第二十八回諸葛佑請蕭金鉉選文，則是拿出二三百兩銀子，租了僧官的房子，叫了七八個刻字匠，邊選邊刻。隨著選文的人的身份地位而有所不同。陳子龍是新科進士，宋徵璧是舉人，徐孚遠是秀才，參加編輯的夏允彝也是新科進士，都是一時名士，編選這部書時又得到地方官方岳貢和當時名流陳繼儒的支持，比之馬二先生獨力選文，氣派規模都大得很多。不過，從《儒林外史》的記載，也可以看出當時的出版情況。」，頁 7。陳寅恪在《柳如是別傳》（書同註 1）書中則批駁云：「唯原書卷首有『雲間平露堂梓行』七字及長方印章『本衙藏板，翻印千里必究。』十字。論者取儒林外史第壹參、壹肆、貳捌等回，以『平露堂』為書坊之名，以陳臥子等為書坊聘請選文之人。殊不知平露堂乃臥子宅中之堂名，【詳見下引王澐雲間第宅志。】實非書坊之名。且臥子自撰年譜上崇禎九年丙子條明言『是歲有平露堂集』。【見陳忠裕全集卷首，並可參陳集中之平露堂集及集首之凡例。】故論者以儒林外史相比儗，未諦也。」，頁 293。

中，甚至推論說「可能是社中子弟出資[30]」，其實也似乎言成理，獨缺明確而直接的證據。

　　陳氏所說當日「江南名宦及士紳，亦皆贊同此政見」部分，恐亦有待商榷。如〈鑒定名公姓氏〉所列第一人孫承宗（愷陽先生），是在崇禎十一年（1638）十一月率家人守高陽城，全家死難百餘口，死時七十六歲。孫氏死時《經世編》也約略才編纂完成。依常理推之，孫氏豈有時間、精力仔細讀過《經世編》此一巨冊呢？說他贊同這些「政見」，似乎言過其實。又如被《明史》列入〈奸臣傳〉的周延儒（挹齋先生）、馬士英（瑤草先生），及「庸才寡學、工結納」的陳演（贊皇先生）等人，說他們贊同此書的「政見」，也頗啟人疑竇。

　　總括〈鑒定名公姓氏〉一百八十六人，筆者嘗試解讀其所蘊涵的意義，說明如下。

　　（一）「鑒定名公姓氏」所列一百八十六人，代表著當日江南名宦士紳，都是知名度頗高的人物。同時也對《經世編》的編纂有實質而直接的幫助，裡頭有松江知府方岳貢（禹修先生）、布衣名流陳繼儒（眉公先生），二人同時也是本文所謂的「首席顧問」，名號特別標示在全書的封面上頭。有〈凡例〉第二十三、二十四、二十五條所提及，對於《經世編》的選文去取、鑑裁審定提出意見的人，如：方岳貢（禹修先生）、李瑞和（寶弓先生）、李載陽（案即李載翁）、王佐聖（依日先生）、吳之琦（雪因先生）、陳繼儒（眉公先生）等六人。有為《經世編》寫序的方岳貢（禹修先生）、張國維（玉笥先生）、張溥（天如先生）、許譽卿（霞城先生）

---

30 許淑玲撰《幾社及其經世思想》（台北：國立師範大學歷史研究所，民 75 年 6 月，《碩士論文》），第三章第二節〈組織情況・社事活動經費之來源〉，頁 76。

等四人。有〈凡例〉第二十六條所提及的提供、搜集編纂《經世編》所需的圖書和文獻資料諸人，如徐禎稷（厚源先生）、唐昌世（存少先生）、許譽卿（霞城先生）、徐汧（勿齋先生）、馬世奇（素修先生）、張溥（天如先生）、張采（受先先生）、黃澍？（仲霖先生）、吳繼善（志衍先生）、夏允彝（彝仲先生）、吳培昌（坦公先生）、張元始（訒叟先生）、吳昌時（來之先生）、朱永祐（聞玄先生）等十四人。要言之，這些人不僅僅是掛名在〈鑑定名公姓氏〉內而已，更對《經世編》的編纂有著實質而直接的幫助。

（二）以身分地位而論，〈鑑定名公姓氏〉九成以上均為進士出身，從萬曆二十六年（1598 年）戊戌科到崇禎十年（1637）丁丑科都有，在《經世編》編纂時，都有一定的仕宦功業和名聲。明顯地，這些顧問團成員的身分地位高於舉人、進士相參的「選輯群」，更高於諸生、舉人居多的「參閱（校）群」。值得注意的是，〈鑑定名公姓氏〉不少人是「選輯群」、「參閱（校）群」的父執輩、師長輩。如李逢申（若鶴先生）是李雯（選輯、參閱）的父親，吳昌時（來之先生）是吳祖錫（參閱）的父親，方孔炤（仁植先生）是方以智（參閱）的父親，許豸（平遠先生）是許友（參閱）的父親，黃道周（石齋先生）是陳子龍（主編）的老師，張肯堂（鯢淵先生）是徐孚遠（主編）的同鄉長輩等等。正因為如此，本《經世編》在刻〈鑑定名公姓氏〉時，諱其名而只書其「字」或「號」，後加「先生」以示敬意。

（三）以黨社隸屬而論，以魏忠賢瘋狂地壓迫東林黨人的天啟五年（1625 年）為標幟，〈鑑定名公姓氏〉在天啟五年之前的進士以東林黨人居多。即便不是，也多與東林有所關聯。天啟五年之後的進士，則復社人物不少。從「東林」到「復社」，代表著救世熱血的「經世理想」的薪傳延續，而他們都列名在《經世編》

的〈鑒定名公姓氏〉裡，多少代表著師長輩、父執輩肯認此書的
經世精神，鼓勵後輩堅持經世理想救國安民。逆向而論，在《經
世編》的「選輯群」、「參閱（校）群」的心目中，這些「鑒定名
公」正是活生生的「經世典範」——有出將入相的孫承宗（愷陽
先生）、有能兵善戰的盧象昇（九台先生）、有後來死守揚州的史
可法（道鄰先生），有多智數、尚權譎的馮元飆（鄴仙先生），有
救荒助役、修學課士的方岳貢（禹修先生），有犯顏敢諫的大儒黃
道周（石齋先生），有掌財計鹽穀的大司農陳素菴先生等等。要言
之，《經世編》書內所收文章之作者，皆為當時已亡之人，崇禎年
間掌柄主政者則完全沒有涉及到，若要接續《皇明經世文編》之
作，進而完整整個明代的《經世文》之編的話，〈鑒定名公姓氏〉
的這一百八十六人則提供了絕佳的參考對象了。

（四）陳子龍作於崇禎十年至十三年的《湘真閣稿》中，可
以看出主編陳子龍與許多的「鑒定名公」詩歌唱和，頗有交往的
情形。如〈送同年時子求之安陽令〉[31]（指時敏）、〈佘山訪陳眉
公先生〉[32]（指陳繼儒）、〈石齋先生築講壇於大滌山，即玄蓋洞

---

31 （明）陳子龍撰、方雲校點《湘真閣稿》（書同註 26），卷二，〈五言古詩・
送同年時子求之安陽令〉載：「神京盛軒蓋，連袂恣遨遊。徘徊雙闕下，壯
矣貞皇州。黃鵠思勁羽，厲志凌清秋。風雲散天末，飄搖安所投？子行宰
巖邑，予歸守故丘。城郭鬱相望，遙夕通方舟。惠我瑤華音，襟帶何綢繆。
單車駕言邁，河水浩悠悠。執手臨往路，悵然懷百憂。」，頁 21。〈其二〉
載：「良辰命徒御，送子涉清漳。西陵何鬱鬱，三臺亦已荒。霸圖既衰歇，
王路方平康。傷哉洪河北，千里莽戰場。剖符縮轂會，日夜整我疆。蒸黎
仰闓澤，武衛資奮揚。勉子榮世業，遠續政輝煌。何時清音奏，寄予南山
陽。」，頁 21-22。
32 （明）陳子龍撰、方雲校點《湘真閣稿》（書同註 26），卷二，〈五言古詩・
佘山訪陳眉公〉載：「朝日啟東嶺，靄然秋滿山。方舟度林澗，杖策欹松關。
喬木亂雲氣，游禽日以閑。主人秀南紀，忘機駐紅顏。丹經注盈卷，羽旗
時往還。高談泰皇際，馳騖羞人寰。眷言蒸黎事，天步何險艱。勖予從王
路，騏驥相追攀。崢嶸鹿門語，躑躅桑柘間。」，頁 23。

天也，予從先生留連累日〉[33]（指黃道周）、〈贈吳駿公太史充東宮講宮〉[34]（指吳偉業）、〈上董逢初少宰〉[35]（指董羽宸）、〈贈錢牧齋少宗伯〉[36]（指錢謙益）、〈寄吏垣張給諫訪叟〉[37]（指張元始）、

---

33 （明）陳子龍撰、方雲校點《湘真閣稿》（書同註 26），卷二，〈五言律詩·石齋先生築講壇于大滌山、即玄蓋洞天也、予從先生留連累日〉載：「明湖連暮靄，積翠萬重山。九折泉聲亂，千峰雲氣閑。尋真窮石室，卜築掩松關。尚有蒼生慮，高談夜未還。」，頁 35。〈其二〉載：「夫子辭金馬，君恩萬里游。講壇依日月，福地少春秋。窈窕巖花落，空濛玉乳流。此中堪大隱，何計訪披裘。」，頁 35-36。〈其三〉載：「傳聞玄蓋洞，遠接具區流。尚與人間近，疑從天外游。玉芝丹灶夜，石鼓霽雲秋。不見群真會，相攜到十洲。」，頁 36。〈其四〉載：「龍臥非閑日，鴻飛亦有年。蓋棕臨碧潤，種藥引紅泉。猿虎窗前度，晨辰谷口懸。翻愁山鬼意，寂寞對嬋娟。」，頁 36。〈其五〉載：「三山迷漢使，更起白雲壇。環佩天風滿，旌旗海口殘。草侵群帝靜，月度九霄寒。惆悵乘鸞女，焚香獨夜闌。」，頁 36。〈其六〉載：「或默還無意，賞心空自知。鹿銜階草遍，龍起嶺雲遲。金石歌《商頌》，蘭蓀寫《楚辭》。美人 樹外，愁絕眄佳期。」，頁 36。〈其七〉載：「本是行吟侶，翛然意不群。簾垂天柱雨，樓斷海門雲。匪兕存吾道，披鱗樂聖君。明時多夢卜，遙晚欲相聞。」，頁 36。〈其八〉載：「《小雅》原無怒，高真尚有情。仙人星作佩，弟子玉為名。山遠禽聲斷，冬晴木葉輕。風塵天地外，俯仰已心驚。」，頁 36-37。

34 （明）陳子龍撰、方雲校點《湘真閣稿》（書同註 26），卷四，〈五言排律·贈吳駿公太史充東宮 講官〉載云：「蒼琅開震域，青殿接文昌。霧氣騫玄圃，瓊條拂畫堂。選端周典禮，拜傳漢元良。 史職移仙省，宮寮總帝鄉。金貞儲后重，玉立侍臣莊。羽龠傳秋實，詩書出尚方。夏侯經術茂，皇甫素懷芳。鶴戟青槐蔭，龍泉碧藻香。珠蓮參晚燕，璧月照春坊。卞賦情文稱，王箋忠愛長。一時推碩德，萬國仰重光。愧我羊裘側，思君象輅旁。臨風疏館靜，遙夕可相望。」，頁 43。

35 （明）陳子龍撰、方雲校點《湘真閣稿》（書同註 26），卷四，〈五言排律·上董逢初少宰〉載：「統均崇上佐，會府聚名賢。執法星移近董以副院轉，文昌地自偏。春陰聯小苑，秋月朗經天。盧毓論才正，山濤得士全。九流歸藻鏡，八統助薰弦。卿宰為龍日，君王買駿年。風雲應鼓蕩，人物賴弘甄。綠野冥鴻盡，高崗鳴鳳旋。計功觀式序，咫尺泰階前。」，頁 44-45。

36 （明）陳子龍撰、方雲校點《湘真閣稿》（書同註 26），卷四，〈五言排律·贈錢牧齋少宗伯〉載：「漢苑文章首，先朝侍從賓。三君同海嶽，一老是星辰。作直稱遺古，推賢更得鄰。當時客漸進，文舉氣無倫。陳寶圜中土，蕭劉澤畔人。蟪蛄喧日夜，蘭桂歷冬春。舊學商王重，清疏漢史均。范宣

〈人日寄楊機部太史充東宮講官〉[38]（指楊廷麟）、〈送吳來之大行還朝使晉歸也〉[39]（指吳昌時）、〈寄仁和令吳坦公，吳約予春明游湖上也〉[40]（指吳培昌），〈辱李司馬萍槎先生贈詩勉以世事，兼許文筆，匆匆奉酬，聊存知已之感〉[41]（指李繼貞）、〈寄夏長

誰讓晉，衛軼欲專秦。獨指孫弘被，仍污庾亮塵。十年耕釣樂，《七略》較籌新。當戶無芳草，洪流逸巨鱗。眠⊥流訛　，釣黨極申申。告密牢修急，經營偉節神。霜華飛暑月，劍氣徹秋旻。明主終收璧，宵人失要津。南冠榮衰繡，此郭偃松筠。艱險思良佐，胥靡得大臣。東山雲墅裡，朝晚下蒲輪。」，頁45。

37　（明）陳子龍撰、方雲校點《湘真閣稿》（書同註26），卷四，〈五言排律・寄吏垣張給諫訒叟給諫以兵事疏薦予，有知己之感。〉載：「漢苑金波靜，燕關玉樹連。近承門下省，獨對仗中天。青瑣通機禁，黃封拆御筵。龍顏頻顧眄，豹尾日周旋。諷議推平子，圖書識茂先。六驛秋月動，千雉晚烽傳。騎士皆乘障，良家悉備邊。兩宮監衛尉，八較托中權。賴有楊干戮，應知郤谷賢。涉川靡獨濟，管庫豈能捐？魏倩收奇日，韓增得士年。有臺求腰裹，飾畫問嬋娟。落拓慚封牒，迂疏誤簡編。可憐細草嘆，無益《大風篇》。日月多高議，江湖惜晏眠。尋仙歌《白石》，射虎憶藍田。州郡誰嫌屈，君親各自然。寂寥楊子宅，慘淡祖生鞭。遇主方加膝，酬恩望仔肩。安危任公等，蚤晚靖胡沛。」，頁45。

38　（明）陳子龍撰、方雲校點《湘真閣稿》（書同註26），卷五，〈七言律詩・人日寄贈機部太史充東宮講官〉載：「玉樹朝暉接畫轓，橫經青禁日臨軒。鳳條已見栖荀邃，龍翰還應讓邴原。機部以講席讓予座師黃石齋先生彩勝競傳春綺麗，御香分賜夜清溫。知君罷講西池上，可憶垂綸傍海門。」，頁48。

39　（明）陳子龍撰、方雲校點《湘真閣稿》（書同註26），卷五，〈七言律詩・送吳來之大行還朝、使晉歸也〉載：「雲沙春色夜鴻飛，使者輶軒入帝畿。江上錦帆天際出，河梁碧樹雨中微。風陳晉乘干戈盛，賦就《吳都》杼軸稀。應有李恂圖畫滿，君王此日政宵衣。」，頁48。

40　（明）陳子龍撰、方雲校點《湘真閣稿》（書同註26），卷五，〈七言律詩・寄仁和令吳坦公、吳約予春明游上也〉載：「坐擁青山一俊人，板輿飛蓋曉湖濱。常嚴劍佩迎朝貴，更敕廚傳給隱淪。潮上海門丹嶂夜，雨來天目碧城春。倦游司馬新添病，羨爾明妝好問津。」，頁49。

41　（明）陳子龍撰、方雲校點《湘真閣稿》（書同註26），卷五，〈七言律詩・辱李司馬萍槎先生贈詩、勉以世事、兼許文筆、匆匆奉酬、聊存知己之感〉載：「久瞻樞府重明光，投我連城雲錦章。傷亂已聞劉太尉，賞音深愧蔡中郎。九龍移帳春無草，萬馬窺邊夜有霜。蚤晚滄江驚驛使，詔書先問右賢王。」，頁50。

樂彝仲〉[42]（指夏允彝）、〈寄李惠安愍軒〉[43]（指李沾）、〈寄懷唐吳江瞿瞿〉[44]（指唐階泰）、〈寄喬聖任侍御，時按浙中〉[45]（指喬可聘）、〈贈淮陽兵憲鄭潛菴年伯〉[46]（指鄭二陽）、〈送張鯢淵侍御巡閩還朝〉[47]（指張肯堂）、〈送徐九一太史還朝〉[48]（指徐汧）、

42　（明）陳子龍撰、方雲校點《湘真閣稿》（書同註 26），卷五，〈七言律詩·寄夏長樂彝仲〉載：「使君出宰下長安，閩海南移地勢寬。百粵山川屏上見，九夷城牒鏡中看。諸公久已期鳴鳳，大邑還應化舞鸞。知爾彈琴春色滿，董峰千樹杏花寒。」，頁 51。

43　（明）陳子龍撰、方雲校點《湘真閣稿》（書同註 26），卷五，〈七言律詩·寄李惠安愍軒〉載：「鳴皋酌醴訟庭幽，閩嶠重瞻識李侯。美女峰迷千嶂曉，錦田山熟萬家秋。珊瑚沉綠常無網，荔子輕紅獨上樓。莫問御屏題姓氏，海天東望是瀛洲。」，頁 51。

44　（明）陳子龍撰、方雲校點《湘真閣稿》（書同註 14），卷五，〈七言律詩·寄懷唐吳江瞿瞿〉載：「西川才子過楊雄，案牘紛紜賦轉工。橋直垂虹多夜月，城連震澤起秋風。吏稀白版耰鋤外，坐撫朱弦《騷雅》中。欲問故人良會少，采咖應到五湖東。」，頁 52。

45　（明）陳子龍撰、方雲校點《湘真閣稿》（書同註 26），卷五，〈七言律詩·寄喬聖任侍御、時按浙中〉載：「越王宮對海門開，驄馬遙從北極來。簪筆秋風探禹穴，行軒春樹轉天臺。百城豺虎應無難，萬里鯨鯢去不回。獨憶五雲方旰食，更裁封事上蘭臺。」，頁 54。

46　（明）陳子龍撰、方雲校點《湘真閣稿》（書同註 26），卷五，〈七言律詩·贈淮陽兵憲鄭潛庵年伯〉載：「廣陵城堞鬱嵯峨，獵火旌旗夜渡河。高壘獨懸星劍動，澄江無恙錦帆過。三年鼓角登樓暮，十里　花響士多。為下蠻書淮海郡，禁中先已奏鐃歌。」，頁 54。〈其二〉載：「擊鼓椎牛海上聞，清秋落日水犀軍。盜從文紀車前散，險自元龍築後分。塞北風煙時借著，淮南賓客盡如雲。可教萬騎趨陵闕，諸將甘迫未策勳。時有虜警」，頁 54-55。

47　（明）陳子龍撰、方雲校點《湘真閣稿》（書同註 26），卷五，〈七言律詩·送張鯢淵侍御巡閩　還朝〉載：「節使南歸駕玉驄，都亭遙憶薊門東。澄清海甸千家雨，驅掃樓船萬里風。閩山喬霜威霄漢上，河橋春色鼓鼙中。知君向有吞胡策，幾度傳宣謁桂宮。」，頁 56。

48　（明）陳子龍撰、方雲校點《湘真閣稿》（書同註 26），卷五，〈七言律詩·送徐九一太史還朝〉載：「紫氣青雲望直廬，中原秋色錦帆舒。依然朗月仙人掌，為副名山太史書。故國十年多伐，舊游三省盛簪裾。共夸連夜回前席，自此常應奉屬車。」，頁 57。〈其二〉載：「偉長《中論》重詞林，芳草鳴珂朔氣深。宮裡賜衣傳夜月，苑中開帙散秋陰。天心久已思安攘，吾道奚堪任陸次。莫以金門能避世，蒼生何日見為霖？」，頁 57-58。

〈贈淮揚袁臨侯憲使〉⁴⁹（指袁繼咸）、〈送張玉笥中丞擢河道大司空，隨召陛見〉⁵⁰（指張國維）、〈送曾憲長霖寰年伯〉⁵¹（指曾化龍）、〈往城西訪史道鄰中丞，不值〉⁵²（指史可法）、〈宋廷尉九青先生極稱舒章詩、又謬賞鄙作，賦此以慰舒章〉⁵³（指宋玫）、〈送包長明年丈出牧羅定〉⁵⁴（指包爾庚）、〈寄宣城縣令余虜之〉⁵⁵（指余颺）等，至少就有二十五人之多。另一方面，從《湘真

49　（明）陳子龍撰、方雲校點《湘真閣稿》（書同註 26），卷五，〈七言律詩·贈淮楊袁臨侯憲使〉載：「揚部旌門望斗邊，吳關千里靜烽 。牙璋落日搖淮甸，玉帳秋風散楚天。海霧漫漫鳴畫角，江流歷歷下戈船。應知上客多詞賦，遙寄相思《叢桂篇》。」頁 58。

50　（明）陳子龍撰、方雲校點《湘真閣稿》（書同註 26），卷五，〈七言律詩·送張玉笥中丞擢河 道少司空，隨召陛見〉載：「舊京開府靜牙璋，詔領河堤入未央。周室保釐分郊鄌，漢家底績 令宣房。九天星宿穿秦塞，萬里梯航走冀方。會語至尊南顧日，不堪重問海陵倉。」頁 59。〈其二〉載：「帝奠天河九曲清，司空持節薊門行。不沉白馬祠川后，自負黃龍答聖明。蔥嶺雪消春漲淺，蓮峰月落夜濤平。論功應便分如帶，禹茫茫萬古名。」頁 59。

51　（明）陳子龍撰、方雲校點《湘真閣稿》（書同註 26），卷五，〈七言律詩·送曾憲長霖寰年伯〉載：「滿庭高議漫悠悠，楚客遙思賦《遠游》。季布一言何易罷，樂羊兩篋有誰收？時清自棄連城璧，遇險終須萬斛舟。莫倚珊瑚釣滄海，還應回首鳳皇樓。」頁 59。

52　（明）陳子龍撰、方雲校點《湘真閣稿》（書同註 26），卷六，〈七言律詩·往城西訪史道鄰中丞，不值園在夕月壇側〉載：「城西時里白雲飛，開府園林對落暉。荊楚奇村多舊部，江淮保障藉餘威。傳書黃石嘗晨出，較獵藍田每夜歸。匹馬從公不相遇，異時旌蓋托光輝。」頁 62。

53　（明）陳子龍撰、方雲校點《湘真閣稿》（書同註 26），卷六，〈七言律詩·宋廷尉九青先生極稱舒章詩、又謬賞鄙作，賦此以慰舒章〉載：「詞壇久已托光輝，大雅于今正式微。慚我方為刀筆吏，憐君長箸芰荷衣。不逢季札誰能采？自有鍾期莫嘆稀。寄語幽人空谷裡，好將《白雪》金徽。」頁 66。

54　（明）陳子龍撰、方雲校點《湘真閣稿》（書同註 26），卷六，〈七言律詩·送包長明年丈出牧羅定〉載：北朔三春并轡旋，日南萬里剖符偏。職方新啟諸羅境，牧伯今來大國賢。北界迫為 吳隱變，東方經自長卿傳。莫愁聖主忘蠻郡，看爾徵書嶺外懸。」頁 66。

55　（明）陳子龍撰、方雲校點《湘真閣稿》（書同註 26），卷六，〈七言絕句·寄宣城令余虜之〉載：「江上明霞疊翠封，宛溪如玉浸芙蓉。使君暇日清樽動，相對凌陽第幾峰。」頁 73〈其二〉載：「宣卅春色帶南畿，為政風流花滿扉。更得錦簜多麗句，青山還屬謝玄暉。」頁 73。

閣稿》中，也可以看出《經世編》編纂前後，這些「鑑定名公」
所任官職究竟為何。

又陳子龍登崇禎十年（1637）進士，同年登進士而列〈鑑定
名公姓氏〉者亦有十八名[56]，這些人自是子龍的「同年友」，與陳
子龍自然地有所關聯。要言之，陳子龍既為《經世編》的主編，
將與他本人詩歌唱和、有所交往的名宦士紳列入「鑑定名公姓氏」
之內，理應是相得益彰的文壇盛事。

（五）在眾多的「鑑定名公」中，有少數人不僅列名顧問而
已，更參與了實際的選輯或參閱工作。如同時兼任選輯、參閱的
工作者就有：唐昌世（存少先生）、吳培昌（坦公先生）、夏允彝
（瑗公先生）等三人。只兼參閱的工作者有：金鉉（伯玉先生）、
姜雲龍（神超先生）、周鑣（仲馭先生）等三人。這六人既是「顧
問」，又是「參閱者」，有三人甚至也是「選輯者」，其重要性不言
而喻。

（六）就「鑑定名公」自身而言，彼此間也有不少密切關係
值得加以注意。父子同列者，如宋繼登（先之先生）與宋玫（九
青先生）；兄弟同列者，如馮元颺（留仙先生）與馮元飂（鄴仙先
生）；師生同列者，如張延登（華東先生）與夏允彝（瑗公先生）；
姻親關係同列者，如周延儒（挹齋先生）與陳于泰（大來先生）。
更有曲折關係者，如東林領袖高攀龍之子高世泰（彙旃）與高攀
龍之徒華允誠（鳳超先生）亦同列〈鑑定名公姓氏〉中。幾社的
《社事始末》曾提及成員多兄弟、姻婭、師生關係，這個情形適

---

56 〈鑑定名公姓氏〉所錄人物中，確定登崇禎十年（1637 年）進士者有：劉
　晉卿先生、倪伯屏先生、錢希聲先生、吳雪因先生、張公亮先生、周簡臣
　先生、趙景之先生、吳人撫先生、洪西巖先生、余賡之先生、熊伯甘先生、
　曹秋嶽先生、吳志衍先生、趙黃澤先生、時子求先生、夏瑗公先生、吳坦
　公先生、包長明先生，共十八名。

用在《經世編》眾多的參閱者身上，也同樣適用在《經世編》眾多的「鑒定名公」身上。

（七）同《經世編》眾多參閱者一樣，這些「鑒定名公」也都是身處在改朝換代、天崩地裂的明末清初的局勢中。慘烈犧牲，慨慷殉國者居多，然其中也不乏降賊、降清的人物。這些「鑒定名公」九成以上都在明朝時取得「進士」的資格，並在中央或地方擔任要職。於是乎他們降賊、降清而受到質疑、詈罵的程度就遠在「選輯群」和「參閱群」之上了。

（八）如何看待陳寅恪先生所提「鑒定名公」對《經世編》的「金錢資助」與「政見贊同」二項意見呢？筆者以為「鑒定名公」一百八十六人，對《經世編》之編纂的貢獻應該不是所有人都是同樣的作法。這完全要看「鑒定名公」每個人的名聲、學識、財力、職位而定。金錢資助者，至少要家財富有者始能做到，如陳演（贊皇先生）、李建泰（括蒼先生）、張明弼（公亮先生）等人或有可能；清廉如方岳貢（禹修先生）則不行。有些是出書出力（搜集文獻）者，如〈凡例〉第二十六條所載諸人。有些是出「名」者，如首席顧問方岳貢（禹修先生）、陳繼儒（眉公先生）。有些是出「力」者，如身兼參與「選輯」和「參閱」者，如本節第六項所提及諸人。要之，不能以「金錢資助」一概而論。至於鑒定名公是否完全贊同《經世編》的政見呢？筆者以為「理想面」、「精神面」的贊同肯定居多，真要落實到每項經世政見時，恐怕又得視每個「鑒定名公」的個人生命特色而有所不同了。

第五章 《皇明經世文編》的編選原則

第一節 精神面 —— 儒學的繼承與改革

毫無疑義地,「經世」是《皇明經世文編》編選的總原則,各式各類的文章之所以被收錄進《經世編》書中,正是因為編選者的「經世觀」做著最後的判準。然而,這個「經世觀」是什麼呢?底下分精神面、人物面、文章面三項分別敘述。

《經世編》的編輯群雖以文人居多,卻普遍地受到儒家思想的影響,這使得他們的「經世觀」仍然充滿著道德的理想色彩。然而《經世編》的經世觀念、對於儒學有繼承的一面,也有批判的一面,簡言之即重視富國強兵,追求新的儒學典範。

一、繼承儒學傳統、不廢道德的重要

儒家思想,簡言之,即內聖與外王的學問。「經世」雖偏重於外王事業,然必以「內聖」的道德修養做根基,否則再怎麼外王的「經世」,仍無法保證「經世」是否不變質?無法確定「經世」是否能夠長久持續下去?「道德」的重要,在儒學思想裡有著不

證自明的優先性。

《經世編》在收錄文章時，仍不廢道德的重要。宋徵璧在〈凡例〉第三條云：

> 天下有一定之理，有萬變之事。正心誠意之言，親賢遠佞之說，治忽之分，罔不由茲。然義簡而直，數語可盡。故集中惟元臣正士入后者，載數十首，以概其餘。（第一冊，頁50）

這就說明《經世編》仍然重視著道德，仍然收錄著大臣以道德修養勸說君主的文章。這些強調「正心誠意」、「親賢遠佞」等承續朱熹政治思想的文章，雖然「義簡而直，數語可盡」，但《經世編》仍然收錄「元臣正士」之文，仍然收錄有「數十首」之多[1]。

---

1 依據北京中華書局附錄朱士春先生的《明經世文編分類目錄》觀察，這些強調「一定之理」的文章多隸屬在「皇室」項裡的「修省類」和「講學類」中。「修省類」共有33篇文章，分別是：（1）王禕〈祈天永命疏〉（2）章綸〈養聖躬勤論政惇孝義疏〉（3）張寧〈齋醮進香表〉（4）劉玨〈慎服食疏〉（5）劉健〈論崇佛老疏〉（6）劉健〈言時政疏〉（7）劉健〈論崇佛氏疏〉（8）劉健〈論時政疏〉（9）劉健〈論聖政疏〉（10）劉健〈諫造塔疏〉（11）劉健〈諫崇道士疏〉（12）劉健〈論火災疏〉（13）劉健〈金闕玉闕真君祀典疏〉（14）劉健〈災變修省疏〉（15）李東陽〈應詔陳言疏〉（16）馬文升〈題為正心謹始以隆繼述事疏〉（17）徐溥〈論時政疏〉（18）丘濬〈論言圖報疏略〉（19）彭詔〈論午朝事宜疏〉（20）章懋〈諫元宵燈火疏〉（21）楊一清〈災異修省疏〉（22）楊廷和〈請遵祖訓以光聖德疏〉（23）楊廷和〈請拆毀保安等寺疏〉（24）楊廷和〈請慎選左右速停齋醮疏〉（25）姜洪〈陳言疏〉（26）何孟春〈陳萬言以裨修省疏〉（27）何景明〈應詔陳言治安疏〉（28）孫懋〈遵祖訓以端政本疏〉（29）桂萼〈修省十二事疏〉（30）霍韜〈嘉靖改元建言第一劄〉（31）陸粲〈法祖宗復舊制以端治本疏〉（32）溫純〈亟圖覽本顧問以隆交泰疏〉（33）馮從吾〈請修朝政疏〉。「講學類」共有13篇文章，分別是：（1）楊士奇〈請開經筵疏〉（2）薛瑄〈上講學章〉（3）劉健〈講學疏〉（4）倪岳〈會議〉（5）王鏊〈時事疏〉（6）王鏊〈講學篇〉（7）姜洪〈陳言疏〉（8）陸深〈陳愚見以裨聖學事疏〉（9）鄭一鵬〈重經筵以養聖德疏〉（10）高拱〈論經筵要務〉（11）張居正〈請敷陳謨烈以裨聖學疏〉（12）張居正〈請用翰林官更番侍直疏〉（13）文震孟〈講筵已輟疏〉。

　　從重視道德到標榜名教，從標榜名教到提倡氣節，往往是儒家思想「道德經世」重要的一環。《經世編》收錄的文章，也有不少涉及這一領域。郭建先生針對《皇明經世文編》一書，即說：

> 本書編入的許多議論時政文章，在作者當時具有重大影響。如明太祖洪武間葉伯巨所上《萬言書》，批評明太祖施政「事之太過者有三：曰分封太侈也，曰用刑太繁也，曰求治太速也」，並詳細分析了分封制的利弊及用刑求治的方法。雖然作者因而罹禍，但其分析不幸而言中。又如明嘉靖間楊繼盛所上《早誅奸險巧佞賊臣疏》，彈劾權臣嚴嵩十項大罪，曾轟動一時。嘉靖末年海瑞所上《治安疏》，指責皇帝不理朝政，迷信道術，薄於父子、君臣、夫婦之義，「天下之人不直陛下久矣」，並稱「嘉靖者，言家家皆淨而無財用也。」天啟間楊漣所上《糾參逆璫疏》，以二十四項大罪彈劾當時權傾天下的太監魏忠賢。本書編入這些著名奏疏，對於激揚正氣，提倡名節，具有重要的意義[2]。

　　其中洪武年間葉伯巨的奏疏，讓明太祖朱元璋暴怒到說：「小子乃何敢疏間吾家骨肉，我見之且心憤，況使吾兒見之耶？速取以來，吾將手射之，而啖其肉耳[3]。」幾乎要親手射殺、吃他的肉才能消氣。嘉靖年間，楊繼盛的奏疏替自己招來「下獄杖一百，在獄三年，竟死西市」[4]的悲慘下場。海瑞的奏疏，則讓明世宗朱

---

2 語見周谷城主編《中國學術名著提要‧政治法律卷》（上海：復旦大學出版社，1996 年 9 月），〈明清編‧皇明經世文編〉，頁 404。

3 語見（明）方孝孺撰《遜志齋集》（上海：商務印書館，《四部叢刊初編集部》縮印明刊本），卷二十一，〈葉巨鄭士利傳〉，頁 483。

4 語見（明）謝廷楨撰《皇明經世文編姓氏爵里總目》，《皇明經世文編》第一冊，頁 84。

厚熜氣得將奏疏用力扔在地下，顧左右曰：「趣執之，無使得遁[5]。」
楊漣的奏疏使得自己遭受「酷法拷訊，體無完膚[6]」，暴斃獄中。
所舉葉伯巨、楊繼盛、海瑞、楊漣四文正是為國為民、不畏生死
的經世文章，也是「激揚正氣，提倡名節」── 儒家思想從個人
道德到到氣節標榜的象徵文章。

　　事實上，本書所收錄眾多「彰癉彈劾之文」，亦即指明時事弊
病，百姓困苦之實況，進而彈劾閣臣官僚，或癲痺不知治理，或
處置不當加深民怨，或自己貪污索賄成了亂源所在。這就就是道
德操守與仕風有著直接的關聯，鄒緝在〈奉天殿災疏〉中說：「貪
官污吏，遍布內外，剝削之患，及民骨髓。朝廷每遣一人出差，
即是其人養活之計，誅求責取，至無限量。州縣官吏，答應奉承，
惟恐不及。間有廉潔自守，心存愛民，不為承應，及其還也，即
加讒毀，以為不肯辦事。朝廷不加審察，遽加以罪，無以自明。
是以在外藩司府縣之官，聞有欽差官至，望風應接，惟恐或後。
上下之間，賄賂公行，略無畏憚。剝下媚上，有同交易，貪污成
風，恬不為怪。夫小民之所積幾何？而內外上下誅求如此，豈能
無所怨讟乎？今山東、河南、山西、陝西諸處人民飢荒，水旱相
仍，至剝樹皮、掘草根、簸稗子以為食，而官無儲蓄，不能賑濟，
老幼流離，顛踣道路，賣妻鬻子，以求苟活，民窮財匱如此，而
猶徭役不休，征斂不息。」（第一冊，頁163）即指出道德敗壞所
造成官貪民貧的鎖鏈關係，官吏「剝下媚上，有同交易，貪污成
風，恬不為怪」，百姓「老幼流離，顛踣道路，賣妻鬻子，以求苟

---

5 語見（清）張廷玉等撰《明史》（上海：上海古籍出版社，1995年12月11
　刷，《二十五史》本第10冊），卷二百二十六，〈海瑞傳〉，頁8,409。
6 語見（清）張廷玉等撰《明史》（書同註5），卷二百四十四，〈楊漣傳〉，頁
　8,456。

活。」類此「為事而著」、「為民而發」的經世文章，正是《經世編》不廢道德的重要的證明。

個人而言，士子不能留意經世，救國濟民，完全只是在為個人名利而讀書、而參加考舉，這樣的士風正是《經世編》所要加以改革的。許譽卿在〈皇明經世文編序〉即說：「予惟學士大夫平生窮經，一旦逢年，名利嬰情，入則問舍求田，出則養交持祿，其于經濟一途蔑如也。國家卒有緩急，安所恃哉！」（第一冊，頁26）正是要士子們大其志，以天下國家己任，不要只停留在個人追求名利和生活享受而已。

二、積極入世、排斥佛老

儒、釋、道三家固為中國文化裡頭的三大思想，然儒家思想積極入世，直接面對家國天下，尤其著重政治、教化諸領域，追求安邦定國。同時，儒家思想，又特標「道統」，強調自己是文化的主流；在面對強調「出世」思想的佛老時，多持排斥之立場。歷代大儒容或有人受到佛老思想的影響，然影響歸影響，以儒判教卻沒止息過，大儒們無不闢佛，無不判教，無不以儒為正、為主、為道統；以佛、老為偏、為客、為異端邪說者。

正是繼承這個儒學傳統，《經世編》在編選文章時，排佛斥老表現得非常明顯，如所選諸文：

> 釋老之壯者驅之，俾復於人倫。經　之妄者火之，俾絕其欺誕。斷所謂瑜珈之教，禁所謂符式之科。絕鬼巫，破淫祀。……陛下天資至高，合于道微，百家神怪，誕妄恍惚，臣知陛下洞燭之矣。然猶不免欲以愚弄天下。若所謂以神道設教者，臣謂不必然也。一統之輿圖已定矣，一時之人

心已服矣，一切之奸雄已慴矣，天無變災，民無患害，聖躬康寧，聖子聖孫，繼繼繩繩，所謂得真符者矣。何必興師以取寶為名，諭眾以神仙為徵應，謂某所有某仙某神孚佐國家者哉！且以傳國寶論之，潞王從琦已焚之矣，屢求屢得，直偽莫明。假令真有之，則區區李斯之書，秦政之制，何是為寶哉！周武之時，未有神仙符應，書之所載，可見也已，而古今享國之長者，未有如周者。神仙釋老誕謾恍惚，何足稽哉！（第一冊，卷 11，解縉〈大庖西封事〉，頁 74-76）

若佛老之教，邪妄不經，空虛無益，蠹政病民，非所當務者也。竊聞寺院宮觀，齋醮無時，佛書道德，刊寫相繼。甚者或累歲掛袍於千里之外，或白晝散燈於大市之間，朝野傳聞，無不駭異。夫寵尚僧道，則親賢之禮疏，耗費錢糧，則愛民之意闕。以方便為仁厚，則冒功求進者得蒙濫賞。以慈悲為寬容，則壞法失機者得逃重罰。是當急者反緩，當重者反輕，凡政之弊，皆由於此。（第一冊，卷 52，劉健〈論聖政疏〉，頁 404）

陛下之誤多矣！禮佛而修醮，修醮所以求長生也。自古聖賢之生，修身立命，止說順受其正，蓋天地賦予，於人所為性命者，此盡矣。夫堯、舜、禹、湯、文、武之君，聖之盛也，未能久而不終。下之亦未見方外士，漢、唐、宋存至今日。使陛下得以訪其術者陶仲文，陛下以師呼之，仲文則既死矣。仲文不能長生，而陛下獨何求之？至謂天賜仙桃藥丸，怪妄尤甚。（第四冊，卷 309，海瑞〈治安疏〉，頁 3257）

五臺山寺諸僧不下數千，伐木奚啻百萬？淫占婦女，窩聚

礦徒，且自稱山寺古剎，不屬州縣，保甲難以僉編，盜賊
無所畏忌，甚為地方之害。（第五冊，卷416，呂坤〈摘陳邊
計民艱疏〉，頁4513）

　　案第一文是解縉針對明太祖朱元璋的政策而發，直指釋、老
之教只是帝王藉以「愚弄天下」罷了。第二文是劉健提醒明孝宗
朱祐樘，佛老之教「邪妄不經、空虛無益」，蠹政病民，為害不淺。
第三文是海瑞直批明世宗朱厚熜禮佛修醮，只是自私地追求個人
的長生，只是沒有依據的迷信罷了。第四文是呂坤站在地方長官
的立場，向明神宗朱翊鈞表達五台山寺的僧人為害地方的各種情
狀。總括來說，站在儒學傳統的立場，稟承經世的理念，這些文
章對於佛教、道教，全是排斥和批判，甚至將國政的弊病與之劃
上等號。

　　前引四文篇名分別是〈大庖西封事〉、〈論聖政疏〉、〈治安疏〉、
〈摘陳邊計民艱疏〉，單從篇名是看不出文章排斥佛老的選文傾
向，然而文章內容卻又真確地蘊涵著如是的觀念。《經世編》一書
裡類似的作品尚多，不暇一一詳舉。又有些文章則直從篇名即可
看出排斥佛老的強烈態度的，如：劉珝有〈慎服食疏〉（卷51），
〈諫造塔疏〉、〈諫崇道士疏〉（卷52），〈金闕玉闕真君祀典疏〉（卷
53）；馬文升有〈題為袪邪術以崇正道疏〉（卷62）；楊廷和有〈請
拆毀保安等寺疏〉、〈請慎選左右速停齋醮疏〉（卷161）；張翀有
〈亟誅蠱惑遺姦以隆聖治疏〉（卷292）等等都是。

　　晚明是個佛老復興的時代[7]，儒、釋、道三教合一之論也廣泛

---

7 見嵇文甫撰《晚明思想史論》（北京：東方出版社，1996年9月2刷），第六
　章〈佛門的幾個龍象〉載：「晚明思想界的活躍，不僅表現在儒家方面，同
　樣的亦表現在佛家方面。當時狂禪潮流，掩襲一世。在儒家方面引起東林各
　派的王學修正運動，在佛家方面也引起雲棲紫柏憨山等的佛教復興運動。」，
　頁111。

流傳，文人士大夫參禪禮佛、煉丹長生的追求風氣頗盛 ── 然而，也是在這樣的時代裡，《經世編》選文仍堅持著排斥佛老的原則，正是承繼著傳統的儒學精神而來。

三、富國強兵的追求

　　《經世編》的編選原則，有繼承儒學傳統的一面，也有著改革儒學傳統的一面。改革部分尤其表現在反宋柔弱與富國強兵的追求上面。

（一）反宋：宋代柔弱，不能與「明」相比

　　明人對宋朝多有微詞，總認為宋人柔弱，以和自愚，宋人的作為大多不可取。故明人多不喜以宋比明，特別是在事功成就方面。《經世編》收錄文章也多有這樣的見解，如：

> 大抵宋之為國，武不勝其仁，疑不知其斷，而志不足以振
> 其氣，是以隱忍養寇不恥，蓋宜矣。君臣之間，相與內修
> 外防，孜孜求治，而仁宗得以賢君稱，亦可嘉哉！若夫我
> 國家以武功定天下，混一疆宇，奄有甘涼，而戎虜不敢以
> 犯天討，固非區區有宋者比。（第一冊，卷 51，劉珝〈鎮戎千
> 戶所記〉，頁 396-397）

> 今之議者，獨引宋人以和自愚之說，殊不知彼出關奉虜，
> 此開關欵虜。彼稱南北兄弟為敵國，此稱臣納貢為屬國，
> 古今強弱之勢，原自絕然不同。（第五冊，卷 394，王錫爵〈論
> 邊事疏〉，頁 4259）

昨日尚書石星與臣言，今之邊事，乃唐事，非宋事，……
然則國家之事本非宋，而好事者日趣入宋耳，可不為之深
慮哉！（第五冊，卷394，王錫爵〈陳東西欵貢疏〉，頁4260）。
臣常言，國家禦虜當為漢之強，不當為宋之弱。（第六冊，
卷450，涂宗濬〈機宜採擇疏〉，頁4950）

金人語宋人曰：「待汝家議論定時，我已過河矣！」今實類
于是。此時正經事尚不暇給，何暇爭執此事？（第六冊，卷
482，熊廷弼〈答李孟白督餉〉，頁5317）

要之，這些文字總流露著明人反宋自負的心態。他們大多認
為宋代柔弱，「武不勝其仁，疑不知其斷，而志不足以振其氣」，
明代「混一疆宇」、「功定天下」，大宋與大明二者是不能拿來等同
類比的。末文，晚明的傑出軍事將領熊廷弼更以宋人好議論誤國
誤事來做警惕 ——「待汝家議論定時，我已過河矣！」本是金人
對宋的評語，卻也成了明人反宋的象徵言論了。

明人對於「宋儒」的批評，以霍韜這段話最具代表性，如下：
宋朝士夫，動擁虛名，動多浮議，其未見用，人多以大用
期之，及其見用，亦只如此而已矣。嘗謂宋儒學問，動師
三代，而致君圖治之效，不及漢唐。漢唐宰輔雖不知學，
猶能相其君，以安中夏而制四夷。宋人則高拱浮談，屈事
戎狄，竭民產以納歲幣，苟延旦夕之安，履霜不戒，卒覆
中夏而後已。若此者，可諉之天數，可徒責徽、欽，而嘉
祐、康定以迄元祐之諸君子，可獨逃責乎？命世豪傑，為
能見兆未形，而先機預策，以制數百年未易測識之虞也！
況于事勢顯白，有必至之危，然猶瞑乎莫覺者，謂國有人
也可乎？宋朝士夫浮議，甚于戰國之橫議，而流禍之烈，

甚于晉之清談，顧未有命世大儒，起而掃之。今之士夫，
動多掇拾其唾去之說，以咀嚼之，此士習所以益卑，政治
所以益弛，祖宗之舊章所以日益廢格，民日益困、財日益
匱、大勢日有不測之虞，而當事君子，莫或之省憂也。（第
三冊，卷188，霍韜〈上楊邃菴書〉，頁1944）

這段話簡單說來就是認為宋儒會說不會做，只會浮議清談，
誤人誤國；亦即誇言三代，卻不知經世學問，不能經世事業。霍
韜甚至指其流禍之烈甚於戰國的橫議，晉代的清談。《經世編》對
這段言論評註云：「張江陵亦不喜宋人議論，大抵立功立事非宋人
所長，故有志事功者，棄去不顧也。」（引同上）張居正（江陵）
有志事功，不喜宋人議論；《經世編》的編輯群以張居正為經世典
範，也是有志事功者，反宋，不喜宋人議論，是有一定的脈絡相
承的。

選文如是，評點如是，《經世編》選文背後的經世觀，排宋、
反宋儒是極其明顯的傾向。

（二）王霸新辯：富國強兵的追求

在「道德」與「功利」的分辯中，無疑地，從孟子到朱熹，
都採嚴格的道德主義，也就是道德的優先性是遠遠高於功利的。
然而到了明代卻有所變化，特別《經世編》的經世觀念，雖然不
廢道德的重要，但更看重富國強兵（也就是功利），甚至直接認為
富國強兵就是「道德」的內涵 —— 還據此力批空談王道、迂腐無用
的儒者。其中最著名的就是海瑞〈復歐陽柏菴掌科〉一文，如下：

承諭，聖人無近功速化，今日行之，明日見效，皆伯者詐
術之私而已，此說似矣，實非。孔子言必世後仁，吾三十
年遲矣。然為魯司寇，男女別途，豚羔不飾價，又未有若

此速者，是則何為？聖人即此道法，即此至誠，惻怛之心，為之可以見效於數十年之後，亦可以收效於俄頃之前。必世後仁之中，自有綏來動和之妙，不言其速而自無不速，猶之男耕女織，數月而後得衣食，遲矣。然自此以後，陳陳相因，有餘粟、有餘布，無速無遲而不得也。以為初言法制未備，聖人亦必有以處之，非坐待至數月也。縱商賈、庸工、場圃、夫腳，嗣往興來，莫非王道，亦莫非孔門事業。今人每鄙書生迂腐無用，勇猛能操切，吏書仕宦盛氣于世，正以書生知王道之遲，不知王道之速也。假如今賊臨城臨村，破滅呼吸，乃曰候我去做務農講武之法來，其可乎？醫家急則治其標，治標亦醫家正道，而非旁門邪術也。治標與綏來動和作用不同，姑就速化一端言之，富國強兵陋為伯術，儒者不屑，聖人不富國強兵耶？什一而徹，田獵講武，富國強兵，天下之于聖人莫是過也。謂聖人言義不言利，兵非得已，天下寧有這等「癡聖人」、「死地聖人」耶？自謂我為天德、為王道，一謀畫、一施行，大大小小，求之而不可得說為矣，而又不見其出手；為之苟且因循，日挨一日，止是以一件有待不可速做藉口答人。此天下所以厭儒人迂腐無用，而尊孫、吳、管、晏也。伯以速道誤天下，儒以遲道誤天下，其害一而已矣。詐術猶可支持目前，腐儒目前日久俱無用之。世主樂就功利，厭仁義之談，厭腐儒也，無所倚仗，不得不然也。今日有「真聖人」出焉，速過孫、吳千百，世主無不樂之。樂之非真知德義可尊而貴也，樂其遠在孫、吳之上，富國強兵見目前也。許魯齋謂學以養生為本，或者以不知道譏之。借口養生為富積計則謬矣，天下之人死矣、亡矣而後可以為學

耶？賜不受命貨殖，顏子庶乎屢空，未聞顏子聽其餓死，不為生道計也。儒者迂遠而闊於事情，無所用之。有賊臨城，行冠禮者有一籌不展，抱守忠義，俯首就戮者，聖人原無此等道理，原無此等忠義也。呂祖謙謂莫速於聖人，莫遲於申、韓，莫利于聖人，莫鈍于申、韓，此道此意，知道君子自可得之。於其速，不於其遲，伯道也。為其遲，亦為其速，王道也，天德也。公區區說，不免毫釐之差，謬以千里。敬布所見求正，非敢為辯也。（第四冊，卷309，海瑞〈復歐陽柏菴掌科〉，頁3267-3268）

　　案海瑞這七百多字的文章很能代表明人改革儒學傳統的經世思想，簡言之，即透過富國強兵的追求，在王霸新辯的課題領域裡，顛覆了宋儒所稟承的傳統儒學。宋儒十分強調「內聖」工夫，從個人心性修養而推展出去，在政治上的尊「王道」斥「霸道」，重仁義輕功利，求長久而賤速效等等觀念；海瑞這篇文章則從「外王事業」的強調中，將宋儒觀念完全翻轉過來。正面來說，商賈、庸工、場圃、夫腳，只要能夠不空談心性不空談王道而認認真真地去做事情，就「莫非王道，亦莫非孔門事業。」「真聖人」就是要能快速地解決現實問題，以及要能看出事業功利的成績和結果。準此，在這樣的經世思想底下的「王道」比起儒家之外的管仲、晏嬰、孫武、吳起等法家兵家人物所實踐出來的「霸道」（即「伯道」）就不僅只停留在「道德動機」、「道德目標」的差異而已，而包含著比「霸道」功效更速、功利更廣，真真正正實用，有用於世的這個特色。反面來說，空談王道、迂腐無用，只會「苟且因循」，拿不出任何辦法出來解決問題，卻以「聖人無近功速化」當藉口，只會說「言義不言利」、「兵非得已」等等大話，海瑞大罵這些人根本是「癡聖人」、「死地聖人」──天下那有這等聖人

呢？「伯（霸）以速道誤天下，儒以遲道誤天下，其害一而已。詐術猶可支持目前，腐儒目前日久俱無用之。」也就是說，不追求富國強兵的「腐儒」，其誤國誤天下，更甚於霸道人物。

　　改革儒學傳統，追求富國強兵，追求近功速效，海瑞如此，張居正如此，徐光啟也如此。張居正亦云：「孔子論政，開口便說足食足兵。舜命十二牧，曰食哉惟時。周公立政，其克詰爾戎兵，何嘗不欲國之富且強哉！後世學術不明，高談無實，剽竊仁義謂之王道，纔涉富強便云霸術。不知王霸之辯，義利之間，在心不在跡，奚必仁義之為王，富強之為霸也。」（第四冊，頁 3512）張氏這話就在「王霸之辯」的問題上翻案，將富國強兵的經世思想注入到其中去了。徐光啟也說：「雖然愚所陳者二事，皆今之至急，而且迂言農事，其為梁肉攻疾矣。然而愚誠見其必然者也。抑非愚之術，而太公、管仲之術也，又非獨太公、管仲，而孔子生財之大，孟軻王道之要也。近世以來，闇于大計，不以為猥鄙，即目為迂緩，一齊眾咻，懲噎廢食，薄太公、管仲、并孔、孟語置之，并二祖之法置之，遂令國日貧、民日蹙耳。嗚呼！明此道者，熟察古今之際，誰不以此興，以此亡，豈輕也哉！一日而得太公、管仲其人也，宗祿邊計，雖不問可也。」（第六冊，頁 5425）徐氏這話直以「孔子生財之大，孟軻王道之要也」，表現著對富國強兵的強烈追求，是符合孔、孟聖道的思想。

　　《經世編》收錄文章若以篇章數量排序，張居正共有 101 文，高居首位；若以總字數排序，徐光啟共 59,558 字，高居首位；若以卷數數量排序，張、徐皆六卷，也高居首位。張、徐二人的言行主張，對《經世編》的重要不言而諭。據此，筆者認為《經世編》編選的總原則，在精神面來說，改革儒學傳統，富國強兵的追求，是很重要的一面。張居正、徐光啟的意思如是，對《經世

編》而言，肯定是有著極高的典範意義。

第二節　人物面 —— 明朝著名的經世大臣

　　《經世編》的編選原則在改革儒學傳統方面，除去富國強兵的追求外，還有就是反對傳統儒者高談堯舜三代德治卻鄙薄當代政治的復古思想。以是之故，《經世編》特別注重「法後王」、「貴今」等等思想。也就是說堯舜三代的德治固無可非議，但是三代以後是否真如宋代大儒朱熹所說的都只是「架漏牽補，過了時日」呢？對《經世編》的編輯群而言，答案是否定的。在眉批宋訥〈勒建歷代帝王廟〉一文時，《經世編》即評註云：「苟能混一天下者，皆聖人也，宋人謂後代帝王不如前古，真可笑也！」（第一冊，頁38）事實上，宋訥的原文，藉肯定漢、唐、宋、元四朝「混一寰宇、紹正大統」，進而頌讚「明」朝「度越百王，垂憲來世」；其實這也代表著眾多明人的共通想法。

　　正是在這樣的思想前提下，方岳貢云：「學士家不知近事，往往是往古而非當今。然而傳曰『法後王』，則以昭代之人文，經昭代之國是，豈有不足者耶？」（第一冊，〈序〉，頁4-5）也就是說「法後王」讓《經世編》特別重視明代各朝的經世人才，尤其是這些人對於各類國事各種現實問題的見解和對策。這些人或得志行道而成為名公鉅卿，這些人或緣其文章罹災披禍而際遇不偶，許譽卿說「《經世編》者，吾郡諸子志在用世，參訂往哲，備一代經濟之書也。」（第一冊，〈序〉，頁 26）徐孚遠說「語云『高論百王，不如憲章當代』。……余是以從陳、宋二子之後，上承郡大夫先生之旨，收緝明興以來名賢文集，與其奏疏，凡數百家」（第

一冊,〈序〉,頁 35-37)對於明代各朝經世人才的重視,尤其表現在《經世編》「以人為綱」的體例特色上面。

同一明代,各朝表現不同。《經世編》所選上自明太祖洪武年間,下迄熹宗天啟年間,約二百七十年時間。宋徵璧在〈凡例〉第二條云:

> 本朝二祖列宗,聖哲相繼,作人養士,蘊毓瀾滄,昌明之運,太平累葉,人才之盛,周漢以來所未嘗有。然異同升降,抑亦可考。高、文二朝,開天理物之佐,大者比勛皋、禹,次者儷美蕭、曹,然其英謀讜論見於文章者,寥落無聞。意造膝詭辭,世莫得聆者歟!至仁、宣而後,俗尚醇龐,士貴器度,其人類溫良而博厚,其文多簡質而平易,此一盛也。及英、景而後,訖於孝宗,士生其間,所趨不同,大要以氣幹節概為主。或貞固強力,為國家任大事;或清端直諒,為國家寢大奸。疆有虎臣,朝有耆德,又一盛也。武皇之李,隙由稊政,而偉人傑士,王國克生,意天以肇肅皇中興之治乎!其時士大夫,博通敏幹,足以倚辦,故肅皇雄才大度,驅使豪傑,迭用迭舍,未嘗乏竭。至繼世以後,而碩輔信臣,相與解單于之辦,烽火不起五十餘年。豈非得人之效哉!是班生所以致歎於孝武也。此又一盛也。神祖當豐享豫大之時,恭己無為,而朝論漸分,黨議斯起。於是矜重氣節,標尚議論,爭國本,擊礦稅,辨綸扉之邪正,訟計典之枉直,以至視朝起廢,披鱗請劍,章滿公車,豈非公論最伸,而清議足傳歟!此又一盛也。至熹宗在御,宵人竊柄,閹隱之歎,於斯為極。我皇聿興,如離始照,十年之間,宵衣旰食,而太平未臻,殷憂日切。夫國家之景運既如彼,我皇之聖明又如此,必有異人並出,

以助緝熙，不愧肅皇之世者，當拭目觀其盛耳。予與徐子、
陳子論昭代人才之概，而於名公貴卿，深有望云。（第一
冊，〈凡例〉，頁 49-50）

這段話肯定明代二百七十年間「賢才輩生」、「名臣輩出」、「文
治之隆於斯極矣」。事實上，陳子龍、方岳貢和黃澍的序文，都有
類似的意見[8]，然而宋徵璧的〈凡例〉這段文字則更深入地指出明
代各朝大臣經世濟國的不同特色如下：（1）高、文二朝（明太祖、
明成祖），「大臣比勛皋、陶、儷美蕭、曹，惜文章讜論較少。」
（2）仁、宣（明仁宗、明宣宗），「士貴器度、溫良博厚，文多簡
質而平易。」（3）英、景而後訖於孝宗（明英宗、明景帝、明憲
宗、明孝宗），「或貞固強力，為國家任大事；或清端直諒、為國
家寢大奸。人與文皆以氣幹節概為主。」武皇之季（明武宗末年），
「雖隙由秚政而多偉人傑士出焉。」肅皇（明世宗）至繼世（明
穆宗）以後，「士大夫博通敏幹，豪傑屢出，碩輔信臣頗立勳功。」
（神祖（明神宗）時，「士大夫矜重氣節，標常議論，故公論最伸，
清議足傳。」總結各朝，宋徵璧認為而到了明熹宗時，則是閹宦
魏忠賢掌柄用權，也是「天地閉，賢人隱」最壞的時代了。熹宗
之後的當今皇帝又望治殷切，宵衣旰食，以致《經世編》的編輯
群們在明代各朝的經濟人才身上看到了朝政中興的希望，故殷殷
地期待名公、貴卿，豪傑、異人而出，輔佐崇禎皇帝，再創明代

8　《皇明經世文編》所收，陳子龍〈序〉云：「祖宗立國，規模宏遠，先朝大
臣學術醇正，非有縱橫奇詭之論也。夫王業之深淺，觀於人才之盛衰，我明
既代有翊運輔世之臣，而主上旁求俊乂，用人如江湖。」（第一冊，頁 42）、
方岳貢〈序〉云：「明興，高皇帝提三尺劍，攬群策以定天下，聖子神孫，
翼翼繩繩，三百年來名臣輩出，如嶽如河，如鸞如龍，所以謀謨於總章之上，
諷議於簡策之下者，固已麟炳往古，灼乎來茲矣！」（第一冊，頁 3）、黃澍
〈序〉云：「明興二百七十有餘載，遐靈四暢，元氣周匝，才激風烈，所在
瀰淪，蓋文治之隆，於斯極矣！」（第一冊，頁 15）。

中興之業 —— 簡言之，即明代各朝都有人才出現，本朝自是沒有
例外。

明代各朝的經世人才，宋徵璧的〈凡例〉第二條，尚只是概
略地簡敘特色而已，還未指名道姓出來。黃澍在為《經世編》寫
序時，則更說得更清楚，云：

> 洪惟二祖列宗，先後輝映，經濟之材不借異代，以余約略
> 近軼，在英宗則以王、于兩忠肅為倡，周文襄、耿清惠為
> 輔；在憲宗則以王端毅、項襄毅為傑，李襄敏、陳康懿為
> 輔；在孝宗則以馬端肅、劉忠宣為冠，倪文毅一人為輔；
> 在武宗則以王文成、李康惠為首，胡端敏為輔；在世宗則
> 以張永嘉為最，徐文貞為輔。是皆具命世之才，經世之識，
> 持世之學，故其勳名爛然，文章踔約，於今為烈，功等開
> 創。他如周襄敏，以片言而釋諸將疑阻；黃文簡之策阿魯
> 台，一言洞徹，如立高岡；李文正之辨倉糧，談言微中，
> 遂免輸邊之煩。又其尤者，倪文毅〈邊事狀略〉，魄動指寒，
> 今猶在星辰河嶽間，其論邊漕也，毋憚一時之勞而失久遠
> 之利。李康惠之〈築堡屯田〉，劉忠宣之〈兵政弊端十事〉，
> 言重詞複，中有大美存焉。若是者，全篇固資徽謨，隻語
> 亦存綱略，稱此以求揄美闡幽，雖層必錄，片羽碎金，偶
> 見亦鮮。本聖門不以人廢之條，奉明王「言者無罪」之例，
> 茲義所存，梗概備焉矣。（第一冊，〈黃澍序〉，頁19-20）

在這段文字裡，黃澍指出明代各朝的重要經世人才：英宗天
順年間王翺（忠肅）、于謙（忠肅）為倡，周忱（文襄）、耿九疇
（清惠）為輔；憲宗成化年間有王恕（端毅）、項忠（襄毅）為傑，
李秉（襄敏）、陳康懿為輔；孝宗弘治年間有馬文升（端肅）、劉
大夏（忠宣）為冠，倪岳（文正）為輔；武宗正德年間有王守仁

（文成）、李承勛（康惠）為首，胡世寧（端敏）為輔；世宗嘉靖
年間有張孚敬（永嘉）為最，徐階（文貞）為輔。事實上，查索
《經世編》全書，除耿九疇、陳康懿之外[9]，另十四人皆被收錄不
少的編章、字數，如王守仁共收有 45 篇文章、45,845 字，馬文
升收了 33 篇文章、31,113 字，于謙收有 26 篇文章、21,385 字，
胡世寧收有 13 篇文章、34,085 字等等，相較四百多個其他人物，
分量明顯重了許多。

必須提醒的是《經世編》收錄多達四百二十九人的作品，黃
澍所指僅僅十六人，畢竟過於簡略，且穆宗隆慶、神宗萬曆、熹
宗天啟等年間之人物，隻字未提。然其言「經濟之才不借異代」，
則確實可為《經世編》重要的編選原則。

《經世編》重視明代各朝的經世人才，因人而留意其言論文
章，選人存文之意甚明，有時選輯群甚至還直接表達在文章的評
註文字上面，例子甚多，隨手拈來，如底下二十人即是：

一、宋　訥

評：公為國初國學之師，聖祖特重之，每舉以勵後之司成，
因採此一篇。（卷 5，〈送國子生劉士龍還還京序〉，頁 39）

二、周　敘

評：於監國之時，即為代立之疑，忠亮如是。（卷 55，〈復
仇疏〉，頁 190）

三、李　賓

評：公為總憲，故疏令巡方及外臺核實保舉人才，以興吏
治，誠正本之也。（卷 41，〈保舉疏〉，頁 325）

---

9 《皇明經世文編》只收錄耿九疇之子耿裕，並未收錄九疇文章。又《經世編》
並未收錄陳康懿其人文章。

四、王 竑

評：公固知兵者，不獨以節概勝也。（卷 43，〈論邊事疏〉，頁 330）

五、章 綸

評：公以此疏下獄，其進規景皇，可謂言人所難言。（卷 47，〈養聖躬勤論政惇孝義疏〉，頁 368）

六、舒 芬

評：危切至此，真古大臣之風。○○○以此獲罪閣中，杖幾死。（卷 171，〈留駕疏〉，頁 1752）

七、楊 慎

評：用修博雅直亮，然集中經濟之文絕少。嘉靖大禮封事亦未之見之也，故僅存此篇。（卷 171，〈丁丑封事〉，頁 1754）

八、王邦直

評：東溟先生以明經為鹽山丞，上書陳言時政，優旨褒答，舉朝惡之，卒不得究其用，惜矣。（卷 251，〈陳愚衷以恤民窮以隆聖治事〉，頁 2635）

九、唐順之

評：是時先生為東宮官寮，故與羅、趙二先生皆具此疏，以忤柄臣意，俱免為民。（卷 259，〈早定東宮朝賀禮制以慰群情疏〉，頁 2735）

十、任 環

評：任兵使在我郡，躬擐甲冑，屢立顯績，父老至今能言之。（卷 269，〈答王東臺書〉，頁 2846）

十一、楊博■

評：是年襄毅所築大小土堡九座，墩臺九十二座，又濬大濠二道，各長十八里，邊民大悅。（卷 275，〈右衛路通乘時

以圖後效疏〉，頁 2903）

十二、葛守禮

評：公所言，真萬世之計也。地方有事，動請添設，以為異日委御之地，真不忠之大者也。（卷 278，〈楊虞坡太宰論設官〉，頁 2945）

十三、江 東

評：癸亥虜入墻子嶺，公入援，奉命節制諸軍，亦一才臣也。（卷 287，〈北虜事宜疏〉，頁 3028）

十四、陸樹聲

評：文定公亮節邵德，海內有河岳之望，〈十事疏〉忠愛正直，退不忘君，可謂大臣矣。（卷 291，〈敬獻愚忠以備採擇疏〉，頁 3068）

十五、陸樹德

評：疏上，大司農王公國光覆行之，至今為吳民利。（卷 291，〈民運困極疏〉，頁 3072）

十六、郭正域

評：稱述祖德，以諷當時，忠愛藹然，尤得史臣之體。（卷 454，〈法祖停稅賦〉，頁 4990）

十七、董其昌

評：玄宰先生文筆絕代，必有訏謨碩學可稗當世者，而簡之《家集》，一無所載，止有此疏有關史錄，故存之。（卷 455，〈報命疏〉，頁 5000）

十八、文震孟

評：湛持先生清端亮直，立朝之始，即上此疏，直聲振天下。爰立以後，海內想望丰采。而取忤權奸，在位不久，齋心以歿。讀之，不勝西州之慟。（卷 500，〈國步蓁艱疏〉，

頁 5514）

十九、杜麟徵

評：仁趾為駕部，一時錚然有名聲，雖久于樞曹者，莫不遜其諳練，而此疏尤見立朝大節。（卷 504，〈仰體聖明求治之殷，詳維祖宗立法之善，懇納芻蕘，以明國體，以安人心等事〉，頁 5540）

二十、陳組綬

評：伊蓭抱濟世之志，而天奪之速，竟不及展。死之日，予友朱聞玄為之經紀喪事，至貧不能斂。伊蓭素交結海內奇士，燕趙健兒，弔而哭之者，蓋數千云。（卷 504，〈皇明職方地圖大序〉，頁 5541）

　　案這二十條評語皆《經世編》編輯群針對所選錄人物而發，贊頌之情溢於言表，如「忠亮如是」、「固知兵者」、「真古大臣之風」、「屢立顯績」、「亦一才臣也」、「亮節郡德，海內有河岳之望」、「文筆絕代」、「清端亮直」、「錚然有名聲」、「抱濟世之志」等等，無一不是高度肯定的詞語。其中楊慎、陸樹德、董其昌、杜麟徵、陳組綬等人，《經世編》所收僅有一文而已；周敘、章綸、王邦直、江東、陸樹聲、郭正域等人，所收則僅有二文而已。評楊慎云：「用修博雅直亮，然集中經濟之文絕少。嘉靖大禮封事亦未之見之也，故僅存此篇。」，評董其昌云：「玄宰先生文筆絕代，必有訏謨碩學可稗當世者，而簡之《家集》，一無所載，止有此疏有關史錄，故存之。」，正可以看出《經世編》編選時，以人為重甚至到了因人存文的重要原則。

第三節　文章面 ── 典故國事與通今實用

一、對明代典故的重視

　　《經世編》的編選原則，人是經，事是緯，目標則為救時救世，追求富國強兵。也就是說除去重視明代各朝的經世人才（如名公鉅卿）外，同時也重視著明代各類事務的典故：包括常例、典制和掌故等等。前者所重在「人才」如何訏謀規劃，表忠貞示亮節；後者則重在「問題」如何創治、流衍，生功效、杜弊端。

　　如本論文〈第二章〉所指出，漢代的魏相和明代萬曆朝的張居正之所以成為晚明文人的經世典範人物，往往是透過對本朝典故的熟悉、掌握，再對其所面對的時政進行興利除弊而獲致一定的成效。依此而言，對晚明文人對《經世編》的編輯群們當代典故的重要是庸無置疑的共識。主編徐孚遠就說：

> 蓋天下有文章淹雅之家，有經術幹理之家，二者其致不同，當其執卷操筆，所趣各殊矣。余嘗聞諸長者云：「新都楊文忠公、江陵張文忠公，自釋褐以後，即棄去所業文詞，盡取國朝典故誦之，手指心憶，得其條理。及其當國，沛然施之，無不如意。」二公當艱難之時，而能措置安平，功業駿朗，不偶然也。（第一冊，〈徐孚遠序〉，頁35）

　　這話裡頭的「新都」就是楊廷和，而「江陵」就是張居正。主編徐孚遠認為楊、張二人政績斐然主要是得力於「盡去所業文詞，盡國朝典故誦之」，也就是他們都能從「文章淹雅」轉向成為

「經術幹理」這也自然地成了《經世編》編輯群們的自我期許。

在《經世編》編輯群的心目中，當代典故代表著「今」，代表著「世務」，代表著「實學」，代表著「損益輕重」和「補時救世」。主編陳子龍云：

> 予自幼讀書，不好章句，喜論當世之故。時從父老談名公偉人之跡，至於忘寢。及長，而北之燕、趙之郊，遊京師，凡諸司之所掌，輶軒之所及，見其人未嘗不問，遇其書未嘗不藏，雖苦蹇陋多遺忘，然布諸載籍者，概可見。（第一冊，〈陳子龍序〉，頁41）

> 俗儒是古而非今，文士擷華而舍實。夫保殘守缺，則訓詁之文充棟不厭；尋聲設色，則雕繪之作永日以思。至於時王所尚，世務所急，是非得失之際，未之用心，苟能訪求其書者蓋寡，宜天下才智日以絀。故曰「士無實學」。（同上，頁40）

陳子龍在這話裡一方面直陳自己對當代人、當代事的高度興趣，陳子龍是從父老所談及進而日漸熟稔當代的「名公偉人」；而當代的典故如「諸司之所掌，輶軒之所及」，則是自己親訪問人，遍讀載籍而得。另一方面，陳氏更藉此批判「俗儒」、「文士」，不是「是古而非今」，就是「擷華而舍實」，完全忽略了「時王所尚」、「世務所急」、「是非得失」——而這就叫做「士無實學」。

類似的批判，《經世編》的主編徐孚遠也有，徐氏云：

> 今天下學士大夫，無不搜討緗素，琢磨文筆，而於本朝故實，罕所措心。以故剟藻則有餘，而應務則不足。語云：「高論百王，不如憲章當代」。余嘗得《高廟實錄》副本，恭誦數四，雖莛叩鐘音，不測其洪蘊，而運化之跡，有可曉睹。

觀夫當日立制之初意，與夫後來沿習，浸以失之，末舉而本不存，目設而綱不振者，蓋已多矣。嘗欲探其源流，別其同異，條其可施於當今者數十事，以為能行此數十事，則治平不足言矣，而才識庸弱，卒卒未能也。（第一冊，〈徐孚遠序〉，頁 35-36）

　　徐孚遠在這段話裡，既批判了學士大夫們「於本朝故實、罕所措心」，以致於「刻藻則有餘，應務則不足」外，也同時說出自己曾經想要歸納、編纂歷朝典故，而當今可以做的「數十事」，進而拿來治國、平天下。可惜最後並沒有完成。從典故的究心，到經世的志向，筆者認為徐氏的「數十事」雖未編成，然《經世編》編纂十分重視明代典故，多少彌補了這個缺憾。正因如此，宋徵璧在〈凡例〉第一條資料云：「唐宋以來，如《通典》、《通考》，暨《奏疏》、《衍議》諸書，允為切要，亦既繁多。乃本朝典故，缺焉未陳。其藏之金匱石室者，聞見局促，曾未得睹記。所拜手而獻、抵掌而陳者，若左右史所記，小生宿儒，又病於抄撮，不足揄揚盛美，網羅前後。此有志之士，所撫膺而長歎也。」（第一冊，頁 49）更是直接說出了《經世編》之撰，正緣於補足有關明代各朝典故缺漏的著作。

二、通今與實用的強調

　　《經世編》若以人為單位，共收錄 429 人；若以文章為單位，共收錄 3,158 篇文章。站在文章的角度觀察，則《經世編》編選原則在人之外，有些則是因為文章的特質而超越了對人的要求。張溥為《經世編》寫序時，曾說：

　　《經世文編》，卷凡五百，偉哉是書，明興以來未有也。右

文之朝，人尚史學，綜覽昭代，著作多塗。……孰有分別
政事，明白讜言，如《文編》者哉！三子志存治世，詞不
苟榮，進善退惡，一稟《春秋》。《文編》所載網羅稍寬，
有補兵、食，中禮、樂者，殷勤收錄，不忍遐遺。使明主
見而拊髀，執事聞而交儆。用其言而顯其人，棄其人而存
其言，賞罰自在也。（第一冊，〈張溥序〉，頁24）

　　若依所收文章衡量的話，張氏說《經世編》「網羅稍寬，有補
兵、食，中禮、樂者，殷勤收錄，不忍遐遺」，的確是合乎事實的
話。也就是說，《經世編》編選時，固然以人為重，名公鉅卿經世
人才居多 ——「用其言以顯其人」；但也有因為「文章」（即所謂
的「言」）的實用、通今的因素而加以收錄的 ——「棄其人而存其
言」。針對這點，許譽卿也有類似的意見。許氏在序文云：「予嘗
覽斯編，一代兵、農、禮、樂、刑、政之大端，賅是矣。而於忠
佞是非之際，尤凜凜致辨焉。以故言以人傳者，重其人，亟錄其
文；言不以人廢者，存其文，必斥其人。諸子涇渭在胸，邪正在
目，其用意深而取裁富，故足多也。」（第一冊，頁28-29）也正
說明了《經世編》所錄文章何以多達三千多篇。

　　所謂「棄其人而存其言」、「言不以人廢」，強調的重點就是有
些「文章」的作者雖然受到名教所訾詈、君子所不恥，但「文章」
的內容本身卻多能有「通今」「實用」的效果 —— 裨益《經世編》
編輯群們所面對的「今」 —— 崇禎朝各項兵、農、禮、樂、刑、
政的實際現實問題。最明顯的例子，如嘉靖朝的奸臣嚴嵩和天啟
朝的罪臣熊廷弼，宋徵璧在〈凡例〉第十二條資料云：

此書非關彰癉，彈劾之文不能盡錄，著其大者。非名教所
裨，即治亂攸關。若乃其言足存，不以人廢。分宜老奸，
秩宗之文，采其數篇，特於卷首，直斥其名。若近者熊芝

岡，剛悷自用，已經服法。然籌策東隅，多有英論，無譁
之朝，可以昭揭。其他大臣有陰柔之號者，邊臣功足掩過
者，僅以其文，不暇詳論。（第一冊，頁52）

　　這段話裡的「名教所裨」多指人，即「言以人傳者重其人」；
而「治亂悠關」則常指「文」，即「言不以人廢者重其文」。「分宜」，
即為嚴嵩，雖然〈凡例〉直斥其為「老奸」，然《經世編》仍收錄
不少他的論禮之文，如〈明堂秋享大禮議〉、〈獻皇帝稱宗大禮義〉、
〈遵照御製或問獻皇帝祖祔廟文皇帝稱議〉、〈慶都縣堯母陵祠覆
議〉、〈郭英配享議〉等等等文章。為了表示對嚴嵩的不恥，在收
其文章之前，將「嚴嵩」之名直標進去，用體例的變化以存褒貶
之意。「熊芝崗」，即熊廷弼，雖然〈凡例〉直斥其「剛悷自用，
已經服法」，卻也不得不承認他經營遼東，「籌策東隅，多有英論」，
還收錄三卷、37篇文章、28,618字，分量極多。這和《經世編》
編輯群所處的崇禎朝正面臨東北的大敵，由滿族建立的政權（即
後來的清王朝）有著莫大的關系。

　　重視「通今」與「實用」的精神，也貫注在《經世編》的編
纂過程裡。值得注意的是，即使同一個人的《文集》、《奏疏》，《經
世編》為什麼選錄某些文章，不選另些文章？即便是在同一篇文
章裡，《經世編》為什麼要刪去某些條（款）的文字，不刪去另些
條（款）的文字？細察《經世編》的評點文字，不難發現其所持
的理由多半和「通今」和「實用」有關。如趙翼在〈有明中葉天
子不見群臣〉文中指出明代中後期皇帝沈溺於奢侈縱慾的享樂生
活中，不見群臣，不理國事[10]。事實上，晚明的萬曆帝朱翊鈞、

10　（清）趙翼撰《陔餘叢考》（台北：世界書局，民59年6月3版），卷十八，
　　〈有明中葉天子不見群臣〉載：「前明中葉以後，諸帝罕與大臣相見者。
　　《明史·萬安傳》，成化七年，群臣多言君臣否隔，宜時召大臣議政。大學

士彭時、商輅力請於司禮中官,乃約以御殿。昭對,并戒初見情意未洽,
勿多言。及期,時、輅及安同進見,甫奏一、二事,安遽呼萬歲欲出,時
等不得已亦叩頭出。中官戲朝士曰:『若輩嘗言不召見,及見止知呼萬歲耳。』
一時傳笑為『萬歲閣老』,自是帝不復召見大臣矣。其後尹直入閣,欲請見
帝,安輒止之,乃成化二十二年。然則自七年昭見時、輅後,至此十五、
六年,未嘗與群臣相見也。〈徐溥傳〉,宏治十七年,帝御文筆殿召見溥及
劉健、謝遷,面議諸事,賜茶而退。自成化間憲宗召對彭時、商輅籌後,
至此始再見,舉朝詡為盛事,然終溥在任,亦僅此一召而已云云。是成化
七年至宏治十年,兩朝天子與群臣不相見,二十五、六年也,〈劉健傳〉,
帝自召對健後,閣臣希得進見,及是在位久,數昭見,大臣欲以是除弊,
遂召健等時時進見。左右竊從屏間聽,但聞數稱善計。是時已在宏治十五、
六年間,閣臣始得頻見。未久而孝宗崩,武宗嗣位,初與劉瑾等八人昵,
繼與江彬等昵,色荒禽荒,南北遊涉,至使谷大用等守居庸,不許群臣出
諫,則其時群臣之不得見,更不待言。世宗初亦尚勤於治,然〈鄧繼曾傳〉
云,嘉靖三年,帝漸疏大臣,政率內決,是臨政未久,即已疏大臣也。十
一年正月祈穀,郭勛攝事,則是郊祀已不躬親也。二十一年,因宮婢之變,
移居西苑,則凡大內亦不復內也。丁汝夔俺兵薄都城,帝久不視朝,軍事
無由面奏,禮部尚書徐階固請,乃許群臣昧爽入,至日晡,帝始御奉天殿,
不發一詞,但命階奉敕諭,至午門集群臣切責之而已。按是時嘉靖二十九
年,〈本紀〉特書始御殿,明乎前此未嘗見群臣也。以後更亦無有召見之事。
穆宗嗣位,臨御日淺周宏祖疏言,陛下嗣位二年,未嘗接見大臣,咨訪政
事。鄭履亦疏言,陛下御極三年,曾召問一大臣、面質一講官否?是隆慶
初已不復見大臣也。神宗初年,猶有召見大臣之事。〈張居正傳〉,帝御文
華殿,舍正侍講畢,以給事中所陳災傷疏奏上。又居正服闋,帝御平臺召
對,慰諭久之。自萬曆十七年以後,漸不復見廷臣。〈本紀〉書,是年三免
陞授官面謝,自是臨御遂簡。〈王家屏傳〉云,家屏服闋召入閣,三月未得
見,家屏以為言,帝乃于萬壽節強一臨。家屏又請勤視朝,帝為一御門,
自是益深居不出。家屏疏言,臣一歲間兩覲天顏而已。按家屏服闋入閣十
七年事也。〈本紀〉又書十八年正月始召見申時行等於毓德宮,出皇太子見
之,七月召見閣臣議邊事,一歲中兩見閣臣,至特書之以為異事。十九年
四月享太廟,自後廟祀皆遣代,則十九年以後太廟亦不親祭矣!二十四年,
大學士趙志皋請視朝,發章奏不報,直至四十三年,以挺擊事起,始召見
群臣於慈寧宮。蓋自十七、八年至此,凡二十四年,群臣始得一望顏色耳。
〈馬孟正傳〉,萬曆三十九年怡神殿火,孟正疏言,陛下二十年來,郊廟、
廟講、召對、面議俱廢,通下情者惟恃章奏,而疏入旨出,悉由內侍,未
知果達御前否?〈吳道南傳〉,萬曆四十一年,道南以大學士入閣故事,廷
臣受官先面謝乃蒞任,帝不視朝久,皆先蒞任,道南至不獲見不敢入。同

天啟帝朱由校尤其是長期不理政事，不見朝臣，導致朋黨紛爭，
閹人掌權，國政敗壞。

　　緣此，《經世編》的編輯群特別嚮往明初君王、大臣同遊相與
的盛事，收錄「從遊賡歌」、「銘功頌德」之文，還特還加上「評
註」贊頌一番。如卷十五、卷十六，收錄楊士哥的〈御書閣頌〉、
〈三朝聖諭錄〉、〈西巡扈從詩序〉、〈賜遊西苑詩序〉、〈賜印章記〉、
〈御賜圖書記〉等等文章就屬於這一類。其中有二段評註文字特
別值得注意。

　　　　君臣同遊，是盛世經濟之本也，故此等文皆詳載之。（第
　　一冊，卷16，評楊士奇〈賜遊西苑詩序〉，頁120）

　　　　是時諸公皆有御賜圖書，而公獨多，誌之以見君臣相與之
　　隆。（第一冊，卷17，評楊士奇〈御賜圖書記〉，頁133）

　　若純以文章而論，這些文章多屬應酬之文，從遊　賡歌，銘
功頌德，敷衍誇耀之語居多，文學價值實在不高。即便是站在「經
世」角度觀察，也罕見具體的意見或籌劃。然而，這些文章所勾
勒的盛世景象，君王大臣之間的親密關係，卻正是有明中葉以後
所罕見者，也正是《經世編》的編輯們所嚮往的政治理想，企盼

官方從哲以為言，帝令先視事。迨挺擊案起，慈寧宮召見群臣，道南始得
一見，自是不得再見云。〈本紀〉又書，四十七年群臣請視朝行政，不報。
四十八年，南京科道言，上深居二十餘年，未嘗一接見大臣，天下將有陸
沉之憂，亦不報，則自四十三年挺擊事一見群臣後，終神宗世不復有召見
之事也。光宗短祚，僅於彌留召見劉一　等。熹宗童昏，為權閹所蔽，固
無論矣。統計自成化至天啟一百六十七年，其間延訪大臣，不過宏治之末
數年，其餘皆廉遠堂高，君門萬里，無怪乎上下否隔，朝政日非。神宗初
即位，高拱請絀司禮權，還之內閣，是內閣且聽命于司禮監矣！倦勤者，即
權歸於奄寺嬖倖。獨斷者，又為一、二權奸竊顏色為威福，而上不知。主
德如此，何以尚能延此百六、七十年之天下而不遽失，實不可解也。」，頁
21-27。

能通行於「今」，能「用」於朝廷，能為君主所納。正因為這樣，《經世編》才在評註說「此等文皆詳之」。

不獨君臣關係而已，在許許多多的問題上面，《經世編》編選文章取捨資料時，多會注意到「通今」與「實用」的原則。如底下十三例：

（一）文襄公在江南留心本計如此，宜至今見思也。（第一冊，評王翱〈與行在戶部諸公書〉，頁 173）

（二）條議淮鹽者多，條議浙鹽者少，存之。（第二冊，評周用〈鹽法疏〉，頁 1456）

（三）軍士逃亡，由於輸納太重，此弊前人論之未詳。（第二冊，評林希元〈應詔陳言屯田疏〉頁 1651）

（四）據形勢，審要害，究利病，通權變，幾希明見萬里之外。（第三冊，評許論〈九邊總論〉，頁 2431）

（五）任兵使在我郡，躬擐甲胄，屢立顯績，父老至今能言之。（第四冊，評任環〈答王東臺書〉，頁 2846）

（六）三篇皆論海寇倭奴入犯形勢，與從來江防諸論不同。（第四冊，評鄭若曾〈江防論上〉，頁 2854）

（七）永之有《懲胡論》上下篇，予以其泛論往事而于今之典實不冊，故不錄也。（第四冊，袁裒〈北征錄序〉，頁 2864）

（八）公所言真萬世之計也。地方有事，動請添設以為異日委卸之地，真不忠之大者。（第四冊，評葛守禮〈與楊虞坡太宰論設官〉，頁 2945）

（九）國家宗室之患，惟在崇之太尊，防之太密。為今宜斷然行之。（第五冊，評戚元佐〈議處宗藩事宜疏〉，頁 4198）

（十）往者救鮮，實有此失，故鮮人雖復國，而不以我為德也。○○此今日所當預知。（第五冊，評王家屏〈答魏見泉論東事〉，

頁 4253）

（十一）公此等疏皆鑿然，而又遠謀深慮，真能勝于廟堂之上乎!（第五冊，評王錫爵〈陳東西欵貢疏〉，頁 4260）

（十二）先生為平陽備兵時所著，今采其切要者數篇。（第六冊，評許維新〈平陽兵事略〉，頁 5006）

（十三）此論從來未發，歸重任人責成，大有關係。（第六冊，評李廷機〈寶應新裁運河成記〉，頁 5042）

在這些透過評註文章而表達意見的文字裡，明顯地，「通今」與「實用」的精神到處流露。「前人論之未詳」、「從來未發」、「萬世之計」、「勝于廟堂之上」等等語言，指的都是所評文章的「實用」特色；「至今見思」、「至今能言之」、「今宜斷然行之」、「今日所當預知」，指的都是所評文章的「通今」特色。舉凡水利、軍務、倭奴、邊事、宗室、朝鮮，統統涉及，只要「實用」，只要「通今」，《經世編》在「選人」的原則外，仍是會不以人廢言，而加以收錄。其中，如提到「予以其泛論往事而于今之典實不切，故不錄也」、「今采其切要者數篇」等等言語，則更能明確地佐證《經世編》如是的編選原則。

三、關乎國事與異同並存

史學家吳晗在〈影印明經世文編序〉一文中指出，《經世編》選文有三點原則：明治亂、存異同和詳軍事，並各引〈凡例〉的第十二條、第十一條、第十六條資料為佐證。嚴格說來，「明於治亂」是總精神與總原則，本章第一節〈精神面 — 繼承和改革儒學傳統〉所論述者即與此類似；「明治亂」既可指《經世編》的選人重經濟人才的大原則，也可指其選文重實用通今的特色。

（一）關乎國事

至於吳晗提及「詳軍事」此項，選文原則雖不能說錯，卻嫌於過度簡化。宋徵璧在〈凡例〉第三十三條云：「此編以詳備為主，極目賞心，初無限制。」（頁 57），第一條也云：「取國朝名臣文集，擷其精英，勒成一書。如采木於山，探木於淵，多者多取，少者少取，至本集所不載，而經國所必須者，又為旁采以助高深。」（頁 49）這些都說明《經世編》所收文章的內容十分廣泛而詳備，不獨「軍事」領域而已。以北京中華書局為例，該局將《經世編》所收文章分四門六十三類，如下：

1、政治：共二十九類、1,042 篇文章

（1）總論（2）禮樂（3）曆法（4）用人（5）薦舉
（6）銓政（7）職官（8）諫諍（9）彈劾（10）封贈
（11）理財（12）錢幣（13）賦役（14）農政（15）救荒
（16）倉儲（17）漕運（18）驛遞（19）鹽課（20）茶課
（21）商稅（22）市舶（23）礦政（24）戶政（25）刑法
（26）營造（27）水利（28）地方行政（29）外交

2、文教：共十類、292 篇文章

（1）太學（2）武學（3）科舉（4）國史（5）輿地
（6）著作（7）對策（8）歌頌（9）紀恩（10）雜文

3、武備：共十二類、1,610 篇文章

（1）軍政（2）將帥（3）軍伍（4）糧草（5）軍器
（6）馬政（7）城堡（8）屯田（9）京營（10）邊防
（11）治安（12）海防

4、皇室：共十二類、360 篇文章

（1）修省（2）講學（3）制誥（4）巡幸（5）宮闈（附外戚）

（6）承祧（7）宗藩（8）郊祀（9）陵廟（10）內供
（11）皇莊（12）宦官

若依如是的門類區分而言，與「軍事」直接有關的「武備」
雖然收錄的文章最多（高達 1610 文），然而涉及「政治」的文章
其實也不少（有 1042 文），而且裡頭的類目更多，更詳備。武備、
政治外，又有「文教」、「皇室」，數量也各有二三百篇之多，相當
可觀。以是之故，筆者認為提及《經世編》的選文原則時，單提
「詳軍事」尚嫌不足，不若以同時涵蓋軍事的「國事」來說明。
另一方面，要「明治亂」，要追求富國強兵，正是非得要窮研「關
乎國事」的大大小小問題 —— 而這也是經世精神的最佳表現。

（二）異同並存

筆者完全贊同吳晗提及「存同異」此項選文原則，宋徵璧在
〈凡例〉第十條也說：

> 異同辨難，特以彼我未通，遂成河漢，就其所陳，各成一
> 說。如大禮之議，張、桂與新都並存，河套之復，襄敏與
> 東涯各異。一哈密也，或主閉關，或主授爵。一倭奴也，
> 或主封貢，或主征討。又若軍伍之虛實，邊牆之修廢，膠
> 萊海運之通塞，得失雖殊，都有可採。不妨兩存，以俟揀
> 擇。（第一冊，頁 52）

吳晗正是引這段話作為「存同異」的證據，惜未加以詳細說
明，如文中所指嘉靖年間關於皇帝之「統」與「嗣」的大禮爭議[11]，

---

11 王朝世系的合法繼承叫「統」，家族慣例的血統繼承或過繼繼承叫「嗣」。
　明世宗朱厚熜繼武宗朱厚照登基為帝，厚熜是厚照的堂弟，提出適合他父
　親的大禮和稱號究竟如何，引發嘉靖年間著名的「大禮爭議」。讀者可參看
　（清）趙翼撰《二十二史劄記》（台北：台灣中華書局，《四部備要》本），
　卷三十一，〈大禮之議〉，葉六-八。又（美）期·權力鬥爭），〈關於大禮的
　爭論〉，頁 483-490。

「張」孚敬、「桂」萼、明顯地與楊廷和（新都）迥異，《經世編》則全部加以收錄。如「河套」要不要立即收復，此一問題，曾銑（襄愍）有〈復套條議一〉、〈復套條議二〉、〈復套條議三〉、〈復套條議四〉，慷慨力陳要立即收復；翁萬達（東涯）則務實地衡量「今昔異時，強弱異勢，事體利害之緩急，人情好惡之向背」，反對立即發兵去「橫挑強寇以事非常」，反對為立即恢復河而發動戰爭，意見收錄於《經世編》卷 255 的〈復河套議〉中。其他如哈密、倭寇、女真（奴）、軍伍、城堡、海運等等問題，也多有同異之見，言人人殊之處，《經世編》皆盡可能地「並存同異」、「以俟揀擇」。

就「異同並存」的選文原則，可再佐以二事以言。如「治河事宜」，《經世編》卷 351，評註萬恭的〈為閱分緊要隄工亟行修築以保運道疏〉一文時云：

> 治河事宜先後大異，今之所是，後即成非，如潘公當時甚以為是，而亦有非之者，故不可執一見以懸斷也。俱存，以俟考。（第五冊，頁 3773）

這就明言「治河事宜」會隨著時間的變化而前後不同，千萬「不可執一見以懸斷也」；因為如此，《經世編》雖備極推崇力主束水攻沙而治水有成的潘季馴，卻也收錄與之意見不同的萬恭（少司馬）的《漕河奏議》。又如「一條鞭」事，是崇禎文人心目中的「經世典範」——張居正生平事功的重要成就之一，《經世編》的編輯群在廣收贊同者的文章外，也同時收進了反對者的文章；間或再以評註的文字表達大體贊同、小幅修正的意見。許淑玲在《幾社及其幾世思想》書中[12]，即曾指出《經世編》贊同與反對「一

---

12 見許淑玲撰《幾社及其經世思想》（台北：國立師範大學歷史研究所，民 75 年 6 月，《碩士論文》），第五章〈幾社的經世思想（下）——以一條鞭法為

條鞭」事，各有文章。贊同者如：桂萼

　　〈請修復舊制以足國安民疏〉（卷 180），錢薇的〈均糧議〉、〈均糧續議〉（卷 215），唐順之〈與李龍岡論改折疏〉（卷 261），海瑞〈興國縣八議〉（卷 309），張居正〈答應天巡撫宋陽山論均糧足民〉、〈答應天巡撫胡雅齋〉（卷 327），龐尚鵬〈題為釐宿弊以均賦役事〉、〈題為均徭役以杜偏累以紓民困事〉（卷 357），趙用賢〈議平江南糧役疏〉（卷 397），黃廷鵠〈役法原疏〉（卷 503）等等都是。反對者如：何塘〈均徭私議〉、〈均糧私議〉（卷 144），萬守禮〈與姚畫溪方伯論田賦〉、〈與沈對陽方岳論賦役〉、〈與姜蒙泉中丞論田賦〉（卷 278）。儘管《經世編》對「一條鞭」事持肯定、讚揚的態度，所以收錄贊同的文章居多，然仍不忘也收錄反對的文章。彼論此難，相互論辯，或理論、或實務，立場不同，所見自異，而就在「並存同異」的選文原則上，將今有志經世的讀者對這一問題能有更全面，更深入的比較機會。

四、其他 — 少見、有裨典故與有名之作

　　《經世編》選文「以詳備為主」，「期于囊抬典實，曉暢事情」。在上述各原則外，有時還會因文章的「少見」而加以收錄。如：

　　（一）針對王禕的〈祈天永命疏〉，評云：「忠文公在本朝惟此一疏，載于《家乘》，故存之。」（第一冊，頁 34）

　　（二）針對練子寧的〈廷對策〉，評云：「國初名臣文集可采者少，因取斯篇。」（第一冊，卷十，頁 70）

例，說明幾社對制度與社會經濟變遷問題的看法〉，頁 173。牟復禮、（英）崔瑞德所編《劍橋中國明代史》（北京：中國社會科學出版社，1995 年 11 月 3 刷），第八章〈嘉靖時期・權力鬥爭〉，〈關於大禮的爭論〉，頁 483-490。

（三）針對王宗沐的〈海運誌序〉，評云：「敬所先生海運有《詳考》一書，不在本集中。今得之，採其要論，散入編內。」（第五冊，卷三百四十四，頁 3707）

（四）針對楊成的〈釐正起運板木疏〉，評云：「莊簡公名德隆邵，為嘉隆間名臣，其集未行世，于公孫維斗孝廉索其藏稿梓之。」（第五冊，頁 3896）

（五）針對余懋衡的〈覆黔事艱危政敢陳一得疏〉，評云：「水蘭章奏多未備，留之以備考。」（第六冊，頁 5189）

（六）針對左光斗的〈題為足餉無過屯田屯田無過水利疏〉，評云：「京畿水田疏，自徐少保而後，則推少保此篇矣。」（第六冊，頁 5478）

這些因為「少見」而收錄的文章，除去與「經世」有關的內容外，還往往因其少見而文獻價值甚高。如王宗沐的《海運詳考》、楊成的《楊莊簡公奏疏》，就是因為《經世編》的收錄，而幸運地有所存留，不致散佚。而王褘的〈祈天永命疏〉更是《家乘》搜得，資料難能可貴。

《經世編》選文，有時會因文章「有裨典故」而加以收錄，如：

（一）針對宋濂的〈渤泥入貢記〉，評云：「記此存故事。」（第一冊，頁 16）

（二）針對宋濂的〈恭題御製方竹記後〉，評云：「非此文，不知聖祖故事。」（第一冊，頁 18）

（三）針對楊榮的〈進士題名記〉，評云：「初建北京，禮部貢士之始，故載之。」（第一冊，頁 132）

（四）針對周用的〈鹽法疏〉，評云：「條議浙鹽者少，存之。」（第二冊，頁 1456）

　　（五）針對張治的〈尚寶司題名記〉，評云：「為東樓作記，非佳事也，以其有稗典故，載之。」（第三冊，頁 2529）

　　（六）針對塗澤民的〈行惠潮海防道〉，評云：「越境行師事宜，當載之以備考。」（第五冊，頁 3819）

　　這些文章的收錄多和「典故」有關，特別是少見的典故，《經世編》往往會特別加以收載，既成為有志之士實踐的參考之資，也成為他日研究的備考之材料。

　　《經世編》選文，有時則會因文章「有名」而加以收錄，如：

　　（一）針對史孟麟的〈恭撰條議以便聖覽疏〉，評云：「爭國本疏甚多，不能詳 載，僅錄一、二，此篇亦有名，故載之。」（第六冊，頁 4701）

　　（二）針對郭正域的〈直陳楚藩行勘始末疏〉，評云：「楚事，千古疑案，郭明龍以此得罪四明。妖書事起，幾陷不測。此係公生平大事，故特存之。」（第六冊，頁 4995）

　　「有名」之外，《經世編》選文尚有如蘇伯衡的〈送譚鎮撫調平陽序〉是因為「國初武弁之重何如哉！止此可以觀事勢之變，故存之。」（第一冊，頁 45），章綸的〈養聖躬勤論政惇孝義疏〉是因為「言人所難言」（第一冊，頁 368），王世貞的〈議處清軍事宜以實營伍以蘇民困疏〉是因為「此疏深得變通之道」（第五冊，頁 3543），馮琦的〈為災異疊見，時事可虞，懇乞聖明謹天戒，憫人窮，以保萬世治安疏〉是因為「詳宛切諤無過此篇」（第六冊，頁 4814）等等。凡此，均可印證《經世編》選文「以詳備為主」，洵不誣也。

第六章　《皇明經世文編》的人物論

　　《經世編》一書在主編陳子龍的心目中是「記言之史」，雖有別於記載人物事跡的「正史」——陳子龍稱之為「記事之史」，然二者皆是「史」。誠如國學大師錢穆所云：「講文化定要講歷史，歷史是文化累積最具體的事實。歷史講人事，人事該以人為主，事為副。非有人生，何來人事？中國人一向看清楚這一點。」[1]亦即中國的「歷史」，是以「人物」為中心的歷史。順是而推，因人而載其事為「記事之史」，因人而錄其言為「記言之史」；既名為「史」，皆以人物為重。也正因為如此，《經世編》的體例乃為「文從其人，人從其代」，共收錄崇禎以前的臣僚四百二十九人，所以任濬才會說《經世編》是「令二百七十年之偉人，呼其名于紙上，儼然廷立而議，為願忠謀斷之先資，而取法取裁皆于是乎有當也。」（〈任濬序〉，頁14）。《經世編》對所選人物是頗有自覺的，那些人要多選？那些人要少選？那些是「用其言而顯其人」、「言以人傳者重其人」？那些是「棄其人而存其言」、「言不以人廢者存其文」？張溥就說《經世編》是「志存治世，詞不苟榮，進善退惡，一稟《春秋》。」（〈張溥序〉，頁24）直將《經世編》的鑑裁取舍誇為「春秋之筆」。

　　從宋徵璧撰寫的〈凡例〉觀察，他在第六到二十一條間除第

---

1 見錢穆撰《國史新論》（台北：東大圖書出版社，民78年增訂初版），頁263。

十一條外，逐條提及十五類人物選錄的原則。約略歸納，則可分為「人物自身的特色」和「擔任經世要職」兩種。依人物自身特色而做鑑裁可分：封爵的文臣、言足載道的大儒、雄心壯猷的武臣、文采斐然的文人、未能充分發揮經世志向的士人與不值得取法的大臣等六類，《經世編》在收錄其人文章時，會多加揀擇而存其與經世有關之文，汰其無關本書宏旨者；後者則因官職與經世事務關係密切，大多「廣收詳著」、「以詳備為主」。

　　《經世編》所收人物高達四百二十九人，大多擔任經世要職。有閣臣，有六部大臣；有總督，有巡撫；有臺諫，有翰苑 —— 以其職務與經世事項有關，〈凡例〉第十三至二十二條，共有十條文字加以說明。然〈凡例〉第六至十條，與第十二條等共六條文字則是以人物自身的特色而做鑑裁的說明，本章先敘述前者，下章以後再敘述後者。

第一節　封爵文臣與傑士大儒

一、封爵文臣

　　明代爵位之封，有公、侯、伯三等，封王者皆死後追封[2]。據《明史‧職官志》載：「凡爵，非社稷軍功不得封，封號非特旨不得與，或世，或不世，皆給誥券。」[3]以是之故，爵位之封，可謂人臣最高勳榮。〈凡例〉第六條云：

2　清龍文彬撰《明會要》（北京：中華書局，1998 年 11 月 3 刷），卷四十三，〈職官十五‧封爵〉，頁 772。
3　語見（清）張廷玉等撰（上海：上海古籍出版社，1995 年 12 月 11 刷，《二十五史》本第 10 冊），卷七十二，〈職官志一〉，頁 7,964。

河嶽英靈，誕生名世，風雲之會，為龍為蛇，或將或侯矣。
夫太祖之制，非係軍功，不容封賞。乃開國以降，文臣得
封者，可以指屈。或因緣際會，或崇尚拳武，律之儒將，
俱非本色。若劉青田、王文成，忠智有餘，功勒鐘鼎，雖
有議者，吾無間然。（第一冊，頁 51）

這話是針對選入封爵的文臣，劉基和王守仁二人所作的說
明。劉基在洪武三年（1370）封「誠意伯」[4]；王守仁因平宸濠叛
逆之罪有功，在嘉靖初封「新建伯」、隆慶初追贈「新建侯」[5]。《經
世編》收錄劉基一卷，6 篇文章、3,141 字；收錄王守仁三卷，45
篇文章，46,034 字；誠如〈凡例〉所云「忠智有餘，功勒鐘鼎，
雖有議者，吾無間然」，可稱得上備極推崇。劉、王二人幾乎是《經
世編》的編輯們心目中文人經世的最高典範象徵人物了。

必須指出的是，在《經世編》所收的人物中，文臣封爵者僅
劉基、王守仁二人而已。二人之外，明朝其他封侯封爵者如張輔
封「英國公」、「定興王」，郭登封「忠武侯」，楊洪封「潁國公」，
姚廣孝因靖難有功而追封「榮國公」，徐有貞因英宗復辟有功而封
「武功伯」，正統年間王驥因征雲南大捷而封「靖遠伯」，成化年
間王越因軍功而封「威寧伯」等等都是。然而張輔、郭登、楊洪
乃武臣出身，〈凡例〉另有針對武臣部分的專文介紹；姚廣孝道士
的身分，與《經世編》的編輯精神相忤，然《經世編》仍收錄 6
篇文章 5,172 字，只是〈凡例〉並未提及罷了；徐有貞誣殺忠臣
于謙，且後徙為民，疑〈凡例〉因此不提[6]；王驥、王越以「督撫」

---

4 見《明史》（書同註 3），卷一百二十八，〈劉基傳〉載：「（洪武）三年授弘文
館學士，十一月大封功臣，授基開國翊運守正文臣資善大夫上護軍，封誠意
伯，祿二百四十石。」頁 8,166。

5 見《明史》（書同註 3），卷一百九十五，〈王守仁傳〉，頁 8,320-8,321。

6 （清）王士禎撰《池北偶談》（北京：中華書局，1997 年 12 月 3 刷），卷七，

平亂，〈凡例〉另有針對督撫部分的專文介紹。

二、傑士大儒

儒家思想是中國文化的主流，而「經世」更與儒學有著千絲萬縷的關係。自然地，「助人君順陰陽、明教化」的儒家人物也為《經世編》所看重。〈凡例〉第七條云：

> 古之傑士，言足載道，不為雕飾，如薛文清、岳文毅、劉忠宣、章文懿、羅文肅、顧文端、馮恭定、高忠憲之徒，有日星河嶽之望。乃吉人辭寡，於斯足徵，錄其數篇，以為模範。（頁51）

〈談獻三・牧齋詩傳〉載：「錢宗伯牧齋作《列朝詩傳》，本仿《中州集》，欲以託史，固稱淹雅；然持論多私，殊乖公議。略舉一二：如徐有貞、陸完，以桑梓之故，一則稱其文武兼資；一則舉其功在社稷。欲以一手掩萬古人耳目，可乎哉？李文鳳《月山叢談》云：徐有貞力主南遷之議，以貞性險賊云云。今吳人舉其鄉望名臣，以有貞為稱首。上自王濟之，下及今時能言之士，莫不皆然。後世宜有公論，固不始於牧齋也。」，頁164-165。《明史》（書同註2），卷一百七十，〈于謙傳〉載：「明年（案即正統十五年）秋，也先大入寇，王振挾帝親征，謙與尚書鄺埜極諫不聽。埜從治兵，留謙理部事。及駕陷土木。京師大震，眾莫知所為。郕王監國命群臣議戰守，侍講徐珵（案即徐有貞）言『星象有變，當南遷。』謙厲聲曰：『言南遷者，可斬也。京師，天下根本，一動則大勢去。獨不見宋南渡事乎？』王是其言，守議乃定。」，頁8,249。又《明史稿》（台北：文海出版社），列傳四十八，〈徐有貞傳〉載：「珵急於進取，自剏南遷議，為內廷訕笑，久不得遷。因遺陳循玉帶，且用星相術言『公帶將玉矣』，無何循果加少保，大喜，因屢薦之。而是時用人多決定少保謙，珵屬謙門下士遊說求國子祭酒，謙為言於帝。帝曰：『此議南遷徐珵邪？為人傾危，將壞諸生心術！』珵不知謙之薦也，以為沮己，深怨謙。循勸珵改名，因名有貞。…有貞出號於眾曰：『太上皇帝復位矣！』帝封武功伯兼華蓋殿大學士掌文淵閣事，賜號奉天翊衛推誠宣力守正文臣，祿千一百名，世錦衣指揮使，給誥券。有貞遂誣少保謙、大學士王文，殺之內閣。諸臣斥逐略盡，素德、陳循亦弗救。事權盡歸有貞，中外咸側目。」，頁443-444。

　　這段話是針對選入德高望重的大儒而發。《經世編》認為大儒們的特色是「言足載道，不為雕飾」，只可惜「吉人辭寡」，留下與經世有關的文章言論並不多，所以就「錄其數篇」以為模範。文中提到所錄的八位先生，筆者統計《經世編》收錄其人文章情形如下：

　　（一）薛瑄（文清），《薛文清公集》，半卷，2 篇文章：〈送趙都指揮協贊序〉、〈上講學章〉，共 2,490 字。

　　（二）岳正（文毅），《岳文毅公集》，半卷，3 篇文章：〈正統己巳曆議〉、〈送張鳴玉詩序〉、〈潘尊用拜吏科都給事中序〉，共 959 字。

　　（三）劉大夏（忠宣），《劉忠宣集》，一卷，15 篇文章：〈議疏黃河築決口狀〉、〈河防糧運疏〉、〈陝西馬政疏〉、〈議行武舉疏〉、〈論宣府屯田疏〉、〈災異陳三事疏〉、〈論寺監牧馬事宜疏〉、〈覆鄒文盛疏〉、〈會議救荒弭盜疏〉、〈弭災革弊疏〉、〈乞休疏〉、〈條列軍伍利弊疏〉、〈論思恩岑氏疏〉、〈處置軍伍疏〉、〈論用韋興疏〉，共 5,587 字。

　　（四）章懋（文懿），《章楓山文集》，一卷，6 篇文章：〈諫元宵燈火疏〉、〈議處鹽法事宜奏狀〉、〈與韓侍郎〉、〈與許知縣〉、〈再與許知縣〉、〈蘭谿縣新遷預備倉記〉，共 5,912 字。

　　（五）羅玘（文肅），《羅圭峰集》，一卷，6 篇文章：〈為早定宗社大計以絕窺覦事疏〉、〈送都閫文君之江西任序〉、〈送錦衣張侯出邏序〉、〈送憲副張君之任陝西序〉、〈送閫帥黃君福建備倭序〉、〈賀句君奉詔提督四衛營事序〉，共 3,333 字。

　　（六）顧憲成（端文）[7]，《顧端文集》，半卷，2 篇文章：〈建

---

7 顧憲成諡號為「端文」，而非「文端」，疑宋徵璧〈凡例〉之文涉於筆誤。

儲疏〉、〈上婁江王相國書〉，共 2,295 字。

（七）馮從吾（恭定），《馮恭定奏疏》，半卷，1 篇文章：〈請修朝政疏〉，共 925 字。

（八）高攀龍（高憲），《高忠憲公奏疏》，半卷，3 篇文章：〈破格用人疏〉、〈糾劾貪污御史疏〉、〈解頭問〉，共 2,259 字。

案〈凡例〉所指出的這八位先生，以宏觀角度觀察，《經世編》所收不是半卷就是一卷，字數且在六千字以下，的確合乎「吉人辭寡」、「錄其數篇以為模範」的原則。

這八位先生，劉大夏守河、戍邊、總督兩廣，在具體的經世事務方面有特殊的心得與貢獻，與另七外先生頗不相類似。七人皆是德高望重的大儒，《經世編》所收的文章內容多以道德精神為本，再擴及所涉及的事務 —— 符合張灝先生所提的「道德經世」（moral statemanship）所說的特色。以薛瑄為例，他的〈送趙都指揮協贊序〉一文，反復強調「仁義為將之本」，亦即道德是軍事將領的根本；而在〈上講學章〉一文，更是強調「經筵」、「進講」的重要，「君心」的重要，亦即道德是君王的根本，是政治的根本。〈凡例〉第三條云：「天下有一之理，有萬變之事。正心誠意之言，親賢遠佞之說，治忽之分，罔不由茲。然義簡而直，數語可盡，故集中惟元臣正士。入后者，載數十首，以概其餘。」（第一冊，頁 5）此中提及的「一定之理」，包括正心誠意，親賢遠佞等等內容，其實也正是「言以載道」的意思，正是大儒們念茲在茲的外王事業的精神表現。

〈凡例〉第七條所提及的八位先生外，《經世編》所收深具儒者生命特色者還有不少。例如能列名在《明史‧儒林傳》者，一般公認其人乃當代儒者之典範代表，以茲觀察，《經世編》收錄至少有底下九人：

（一）薛瑄，《薛文清公集》，半卷，2 篇文章，2,490 字
（二）楊廉，《楊文恪公集》，半卷，2 篇文章，1,766 字。
（三）何瑭，《何柏齋先生文集》，一卷，6 篇文章，8,610 字。
（四）魏校，《魏恭簡公集》，半卷，3 篇文章，3,603 字。
（五）崔銑，《崔文敏公洹詞》，一卷，13 篇文章，9,040 字。
（六）林希元，《林次崖文集》，四卷，22 篇文章，40,925 字。
（七）章僑，《章給諫奏疏》，半卷，2 篇文章，2,014 字。
（八）程文德，《程文恭公集》，一卷，7 篇文章，7,062 字。
（九）許遠，《敬和堂集》，一卷，3 篇文章，7,335 字。

　　這九人中，只有薛瑄一人是〈凡例〉第七條已經提及的人物，另八人中，林希元收錄多達四卷，22 篇文章中，40,925 字，文章內涉及經世學中許多的實際（用）問題 ── 雖是儒者，然而在《經世編》編輯群的心目中，卻比較像張灝先生所說的「實用經世」（practical statemanship）型的人物。薛、林之外的另七人，其實生命特色也與〈凡例〉第七條所提及的八位大儒相同。然因宗旨不同，自然的崇尚有別，如崔銑極不喜王守仁之學，直斥之為「霸儒」等等就是[8]。

　　值得注意的是，《經世編》所收深具儒者生命特色的人物，還可以在以標榜儒學宗旨、條析儒學門戶而著名的《宋元學案》和《明儒學案》二書裡找到不少。如《宋元學案》收有宋濂、王禕、桂彥良[9]，《明儒學案》所收則高達三十七名：葉伯巨、方孝孺、薛瑄、王恕、羅倫、章懋、王守仁、張邦奇、王廷相、魏校、崔

8　語見（清）張廷玉等撰《明史》（書同註 3），卷二百八十二，〈儒林傳・崔銑〉，頁 8,565。
9　（明）黃宗羲撰、（清）全祖望補修《宋元學案》（台北。華世出版社，1987年 9 月台一版）所收錄情形如下：（1）卷七十、王禕。（2）卷八十二、宋濂。（3）卷九十三、桂彥良。

銑、黃綰、韓邦奇、舒芬、徐問、霍韜、張岳、程文德、聶豹、
楊爵、黃佐、徐階、趙貞吉、唐順之、唐樞、薛應旂、蔡汝南、
王宗沐、宋儀望、許孚遠、呂坤、史孟麟、鄒元標、焦竑、顧憲
成、孫慎行、馮從吾等三十七人[10]。其中，薛瑄、章懋、顧憲成、
馮從吾等四人，〈凡例〉等七條已特別提及。又王守仁，王廷相、
霍韜、張岳、徐階、趙貞吉、唐順之、王沐、呂坤、鄒元標等十
人，頗有顯著的事功成績，《經世編》收錄其人文章不少。尤其是
王守仁、霍韜和唐順之三人，涉及經世學中許多的實際（用）問
題；在《經世編》編輯群的心目中，不純然是終極關心、「言足載道」
的大儒而已，更是解決時代現實問題、經世濟民的實踐典範了。

第二節　壯猷武臣與斐然文士

一、壯猷武臣

明代「經世」思想與志業，軍事武功是個很重要的領域。武

---

10 （明）黃宗羲撰《明儒學案》（台北：世華書局，1987年2月）所收錄情形
　　如下：（1）卷二、葉伯巨。（2）卷四十三、方孝孺。（3）卷七、薛瑄。（4）
　　卷九、王恕。（5）卷四十五、羅倫。（6）卷四十五、章懋。（7）卷十、王
　　守仁。（8）五十二、張邦奇。（9）卷五十、王廷相。（10）卷三、魏校。（11）
　　卷四十八、崔銑。（12）卷十三、黃綰。（13）卷九、韓邦奇。（14）卷五十
　　三、舒芬。（15）卷五十二、徐問。（16）卷五、卷十三、霍韜。（17）卷五
　　十二、張岳。（18）卷十四、程文德。（19）卷十七、聶豹。（20）卷九、楊
　　爵。（21）卷五十一、黃佐。（22）卷二十七、徐階。（23）卷三十三、趙貞
　　吉。（24）卷二十六、唐順之。（25）　卷四十、唐樞。（26）卷二十五、薛
　　應旂。（27）卷四十、蔡汝南。（28）卷十五、王宗沐。（29）卷二十四、宋
　　儀望。（30）卷四十一、許孚遠。（31）卷五十四、呂坤。（32）卷六十、史
　　孟麟。（33）卷二十三、鄒元標。（34）卷三十五、焦竑。（35）卷五十八、
　　顧憲成。（36）卷五十九、孫慎行。（37）卷四十一、馮從吾。

臣功勳顯赫，文章未必多見，卻又常是經世實踐的典範者。針對
此項，《經世編》在〈凡例〉第八條云：

> 國初武臣，固多人傑，下掩寇、鄧，上步韓、陳、而語言
> 文采，不少概見。後若張定興、楊穎國、郭定襄、戚少保
> 之流，或橫槊而成，或授簡記室，雄心可寄，壯猷足錄矣。
> （第一冊，頁51）

這段話是針對雄心壯猷的武臣而發。《經世編》認為明代的武
臣與歷史上許多著名的大將軍相較，如宋代的寇準、三國的鄧艾、
漢初的韓信、陳平等人相比較，是毫不遜色的。然可惜的是，他
們「語言文采，不少概見」，所以這些著名武臣有作品留存的話，
《經世編》都會儘量地加以收錄。文中提到的四名武臣，筆者統
計《經世編》收錄情形如下：

（一）張輔（定興），《定興忠烈王集》，半卷，2篇文章，3,010
　　　字。

（二）楊洪（穎國），《楊穎國武襄公奏疏》，半卷，4篇文章，
　　　1,191字。

（三）郭登（定襄），《郭定襄忠武侯奏疏》，半卷，6篇文章，
　　　2,566字。

（四）戚繼光（少保），《戚少保文集》，五卷，23篇文章，
　　　30,992字。

其中，張輔封「定興王」，楊洪封「穎國公」，郭登封「定襄
侯」，皆因軍功而封爵者，著錄文章皆僅半卷，三千餘字以內。戚
繼光雖未封爵，然「名將」之聲死後不墜，《經世編》收錄其文，
不管是卷數、篇數、字數而言，分量都是極重的。謝廷楨在《經
世編》的《皇明經世文編姓氏爵里總目》敘及戚繼光時說：

> 公用兵善節制，以己意創障法，南北著大勳。其鎮薊門也，

　　用南兵，勤訓練，凡墩臺營壘之制，至今師之。（第一冊，
　　頁89）

　　事實上，如張德信先生所指出，在戚繼光的《奏疏》中有許
多軍事、兵學上的開拓與創新，如練兵：戚家軍的形成，防禦工
施的修建 ── 車營與長城空心台的設計與實施，兵器的改進和創
造等等[11]。裡頭有些在崇禎時仍加以繼承，而戚繼光安邦定國的
顯耀戰勳，更是在內寇外患頻繁的崇禎年代，被《經世編》的編
輯群奉為經世的軍事典範人物了。

　　四人之外，明代建功立勳者多兼總督、巡撫之職，如王越北
摧勁虜，王驥南伐麓川，韓雍平定兩廣寇亂，項忠剿滅土達、綏
戢荊襄，王守仁平定寧藩宸濠之反，胡宗憲、唐順之用兵倭奴，
李化龍平定播州，梅國禎西征哱承恩，宋應昌往東經略朝鮮等等，
諸人皆「進士」出身，因兼任督撫而建功勳，又與純「武臣」出
身如張、楊、郭、戚者不同，然其以戰功戰勳顯名則一也。這些
「進士」出身的督撫人物，本書另有專文探討，此不再贅敘。

二、斐然文士

　　《經世編》的編輯群以文人居多，主編陳子龍、徐孚遠、宋
徵璧也全都是當時著名的文人。雖然如此，《經世編》在收錄到文
人的作品時，卻很自覺地去文詞而取典故，棄雕繪之作而專錄世
務所需之文。〈凡例〉第九條云：

　　本朝文士，風雲月露，非不斐然，然求之經濟，十不一、
　　二。若宋文憲之精粹，李空同之諒直，王浚川之練達，王

---

11 語見張德信〈戚繼光奏議〉一文，朱誠如、王天有主編《明清論叢》第二
　輯（北京：紫禁城出版社，2001年4月），頁20-46。

弇州之博識，寧非卓爾之姿，濟世之彥哉！罕有通才，未當一概。其他若丘文莊、霍文敏、徐文定，學術淵深，足為世用。一稱立言之家，一為實用之準。（第一冊，頁51-52）

這段話是針對選入的文人而發。《經世編》以「經世」作為衡鑑的標準，對只會一意講究辭藻的文人是常加以批評的。陳子龍在罵「士無實學」時，說：「尋聲設色，則雕繪之作永日之思，至於時王所尚，世務所急，是非得失之際，未之用心。」（第一冊，頁40）徐孚遠也說：「今天下學士大夫無不搜討緗素，琢磨文筆，而於本朝故實，罕所措心，以故剋藻則有餘，而應務則不足。」（第一冊，頁35）陳、徐二人之言，代表《經世編》編輯群文人經世之心，昭然若揭；所以〈凡例〉才會說「本朝文士，風雲月露，非不斐然，然求之經濟，十不一二。」。文中提到七名古人，其中丘文莊（濬）、霍文敏（韜）、徐文定（光啓）三人已成為眾所公認的經世大臣，不在受「文人」範限了。另宋文憲、李空同、王浚川、王弇州四名文人，筆者統計《經世編》收錄情形如下：

（一）宋濂（文憲），《宋學士文集》，二卷，17篇文章，12,678字。

（二）李夢陽（空同），《李景文奏疏》，一卷，2篇文章，5,550字。

（三）王廷相（浚川），《王肅敏公奏疏》、《王氏家藏文集》，二卷，12　篇文章，16,852字。

（四）王世貞（弇卅），《王弇卅文集》，四卷，39篇文章，37,915字。

針對這四人，〈凡例〉以「精粹」讚宋濂，以「諒直」稱李夢陽，以「練達」譽王廷相，以「博識」誇王世貞；認為他們是「卓爾之姿，濟世之彥」。事實上，四人所收錄的文章字數篇數都頗高

（李夢陽的篇數例外），尤其是王世貞的分量，即便是放在《經世編》全書所有人物的比較中，也是名列前茅[12]。

列名正史「文苑傳」裡的人物，皆因斐然文采而著稱。觀察《明史・文苑傳》所載諸人，不難發現到其實《經世編》所收深具文士生命特色者遠遠多過〈凡例〉所舉，如：

（一）蘇伯衡，《蘇平仲文集》，一卷，5 篇文章，3,188 字。

（二）屠勳，《屠康僖公集》，一卷，4 篇文章，5,901 字。

（三）程敏政，《程篁墩文集》，一卷，5 篇文章，2,695 字。

（四）儲巏，《儲文懿公文集》，一卷，7 篇文章，6,303 字。

（五）朱應登，《凌谿先生集》，一卷，5 篇文章，3,666 字。

（六）羅玘，《羅圭峰集》，一卷，6 篇文章，3,333 字。

（七）李夢陽，《李景文奏疏》，一卷，2 篇文章，5,550 字。

（八）何景明，《何大復文集》，半卷，4 篇文章，2,326 字。

（九）王九思，《王渼陂文集》，半卷，5 篇文章，2,715 字。

（十）康海，《康對山文集》，一卷，14 篇文章，11,395 字。

（十一）鄭善夫，《鄭少谷集》，一卷，7 篇文章，4,598 字。

（十二）陸深，《陸文裕公文集》，一卷，13 篇文章，7,392 字。

（十三）何良俊，《何翰林集》，一卷，6 篇文章，6,263 字。

（十四）黃佐，《黃口口公疏》，半卷，1 篇文章，1,635 字。

（十五）屠應峻，《屠漸山集》，半卷，3 篇文章，2,765 字。

（十六）茅坤，《茅鹿門文集》，一卷，7 篇文章，11,123 字。

（十七）田汝成，《田叔禾集》，一卷，7 篇文章，7,773 字。

---

12 以篇章而論，王世貞 39 篇文章，居《皇明經世文編》全書第九名。以字數而論，王世貞 37,915 居《皇明經世文編》全書第十二名。以評註字數而論，王世貞 1,545 字，居《皇明經世文編》全書第三名。以警醒旁圈而論，王世貞 1,159 個，居《皇明經世文編》全書第十九名。

（十八）王維楨，《王槐野存笥稿》，一卷，10 篇文章，8,933 字。

（十九）王慎中，《王遵巖文集》，一卷，6 篇文章，4,326 字。

（二十）徐獻忠，《徐長谷文集》，一卷，13 篇文章，6,733 字。

（二十一）袁褧，《袁永之集》，一卷，6 篇文章，3,897 字。

（二十二）歸有光，《歸太僕文集》，二卷，12 篇文章，11,593 字。

（二十三）宗臣，《宗子相文集》，一卷，6 篇文章，4,699 字。

（二十四）李攀龍，《李于鱗集》，半卷，3 篇文章，3,262 字。

（二十五）吳國倫，《吳明卿集》，半卷，2 篇文章，624 字。

（二十六）王世貞，《王弇州文集》，四卷，39 篇文章，37,915 字。

（二十七）王世懋，《王奉常集》，半卷，1 篇文章，2,057 字。

（二十八）汪道昆，《汪司馬太函集》，二卷，10 篇文章，15,847 字。

（二十九）董其昌，《董宗伯容臺集》，半卷，1 篇文章，753 字。

（三十）焦竑，《焦太史集》，一卷，2 篇文章，1,988 字。

（三十一）李維楨，《大泌山房稿》，一卷，6 篇文章，8,812 字。

（三十二）邢侗，《來禽館文集》，一卷，2 篇文章，6,035 字。

其中李夢陽、王世貞為〈凡例〉所提及，歸有光、汪道昆收錄二卷，文章字數超過萬字，算是數量比要豐富。另二十八人，皆僅收錄一卷或半卷而已，明顯地是經過揀擇過後才如此的。這種情形也流露在隨文的評語上頭，如：

> 七子惟元美多有用之文，子相在閩諸書牘記載俱佳，于鱗、明卿僅存一、二。子與、公實、茂秦則絕無可存者。總之，自成為一代文人，不必強以所短求之也。（卷 331，評吳國倫〈與馬參將書〉，頁 3542）

這話針對文學史上嘉靖、隆慶間著名文人「後七子」而發[13]，

---

13 「後七子」乃指嘉靖、隆慶間以李攀龍、王世貞為代表，繼承前七子復古傾向的七位著名文人。《明史》（書同註 3），卷二百八十七，〈文苑傳·李攀

也正是說明《經世編》選錄文章的好材料。後七子中,《經世編》認為王世貞(元美)多有用之文,所以收錄最多(如前所敘,四卷,39篇文章,37,915字)。宗臣(子相)則收錄「在閩書牘」,李攀龍(于鱗)、吳國倫(明卿)則僅錄十之一、二而已;徐中行(子與)、梁有譽(公實)、謝榛(茂秦)三人則完全沒收。即便是收錄最多的王世貞,《經世編》也仍然是有所揀擇汰刪的,如評王世貞〈議防倭上傅中丞〉這封書信時說:「公書札甚富,大抵皆交游往復之詞,以故不備載,覽者毋疑其脫略也。」(第五冊,頁3544)可見即便是「多有用之文」的王世貞文章仍揀擇汰刪不少。

要言之,一代文人的作品雖引領風騷,名震藝苑文壇,然持「經世」加以衡鑑,能不能通今,是否實用遠要比風雲月露的斐然文彩來得更重要。刻意求之,如晚明文人董其昌,《經世編》只收錄一篇文章,評云:「玄宰先生(董其昌)文筆絕代,必有訏謨碩學可裨當世者,而簡之家集,一無所載,止有此疏有關史錄,故存之。」(卷455,評〈報命疏〉,頁5000)相反地,像〈凡例〉第九條所提及的丘濬、霍韜、徐光啟等人,或〈徐孚遠序〉所提及的楊廷和、張居正等人,則已經視為「學術淵深,足為世用」的經世大臣或棄文詞而攻典故的內閣首輔了,不再以「文人」加以看待。然而,除去上文所提到的諸人外,像張時徹、趙時春、唐順之、張佳胤等人,若以「文人」視之,似亦無不可,本文則

龍〉載:「攀龍之始官刑曹也,與濮州李先芳、臨清謝榛、孝豐吳維岳輩倡詩社。王世貞初釋褐,先芳引入社,遂與攀龍定交。明年,先芳出為外吏。又二年,宗臣、梁有譽入,是為『五子』。未幾,徐中行、吳國倫亦至,乃改稱『七子』。諸人多年少,才高氣銳,至相標榜,視當世無人,七才子之名播天下。擯先芳,維岳不與,已而榛亦被擯,攀龍遂為之魁。其持論謂文自西京、詩自天寶而下,俱無足觀。於本朝獨推李夢陽,諸子翕然和之,非是則詆為『宋學』。」,頁8,578。

未暇論[14]。

第三節　未達士人與奸罪大臣

一、未達士人

　　經世事業的建立，與個人得志不得志有著密切的關係。這又往往取決於外在的時運、機緣，有時並非個人所能夠絕對掌控的。《經世編》所收固不乏封爵的「文臣」、「武臣」，然而在針對際遇未達之士，特別是擁有眾多的經世歷練、寶貴思想和謀策者，《經世編》的編輯群在同情之餘，仍不忘加以搜錄。〈凡例〉第十條云：

> 士人遇合，或富貴自有，才位相符。又或償轅負乘，一跌不振。其有長才大略，橫遭謗議；賢人君子，混跡抱關者。若龐總督之弘通，林次崖之恢闊，霍勉齋之詳整，徐伯繼之切實，王東溟之淹雅，葉絧齋之明密，乃鵬翼先凋，冀足未展。雖跡近沉冥，而事多衝要，即憂時之蓍計，發幽夜之逸光。要使覽者考其遺文，留連時遇，窮達之際，無間焉爾。（第一冊，頁 52）

　　這話是針對選入的際遇未達之士而發。《經世編》認為際遇未

---

14 《明史》（書同註 3），卷二百一，〈張邦奇傳〉載：「（張）時徹少邦奇二十歲，受業於邦奇，仕至南京兵部尚書，有文名。」，頁 8,339。卷二百，〈趙時春傳〉載：「時春讀書善強記，文章豪肆，與唐順之、王慎中齊名，詩伉浪自喜，類其為人。」，頁 8,337。《皇明經世文編》卷三百三十九，評張佳胤的〈上蒲州張相公書〉：「公，文人也，而能定營兵之亂于呼吸間，公為令時，即具勘定之略。」（第五冊，頁 3636）。

達之士固然有些人「僨轅負乘，一跌不振」，但也有些人是「長才大略，橫遭謗議；賢人君子，混跡抱關」者 —— 特別是這些人所言所論之事，多涉及「衝要」的問題。文中提到六人，筆者統計《經世編》收錄情形、錄《姓氏爵里總目》所載，並略加案語如下：

> 龐尚鵬（惺庵），《龐中丞摘稿》，四卷，16篇文章，43,369字。又《姓氏爵里總目》載：「龐尚鵬，字□□，南海人。嘉靖三十二年進士，為御史，巡按浙江，疏易兩役為條鞭，至今便之。累陞副都御史，巡撫甘肅，累加兵部侍郎，尋卒。」（頁89）

案：謝廷楨針對《皇明經世文編》一書所撰的《姓氏爵里總目》所載，有時不免簡略。依《明史》所載：「尚鵬，字少南。性介直，無所倚。官御史時，按事各省，所至搏擊豪強，吏民震慴。後朝議興九邊屯鹽，尚鵬自負經濟才，慷慨任事，諸御史督鹽政者，以事權見奪，咸攻尚鵬。尋被劾，斥為民。萬曆初起為福建巡撫，旋忤張居正罷歸。」[15]

又案：〈凡例〉所說「長才大略，橫遭謗議」，所指殆即龐尚鵬。尚鵬曾被劾，被斥為民，此其際遇未達之處。然其建議將「兩役法」更改為「一條鞭」，德民甚多。尚鵬多有「屯田」和「鹽政」之文，收錄於《經世編》中[16]。〈凡例〉贊其「弘通」，殆指此類

---

15 見（清）張廷玉等撰《明史》（書同註3），卷二百二十七，〈龐尚鵬傳〉，頁8,412。

16 《皇明經世文編》共收龐尚鵬二十二篇文章，分別是：〈題為釐宿弊以均賦役事〉、〈題為均徭役以杜偏累以紓民困事〉、〈題為陳末議以保海隅萬世治安疏〉、〈酌陳備邊末議以廣屯種疏〉、〈清理鹽法疏一〉、〈清理鹽法疏二〉、〈清理薊鎮屯田疏〉、〈清理宣府屯田疏〉、〈清理遼東屯田疏〉、〈清理大同屯田疏〉、〈清理山西三關屯田疏〉、〈清理延綏屯田疏〉、〈清理固原屯田疏〉、〈清理寧夏屯鹽疏〉、〈清理甘肅屯田疏〉、〈答王總制論屯鹽書〉，以屯田文章居多，次為鹽政之文。

文章而發。

> 林希元（次崖），《林次崖文集》，四卷，22 篇文章，40,925
> 字。又《姓氏爵里總目》載：「林希元，字茂貞，福建人。
> 正德十二年進士，授大理寺評事。嘉靖初，條上新政，切
> 中時弊。尋謫泗州獲判官，竟以抗節不屈當路，棄官歸，
> 凡三年，以薦累遷大理寺。尋以言事落職，知欽州，累陞
> 兵備僉事，世稱次崖先生。」（頁 74）

案：《姓氏爵里總目》所載希元事跡尚稱詳實。希元於《明史》
列入〈儒林傳〉中，亦修養有成之名儒。據此，〈凡例〉所稱「賢
人君子」，所指殆即希元。《經世編》收錄希元文章關涉軍事的「武
備」文章頗多[17]，〈凡例〉贊其「恢闊」，殆指此類文章而言。

> 霍冀（思齋[18]），《霍司馬疏議》，一卷，4 篇文章，6,644
> 字，又《姓氏爵里總目》載：「霍冀，字堯封，孝義人。嘉
> 靖二十三年進士，授推官，選為御史，尋擢僉都御史，出
> 撫寧夏。久之，晉兵部左侍郎。總督陝西四鎮兵務。隆慶
> 二年，召為本兵。四年閑住，卒復其官，給卹典如例。」
> （頁 87）

案：據《姓氏爵里總目》所載，可知霍冀久任軍職，熟諳兵
事，惜晚年閑住至死。《經世編》收錄冀文多屬「文教」項的「興

---

17 《皇明經世文編》共收錄林希元二十二篇文章，分別是：〈罷內臣鎮守以厚
邦本疏〉、〈荒政叢言疏〉、〈陳民便以答明詔疏〉、〈應詔陳言兵政疏〉、〈應
詔陳言將才疏〉、〈應詔陳言邊患疏〉、〈應詔陳言屯田疏〉、〈獻愚計以制邊
軍以禦強胡疏〉、〈遼東兵變疏〉、〈欽州復屯田疏〉、〈陳愚見贊廟謨以討安
南疏〉、〈走報夷情請急處兵以討安南疏〉、〈條上征南方略疏〉、〈興黃久庵
兵侍書〉、〈與翁見愚別駕書〉、〈上巡按弭盜書〉、〈安南成功乞查功補罪以
全臣節揭帖〉、〈上巡按二司防倭揭帖〉、〈宣德交阯復叛始末記〉、〈安南事
始末記〉、〈拒倭議〉、〈新寧盜議〉，其中即以「武備」居多。
18 霍冀，號為「思齋」，而非「勉齋」，疑宋徵璧的〈凡例〉涉於筆誤。

地」類[19]，特別是《九邊圖說》，裨益邊防甚多。〈凡例〉贊其「詳整」，殆指此而言。

> 徐貞明（伯繼），《徐尚寶集》，一卷，2 篇文章，10,193 字，又《姓氏爵里總目》載：「徐貞明，字伯繼，貴溪人。隆慶五年進士，由知縣擢給事中。萬曆三年，降太平知事，累陞至尚寶司丞。十三年，陞本司少卿，兼河南道御史，督理墾田、水利。言西北水利者，莫備于公，惜未竟其用。」
>
> （頁 92）

案：徐貞明，乃明代著名「循吏」徐九思之子。善墾田、水利，熟諳京畿水利，選上條議，又著《潞水客談》以暢其說。事初興，貞明躬歷州縣，遍歷諸河，窮源竟委，將大行疏濬，而奄人勳戚之占閒田為業者，恐水田興而己失其利，爭言不便為蜚語，事竟停罷。貞明亦謝職歸，時論惜之。生平事跡見《明史》本傳[20]。此其際遇之所以未達處，然《經世編》將貞明與徐光啟並稱「二公經濟大手，須細察其經營所在」（卷三百九十八，評徐貞明〈亟修水利以預儲蓄酌議軍班以停求補疏〉，頁 4306）對之可謂備極推崇。《經世編》收錄貞明二文，分別是：〈亟修水利以預儲蓄，酌議軍班以停勾補疏〉、〈西北水利議〉，皆與「水利」有關，〈凡例〉贊其「切實」，應是指此二文而言。

> 王邦直（東溟），《東溟先生集》，一卷，2 篇文章，5,915 字。又《姓氏爵里總目》載：「王邦直，字東溟，即墨人。由明經，嘉靖中為鹽山丞，上書條奏十事，優旨褒答。後精研律呂，著《樂書正聲》四十卷，人比之韓洛苑云。」

---

19 《皇明經世文編》共收錄霍冀四篇文章，分別是：〈仰遵明詔恭進九邊圖說以便聖覽疏〉、〈論京營疏〉、〈覆陳飭武備事宜〉、〈條議京營訓練事宜疏〉。

20 案文所敘見《明史》（書同註 3），卷二百二十三，〈徐貞明傳〉，頁 8,404。

（頁 81）

案：《經世編》評云：「東溟先生以明經為鹽山丞，上書陳言時政，優旨褒答，舉朝惡之，卒不得究其用，惜矣！」（卷二百五十二，評王邦直〈陳愚衷以恤民窮以隆聖治事〉，頁 2635）事實上，上書論時政之後，邦直坐間廢，閉戶二十年，卒。《姓氏爵里總目》提及的《樂書正聲》，今存《律呂正聲》[21]，應即同一著作。《經世編》收錄邦直二文，一節上書條奏十事，乃議論時政之文；另一為〈律呂總敘〉，屬「禮樂」的範疇。〈凡例〉贊其「淹雅」，應是指後文而言。

> 葉春及（絅齋），《葉絅齋集》，一卷，12 篇文章，13,721字。又《姓氏爵里總目》載：「葉春及，字化甫，歸善人。領嘉靖鄉薦，伏闕上書，論時政，授惠安令，為權貴所疾。中以考功法都御史艾穆疏薦，守興國，累遷分部郎中，卒。所著有《絅齋集》。」（頁 89）

案：葉春及於隆慶初上書陳明時政，灑灑三萬餘言，都人傳誦。任惠安令，民感其德，為權貴所疾，尋引歸。此其際遇未達

---

[21] （清）紀昀等撰《欽定四庫全書總目》（北京：中華書局，1997 年 1 月），卷三十九，〈經部・樂類存目〉評《律呂正聲》云：「明王邦直撰。邦直字子魚，即墨人。李維禎序以為曾官鹽山縣縣丞。林增志序則以為鉛山縣縣丞。二序同時，自相矛盾。考《明世宗實錄》實作鹽山，則增志序誤也。其書以卦氣定律呂，推步准之《太玄經》，分寸准之《呂覽》。故大旨主李文利黃鐘三寸九分之說，而獨糾其誤，以左傳為右律，又以『三分損一』、『隔八相生』，截然兩法，而力辨古來牽合為一之非。援引浩繁，其說甚辨。自漢司馬遷至明韓邦奇諸家，皆有節取，而無一家當其意。蓋邦直當嘉靖間上書論時政，坐是閑廢，閉戶二十年乃成此書。王士禎《池北偶談》記萬曆甲午詔修國史，翰林周如砥嘗上其書于史館，蓋亦篤志研思之作。然維禎序述其欲比孔子自衛反魯，使雅頌得所。邦直自序，亦稱『千載之謬可革，往經之絕學不患于無繼』，則未免過夸矣。」，頁 519。

之處。又春及工詩文，有《石洞集》行世[22]，若以「文人」視之，亦不為過。《經世編》收錄其十二篇文章全屬「文教」類[23]，其中「對策」又佔了十一篇，〈凡例〉讚其「明密」應是指此類文章而言。

　　總括這六人的特色，就際遇而言，龐尚鵬「被劾、斥為民」，林希元「抗節不屈當路、棄官歸」，霍冀「閑住至死」，徐貞明為奄人勳戚蜚語而「事罷謝職」，王邦直因陳時政而「舉朝惡之、卒不得究其用」，葉春及為權貴所疾而「引歸」。這些都是德福不齊，才位不等，未能充分發揮才幹的士人。然而龐的「鹽政」、「屯田」，林的「軍事」、「武備」，霍的「輿地」，徐的「水利」，王的「律呂」、「樂曆」，葉的「文教」、「對策」，多與時政相關。──「雖跡近沉冥，而事多衝要，即憂時之蓍計，發幽夜之逸光。」此所以《經世編》特別加以收錄，特別加以標舉。

　　未能充分發揮才幹的士人，除所舉六人外，《經世編》收錄者

22　（清）紀昀等撰《欽定四庫全書總目》（書同註 21），卷一百七十二，〈集部・別集類二十五〉，評《石洞集》云：「明葉春及撰。春及字化甫，歸善人。嘉靖壬子舉人，官至戶部郎中。事跡附見《明史・艾穆傳》。是編首載應詔書五篇，共二卷。史所謂『授福清教諭，上書陳時政，三萬言』者是也。次載《惠安政書》十二篇。其官惠安知縣時作，共五卷。次公牘二卷，次志論二卷，為所修府、縣志書之論，用《鄂州小集》例也。次詩二卷，其第十九卷目錄作《崇文權書》而注一『缺』字。其曾孫綸跋語，謂『此書奉旨所刊，板藏部署，不得而見』。蓋有錄無書者也。春及為學，宗陳獻章，治績為當時第一。艾穆官四川巡撫時，春及為賓州知州，學舉以自代。所著《政書》，井然有條。朱彝尊稱其詩宗杜陵，不落程、邵門戶，故音節亦殊清亮。文章差近平直，而亦明暢。惟作令時符帖，具載不遺，頗傷叢碎。至其在郎署時，因遣使至日本，遂上言請多方購求《古文尚書》，是又誤信歐陽修《日本刀歌》，不核事實者矣。」，頁 2,327。

23　《皇明經世文編》收錄葉春及共十二篇文章，分別是：〈重師儒策〉、〈敦行實策〉、〈決資格策〉、〈審舉劾策〉、〈擇將帥策〉、〈較賦稅策〉、〈修軍政策〉、〈去盜賊策〉、〈省費冗策〉、〈闢土田策〉、〈理屯鹽策〉、〈大將軍戚公請告歸登州序〉。

尚多，如長年任居南京國子祭酒而不被調職的「陳敬宗」[24]，為
王振所忌而死於獄的「劉球」[25]，因陳政闕失而杖死獄中的「鍾
同」[26]，為大臣所忌而不得大用「張寧」[27]，因疏劾嚴嵩而死西市
的「楊繼盛」[28]，而謫戍的「沈鍊」[29]、「王宗沐」[30]等等。又如《經
世編》的編輯群們猶能親睹風彩、親近風範的人物，如「文震孟」，
《經世編》評云：「湛特先生（案即文震孟）清端亮直，立朝之始
即上此疏，直聲振天下。爰立以後，海內想望丰采，而取忤權奸，
在位不久，齎志以歿，讀之不勝西州之慟。」（卷五百，評文震孟
〈國步蓁艱疏〉，頁 5514）；如「陳組綬」，《經世編》評云：「伊

24　（明）謝廷禎輯《皇明經世文編姓氏爵里總目》載：「陳敬宗，字光世，慈
　　谿人。永樂二年進士，改庶吉士，累官至南京國子監祭酒，凡在任二十餘
　　年，諸生多位至卿貳，公獨久不調，意豁如也。天順三年卒，年八十三，
　　謚文定。」，頁 61。
25　（明）謝廷禎輯《皇明經世文編姓氏爵里總目》載：「劉球，字求永，安福
　　人。永樂十九年進士，由禮部主事改翰林侍講。王振忌公，死于獄。景泰
　　初，贈翰林學士，謚忠愍。」，頁 61。
26　（明）謝廷禎輯《皇明經世文編姓氏爵里總目》載：「鍾同，字世京，永豐
　　人。景泰二年進士，三年授御史，每陳時政闕失，因被杖，凡三下獄，竟
　　死獄中。後贈大理寺左寺丞，謚恭愍。」，頁 64。
27　（明）謝廷禎輯《皇明經世文編姓氏爵里總目》載：「張寧，字靖之，海鹽
　　人。景泰五年進士，拜給事中，英宗將大用之為大臣所忌，陞汀州知府，
　　尋卒。」，頁 65。
28　（明）謝廷禎輯《皇明經世文編姓氏爵里總目》載：「楊繼盛，字仲芳，保
　　定人。嘉靖二十六年進士，授南吏部主事。三十年，遷兵部郎，又遷刑部
　　郎，尋調兵部武選。三十二年，論嚴嵩十罪五奸，詔下獄，杖一百。在獄
　　三年，竟死西市。萬曆元年，贈太常寺少卿，謚忠愍。」，頁 85。
29　（明）謝廷禎輯《皇明經世文編姓氏爵里總目》載：「沈鍊，字純甫，麗水
　　人。嘉靖十七年進士，為縣令，遷錦衣衛經歷，疏劾嚴嵩，謫戍保安，尋
　　為楊順、路楷所構殺。隆慶初得白，贈公光祿寺卿，并捕順、楷下獄，抵
　　罪。」，頁 85。
30　（明）謝廷禎輯《皇明經世文編姓氏爵里總目》載：「王宗茂，字時育，京
　　山人。嘉靖二十六年進士，授行人，尋拜御史。疏劾嚴嵩八大罪，謫平陽
　　縣丞，尋卒。隆慶初，贈光祿寺卿。」，頁 85。

菴（案即陳組綬）抱濟世之志，而天奪之速，竟不得展。」（卷五百〇四，評陳組綬〈皇明職方地圖大序〉，頁 5541）這些話正是針對文震孟、陳組綬等人際遇未達，不能盡展長才大略，而惋惜不已。

二、奸罪大臣

就「經世」的立場而言，大部分的情況是有「人」而後有「言」（即文章），這些人正如黃澍所說「皆具命世之才，經世之識，持世之學，故其勳名爛然，文章踔約，於今為烈。」（〈黃澍序〉，頁19～20）；這也是《經世編》體例之所以「以人為綱」的重要依據。然而正如孔子所說的君子「不以人廢言」，稟承這個原則，《經世編》也收錄部分不值得取法的大臣的文章，〈凡例〉第十二條載：

> 此書非關彰癉彈劾之文，不能盡錄，著其大者，非名教所裨，即治亂攸關。若乃其言足存，不以人廢。分宜老奸，秩宗之文，采其數篇，特於卷首，直斥其名。若近者熊芝岡，剛悸自用，已經服法，然籌策東隅，多有英論，無諱之朝，可以昭揭。其他大臣有陰柔之號者，邊臣功足掩過者，僅以其文，不暇詳論。（第一冊，頁52）

這段話一方面說明著錄重大的「彰癉彈劾之文」，能裨益名教，能攸關治亂。另一方面被彰癉彈劾之人，如果文章有助經世，「其言足存」的話，《經世編》也「不以人廢」而加以收錄。文中指出奸臣嚴嵩和罪臣（當時認為的）熊廷弼，一秩宗（論禮）之文、一經營遼東之策，皆頗有可采之處，所以特別加以收錄。針對嚴嵩和熊廷弼，筆者統計《統世編》對之的收錄情形，並敘述其生平。

（一）嚴嵩（分宜），《嚴嵩南宮奏議》，一卷，13 篇文章，12,459 字。

案：《明史》將嚴嵩廁列於「奸臣傳」中，評云：「惟世宗朝閹宦斂跡，而嚴嵩父子濟惡貪瞽無厭。」[31]事實上，嚴嵩在嘉靖朝擅權專政二十一年，直接間按殘害忠良為數甚多，名列「奸臣」，實不為過。單以《經世編》所收而言，上疏彈劾嚴嵩父子者，張翀下詔獄，楊繼盛死西市，沈鍊謫戍保安，王宗沐貶平陽縣丞；其中楊繼盛死狀猶慘。即便如此，《經世編》仍收錄嵩文 13 篇，內有 7 篇文章涉及陵廟、禮樂，亦即〈凡例〉所謂的「秩宗之文」，佔了一半以上[32]。《經世編》為了表示對嚴嵩的不恥，特別直呼「嚴嵩」於文集之上。

（一）熊廷弼（芝岡），《熊經略集》，三卷，37 篇文章，28,618 字。

案：熊廷弼是明末傑出的軍事將領，經略遼東、與清兵作戰特有成效。然而根據《明史》和《歷代名人年譜》記載[33]，熊氏在天啟五年（1625 年）八月被「棄市，傳首九邊」，其子熊兆珪自刎死。武弁蔣應陽為廷弼稱冤，太倉人孫文采、顧同寅作詩誄之，俱棄市。崇禎初年工部主事徐爾一訟廷弼冤，也僅「詔許其子持首歸葬而已。」由此可知，熊廷弼在崇禎年間仍被視為「罪

---

31 語見（清）張廷玉撰《明史》（書同註 3），卷三百八，〈奸臣傳敘〉，頁 8,638。

32 《皇明經世文編》收錄嚴嵩十三篇文章，分別是：〈明堂秋享大禮議〉、〈獻皇帝稱宗大禮議〉、〈遵照御製或問獻皇帝祔廟文皇帝稱祖議〉、〈慶都縣堯母陵祀覆議〉、〈郭英配享議〉、〈修正三皇祀典以復祖制議〉、〈奏進樂書乞興正樂議〉、〈議處光祿寺廚役〉、〈公侯伯等爵及應襲子弟送監讀書疏〉、〈議處甘肅夷貢〉、〈會議日本朝貢事宜疏〉、〈議量加朵顏三衛夷人賞賚疏〉、〈琉球國解送通番人犯疏〉。其中前七篇文章即屬陵廟、禮樂之作，亦即所謂「秩宗」之文。

33 參見《明史》（書同註 3），卷二百五十九，〈熊廷弼傳〉，頁 8,501。（清）吳榮光撰《歷代名人年譜》（北京：北京圖書館出版社，2002 年 11 月），卷九，頁 563。

士」。這也是〈凡例〉收錄其文之所以說「近者熊芝岡，剛愎自用，已經服法，然籌策東隅，多有英論，無諱之朝，可以昭揭」的原因。就《經世編》收錄熊廷弼的 37 篇文章觀察，除 3 篇文章涉及「漕運」外、其餘 34 篇文章全屬「武備」，其中尤以遼東邊防最多[34]。崇禎年間滿人軍政權勢日熾（即後來的清朝），對明廷造成極大威脅，《經世編》選錄熊廷弼之文，一方面代表著當時對滿人普遍的疑懼，另一方面也重新肯定熊廷弼的軍事謀略。雖然〈凡例〉批評熊氏「剛愎自用」，但在《姓氏爵里總目》卻又提到「論者以為不死于封疆，而死以門戶云」（頁 99），幽隱地為熊氏之罪辯護。另本書後文論及「禦夷弭賊的總督巡撫」時，亦有專門論述熊氏見解之文字，讀者可加以參看。

　　依「不以人廢言」的原則觀察，《經世編》所收在嚴嵩、熊廷弼二人外，筆者認為還有底下十人近於此項原則而不為「凡例」所提及者，如：

　　　（一）徐有貞，《徐武功文集》，一卷，3 篇文章，2,111 字。

　　　　　案：據《明史》紀載，徐有貞因復辟英宗朱祁鎮有功
　　　　　　　而封「武功伯」，然誣殺功在社稷的大忠臣于謙，引得

34　《皇明經世文編》共收錄熊廷弼三十七篇文章，分別是：〈河東諸城潰陷疏〉、〈敬陳戰守大略疏〉、〈扶病看邊疏〉、〈答石副憲開道〉、〈與劉義齋道長〉、〈答友人〉、〈與徐耀玉職方〉、〈答高僉憲開道〉、〈與葉相公〉、〈答麻西泉總戎一〉、〈答麻西泉總戎二〉、〈與麻西泉總戎三〉、〈約諸將〉、〈與徐耀玉職方〉、〈與李霖寰本兵〉、〈與五道〉、〈再與五道〉、〈與閻副憲海道〉、〈答戴通判〉、〈與王振宇總戎〉、〈與楊滄嶼中丞〉、〈答瀋陽王遊戎〉、〈答李孟白督餉〉、〈答周毓陽中丞〉、〈與丌掌科〉、〈答李孟白督餉〉、〈答周毓陽中丞〉、〈與官掌科〉、〈與周毓陽中丞〉、〈與內閣兵部兵科〉、〈與柴李賀三總兵〉、〈答監軍道邢參議〉、〈答監軍道邢參議〉、〈答監軍道高參政〉、〈答李孟白督餉〉、〈與監軍道高參政〉、〈與登萊道陶副史〉。其中，〈答李孟白督餉一〉、〈答李孟白督餉二〉、〈與登萊道陶副史〉三文屬「漕運」，餘皆「武備」也。

「中外側目」，為士大夫所不齒。復為石亨所構，徙金齒為民[35]。此其人不足取之處，然《姓氏爵里總目》贊其「治河功最著」（頁 62），《經世編》即收錄其人二篇關於水利的文章[36]。

（二）萬鏜，《萬太宰奏疏》，一卷，3 篇文章，10,917 字。案：據《明史》紀載，萬鏜，嚴嵩柄政時援引之，官吏部尚書，每事委隨，頗通饋遺，卒為趙文華所排，黜為民，久之卒[37]。此其為人不足取之處，然《經世編》收錄其三篇文章，一救荒、一郊祀、一應詔陳言政[38]。

（三）楊選，《楊中丞奏疏》，半卷，1 篇文章，1201 字。案：據《明史》紀載，楊選於嘉靖四十二年（1563 年）時，辛愛與把都兒入寇，大掠順義、三河，諸將趙湊、孫臏戰死，京帥戒嚴。選時為遼塞總督，坐守備不設律，戮於市，梟首示邊，妻子流二千里[39]。此其「罪」狀，《經世編》僅收其〈條上地方極弊十五事〉一文，乃涉及「武備‧邊防」。

（四）許論，《許恭襄公邊鎮論》，一卷，11 篇文章，8,370 字。案：據《明史》紀載，許論好談兵，幼從父進歷邊境，盡知阨塞險易，因著《九邊圖論》上之，自是

---

35 見《明史》（書同註 3），卷一百七十一，〈于謙傳〉，頁 8,249。

36 《皇明經世文編》共收錄徐有貞三篇文章，分別是：〈言河灣治河三策疏〉、〈條議五事疏〉、〈敕修河道工完碑略〉。其中，〈言河灣治河三策疏〉、〈敕修河道工完碑略〉二文即關於水利。

37 見《明史》（書同註 3），卷二百三，附〈李默傳〉，頁 8,341。

38 《皇明經世文編》共收錄萬鏜三篇文章，分別是：〈恤民隱均偏累以安根本重地方疏〉、〈陳愚忠以裨郊議疏〉、〈應詔陳言時政以裨修省疏〉，內容分別是救荒、郊祀、總論。

39 見《明史》（書同註 3），卷二百四，〈楊選傳〉，頁 8,348。

以知兵聞。後以軍功積官兵部尚書，時嚴嵩父子用事，
將帥率以賄進，論時已老，重自顧念，一切聽嵩指揮，
望由此損。後以侵冒奪官[40]。〈凡例〉稱「其他大臣有
陰柔之號者，邊功掩過者」，殆指類似許論輩者。《經
世編》收論〈三邊四鎮圖序〉一篇文章，乃關於邊防
的「輿圖」類，另十篇文章即《九邊圖論》的「總論」
與九邊各「論」。

（五）趙時春，《趙浚谷集》，一卷，5篇文章，3,700字。案：
據《明史》紀載，趙時春，嘉靖五年（1562年）會試
第一，選庶吉士，歷兵部主事。屢以言事切直而被眨
黜。嘉靖三十二年，俺答大舉入寇，時春以御史巡撫
山西，思以武功自奮，旋遇寇於廣武，一戰而敗。然
當時將帥率避寇不敢擊，督撫亦皆安居堅城，無敢躬
搏寇者，以故時春雖功不就，天下皆壯其氣。尋被論，
解官歸[41]。《經世編》收錄時春五文，多涉邊防之武備
與輿地事務[42]。

（六）袁煒，《袁文榮公集》，半卷，2篇文章，1,255字。案：
據《明史》紀載，袁煒，嘉靖十七年（1538年）進士，
授編修，進侍讀，簡直西苑。才思敏捷，帝常中夜出
片紙作青詞，煒舉筆立成，遇中外獻瑞，煒極詞頌美。
帝畜一貓死，命儒臣撰詞以醮，煒詞有「化獅作龍」
語，帝大喜悅。其詭詞媚上多類此，時人譏煒與李春

40　見《明史》（書同註3），卷一百八十六，附〈許進〉，頁8,293。

41　見《明史》（書同註3），卷二百，〈趙時春傳〉，頁8,337。

42　《皇明經世文編》共收錄趙時春五篇文章，分別是：〈修濬通州閘河議〉、〈破
虜口外議〉、〈民兵議〉、〈楊提學大寧考序〉、〈北虜紀略〉。

芳、嚴訥、郭朴為「青詞宰相」[43]。《經世編》收錄煒
〈瑞穀〉、〈玉芝頌〉二篇頌文，評註云：「文榮公在黃
扉密勿之餘，惟有頌贊敷揚聖德，今采其二篇。」（卷
二百七十九，評表煒〈瑞穀頌〉，頁二九五五），亦是
不以人廢言之意也。

（七）嚴訥，《嚴文靖公文集》，半卷，3 篇文章，2,153 字。
案：據《明史》紀載，嚴訥是嘉靖二十年（1541 年）
進士，改庶吉士，授編修。與李春芳入直西苑，撰青
詞，超受翰林學士。四十四年，兼武英殿大學士，入
參機務。晨出理部事，暮宿直廬，供奉《青詞》，小心
謹畏，至成疾，久不癒，時人所詆「青詞宰相」，訥名
列其中[44]。《經世編》收錄訥文，皆言「水利」事務[45]。

（八）李春芳，《李石麓文集》，一卷，9 篇文章，5,662 字。
案：據《明史》紀載，李春芳，嘉靖二十六年（1547
年）進士第一。除修撰，簡入西苑，撰青詞，大被帝
眷，與侍讀嚴訥超擢翰林學士。四十四年，命兼武英
殿大學士，與訥並參機務。時人所譏「青詞宰相」者，
春芳名列其中[46]。《經世編》收錄春芳文章，「水利」、
「海運」居其半[47]。

---

43 見《明史》（書同註 3），卷一百九十三，附〈嚴訥傳〉，頁 8,315。
44 見《明史》（書同註 3），卷一百九十三，〈嚴訥傳〉，頁 8,315。
45 《皇明經世文編》共收錄嚴訥三篇文章，分別是：〈白茅港新建石閘記〉、〈濬白茅塘記〉、〈蘇州府水利圩圖序〉。
46 見《明史》（書同註 3），卷一百九十三，〈李春芳傳〉，頁 8,315。
47 《皇明經世文編》共收錄李春芳九篇文章，分別是：〈請停止欽取銀兩疏〉、〈海運詳考序〉、〈送地官周子叔愚之南都序〉、〈平成瑞應詩冊序〉、〈高堰定議序〉、〈中丞江公治河底績承恩序〉、〈重修永平城樓記〉、〈巡視京營科道題名記〉、〈重築高家堰記〉。

（九）阮鶚，《阮函峰奏疏》，3 篇文章，2,832 字。案：據《明
史》紀載，阮鶚，嘉靖二十三年（1544 年）進士。以
附趙文華、胡宗憲得超擢右僉都御史，後巡撫浙江、
福建，兵敗不能措一籌，惟以賂寇為事。又斂括民財
動千萬計。後黜為民[48]。《經世編》收錄鶚文涉及「漕
運」、「倉儲」與「儲蓄」等事務[49]。

（十）姜寶，《姜鳳阿集》，一卷，10 篇文章，8,668 字。案：
據《明史》紀載，姜寶，嘉靖三十二年（1553 年）進
士。阿附嚴嵩，出任四川提學僉事，後再遷國子祭酒。
萬曆十五年為南京禮部尚書，尋加太子少保，致仕[50]。
《經世編》收錄寶文十篇，「茶課」、「鹽課」、「農政」、
「水利」事務居多[51]。

　　總括所列十人，有誣殺忠臣于謙的徐有貞，有依附嚴嵩的萬
鎧、許論、姜寶，有被誚為「青詞宰相」的李春芳、袁煒、嚴訥，
有守備不嚴、兵敗治罪的楊選、張時徹、趙時春、阮鶚。這些人
多近於不值得取法的大臣，每個人的狀貌不一，然《經世編》稟
著「不以人廢言」的原則，選錄其關涉經世各層面的文章。惟所
選篇幅章皆不多，非一卷即半卷，乃至僅選一篇文章者，亦不乏
其人。

　　必須強調的是，〈凡例〉所舉嚴、熊二人或筆者前所列十一人

<hr>

48　見《明史》（書同註 3），卷二百五，附〈胡宗憲傳〉，頁 8,350。

49　《皇明經世文編》收錄阮鶚三篇文章，分別是：〈嚴防衛以慎儲蓄疏〉、〈量
河渠以備規則疏〉、〈議消耗以平收放疏〉。

50　見《明史》（書同註 3），卷二百三十，附〈姜士昌傳〉，頁 8,420。

51　《皇明經世文編》共收錄姜寶十篇文章，分別是：〈驛傳議〉、〈茶法議〉、〈鹽
法議〉、〈議興伊洛水田〉、〈議防倭〉、〈議剿除山寇〉、〈漕河議〉、〈鎮江府
奉旨增造閘座記〉、〈送西溪劉貳守同知長蘆運司序〉、〈送少江桂君之任漳
州序〉。

尚稱事跡明顯、公論頗同。然而有些人物究竟是「奸」或「罪」，有時是很難論斷的事情。如《經世編》頗為推崇的王世貞之父王忬，總督薊遼時深為世宗所信任，然不主練兵，惟調邊兵入衛，致寇乘虛入犯，征寇又數以敗聞，嚴嵩乘間短之。世貞又累忤嵩子世蕃。後灤河之變，為御史所論，斬於西市[52]。如是，王忬不亦有「罪」乎？然死，世貞與弟世懋於隆慶初伏闕訟父冤，復忬官。這樣的遭遇，《經世編》的編輯群中如方以智、吳祖錫等人都有類似的經驗，或許正因為同樣的情形，《經世編》並不以王忬為「罪士」。

---

52 見《明史》（書同註 3），卷二百四，〈王忬傳〉，頁 8,348。

第七章 《皇明經世文編》的 經世要職論

　　《經世編》之撰，意在救世。救世不僅要有德有識，有才有策而已，更要其人當位柄權，擔任要職，始能發揮長才大略，安邦定國。以是之故，《經世編》所選人物中，頗多擔任經世要職者。針對《經世編》所選人物，張國維贊云：「嗟乎！是數十百人者，皆國家之名公鉅卿，得志于時者之所為也。」（〈張國維序〉，頁9），任濬云：「令二百七十年之偉人，呼其名于紙上，儼然廷立而議。」（〈任濬序〉，頁14），黃澍云：「洪惟二祖列宗，先後輝映，經濟之材不借異代。」（〈黃澍序〉，頁 19）等等。這些都說明了《經世編》所選人物，並非紙上談兵、空言謀猷之輩，而是擔任要職，實踐經世思想頗有成效的典範人物。

　　《經世編》所收人物四百二十九人，除上一章所論及的人物自身的特色為考量外，編輯群們更把注意的焦點集中在擔任經世要職的名臣鉅卿身上 —— 這些人在自己的工作崗位上面對問題、研究問題，提出對策、實踐經世理念，並為自己的言論作為的結果負成敗之責。這些人經常就是《經世編》的編輯群們，乃至於也是晚明士大夫們心目中的實踐經世思想的典範人物。〈凡例〉第一條之：「徐子孚遠、陳子子龍因與徵璧取國朝名臣文集，擷其精英，勒成一書。如采木於山，探珠於淵，多者多取，少者少取，

至本集所不載，而經國所必須者，又為旁采以助高深。共為文五百卷有奇，人數稱是，志在徵實，額曰『經世』云。」（頁 49）這就說明了《經世編》的編纂是先從「名臣」入手，廣錄其《文集》所載的經世文章，甚至《文集》未載，還要盡力「旁采」、盡心搜尋其經世文章，好讓本書趨於完備。

　　經世要職與官制息息相關，明代官制的沿革，則略載於《明史‧職官志》裡，載云：

> 明官制沿漢唐之舊而損益之。自洪武十三年罷丞相不設，析中書省之政歸六部。以尚書任天下事，侍郎貳之，而殿閣大學士祗備顧問。帝方自操威柄，學士鮮所參決。其糾劾則責之都察院，章奏則達之通政司，平反則參之大理寺，是亦漢九卿之遺意也。分大都督府為五，而征調隸於兵部。外設都、布、按三司，分隸兵刑、錢穀，其考核則聽於府部。是時吏、戶、兵三部之權為重。迨仁、宣朝大學士以太子經師恩累加至三孤，望益尊。而宣宗內柄無大小，悉下大學士楊士奇等參可否。雖吏部蹇義、戶部夏原吉時召見，得預各部事，然希闊不敵士奇等親。自是內閣權日重，即有一、二吏兵之長與執持是非，輒以敗。至世宗中葉，夏言、嚴嵩迭用事，遂赫然為真宰相，壓制六卿矣[1]。

　　這話指出明代撤銷三省制（中書、尚書、門下），實施的是六部（吏、戶、禮、兵、刑、工）獨立，皇帝親操威柄的制度。六部之中，吏、戶、兵三部之權較重。洪武十三年（1380）起廢除宰相，採由殿閣大學士擔任的顧問制。到了宣宗時，「大學士」望尊權重形成「內閣」，領袖楊士奇則為「閣老」，幾乎就是「宰相」

1　語見（清）張廷玉等撰《明史》（上海：上海古籍出版社，1995 年 12 月 11 刷，《二十五史》本第 10 冊），卷七十二，〈職官志一〉，頁 7,963。

了。臺諫則糾劾屬之「都察院」，平反參之「大理寺」。全國有五大都督府，地方政府各長官則為「總督」或「巡撫」，地方上有都布按三司：即「都」指揮使司掌軍政、承宣「布」政使司掌錢穀、提刑「按」察使司掌刑政。

正是在這樣的官制格局底下，《經世編》針對收錄的四百二十九人，也依其官職而有不同的比重。〈凡例〉第三十四條云：「茲編體裁，期于囊括典實，曉暢事情。故閣、部居十之五，督、撫居十之四，臺諫、翰苑諸司，居十之一。」（頁 57）也就是說全書所收人物，約略算來，屬中央朝廷的「內閣」、「六部」佔了全書的一半，屬「都督」、「巡撫」佔了十分之四，而諫官、御史類的「臺諫」和掌制誥、修史的「翰（林）苑」則是十分之一。這樣的說明，只是簡略的概括而已，更詳盡的說明則出現在〈凡例〉第十三條～二十一條裡。本章正是依據於此而設計小節，分別說明如後。

第一節　內閣宰輔與六部部臣

一、身繫天下安危的內閣宰輔

（一）〈凡例〉第十三條所提及的十名內閣大臣

明代政治的興衰與內閣大臣的表現有著十分密切的關係，以是之故，《經世編》在論及「經世思想」時，自然地會首先考到內閣大臣。內閣的政治意涵，譚天星先生在《明代內閣政治》一書的〈提要〉說：「內閣是明代始有的一種中央政治制度。軍國大政，

悉由票擬，是內閣政治的主要特色。無相名，有相職，無相權，有相責的矛盾機體及其演化成為解釋明代政治史的一把鑰匙。它的真正內涵在于內閣是一種次君主權力發展不夠的輔助皇帝決策的制度，而非在乎它的秘書性、顧問性或學術性等。利用皇權，抑制宦權，復奪部權，是閣權膨脹的主要途徑。從權力結構的層序去探討這種新的儒生官僚政治即可以發現：在一定程度上對皇權的制約，維繫政權的相對穩定，使內閣政治有別于宦官專權並具有積極意義[2]。」這話很能道出內閣在明代政治的意涵。

　　《經世編》的編輯群們十分重視內閣大臣，尤其是被稱為「閣老」的首輔，個人表現優劣常被視為時代盛衰的象徵。〈凡例〉第十三條載：

> 高皇詔廢中書，文皇政歸內閣，三楊秉鈞而後，勢以益重，至嘉、隆之間，幾幾真相矣。若洛陽、餘姚之謹亮，永嘉、丹徒之才略，新都、華亭之弘博，新鄭、江陵之英毅，山陰、歸德之端方，內輔君德，外總機務，朝政之清濁，海內之安危，職任綦重，裒輯尤詳。（第一冊，頁52-53）

　　這話即強調朝政清濁、國家安危繫乎「職任綦重」的內閣大臣的表現，以是之故，〈凡例〉特別強調《經世編》對待這些人的文章是「裒輯尤詳」。文中舉出十人為例，由於都是以「籍貫」為稱呼，筆者根據《明宰輔考略》和《經世編》卷首所收謝廷楨的《姓氏爵里總目》比對，並統計《經世編》收錄情形，詳如下表：

2　語見譚天星撰《明代內閣政治》（北京：中國社會科學出版社，1996 年 6 月），〈摘要〉，頁首。

表 7-1　「凡例」第十三條載及閣臣簡表

	凡例所言	閣臣姓名	字（號）	籍貫（郡）	入閣朝代	諡號	收錄卷數	收錄篇數	收錄字數	備註
1	洛陽	劉　健	希賢（晦庵）	洛陽（河南）	孝宗、武宗	文靖	2	23	12,012	
2	餘姚	謝　遷	于喬（木齋）	餘姚（浙江）	孝宗、武宗、世宗	文正	半	1	436	
3	永嘉	張孚敬	秉用	永嘉（浙江）	世宗	文忠	3	20	17,784	
4	丹徒	楊一清	應寧（邃庵）	丹徒（雲南）	武宗、世宗	文襄	6	51	56,176	
5	新都	楊廷和	介夫（石齋）	新都（四川）	武宗、世宗	文忠	1	13	7,695	
6	華亭	徐　階	子升	華亭（南直隸）	世宗、穆宗	文貞	2	47	22,002	
7	新鄭	高　拱	肅卿	新鄭（河南）	世宗、穆宗	文襄	2	37	21,580	
8	江陵	張居正	叔大（太岳）	江陵（湖廣）	穆宗、神宗	文忠	5	101	45,571	
9	山陰	朱　賡	少欽	山陰（浙江）	神宗	文懿	1	9	5,055	
10	歸德	沈　鯉	仲化	歸德（河南）	神宗	文端	2	15	16,535	

綜合這十人觀察，真符合〈凡例〉所云的「裒輯尤詳」者，恐怕只有楊一清（丹徒）和張居正（江凌）二人當之無愧。若謝遷（餘姚）、楊廷和（新都）、朱賡（山陰）三人，不是半卷就是僅一卷而已，字數也都不超過萬字；其中擔任過孝宗、世宗的閣臣謝遷只收錄一篇文章，436 字，還是《經世編》全書所收篇章字數最少者。以篇數字數而論，另五人收錄的情形，既非詳多，亦非簡少，算是中等數量的程度。

以篇數而論，張居正 101 篇文章，不僅是這十位閣臣中數量

最多者，同時也居《經世編》全書之冠；以字數而論，楊一清 56,176
字，不僅高於張居正 45,571 字，更居《經世編》全書第二名。要
之，《經世編》對張、楊二人的重視，是不言而諭的事實。再深入
地考察二人文章的性質與內容，依據「北京中華書局」朱士春先
生撰寫的《明經世文編分類目錄》觀察，則楊一清 51 篇文章分類
的情形如下：

1.武備：41 篇文章、十一項

（1）邊防：14 文（2）馬政：10 文（3）軍政：4 文（4）城
堡：3 文（5）治安：3 文（6）將帥：2 文（7）糧草：1 文（8）
軍伍：1 文（9）軍器：1 文（10）京營：1 文（11）屯田：1 文

2.政治：6 篇文章、三項

（1）茶課：3 文（2）鹽課：2 文（3）總論：1 文

3.皇室：4 篇文章、三項

（1）陵廟：2 文（2）宗藩：1 文（3）修省：1 文

　　明顯地，楊一清以「武備」之文最多，四十一篇，佔其全文
五分之四強；其中又以論及「邊防」與「馬政」之文最多，此殆
楊一清畢生事功表現最力之處。《姓氏爵里總目》載云：「楊一清，
字應寧，丹徒人。八歲為奇童，薦入翰林秀才。成化八年進士，
授中書舍人。十五年，歷陞副都御史，督理茶、馬、鹽政。十八
年，經略邊務。正德元年，改總制三邊。二年，為瑾所忌，引疾
歸。五年，起公討賊寧夏，授策張永，竟誅瑾。十年，入內閣，
尋歸。嘉靖四年起公兵部尚書，兼憲職提督軍務，未幾，召入內
閣，尋加少師，兼文華殿大學士，歸。八年，削籍。九年，卒，
得復官。二十七年，贈太保，諡文襄。」（頁 70）也是推崇楊氏
在馬政、邊務頗有成績。

　　用同樣的方式考察張居正的 101 篇文章，分類情形如下：

1.武備：66 篇文章、八項

（1）邊防：52 文（2）治安：7 文（3）屯田：2 文

（4）將帥：1 文（5）城堡：1 文（6）糧草：1 文

（7）海防：1 文（8）軍伍：1 文

2.政治：18 篇文章、八項

（1）賦役：5 文（2）總論：4 文（3）銓政：2 文

（4）職官：2 文（5）水利：2 文（6）刑法：1 文

（7）禮樂：1 文（8）地方行政：1 文

3.皇室：15 篇文章、八項

（1）內供：4 文（2）官闈：3 文（3）宦官：2 文

（4）講學：2 文（5）制誥：1 文（6）宗藩：1 文

（7）陵廟：1 文（8）巡幸：1 文

4.文教：2 篇文章、一項

（1）國史：2 文

　　明顯地，《經世編》收錄張居正的文章是全面而又廣泛的，對內對外，大事小事，文治武備，無一不包，正如〈凡例〉所云「內輔君德，外總機務，朝政之清濁，海內之安危，職任綦重，裒輯尤詳」。無怪乎如本論文第二章所提及，張居正實是晚明文人，乃至當時一般士大夫們心目中理想的經世典範人物。

（二）《皇明經世文編》收錄內閣大臣名單

　　值得一提的是，除去〈凡例〉所提十人之外，依據《明會要》所列各朝閣臣名單觀察，《經世編》所收錄而且擔任過內閣大臣者，其實為數尚有不少。茲依各朝列出其名，並統計其在《經世編》被收錄的情形如下表所示。

表 7-2 《皇明經世文編》收錄內閣大臣簡表

	姓名	擔任閣臣朝代	收錄書名	卷數	篇數	字數	備註
1	楊榮	成祖、仁宗、宣宗、英宗	楊文敏公集	1	10	6,130	
2	解縉	成祖	解學士文集	1	6	9,340	
3	楊士奇	成祖、仁宗、宣宗、英宗	楊文貞公文集	2	28	14,219	
4	金幼孜	成祖、仁宗、宣宗、	金文靖集	1	9	4,319	
5	胡儼	成祖	胡祭酒集	半	3	1,483	
6	楊溥	仁宗、宣宗、英宗	楊文定公奏疏	半	1	910	
7	陳循	英宗、景帝	陳芳洲文集	半	4	1,353	
8	徐有貞	英宗	徐武功文集	1	3	2,111	
9	薛瑄	英宗	薛文靖公集	半	2	2,490	
10	李賢	英宗、憲宗	李文達文集	1	7	9,220	
11	岳正	英宗	岳文毅公集	半	3	959	
12	彭時	英宗、景帝、憲宗	彭文憲奏疏	半	2	1,736	
13	商輅	景帝、憲宗	商文毅公文集	1	7	6,646	
14	劉定之	憲宗	劉文安公奏疏	半	1	2,511	
15	劉珝	憲宗	劉文和集	1	7	3,421	
16	徐溥	孝宗	徐文靖公奏疏	1	5	3,268	
17	劉健	孝宗、武宗	劉文靖公奏疏	2	23	12,012	〈凡例〉提及
18	李東陽	孝宗、武宗	李西涯文集	1	8	10,954	
19	謝遷	孝宗	謝文正集	半	1	436	
20	王鏊	武宗	王文恪公文集	1	10	11,464	
21	費宏	武宗、世宗	費文憲公集	半	7	4,986	
22	楊一清	武宗、世宗	楊石淙文集	6	51	56,176	〈凡例〉提及
23	蔣冕	武宗、世宗	蔣文定公相皋集	1	10	6,851	
24	毛紀	武宗、世宗	毛文簡集	半	2	893	
25	楊庭和	武宗、世宗	楊石齋集	1	13	7,695	〈凡例〉提及
26	石珤	世宗	石文介集	半	2	1,361	
27	謝遷	世宗	謝文正集	半	1	436	〈凡例〉提及
28	張孚敬	世宗	張文忠公文集	3	20	26,175	〈凡例〉提及

29	桂萼	世宗	桂文襄公奏議	4	38	28,911	
30	方獻夫	世宗	方文襄公奏疏	半	4	966	
31	夏言	世宗	夏文慜公文集	2	26	7,284	
32	嚴嵩	世宗	南宮奏議	1	13	12,459	
33	許讚	世宗	許文簡公奏疏	1	5	7,206	
34	徐階	世宗、穆宗	徐文貞公集	2	47	22,002	〈凡例〉提及
35	袁煒	世宗	袁文榮公集	半	2	1,255	
36	嚴訥	世宗	嚴文靖公文集	半	3	2,153	
37	李春芳	世宗、穆宗	李石麓文集	1	9	5,662	
38	高拱	世宗、穆宗	高文襄公文集	2	37	21,580	〈凡例〉提及
39	張居正	穆宗、神宗	張文忠公集	5	101	45,571	〈凡例〉提及
40	趙貞吉	穆宗	趙文肅公文集	2	10	14,812	
41	高儀	穆宗	高文端公文集	1	8	10,902	
42	張四維	神宗	張鳳盤集	1	21	11,205	
43	余有丁	神宗	余文敏公文集	1	5	6,187	
44	許國	神宗	許文穆公集	1	2	3,362	
45	王錫爵	神宗	王文肅公文集	2	27	15,814	
46	王家屏	神宗	王文端公文集	1	25	9,185	
47	張位	神宗	張洪陽文集	1	9	7,612	
48	陳于陛	神宗	陳玉壘奏疏	1	2	11,376	
49	沈一貫	神宗	沈蛟門文集	1	8	7,883	
50	沈鯉	神宗	沈隆江文集	2	15	16,535	〈凡例〉提及
51	朱賡	神宗	朱文懿公文集	1	9	5,055	〈凡例〉提及
52	于慎行	神宗	于文定公文集	1	8	11,504	
53	李廷機	神宗	李文節公文集	1	15	12,216	
54	葉向高	神宗、熹宗	蒼雲正續集綸扉奏稿	2	23	23,695	

　　也就是說，在〈凡例〉第十三條所提及的十名內閣宰輔外，《經世編》尚收錄四十四位內閣大臣，合計就有五十四名；為數不少，且幾乎明代各朝都有。其中，有被唾罵的奸相嚴嵩，有號「青詞

宰相」的嚴訥、李春芳、袁煒；有頗受推崇的楊一清、張居正……。
要之，透過這份名單，透過《經世編》收錄其人文章，明代政治
梗概，略存於茲矣。

（三）《皇明經世文編》三篇論內閣輔臣的文章

《明史・職官志》提及仁宗、宣宗以後，大學士權位名望日
益提高，閣權日漸膨脹，利用皇權、侵奪部權，到宣宗以後，內
閣輔臣儼然形同「宰相」。以是之故，明人常將朝政清濁，天下安
危繫乎內閣輔臣身上；期望深，自然地對他的要求和批評也就多。
筆者統計上節所敘，《經世編》收錄內閣大臣的文章，計有 55 人，
72 卷，737 篇文章，高達 567156 字，分量極為喫重。此外，就《經
世編》所收錄的文章觀察，至少就有三篇直接論議到內閣輔臣的
文章，頗值得注意。

1.輔德輔政的要求

內閣大臣既權高位重，則透過「選」與「養」使之具備輔臣
之德與才自是十分重要。《經世編》收錄高拱的〈論養相才〉即論
及於此，云：

> 成祖始制內閣，以翰林官七人處之，……雖無宰相之名，
> 有其實矣。然皆出諸翰林，翰林之官，皆出諸首甲，與夫
> 庶吉士之選留者。其選也，以詩文；其教也，以詩文，而
> 他無事焉。夫用之為侍從，而以詩文，猶之可也。今既用
> 之平章，而猶以詩文，則豈非所用非所養，所養非所用乎？
> （第四冊，頁 3194）

高拱這篇〈論養相才〉將近六百字的議論文章，完全是針對
內閣輔臣而發。明代閣臣多出身翰林院，《陔餘叢考》載云：「前
明大學士皆翰林出身。蓋自永樂中，黃淮、胡廣等入直，本皆詞

臣，正統中，三楊已老，所汲引馬愉、曹鼐等亦皆由翰林入，自是沿為故事，入閣未有不由翰林者。」[3]這話裡頭說「入閣未有不由翰林」，其實有點過度了，杜乃濟先生《明代內閣政治》指出「翰林官之入直內閣而為大學士者，佔大學士總人數百分之七七‧六五」[4]；《明史‧選舉志》云：「庶吉士始進之時，已群目為『儲相』。通計明一代宰輔一百七十餘人，由翰林者十九，蓋科舉視前代為盛，翰林之盛則前代所絕無也。」[5]此所以高拱此文針對「翰林官」而發，認為這些人「選也以詩文，教也以詩文」，他日卻望其成為宰輔，內輔君德，外總機務；註定成為「所用非所養，所養非所用」了。

高拱更進一步提出「養相」重在「輔德」與「輔政」的實際內涵，而非「應制之詩文」、「程試之文藝」。高拱云：

> 如一在輔德，則教之以正心修身，以為感動之本。明體達用，以為開導之資。如何潛格於其先，如何維持於其後，不可流于迂腐，不可狃于曲學，雖未可以言盡，然日日提斯，日日聞省，則必有知所以自求者矣。其一在輔政，則教之以國家典章制度，心玆其詳；古今治亂安危，必求其故。如何為安常處順？如何為通變達權？如何以正官邪？如何以定國是？雖難事事預擬，亦必當有概於中也。（第四冊，頁3194）

也就是說在輔德部分，要「正心修身」、「明體達用」，要能「潛格於其先」、「維持於其後」，不落迂腐、不溺曲學。在輔政部分，

---

3 （清）趙翼撰《陔餘叢考》（台北：世界書局，民589年6月三版），卷二十六，〈殿閣大學士〉，葉十一。
4 語見杜乃濟撰《明代內閣政治》（台北：臺灣商務印書館，民58年8月2版），第三章，〈內閣機構〉，頁65。
5 語見（清）張廷玉等撰《明史》（書同註1），卷七十，〈選舉志二〉，頁7,960。

尤要常推敲研究底下問題：如何為安常處順？如何為通權達變？
如何以正官邪？如何以定國事？……等等。高拱對內閣輔臣兼重
「德」與「政」，其實也正是經世事務的所有內涵。《經世編》的
〈凡例〉第三條云：「天下有一定之理，有萬變之事。正心誠意之
言，親賢遠佞之說，治忽之分，罔不由茲。然義簡而直，數語可
盡，故集中惟元臣正士入告我后者，載數十首以概其餘。至於萬
變之事，代不同制，人各異師，苟非條析講求，何以規摹得失？
若乃方幅之內，或以迂闊見譏；廓落之談，復以功利相擯。鄙人
不予敏，敬聞命矣。」（頁50）兩相對照，「一定之理」正是「輔
德」領域，「萬變之事」正是「輔政」範疇，二者皆經世事務所重，
亦皆高拱所認為內閣輔臣的職責所在。

　　《經世編》的編輯群們以文人居多，從翰林到內閣輔臣是明
代詞臣的官場常態，換言之，文人身分的詞臣到總理機務的閣臣
為文人經世提供了一條絕佳的理想途徑[6]。高拱對詞臣的「選」與

6　必須指出的是，翰林多文人出身，世人也多以「詞臣」視之，然而明代文人
　卻未必皆出翰林（清）趙翼撰《二十二劄記》（台北：臺灣中華書局，《四部
　備要》本），卷三十四，〈明代文人不必皆翰林〉載：「唐、宋以來，翰林尚
　多書畫醫卜雜流，其清華者，惟學士耳。至前則專以處文學之臣，宜乎一代
　文人盡出於是。乃今歷數翰林中以詩文著者，惟程敏政、李東陽、吳寬、王
　鏊、康海、王九思、陸深、楊慎、焦竑、陳仁錫、董其昌、錢福、錢謙益、
　張溥、金聲、吳偉業耳。其次則夏昶、張泰、羅玘、王維楨、王淮、晏鐸、
　王廷陳、王韋、陳沂、袁裒、黃輝、袁宗道，雖列文苑傳中，姓氏已不甚著。
　而一代中赫然以詩文名者，乃皆非詞館。如李夢陽、何景明、王世貞、李攀
　龍，世所稱四大家，皆郎部及中書舍人也。其次如徐禎卿、邊貢、楊循吉、
　柯維騏、王慎中、唐順之、田汝成、皇甫涍兄弟、王世懋、袁中道、曹學佺、
　鍾惺、李日華、陳際泰，亦皆部曹及行人博士也。其名稱稍次，而亦列〈文
　苑傳〉者，儲瓘、鄭善夫、陸師道、高叔嗣、蔡汝楠、陳束、梁有譽、宗臣、
　徐中行、吳國倫、王志堅，亦皆部曹及中書行人也。顧璘、王圻、李濂、茅
　坤、歸有光、胡友信、屠隆、袁宏道、王惟儉，則并非部曹而皆知縣矣，然
　此猶進士出身也，若祝允明、唐寅、黃省曾、瞿九思、李流芳、譚元春、艾

「養」的意見,《經世編》的編輯們其實也正企盼步入如斯的途徑,自許能為國為民貢獻自己的心力。

2.道德優先於才幹

就理想面而言,內閣輔臣須「輔德」與「輔政」,也就是既要道德超卓為官民表率,又要精明幹練來治官理民。然而就現實面而言,人材往往依違在「德」與「政」之間,彼輕此重、此輕彼重,有德者未必有才幹,有才幹者未必有德,道德與才幹往往難以兼備。而尤其麻煩的是,道德標準的尺度往往會因人而異,主觀修養的道德生命境界常是各人修各人的,各人實踐自己的,然而由道德形諸的「禮制」,則有目共睹,明顯地客觀而容易檢驗得多了。對於內閣輔臣的德行的要求最強烈者,可以《經世編》所收東林黨領袖鄒元標的〈亟斥輔臣回籍守制以正綱常疏〉一文,云:

> 臣聞天生民,不能自治也,立君治之。君不能獨治也,為相佐之。相也者,一人之身而社稷綱常所倚賴者也。必置身於綱常大道之中,而後朝廷服、萬民懷。一有不善,議其後者如蝟毛而起。孔子曰:「苟正其身矣,於從政乎何有?不能正其身,如正人何?」此之謂也。今觀居正之於父也,憑棺淚莫,未盡送終之禮;在京守制,尚貪相位之尊,果能正身而正人耶?不能正身而欲正人,為居正計者,不可一日而不去。皇上為居正計者,不可一日而留矣。居正不去,天下人所共知也,皇上留之者,豈以其有利社稷耶?

南英、章世純、羅萬澡,則并非進士而舉人矣。并有不由科目而才名傾一時者,王紱、沈度、沈粲、劉溥、文徵明、蔡羽、王寵、陳淳、周天球、錢穀、謝榛、盧枏、徐渭、沈明臣、余寅、王穉登、俞允文、王叔承,沈周、陳繼儒、婁堅、程嘉燧,或諸生,或布衣山人,各以詩文書畫表見於時,并傳及後世。迴視詞館諸公,或轉不及焉,其有愧於翰林之官多矣。」,葉十-十一。

然不知居正之在位也，才雖可為，學術則偏，志雖欲為，自用太甚，諸所設施，乖張者難舉。……皇上以英明之資，御曆五稔，人皆曰將興堯舜之道，三王之功矣！以居正而在京守制，天下後世謂陛下何如主？綱常自此而壞！中國自此而衰！人心自此而弛！（第六冊，頁4889）

　　鄒元標這篇文章共二千二百多字，主要針對萬曆初年的內閣首輔張居正的「奪情」事件而發，文章強烈要求內閣輔臣必須具備高尚的德行修養，否則根本沒資格治官理民，佐君行道。作者鄒元標是東林黨領袖之一，是以道德、氣節標榜的大儒，既要求自己，也要求內閣首輔。他認為「天生民，不能自治也，立君治之。君不能獨治也，為相佐之。相也者，一人之身，而社稷綱常所攸賴者也。必置身於綱常大道之中，而後朝廷服，萬民懷。一有不善，議其後者如蝟毛而起」；也就是說內閣首輔所代表的「相」，其個人的道德修養已不僅僅是純粹個人私德的領域而已，同時也就代表著全天下的「綱常」、「人心」和「是非」了。即使「有利社稷」，卻使得「綱常大壞」，這樣的宰輔是要被糾劾的。也就是說，道德、綱常遠比功利、治效重要。以是之故，鄒元標對於張居正未能辭官為乃父守喪，仍眷戀內閣首輔的權位十分不滿，作者以近乎憤慨的語氣批評說：「綱常自此而壞！中國自此而衰！人心自此而弛！居正一人不足惜，復世有攬權戀位者，輒援居正故事，甚至窺竊神器，貽禍深遠，難以盡言者矣。」毫不客氣地說張居正是個「殘忍」、「薄行」、「禽彘」、「病狂喪心」的人。十分明顯地，這就是對內閣首輔充滿著嚴格而強烈的道德批判。儘管《經世編》對張居正備極推崇，視之為經世的典範人物，然而在論及內閣輔臣的私德攸關天下綱常和人心時，《經世編》在評註時仍不免要說鄒元標之言，「此是正論，所關不細」（第六冊，

頁 4890），顯然在這一部分贊同鄒元標的意見。

在道德批判的前提底下，鄒元標這篇文章有著強烈的「誅意」、「誅心」的傾向，其云：

> 今居正冒喪而議國事也，天下之人皆曰居正不孝而固寵也，居正不孝而靡爵祿也，居正不孝而擅權也。雖有設施，誰則信之？居正之心必曰，天下之人議我不孝而靡爵祿也，議我不孝而擅權也。下稍有不從，禍流縉紳，天下以是疑居正，居正以是疑天下，上下交相疑，而禍不日深者，未之有也。甚哉居正不可留此位，彰彰明矣。臣又揣居正之心矣，臣觀居正首《疏》云：「有非常之人，然後辦非常之事。非常之事，非常人所能辦也。」是其心蓋曰：「起復，非常事也。吾，非常人也。吾而當此，誰則議之。」自臣觀之，人有五常，仁、義、禮、智、信是也，力此五者，斯謂之不常之人。今有人於此，親生而不顧，死而不葬，指而名之曰「非常人也」，然人不曰「殘忍」則曰「薄行」，不曰「禽獍」則曰「喪心」，可謂非常人乎？且其疏又曰：「不顧旁人之謗議，邱匹夫之小節」，非病狂喪心，有此言哉？一家非之不顧，一國非之不顧，天下非之不顧，謂理之所在，則顧理而不顧眾論也。三年之喪，無貴賤一也。旁人謗議，是乎？非乎？尾生之信，孝己之行，陳仲子之廉，小節也。三年之喪，無貴賤一也，果可謂小節乎？（第六冊，頁 4891）

文章認為懲罰、制裁人物尤重在其動機與用心，遠遠勝過考覈人物自身的行為事跡與結果，尤其是對張居正的批評。如云：「臣又揣居正之心矣」、「此士楚心也」等話語，即是明證。另一方面，鄒氏雖也不得不承認張居正頗富才幹，卻以「國家法度維繫民心

者久，祖宗德澤聯屬民心者深，況在事諸臣濟濟後先，非居正力所能獨運也。」並進而提問：「天下豈盡出其下哉？豈盡無所補哉？」證諸張居正死後的歷史發展，鄒氏之言卻一語成讖，明代國運江河日下，漸至無可收拾的地步 —— 這些恐都不是鄒氏所能料想得到的。以是之故，處於東林黨之後的《經世編》評註云：「然江陵去位後，事便不同，亦不得而沒其實也！」這又是從張居正經世才幹和治國功勳加以肯定的地方。

事實上，內閣輔臣因為「奪情」的道德問題，在張居正死後並沒有完全停止。崇禎十一年（1683 年）六月，也正是《經世編》編纂五個月的時候，兵部尚書楊嗣昌奪情入閣，楊無張居正的經世能力和治國才幹，然其引來的彈劾與批評則與張相似；政局動盪不安，六年後，明朝也亡了。

3.無內閣輔臣則天下亂

萬曆十年（1582 年），名臣張居正在一片道德批判的聲浪中死去，表面上對內閣輔臣的道德要求漸漸勝過治國理民的才幹要求。然而天下事理往往循環倚伏，並非絕對的單線發展。就在萬曆皇帝親自掌柄主政後，由於皇帝的昏庸愚懶，加上沒有能幹的內閣輔臣協助，以致國政百孔千瘡，問題叢生，人們又逐漸企盼有才幹有擔當的內閣首輔出現，「輔政」的要求開始高過「輔德」的要求，特別是針對萬曆皇帝不重視內閣輔臣、不與內閣輔臣商量天下大事，任由職缺空懸而不補，閣臣年老而不能致仕等等諸項問題[7]。當時人們普遍認為沒有好的內閣輔臣，天下將為之大

---

7 （清）趙翼撰《二十二史劄記》（書同註 6），卷三十五，〈萬曆中缺官不補〉載：「萬曆末年，怠荒日甚，官缺多不補。舊制，給事中五十餘員，御史百餘員，至是六科止四人，而五科印無所屬，十三道祇五人，一人領數職，在外巡按，率不得代。六部堂官僅四、五人，都御史數年空署，督、撫、監、司，亦屢缺不補。文武大選急選官及四方教職，積數千人，以吏、兵二科缺

亂，《經世編》收錄汪若霖〈朝政因循可慮，輔臣單匱難支疏〉一文可為代表，云：

> 收拾人心，無如用人，用人無如今《疏》所謂然眉最急者，簡用閣臣一事。夫閣臣者，一人邪正，關數十年消長，非細故也。是故獨斷在皇上，公推在廷臣，而輔臣則身為之招，而類為之從，若樹的然，不可諱也。皇上御極以來，閣臣變態，亦略可睹矣。萬曆初年，權相勾璫擅政，天下股栗，盛滿不戒，卒受誅滅之禍。嗣是宵人觀望，于是一切變為側媚險邪之行，以牢籠一世，門戶甚堅，氣脈不斷，苟有正類，立見傾擠，以私滅公而不顧。天下之大，使天下之人亦瞞心塗面以附之，而不知有公家之急，遂至今日，可為太息。（第六冊，頁5155）

案汪若霖這篇文章高達一千五百多字，主要在強調內閣輔臣的重要 ——「夫閣臣者，一人之邪正，關數十年消長，非細故也」，亦即內閣大臣攸關朝政得失、天下治亂。這篇文章的背景是張居正過世以後的萬曆時政，正如國學大師錢穆云：「張居正為相，治河委潘季馴，安邊委李成梁、戚繼光、俞大猷。太倉粟支十年，太僕積貯至四百萬。及其籍沒，家貲不及嚴嵩二十之一。然能治

掌印不畫憑，久滯都下，時攀執政輿哀訴。詔獄諸囚，以理刑無人不決遣，家屬聚號長安門。職業盡弛，上下解體。內閣亦只方從哲一人，從哲增閣員，帝以一人足辦，不增置。從哲堅臥四十餘日，閣中虛無人，帝慰留再三，又起視事。帝惡言者擾聒，以海宇昇平，官不必備，有意損之。及遼左軍興，又不欲矯前失，行之如舊；〈方從哲傳〉。今按葉向高疏言，自閣臣至九卿，臺省曹署皆空。南都九卿，亦止二人。天下方面大吏，去秋至今，未嘗用一人。又言今六卿止趙煥一人，都御史十年不補；〈向高傳〉。又孫瑋為戶部尚書，時大僚多缺，瑋兼署戎政及兵部。又都御史自溫純去後，八年不置代，至外計期近，始命瑋以兵部尚書掌左都御史事；〈瑋傳〉。御史孫居相一人兼攝七差，署諸道印；〈居相傳〉。觀此可見是時廢弛之大概也。」葉三-四。

國，不能服人。法度雖嚴，非議四起。繼之為政者，懲其敗，多謙退緘默以苟容。因循積弊，遂至於亡。」[8]作者汪若霖是有感當時「朝政因循」，而進上本疏，企盼皇帝讓高齡七十的閣臣朱賡（山陰）致仕，好好再簡用閣臣；也企盼閣臣能「慨然自任以天下之重，力疾贊襄，勿使政府久虛，卒生他患。」

張居正過世以後，內閣大臣的問題癥結，其實在於萬曆皇帝荒謬的各種作法：如「不問政事」、「章疏一切高閣」、「九卿強半虛懸，甚者闔署無一人」等等，清人趙翼《二十二史箚記》云：「論者謂明之亡不亡於崇禎，而亡於萬曆」[9]，是個很中肯的說法。另一方面，這篇文章也透露出明代內閣制度的問題：明代未正式與閣臣以大權，若無皇權支持，任何作為均難名正言順，換言之，閣臣欲掌權皆背負著以不光明手段獲得[10]。然而士大夫、百姓們

8　語見錢穆撰《國史大綱》（台北：臺灣商務印書館，民74年12月12版），第七編第三十六章〈傳統政治復興下之君王獨裁（上）〉，頁509-510。

9　（清）趙翼撰《二十二史箚記》（書同註6），卷三十五，〈萬曆中礦稅之害〉，葉十一。

10　（清）趙翼撰《二十二史箚記》（書同註6），卷三十三，〈明內閣首輔之權最重〉載：「按明代首輔權雖重，而司禮監之權又在首輔上。王振竊柄時，票擬尚在內閣，然涂棐疏言，英宗時，批答多參以中官，內閣或不與，則已有不盡出內閣者。至劉瑾則專攬益甚，劉健疏云，近者旨從中下，略不與聞，有所擬議，竟從改易，是正德初已有此弊。其後凡有章奏，瑾皆持歸私第，與妹婿孫聰、華亭大猾張文冕相參決，詞率鄙冗，焦芳為潤色之，李東陽俯首而已。〈瑾傳〉瑾敗後，東陽疏言，內閣與瑾職掌相關，凡調旨撰敕，或被改再三，或徑自竄改，或持歸私室，假手他人。臣雖委曲匡持，而因循隱忍，所損已多。〈東陽傳〉此固東陽自為掩飾之詞，然劉菅疏亦云，近日批答章奏，閣臣不得與聞，可見當時實事也。自瑾以後，司禮監遂專掌機密，凡進御章奏及降敕批疏，無有不經其出納者。神宗不豫，召閣臣沈一貫入，論礦稅事可與江南織造、江西窯器並停，其內監皆撤回，建言諸臣繫獄者皆復官。一貫出，中使捧諭至，一如帝言。明日帝瘳，悔之，中使二十輩至閣，取前諭，仍繳進。〈一貫傳〉可見帝降旨，即有司禮監在旁寫出事目，然後付閣臣繕擬，故其地尤為要近。至魏忠賢時，王體

又多以「相」視之，既要求其於時政能有所作為，又要求其道德能夠超卓眾人，為官民表率。張居正能治國，卻不能逃清議；繼張居正表畏清議，卻無法治國，而最糟糕的是，遇上了荒謬、貪懶的皇帝，內閣形同虛設，既不須「德」、也不須「政」，最後只好任由天下敗壞至難以收拾的局面。

　　除去所舉的這三篇文章外，《經世編》收錄探討內閣的文章尚多，如：劉健〈論票擬疏〉（頁 399）、毛紀〈乞休疏〉（頁 1238）、王守仁〈上楊邃菴閣老〉（頁 1292）、張孚敬〈應制陳言〉（頁 1801）、張孚敬〈請議處內閣官〉（頁 1810）、霍韜〈上楊邃菴書〉（頁 1944）、李默〈三上宰相書〉（頁 2304）、楊繼盛〈早誅奸險巧佞賊臣疏〉（頁 3085）、沈鍊〈早正奸臣誤國以決征虜大策疏〉（頁 3115）、王宗茂〈糾劾誤國輔臣疏〉（頁 3117）、高拱〈論輔臣面對〉（頁 3193）、張居正〈遼東大捷辭恩疏〉（頁 3462）、張居正〈番夷求貢疏〉（頁 3473）、張鹵〈欽承詔命乞正廷臣會議條格疏〉（頁 3932）、申時行〈辨御史張文熙條陳疏〉（頁 4125）、申時行〈答葉臺山相公〉（頁 4127）、申時行〈又答葉臺山相公〉（頁 4127）、葉向高〈答劉雲嶠〉（頁 5049）、葉向高〈又答劉雲嶠〉（頁 5050）、

乾為司禮，避忠賢，退處其下。凡章奏入，體乾與秉筆李永貞先摘敘要，以白忠賢議行。〈宦官傳〉許譽卿劾忠賢疏謂，內閣政本重地，而票擬大權拱手授之內廷。其後楊漣劾忠賢，忠賢矯旨敘己功百餘言，大學士葉向高駭曰：『此非奄人所能，必有代草者。』探之，則徐大化也。〈向高傳〉可見是時詔敕悉出司禮，并不藉內閣潤色矣。〈文震孟傳〉，大臣入閣，例當投刺司禮大奄，兼致儀狀。是司禮之尊久已習為故事，雖首輔亦仰其鼻息也。究而論之，總由於人主不親政事，故事權下移，長君在御，尚以票擬歸內閣，至荒主童昏，則地近者權益專，而閣臣亦聽命矣。」，葉十一-葉。錢穆撰《國史大綱》（書同註 8），亦云：「國家並未正式與閣臣以大權，閣臣之弄權者，皆不免以不光明之手段得之。此乃權臣，非大臣，權臣不足服眾。故雖如張居正之循名責實，起衰振敝，為明代有數能臣，而不能逃眾議。」，頁 509。

葉向高〈與申瑤老第二書〉（頁 5051）、汪若霖〈洞察天人之故以
儆有位疏〉（頁 5148）、駱問禮〈喉論〉（頁 5167）、侯震暘〈糾輔
臣疏〉（頁 5509）等二十三篇文章。其中楊繼盛、沈鍊、王宗茂
三文，全是針對「奸相」嚴嵩而發，內容指出閣臣擅權玩權，欺
上辱下，禍國殃民之狀；讓讀者知道內閣首輔一旦為奸為惡，其
本身根本就是天下災難的源頭。其餘各文，或論及「票擬」，或提
醒「面對」，或申說內閣的難處，或指出與部權相侵的問題，都是
研究明代內閣政治很有價值的文獻資料。

二、獨立職掌的六部部臣

　　明代的政府架構，在「胡惟庸事件」[11]之後，太祖朱元璋於
洪武十三年（1380 年）罷相，形成明代特有的君主獨裁制：有卿
而無公，吏、戶、禮、兵、刑、工六部互不隸屬，各有獨立職掌，
每部設尚書一人，直接向皇帝負責，可以對外發布命令。另，尚
有掌糾察彈劾的都察院，長官稱左都御史、右都御史。合總稱之
「七卿」。又有「通政司」，掌全國章奏，「大理寺」掌平反刑罰，
與前七單位並稱「九卿」。茲轉引杜乃濟先生《明代內閣政治》所
畫簡表[12]，如下：

---

11 胡惟庸是明太祖朱元璋洪武年間的丞相，後朱元璋借口其謀反，大肆誅戮
　　株連功臣大將，並廢丞相，罷中書省，是明初著名的政治案件。洪武三年，
　　胡惟庸拜中書省參知政事，後任右丞相，約至十年進丞相，成為百官之首。
　　惟庸驕橫跋扈，洪武十三年被告謀反，朱元璋借此株連殺戮達三萬餘人。
　　開國功臣李善長、南雄侯趙庸、滎陽侯鄭遇春、永嘉侯朱亮祖、靖寧侯葉
　　昇等一公、二十一侯皆被追奪除爵，明代從此皇帝擁有最高權力，如錢穆
　　先生所云「傳統政治復興下之君王獨裁」的局面。史學家吳晗有〈胡惟庸
　　黨案考〉一文，收入《吳晗史學論著選集》第一卷，讀者可加以參看。
12 見杜乃濟撰《明代內閣政治》（台北：臺灣商務印書館，民 58 年 8 月 2 版），
　　第三章〈內閣機關〉，頁 47。

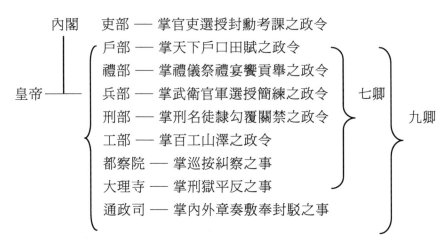

依此表可知明初的「內閣」在中央朝廷裡，僅是皇帝的祕書、顧問或學術單位，地位不高，權亦不大。然而仁、宣以後，閣權日重，遂至成為繫天下治亂安危於一身的「宰輔」，前章已敘，不再贅論。

《明史》在〈宰輔年表〉後特立〈七卿年表〉，云：

> 七卿，前史無《表》也，曷為表？明太祖十三年罷丞相，政歸六部，部權重也。洪、宣以後，閣體既尊，而權亦漸重，於是閣、部相持。凡廷推、考察，各騁意見以營其私，而黨局分焉。科道庶僚乘其間隙，參奏紛挐，馴至神宗厭其囂聒，置而不論，而被劾多者，其人自去。逮熹宗朝，則正論漸滅矣。莊烈矯之，卒不能救。二百七十年間，七卿之正直而獨立者若而人，偏邪而嫉能者若而人，貪庸而媚宰輔者若而人，備列之，可以觀世變矣[13]。

---

13 語見（清）張廷玉等撰《明史》（書同註1），卷一百十一，〈七卿年表敘〉，頁 8,124。

可見明代各項政務之處理，內閣宰輔所代表的「閣」權之外，吏、戶、禮、兵、刑、工等六部所代表的「部」權也有其不容忽略的地位。《明史》說畫出「年表」、「備列之，可以觀世變矣！」《經世編》在收錄文章時，〈凡例〉以「閣部」並稱，其所收錄占全書的一半（十之五）。七卿之一的「都察院」則屬「臺諫」，而與「翰苑諸司」相加，僅占全書的十分之一的分量。

（一）冢宰與吏部

1.官職冢宰的收錄簡介

《經世編》在編纂時以人爲重，而六部之中甄別人才、考選人才則以吏部爲主，以故，《經世編》對吏部是充滿期待的。

吏部居六部之首，地位尊崇，《明史‧職官志》云：「（吏部）尚書掌天下官吏選授，封勳、考課之政令，以甄別人才，贊天子治，蓋古冢宰之職，視五部爲特重。」[14]然嘉靖以後，吏部之權又復制於閣臣[15]。《明史》載：「故事：冢宰與閣臣遇，不避道，後率引避。」[16]整體而言，終明一代，以吏部爲代表的部權漸由尊轉卑，由重轉輕；閣權則與之正好相反。《經世編》〈凡例〉第十四條云：

> 冢宰統率百揆，然九品既設，三途並登，科舉重而德行衰，資格錮而賢才絀，此其大較也。第重守令，一內外，均勞逸，一時雖奉爲成書，轉瞬咸知其虛語。夫循資序級，可避嫌猜，精選審官，不由學問。是以鑑別妍醜，必濯水壺，

---

14 語見（清）張廷玉等撰《明史》（書同註 1），卷七十二，〈職官志一〉，頁 7,964。

15 參見杜乃濟撰《明代內閣制度》（書同註 12），第五章第三節〈內閣與各部〉，頁 144-145。

16 語見《明史》（書同註 1），卷二百二十四，〈陸光祖傳〉，頁 8,405。

載量短長，要須玉尺矣。（第一冊，頁 53）

這話純是針對「冢宰」而發，而冢宰即吏部尚書之別稱；文人有時則以「太宰」稱之。如何讓真正的「賢才」被拔擢出來，為朝廷效力呢？這是冢宰的職責所在，也是《經世編》編輯們對當時紛亂的時政而有的深切渴盼。其中涉及到「科舉」重考試輕德行的弊病，考察官員過度重視資格卻默視才能，乃至守令任用陞貶的弊端等等皆是。

對照《明史・七卿年表》，《經世編》收錄曾任過吏部尚書（亦即「冢宰」）者，其文章選錄情形如下表所示。

7-3 《皇明經世文編》收錄吏部尚書（冢宰）簡表

	姓名	擔任朝代	收錄書名	卷數	篇數	字數	備註
1	蹇 義	成祖、宣宗	蹇忠定公集	半	2	1,165	
2	王 翱	景帝、英宗	王忠肅公奏疏	半	2	1,311	
3	李 秉	憲宗	李襄敏公奏疏	半	5	2,261	
4	姚 夔	憲宗	姚文敏公文集	1	6	4,812	
5	耿 裕	憲宗、孝宗	耿文恪公文集	半	2	1,046	
6	王 恕	孝宗	王端毅公文集	1	17	11,541	
7	倪 岳	孝宗	青谿漫藁	2	8	17,211	
8	馬文升	孝宗、武宗	馬端肅公奏疏	3	33	31,113	
9	許 進	武宗	許襄毅公奏疏	半	3	1,300	
10	楊一清	武宗	楊石淙文集	6	51	56,176	武宗、世宗時任閣臣
11	王 瓊	武宗、世宗	王晉溪本部敷奏	1	5	9,870	
12	石 珤	武宗	石文介集	半	2	1,361	世宗時任閣臣
13	李承勛	世宗	李康惠公奏疏	2	15	18,655	
14	方獻夫	世宗	方文襄公奏疏	半	4	966	世宗時任閣臣
15	許 讚	世宗	許文簡公奏疏	1	5	7,206	世宗時任閣臣
16	唐 龍	世宗	唐漁石集	1	7	5,712	
17	李 默	世宗	群玉樓集	1	6	4,848	
18	萬 鏜	世宗	萬太宰奏疏	1	3	10,917	
19	嚴 訥	世宗	嚴文靖公文集	半	3	2,153	世宗時任閣臣
20	胡 松	世宗	胡莊肅公奏議	2	7	16,294	

21	楊　博	世宗、穆宗	楊襄毅公奏疏	5	46	46,658	
22	高　拱	穆宗	高文襄公文集	2	37	21,580	世宗、穆宗時任閣臣
23	張　瀚	神宗	張元先生臺省疏	1	10	9,831	
24	方逢時	神宗	方司馬奏疏	2	7	16,583	
25	陸光祖	神宗	陸莊簡公集	1	5	5,340	
26	陳有年	神宗	陳恭介公奏疏	1	3	2,518	
27	趙世卿	神宗	趙司農奏議	1	9	7,246	
28	孫丕揚	神宗	孫太宰奏疏	半	3	3,462	
29	王象乾	神宗	王司馬奏疏	2	7	15,163	
30	余懋衡	熹宗	余太宰奏疏	2	6	16,301	

　　案如表 7-3 所示，通共三十人。其中楊一清、石珤、方獻夫、許瓚、嚴訥、高拱等六人後大拜入閣，已於前文敘介內閣宰輔時提及，不再贅述。除去此六人，剩二十四人皆曾擔任「冢宰」——亦即吏部尚書，而為《經世編》所收錄。其中，馬文升、王瓊、李承勛、方逢時、王象乾、楊博六人先後曾任兵部尚書，以軍事著名，功在兵部，《經世編》所收也多偏重其兵部事務。又余懋衡也曾於天啟初任吏部尚書，四年養病，尋削籍，然〈七卿年表〉並未列入。《經世編》收錄余懋衡的文集則仍以「太宰」為名曰《余太宰疏稿》，二卷，六篇文章，共 16,301 字。

2.用人、薦舉與銓政

　　以文章而論，筆者據朱士春先生的《明經世文編分類目錄》觀察，與吏部職掌關係最為密切者，殆為「政治」大項裡的「用人」、「薦舉」和「銓政」三類文章。《經世編》收錄這三類文章共有六十三篇，各篇作者與文章題目分別如下：

　　　甲、用人類，二十八篇
1. 王鏊〈時事疏〉（頁 1143）
2. 王鏊〈親政篇〉（頁 1158）
3. 胡世寧〈知人官人疏〉（頁 1310）

4. 張孚敬〈論館選巡撫兵備守令〉（頁 1803）
5. 張孚敬〈病痊陳奏用人〉（頁 1809）
6. 桂萼〈請起用舊臣通壅蔽以安天下疏〉（頁 1831）
7. 桂萼〈修省十二事疏〉（頁 1837）
8. 方獻夫〈朋黨論〉（頁 1872）
9. 霍韜〈論內外官銓轉資格疏〉（頁 1934）
10. 楊名〈昧死陳言以效愚忠疏〉（頁 2425）
11. 除階〈答重城論二〉（頁 2548）
12. 茅坤〈與石東泉少司馬書〉（頁 2713）
13. 唐順之〈與李中谿論舉劾書〉（頁 2761）
14. 楊博〈覆都御史龐尚鵬等議儲養邊材疏〉（頁 2941）
15. 陸粲〈去積弊以振作人材疏〉（頁 3046）
16. 高拱〈議處本兵及邊方督撫兵備之臣以裨安攘大計疏〉（頁 3171）
17. 高拱〈議處本兵司屬以裨邊務疏〉（頁 3173）
18. 高拱〈議處邊方有司以以固疆圉疏〉（頁 3174）
19. 高拱〈推補兵部右侍郎并分布事宜疏〉（頁 3175）
20. 高拱〈議處遠方有司以安地方并議加恩賢能府官以彰激勸疏〉（頁 3176）
21. 高拱〈議處應官及遠方府守疏〉（頁 3178）
22. 高拱〈議處科目人才以興治道疏〉（頁 3179）
23. 高拱〈議處馬政鹽政官員以責實效疏〉（頁 3180）
24. 高拱〈覆都御史李棠條陳疏〉（頁 3181）
25. 陸光祖〈覆請申明職掌會推閣臣疏〉（頁 4058）
26. 王家屏〈答趙宇中丞〉（頁 4252）
27. 趙用賢〈與周元孚〉（頁 4301）
28. 曹于汴〈官缺政弛、回祿示儆、乞仰聖斷、以興聖治疏〉（頁 4467）

乙、薦舉類，十一篇

1. 楊士奇〈敕論吏部申明薦舉〉（頁 106）
2. 楊士奇〈計議除授方面等官疏〉（頁 110）
3. 陳循〈條議疏〉（頁 201）
4. 李賓〈推舉御史疏〉（頁 324）
5. 李賓〈保舉疏〉（頁 325）
6. 韓雍〈送李咸章還京詩序〉（頁 438）
7. 葉盛〈邊方用人疏〉（頁 477）
8. 屠勳〈為應制陳言疏〉（頁 798）
9. 姜洪〈陳言疏〉（頁 1172）
10. 范珠〈修政弭災疏略〉（頁 1177）

11. 高攀龍〈破格用人疏〉（頁 5473）

丙、銓政類，二十四篇

1. 蹇義〈銓官事宜疏〉（頁 99）
2. 王恕〈議進士石存禮除官奏狀〉（頁 314）
3. 劉健〈三事疏〉（頁 411）
4. 徐溥〈論選庶吉士疏〉（頁 550）
5. 丘濬〈公銓選之法〉（頁 596）
6. 倪岳〈會議〉（頁 677）
7. 何孟春〈陳萬言以裨修省疏〉（頁 1213）
8. 夏良勝〈議覆遠方選法狀草〉（頁 1545）
9. 桂萼〈應制條陳十事疏〉（頁 1826）
10. 桂萼〈申明考察疏〉（頁 1856）
11. 方獻夫〈災異陳言〉（頁 1873）
12. 聶豹〈應詔陳言以弭災異疏〉（頁 2322）
13. 高拱〈公考察以勵眾職疏〉（頁 3177）
14. 高拱〈論考察〉（頁 3194）
15. 高拱〈再論考察〉（頁 3196）
16. 張居正〈請定面獎廉能儀注疏〉（頁 3462）
17. 張居正〈進職官書屏疏〉（頁 3465）
18. 陸光祖〈計吏屆期敬陳飭吏治要務以重大典疏〉（頁 4052）
19. 許弘綱〈計典乍竣眾志方新乞崇實行以端士習疏〉（頁 4708）
20. 馮琦〈為開誠布公明立規格以絕私竇以清銓政疏〉（頁 4816）
21. 馮琦〈序俸議〉（頁 4835）
22. 馮琦〈銓部議覈實政〉（頁 4838）
23. 馮琦〈詮部議禁浮費〉（頁 4839）
24. 馮琦〈銓部議舉卓異〉（頁 4839）

　　必須指出的是，這六十三篇文章外，另有「職官」類六十二篇[17]。若以寬泛的吏部職掌定義而言，也或多或少涉及「用人」、

---

17 《明經世文編分類目錄》收錄「職官」類文章下文分有：總論、內閣、京官、外任等四類。其中「總論」17 篇：（1）葉盛〈慎重名爵疏〉（2）馬文升〈為申明舊章以正罰俸事疏〉（3）徐恪〈修政弭災疏〉（4）許讚〈正國典明選法以便遵守疏〉（5）桂萼〈論革冗官疏〉（6）薛應旂〈省官議〉（7）海瑞〈啟劉帶川兩廣軍門〉（8）陸光祖〈覆湖廣巡撫李楨肅吏治以奠民生

「薦舉」和「銓政」，值得對此有興趣的研究者加以重視。

綜觀所列六十三篇文章，計作者有三十八人[18]，其中王鏊、

疏〉（9）陸光祖〈覆湖廣巡撫李楨祛浮頹之習以振風紀疏〉（10）王家屏〈上張濟東老師〉（11）王家屏〈答蕭岳峰督府〉（12）鍾羽正〈條舉科中事宜以明職守疏〉（13）史孟麟〈專職掌廣言路以防阻塞以杜專擅疏〉（14）趙南星〈覆陳給事疏〉（15）趙南星〈再剖良心責已秉公疏〉（16）趙南星〈申明憲職疏〉（17）趙南星〈申明憲職疏〉；「內閣」21篇：（1）劉健〈論票擬疏〉（2）毛紀〈乞休疏〉（3）王守仁〈上楊邃菴閣老〉（4）張孚敬〈應制陳言〉（5）張孚敬〈請議處內閣官〉（6）霍韜〈上楊邃菴書〉（7）李默〈上三宰相書〉（8）高拱〈論輔臣面對〉（9）高拱〈論養相才〉（10）張居正〈遼東大捷辭恩疏〉（11）張居正〈番夷求貢疏〉（12）張鹵〈欽承詔命乞正廷臣會議條格疏〉（13）申時行〈辨御史張文熙條陳疏〉（14）申時行〈答葉臺山相公〉（15）申時行〈答葉臺山相公〉（16）葉向高〈答劉雲嶠〉（17）葉向高〈答劉雲嶠〉（18）葉向高〈與申瑤老第二書〉（19）汪若霖〈洞察天人之故以儆有位疏〉（20）汪若霖〈朝廷因循可慮輔臣單匱難支疏〉（21）駱問禮〈喉論〉；「京官」8篇：（1）方孝孺〈御史府記〉（2）王廷相〈天變自陳疏〉（3）孫丕揚〈懇乞聖明酌舉臺章舊體以圖澄清疏〉（4）楊博〈覆左給事中張益等增定參贊尚書職掌疏〉（5）席書〈論光祿寺廚役〉（6）嚴嵩〈議處光祿寺廚役〉（7）高儀〈議革光祿積弊疏〉（8）張治〈尚寶司題名記〉；「外任」16篇：（1）王鏊〈恭度何都御史巡撫南直隸敕〉（2）申時行〈贈撫臺周公奏續序〉（3）馮琦〈答呂新吾方伯〉（4）楊博〈覆陝西查盤御史蕭稟條陳僕苑二寺兼布按二司職銜管理守巡事務疏（5）高拱〈與殷總督論侯太守事〉（6）戈謙〈上言二事疏〉（7）李承勛〈論知人安民疏〉（8）李承勛〈重守令疏〉（9）范珠〈修政弭災疏略〉（10）胡世寧〈守令定例疏〉（11）張孚敬〈重守令疏〉（12）桂萼〈修省十二事疏〉（13）潘潢〈慎守令疏〉（14）潘潢〈申明守令條格疏〉（15）蕭彥〈竭愚忠陳三議以備聖明採擇疏〉（16）霍韜〈天戒疏〉。

18 這三十八人分別如下：（1）高拱12篇。（2）馮琦5篇。（3）桂萼4篇。（4）王鏊2篇。（5）張孚敬2篇。（6）方獻夫2篇。（7）陸光祖2篇。（8）楊士奇2篇。（9）李賓2篇。（10）張居正2篇。（11）胡世寧1篇。（12）霍韜1篇。（13）楊名1篇。（14）徐階1篇。（15）茅坤1篇。（16）唐順之1篇。（17）楊博1篇。（18）陸粲1篇。（19）王家屏1篇。（20）趙用賢1篇。（21）曹于汴1篇。（22）陳循1篇。（23）韓雍1篇。（24）葉盛1篇。（25）屠勳1篇。（26）姜洪1篇。（27）范珠1篇。（28）高攀龍1篇。（29）蹇義1篇。（30）王恕1篇。（31）劉健1篇。（32）徐溥1篇。（33）丘濬1篇。（34）倪岳1篇。（35）何孟春1篇。（36）夏良勝1篇。（37）聶豹1

楊士奇、陳循、張孚敬、桂萼、劉健、方獻夫、徐階、高拱、張
居正等十人曾大拜入閣，位居首輔之位。如本論文前文所指出：「內
閣宰輔」從顧問性質之職漸成身繫天下安危之官。這個傾向特別
在侵奪「吏部」職權可以看出端倪。在古代君王制度中，「人」在
政治管理的思維和運作中，往往是最具關鍵的重點所在，所以《中
庸》說「其人存，則其政舉；其人亡，則其政息。」[19]於是乎「內
閣宰輔」關心「用人」、「薦舉」和「銓政」，也就極其明顯。其中
在世宗、穆宗入閣的高拱一人即有十二篇之多。拱曾任吏部侍郎
兼學士，掌管府事。《明史》載：「拱練習政體，負經濟才，所建
白皆可行。其在吏部，欲遍識人才，使諸司以籍，使署賢否，誌
爵里姓氏，月要而歲會之，倉卒舉用，皆得其人。」[20]可見高拱
在吏部的歷練下不但意見多，而且試之頗著成效。又如仁宗、宣
宗、英宗入閣的楊士奇即特別重視官員保薦的問題，士奇云：「此
保官一令是第一事，蓋用人者帝王之首務也。」（第一冊，頁 111）
《經世編》的編輯們也評註云：「保官一事，文貞（案即楊士奇）
贊成聖政惟此為大，故辨之甚力。」對於人事、職官的高度重視，
楊士奇、高拱如是，其它任內閣宰輔亦莫不如是。

　　高拱因為曾任吏部侍郎而多「用人」、「薦舉」和「銓政」的
文章，一樣地，馮琦也曾任吏部侍郎而有「銓政」的五篇文章。
其它，如蹇義、王恕、倪岳、楊博、陸光祖等五人，皆擔任過吏
部尚書，職責所在，《經世編》收錄其論及「用人」、「薦舉」和「銓
政」等類的文章，毋寧是很自然的事情。

篇。（38）許弘綱 1 篇。
19 語見（宋）朱熹撰《四書集注》（台北：漢京文化事業有限公司，民 76 年
　10 月），〈中庸章句〉，第二十章，頁 28。
20 語見（清）張廷玉等撰《明史》（書同註 1），卷二百十三，〈高拱傳〉，頁
　8,375。

（二）司馬與兵部

1.〈凡例〉第十五條資料所提及之十一司馬

　　明代中葉以後，內寇外亂頻仍，士大夫對於軍事的重視，是相當普遍的風氣。區志堅先生說：「『兵學』就是明中葉以後富國強兵的工具」[21]，這是很中肯的說法。晚明內外動盪異常，相對地，士大夫們對於軍事尤其用心，《經世編》的編輯群們也不例外。史學家吳晗先生曾指出《經世編》的三大選文原則，其中之一即是「詳軍事」[22]。依筆者觀察，《經世編》正是透過選錄「大司馬」（即兵部尚書）和「督撫」二類人物而有「詳軍事」的選文原則；「督撫」人物，下文再專門討論。至於「大司馬」（兵部尚書）之文，〈凡例〉第十五條云：

> 國之大事，惟在戎索，董正六師，以匡王國，惟大司馬是賴。強本弱枝，制變弭患，雖事難陰度，而枕席度師，或躬親簡練，而旌麾改色。本朝如于忠肅、王莊毅、項襄毅、俞肅敏、馬端肅、劉忠宣、王恭襄、李康惠、王康毅、王襄敏、楊襄毅諸公之在樞密，尤為矯矯，廣收詳著，以資撻伐。（第一冊，頁53）

　　這話完全針對「大司馬」而發，「大司馬」即兵部尚書的別稱。《明史‧職官志》云：「（兵部）尚書掌天下武衛官軍，選授簡練之政令。侍郎佐之。」[23]可見兵部尚書關涉天下軍事、軍制與軍

---

21 語見區志堅撰〈從明人編著經世文編略探明代經世思想的涵義 —— 兼論近人對經世思想之研究〉，《中國文化研究》1999 年春之卷（總第 23 期），頁 96。

22 吳晗指出《皇明經世文編》的三大選文原則分別是：明治亂、存異同和詳軍事。見所撰〈影印明經世文編序〉，頁 4-5。

23 語見（清）張廷玉等撰《明史》（書同註 1），卷七十二，〈職官志一〉，頁 7,966。

力。〈凡例〉提到十一人，認為「諸公之在樞密，尤為矯矯」，所以特別「廣收詳著」。筆者統計這十一人在《經世編》收錄的情形，如下：

(一) 于謙（忠肅），《于忠肅公文集》，二卷，二十六篇文章，21,385 字。

(二) 王竑（莊毅），《王莊毅公奏疏》，一卷，四篇文章，1,031 字。

(三) 項忠（襄毅），《項襄毅公集》，一卷，十六篇文章，7,541 字。

(四) 余子俊（肅敏），《余肅敏公文集》，一卷，十一篇文章，10,527 字。

(五) 馬文升（端肅），《馬端肅公奏疏》，三卷，三十三篇文章，31,113 字。

(六) 劉大夏（忠宣），《劉忠宣集》，一卷，十五篇文章，5,587 字。

(七) 王瓊（恭襄），《王晉溪本兵敷奏》，三卷，十二篇文章，32,824 字。

(八) 李承勛（康惠），《李康惠公奏疏》，二卷，十五篇文章，18,655 字。

(九) 王憲（康毅），《王康毅奏疏》，四篇文章，6,687 字。

(十) 王以旂（襄敏），《王襄敏公奏疏》，五篇文章，1,180 字。

(十一) 楊博（襄毅），《楊襄毅公奏疏》，五卷，四十六篇文章，46,658 字。

這十一人中，楊博於隆慶初年時任吏部尚書，隆慶五年（1571年）始轉任兵部尚書，後又任吏部尚書，萬曆元年（1573 年）九月致仕。餘十人多以兵部尚書著稱，明人提及「經世人才」時，除去內閣宰輔外，以官職大司馬之人最受重視，如黃澍的〈皇明經世文編序〉云：

　　洪惟二祖列宗，先後輝映，經濟之材不借異代，以余約略

近輓，在英宗則以王、于兩忠肅為倡，周文襄、耿清惠為
輔；在憲宗則以王端毅、項襄毅為傑，李襄敏、陳康懿為
輔；在敬宗則以馬端肅、劉忠宣為冠，倪文毅一人為輔；
在武宗則以王文成、李康惠為首，胡端敏為輔；在世宗則
以張永嘉為最，徐文貞為輔，是皆具命世之才，經世之識，
持世之學，故其勳名爛然，文章踔約，於今為烈，功等開
創。（第一冊，頁19-20）

　　裡頭提到十六人分別是：王翺、于謙、周忱、耿九疇、王恕、
項忠、李秉、陳康懿、馬文升、劉大夏、倪岳、王守仁、李承勛、
胡世寧、張孚敬、徐階，與〈凡例〉第十五條所提及大司馬（兵
部尚書）交集者至少就有五人：于謙（忠肅）、項忠（襄毅）、馬
文升（端肅）、劉大夏（忠宣）、李承勛（康惠）。另外凡例未提及
而為黃澍所提及的胡世寧（端敏），也在世宗嘉靖任兵部尚書。合
而論之，有大司馬職銜的人物超過黃澍認為經世代表人物的三分
之一，與內閣宰輔的重要性，幾乎是不分軒輊了。

2. 〈凡例〉所未提及的司馬人物

　　上文所敘十一人外，據《明史‧七卿年表》所載，《經世編》
收錄者而又曾任兵部尚書者如下表所示：

7-4　《皇明經世文編》收錄兵部尚書（大司馬）簡表

	姓名	擔任朝代	收錄書名	卷數	篇數	字數	備註
1.	王　驥	宣宗	王靖遠忠毅侯奏疏	1	12	3,673	
2.	馬　昂	英宗	馬公襄奏疏	半	3	2,367	
3.	白　圭	英宗	白恭敏奏疏	1	5	2,406	
4.	彭　澤	武宗	彭襄毅奏疏	半	7	1,973	
5.	胡世寧	世宗	胡端敏公奏議	4	13	34,085	
6.	毛伯溫	世宗	毛東塘集	2	18	17,349	
7.	劉天和	世宗	劉莊襄公奏疏	1	9	7,836	
8.	翁萬達	世宗	翁東涯文集	3	25	28,921	

9.	王邦瑞	世宗	王襄毅公文集	1	6	5,104	
10.	聶豹	世宗	聶貞襄集	1	1	6,303	
11.	許論	世宗	許恭襄公邊鎮論	1	11	8,370	
12.	霍驥	穆宗	霍司馬奏議	1	4	6,644	
13.	譚綸	神宗	譚襄敏公奏疏	1	5	5,221	
14.	王崇古	神宗	王鑑川文集	4	20	43,123	
15.	方逢時	神宗	方司馬奏疏	2	7	16,583	神宗時任吏部尚書
16.	張學顏	神宗	張心齋奏議	1	10	12,333	
17.	李化龍	神宗	李襄毅公撫遼奏稿	1	4	7,563	
18.	王象乾	神宗	王司馬奏疏	2	7	15,163	

　　案所列共有十八人，其中方逢時則於萬曆五年（1577）十月以兵部兼署吏部尚書，不久又回兵部。〈凡例〉第十五條所提及的十一人，加上這十八人，含計二十九人。二十九人之外，文人喜以「司馬」稱兵部尚書或兵部侍郎，若再以「司馬」之名觀察《經世編》收錄人物的文集的話，至少還有底下十四人：

（一）孫原貞，《孫司馬奏議》，一卷，二篇文章，4,193字。

（二）張海，《張司馬奏疏》，半卷，二篇文章，1,332字。

（三）柴昇，《柴司馬奏疏》，一卷，一篇文章，7,288字。

（四）徐問，《徐司馬奏疏》，一卷，二篇文章，4,855字。

（五）王軏，《王司馬奏疏》，一卷，十二篇文章，5,873字。

（六）蘇祐，《蘇司馬奏議》，一卷，四篇文章，3,788字。

（七）王忬，《王司馬奏疏》，一卷，九篇文章，10,602字。

（八）翁大立，《翁司馬奏疏》，半卷，六篇文章，3,092字。

（九）汪道昆，《汪司馬太函集》，二卷，十篇文章，15,847字。

（十）吳桂芳，《吳司馬奏議》，一卷，七篇文章，7,659字。

（十一）萬恭，《萬司馬奏議》，二卷，十一篇文章，16,131字。

（十二）徐元太，《徐司馬督撫平㈩奏議》，一卷，六篇文章，6,825字。

（十三）涂宗濬，《涂司馬撫延疏草》、《涂司馬北虜封貢始末
　　　　疏》，四卷，十六篇文章，30,823 字。

（十四）朱燮元，《朱司馬督蜀黔疏草》，二卷，十三篇文章，
　　　　20,055 字。

如此，合計有四十三人，64 卷，448 篇文章，高達 529,985
字，分量僅次於內閣宰輔；於六部之中，《經世編》收錄文章最多
者，從中也可看出大司馬受到重視的程度最高。

3.武備與軍政文章簡介

以文章而論，據朱士春先生的《明經世文編分類目錄》觀察，
「武備」與政治、文教、皇室並列為四大項，而又是各項裡頭收
錄文章最多者[24]。「武備」項共有十二類、一千六百一十篇文章，
各類數量如下：

（一）軍政：共 102 篇（3 類）

　　1、總論：54 篇

　　2、操練：36 篇

　　3、賞罰：12 篇

（二）將帥：共 23 篇

（三）軍伍：共 23 篇

（四）糧草：共 36 篇

（五）軍器：共 37 篇

（六）馬政：共 64 篇

（七）城堡：共 70 篇

（八）屯田：共 49 篇

---

24 朱士春撰《明經世文編分類目錄》共分四大項，包含文章數量如後，（1）
　政治項：共二十九類，1,041 篇文章。（2）文教項：共十類，292 篇文章。（3）
　武備項：共十二類，1,610 篇文章。（4）皇室項：共十二類，360 篇文章。

（九）京營：共 24 篇

（十）邊防：共 603 篇（6 類）

1、邊議：252 篇

2、邊政：118 篇

3、綏輯：73 篇

4、韃靼：111 篇

5、女真：19 篇

6、西域：30 篇

（十一）治安：共 317 篇（14 類）

1、北直：21 篇

2、南直：21 篇

3、山東：2 篇

4、山西：5 篇

5、河南：9 篇

6、陝西：8 篇

7、四川：31 篇

8、湖廣：24 篇

9、江西：45 篇

10、浙江：4 篇

11、福建：7 篇

12、兩廣：60 篇

13、雲南：10 篇

14、貴州：70 篇

（十二）海防：共 232 篇（2 類）

1、倭寇：176 篇

2、其它：56 篇

　　相較《經世編》全書 3,158 篇文章的數量而言,「武備」項收錄的 1,610 篇文章所佔超過一半,也毋怪乎吳晗先生會認為「詳軍事」是《經世編》重要的選文原則之一[25];區志堅先生認為「編 "經世文編" 的風尚與明代文人軍事思想之興起有關。」[26]、「"兵學" 就是明中葉後富國強兵的工具」[27]。必須指出的是,「武備」

　　項所收錄的 1,610 篇文章,涵蓋的事務十分廣泛 —— 這些事務固然與「兵部」關係十分密切,另一方面,其實也與總督、巡撫的職責牢不可分。尤有甚者,部分事務尚與他部(吏、戶、禮、刑、工)有著相互支援、協調與統合的問題存焉。如「馬政」類需要糧草、倉庫、牧地等等,又與「戶部」有關;如「軍器」、「城堡」類需要專業技術、材料,又與「工部」有關;「綏輯」類需要頒封名號、爵職,又與「禮部」有關;「賞罰」類需要法令、紀綱,又與「刑部」有關……等等都是。

　　在「武備」項裡,與兵部職掌關係最為密切者,殆為「軍政」類的文章。「軍政」類又下分「總論」、「操練」、「賞罰」三者,共有一百○二篇文章[28]。

---

25 吳晗撰〈影印明經世文編序〉指出,《明經世文編》選文的主要原則有三:明治亂、存異同和詳軍事。

26 語見區志堅撰〈從明人編著經世文編略探明代經世思想的涵義〉,《中國文化研究》春之卷, 總第 23 期,1999 年,頁 95。

27 語見區志堅撰〈從明人編著經世文編略探明代經世思想的涵義〉,《中國文化研究》春之卷,總第 23 期,1999 年,頁 96。

28 這 102 篇文章各篇作者與題目如後:(一)總論,五十四篇:(1)王驥〈請選擇衛所官員疏〉(2)徐有貞〈條議五事疏〉(3)項忠〈弭災六事疏〉(4)郭登〈軍務疏〉(5)楊洪〈言四事疏〉(6)葉盛〈申明祖宗成憲疏〉(7)丘濬〈遏盜之機〉(8)劉大夏〈乞休疏〉(9)劉大夏〈條列軍伍利弊疏〉(10)彭澤〈江防六事疏〉(11)李承勛〈條陳弊政疏〉(12)李承勛〈論時事疏〉(13)王瓊〈為專捕盜處民兵以祛民患事〉(14)王瓊〈為嚴操備以固江防事〉(15)何孟春〈陳萬言以裨修省疏〉(16)王守仁〈陳言邊務疏〉(17)

胡世寧〈奏為盡瀝愚忠以求採擇事〉（18）胡世寧〈地方利害疏〉（19）夏良勝〈論用兵十二便宜狀〉（20）韓邦奇〈陳愚慮以奠江防疏〉（21）林希元〈應詔陳言兵政疏〉（22）徐問〈修舉武備以無忘不虞疏〉（23）張孚敬〈奏答安民飭武疏〉（24）桂萼〈應制陳言十事疏〉（25）毛憲〈陳言邊事疏〉（26）潘潢〈議勘宣府新軍疏〉（27）潘潢〈議延綏新軍疏〉（28）潘潢〈定議軍行給賞疏〉（29）潘潢〈論首功疏〉（30）馮恩〈防秋弭患疏〉（31）曾忭〈議處新輯地方，重威體、銷反側，以圖永安疏〉（32）曾忭〈平政令示鎮靜以定危疑疏〉（33）曾忭〈正名罪慎舉用以杜姦萌疏〉（34）曾忭〈正名義以杜邊患，議功罪以存國體疏〉（35）趙炳然〈為披瀝愚衷備陳末議以飭戎務事〉（36）趙炳然〈題為分布秋防兵馬事〉（37）章煥〈經略中原疏〉（38）靳學顏〈講求財用疏〉（39）劉燾〈示諸將兵法書〉（40）劉燾〈上內閣本兵邊務求實疏〉（41）霍冀〈覆陳飭武備事宜〉（42）汪道昆〈申飭通州兵馬疏〉（43）戚繼光〈請申軍令以壹士心疏〉（44）戚繼光〈建輜重營〉（45）戚繼光〈上軍政事宜〉（46）戚繼光〈陳邊情及守操戰車〉（47）霍與瑕〈與胡都御史青公〉（48）許國〈條上弭盜方略〉（49）蕭彥〈竭愚忠陳三議以備聖明採擇疏〉（50）劉應秋〈與朱鑑塘中丞書〉（51）于慎行〈練兵議〉（52）馮琦〈贈宮保大司馬鄭公還朝協理戎政序〉（53）涂宗濬〈及時議修內政治實政事疏〉（54）徐光啟〈恭承新命謹承急切事宜〉（二）操練，共三十六篇：（1）于謙〈宜府軍務疏〉（2）王恕〈駁議聽選官王瓚建言江北五衛免赴京操奏狀〉（3）葉盛〈操備緊要疏〉（4）丘濬〈定軍制議〉（5）楊一清〈演習營陣事〉（6）楊一清〈著演陣行兵事宜〉（7）陳時明〈嚴武備以壯國威疏〉（8）徐階〈進兵部練兵票帖〉（9）徐階〈復馬總兵芳〉（10）徐階〈與馬鍾陽司徒〉（11）唐順之〈條陳薊鎮練兵事宜疏〉（12）楊博〈兵馬凋殘不堪疏〉（13）馮璋〈選將練兵足財疏〉（14）劉燾〈操練〉（15）劉燾〈哨報〉（16）譚綸〈補續主兵疏略〉（17）譚綸〈條議戚繼光言兵事疏〉（18）霍冀〈條議京營訓練事宜疏〉（19）戚繼光〈請兵破虜疏〉（20）戚繼光〈練兵條議疏〉（21）戚繼光〈辨請兵〉（22）戚繼光〈議分薊區為十二路，設東西協守統其路，建置車營，配以馬步兵而合練之〉（23）戚繼光〈議車營增鹿角〉（24）戚繼光〈選編車營馬兵〉（25）戚繼光〈薊鎮急務〉（26）戚繼光〈覆部議入衛兵馬〉（27）魏時亮〈議處兵戎要務疏〉（28）魏時亮〈題為摘陳安攘要議以禆睿採疏〉（29）沈懋孝〈練兵始議〉（30）沈懋孝〈練兵議〉（31）熊廷弼〈與麻西泉總戎〉（32）熊廷弼〈約諸將〉（33）徐光啟〈兵事百不相應疏〉（36）徐光啟〈兵非選練決難戰守疏〉（三）賞罰，共十二篇：（1）王恕〈乞嚴賞罰以禁盜賊奏狀〉（2）白圭〈四川盜賊疏〉（3）劉健〈論軍功疏〉（4）葉盛〈陳言邊務疏〉（5）丘濬〈賞功議〉（6）彭澤〈軍職帖黃疏〉（7）王瓊〈為發明律例以便征戰事〉（8）楊一清〈為整理固原邊備疏〉（9）楊一清〈為申明捉獲奸細賞罰疏〉（10）

　　綜觀所列一百〇二篇有關「軍政」的文章，計作者有五十四名[29]，其中王驥、于謙、劉大夏、彭澤、李承勛、王瓊、胡世寧、霍冀、楊博、譚綸、白圭等十一人皆曾擔任過兵部尚書之職；另汪道昆是以《汪司馬太函集》見收涂宗濬是以《涂司馬撫延疏草》、《涂司馬北虜封貢始末疏》見收，皆為兵部侍郎之職。此十三人對「軍政」各項興利除弊的意見，明顯地與其職務關係密切。

　　十三人外，張孚敬、桂萼、許國、楊一清、劉健、徐階、于慎行、趙貞吉、徐光啟等九人皆嘗大拜入閣，代表著「內閣宰輔」對軍政的留心和掌權。如徐階〈進兵部練兵票帖〉（第三冊，頁2555）一文，就是針對兵部尚書譚綸的練兵意見而有所權衡、指導，並建議穆宗皇帝做出實際而又具體的裁決文字[30]，類此之例，

桂萼〈請革首功疏〉（11）趙貞吉〈宣諭將士疏〉（12）劉燾〈上元老軍前賞罰書〉。

29 這五十四名作者及篇章數量如後：（1）戚繼光，十二篇。（2）徐光啟，五篇。（3）劉燾，5篇。（4）楊一清，4篇。（5）潘潢，4篇。（6）曾銑，4篇。（7）葉盛，3篇。（8）丘濬，3篇。（9）王瓊，4篇。（10）徐階，3篇。（11）劉大夏，2篇。（12）彭澤，2篇。（13）李承勛，2篇。（14）胡世寧，2篇。（15）桂萼，2篇。（16）趙炳然，2篇。（17）霍冀，2篇。（18）王恕，2篇。（19）譚綸，2篇。（20）魏時亮，2篇。（21）沈懋孝，2篇。（22）熊廷弼，2篇。（23）王驥，1篇。（24）徐有貞，1篇。（25）項忠，1篇。（26）郭登，1篇。（27）楊洪，1篇。（28）何孟春，1篇。（29）王守仁，1篇。（30）夏良勝，1篇。（31）韓邦奇，1篇。（32）林希元，1篇。（33）徐問，1篇。（34）張孚敬，1篇。（35）毛憲，1篇。（36）馮恩，1篇。（37）章煥，1篇。（38）靳學顏，1篇。（39）汪道昆，1篇。（40）霍與瑕，1篇。（41）許國，1篇。（42）蕭彥，1篇。（43）劉應秋，1篇。（44）于慎行，1篇。（45）馮琦，1篇。（46）涂宗濬，1篇。（47）于謙，1篇。（48）陳時明，1篇。（49）唐順之，1篇。（50）楊博，1篇。（51）馮璋，1篇。（52）白圭，1篇。（53）劉健，1篇。（54）趙貞吉，1篇。

30 徐階此文，見《皇明經世文編》卷二百四十四，〈進兵部練兵票帖〉載：「適蒙發下兵部，題覆譚綸練兵一本。臣等查得綸奏原欲訓練遊兵三萬，益以薊鎮主兵，與虜決戰，使大有？懲，但又以四難為慮，故議姑就薊鎮見在之兵，講求一鎮戰守之策，今兵部所覆者是也。原兵部之意，亦只為防秋

軍政權利遞轉的傾向也頗能看出從皇帝顧問性質的「內閣」逐漸轉向身繫天下安危的「宰輔」的變化實情其中，徐光啟有五篇文章、楊一清有四篇文章、徐階有四篇文章，都是分量較多的人物。

必須指出的是，在五十四名作者中，曾任督撫者至少也有十七人之多[31]，去掉與兵部尚書、內閣宰輔重複者，尚有：徐有貞、葉盛、何孟春、王守仁、趙炳然、劉燾、戚繼光、熊廷弼等八人。特別是大將軍戚繼光共收錄有十二篇文章之多，居五十四名作者之冠，可見他的「軍政」興革意見是深受《經世編》的編輯群（乃至所有晚明士人）的重視。此外，依本書第六章「《皇明經世文編》的人物論」做為鑑裁的標準來觀察的話，王守仁是封爵的文臣，楊洪、郭登是雄心壯猷的武臣，《經世編》也收錄有其人的「軍政」文章。

期近，恐幹理不前，遊兵數多，恐餉難辦耳。臣等反覆思惟，今國家之事，所當憂者，莫急於邊防。皇上去秋，因二虜入犯，固嘗深悼民受禍之慘。今春駕祀凌，又已親見邊鎮去京師之近矣。臣等竊謂，為今之計，所當上下協力，破格治兵，凡可以供軍餉，雖減衣縮食，亦宜在所必行。凡可以赴事功，雖窮日繼夜，亦宜在所不憚。庶積弱之勢，有振起之期；安攘之業，有建立之望。若因循苟且，僅支目前，切恐虜勢日強，虜謀日狡，必將釀禍於不可救，貽悔於無所及。臣等叨塵重任，幸際聖時，如不盡言，是謂負恩誤國，不惟義不敢為，亦心所不？為也。然兵既在所必練，則財實在所當處，顧帑藏空虛，無從取，百姓窮困，又難加徵，此其為策必須節用，但人情於侈費甚易，於節用甚難，自非仰賴聖謀，預定於先，聖志堅持于上，則節用之說畢竟不能行，練兵效畢竟不可冀矣。臣等除已將兵部本票擬上請外，伏乞皇上深計始終，特賜張主，一面嚴勒內外衙門，各斥去習安之私，而殫竭心力，共成此圖。各罷省耗財之事，而蓄積錢糧，共資此費。一面申飭譚綸，督同戚繼光，將所奏教練遊兵事宜，再行詳議，開欵具奏，以憑議行。實聖明大有為之政，而宗社億萬年無疆之休也。」頁2555。

31 在五十四名作者中，曾任督撫者有：王驥、徐有貞、葉盛、劉大夏、何孟春、王守仁、趙炳然、劉燾、霍冀、汪道昆、戚繼光、于謙、楊一清、唐順之、譚綸、熊廷弼、白圭等十七人。

（三）司農與戶部

　　明代官制六部以吏、戶、兵三部之權為重，戶部即古之「司農」。司農所掌頗為繁雜，舉凡戶口、田賦、版籍、歲會、賦役、黃州、農官、芻地、鹽課、鈔關等等都是[32]。任何軍事活動既是徵兵（屬兵部），亦得輸餉（屬戶部）繼之。以是之故，《經世編》在收錄時亦頗在意，〈凡例〉第十九條云：

> 司農專領度支，豐儉盈縮，必資心計。夫帝王之本務，墾土力田；富強之雄資，官山煮海。若乃出入不符，本末並失，縱憑修緄，難言巧炊矣。故廣屯種，興鼓鑄，汰冗濫，準食貨，其大端也。若徐文定之農書，袁運司之鹽法，摘其成著，良可孤行，茲特表而出之。（第一冊，頁54）

　　這話針對「司農」而發，文中「司農」的職掌實即戶部所掌。文中提到的「徐文定之農書，袁運司之鹽法」，指的是徐光啟（文定）的《農政全書》和袁世振（運司）的《兩淮鹽政疏理成編》二書。徐光啟是萬曆三十二年（1604 年）進士，選「庶吉士」，累陞少詹事，後歷禮部尚書，崇禎時大拜入閣。光啟之職雖非戶部，然學問淵博，水利、河渠、屯田多有心得；所著《農政全書》

32　（清）張廷玉等撰《明史》（書同註 1），卷七十二，〈職官志一〉載：「（戶部）尚書掌天下戶口，田賦之政令，侍郎貳之。稽版籍、歲會、賦役、實徵之數，以下所司，十年攢《黃冊》，差其戶上下畸零之等，以周知其登耗。凡田土之侵占、投獻、詭寄、影射有禁，人戶之隱漏、逃亡、朋充、花分有禁，繼嗣、婚姻不如令有禁。皆綜覈而糾正之。天子耕耤，則尚書進耒耜以墾荒業貧民，以占籍附流民，以限田裁異端之民，以圖帳抑兼并之民以樹藝課農官，以芻地給馬政，以召佃盡地利，以銷豁清賠累，以撥給廣恩澤，以給除差優復，以鈔錠節賞賚，以讀法訓吏民，以權量和市糴，以時估平物價，以積貯之政恤民困，以山澤、陂池、關市、坑冶之政佐邦國贍軍輸，以支兌改兌之規利漕運，以蠲減振貸均糴、捕蝗之令憫災荒，以輸轉、屯種、糴買、召納之法實邊儲，以祿廩之制馭貴賤。」，頁 7,965。

尤與戶部關係密切。袁世振是萬曆二十六年（1598年）進士，授
知縣，歷陞戶部郎中。四十三年（1615年）陞疏理兩淮鹽法副使，
立「新舊間撤」之法，頗有功績。《經世編》收錄徐光啟〈屯田疏〉
一文，內有「墾田第一凡二十八條」、「用水第二凡六條」即從《農
政全書》摘錄而出；又收錄袁世振四卷，二十一篇文章，37146
字，性質全部都是探討鹽政改革的作品，也都是摘錄自《兩淮鹽
政疏理成編》。〈凡例〉於此，特加解釋。

　　根據《明史・七卿年表》，任過戶部尚書而為《經世編》所收
者如下表所示。

7-5　《皇明經世文編》收錄戶部尚書（大司農）簡表

	姓名	擔任朝代	收錄書名	卷數	篇數	字數	備註
1	夏原吉	成祖	夏忠靖公集	半	5	2,874	
2	胡　濙	宣宗	胡忠安奏疏	半	3	1,191	
3	黃　福	宣宗	黃忠宣文集	1	11	7,402	
4	楊　鼎	憲宗	楊大司農奏疏	1	4	3,062	
5	余子俊	憲宗	余肅公文集	1	11	10,527	以任大司馬職而著名
6	韓　文	孝宗	韓忠定公奏疏	1	11	11,430	
7	楊一清	武宗	楊石淙文集	6	51	56,176	武宗、世宗時為內閣閣臣
8	王　瓊	武宗	王晉溪本兵敷奏	3	12	32,824	以任大司馬職而著名
9	梁　材	世宗	梁端肅公奏議	5	15	40,553	
10	許　讚	世宗	許文簡公奏疏	1	5	7,206	世宗時為內閣大臣
11	潘　潢	世宗	潘簡肅公集	3	19	41,875	
12	葛守禮	世宗	葛端肅公文集	1	11	4,815	
13	馬　森	世宗	馬恭敏公奏疏	1	3	7,132	
14	張學顏	神宗	張心齋奏議	1	10	12,333	以任大司馬職而著名
15	趙世卿	神宗	趙司農奏議	1	9	7,246	神宗時擔任冢宰一職

　　如表 7-5 所示，共十五人，其中楊一清、許讚二人後大拜入閣，余子俊、王瓊、張學顏三人先後任過兵部尚書，事功文章顯著在彼而不在此。其餘則多與戶部有關。

　　諸人中，可以世宗嘉靖年間的梁材作為代表，《經世編》收錄其文章，若以 40,553 的「字數」和 835 字的「評註文字」衡量的話，都能進入《經世編》全書的前二十名內。而所收錄的十五篇文章，內容的性質全和戶部職責有關，分別是：

篇　　　名	字　數	性　質
1、〈議勘光祿寺錢糧疏〉	4,200	政治・理財
2、〈復議節財用疏〉	3,488	政治・理財
3、〈會議王祿軍糧及內府收納疏〉	4,682	政治・理財
4、〈駁議差官採礦疏〉	2,706	政治・礦政
5、〈革除淮二倉內臣疏〉	1,342	皇室・宦官
6、〈查革倉場內臣疏〉	538	皇室・宦官
7、〈運發延綏修邊銀兩及查勘寧夏邊防疏〉	2,473	武備・城堡
8、〈議處陝西四鎮邊儲疏〉	3,148	武備・糧草
9、〈議又靈卅鹽課挑挖延寧邊塹疏〉	918	政治・鹽課
10、〈議覆陝西事宜疏〉	6,032	政治・理財
11、〈准放折俸等項支用疏〉	723	政治・錢幣
12、〈議處鄖陽流連疏〉	655	政治・戶政
13、〈議茶馬事宜疏〉	3,989	政治・茶課
14、〈議處茶運疏〉	1,618	政治・茶運
15、〈議處通惠河倉疏〉	4,041	政治・倉儲

　　綜合這十五篇文章，共有十類（一）理財類：四篇文章。（二）宦官類：二篇文章。（三）茶課類：二篇文章。（四）鹽課類：一篇文章。（五）礦政類：一篇文章。（六）戶政類：一篇文章。（七）糧草類：一篇文章。（八）倉儲類：一篇文章。（九）城堡類：一篇文章。（十）錢幣類：一篇文章。每一篇文章內容全與戶部職掌

有關；如（二）宦官類文雖屬皇室，然文章內容則在檢討「糧草」、「倉儲」等管理上的弊端，與戶部職掌關係密切。梁材之外，潘潢收錄共有 41,875 字，甚至還超過梁材，他的十九篇文章雖不全然都是戶部職掌的內容，卻也占了大半以上[33]，以故他也是頗受《經世編》重視的司農人物。

　　值得一提及的是，在上述十五人之外，《經世編》所收人物的文集（奏疏）以「司農」為名者至少還有六人，如下：

　　1.張文，《張司農奏疏》，一卷，一篇文章，2,986 字。

　　2.李士翱，《李司農集》，一卷，三篇文章，4,682 字。

　　3.褚鈇，《褚司農文集》，一卷，四篇文章，4,179 字。

　　4.楊俊民，《楊司農奏疏》，一卷，一篇文章，7,492 字。

　　5.蕭彥，《蕭司農奏疏》，一卷，三篇文章，7,170 字。

　　6.周之龍，《周司農集》，一卷，一篇文章，6,077 字。

　　這六人的文章多涉及戶部之事務[34]，諸如賦役、倉儲、鹽課、商稅、屯田等等。即如標題容易被歸為「武備‧邊防類」、「武備‧城保類」或「水利類」，也都是從「戶部」（司農）的角度立論，

33　《皇明經世文編》卷一九七～一九九，收錄潘潢文章如下：〈郊祀對〉、〈郊祀對〉、〈慎守令疏〉、〈申明守令條格疏〉、〈覆積穀疏〉、〈議京營馬匹草料疏〉、〈議勘宣府新軍疏〉、〈議延綏新軍疏〉、〈定軍行給賞疏〉、〈論首功疏〉、〈取解軍器疏〉、〈覆草場失火疏〉、〈請覆軍屯疏〉、〈會議第一疏〉、〈查核邊鎮主兵錢糧實數疏〉、〈賊情疏〉、〈留務疏〉、〈弘遠慮責實效以濟富強疏〉、〈議處全陝屯田以足兵食事〉，共十九篇。

34　《皇明經世文編》收錄：（1）張文，卷 128，〈裁革冗食節冗費奏〉。（2）李士翱，卷 209，〈欽奉敕旨陳言民情疏〉、〈預陳邊計以備虜患疏〉、〈及時修武攘夷安夏疏〉。（3）褚鈇，卷 386，〈條議茶馬事宜疏〉、〈目擊番情狀疏〉、〈議處僕苑官員疏〉。（4）楊俊民，卷 389，〈邊餉漸增供億難繼酌長策以圖治安疏〉。（5）蕭彥，卷 407，〈竭愚忠陳三議以備聖明採擇疏〉、〈敬陳末議以備采擇，以裨治安疏〉、〈西北水田關係重大，乞敕行勘議疏〉。（6）周之龍，卷 478，〈漕河說〉。

諸如糧食、工餉等觀點探討問題，而與他部立場觀點有異。

（四）禮刑工三部

明代官制，禮、刑、工三部之權為輕，然權輕歸權輕，卻是管理天下、經綸時務所不可缺者。以尚書為例，禮、刑、工三部的職責如《明史・職官志》所載：「（禮部）尚書掌天下禮儀、祭祀、宴饗、貢舉之政令」[35]、「（刑部）尚書掌天下刑名及徒隸、勾覆、關禁之政令」[36]、「（工部）尚書掌天下百官山澤之政令」[37]，各皆與「經世」課題有著密切的關係。自然地，隸屬三部的人物會受到《經世編》編輯群的重視。〈凡例〉第十八、二十、二十一條即分別針對「禮部」、「刑部」、「工部」而云：

> 安上治民，莫大乎禮。若朝覲、會同，郊祀、燕享，冠婚、賓射，及天潢之裁制，外夷之賓服，莫不厥有常經，宏以通變，故凡議禮諸家，同異論難，迄無定說。苟援引經史，根據典實，確然不磨者，皆為博采。豈惟多識之助，抑亦後事之師。（第一冊，頁54）

> 明罰敕法，司寇是賴。然民狎民畏，仁人所以救世；世輕世重，君子首宜盡心。夫一跌不可贖者，刑也。一成不可壞者，例也。罪惟五等，例有萬條，覽于斯編，失入失出，交譏焉爾。（第一冊，頁54）

---

35 語見（清）張廷玉等撰《明史》（書同註 1），卷七十二，〈職官志一〉，頁7,965。
36 語見（清）張廷玉等撰《明史》（書同註 1），卷七十二，〈職官志一〉，7,966。
37 語見（清）張廷玉等撰《明史》（書同註 1），卷七十二，〈職官志一〉，7,967。

冬官之任，最為繁劇。夫代材架屋，大匠為眾人之師。利用前民，小物而眾工所聚。非精研無以鑑別，即歷練未能周知。有若劉莊襄之造車，余蕭敏之修邊，潘司空之治河，徐文定之制器，考其遺制，允為國工。（第一冊，頁54）

這三段文字分別對禮部（即宗伯）、刑部（即司寇）、工部（即冬官）的經世意義做說明，如「安上治民，莫大乎禮」、「明罰敕法，司寇是賴」、「冬官之任，最為繁劇」等等都是。其中，只有「工部」部分在第三段文字特別舉出「人」與「事」，筆者考察其人、其文所涉及者分別是：

1. 劉天和（莊襄）造「戰車」一事，見其〈條陳守便宜益以圖禦虜實效〉一文（第二冊，頁1572～1578），劉氏亦云：「輕車為中國長技之一者」。

2. 余子俊（蕭敏）「修邊」一事，見其〈議軍務事〉、〈軍務等事〉二文（第一冊，頁487～490），《經世編》評註云：「蕭敏與楊文襄專意脩邊墻，或又云築墻無益，要當視其夷險闊狹論之，不可執一而言。」

3. 潘季馴（司空）《經世編》收《宸斷大工錄》共四卷，十三篇文章，33,999字，全是「治河」文章。（第五冊，卷375～378）。

4. 徐光啟（文定）「別器」一事，做「西洋大砲」見其〈謹申一得以保萬全疏〉、〈申明初錄呈原疏疏〉、〈略陳臺銃事宜並申愚見疏〉（卷489）、〈與李我存太僕〉、〈器勝策〉（卷492）等文；做「敵臺」詳見其〈移工部揭帖〉一文（卷492）；做「西洋曆器」，如「渾天儀」、「交食儀」、「萬國經緯定球儀」、「節氣時刻平面日晷」、「侯時鍾」、「望

遠鏡」等等器具，詳見其〈恭承恩命謹陳愚見以祈聖明採擇事〉一文（卷 493）。

這四人的「戰車」、「修邊」、「治河」、「制器」雖都與工部職掌極為密切。然劉天和、余子俊以兵部尚書（大司馬）而事功顯著；徐光啟初職「庶吉士」，復於崇禎年間大拜入閣，於律曆、河渠、屯田、兵法皆有深見，不獨制器擅長而已。惟潘季馴純以治河享盛名，故以古代掌水土事務的「司空」稱之[38]。實則潘乃以副都御史（屬都察院）兼理河道，後於萬曆十一年（1583 年）正月任刑部尚書，隔年七月黜為民，萬曆十九年（1591 年）復起工部尚書，提督河道，然尋致仕，並未真正主掌工部尚書。

根據《明史‧七卿年表》，《經世編》所收曾任禮、刑、工三部尚書者，如下：

7-6 《皇明經世編》收錄禮（宗伯）、刑（司寇）、工（冬官）朝代人物簡表

	朝代（年號）	禮（宗伯）	刑（司寇）	工（冬官）
1	成祖（永樂）			黃福
2	宣宗（洪熙）			黃福
3	宣宗（宣德）	胡濙		
4	英宗（正統）	胡濙		
5	代宗（景泰）	胡濙		
6	英宗（天順）	姚夔		白圭
7	憲宗（成化）	周洪謨	項忠	
8	孝宗（弘治）	耿裕 倪岳	何喬新 彭韶 白昂	

---

38 范曄撰《後漢書》（上海：上海古籍出版社，1995 年 12 月 11 刷，《二十五史》本第 2 冊），卷三十四，〈百官志一〉，本注曰：「（司空）掌水土事。凡營城起邑，浚溝洫，修墳防之事，則議其利，建其功。凡四方水土功課，歲盡則奏其殿最而行賞罰。凡郊祀之事，掌掃除樂器。大喪，則掌校復土。凡固有大造大疑，諫爭，與太尉同。」，頁 838。

9	武宗（正德）	費宏 毛紀		
10	世宗（嘉靖）	方獻夫 夏言 嚴嵩 徐階 袁煒 嚴訥 李春芳 高拱 殷士儋	林俊 桂萼 李承勛 胡世寧 許讚 王以旂 李士翱 萬鏜 鄭曉 葛守禮	林俊 毛伯溫 王以旂 胡松 李士翱 朱衡
11	神宗（萬曆）	陸士聲 萬士和 徐學謨 沈鯉 朱賡 于慎行 余繼登 馮琦 李廷機 楊道賓 孫慎行	王之誥 王崇古 潘季馴 陸光祖 孫丕揚	何起鳴
12	熹宗（天啟）			馮從吾

　　總計收錄禮部尚書二十七人，刑部尚書十八人，工部尚書九人。禮部尚書二十七人中，大拜入閣者有費宏、毛紀、方獻夫、夏言、嚴嵩、徐階、袁煒、嚴訥、李春芳、高拱、沈鯉、朱賡等十二人之多，接近一半的比率。其中，尤以世宗嘉靖年間最特殊，多人以禮部尚書大拜入閣，情形極為罕見，殆與當時「大禮議」爭辯有關。以奸相嚴嵩為例，正因為他做過禮部尚書，熟悉禮儀、秩典、宗廟等等典故，以是之故，《經世編》儘管不齒其人，卻仍然肯定他多篇「秩宗之文」（即論禮之文），而說「其言足存，不以人廢」的選文原則之一。又耿裕、倪岳都先後做過吏部尚書（冢

宰），前已介紹，此不再贅述。餘十三人，《經世編》收錄情形如下：

　　1.禮部尚書（宗伯）

　　　（1）胡濙，《胡忠安奏疏》，半卷，三篇文章，1,191 字。

　　　（2）姚夔，《姚文敏公集》，一卷，六篇文章，4,812 字。

　　　（3）周洪謨，《周文安公集》，半卷，二篇文章，2,361 字。

　　　（4）殷士儋，《殷文通公金輿山房稿》，一卷，六篇文章，
　　　　　5,866 字。

　　　（5）陸士聲，《陸宗伯文集》，半卷，二篇文章，2,618 字。

　　　（6）萬士和，《萬文恭公集》，一卷，四篇文章，4,972 字。

　　　（7）徐學謨，《南宮奏議》，一卷，五篇文章，6,792 字。

　　　（8）于慎行，《于文定公文集》，一卷，八篇文章，11,504 字。

　　　（9）余繼登，《余文恪淡然軒集》，一卷，四篇文章，4,238 字。

　　　（10）馮琦，《馮北海文集》，三卷，三十篇文章，18,031 字。

　　　（11）李廷機，《李文節公文集》，一卷，十五篇文章，12,216 字。

　　　（12）楊道賓，《楊宗伯奏疏》，一卷，五篇文章，8,893 字。

　　　（13）孫慎行，《孫宗伯集》，半卷，四篇文章，2,989 字。

　　在這十三人之外，依文人喜稱禮部尚書為「大宗伯」，禮部侍郎為「小宗伯」觀察，《經世編》尚收有唐文獻的《唐宗伯占星集》，半卷，三篇文章，2,136 字；董其昌的《董宗伯容臺集》，半卷，一篇文章，753 字。

　　同樣地，在刑部尚書十八人中，桂萼大拜入閣，陸光祖、孫丕揚二人先後任吏部尚書（冢宰），項忠、李承勛、胡世寧、王以旂、王崇古五人先後任兵部尚書（大司馬），許讚、萬鏜、葛守禮三人先後任戶部尚書（大司農）。餘七人，《經世編》收錄情形如下：

　　2.刑部尚書（司寇）

（1）何喬新，《椒丘文集》，一卷，五篇文章，4,176 字。

（2）彭韶，《彭惠安公奏疏》半卷，七篇文章，3,299 字。

（3）林俊，《林貞肅公集》，三卷，十五篇文章，21,340 字。

（4）李士翱，《李司農集》，一卷，三篇文章，4,682 字。

（5）鄭曉，《鄭端簡公文集》，二卷，二十五篇文章，14,917 字。

（6）王之誥，《王中丞奏疏》，半卷，四篇文章，1,892 字。

（7）潘季馴，《宸斷大工錄》，四卷，十三篇文章，33,999 字。

此外在工部尚書九人中，白圭、毛伯溫、王以旂三人先後任兵部尚書，黃福、胡松二人先後任戶部尚書，林俊、李士翱二人先後任刑部尚書，餘二人，《經世編》收錄情形如下：

3.工部尚書（冬官）

（1）朱衡，《朱司空奏疏》，半卷，三篇文章，1,093 字。

（1）何起鳴，《何給諫奏疏》，半卷，一篇文章，3,126 字。

除去這二人外，文人喜稱「大司空」為工部尚書，「小司空」為工部侍郎，依此觀察，《經世編》尚收有徐恪的《徐司空奏議》、《徐司空巡撫河南奏議》，共二卷，八篇文章，9,083 字；叢蘭的《叢司空奏議》，一卷，三篇文章，3,375 字。

綜合觀察，禮、刑、工三部之權較吏、兵、戶三部為輕，《經世編》收錄的情形，也與此類似。再純就禮、刑、工三部而言，《經世編》收錄人物的情形，禮部多於刑部，刑部又多於工部。約略說來，各部尚書在自己的職掌上，針對問題，研究、探索，並提出適當的對策以思解決 —— 這就是經世精神與經世實踐的具體表現。

第二節　禦夷弭賊的總督巡撫

一、明代的總督巡撫

　　有明一代二百七十六年，內亂外患從未止息，諸如靖難之役、土木之變、荊襄流民之亂、宸濠之亂、劉六（劉七）之亂，北虜，南倭，大籐峽，乃至後來的建州衛、女真等等都是。晚明國勢江河日下，「闖賊」與滿族的「後金」威脅尤其劇烈，「經世」所代表的安邦定國的理想追求──焦點也多集中在禦夷弭賊的問題身上。《經世編》的〈凡例〉第三十四條云：「茲編體裁，期于囊括典實，曉暢事情，故閣、部居十之五，督、撫居十之四，臺諫、翰苑諸司居十之一。」（第一冊，頁 57）其中居十之四的督（總督）、撫（巡撫），即主要針對禦夷弭賊之事務而設。

　　明代設內地十三省，各地設都、布、按三司。都是「都指揮使司」，簡稱「都司」，地方最高軍事機構；布是「承宣布政使司」，簡稱「布政司」，是一省最高行政機構；按是「提刑按察使司」，簡稱「按察司」，是一省最高的司法機構。三司鼎立，互不統屬，互相牽制，便於皇帝操縱。然三司並立互不統屬，在遇到紛爭與問題時，特別是遇到緊急事故時，容易發生推委塞責、難於駕御指揮之弊，於是有總督巡撫（合稱「督撫」）之設。巡撫亦稱「撫台」，以「巡行天下，撫運按民」而得名；總督一名「總制」，人們尊稱為「制台」，分專務總督和地方總督二類。起初，督、撫皆非專設之官，有事即遣，事畢即還，巡行無固定範圍，總督有專

責事務。後職始專,制始定,皆地方軍政大員,合稱督撫。但總督權力較巡撫大,轄區較巡撫廣,級別較巡撫高;也有總督兼巡撫者。巡撫多進士出身,罕有舉人擔任。嘉靖十四年(1535)以後,由九卿廷推,加官為都御史、副都御史、僉都御史,或另加「提督軍務」的頭銜。地方總督多由部院正官中推選,以尚書、侍郎任者,亦加都察院正官(如都御史、副都御史、僉都御史)職銜。專務總督有總督糧儲、總督河道、總督漕運等名,所轄專務為主,軍務則僅為輔而已,《經世編》所收如馬卿有《漕撫奏議》即是。地方總督則多為禦夷弭賊而設,在明代的政治制度裡,地位舉足輕重,時人稱為「文帥第一重任」。這些地方總督入朝為達官顯貴,出廷則為地方軍政首腦,巡撫、總兵官全要聽其節制,而禦夷弭賊是否成功,也與其人的才膽識力大有關係。

又《明史・職官志》中就提及四十多條各地各事務設立督撫的情形,從中可見其重要性之一斑[39]。然針對督撫一職王熹先生說:「明中葉以後,總督某地軍務兼理糧餉巡某地兼管河道等相繼出現。至後期,在許多地區派出的總督、巡撫逐漸形成了固定的職位。從制度上講,當時的總督、巡撫仍屬中央臨時派遣的官員,他們被派出時均先被任命為兵部尚書、侍郎或都察院、都御史、副都御史、左右僉都御史,這是他們的本官,而督撫的出現,標誌著三司分治的變化,說明了地方權力的漸趨集中,封建統治者也在試圖摸索一種與之相應的地方行政管理制度。可以說督撫制度是行之有效的地方行政管理制度。這一制度既保證了中央對地方的控制,又避免了在行政管理上的權力分散狀況。」[40]這話就

---

39 見(清)張廷玉等撰《明史》(書同註 1),卷七十三,〈職官志二〉,頁 7,968-7,969。

40 語見龔書鐸主編《中國社會通史・明代卷》(太原:山西教育出版社,1996年 12月),第七章〈控制、管理與調解〉,頁 392-393。

很能道出督撫在明代政治制度上的意義。然要言之，涉及禦夷弭賊的軍事事務時，總督的重要性又遠遠高過巡撫。

二、詮評〈凡例〉的十七督撫十五事件

《經世編》的〈凡例〉共三十四條，其中有六條交代編輯群、參閱者及顧問團等成員，餘二十八條資料中，以第十六條資料文字最多。此條交待選文之所以偏向軍事，人物「多係督撫」，以及因何事跡而顯名；史學家吳晗先生亦引此條資料，來證明他認為《經世編》的「詳軍事」的選文原則之一。另第十七條乃說明《經世編》之所以要採撫民剿賊之文，成為第十六條資料的補充。〈凡例〉第十六條、第十七條云：

> 國家外夷之患，北虜為急，兩粵次之，滇蜀又次之，倭夷又次之，西羌又次之。誠欲九塞塵清，四隅海燕，方叔、召虎，一時咸慕風采，奕世猶仰威名。指受方略，半係督撫，如北摧勁虜，則詳于王威寧。南伐麓川，則詳于王靖遠。兩廣寇亂，則詳于韓襄毅。勦滅土達，綏戢荊襄，則詳于項寧毅。處置寧藩，則詳于王文成。河套恢復，則詳于曾襄愍。倭奴抄掠，則詳于胡少保、戚總戎、唐荊川。順義封貢，則詳于王鑑川。平播，則詳于李襄毅。水蘭地界，則詳于郭青螺。西征，則詳于梅客生。東征，則詳于宋桐岡。若經略奴酋，則詳于熊芝岡。撫賞插部，則詳于王霽宇。水西本末，則詳于朱恒岳。姑舉數端，以該遠近。至于山川扼塞之形，營陣車騎之制，部落種類之異，測候偵探之法，凡可資於韜鈐，罔弗施夫羅弋。（第一冊，頁53）

當世所急，民窮本患，至徵兵輸餉，所在驛騷。然乞活鼠
竊，已經數見，雖同飆風，旋即草薙。當時繰索在我，勦
撫互施，取則不遠，皆為前鑑。其謀可垂遠，事多切今者，
摭采無遺，庶屬志請纓，仗劍討賊者，知所審焉。（第一
冊，頁 53-54）

案前條資料含內弭盜賊、外禦夷奴，且詳敘人物和事務出來，
其重要性不言而喻。後條資料強調「弭賊」、討平民亂的文章，《經
世編》「摭采無遺」；一方面殆編輯群感於崇禎朝「闖賊」勢力為
盛而刻意為之，另一方面則輔助說明前條（第十六條）資料中，
部分督撫如韓襄毅、項襄毅等人的傑出作為。

〈凡例〉第十六條資料乃站在明代歷史的角度上，指出「國
家外夷之患，北虜最急，兩粵次之，滇蜀又次之，倭夷又認之，
西羌又次之」，分輕重程度，進而又舉出十五事件、十七督撫為例。
筆者針對此項，茲逐一敘介如後。

（一）王威寧北摧勁虜

案這指的是做過兵部尚書、封「威寧伯」的王越。王越生平
事跡，《姓氏爵里總目》載：「王越，字世昌，濬人。景泰二年進
士，為御史，有名。天順末，以副都御史，巡撫大同。成化初，
歷陞左都御史，掌院事。十三年，加太子太保，兵部尚書，屢出
大同，以軍功封『威寧伯』。十八年奪公封，編管陸安。弘治十年，
起公總制寧夏、甘涼軍務，加少保兼太子太傅。十一年卒軍中。
贈太傅，謚襄敏。」（頁 66-67）〈凡例〉云其「北摧勁虜」，應是
憲宗成化十六年（1480），《歷代名人年譜》載：「王越襲韃靼于威

寧海子，破之，論功封威寧伯」[41]一事。《明史》載云：「及滿都魯等飽掠歸，則其妻子畜產已蕩盡，相顧痛哭。自是遠徙北去，不敢復居河套，西陲息肩者數年。初，文臣視師者，率從大軍後出號令、行賞罰而已。越始多選跳盪士為腹心，將親與寇搏，又以間覘敵累，重邀劫之，或剪其零騎，用是數有功。」[42]可說是為王越「北摧勁虜」之所以成功，下了最好的註腳。

　　《經世編》收錄王越的《王威寧文集》，一卷，5 篇文章，7,311字。所收五文：〈屯禦疏〉、〈處置邊務疏〉、〈平賀蘭山後報捷疏〉、〈處置夷情復國土文人繼封爵疏〉、〈禦寇方略疏〉，全與抵禦北虜（即蒙古人）有關。

（二）王靖遠南伐麓川

　　案這指的是做過兵部尚書、封「靖遠伯」的王驥。王驥的生平事跡，《姓氏爵里總目》載：「王驥，字尚德，束鹿人。永樂四年進士，由兵科給事中，歷仕順天府尹。宣德二年，陞行在兵部侍郎。坐事下獄，尋復陞尚書。正統二年，總甘涼軍務，虜引去。六年征雲南大捷，封『靖遠伯』。天順元年，復兼兵部尚書，加祿。四年卒。年八十三，贈侯，諡忠毅。」（頁 61）〈凡例〉云其「南伐麓川」，應是英宗正統六年（1411）「春，以蔣貴為平蠻將軍，王驥總督軍務，討麓川蠻，破之，進貴爵定西侯，封驥靖遠伯」[43]一事。驥身長偉幹，便騎射，剛毅有膽，曉暢戎略。麓川之役，總督軍務，踰孟養，地在金沙江西，去麓川千里，為自古兵力所

---

41 語見（清）吳榮光撰、（清）李宗顥補遺、林梓宗點校《歷代名人年譜》（北京：北京圖書館出版社，2002 年 11 月），卷九，頁 526。

42 見（清）張廷玉撰《明史》（書同註 1），卷一百七十一，〈王越傳〉，頁 8,252。

43 語見（清）吳榮光撰、（清）李宗顥補遺、林梓宗點校《歷代名人年譜》（書同註 41），卷八，頁 515。

不至。諸蠻震怖，凡三征麓川，還總督南京機務，《經世編》評註云：「靖遠軍法最嚴，甘肅斬安敬，三軍股栗，所以所向有功。」（卷二八，評〈邊務五事疏〉，頁204）殆說出王驥之所以成功的原因。

《經世編》收錄王驥的《王靖遠忠毅侯奏疏》，一卷，12 篇文章，3,673 字。十二篇文章中，惟〈覆何文淵疏〉、〈麓川奏捷疏〉二文與麓川有關，餘十文則多清理、整頓軍務之文[44]。

（三）韓襄毅兩廣寇亂

案這指的是曾任兵部侍郎、謚號「襄毅」，兩廣之人立祠奉祀的韓雍。韓雍的生平事跡，《姓氏爵里總目》載：「韓雍，字永熙，吳人。正統七年進士，為監察御史。景泰時以薦陞僉都御史，巡撫江西，年未三十。天順二年，巡撫大同戎政，大治。七年，陞兵部侍郎。天順末年，坐事左遷。成化元年，以都御史贊理兩廣軍務，討平斷藤峽，開府梧州，公得承制專決。尋引疾歸，卒年五十三。謚襄毅。」（頁65）〈凡例〉云其「兩廣寇亂」，應是憲宗成化元年（1465），《歷代名人年譜》載：「正月，遣都督趙輔、僉都御史韓雍討廣西猺。開納粟例，備兩廣軍務。」[45]、「冬，韓雍破猺於大藤峽。明年四月，再破其餘黨。召趙輔還，封武靖伯，雍進副都御史，留兩廣提督軍務」[46]。大藤峽，位於廣西黔江中

---

44 《皇明經世文編》收錄王驥共十二篇文章，分別是：〈請陝西兵分班赴京疏〉、〈請選擇衛所官員疏〉、〈計處軍士疏〉、〈北虜疏〉、〈京衛勾軍疏〉、〈邊務五事疏〉、〈平虜方略疏〉、〈邊務疏〉、〈覆何文淵疏〉、〈貴州軍糧疏〉、〈麓川奏捷疏〉、〈請理軍政疏〉。

45 語見（清）吳榮光撰、（清）李宗顥補遺、林梓宗點校《歷代名人年譜》（書同註41），卷九，頁522。

46 語見（清）吳榮光撰、（清）李宗顥補遺、林梓宗點校《歷代名人年譜》（書同註41），卷九，頁523。

下游的武宣至桂平間，兩岸崇山峻嶺，江水迅疾，有藤粗如頭，居人賴以渡江，故稱此峽江為大藤峽，有猺族、僮族居於其間，傜族為多。時因明廷改土歸流、食鹽專賣壟斷、苛重剝削等問題而至傜族為亂。韓雍擣大藤峽，破賊三百二十四砦，擒賊魁，分擊餘黨悉定，威震南方，《經世編》評注云：「兩廣總督之置，起自韓公之威名，至今猶赫于廣部，有調度皆遵用之，以為韓公故事也。」（卷五十五，評註〈總府開設記〉，頁 435）韓雍影響兩廣之深，一至於斯。

《經世編》收錄韓雍的《韓襄毅集》，一卷，6 篇文章，4,237字。其中〈總府開設記〉、〈斷藤峽疏〉二文，與「兩廣寇亂」關係密切[47]。

（四）項寧毅剿滅土達，綏戰荊襄

案這指的是曾任兵部尚書、謚號「襄毅」的項忠。項忠的生平事跡，《姓氏爵里總目》載：「項忠，字藎臣，嘉興人，正統七年進士，授刑部主事。扈上北狩，羈虜中飼馬，走七晝夜，達宣府，陞陝西按察使。天順三年（案應為四年），以副都御史，留撫四年，討平土達滿四。六年，討荊襄流民。累陞兵部尚書，汪直惡公，落職。尋直敗，復官，卒贈太子太保，謚襄毅。」（頁 64）〈凡例〉所云其「剿滅土達」，應是天順四年（1460）土達滿俊（亦名滿四）叛亂造反之事，忠以總督軍務之名，驍勇剿滅之事[48]。〈凡

---

47 《皇明經世文編》收錄韓雍共六篇文章，分別是：〈聚落新城記〉、〈總府開設記〉、〈璽書錄序〉、〈送胡共之方伯之任四川序〉、〈送李咸章還京詩序〉、〈斷藤峽疏〉。

48 土達滿俊之亂，見（清）張廷玉等撰《明史》（書同註 5），卷一百七十八，〈項忠傳〉載：「（天順）四年，滿俊反。滿俊者，亦名滿四，其祖巴丹，自明初率所部歸附，世以千戶畜牧為雄長，仍故俗，無料徭。其地在開城

例〉所云其「綏戢荊襄」，則是陝西、四川、湖廣一帶，為土地兼
併或租稅徭役所迫而逃往荊襄山區謀生的流民叛亂之事，繼劉通
（號劉千斤）、石龍（號石和尚）第一次叛亂被殄平之後，李原（號
李鬍子）與小王洪、王彪繼之，流民歸附者近百萬，項忠於憲宗
成化六年（1465）討平之。忠勒令流民選一丁，戍湖廣邊衛，餘
歸籍給田[49]。《明史》本傳載「忠倜儻多大略，練戎務，彊直不阿，
敏於政事，故所在著稱。」[50]

　　《經世編》收錄項忠的《項襄毅公集》，一卷，十六篇文章，
7,541 字。其中〈報捷疏〉、〈善後十事疏〉、〈撫流民疏〉、〈再上
撫流民疏〉等四文，直接與「綏戢荊襄」有關[51]。

（五）王文成處置寧藩

　　案這指是明代最著名的心學大師、功封「新建伯」、諡號「文
成」的王守仁。王守仁生平事跡，《姓氏爵里總目》載：「王守仁，

縣之固原里，接邊境。俊曠悍，素藏匿姦盜，出邊抄掠。會有獄連俊，有
司跡逋至其家，多要求，俊怒，遂激眾為亂。守臣遣俊姪指揮壔往補，俊
殺其從者，劫壔叛，入據石城，石城即唐吐蕃石堡，稱險固，非數萬人
不能克者也。山上有城砦，四面峭壁，中鑿五石井以貯水，惟一徑可緣而
上。俊自稱招賢王，有眾四千，都指揮邢端等禦之，敗績。不再月，眾至
二萬，關中震動，乃命忠總督軍務，…。」，頁 8,270。

49 見（清）張廷玉等撰《明史》（書同註 5），卷一百七十八，〈項忠傳〉，頁
　8,270。

50 語見（清）張廷玉等撰《明史》（書同註 5），卷一百七十八，〈項忠傳〉，頁
　8,270。

51 《皇明經世文編》收錄項忠共十六篇文章，分別是：〈邊關缺軍防守事〉、〈處
　置地方事〉、〈改徒犯充本省疏〉、〈止濟師疏〉、〈改固原衛建西安所及更守
　備疏〉、〈請平羅疏〉、〈報捷疏〉、〈善後十事疏〉、〈撫流民疏〉、〈撫流民疏〉、
　〈請防甘肅屬夷疏〉、〈會覆監察御史薛為學防邊疏〉、〈覆寢都察院左都御
　史李賓造戰車疏〉、〈請覈分守肅州鎮夷參將劉晟處哈密疏〉、〈殄災六事
　疏〉、〈涇陽廣惠渠記〉。

字伯安，餘姚人。弘治十二年進士，抗疏乞誅道瑾，謫龍場驛丞。瑾誅，歷陞僉都御史，巡撫南贛。宸濠反，公討平之，詔錄公，功封新建伯，兼南京兵部尚書，參贊機務。尋提督兩廣，卒贈侯。隆慶中，諡文成。」（頁 71）〈凡例〉所云其「處置寧藩」，應是武宗正德十四年（1519），《歷代名人年譜》載：「六月，宸濠（案：即明宗藩寧王朱宸濠）舉兵反，殺都御史孫燧、兵備副使許逵，王守仁討平之」[52]一事。守仁是有明一代的大儒，其學始以默坐澄心為主，晚年專提致良知之說，世稱「姚江學派」。然守仁事功顯赫，反為其講學之名所掩。《明史》本傳，贊曰：「王守仁始以直節著，比任疆事，提弱卒，從諸書生掃積年逋寇，平定孽藩。終明之世，文臣用兵制勝，未有如守仁者也。當危疑之際，神明愈定，智慮無遺，雖由天資高，其亦有得於中者歟！」[53]《經世編》對守仁的經世才略，亦備極推崇。如針對宗藩寧王朱宸濠造反事，評註云：「文成既非地方之官，倉卒攝事，進止機宜皆有次第，真勘亂造國手也。」（卷一百三十，評〈飛報寧王謀反疏〉，頁 1264）

　　《經世編》收錄王守仁的《王文成公文集》，三卷，四十五篇文章，45,854 字。王守仁是《經世編》所收篇數、字數分量頗重的人物，以篇數而論，居全書第六名；以字數而論，高居全書第四名。四十五篇文章中，〈飛報寧王謀反疏〉、〈擒獲宸濠捷音疏〉、〈開豁軍前用過錢糧疏〉、〈辭封爵普恩賞以彰國典疏〉、〈與王晉溪第三書〉、〈寧王反咨南京兵部集謀防守〉、〈寧王反牌差致仕縣

---

52 語見（清）吳榮光撰、（清）李宗顥補遺、林梓宗點校《歷代名人年譜》（書同註 41），卷九，頁 536。

53 語見（清）張廷玉撰《明史》（書同註 5），卷一百九十五，〈王守仁傳〉，頁 8,321。

丞龍光調取吉水縣民兵〉、〈寧王反牌行吉安府鄉大夫共守城池〉、
〈咨六部申理冀元亨〉等九篇文章，皆與平定宗藩寧王宸濠之事
有關[54]。

（六）曾襄愍河套恢復

案這指的是總督陝西三邊軍務、謚號「襄愍」的曾銑。曾銑
的生平事跡，《皇明經世文編姓氏爵里總目》載：「曾銑，字（案：
原缺字，應為「子重」），黃巖人，嘉靖八年進士，由知縣為御史，
巡按遼東，會兵變，公捕首惡誅之，遂大定，因不次見擢。比總
督陝西時，首倡復套議，大學士言（案：即夏言）力持其議。分
宜（案：即嚴嵩）授旨仇鸞，遂以結交近侍，律論死。隆慶初，
事白，贈尚書、謚襄愍。萬曆中，詔建祠以祀之云。」（頁 80）〈凡

---

54 《皇明經世文編》收錄王守仁共四十五篇文章，分別是：〈陳言邊務疏〉、〈申
明賞罰以勵人心疏〉、〈攻治盜賊二策疏〉、〈添設平和縣治疏〉、〈議夾剿方
略疏〉、〈立崇義縣治疏〉、〈浰頭捷音疏〉、〈添設和平縣治疏〉、〈再請疏通
鹽法疏〉、〈飛報寧王謀反疏〉、〈擒獲宸濠捷音疏〉、〈開豁軍前用過錢糧疏〉、
〈辭封爵普恩賞以彰國典疏〉、〈赴任謝恩遂陳膚見疏〉、〈奏報田州思恩平
復疏〉、〈處置平復地方以保久安疏〉、〈八寨斷籐峽捷音疏〉、〈處置八寨斷
籐峽以圖永安疏〉、〈與王晉溪第三書〉、〈與王晉溪第四書〉、〈與安宣慰論
減驛加銜書〉、〈與安宣尉討賊書〉、〈上王晉溪司馬書〉、〈上楊邃菴閣老書〉、
〈南贛巡撫案行各兵備官撰揀民兵〉、〈南贛巡撫牌行廣東建兵備官剿捕
方略〉、〈南贛巡撫案行廣東福建領兵官進剿事宜〉、〈南贛巡撫案行江西兵
備分巡嶺北道兵符節制〉、〈南贛巡撫案行江西嶺北道預整操練〉、〈南贛巡
撫牌行湖廣郴桂兵備選募將領商度軍務〉、〈南贛巡撫批廣東韶州府留兵防
守申文〉、〈提督南贛咨報湖廣巡撫都御史秦夾攻事宜〉、〈提督南贛牌行南
安府撫緝新民〉、〈提督南贛批廣東嶺南道將士爭功呈〉、〈寧王反咨南京兵
部集謀防守〉、〈寧王反牌差致仕縣丞龍光調取吉水縣民兵〉、〈寧王反牌行
吉安府鄉大夫共守城池〉、〈咨六部申理冀元亨〉、〈巡撫江西申諭十家牌
法〉、〈巡撫江西申諭十家牌法增立保長〉、〈巡撫江西牌行撫州府曉諭安仁
餘干頑民〉、〈總制兩廣牌行廣東布政司犒賞儒士岑伯高〉、〈總制兩廣牌行
委官督諭土目〉、〈總制兩廣牌行副總兵張佑督剿綠茅諸巢〉、〈總制兩廣牌
行左江道綏柔流賊〉。

例〉所云其「河套恢復」，乃世宗嘉靖二十五年（1546）銑以兵部侍郎總督三邊軍務時，「感帝知遇，立志恢復河套以圖報」一事。河套，指黃河流經賀蘭山、狼山、大青山時形成一大曲道所包圍的土地地區；寧夏則在套外。河套地區頗為肥沃，語云：「黃河九曲，獨利河套。」就戰略位置而言，實是明廷禦守蒙古人的重要地區，然當時反被蒙古人據為巢穴，「出套則寇宣大三關，入套則寇延、寧、甘、固，誠如曾銑所云：「夫河套自三代以迄于今，中國所守，以界夷夏，又我聖祖之所留也。一統故疆，三邊沃壤，其理宜復。頃自不守，遂使深山大川，勢顧在彼，而寧夏外險，反南備河。虜得出沒自由，東西侵掠，徒勞守禦，無補緩急。蓋套虜不除，則中國之害日熾，浸淫虛耗，將來之害，有臣子有不忍言者。其勢所宜復也。」（卷二百三十七，〈議收復河套疏〉，頁 2476-2477）嘉靖年間，蒙古人動輒得以入侵，京師震動，多半與河套為蒙古人佔據有關。《明史》本傳稱銑「有膽略，長於用兵」[55]，以是之故，其以恢復河套畢生職志。

　　《經世編》收錄曾銑的《曾襄愍公復套條議》，四卷，四篇文章，26,059 字。每卷一篇文章，全是主張恢復河套的各類籌劃，有：〈議收復河套疏〉、〈總題該官條議疏〉、〈復套條議買補馬騾等〉、〈復套條議多備火器等〉等四文。

（七）胡少保、戚總戎、和唐荊川倭奴抄掠

　　案這指的是以討平倭寇而著名的胡宗憲（少保）、戚繼光（總戎）和唐順之（荊川）三人。胡、戚、唐三人的生平事跡，《姓氏爵里總目》載：「胡宗憲，字（案：原缺字，應為「汝貞」），績溪

55　見（清）張廷玉等撰《明史》（書同註 41），卷二百四，〈曾銑傳〉，頁 8,347。

人，嘉靖十七年進士。為縣令，擢御史，巡按湖廣，尋以倭警，拜僉都御史，總督浙、直、江、福軍務，屢戰奏捷，卒以計殲渠魁，倭寇悉平。晉少保兼太子太保，兵部尚書。以人言落職，械至京師，卒于獄，天下惜之。已復官，萬曆十七年，時予祭葬。」（頁82）、「戚繼光，字元敬，登州衛人。由指揮使征閩浙倭寇有功。萬曆初，總理薊遼，加左都督、少保，江陵（案：即張居正）復改鎮嶺南。公用兵善節制，以己意創障法，南北著大勳。其鎮薊門也，用南兵，勤訓練，凡墩臺營壘之制，至今師之。時俺答款、士蠻寇遼，薊門宴然，公以是不得封，如遼東李氏矣。」（頁88-89）、「唐順之，字應德，武進人，嘉靖八年進士。授兵部主事，轉吏部，尋以科道部屬，咸選入翰林，公遂與焉。尋為右司諫，以言事為民，薦起職方郎，奉敕經略浙江倭寇，陞僉都巡撫，仍管前事。三十九年卒。」（頁82）倭，即古代的日本；倭奴，即是來自日本的浪人、武士、海盜，加上中國的流賊、盜寇等組成的強盜集團。蒙古人叫「北虜」，日本人叫「倭奴」，一北一南，並為明廷兩大軍事憂患。日本在世宗嘉靖二十五年（1546）以後，進入「戰國時代」、內政混亂，連帶地出現許多「倭寇」侵擾中國沿海，尤以東南被禍最慘。明廷當時派往禦倭奴的官員有：朱紈、王忬、李寵、張經、周珫、楊宜、胡宗憲、阮鶚等不計其數的人員。其中最有成就的是胡宗憲，治軍嚴謹的大將軍戚繼光和親自泛海破倭的唐順之皆胡之屬下。世宗嘉靖四十一年（1562），《歷代名人年譜》載：「十一月，倭陷興化府，總兵俞大猷、副總兵戚繼光擊破之，閩患少熄。浙江海倭叛起壬子（案：嘉靖三十一年，1552 年），而消息于壬戌（案：1562 年），凡十年。」[56]胡、戚、

---

56 語見（清）吳榮光撰、（清）李宗顥補遺、林梓宗點校《歷代名人年譜》（書同註41），卷九，頁547。

唐三人，《經世編》對之評價各不相同，評註胡宗憲云：「胡少保行兵專在用間，後來收徐、汪二賊亦以此。」（卷二百六十六，評〈題為獻愚忠以圖安攘事疏〉，頁 2817）特別推崇他的「用間」一事。《明史》本傳載戚繼光，頗能鉤勒一代大將的風彩，如云：「幼倜儻，負奇氣，家貧，好讀書，通經史大義」[57]、「繼光至浙時，見衛所軍不習戰，而金華、義烏俗稱慓悍，請召募三千人，教以擊刺法，長短兵迭用，由是繼光一軍特精。又以南方多藪澤，不利馳逐，乃因地形制陣法、審步伐，便利一切，戰艦、火器、兵械，精求而更置之，戚家軍名聞天下」[58]、「戚繼光為將，號令嚴，賞罰信，士無敢不用命。與大猷均為名將，操行不如，而果毅過之。大猷老將務持重，繼光則飆發電舉，屢摧大寇，名更出大猷上。」[59]唐順之學問淵博，在文學史上被稱唐宋派大家，既有平倭事功，又是篤信陽明良知的儒者。《明史》本傳載「順之於學無所不窺，自天文、樂律、地理、兵法、弧矢、勾股、壬奇、禽乙，莫不究極原委。盡取古今載籍，剖裂補綴，區分部居，為左、右、文、武、儒、稗六編傳於世，學者不能測其奧也。」[60]本論文第三章第三節中指出，晚明陳仁錫所編《經世八編類纂》，即有取於順之的《史纂左編》、《右編》、《稗編》等三書。

　　《經世編》收錄胡宗憲的《胡少保奏疏》、《胡少保海防論》

57 見（清）張廷玉等撰《明史》（書同註 1），卷二百十二，〈戚繼光傳〉，頁 8,372。

58 見（清）張廷玉等撰《明史》（書同註 1），卷二百十二，〈戚繼光傳〉，頁 8,372。

59 見（清）張廷玉等撰《明史》（書同註 1），卷二百十二，〈戚繼光傳〉，頁 8,372。

60 見（清）張廷玉等撰《明史》（書同註 1），卷二百五，〈唐順之傳〉，頁 8,351。

二書，三卷，二十四篇文章，22,633 字[61]；收錄戚繼光的《戚少保文集》，五卷，二十三篇文章，30,992 字[62]；收錄唐順之的《唐荊川家藏集》，三卷，二十篇文章，20,250 字[63]。其中，胡宗憲、唐順二人大多是論議平禦倭奴抄掠的文字，戚繼光反多禦北虜邊防之作，海防禦寇則有〈議處兵馬錢糧疏〉、〈請重將權益客兵以援閩疏〉、〈經略廣東條陳戡定機宜疏〉、〈上應詔陳言乞晉恩賞疏〉等四文。

（八）王鑑川順義封貢

案這指是曾任兵部尚書、號為「鑑川」的王崇古。王崇古的

---

61 《皇明經世文編》收錄胡宗憲共二十四篇文章，分別是：〈題為陳愚見以裨邊務事疏〉、〈題為獻愚忠以裨國計事疏〉、〈題為點虜近邊甘言求貢事〉、〈為議處緊急海寇以救生靈以安根本事疏〉、〈為議添將官以備戰守以保地方疏〉、〈為海賊突入腹裡題參各官疏〉、〈題為獻感忠以圖安攘事疏〉、〈題為督撫大臣玩寇殃民懇乞究治事疏〉、〈廣東要害論〉、〈瓊管論〉、〈廣福人通番當禁論〉、〈福洋要害論〉、〈福洋要害論〉、〈福洋五寨會哨論〉、〈福寧州論〉、〈廣福浙兵船當會哨論〉、〈浙江四參六總分哨論〉、〈舟山論〉、〈浙直福兵船會哨論〉、〈蘇州水陸守禦論〉、〈江北設險方略論〉、〈江淮要害論〉、〈山東預備論〉、〈遼東軍餉論〉、〈日本考略〉。

62 《皇明經世文編》收錄戚繼光共二十四篇文章，分別是：〈議處兵馬錢糧疏〉、〈請重將權益客兵以援閩疏〉、〈經略廣東條陳戡定機宜疏〉、〈上應詔陳言乞晉恩賞疏〉、〈請兵破虜疏〉、〈練兵條議疏〉、〈請建空心臺疏〉、〈請申軍令以壹士心疏〉、〈辨請兵〉、〈議分薊區為十二路設東西協守分統其路建製車營配以馬步兵而合練之〉、〈議車營增鹿角〉、〈選編車營馬兵〉、〈築臺規則〉、〈議夷情〉、〈建輜重營〉、〈薊鎮急務〉、〈上軍政事宜〉、〈陳邊情及守操戰車〉、〈覆部議入衛兵馬〉、〈上政府禦虜〉、〈設備附臺軍營〉、〈條陳夫哨事宜〉、〈議撫賞〉。

63 《皇明經世文編》收錄唐順之共二十四篇文章，分別是：〈早定東宮朝賀禮制以慰群情疏〉、〈條陳薊鎮補兵足食事宜疏〉、〈條陳薊鎮練兵事宜疏〉、〈三沙報捷疏〉、〈條陳海防經略事疏〉、〈行總督軍門胡〉、〈答翁東　總制〉、〈又與翁東　總制〉、〈江防論〉、〈浙直控扼〉、〈答馬巡撫書〉、〈與胡梅林〉、〈與胡梅林〉、〈與胡梅林〉、〈與曾石塘第三書〉、〈與李龍岡論改折書〉、〈與李中谿論舉劾書〉、〈答萬思節〉、〈王君注握奇經序〉、〈送太平守江君序〉。

生平事跡，《姓氏爵里總目》載：「王崇古，字學甫，蒲州人。嘉
靖二十年進士，授刑部主事，歷陞都御史，巡撫寧夏。隆慶初，
總督三邊，改宣大。萬曆五年陞兵部尚書，未幾，歸。十六年卒。
贈太保，諡襄毅。公在宣大時畫俺答事，定封貢，縛叛人，約屬
夷，邊患遂息，最為踔絕云。」（頁 87）〈凡例〉所云其「順義封
貢」，應是穆宗隆慶五年（1571），「三月封俺答為順義王」[64]一事。
據《明史》本傳，「崇古喜譚兵，具知諸邊阨塞，身歷行陣，修戰
守，納降附，數出兵搗巢」[65]、「崇古身歷七鎮，勳著邊陲，封貢
之初，廷議紛呶，有為危言撼帝者。閣臣（案：指高拱、張居正）
力持之，乃得成功。順義歸款二十年，崇古乃歿。」[66]

　　《經世編》收錄王崇古的《王鑑川文集》，四卷，二十篇文章，
43,123 字[67]。其中〈為夷益款塞酌議事宜疏〉、〈為北虜納款執叛
求降疏〉、〈酌議北虜封貢事宜以尊國體疏〉、〈再奉明旨條議北虜
封貢疏〉、〈確議封貢事宜疏〉、〈為奉遵明旨經畫北虜封貢未妥事
宜疏〉等六文，全與「順義封貢」有關，可見崇古為國訏謀擘劃

64　語見（清）吳榮光撰、（清）李宗顥補遺、林梓宗點校《歷代名人年譜》（書
　　同註 41），卷九，頁 550。
65　語見（清）張廷玉撰《明史》（書同註 1），卷二百二十二，〈王崇古傳〉，頁
　　8,398。
66　語見（清）張廷玉撰《明史》（書同註 1），卷二百二十二，〈王崇古傳〉，頁
　　8,399。
67　《皇明經世文編》收錄王崇古共二十篇文章，分別是：〈請發京營兵馬協守
　　南山疏〉、〈免遠調山西無益援兵責實戰守疏〉、〈嚴飭山西內郡兵務專責任
　　以伐虜謀疏〉、〈禁通虜酌邊哨以懲夙玩疏〉、〈覈功實更賞格以開歸民向化
　　疏〉、〈為夷酋款塞酌議事宜疏〉、〈為北虜納款執叛求降疏〉、〈酌議北虜封
　　貢事宜以尊國體疏〉、〈再奉明旨條議北虜封貢疏〉、〈確議封貢事宜疏〉、〈為
　　遵奉明旨經畫北虜封貢未妥事宜疏〉、〈條覆理鹽法疏〉、〈條覆收胡馬疏〉、
　　〈酌許虜王請乞四事疏〉、〈議收胡馬利害疏〉、〈議修邊險疏〉、〈酌定戰守
　　機宜以策將略疏〉、〈議處熟番以昭威信疏〉、〈陝西歲費軍餉疏〉、〈陝西四
　　鎮軍務事宜疏〉。

之苦心。

（九）李襄毅平播

　　案這是指曾任兵部尚書、工部尚書、謚號「襄毅」的李化龍。李化龍的生平事跡，《姓氏爵里總目》載：「李化龍，字于田，章丘人，萬曆十一年進士。由縣令歷陞太僕寺卿，尋以僉都後史巡撫遼東，屢戰敗虜，晉少司馬。楊應龍反，擢總督軍務，以平播功，進少保，予世襲。三十二年河決，拜工部尚書，總督河運，力主開泇，漕運賴以濟焉。三十七年陞兵部尚書，加少傅。四十年，卒，贈太師，謚襄毅。」（頁 94）〈凡例〉所云其「平播」，應是「萬曆三大征」之一的播州之役。神宗萬曆二十八年（1600），《歷代名人年譜》載：「六月，川湖總督李化龍平播州，置遵義、平越二府，分屬川、貴」[68]一事。播州，位於貴州、四川、湖北間，山川險要，居民主要以苗民為主。萬曆十七年（1589），播州宣尉司使楊應龍公開作亂，明廷初舉棋不定，連番先利，後以郭子章為貴州巡撫，以李化龍兼兵部侍郎、總督川、湖、貴三省兵、始予以討平。後置遵義府屬四川、平越府屬貴州。據《明史》本傳，「化龍具文武才。播州之役，以劉綎驕蹇，先摧挫之而薦其才，故綎為盡力。開河之功為漕渠永利，詳見《河渠志》。」[69]可見播州之役與通漕運二事，為其生平兩大功業。後者是任工部尚書時開泇河，通漕運之功甚可推崇。前者平播，《明史》贊曰：「楊應龍惡稔貫盈，自速殄滅。然盤踞積久，地形險惡，非師武臣力奏

---

68 語見（清）吳榮光撰、（清）李宗顥補遺、林梓宗點校《歷代名人年譜》（書同註 41），卷九，頁 556。

69 語見（清）張廷玉撰《明史》（書同註 1），卷二百二十八，〈李化龍傳〉，頁 8,416。

績，豈易言哉！李化龍之功，可與韓雍、項忠相埒，較寧夏之役，難易縣殊矣。」[70]

　　《經世編》收錄李化龍的《李襄毅公撫遼奏疏》、《李襄毅公平播全書》，三卷，二十四篇文章，30,719 字[71]。其中，完全是平播事務的《平播全書》佔了二卷，二十篇文章，23,156 字，分量極重。

（十）郭青螺水藺地界

　　案這是指巡撫貴州、字為「青螺」的郭子章。郭子章的生平事跡，《姓氏爵里總目》載：「郭子章，字青螺，泰和人。隆慶五年進士，累陞都御史，巡撫貴州，讋服水西，與李襄毅共平播凶，功最著，得世蔭。」（頁 94）〈凡例〉所云「水藺地界」，是指平播成功以後，播州界地分屬的問題。由於播州位黔（貴州）、蜀（四川）間，李化龍平播成功以後，議設二府，遵義府隸屬蜀、平越府隸屬黔。《經世編》評註云：「黔、蜀之爭，自此而始矣。」（卷四百二十三，評〈播州善後事宜疏〉，頁 4616）由是播州之役轉成地界分屬之爭，《經世編》評註云：「播水分屬黔、蜀，播水之爭，即是黔、蜀之爭。化龍所督數省，而所撫者蜀，故嘗右蜀而左黔。」（卷四百十九，評〈看議播界疏〉，頁 4555）子章身為貴

---

70 語見（清）張廷玉撰《明史》（書同註 1），卷二百二十八，〈李化龍傳〉，頁 8,416。

71 《皇明經世文編》收錄李化龍共二十四篇文章，分別是：〈請罷開礦疏〉、〈再報播酋情形疏〉、〈請內帑增將兵疏〉、〈劉總兵劉綎征播疏〉、〈參楚省剿苗失律官員疏〉、〈參失事官員疏〉、〈初報捷音疏〉、〈四報捷音疏〉、〈五報捷音疏〉、〈播州善後事宜疏〉、〈播州地界疏〉、〈上內閣趙沈二相公及司馬掌科書〉、〈與少司空趙寧宇〉、〈上內閣趙沈二相公及大司馬〉、〈上內閣趙沈二相公及田大司馬〉〈上內閣趙沈二相公并田大司馬〉、〈與楊監軍〉、〈上內閣沈相公〉、〈與楊監軍〉、〈上內閣趙沈二相公并田大司馬〉。

州巡撫，雖與（李）化龍夾攻楊應龍有功。然站在貴州立場，為
貴州請命，從地、糧、財、稅、人各個角度論議；且據《明史》
所載，平播時，子章為得水西宣慰安疆臣之助，「許疆臣以應龍平
復還播所侵水西、烏江地六百里，以酬功」[72]，始得疆臣死力，
成就明廷的平播之役。故地界若分屬不當，播州之亂將再起矣，
此所以子章於此特別究心，乃至因此而被彈劾[73]。據《萬斯同明
史》記載，子章天才卓越，於書無所不讀，著述甚富。

　　《經世編》收錄郭子章的《郭青螺文集》，二卷，十三篇文章，
22,066 字[74]。其中〈播平善後事宜疏〉、〈看議播界疏〉、〈題剿仲
苗劫掠道路疏〉、〈題買楚蜀鹽魚以餉新兵疏〉、〈題鹽本餉本馬本
疏〉、〈題夷情疏〉、〈條陳地方要務疏〉、〈咨兵部總督再議四衛〉
等八文，內容皆為播州、地界事務。

（十一）梅客生西征

　　案這是指曾任兵部侍郎督三邊軍務、字為「客生」的梅國禎。
梅國禎的生平事跡，《姓氏爵里總目》載：「梅國禎，字克生（案：
一字客生），麻城人。萬曆十一年進士，為固安令，徵拜御史。會
哱承恩之變，公抗疏請為監軍，卒平之。俘承恩以獻，論功僅遷

72　語見（清）張廷玉撰《明史》（書同註 1），卷三百十六，〈貴州土司・貴陽〉，
　　頁 8,669。
73　語見（清）張廷玉撰《明史》（書同註 1），卷二百三十六，〈王元翰傳〉載：
　　「（王元翰）兩疏劾貴州巡撫郭子章等凡四人，言：『子章曲庇安疆臣，堅
　　意割地，貽西南大憂。且嘗著《婦寺論》言人主當隔絕廷臣，專與宦官、
　　宮妾處，乃相安無患，子章罪當斬。』不納。」，頁 8,435。
74　《皇明經世文編》收錄郭子章共十三篇文章，分別是：〈議處驛遞疏〉、〈播
　　平善後事宜疏〉、〈看議播界疏〉、〈題剿仲苗劫掠道路疏〉、〈題買楚蜀鹽魚
　　以餉新兵疏〉、〈題鹽本餉本馬本疏〉、〈題夷情疏〉、〈條陳地方要務疏〉、〈咨
　　兵部總督再議四衛〉、〈保甲〉、〈錢法〉、〈平遠縣開新河記〉、〈海豐縣新開
　　楊桃嶺路記〉。

太僕卿。禾幾，巡撫大同，進兵部侍郎，督三邊鎮務。卒贈右都御史。」（頁 96）〈凡例〉所云其「西征」，即「萬曆三大征」之一的寧夏之役，神宗萬曆二十年（1592），「二月，哱拜據寧夏反，殺巡撫黨馨，遣總兵官李如松會總督魏學曾討平之。」[75]哱拜，原為蒙古族人，嘉靖中降明，積功升都指揮。因援洮河而見鎮兵皆出其下，益驕橫、有輕中外之心。後糾合其子哱承恩、義子哱云及土文秀等，嗾使軍鋒劉東暘叛亂，又得套部蒙古支持，勢力甚大。後為總兵官李如松、總督魏學曾討平。初學曾師久無功，時寧遠伯李成梁方被論劾，國禎力保李成梁子如松為大將，而己任監軍，卒與魏學曾成其功。哱拜之亂，本小小叛變，卻成了「萬曆三大征」之一，《明史》評論說：「哱拜一降人耳，雖假以爵秩，而憑藉未厚，倉猝發難，據鎮城，聯外寇，邊鄙為之騷然。武備之弛，有由來矣！」[76]可說是中肯之言。又《明史》載國禎，「少雄傑自喜，善騎射。」，後「總督宣大、山西軍務，在鎮三年，節省市賞銀十五萬有奇」[77]。

　　《經世編》未收魏學曾、李如松之文，以是之故，西征哱拜之事多見於梅國禎文中。《經世編》收錄梅國禎的《梅客生奏疏》，一卷，八篇文章，10,256 字[78]。其中，〈為叛丁悖亂異常時事萬分可慮疏〉、〈第五疏〉、〈第八疏〉等三文，全與西征平哱有關。

---

75 語見（清）吳榮光撰、（清）李宗顥補遺、林梓宗點校《歷代名人年譜》（書同註 41），卷九，頁 555。

76 語見（清）張廷玉撰《明史》（書同註 1），卷二百二十八，〈贊論〉，頁 8,416。

77 語見（清）張廷玉撰《明史》（書同註 1），卷二百二十八，〈魏學曾傳〉，頁 8,415、8,416。

78 《皇明經世文編》收錄梅國禎共八篇文章，分別是：〈為叛丁悖亂異常時事萬分可慮疏〉、〈第五疏〉、〈第八疏〉、〈加包邊堡疏〉、〈請罷榷稅疏〉、〈請復戰馬疏〉、〈再請罷榷稅疏〉、〈辨搭酋不助套虜疏〉。

（十二）宋桐岡東征

　　案這指的是曾任兵部侍郎、經略朝鮮，號為「桐岡」的宋應昌。宋應昌的生平事跡，《姓氏爵里總目》載：「宋應昌，號桐岡，仁和人。嘉靖四十四年進士，由知州歷陞副都御史，巡撫山東。萬曆二十年，倭奴突入朝鮮，國王李走竄，拜公兵部侍郎，經略朝鮮，得首功。尋乞致仕歸，為言官論列，削籍。三十三年卒，詔復其官。」（頁 92）〈凡例〉所云其「東征」，應即「萬曆三大征」之一的朝鮮之役。萬曆二十年（1592）五月，倭陷朝鮮；二十六年（1598），《歷代名人年譜》載：「十一月，倭遁去。官軍分道追擊，敗之，朝鮮平。自倭亂朝鮮七載，喪師數十萬，糜餉數百萬，中國與朝鮮迄無勝算，會平秀吉（案：即豐臣秀吉）死，禍始息。」[79]東征朝鮮之役，宋應昌為經略、李如松為提督，屢獲勝，然兵部尚書石星主封貢，議撤兵，應昌主留兵協守，星不聽，應昌度事難辦，引疾乞休。

　　《經世編》收錄宋應昌的《宋經略奏議》，二卷，十六篇文章，16,114 字[80]。所收文章全與東征朝鮮有關。

---

79 語見（清）吳榮光撰、（清）李宗顥補遺、林梓宗點校《歷代名人年譜》（書同註 41），卷九，頁 556。

80 《皇明經世文編》收錄宋應昌共十六篇文章，分別是：〈議設薊遼保定山東等鎮兵將防守險要疏〉、〈議處海防戰守事宜疏〉、〈議題水戰陸戰疏〉、〈議經略提督不必屯駐一處疏〉、〈慎留撤酌經權疏〉、〈與副將李如柏李如梅等書〉、〈與參軍鄭文彬趙汝梅書〉、〈與李提督并劉袁二贊畫鄭趙二參軍書〉、〈與參軍鄭同知趙知縣書〉、〈報三相公并石司馬書〉、〈與李提督書〉、〈報趙張二政府并石司馬書〉、〈報三相公并石司馬書〉、〈移蘇遼總督軍門咨〉、〈檄大小將領〉、〈檄劉贊畫〉。

（十三）熊芝岡經略奴酋

　　案這指的是經略遼東，後被棄市、傳首九邊示眾，號為「芝岡」的熊廷弼。熊廷弼的生平事跡，《姓氏爵里總目》載：「熊廷弼，字（案：原缺字，應為「飛百」），江夏人。萬曆二十六年進士，授推官，擢御史。按遼策奴酋之必叛，屢上疏陳列。四十八年東事起，陞大理寺丞，兼御史，為宣慰。尋陞兵部侍郎、經略遼東。天啟元年，遼陽陷，起兵部尚書、經略。廣寧陷，與王化貞同入關，逮繫論死。廷弼負氣自用，然論遼事不可掩。雖服國法，論者以為不死于封疆，而死于門戶云。」（頁99）結尾二句，頗憾廷弼之死。〈凡例〉所云其「經略奴酋」，應指神宗萬曆四十七年（1619），《歷代名人年譜》載：「六月，命熊廷弼經略遼東」[81]；熹宗天啟五年（1625），「八月，殺前遼東經略熊廷弼，其子兆珪自刎死。武弁蔣應陽為廷弼稱冤，太倉人孫文采、顧同寅作詩誄之，俱棄市。」[82]熊廷弼經略遼東，頗有心得，又頗有實效，如創有名的「三方布置法」，即是禦清軍的絕佳戰略。惜明帝昏庸、朝廷多門乃私見，加之廷弼「性剛負氣，好謾罵，不為人下」、「以排東林攻道學為事」等等因素，而到被傳首九邊的下場[83]。清人入主後，廷弼之書全在查禁、焚燬之列，可知廷弼經營遼東的確有人所未備的創見。

　　《經世編》收錄熊廷弼的《熊經略集》，三卷，37篇文章，

81　語見（清）吳榮光撰、（清）李宗顥補遺、林梓宗點校《歷代名人年譜》（書同註41），卷九，頁561。

82　語見（清）吳榮光撰、（清）李宗顥補遺、林梓宗點校《歷代名人年譜》（書同註41），卷九，頁561。

83　語見（清）張廷玉撰《明史》（書同註1），卷二百五十九，〈熊廷弼傳〉，頁8499-8500。

28,618 字。所收文章，無一不與經略遼東、抵禦奴酋有關[84]。

（十四）王霽宇撫賞插部

案這指的是曾任吏部尚書、兵部尚書，威名著九邊，字「霽宇」的王象乾。

王象乾的生平事跡，《姓氏爵里總目》載：「王象乾，字（原缺字，應為「子廓」或「霽宇」），新城人。中隆慶五年進士，由知縣累陞布政，巡視北口道，節省款賞數十萬，尋為川貴總督加副都御史，總督薊遼。四十年，陞大司馬，署冢宰，凡二年，封印自歸。天啟初，起總督薊遼，撫定插漢予，告（原缺字疑為「歸」字）今上初，復召總督宣大，以病歸，年九十二，卒。」（頁 97-98）〈凡例〉所云其「撫賞插部」，乃指萬曆末、天啟初年間，蒙古插漢部、哈喇慎等族協力助兵抗清軍，象乾力主撫賞以達「拉攏次要敵人、打擊主要敵人」之效。即王象乾所云：「再執三尺童子而問之曰：『虜真可親而可託乎？』亦必曰：『不然！』然則款虜奚為益？奴（案：即後之清軍）強虜（案：即插漢諸部）眾，強與眾合則危。奴遠虜近，遠與近合則危。奴在兩河，虜在九邊，兩河與九邊同時為寇則危。」（第六冊，頁 5090）王象乾的籌策固

---

84 《皇明經世文編》收錄熊廷弼共三十七篇文章，分別是：〈河東諸城潰陷疏〉、〈敬陳戰守大略疏〉、〈扶病看邊疏〉、〈答石副憲開道〉、〈與劉義齋道長〉、〈答友人〉、〈與徐耀玉職方〉、〈答高僉憲開道〉、〈與葉相公〉、〈答麻西泉總戎〉、〈答麻西泉總戎〉、〈與麻西泉總戎〉、〈約諸將〉、〈與徐耀玉職方〉、〈與李霖寰本兵〉、〈與五道〉、〈再與五道〉、〈與閻副憲海道〉、〈答戴通判〉、〈與王振宇總戎〉、〈與楊滄嶼中丞〉、〈答瀋陽王遊戎〉、〈答　李孟日督餉〉、〈答周毓陽中丞〉、〈與丌掌科〉、〈答李孟白督餉〉、〈答周毓陽中丞〉、〈與官掌科〉、〈與周毓陽中丞〉、〈與內閣兵部兵科〉、〈與柴李賀三總兵〉、〈答監軍道邢參議〉、〈答監軍道邢參議〉、〈答監軍道高參政〉、〈答李孟白督餉〉、〈與監軍道高參政〉、〈與登萊道陶副史〉。

佳，然終告因朝廷言論多端，時加掣肘而失敗。《經世編》即評云：「邊鎮凡順義、插漢諸部落，其子姪世系，無不了然，虜中敬而信之。此番撫事有關薊遼安危，惜言者四起，公既去，而撫事亦不究厥成也。」（卷四百六十三，評〈諸虜協力助兵俯准量加犒賞疏〉，頁 5081）象乾機警有膽略，前後歷官督撫，威名著九邊。崇禎初，瑚敦圖入山西，時象乾年八十三，即家起總督山西、宣大軍務，瑚敦圖受約束如故。

《經世編》收錄王象乾的《王司馬奏疏》，二卷，7 篇文章，15,163 字。所收文章，無一不與「撫賞插部」有關[85]。

（十五）朱恒岳水西本末

案這指的是曾任兵部尚書、號為「恒岳」的朱燮元。朱燮元的生平事跡，《姓氏爵里總目》載：「朱燮元，字（案：原缺字，應為「懋和」），山陰人。萬曆十一年進士。歷陞四川布政。奢囚之變，即擢巡撫，尋為貴州總督，歷加兵部尚書、少師左柱國。」（頁 99）〈凡例〉所云其「水西本末」，應是熹宗天啟五年（1625），《歷代名人年譜》載：「三月，以朱燮元總督雲、貴、川、湖、廣西軍務」[86]；後水西彝、永寧奢崇明反，崇禎二年（1629），「八月，朱燮元平水西彝。」[87]水西，即黔蜀交界之播州、藺地一帶，以苗人為主，屢有叛亂。燮元平亂後，力主「禦夷之法，來則安

---

85 《皇明經世文編》收錄王象乾共七篇文章，分別是：〈諸虜協力助兵俯准量加犒賞疏〉、〈請發帑金以充撫賞疏〉、〈請設撫夷監司廳官疏〉、〈備陳撫款事宜疏〉、〈奏報撫錢糧疏〉、〈遵旨撫處屬夷報竣事疏〉、〈條議款虜疏〉。

86 語見（清）吳榮光撰、（清）李宗顥補遺、林梓宗點校《歷代名人年譜》（書同註 41），卷九，頁 563。

87 語見（清）吳榮光撰、（清）李宗顥補遺、林梓宗點校《歷代名人年譜》（書同註 41），卷九，頁 565。

之，不專在攻取也。今水西已納款，惟明定疆界，俾自耕牧，以
輸國賦。若設官屯兵，此地四面孤懸，中限河水，不利應援。築
城守渡，轉運煩費。且內激藺州必死之鬥，外挑水西扼吭之嫌，
兵端一開，未易猝止，非國家久遠計。」[88]頗得當地實情。

《經世編》收錄朱燮元的《朱司馬督蜀黔疏草》，二卷，13
篇文章，20,055 字，所收文字全與蜀黔、水西有關[89]。

三、收錄督撫人物的年代與地方

（一）《皇明經世文編》所收人物曾任
督撫之年代與地方

《經世編》所收錄之人物曾任督撫者極多，上節所列十七督
撫、十五事件，尚不足以概括全部。特別是《經世編》編纂之時，
時事孔急，倉卒用人，新設督撫又特別之多[90]，因應如斯的時代

---

88 語見（清）張廷玉撰《明史》（書同註 1），卷二百四十九，〈朱燮元傳〉，頁
　　8470。

89 《皇明經世文編》收錄朱燮元共十三篇文章，分別是：〈恭報逆賊情形機宜
　　疏〉、〈選議將領疏〉、〈會勘催兵科道疏〉、〈報總督移鎮辰沅疏〉、〈恭報藺
　　地善後機宜疏〉、〈簡兵屯守疏〉、〈直陳黔省情形機宜疏〉、〈□請四年新餉
　　疏〉、〈列城善後建衛世守疏〉、〈分界酌議黔蜀兩便疏〉、〈回奏新舊田賦疏〉、
　　〈查明蜀省二界疏〉、〈水西夷漢各目投誠措置事宜疏〉。

90 （清）趙翼撰《二十二史箚記》（書同註 6），卷三十六，〈明末督撫之多〉
　　載：「明中葉以後，陝西已有三巡撫，陝西一也，延綏二也，甘肅三也。山
　　西亦有二巡撫，山西一也，大同二也。直隸之宣化亦另設一撫。至崇禎十
　　四年，山海關內外設二督，昌平、保定又設二督，於是千里之內有四督。
　　又有寧遠、永平、順天、密雲、天律，保定六巡撫，寧遠、山海、中協、
　　西協、昌平、通州、天津、保定八總兵，星羅碁布，無地不防。見范志完
　　傳時事孔急，固勢之不得不然也。」，葉二-三。又〈明末巡撫皆由邊道擢用〉
　　載：「宣德中，于謙由御史超拜兵部右侍郎，巡撫河南、山西，此尚沿國初
　　用人不拘資格之例。迨資格既定，則巡撫或用僉都御史，或由布政使陞用。

氛圍，也毋怪乎《經世編》對於督撫之文，收錄高達全書的「十之四」了。茲以吳廷燮先生《明督撫年表》一書為底本，對照《經世編》所收 249 人，可得其中曾任督撫者 142 人，茲列出簡表 7-7如下：

7-7 《皇明經世文編》收錄人物擔任督撫時地簡表

	人名	擔任督撫時間	督撫地方 （事務）	備註
1	黃　福	宣德四年（1429）	（河道）	・曾任大司農 ・曾任冬官
2	王　翱	正統元年（1441）、七年（1442）	陝西	曾任冢宰
		正統七年（1442）-正統十二年（1447）	遼東	
		景泰元年（1450）-三年（1452）	遼東	
		景泰三年（1452）-四年（1453）	兩廣	
3	周　忱	宣德五年（1430）-景泰二年（1451）	應天	
4	張　純	正統四年（1439）、五年（1440）	順天	

至末季兵事急，凡邊道以才見著，輒擢為巡撫熊汝霖疏云，有司察處者，不得濫舉邊才。監司察處者，不得遽躐巡撫。曹于汴疏亦云，邊道超擢，當於秩滿時，閱實其績，毋濫取建牙開府。熊開元疏亦云，四方督撫率自監司。明日廷推，今日傳單，吏部出諸袖中，諸臣唯唯而已。此三疏各見本傳內，可見是時巡撫多由監司擢用也。今按洪承疇由督糧參政擢廷綏巡撫，范志完由關內僉事擢山西巡撫，楊嗣昌由山海兵備擢永平巡撫，梁廷棟由口北道擢遼東巡撫，薛國用由遼海道擢遼東巡撫，邱民仰由寧前兵備擢遼東巡撫，宋一鶴由副使擢湖廣巡撫，馮師孔由副使擢陝西巡撫，朱之馮由副使擢宣府巡撫，龍文光由參政擢四川巡撫，李化熙由兵備擢四川巡撫，邱祖德由副使擢保定巡撫，史可法由副使擢安慶巡撫。甚至余應桂由巡按擢湖廣巡撫，高名衡由巡按擢河南巡撫，王漢由知縣行取御史，即擢河南巡撫，楊繩武亦由御史擢順天巡撫。迨嗣昌為兵部尚書，建四正六隅之策，奏巡撫不用命者立解其兵柄，以一監司代之，可見是時用巡撫之大概也。蓋兵事孔亟，倉猝用人，固有難拘以資格者矣。」，葉三-四。

5	孫原貞	景泰二年（1451）、三年（1452）、七年（1456）	浙江	
		景泰三年（1452）、四年（1453）、五年（1454）	福建	
6	吳節	成化二十二年（1486）-弘治元年（1488）	山東	
7	于謙	宣德五年（1430）-正統十二年（1477）	河南、山西	曾任大司馬
8	朱鑑	正統十四年（1449）-景泰三年（1452）	山西	
9	徐有貞	景泰四年（1453）-六年（1455）	（河道）	曾任閣臣
10	王恕	成化十二年（1476）	雲南	曾任冢宰
		成化十六年（1480）-二十年（1484）	應天	
11	馬昂	正統十一年（1446）-景泰元年（1456）	兩廣	曾任大司馬
		景泰四年（1453）-天順元年（1457）	廣西、甘肅	
12	李棠	正統十四年（1449）-景泰五年（1454）	廣西	
13	李賓	景泰六年（1455）-天順元年（1457）	順天	
14	白圭	天順二年（1458）、三年（1459）	貴州	・曾任大司馬 ・曾任冬官
		天順二年（1458）-四年（1460）	胡廣	
15	王竑	景泰二年（1451）-天順元年（1457）	鳳陽附淮陽	曾任大司馬
		天順七年（1463）-天順八年（1464）		
16	李秉	景泰二年（1451）-天順元年（1457）	宣府	曾任冢宰
		天順元年（1457）、二年（1458）	應天	
		天順二年（1458）、三年（1459）	大同	

17	林　聰	天順元年（1457）	山東	
		成化七年（1471）、八年（1472）	大同	
18	項　忠	天順七年（1463）-成化三年（1467）	陝西	・〈凡例〉提及督撫人物 ・曾任大司馬 ・曾任司寇
19	韓　雍	景泰二年（1451）-天順元年（1457）	江西	〈凡例〉提及督撫人物
		天順四年（1460）-七年（1463）	大同	
		天順四年（1460）-六年（1462）	宣府	
		成化元年（1465）-十年（1474）	兩廣	
20	葉　盛	天順二年（1458）-八年（1464）	兩廣	
		成化元年（1465）-三年（1467）	宣府	
21	余子俊	成化七年（1471）-十一年（1475）	延綏	・曾任大司馬 ・曾任大司農
		成化十一年（1475）-十三年（1477）	陝西	
		成化二十一（1485）、二十二年（1486）	大同	
22	馬文升	成化四年（1468）-十一年（1475）	陝西	・曾任大司馬 ・曾任冢宰
		成化二十年（1476）、二十一年（1477）	鳳陽附淮陽	
		成化二十一年（1485）	遼東	
23	何喬新	成化十六年（1480）-十八年（1482）	山西	
24	秦　紘	成化十六年（1480）、十七年（1481）	宣府	
		成化十七年（1481）-二十年（1484）	河南	
		弘治元年（1488）、二年（1489）	鳳陽附淮陽	

		弘治二年（1489）-四年（1491）	兩廣	
		弘治十三年（1490）-十六年（1503）	山西	
		弘治十四年（1491）-十七年（1504）	陝西三邊	
25	許　進	弘治二年（1489）-四年（1491）	大同	曾任冢宰
		弘治九年（1496）、十年（1497）	陝西	
26	王　越	天順七年（1463）-成化七年（1471）	大同	
		成化三年（1467）、四年（1468）	宣府	
		弘治十年（1497）、十一年（1498）	陝西三遷	
27	徐廷章	成化元年（1465）-七年（1471）	甘肅	
28	劉大夏	弘治六年（1470）-八年（1472）	（河道）	
		弘治十三年（1477）、十四年（1478）	兩廣	
29	白　昂	弘治三年（1490）、四年（1491）	（河道）	曾任司寇
30	彭　韶	成化二十年（1484）、二十一年（1485）	應天	曾任司寇
		成化二十一年（1485）-二十三年（1487）	順天	
		弘治元年（1488）	浙江	
31	韓　文	弘治三年（1490）-六年（1493）	寧夏	曾任大司農
		弘治七年（1494）、八年（1495）	河南	
32	林　俊	弘治十六年（1503）-正德元年（1506）	江西	・曾任冬官 ・曾任司寇
		正德四年（1509）-六年（1511）	四川	

33	楊　璿	成化七年（1471）、八年（1472）	順天	
		成化八年（1472）、十年（1474）	河南	
34	原　傑	成化二年（1466）-五年（1469）	山東	
35	彭　澤	正德六年（1511）	陝西三邊	曾任大司馬
		正德十二年（1517）	遼東	
36	王　憲	正德五年（1510）、六年（1511）	遼東	
		正德八年（1513）、九年（1514）	鄖陽	
		正德九年（1514）-十一年（1516）	大同	
		正德十一年（1516）、十二年（1517）	陝西	
		嘉靖四年（1525）-七年（1528）	鳳陽附淮陽	
37	李承勛	正德十五年（1520）-嘉靖二年（1523）	遼東	曾任冢宰
38	梁　材	嘉靖六年（1527）	江西	曾任大司農
39	叢　蘭	正德十年（1515）-十五年（1520）	鳳陽附淮陽	
40	王　瓊	嘉靖七年（1528）-十年（1531）	陝西三邊	·武宗、世宗時任冢宰 ·曾任大司農
41	楊一清	弘治十七年（1504）、十八年（1505）	陝西	·武宗、世宗時任閣臣 ·曾任冢宰 ·曾任大司農
		正德元年（1506）、二年（1507）、五年（1510）、嘉靖三年（1524）、四年（1525）	陝西三邊	
42	姜　洪	正德七年（1582）	山西	
43	何孟春	正德十三年（1518）-十六年（1521）	雲南	
44	王守仁	正德十一年（1516）-十六年（1521）	南贛	〈凡例〉提及督撫人物

		正德十四年（1519）、十五年（1520）	江西	
		嘉靖六年（1527）、七年（1528）	兩廣	
45	胡世寧	正德十五年（1520）、十六年（1521）	四川	・曾任大司馬 ・曾任司寇
46	方良永	正德十六年（1521）、嘉靖元年（1522）	鄖陽	
47	王廷相	嘉靖六年（1527）	四川	
48	劉天和	嘉靖九年（1530）-十一年（1532）	陝西	曾任大司馬
		嘉靖十四年（1535）	河道	
		嘉靖十五年（1536）-十九年（1540）	陝西三邊	
49	毛伯溫	嘉靖十一年（1532）	順元	・曾任大司馬 ・曾任冬官
50	韓邦奇	嘉靖十二年（1533）、十三年（1534）	宣府	
		嘉靖十四年（1535）-十七年（1538）	山西	
		嘉靖二十四年（1545）	（河道）	
51	馬卿	嘉靖十一年（1532）-十五年（1533）	鳳陽附淮陽	
52	王以旂	嘉靖十七年（1538）、十八年（1539）	鄖陽	・曾任冬官 ・曾任司寇
		嘉靖二十七年（1548）-三十二年（1553）	陝西三邊	
53	席書	正德十六年（1521）-嘉靖元年（1522）	湖廣	
54	王軏	嘉靖三年（1524）、四年（1525）	四川	
55	唐龍	嘉靖七年（1528）、八年（1529）	鳳陽附淮陽	曾任冢宰
		嘉靖十年（1531）-十四年（1535）	陝西三邊	
56	張岳	嘉靖二十一年（1542）、二十二年（1543）	鄖陽	

		嘉靖二十三年（1544）-二十六年（1547）	兩廣	
		萬曆十一年（1583）、十二年（1584）	南贛	
57	張　珩	嘉靖二十一年（1542）、二十二年（1543）	寧夏	
		嘉靖十五年（1536）、十八年（1539）、三十一年（1552）、三十二年（1553）	延綏	
		嘉靖二十二年（1543）-二十五年（1546）	陝西三邊	
58	楊　選	嘉靖三十七年（1558）、三十九年（1560）	大同	
		嘉靖四十年（1561）-四十二年（1563）	薊遼	
59	朱　紈	嘉靖二十五年（1546）、二十六年（1547）	南贛	
		嘉靖四十年（1561）-四十二年（1563）	浙江	
60	李士翱	嘉靖二十二年（1543）-二十六年（1547）	寧夏	・曾任冬官 ・曾任司寇
61	龔　輝	嘉靖二十六年（1547）、二十七年（1548）	南贛	
		嘉靖二十七年（1548）-二十九年（1550）	鳳陽附淮陽	
62	歐陽鐸	嘉靖十五年（1536）-十八年（1539）	應天	
63	鄭　曉	嘉靖三十二年（1553）-三十四年（1555）	鳳陽附淮陽	曾任司寇
64	聶　豹	嘉靖二十九年（1550）	順天	曾任大司馬
65	翁萬達	嘉靖二十三年（1544）	陝西	曾任大司馬
		嘉靖二十三年（1544）-二十八年（1549）	宣大	
66	王學夔	嘉靖十四年（1535）、十五年（1536）	鄖陽	
67	王邦瑞	嘉靖二十六年（1547）-二十八年（1549）	寧夏	曾任大司馬

68	許　論	嘉靖二十九年（1550）-三十二年（1553）	山西	曾任大司馬
		嘉靖三十四年（1555）、三十五年（1556）	宣大	
		嘉靖三十八年（1559）-四十年（1544）	薊遼	
69	侯　綸	嘉靖二十二年（1543）、二十三年（1544）	順天	
70	張秉壺	嘉靖二十一年（1542）、二十二年（1543）	順天	
71	曾　銑	嘉靖二十年（1541）-二十三年（1544）	山東	
		嘉靖二十四年（1545）、二十五年（1546）	山西	
		嘉靖二十五年（1546）-二十七年（1548）	陝西三邊	
72	張時徹	嘉靖二十八年（1549）、二十九年（1550）	江西	
73	胡　松	嘉靖二十七年（1548）	鳳陽附淮陽	・曾任家宰 ・曾任冬官
		嘉靖四十年（1561）-四十二年（1563）	江西	
74	趙炳然	嘉靖四十二年（1563）、四十三年（1564）	浙江	
75	唐順之	嘉靖三十八年（1559）、三十九年（1560）	鳳陽附淮陽	
76	胡宗憲	嘉靖三十四年（1555）-四十一年（1562）	浙江	
77	阮　鶚	嘉靖三十五年（1556）、三十六年（1557）	浙江	
		嘉靖三十六年（1557）、三十七年（1558）	福建	
78	章　煥	嘉靖三十五年（1556）、三十六年（1557）	鄖陽	
		嘉靖三十八年（1559）、三十九年（1560）	鳳陽附淮陽	
79	楊　博	嘉靖二十五年（1546）-二十九年（1550）	甘肅	・曾任冢宰

		嘉靖三十三年（1554）、三十四年（1555）、三十八年（1559）	薊遼	
		嘉靖三十七年（1558）、三十八年（1559）	宣大	
80	葛守禮	嘉靖二十九年（1550）	河南	・曾任大司農 ・曾任司寇
81	王　忬	嘉靖三十一年（1552）	山東	
		嘉靖三十二年（1553）	福建	
		嘉靖三十一年（1552）-三十三年（1554）	浙江	
		嘉靖三十四年（1555）-三十八年（1559）	薊遼	
82	方　廉	嘉靖三十九年（1560）-四十一年（1652）	應天	
83	王之誥	嘉靖四十二年（1563）、四十三年（1564）	遼東	曾任司寇
84	馬　森	嘉靖三十五年（1556）、三十六年（1557）	江西	曾任大司農
85	張　瀚	嘉靖十六年（1537）	四川	曾任冢宰
		嘉靖四十五年（1524）	鳳陽附淮陽	
		隆慶元年（1567）-三年（1569）	兩廣	
86	朱　衡	嘉靖三十九年（1560）、四十年（1561）	山東	曾任冬官
		嘉靖四十五年（1566）-隆慶二年（1568）	（河道）	
87	劉　燾	嘉靖三十八年（1558）-四十年（1561）	福建	
		嘉靖四十二年（1563）	大同	
		嘉靖四十二年-隆慶元年（1567）	薊遼	
88	海　瑞	隆慶三年（1569）、四年（1570）	應天	
89	陸　穩	嘉靖四十年（1561）-四十二年（1563）	南贛	
90	蔡汝楠	嘉靖四十年（1561）、四十一年（1562）	河南	

91	王崇古	嘉靖四十三年（1564）-四十五年（1566）	寧夏	・〈凡例〉提及 ・督輔人物 ・曾任大司馬 ・曾任司寇
		隆慶元年（1567）-四年（1570）	陝西之邊	
		隆慶四年（1570）-萬曆元年（1573）	宣大	
92	方逢時	隆慶三年（1569）、四年（1570）	遼東	・曾任冢宰 ・曾任大司馬
		萬曆二年（1574）-五年（1577）	宣大	
93	譚綸	嘉靖四十二年（1563）、四十三年（1564）	福建	曾任大司馬
		嘉靖四十五年（1566）、隆慶元年（1567）	兩廣	
		隆慶二年（1568）-四年（1570）	薊遼	
94	霍冀	嘉靖三十七年（1558）-三十九年（1560）	寧夏	曾任大司馬
		嘉靖四十年（1561）	保定	
		嘉靖四十五年（1455）、隆慶元年（1567）	陝西三邊	
95	鄒應龍	隆慶五年（1571）-萬曆三年（1575）	雲南	
96	林潤	隆慶元年（1567）-三年（1569）	應天	
97	王世貞	萬曆二年（1574）-四年（1576）	勛陽	
98	汪道昆	嘉靖四十三年（1564）-四十五年（1566）	福建	
		隆慶四年（1570）、五年（1571）	勛陽	
		隆慶五年（1571）	湖廣	
99	陸樹聲	萬曆九年（1581）-十一年（1583）	山東	曾任宗伯
100	張翀	隆慶二年（1568）-四年（1570）	南贛	
		隆慶四年（1570）、五年（1571）	湖廣	

		萬曆二年（1574）、三年（1575）	鳳陽附淮陽	
101	張佳胤	隆慶五年（1571）-萬曆元年（1573）	應天	
		萬曆七年（1579）-九年（1581）	宣府	
		萬曆十年（1582）、十一年（1583）	浙江	
102	徐學謨	萬曆四年（1576）-六年（1578）	勛陽	
103	吳桂芳	嘉靖三十八年（1559）	應天	
		嘉靖四十一年（1562）、四十二年（1563）	勛陽	
		嘉靖四十二年（1563）	（河道）	
		嘉靖四十二年（1563）-四十五年（1566）	兩廣	
		萬曆三年（1575）-五年（1577）	甘肅	
		萬曆六年（1578）	（河道）	
104	王宗沐	隆慶五年（1571）-萬曆二年（1574）	鳳陽附淮陽	
105	萬　恭	嘉靖四十三年（1564）、四十四（1565）	山西	
106	塗澤民	嘉靖四十五年（1566）-隆慶三年（1569）	福建	
107	龐尚鵬	萬曆四年（1576）-六年（1578）	福建	
108	楊　成	萬曆二年（1574）-四年（1576）	江西	
109	宋儀望	萬曆元年（1573）-四年（1576）	應天	
110	張學顏	隆慶六年（1572）-萬曆五年（1577）	遼東	・曾任冢宰 ・曾任大司馬 ・曾任大司農
111	張　鹵	萬曆六年（1578）-八年（1580）	保定	
112	沈思孝	萬曆二十年（1592）	河南	

		天啟四十四年（）、四十五年	（河道）	
113	潘季馴	隆慶四年（1570）、五年（1571）	（河道）	・曾任冬官 ・曾任司寇
		萬曆六年（1578）-八年（1580）、十六年（1588）-十九年（1561）	（河道）	
		萬曆四年（1576）、五年（1577）	江西	
114	陳有年	萬曆十四年（1586）-十六年（1588）	江西	曾任冢宰
115	孫丕楊	萬曆元年（1573）-五年（1577）	保定	・曾任冢宰 ・曾任司寇
116	褚　鐵	萬曆八年（1580）-十一年（1583）	河南	
		萬曆二十三年（1595）-二十五年（1597）	甘肅	
117	魏允貞	萬曆二十一（1593）-二十九年（1601）	山西	
118	楊俊民	萬曆十三年（1585）、十四年（1586）	（河道）	
		萬曆六年（15787）-九年（1581）	勛陽	
119	許孚遠	萬曆二十年（1592）-二十二年（1594）	福建	
120	宋應昌	萬曆十七年（1589）--二十年（1592）	山東	
121	鄭　洛	萬曆二年（1574）、三年（1575）	山西	
		萬曆三年（1575）-六年（1578）	大同	
		萬曆七年（1579）-十七年（1589）	宣大	
		萬曆十八年（1590）、十九年（1591）	陝西三邊	
122	郭惟賢	萬曆十九年（1591）-二十三年（1595）	湖廣	

123	蕭　彥	萬曆十六年（1588）、十七年（1589）	雲南	
124	趙世卿	萬曆二十年（1592）、二十一年（1593）	河南	・曾任大司農 ・曾任冢宰
125	呂　坤	萬曆十九年（1591）-二十一年（1593）	山西	
126	郭子章	萬曆二十七年（1599）-三十五年（1607）	貴州	〈凡例〉提及督府人物
127	李三才	萬曆三十一年（1603）-三十九年（1611）	鳳陽附淮陽	
128	李化龍	萬曆二十二年（1594）-二十五年（1597）	遼東	曾任大司馬
		萬曆二十七年（1599）、二十八年（1600）	四川	
		萬曆三十一年（1603）、三十二年（1604）	（河道）	
129	李　植	萬曆二十七年（1599）、二十八年（1600）	遼東	
130	陳于陛	萬曆十九年（1591）、二十年（1592）	鳳陽附淮陽	曾任閣臣
131	許弘綱	萬曆四十五年（1617）-泰昌元年（1620）	兩廣	
132	曾時聘	萬曆三十二年（1604）-三十七年（1609）	（河道）	
133	徐學聚	萬曆三十二年（1604）-三十五年（1605）	福建	
134	薛三才	萬曆三十七年（1609）-四十年（1612）	宣府	
		萬曆四十四年（1616）、四十五年（1617）	薊遼	
135	涂宗濬	萬曆三十四年（1606）-三十九年（1611）	延綏	
		萬曆三十九年（1611）-四十二年（1614）	宣大	
136	周孔教	萬曆三十二年（1604）-三十六年（1598）	應大	
137	梅國禎	萬曆二十一年（1593）-二十六年（1598）	大同	

		萬曆二十七年（1599）-二十九年（1601）	宣大	
138	王象乾	萬曆二十二年（1594）-二十九年（1601）	宣府	・〈凡例〉提及督府人物 ・曾任大司馬 ・曾任冢宰
		萬曆二十九年（1601）-三十三年（1605）	四川	
		萬曆三十七年（1609）-四十年（1612） 天啟元年（1621）-四年（1624）	薊遼	
		崇禎元年（1628）、二年（1629）	宣大	
139	王　紀	萬曆四十一年（1613）-四十五年（1617）	保定	
		萬曆四十五年（1617）-泰昌元年（1620）	鳳陽附淮陽	
140	丘禾嘉	崇禎二年（1629）-五年（1632）	山海永平	
		崇禎四年（1631）	保定	
141	朱燮元	天啟元年（1621）-五年（1625）	四川	〈凡例〉提及督府人物
		崇禎元年（1628）-十一年（1638）	貴州	
		崇禎十一年（1639）	兩廣	
142	何起鳴	萬曆四年（1576）-七年（1579）	貴州	曾任冬官
		萬曆七年（1579）-九年（1581）	山東	

（二）督撫的全稱

案：明朝的兵部尚書（大司馬）大多都曾經擔任過各地方的督撫職務；在督撫職務的歷練下，曉諳軍務，熟悉邊情。于謙、王竑、馬昂、白圭、彭澤、胡世寧、毛伯溫、劉天和、翁萬達、王邦瑞、聶豹、許論、霍冀、譚綸、王崇古、方逢時、張學顏、

李化龍、王象乾等人，無一例外。以上一百四十二名，茲根據吳
廷燮先生《明督撫年表》記載，《經世編》人物所督撫的各地方全
名如下：

表 7-8　《皇明經世文編》督撫名與督撫地

	督撫簡稱	督撫地方、兼理事務與節制地方	備註
1	薊遼	總督薊遼保定等處軍務，兼理糧餉，節制順天、保定、遼東三撫，薊州、昌平、遼東、保定四鎮。	
2	順天	整飭薊州等處邊備，兼巡撫順天等府地方，統薊州兵備、昌平兵備、永平兵備、密雲兵備、霸州兵備五道，順天、永平二府，長陵等九陵，衛薊州等九衛，撫寧等六衛，密雲中後等十衛，大寧都司之營州前屯等衛所城堡。	
3	遼東	巡撫遼東地方兼贊理軍務，統寧前兵備、廣寧錦義兵備、金復海蓋兵備，遼海東寧分守四道，遼東都司之所城堡，安樂、自在二州，建州、毛憐、海西、朵顏、泰寧、福餘諸衛貢市。	
4	保定	巡撫保定等府兼提督紫荊等關兼管河道，統天津兵備、紫荊兵備、井陘兵備、大名兵備四道，保定、真定、河間、大名、順德廣平六府，及天津、河間、滄州、真定等衛，大寧、都司之保定等衛所，兼制山西、廣昌、靈丘、平定、樂平五臺繁峙，併山東、河南鄰境州縣衛所。	
5	宣大	總督宣大山西等處地方軍務兼理糧餉，節制宣府、大同、山西三撫三鎮。	
6	宣府	巡撫宣府地方贊理軍務，統口北分巡、口北分守、懷隆兵備三道，直隸之延慶州、保安州、山西布政司之蔚州、廣昌縣萬全都司之萬全右等十四衛，興和等七所，昆都力哈諸部貢市。	
7	大同	巡撫大同地方贊理軍務，節制陽和兵備、左衛兵備，冀北分巡、冀北分守四道，山西布政司、大同府之應朔渾源三州，大同、懷仁、山陰、馬邑、廣靈、靈丘六縣，山西行都司之大同左等十四衛，山陰第三所城堡，順義諸部貢市。	
8	山西	提督雁門等關兼巡撫山西地方，統冀寧兵備、雁平兵備、岢嵐兵備、河東兵備、潞安兵備、寧武兵備六道，山西布政司之太原、平陽、潞安、汾州四府，	

		遼沁澤三州，山西都司之太原、左右等九，沁州寧化等九衛所城堡。	
9	陝西三邊	總督陝西三邊軍務，節制陝西、延綏、寧夏、甘肅、四撫、固原、榆林、寧夏、甘肅、臨洮五鎮，專統固原兵備、洮岷兵備、鄜州兵備、臨鞏兵備、鞏昌兵備、靖虜兵糧六道，陝西布政司之鞏昌、臨洮二府，平涼府之平涼、固原、靜寧等州縣，延安府之鄜州，陝西都司之固原、洮州、臨洮、鞏昌、蘭州、秦州、岷州、等衛，文縣、禮、店、歸德階州等所。	
10	陝西	巡撫陝西地方贊理軍務，統西安兵備、涇邠兵備、商洛兵備、潼關兵備、漢羌兵備五道，陝西布政司之西安、鳳翔、漢中三府，平涼府之涇州，陝西都司之西安左等五衛。	
11	延綏	巡撫延綏等處贊理軍務，統靖邊兵備、神木兵備、榆林兵備、河西、分守四道，陝西布政司之慶陽一府，延安府、綏德、葭二州膚施等縣，陝西都司之榆林、延安、慶陽、綏德等衛所城堡，吉能諸部貢市。	
12	寧夏	巡撫寧夏等處贊理軍務，統寧夏管糧，寧夏兵糧二道，陝西都司之寧夏等六衛，靈州等二所城堡，台吉諸部貢市。	
13	甘肅	巡撫甘肅等處贊理軍務，統甘肅兵備、西寧兵備、莊浪兵備三道，陝西行都司之甘州左右等十二衛，鎮夷等三所城堡，赤斤、蒙古等六衛，朵甘等衛，及宣慰招討等司，西海丙兔諸部貢市。	
14	鳳陽附淮陽	總理漕運兼提督軍務巡撫鳳陽等處兼管河道，統潁州兵備、徐州兵備，淮揚海防三道，鳳陽、盧州、淮安、揚州四府，滁和徐三州，中都留守司之鳳陽等七衛，洪塘一所，直隸之盧州、揚州、高郵、儀真、滁州、徐州、淮安、大河、邳州、沂州、泗州、壽州、宿州、等衛，海州中等所。	
15	應天	總理糧儲提督軍務兼巡撫應天等府地方，統徽寧、池太、安慶、廣德兵備，蘇松、常鎮兵備二道，應天徽州、寧國、池州、太平、安慶、蘇州、松江、常州、鎮江、十府，廣德一州，直隸、蘇州、太倉、鎮海、金山、新安、建陽、宣州、安慶等衛，吳淞江等所。	
16	山東	巡撫山東等處地方贊理營田兼管河道提督軍務，統武定兵備、濟寧兵備、曹濮兵備、沂州兵備、臨清兵備、青州兵備、登州分巡七道，山東布政司之齊	

		南等六府，山東都司之濟南兗州護衛等十八衛，諸城等十八所。	
17	河南	巡撫河南等處地方兼管河道兼提督軍務，統開封兵備、陳州兵巡、磁州兵備、汝南分巡四道，河南布政司之開封等八府，汝州一州，河南都司之宣武等十二衛，禹州等七所。	
18	浙江	提督軍務巡撫浙江等處地方，統領杭嚴兵備、金衢兵備、嘉湖兵備、寧紹兵備、台州兵備、溫州兵備六道，浙江布政司之杭州等十一府，浙江都司杭州前等十六衛，衢州等三十五所。	
19	江西	巡撫江西地方兼理軍務，統南昌兵備、九江兵備、撫建廣兵備、袁州兵備四道，江西布政司之南昌等十一府，江西都司之南昌左等四衛，吉安等九所，兼制直隸之安慶府，湖廣、興國等六州縣。	
20	南贛	巡撫南贛、汀韶等處地方提督軍務，統江西贛州兵備一道，江西布政司之贛州、南安二府，江西都司之贛州衛，南安所節制，廣東、惠潮、兵巡，韶南兵備，福建、漳南分巡，湖廣郴桂兵備四道。	
21	福建	提督軍務兼巡撫福建地方，統福州兵備、福寧兵備、建南兵備、興泉兵備、漳州海道、漳南分巡六道，福建布政司之福州等八府，福寧一州，福建都司之福州中等衛所，福建行都司之建寧左等衛所。	
22	湖廣	巡撫湖廣地方兼提督軍務，統武昌兵備、荊西分守、沔陽兵備、岳州兵備、蘄州兵備、荊州撫治、上荊南分守、湖北分守、郴桂兵備、靖州兵備十道，湖廣布政司之武昌等十三府，郴靖二州湖廣都司之武昌等三十四衛，郴州等二十九所，及土官永順等二宣慰司，施南等五宣撫司，東鄉等五安撫司，搖把峒等二十一長官司，鎮遠等蠻夷五長官司，興都留守司之承天等三衛，德安一所。	
23	鄖陽	提督軍務兼撫治鄖陽等處地方，節制湖廣鄖襄兵備、河南汝南分巡、陝西漢羌兵備、商洛兵備、四川夔州兵備五道，湖廣之鄖陽府、襄陽府，河南南陽府，鄧唐等州縣，陝西西安府之商州，漢中府之興安等州縣，四川夔州府，湖廣行都司之荊州等六衛，夷陵等七所，河南都司之南陽鄧州等衛所，陝西都司之興安等所。	
24	四川	提督軍務巡撫四川等處，統安綿兵備、威茂兵備、重慶兵備、夔州兵備、敘馬兵備、建昌兵備、松潘兵備、上川南分巡八道，四川布政司之成都等九	

		府，鎮雄等四軍民府，潼川等六州，永寧宣撫司，黎州安撫司，四川都司之成都左護成都右等十二衛，青川等十一所，土官天全六番招討司，石砫西陽二宣撫司，占臧先結族等十七長官司，八郎等四安撫司，四川行都司之建昌等五衛，禮州後等八所，土官昌州等五長官司，烏思藏等都指揮司。	
25	雲南	巡撫雲南兼建昌畢節地方贊理軍務兼督川貴糧餉，統臨安兵備、騰衝兵備、瀾滄兵備、曲靖兵備四道，雲南布政司之雲南等十一府，曲靖軍民等八軍民府，北勝一州，車里緬甸等六軍民宣慰司，芒市等二長官司，雲南都司之雲南左右等二十衛，安寧等二十所，潞江等四安撫司茶山等三長官司，兼制四川建昌兵備，貴州畢節兵備。	
26	貴州	巡撫貴州兼督理湖北川東地方，統都清兵備、威清兵備、畢節兵備、思仁分巡四道，貴州布政司之貴陽、安順、平越三軍民府，都勻等七府，貴州一宣慰司，貴州都司之貴州永寧等十八衛，黃平等十二所，併土官兼制湖廣之湖北，分守靖州兵備二道，四川之上川東、下川東、遵義三道，及府州縣衛所土官。	
27	兩廣	總督兩廣軍務兼理糧餉帶管鹽法，兼巡撫廣東地方，節制廣西一撫，廣東廣西二鎮。	
28	廣西	巡撫廣西地方，統桂林分巡、蒼梧兵備、賓州兵備、府江兵備、左江兵備五道，廣西布政司之桂林等十府，田州等十四州，上林安隆二長官司，廣西都司之桂林中右等十衛，全州灌陽等二十一所。	
29	登萊	巡撫登萊地方贊理軍務。	
30	偏沅	巡撫偏沅地方贊理軍務。	
31	山海永平	巡撫山海永平等處地方贊理軍務。	
32	天津	巡撫天津地方贊理軍務。	
33	密雲	巡撫密雲地方贊理軍務。	
34	安廬	巡撫安廬地方贊理軍務。	
35	昌平	督治昌平軍務。	
36	河道	總理河道提督軍務。	

第三節　臺諫、翰苑與馹政

除去本章第一節、第二節所論之外，《經世編》所選的重點之一，尚有臺諫、翰苑及馹政三事職。〈凡例〉第三十四條云：「茲編體裁，期于囊括典實，曉暢事情。故閣、部居十之五，督、撫居十之四，臺諫、翰苑諸司居十之一。」（第一冊，頁 57）可見在閣、部和督、撫之外，臺諫和翰苑諸人也「居十之一」，上比閣、部、督、撫雖有不足，卻下比其他職務勝過良多。

一、臺　諫

（一）都察院與六科給事中

臺諫即是明代監察機關或人員的簡稱，是天子統治天下的耳目。關於明代監察制度，張治安先生云：

> 君主集權產生官僚政治，在官僚政治之下，居官者之任免陟黜，貴賤榮辱，雖操於君王之手，驅其效忠於己。然官僚制度亦最易發生欺蔽玩法腐敗瀆職之情事，是以為鞏固政權安定，維護皇室安全，徹底推行政令，防範有司為奸，勢不得不設置耳目為用之監察官員以糾察之。由是掌風憲之監察制度，遂應運而生。故君主專制、官僚組織、監察制度三者乃孿生姊妹，表裏相維，依存為用。此所以自秦漢以來，政治體制未變，監察制度亦演傳不輟者也。監察制度既為君主集權、官僚政治下之產物，其組織職權自亦

隨集權程度之深淺、官僚組織之伸縮而相應轉變。我國君
主專制政治之發展，至明為最後完成階段。明太祖自洪武
十三年罷宰相之後，自操威柄，獨攬乾綱，軍國大政，臣
下鮮少參決。雖云析政六部，以各部尚書分任天下事，然
事實上尚書僅奉旨行事，承宣政令而已。集權專制至明已
達巔峯狀態，而君主耳目為用之監察制度，亦因是發展至
其極致。其組織之密、職權之廣、權威之重、委寄之深，
歷代均不能望其項背[91]。

　　這段話很能說出了監察制度在中國古代政治的意義，同時也
指出明代監察制度的特色所在。再細論之，臺諫乃「臺」與「諫」
的合稱。臺是指御史「臺」；諫，指「諫官」或「諫院」，二者都
是明代的監察機關（人員）。漢代以後，歷代均設有「御史臺」，
明代改稱「都察院」，為全國最高行政監察機關。長官稱左、右都
御史，與吏、戶、禮、兵、刑、工尚書並稱「七卿」。唐代稱勸諫
天子之官為「諫官」，宋代稱諫官的衙署為「諫院」，明代則屬之
於六科（吏、戶、禮、兵、刑、工）的「給事中」，如國學大師錢
穆所云：「「有六科給事中掌封駁，謂之科參。給事中原屬門下省，
明代罷去門下省長官，而獨存六科給事中。旨必下科，其有不便，
給事得駁政到部，謂之科參。六部之官，無敢抗科參而自行者。
又廷議大事，廷推大臣，廷鞫大獄，給事中皆預。位雖低而權重[92]。」

　　張治安《明代監察制度》一書指出，都御史的職掌是：（1）
提督各道、考核及點差御史（2）糾舉百司（3）考覈百官（4）參

---

91 語見張治安撰《明代監察制度研究》（台北：五南圖書，民 89 年 12 月），〈緒
　論〉，頁 2。
92 語見錢穆撰《國史大綱》（書同註 8），第七編第三十七章〈傳統政治復興下
　之君王獨裁（下）〉，頁 520。

與會審、廷推、廷議（5）奉旨出巡等[93]。其中最後一項奉旨出巡，往往是地方有重大事故時，如撫寇平亂、督河理漕等事，朝廷派官高位重的大員始足鎮懾濟事者，奉旨出巡、總制一方，有時甚至可以「便宜行事」，為日後總督、巡撫成為定制的開端。同樣地，張氏也指出「給事中」的職掌是：（1）侍朝記註（2）扈從監禮（3）參駁章奏（4）註銷案卷（5）糾劾官邪（6）考察拾遺（7）參與廷議、廷推、廷鞫（8）參與考試（9）開註門籍（10）值登聞鼓（11）監發薪俸（12）稽查違制（13）查盤糧秣（14）冊封出使等[94]。起初臺「察」諫「言」，即御史主「察官」，給事中主「言官」，然罷相之後，察言合流，皆可規諫皇帝而為言官，亦皆可糾劾百司而為察官，甚至到後來都以後項職務為主。

（二）《皇明經世文編》所收臺諫人物

明人稱御史為「侍御」，稱副都御史為「中丞」，稱給事中為「給諫」或「都諫」。要言之，擔任侍御、中丞、給諫（都諫）等職皆屬臺諫人物。準此觀察《經世編》收錄臺諫的情形人物以「侍御」為書名者有十人，以「中丞」為書名者有二十八人，以「給諫」為書名者有十二人，以「都諫」為書名者有四人，如表7-9、表7-10、表7-11所示：

93　語見張治安撰《明代監察制度研究》（書同註 91），第二章第三節〈明代監察機關之職掌〉，頁 99-119。

94　語見張治安撰《明代監察制度研究》（書同註 91），第二章第三節〈明代監察機關之職掌〉，頁 120-138。

表 7-9　《皇明經世文編》收錄以「侍御」為書名者簡表

	姓　名	收錄書名	卷數	篇數	字數	備註
1	謝汝儀	謝侍御奏疏	1	1	5,016	
2	馮　恩	馮侍御鈃薆錄	1	6	5,184	
3	方日乾	方侍御奏疏	1	2	3,136	
4	楊　爵	楊侍御奏疏	半	1	2,549	
5	聞人詮	聞侍御奏疏	半	1	885	
6	屠仲律	屠侍御奏疏	半	1	1,985	
7	劉　鳳	劉侍御集	半	2	2,979	
8	趙　錦	趙侍御文集	1	3	5,587	
9	王得春	王侍御奏疏	半	1	3,374	
10	李應昇	李侍御集	半	1	778	

表 7-10　《皇明經世文編》收錄以「中丞」為書名者簡表

	姓　名	收錄書名	卷數	篇數	字數	備註
1	張　純	張中丞奏疏	半	1	1,827	
2	李　賓	李中丞奏疏	半	2	597	
3	戈　謙	戈中丞奏疏	1	2	2,113	
4	徐廷章	徐中丞奏疏	1	3	2,164	
5	楊　璿	楊中丞奏疏	1	4	2,550	
6	姜　洪	姜中丞奏疏	半	1	3,736	
7	孫　懋	孫中丞奏疏	半	3	4,003	
8	汪文盛	汪中丞奏疏	半	1	3,480	
9	楊　選	楊中丞奏疏	半	1	1,201	
10	朱　紈	朱中丞甓餘集	2	9	15,789	
11	侯　綸	侯中丞奏疏	半	1	2,388	
12	趙　伸	趙中丞奏疏	1	1	7,351	
13	章　煥	章中丞奏疏	1	3	3,327	
14	王之誥	王中丞奏疏	半	4	1,892	
15	鄒應龍	鄒中丞奏疏	半	1	1,963	
16	林　潤	林中丞奏疏	半	1	2,634	
17	塗澤民	塗中丞軍務集錄	3	40	19,843	
18	陸樹聲	陸中丞文集	半	1	723	
19	龐尚鵬	龐中丞摘稿	4	16	43,369	

20	何東序	何中丞九愚山房集	1	4	6,434	
21	魏允貞	魏中丞奏疏	半	1	2,310	
22	郭惟賢	郭中丞三臺疏苧	1	4	5,566	
23	萬象春	萬中丞奏疏	1	3	4,316	
24	李　植	李中丞奏疏	1	3	3,865	
25	徐學聚	徐中丞奏疏	半	2	7,044	
26	周孔教	周中丞奏疏	1	4	4,528	
27	黃承玄	黃中丞奏疏	1	4	7,497	
28	丘禾嘉	丘中丞奏疏	1	4	4,743	

表 7-11　《皇明經世文編》收錄以「給諫」、「都諫」為書名者簡表

	姓　名	收錄書名	卷數	篇數	字數	備註
1	章　僑	章給諫奏疏	半	3	2,014	
2	毛　憲	毛給諫文集	1	5	11,442	
3	鄭自璧	鄭給諫奏疏	1	8	5,829	
4	陳時明	陳給諫奏疏	1	2	8,266	
5	張秉壺	張給諫奏疏	半	1	2,871	
6	張　鹵	張給諫奏議	2	8	5,505	
7	李邦義	李給諫奏疏	半	1	2,131	
8	曹于忭	曹給諫奏疏	半	2	1,742	
9	侯先春	侯給諫奏疏	2	3	17,370	
10	張　棟	張給諫集	1	4	6,965	
11	汪若霖	汪給諫文集	1	7	9,112	
12	何起鳴	何給諫奏疏	半	1	3,126	
13	曾　忭	曾都諫奏疏	1	6	11,048	
14	張　狪	張都諫奏疏	1	4	4,901	
15	王德完	王都諫奏疏	1	6	9,761	
16	宋一韓	宋都諫奏疏	1	5	6,272	

　　其中,「中丞」(即副都御史)諸人,有不少是(總)督(巡)撫的加銜,以即以都密院的副都御史之名去專制一方,總督軍務,禦夷弭賊。這些人雖然也擁有彈劾、糾舉之權,所重畢竟在督撫自己的職責上,如徐廷章「巡撫寧夏」、「修築邊牆」;楊濬「撫治

荆襄」、「節制邊關」;楊選「兩撫大同」;朱紈「巡撫南贛」、「巡撫浙江」、「嚴海禁,有禦賊功」;王之誥「巡撫遼東」;何東序「備兵營荊」;萬象春「巡撫山東」;黃承玄「巡撫福建」;周孔教「巡撫應天」等等都是。換個角度而言,本書上一節所論及的總督巡撫諸人,有一半以上有「副都御史」的加銜,差別在於有些人又陞至閣、部要員,即從地方步入中央的權力重心,真正與臺憲、綱紀關係比較密切者,則以監察御史為主。

《經世編》所收人物中,曾任「給事中」之職者極多,據《姓氏爵里總目》所載,如:金幼孜、胡濙、劉斌、王驥、王竑、耿裕、林聰、張海、張寧、姚夔、葉盛、楊廉、韓文、王復、柴昇、張文、孫懋、周用、王廷相、史道、章僑、毛憲、鄭自璧、夏言、許相卿、鄭一鵬、陳時明、曾忭、張秉壺、王燁、陸粲、張翀、陸樹德、吳國倫、張鹵、李邦義、王得春、魏時亮、吳時來、溫純、徐貞明、蕭彥、萬象春、鍾羽正、侯先春、許弘綱、史孟麟、張棟、薛三才、王德完、曹于汴、宋一韓、汪若霖、楊漣、魏大中、何起鳴等五十六人。「給事中」所代表的「科參」,位雖低而權實重,六部之官,無敢抗科參而自行。

(三)因糾舉彈劾而被貶官、削籍或下獄的臺諫人物

依此而言,給事中和監察御史實是明代官僚政治的一種歷練官職,許多後來入部入閣的著名大臣,不少人即皆先曾任此官。另一方面,給事中又與監察御史在糾舉弊病與彈劾官員時,對於肅清政綱、清理不法特別有著貢獻;也常因此而致觸怒皇帝、權臣、閹官等人,導致貶官、削籍、乃至殺身之禍,據《姓氏爵里總目》所載,如底下御史十一人即是。

1. 鍾同：《姓氏爵里總目》載：「（景泰）三年授御史，每陳
　　時政闕失，因被被更，凡三下獄，竟死獄中。」（頁 64）。

案《經世編》收錄鍾同的《鍾恭愍公疏》，半卷，一篇文章，
791 字，文章是〈論大臣不以邊事為念疏〉，內容主要是針對「土
木堡之變」，彈劾大臣失職。《經世編》還評云：「公時更有疏請朝
南宮，并復沂王太子，遂偕章恭毅下錦衣獄，榜訊萬狀，卒無一
言，竟死于獄。上皇復辟，始得贈官。山屍圜土，顏色如生。」
（卷四七，頁 371）

2. 劉玉：《姓氏爵里總目》載：「弘治九年進士，自縣令召
　　為御史，疏論閹瑾，下獄。瑾誅，起副使，歷陞南僉都
　　提督江防。」（頁 72）。

案《經世編》收錄劉玉的《劉端毅奏疏》，半卷，三篇文章，
2,282 字。文章是〈塞倖門廣言路疏〉、〈陳治忽明忠佞疏〉、〈申
明律意疏〉，前二文內容皆是勸諫皇帝，首為「諫止傳內批」、次
為勿信太監劉瑾、請留劉健、謝遷二位內閣首輔。玉以此得罪劉
瑾而下獄。

3. 楊爵：《姓氏爵里總目》載：「嘉靖八年進士，授行人，
　　改御史，上封事，兩繫詔獄，凡八年，釋歸為民，卒。」
　　（頁 80）。

案《經世編》收錄楊爵的《楊侍御奏疏》，半卷，一篇文章，
2,549 字，文章是〈慰人心以隆治道疏〉，內容主要是針對郭勛用
事，歲旱頻傳，嘉靖皇帝朱厚熜又日夕建齋醮，經年不視朝，爵
乃上書極諫，觸帝震怒，以致「兩繫詔獄，凡八年，釋歸為民」。

4. 王宗茂：《姓氏爵里總目》載：「嘉靖二十六年進士，授
　　行人，尋拜御史，疏劾嚴嵩八大罪，謫平陽縣令，尋卒。」
　　（頁 85）。

案《經世編》收錄王宗茂的《王口口公奏疏》，半卷，一篇文章，3,382 字。文章是〈糾劾誤國輔臣疏〉，內容即是彈劾奸相嚴嵩的八大罪狀，慷慨陳辭，直言而不諱。如引民間的歌謠：「臊子在門前，宰相還要錢」、「介溪介溪，好不知幾。禍到臨頭終有報，只爭來早與來遲。」全是針對嚴嵩醜態誤國而發。然宗茂亦緣此而遭貶謫至死。

　　5.鄒應龍：《姓氏爵里總目》載：「嘉靖三十年進士，為御
　　　史，巡按江西，疏列分宜（案：即嚴嵩）貪穢，上納其
　　　言。」（頁 87）。

案《經世編》收錄鄒應龍的《鄒中丞奏疏》，半卷，一篇文章，1,963 字。文章是〈貪橫廕臣欺君蠹國疏〉，內容揭露奸相嚴嵩父子貪穢情狀，極為真實。如「吏部主事」一職，項治元以「一萬三千金」透過嚴世蕃（嚴嵩之子）家人嚴年遞送而保官；「知州」一職，潘鴻業以「二千二百金」獲得。如是之類，文中一一舉實而陳。嘉靖皇帝朱厚熜甚至感歎「何不早言之！」[95]

　　6.林潤：《姓氏爵里總目》載：「嘉靖三十五年進士，由知
　　　縣擢南臺御史。首論鄢懋卿及劾嚴世蕃。累陞副都御史，
　　　巡撫江南，卒。」（頁 87）。

案《經世編》收錄林潤的《林中丞奏疏》，半卷，一篇文章，2,634 字。文章是〈申逆罪正典刑以彰天討疏〉，內容針對奸相嚴嵩之子世蕃的餘黨，將其殺人姦婦之罪詳細列出，十分駭人聽聞[96]。潤議請一一處分，籍家輸邊，「以杜姦賊窺伺之心」。

95　《皇明經世文編》卷三百二十九，評註鄒應龍〈貪橫廕臣欺君蠹國疏〉云：
　　「世宗時嘗言『何不早言之歟？』故言先時無言責。」，頁 3525。
96　參見見《皇明經世文編》卷三百二十九，林潤〈申逆罪正典型以彰天討疏〉
　　所載，頁 3526-3529。

> 7.趙錦：《姓氏爵里總目》載：「嘉靖二十三年進士，由知
> 縣徵為南臺御史。三十一年疏論分宜，下獄、廷杖，削
> 籍。」（頁88）。

案《經世編》收錄趙錦的《趙侍御文集》，一卷，三篇文章，
5,587 字文章是〈因變陳言以謹天戒疏〉、〈為議處重兵以安地方
疏〉、〈計處極重流移流地方以固根本事〉，首文即是彈劾奸相嚴
嵩，然嘉靖皇帝疑背後有主指者，以故錦被逮廷杖、下獄，削籍
為民。

> 8.魏允貞：《姓氏爵里總目》載：「萬曆五年進士，由推官
> 擢御史，以言事謫外，自謫籍。……凡朝廷大事，無不
> 盡言，有乃心王室之風。惜子廣微附逆，敗其家聲云。」
> （頁93）。

案《經世編》收錄魏允貞的《魏中丞奏疏》，半卷，一篇文章，
2310 字。文章是〈條陳救弊四事、乞賜採納、以弘治道疏〉，內
容是針對內閣首輔張居正四項弊政而發，言輔權侵部權者四事。
其中第三項「慎臺諫之選」，批判張居正消磨臺諫之弊民力。允貞
云：「（言官）不避權貴者為一等，匪是，則雖有浮名，弗得與焉。
歷代以來，以諱言而釀亂者常十九，以直言而僨事者未之什一也。
奈何直而不直取乎？且國家設臺諫，欲其披肝瀝膽耶？欲其緘口
結舌耶？」（卷三百八十七，頁 4196）論議文字，擲地有聲，然
允貞此疏一上，卻被詔責言論過當，貶許州通判。

> 9.左光斗：《姓氏爵里總目》載：「萬曆三十五年進士，授
> 中書舍人，擢御史，慨然以澄清為任。首上〈移宮停封
> 疏〉，婦寺切齒之。因楊忠烈二十四大罪之疏既入，魏璫
> 并逐公。次年，被逮榜死。」（頁99）。

案左光斗是東林黨領袖之一，深為《經世編》編輯們所敬重。

《經世編》收錄左光斗的《左宮保奏疏》，一卷，四篇文章，9,335字。文章分別是〈題為急救遼東饑寒事疏〉、〈題為足餉無過屯田、屯田無過水利疏〉、〈題為議開屯學疏〉、〈題為比例建立武學疏〉，全非糾舉、彈劾之文，而與武備、軍事有關。然光斗之直名，實與為御史時所上諸科舉、彈劾之疏文有關。

　　10.楊漣：《姓氏爵里總目》載：「萬曆四十一年進士，為常熟令，舉清廉第一，選給事中。因論醫藥事，光廟鑒其忠，遂與大臣同受顧命。累遷副都御史，逆賢禍國，列二十四大罪請誅之。削籍，去。次年，就逮榜死。」（頁99）。

　　案楊漣是東林黨領袖之一，深為《經世編》編輯群們所敬重。《經世編》收錄楊漣的《楊忠烈公集》，一卷，三篇文章，4,893字。文章是〈慎擇近侍以輔天良疏〉、〈糾參逆璫疏〉、〈與游肩生道長〉，尤其是第二篇文章〈糾參逆璫疏〉，糾發閹宦魏忠賢二十四大罪狀，原原本本，理直氣狀，京師為震動；忠賢亦隨之展開瘋狂殘酷的報復[97]。東林黨的崩潰亦從此而始。

　　11.李應昇：《姓氏爵里總目》載：「丙辰進士，由推官拜御史，以忤璫，逮問死詔獄。」（頁100）。

　　案《經世編》收錄李應昇的《李侍御集》，半卷，一篇文章，778字。文章是〈罪璫巧於護身、明主不宜分過謹直、發其欺君之罪，以仰祈聖斷疏〉，完全針對閹宦魏忠賢而發，內容贊同楊漣疏劾事廠太監魏忠賢，批判皇帝「反代為（忠賢）辯」。《天啟崇禎兩朝遺詩小傳》載應昇為緹騎逮捕時，「常州士民號冤者以千

---

97 請參見（美）牟復禮、（英）崔瑞德編《劍橋中國明代史》（北京：中國社會科學出版社，1995年11月3創），第十章〈泰昌、天啟、崇禎三朝〉所載，頁658-659。

計，一如蘇州之攀戀周吏部（周順昌）者」[98]。十一人之外，有
些人任御史時也因有所建言而致貶謫，然後來復位、陞官，歷督、
撫而功名顯著，掩蓋御史建言之事。如「巡撫山西、督三關兵事」
的秦紘，「初為南京御史，劾中官，降北黃釋丞」（頁66）；如萬
曆末任兩廣總督的許弘綱，初「為御史，有直聲，尋以建言削籍」
（頁95）。

　　一樣地，給事中在糾舉弊病、彈劾官員時，也常導致貶官、
削籍、乃至殺身之禍。又以官職的品位而論，給事中僅為「正七
品」、「從七品」之微官遠遠不如從「正二品」到「正四品」的都
察院御史。然六科都給事中自為一曹，與部院衙門平列，為天子
耳目。正因為如此，給事中糾舉、彈劾之言論多，而被禍受辱也
多[99]。據《姓氏爵總目》所載，如底下十人即是。

---

98 見《天啟崇禎兩朝遺詩小傳》（台北：世界書局，1965年2月），〈李忠毅公〉，
頁25。

99 言官被禍受辱情形極多，如《皇明經世文編》卷二百七，許相卿〈論罰言
者疏〉所載：「題為《宥敢言，罪失職，以昭懲勸事》。臣抱疾私居，伏讀
邸報，吏科給事中李學曾論比來賞罰命令不當者數事，禮科給事中章僑劾
東廠太監芮景賢罪狀有六，戶部主事林應聰認罪回話，遂乃優禮大臣。俱
奉欽依，各罰奉有差。臣不覺歎息，自恨奉職無狀，愧服三臣之忠梗，深
惜陛下氣驕志怠，迥異初心，甘蹈過舉也。《書》曰『從諫則聖』，《詩》曰
『詢乃芻蕘』，夫聞諫而從，不待諫而詢，往哲虛心舍己，已求合乎天下之
公每如此。今陛下不惟不詢，且不能從，又加罪焉，恐所謂與治同道者也。
夫使三臣者，言或未當，尚冀優容，以勸來者，況頃來戚宦私人被格之恩，
權豪近幸玩法之宥，言官章疏咈遠之批答，謂學曾言之不當，恐不可也。
郭九皋四品守臣，為一郡父母師帥，景賢據其部民一面之詞，奏行逮捕，
千里之外，傳所謂父子皆獄，是無上下也。不然，僑何親於九皋?何仇於景
賢?特為朝廷惜此事體耳。謂僑言之不當，可不可也!陛下初政，延用故老，
溫綸異數，鄭重優隆，蓋將賴以共安社稷。凡所建白，未能盡見施行，迺
復詰其字畫差謬，若秖使之奉行文書然者，諸臣何以安其位而行其志?應聰
之言，似尤不宜謂之不可也。然則三臣者，陛下果何意而罰之奉?臣未遑援
引舊聞，姑請以曙記聖政質之。嘉靖改元以來，陛下批答言者，始曰『這

1.韓文：《姓氏爵里總目》載：「成化二年進士，為給事中，劾汪直，考訊幾死。」（頁68）

案《經世編》收錄韓文的《韓忠定公奏疏》，一卷，十一篇文章，11,430字。其中，〈為追冒濫以正國法事〉、〈為急除群姦以保聖躬事〉二文為劾舉、彈劾之文。前者糾舉妖道陳應循、番僧那卜堅參冒濫錫賞之事，後者勸諫皇帝除姦保聖，然皆非任給事中時所撰。

2.孫懋：《姓氏爵里總目》載：「正德六年進士，知蒲城縣，召為給事中，疏劾江彬，諫止巡幸。」（頁73）。

案《經世編》收錄孫懋的《孫中丞奏疏》，半卷，三篇文章，4,003字。文章是〈遵祖訓以端政本疏〉、〈大本急務辦愚忠以圖報稱疏〉、〈急除奸惡以安宗社以謝天下人心疏〉，末文內容即「疏

所言有理』，蓋深嘉之，繼曰『知道了』，尚漫應之。又曰『已有旨了』，似已厭之。又曰『如何這等來說』，則怒之矣。今者直罰之耳。又曰『本當查究』，然則又有將甚於此者矣。陛下一人之身，再朞之間，從違如此。夫豈群臣遽皆變移狂惑，莫能將順德美。抑或陛下深居高拱，親宦官宮妾之時多，接賢士大夫之時少，樂諛媚之言，恃盈成之業，逸欲日勝，驕怠漸生也。晉武帝以平吳怠，隋文帝以平陳驕，信史記之，至今陋之。陛下睿質聖志，天下想望，上希堯、舜、三王，而顧乃下同二君，豈不大失中外之望也哉!況今東夷蠢動，北虜狼顧，潢池弄兵之赤子，所在蜂起。官軍俸糧缺支動十數個月，計數動十百萬，邊倉儲蓄，不給周歲;南都旱疫，方數千里。近者威茂又以地震告矣，人心皇皇，正仁聖惻懼延訪，丞圖所以消弭拯綏時。匹夫有言，宜若重於泰山，而三臣相繼因言得罪，殆陛下未嘗少加聖心乎?恐自今大小臣工，以言為諱，朝政闕遺，生民困阨，中外姦欺，莫得上聞。陛下孤立蔽欺之中，顧倚恐習私人，共圖社稷至計，岌岌乎危哉!臣誠懼大患，義愧敢言，懷不容已，非敢黨三臣以自為地也。若臣少嘗有志，長不如人，陛下擢司言責，已再閱歲，曾無忠言嘉謨上悟聖心，少裨時政。方恥素餐，而學曾乃以言罰俸。比肩同列，臣實厚顏，如蒙收回學曾等三臣罰俸前旨，仍罰臣俸以懲失職。更乞以學曾等建白，一一敕付各衙門議擬施行，庶有得於不遠復之義，而陛下無損納諫之明，臣亦少免尸祿之愧。且俾失職如臣者戒，敢言如三臣者厲，賞罰當，懲力昭，闕庭無壅，禍亂可防，治平易致矣!臣不勝惓惓。」，頁2,181-2,182。

劾江彬，諫止巡幸」，時為武宗正德十三年（1518年）之事。《經世編》評註云：「伉直忠愛之至，武宗朝諫官，未見其比。」（卷一百四十五，頁1451）對懋之氣節風骨，備極推崇。

　　3.史道：《姓氏爵里總目》載：「正德十二年進士，選庶吉士，授給事中，疏劾江彬，救王瓊之死。」（頁74）。

　　案《經世編》收錄史道的《史督撫奏議》，一卷，四篇文章，5,579字。文章全與任督撫時有關之武備事務，而無疏劾之文。

　　4.鄭自璧：《姓氏爵里總目》載：「正德十二年進士，十四年由庶吉士授給事中。嘉靖三年，陞兵科都諫，遇事敢言，降江陰縣丞。」（頁76-77）。

　　案《經世編》收錄鄭自璧的《鄭給諫奏疏》，一卷，八篇文章，5,829字。文章全是勸諫皇帝之文，如：〈懲欺罔以杜後漸疏〉針對錦衣衛冒濫校尉之事；〈重爵賞以彌釁端疏〉、〈勒濫予以重武階疏〉、〈信明詔以杜弊源疏〉、〈靳濫恩以重名器疏〉、〈慎賞罰以戒不職疏〉、〈遵詔旨戒貪橫宦官疏〉、〈裁濫役以節京儲疏〉等七文，皆針對宦官貪橫、冒濫之各種弊端而發。由此觀之，不愧其「遇事敢言」之名。

　　5.許相卿：《姓氏爵里總目》載：「正德十二年進士，告歸。十六年，授給事中，嘉靖改元，抗疏論政令不當者數事。三年免歸，屢詔不起，尋卒。」（頁77）。

　　案《經世編》收錄許相卿的《許黃門集》，一卷，六篇文章，3,977字。其中，〈論內侍納銀疏〉、〈論內侍義男廕官疏〉、〈論政權疏〉三文，皆糾舉宦官亂政弊事，前二文還被採入《明史》本傳，成為作者的代表言論。又〈論罰言者疏〉一文，為直言敢諫的言官請命，懇請皇帝赦宥，以昭懲勸。

　　6.鄭一鵬：《姓氏爵里總目》載：「正德十六年進士，選庶

　　　吉士，授給事中。嘉靖三年，伏闕請正大禮，廷杖。然
　　　志操益勵，先後論劾凡十餘疏。六年，以言事復廷杖、
　　　削籍，卒。」（頁78）。

　　案《經世編》收錄鄭一鵬的《鄭黃門奏議》，半卷，四篇文章，
4,119字。文章是〈卻貢獻以光聖德疏〉、〈止傳乞、抑奔競疏〉、〈乞
遵成憲保全諫官疏〉、〈重經筵以養聖德疏〉，內容皆是勸諫皇帝的
文章。首文諫帝戒奢以儉，退卻番人進貢，末文經筵養德，勸帝
好學樂善。第二文則彈劾之章，主要乃針對禮部尚書席書乞陞翰
林脩撰一事，並及於首輔桂萼、張璁等人。第三文為言官請命，
進規皇帝宥赦諫官，勿沮言路。一鵬四文皆言官之文，忠誠懇切，
頗有言官風骨。

　　　7.陸粲：《姓氏爵里總目》載：「嘉靖三十五年進士，選庶
　　　吉士，授給事中，尋以論廠衛，劾張、桂，凡兩下獄，
　　　謫都勻驛丞。」（頁84）。

　　案《經世編》收錄陸粲的《陸貞山集》，二卷，八篇文章，16,669
字。其中〈法祖宗復舊制以端治本疏〉一文，乃勸諫皇帝親政事、
召大臣，重講學與親經筵。〈劾太監閻洪疏〉一文，則彈劾太監閻
洪駉政弊病，坐食其中者多。粲之官職，屢因直言而貶，《經世編》
評註云：「先生所陳奏俱練達詳明，竟以直言故，中祕改為省臣，
省臣改為縣令，又復齟齬而去。」（卷二百八十九，評〈陳馬房事
宜疏〉，頁3052），為粲之表現與際遇，又敬又惜。

　　　8.鍾羽正：《姓氏爵里總目》載：「萬曆八年進士，十三年由
　　　知縣擢給事中，十九年，陞吏科都給事中，疏陳時政，最
　　　為詳切。二十年，以言事奉旨降雜職，尋為民。」（頁93）。

　　案《經世編》收錄鍾羽正的《鍾□□奏疏》，半卷，二篇文章，
2,880字。文章是〈條陳科中事宜以明職守疏〉、〈修議閱視事以

圖實效疏〉，內容皆糾劾吏部選人弊端，本於科參立場，知無不言，言無不盡。惜羽正終因言事而降職、削籍。

　　9.張棟：《姓氏爵里總目》載：「萬曆五年進士，授新建令，
　　　選給事中，尋以國本抗疏，削籍為民。」（頁95）。

　　案《經世編》收錄張棟的《張給諫集》，一卷，四篇文章，6,965字。文章是〈瑣拾民情、乞賜採納，以隆治安疏〉、〈邊事久敝、亟宜更始、永圖治安疏〉、〈因事陳言疏〉、〈國計民生交絀、敬伸末議、以仰裨萬一疏〉，皆本科參立場而對時政作深入明察之建言。如〈因事陳言疏〉一文，針對丈量土地一事而發，乃是張居正過世之後，後來之人不問得失是非一概加以推翻。棟則以己親其事、睹其利弊而為此疏，替丈量土地一事辯護。《經世編》評註云：「江陵（案：即張居正）為政時議行丈量之事，及江陵得罪，後來者一概欲改其所為，御史江東之所陳丈量事是也。此疏立言大抵謂丈量非不便，而督責太急，或有不能盡得實數，以此為不善，其中最為公平。」（卷四百三十八，頁 4790）從中可見棟之言論多公允之見。

　　10.魏大中：《姓氏爵里總目》載：「萬曆四十四年進士，授
　　　行人，擢給事中，力攻奸輔方從哲、沈㴶，為邪類所嫉。
　　　逆賢禍起，罷歸，明年被逮榜死。」（頁99-100）

　　案魏大中亦東林黨領袖之一，《經世編》收錄其《魏忠節公集》，一卷，四篇文章，3,242字。其中〈懇乞聖明發帑以寬加派，併敕詳議調募團練事宜、以杜亂萌疏〉一文，甚至懇求皇帝「盡發帑金」，《經世編》評說是「一時憤激之言」（卷四百九十七，頁5499），然現代學者在論及明亡時，卻也有著與魏大中類似的意見

¹⁰⁰！又〈合詞恭懇聖斷立誅遼左失事諸臣，以自為社稷計疏〉一文，則彈劾遼左失事大臣，請誅王化貞、熊廷弼諸人，詞義凜然。

　　總括說來，都察院的「御史」，後多出為督、撫，專制一方，建功立勳而聲名顯赫；六科的給事中則位低權重，規諫天子、監察六部與重大彈劾、糾舉關係密切。劉新鳳先生說：「明代言官，其組織構成，包括六科給事中五十八人，都察院左右都御史、左右副都御史、左右僉都御史以及十三道監察御史一百一十六人，共一百七十四人，其權責大體分諫諍與建言、彈劾與糾察、巡歷與當差、考核與廷議、封駁等五個方面。這些置身言路的士大夫，雖然時運不濟，任卑俸微，而且一旦觸怒容顏，動輒便有慘遭廷杖之苦，屁股不免皮開肉綻，血肉模糊，甚而至于若捱不過，一命嗚呼，但是卻也的確權傾極品，執掌風憲，身負監督所有官宦、糾核所有非禮不法的重責。明代歷史上，沒有一個政治事件沒有言官的參預，也沒有一個當道禍患的鏟除不曾得力于言官的殊死博鬥。」¹⁰¹這話很能道出「臺諫」在明代政治發展中的意義。

100　郭伯南、劉福元撰《中華五千年史話》（台北：書林出版社，民 86 年 2 月 5 刷），四十八，〈明王朝的覆亡〉載：「崇禎帝死後，發現在他自己衣襟上寫下一份遺詔，其中有言曰：『朕死無面目見祖宗於地下，去朕冠冕，以髮覆面。任賊分裂朕屍，勿傷百姓一人。』這位皇帝可算得上一位『賢君』了，臨死還不忘『憐憫』百姓呢！可是，不久，義軍發現了封閉了二百二十多年的皇庫，是永樂年間封存的鎮庫金，計有白銀三千七百萬錠，總重十八億五千萬兩。明朝晚期約有五千一百萬人口，依此平均，每五口之家，即可得銀一百五十多兩。設若早把這金庫打開，用以賑荒濟貧，那麼，也就不需要撤樂、減膳、下罪己詔，更不用最後在衣襟上寫那些憐憫百姓的空話了！壽皇亭畔的老槐樹，把這位『憐憫』百姓的『賢君』吊死了，是功呢，是罪呢，應該怎麼評說？」，頁 336。

101　語見劉新鳳撰《枯榮之間》（北京：中華書局，2001 年 1 月），頁 99-100。

二、翰　苑

（一）明代的翰林苑

　　翰苑，即「翰林院」或「翰林學士院」的簡稱。早在唐代已有翰林院之設，初乃內廷供奉藝能技術雜居之所。其後漸成天子身邊的顧問官，在內朝起草詔旨，甚至號為「內相」[102]。明代則正式將修史、著作、圖書等事務歸併於翰林院，設學士一人（正五品），侍讀學士、侍講學士各二人（並從五品），侍讀、侍講各二人（並正六品），五經博士九人（正八品，并世襲），典籍二人（從八品），侍書二人（正九品，後不常設），待紹六人（從九品，不常設），孔目一人（未入流），史官修撰（從六品）、編修（正七品）、檢討（從七品）、庶吉士無定員。《明史・職官志》載其職責云：「學士，掌制誥、史冊、文翰之事，以考議制度，詳正文書，備天子顧問」、「侍讀、侍講，掌講讀經、史」、「史官，掌修國史」、「庶吉士，讀書翰林院，以學士一人教習之」、「侍書，掌以六書。供侍」、「侍詔，掌應對」、「孔目，掌文移」等等[103]。當時兼管內朝文書事務的殿閣大學士，是天子的顧問，以「閣老」身分近侍左右。而殿閣大學士均為翰林學士，非翰林院出身者，不能任此顯要職務。

　　對於明代翰苑的褒貶之詞，各有其人。國學大師錢穆稱揚之云：「至於明代，翰林院規模，益臻崇宏，經筵官、史官均歸入翰

---

[102]　《舊唐書》（上海：上海古籍出版社，1995 年 12 月 11 刷，《二十五史》本第 5 冊），卷四十三，〈職官志〉，頁 3,701。

[103]　語見（清）張廷玉等撰《明史》（書同註 1），卷七十三，〈職官志二〉，頁7,970。

苑，翰林院更明顯的變成一個中央政府裏面惟一最高貴的學術集團」、「實在是國家培植候補袖人才之一種好辦法[104]。」清代的紀昀等人則批評明代翰苑是「眾論喧嘩，互相袒徇」、「與宦豎交結貪緣，藉其奧援，視為終南捷徑」[105]。褒貶容或不一，人們卻也不得不承認，明代的翰苑是個養望儲才之所，是儒臣文人最能實踐經世理想的一條途徑。

　　《經世編》收錄的人物裡，曾入翰苑歷練者極多。裡頭有些人後來出任督、撫，禦夷弭賊，創立勳業，如王翱初為翰林院庶吉士，後贊理松番、鎮巡陝西、提督遼東等等就是。有些人則大拜入閣，掌權用柄，身繫天下安危重任，如楊士奇、楊榮、楊溥、岳正、商輅、彭時、劉珝、高拱、徐階、張居正等人，都是初入翰苑，而後成為首輔。有些人則進入六部處理各部事務，如陳循、楊鼎初為修撰，後成戶部尚書；周弘謨、蔣冕、萬士和、林㷆、余繼登、馮琦、董其昌等人初入翰林後成禮部尚書；倪岳初為侍讀學士，後成吏部尚書；馮從吾初為庶吉士，後成工部尚書。

（二）《皇明經世文編》所收翰苑人物

　　非閣非部，亦不曾出任督、撫官職，純以隸屬翰林苑而名官者，《經世編》收錄以「學士」為書名者六人，以「翰林」為書名者五人，以「太史」為書名者四人；合計十五人。茲簡介如下。

1.以「學士」為書名者

（1）宋濂《宋學士文集》

　　案宋濂以翰林學士承旨致仕，《經世編》收錄二卷，十七篇文

---

104 語見錢穆撰《國史大綱》（書同註 8），第七編第三十七章〈傳統政治復興下之君王獨裁（下）〉，頁 517、518。
105 見（清）紀昀撰《歷代職官表》（上海：上海古籍出版社，1993 年 10 月 2 刷），卷二十三，〈翰林院〉，頁 451。

章，12,678 字。所收文章多與文教、典章、酬酢詩篇等有關，如〈平江漢頌〉、〈鳳陽新府鑄大鐘頌〉、〈進大明律表〉、〈進元史表〉、〈大明日曆序〉、〈洪武正韻序〉、〈郊禮慶成詩序〉、〈庚戌京畿鄉闈紀錄序〉、〈觀心亭說〉、〈閱江樓記〉、〈恭題御製方竹記後〉、〈恭跋御製詩後〉等等都是，其中的不乏「頌」、「敘」、「記」、「銘」、「題跋」等等文體，反而《經世編》收錄居多的「奏疏」類的文章僅有〈進大明律表〉、〈進元史表〉、〈治河議〉等三文而已，明顯地較為稀少。

（2）朱升《朱學士集》

案朱升在明太祖朱元璋自立吳王時，任翰林侍講學士，知制誥，同修國史。後於洪武二年致仕。《經世編》收錄其文半卷，二篇文章，1,151 字。文章一為〈送分憲張公序〉，論及按察徽州茶課問題；一為〈行樞密院判官鄧公勳德頌〉，歌頌鄧公守徽定亂之勳德。

（3）解縉《解學士集》

案解縉在建文時為翰林侍詔，《經世編》收錄其文一卷，六篇文章，9,340 字。其中〈河清頌〉、〈四夷咸賓頌〉、〈瑞應歌辭序〉三文內容全屬「文教」性質。另〈大庖西室封事〉、〈獻太平十策〉二文則讜亮直諫皇帝的措施失當；〈送習賢良赴河州序〉則涉及茶課問題。

（4）周敘《周學士集》

案周敘在景泰年間累官至翰林侍講學士，時值土木之變，敘雖以文學為職，仍注意國是，所上奏章針砭時，十分剴切。《經世編》收其一篇〈復仇疏〉的文章，1,481 字，即針對土木之變後的君德、軍政等等問題而發。

（5）吳節《吳學士集》

案吳節在景泰、元順間陞太常寺卿、兼侍讀學士，尋致仕。節與周敘相同，雖以文學為職，仍十分注意國是。《經世編》將其與周敘並為一卷，收節一篇〈邊務疏〉的文章，1,268 字，內容亦針對土木之變後的邊務軍政而發。

（6）陳懿典《陳學士集》

案陳懿典在萬曆年間累官至翰林學士，《經世編》收其一卷，四篇文章，4,443 字。文章是〈籌邊移稿序〉、〈為西事孔棘敬陳一二方略疏〉、〈擇用邊吏疏〉、〈馭倭議〉，或針對北方的匈奴，或針對南方的倭寇，要之皆與邊防、武備有關。

2.以「翰林」為書名者

（1）王叔英《王翰林奏疏》

案王叔英在洪武年間為翰林修撰，《經世編》收其〈資治策疏〉一文，2,112 字，文章內容主要論及「富民之術」，《經世編》評其文云：「葉居升（案即葉伯巨）之疏似賈生，此疏似仲舒，皆盛世石畫之文。」（頁 87）以漢初名臣董仲舒比之，可云備極推崇。

（2）舒芬《舒翰林奏疏》

案舒芬在武宗正德年間為翰林修撰，疏諫皇帝南巡，廷杖幾斃。《經世編》收錄其四篇文章，3,898 字。其中〈隆聖教以答人心疏〉、〈車服疏〉、〈留駕疏〉三文，內容全是諫止好騎射、嘉巡遊的皇帝朱原照北狩或巡幸之舉，直言不諱，敢批逆鱗。無怪《經世編》評云：「危切至此，真古大臣之風也」、「以此獲罪閣中，杖幾死。」（第二冊，頁 1752）洵非妄語。

（3）何良俊《何翰林集》

案何良俊在嘉靖年間任南京翰林院孔目，《經世編》收錄其六篇文章，6,263 字。其中〈與王槐野先生書〉、〈與塗任齋驗封書〉、

〈與張西谷書〉、〈送大司尹洞山赴召北上書〉五文，內容全與禦倭之武備、海防等等事務有關。另一文為〈送大司徒孫東穀考滿北上序〉，內容則與戶部理財事務有關。

（4）姚淶《姚翰林集》

案姚淶在嘉靖年間初任翰林修撰，議禮被杖。後復官，累陞侍讀學士。《經世編》收錄其四篇文章，4,249 字。其中〈論郊祀分合祀〉、〈論元世祖不當與古帝王同祀疏〉二文，皆議禮之文，《經世編》評云：「此深識體要，尤非書生腐語。」（第三冊，頁 2518）又〈送張子行之僉憲陝西序〉一文，乃榆林的兵備問題；〈新修代谷倉記〉一文，則涉及大同糧倉事務。

（5）吳中行《吳翰林疏》

案吳中行在隆慶、萬曆年間任翰林編修，以疏論張居正奪情一事，廷杖削籍。《經世編》收錄其〈因變陳言明大義以植綱常疏〉一文，1,553 字。即彈劾首輔張居正奪情之事；中行也因此文此事而被廷杖削籍。

3.以「太史」為書名者

（1）楊名《楊太史奏疏》

案楊名在嘉靖年間任翰林編修，後因建言而削籍為民。《經世編》即僅收其建言之文，題〈昧死陳言以效愚忠疏〉，1,326 字。文章內容乃勸諫迷信道教的嘉靖皇帝朱厚熜勿修建廟建醮，勿濫施名爵予修玄道士之疏，名也正因此文而被削籍。

（2）沈懋孝《沈太史文鈔》

案沈懋孝在隆慶年間入翰林，尋陞南司業，後以科場事謫判兩淮，遂拂衣歸。《經世編》收其文六篇，4,711 字。文章是〈復黃內翰白夫書〉、〈再復黃內翰白夫書〉、〈答鹽運諸公論餘鹽〉、〈送戚將軍序〉、〈練兵始議〉、〈練兵議〉，首文因「修志」一事而及海

防，第二、三文皆涉及鹽課，後三文則論議軍政事務、如將帥、練兵等等。

（3）焦竑《焦太史集》

案焦竑在萬曆年間任翰林修撰，為日講官，後坐言事謫外。《經世編》收其〈備荒弭盜議〉、〈修史條陳四事議〉二文，前文論議救荒事務，後文指出修史當議四事：本紀、列傳、職官、書籍，為國史館提供很好的修史意見。尤其是後者，《經世編》評註云：「所論史事，不減劉子玄。」（第六冊，頁 5003）話裡頭的劉子玄就是劉知幾，他撰寫中國最早的一部歷史學著作《史通》，是唐代頗負盛名的史學家，《經世編》以彼比此，讚揚之意，極為強烈。

（4）繆昌期《繆太史集》

案繆昌期在萬曆、天啟間任翰林庶吉士，以忤閹宦魏忠賢黨，逮問死詔獄。《經世編》僅收其〈請聖斷綜核名實、剖判是非，以息群囂，定國是疏〉，內容是諫諍萬曆皇帝朱翊鈞止息朝廷黨派門戶之爭，「人各有心，各有口，各是其是，各非其非」，群囂紛然的亂象，規勸皇帝勿再沈默，不理朝政。

《經世編》所收，除以「學士」、「翰林」、「太史」名其奏疏或文集之外，所收人物如：方孝孺、劉球、羅倫、康海、陸深、楊慎、王維楨等人，雖非以「學士」、「翰林」、「太史」名其奏疏或文集，實則諸人皆官屬翰苑，隸於詞臣或國史之列。翰苑諸職「以文章備顧問，以筆札司紀載」，又多由一甲進士除授，以是人多學問淵博、文彩斐然，所撰文章除關心時政外，亦頗多與文教關係密切。

三、馭　政

李賢曾云：「虜所以輕侮中國者，惟恃弓馬之強而已。」（第

一冊，頁280），這話很能代表明人普遍的心聲。對以步兵為主力的明人而言，蒙古人的「虜」或滿人的「奴」，優勢的戰力就在於驃悍迅捷的騎兵，來如風、去如電，時時越關而入，侵逼京師，防不勝防。由是逐漸而有修築長城、發展火器戰車的戰略思維。與此同時，明人也開始注意到「馬」的問題，因為騎兵強盛的先決條件，就在於戰馬精良與否。夏言說「夫國之大事在戎，戎之大用在馬。」（第三冊，頁 2112）、王任重說：「國家所恃以鞭撻四夷者在兵，而兵之所藉以驅逐九塞者在馬，無馬即無兵也。」（第五冊，頁 4482），就是在這前提底下而發的議論。

　　《經世編》的編輯群也不例外，宋徵璧在〈凡例〉第二十二條即提及自己想要寫本「馬書」而未果，轉而提醒讀者好好看看《經世編》一書，自然「可知馴政廢修之因，并識夷夏強弱之勢矣。」（頁 54）可見《經世編》看重馴政，和外患頻傳的軍政國防事務有關。

　　《經世篇》的〈凡例〉在逐條說明選文六部（吏、兵、戶、禮、刑、工）外，特別在第二十二條載：

> 予少遊燕、趙，見雄邊子弟，據鞍顧盼，心竊好之。然每遇神駿，未能辨別。向擬上自周、秦，下至今茲，細而種類年齒之殊，大而生長蕃育之道，俱為寫其形容，詳其治革。乃日回月轉，有志未逮。夫以走逐飛，必須良產，違害就利，莫如官牧。觀乎斯編，可知馴政廢修之因。並識夷夏強弱之勢矣。（頁54）

　　「馬」是古代騎兵必備之物，而為蒙古人（北虜），滿人（遼夷）所擅長。蒙古外患幾乎與明代相終始，滿人於明末日漸壯大，最後還問鼎中原，取「明」而代之。以是之故，養馬、蓄馬之「馴政」與掌軍事國防的兵部息息相關。然養馬、蓄馬又須草料、土

地、錢糧，與是否責民養馬？是否「茶馬互易」？……等等，又與戶部關係密切。明代又有掌皇帝輿馬的「太僕寺」，為五寺之一[106]。太僕寺有長官少卿，次官寺丞等[107]。正因為如此。「駟政廢修」，是個跨部跨寺的問題。宋徵璧在〈凡例〉裡頭提到，自己生平的缺憾之一 —— 本立志要寫部有關「駟政」沿革的專書，雖未能完成，不過，宋氏這個缺憾卻在《編世編》的選錄駟政的文章裡，用另一種面貌加以實踐和填補了。據朱士春先生的《明經世文編分類目錄》，「馬政」隸屬「武備類」的第六項，合計有六十四篇文章，如表 7-12 所示。

表 7-12　《皇明經世文編》收錄駟政文章一覽表

篇次	作　者	篇　　　　名	卷
1	彭　時	民情馬政疏	48
2	丘　濬	修攘制御之策	73
3	丘　濬	牧馬之政	75
4	丘　濬	馬政議	75
5	丘　濬	馬政議	75

106　明代五寺分別為：大理寺、太常寺、光祿寺、太僕寺、鴻臚寺。

107　又（清）張廷玉等撰《明史》（書同註 1），卷七十四，〈職官志三〉載：「太僕寺。卿一人，從三品，少卿二人，正四品，正德十一年增設一人。寺丞四人，正六品。其屬，主簿廳，主簿一人，從七品。常盈庫，大使一人。所轄，各牧監，監正一人，正九品，監副一人，從九品，錄事一人，後監正、監副、錄事俱革。各群，群長一人，後革。卿掌牧馬之政令，以聽於兵部。少卿一人佐寺事，一人督營馬，一人督畿馬。寺丞分理京衛、畿內及山東、河南六郡孳牧、寄牧馬匹。濟南、袞州、東昌、開封、彰德、衛輝。凡軍民孳牧，視其丁產，授之種馬。牡十之二，牝十之八，為一群。南方以四牝、一牡為群。歲徵其駒，曰備用馬，齊其力以給將士。將士足，則寄牧於畿內府州縣，肥瘠登耗，籍其毛齒而時閱之。三歲偕御史一人印烙，選其健良而汰其羸劣。其草場已墾成田者，歲斂其租金，災祲則出之以佐市馬。其賠償折納，則征馬金輸兵部。主簿典勾省文移。大使典貯庫馬金。」，頁 7,971。

6	劉大夏	陝西馬政疏	79
7	劉大夏	論寺監牧馬事宜疏	79
8	徐　恪	寬民力以修馬政疏	81
9	王　復	區畫事宜疏	94
10	儲　巏	馬政疏	96
11	儲　巏	馬政利病疏	96
12	王　憲	覆均草場疏	99
13	王　瓊	為年例派馬數少額外兌馬數多乞議處事	111
14	王　瓊	馬政類序	111
15	王　瓊	為推舉馬政事	111
16	王　瓊	為推行馬政事	111
17	王　瓊	為開陳馬政便宜事	111
18	王　瓊	為議處馬政大綱興革官民利病事	111
19	楊一清	為議處馬營城堡事疏	114
20	楊一清	為修舉馬政事疏	114
21	楊一清	為修舉馬政事疏	114
22	楊一清	為遵成命重卿寺官員以修馬政事疏	114
23	楊一清	為稽考軍騎操馬匹事疏	114
24	楊一清	為防禦虜寇保障官馬事疏	114
25	楊一清	為總奏修理馬政疏	115
26	楊一清	奉內閣吏兵諸先生第二書	118
27	楊一清	與內閣吏兵諸先生第五書	118
28	楊一清	體國堂記	118
29	楊廷和	贈都御史遼菴楊公序	121
30	毛伯溫	清弊蘇民疏	159
31	毛伯溫	修舉馬政疏	159
32	史　道	接報馬市事完疏	166
33	謝汝儀	救偏弊以裕馬政事	168
34	桂　蕚	論振餘財以足國恤民疏	179
35	桂　蕚	修省十二事疏	180

　　這六十四篇馴政文章，作者有三十一人，數量多者如楊一清十篇，王瓊六篇，丘濬四篇，褚鈇、熊廷弼各三篇；其餘則僅一或兩篇文章而已。作者裡頭各種官職的人都有：內閣首輔有之，如丘濬、夏言、楊廷和；兵部尚書有之，如王瓊、王憲；總督、巡撫有之，如熊廷弼；戶部侍郎有之，如儲巏等等。

　　對明代馴政貢獻最多者，莫過於楊一清，《經世編》收錄馬政文章也是最多。《明史》本傳載楊一清，「弘治十五年用劉大夏薦擢都察院左副都御史，督理陝西馬政。西番故饒馬，而仰給中國茶，飲以去疾。太祖著令以蜀茶易番馬，資軍中用，久而寖弛，奸人多挾私茶闌出為利，番馬不時至。一清嚴為禁，盡籠茶利於官，以服致諸番，番馬大集。」[108]這是從「茶馬互易」的制度、效果而言馬政的成效，《經世編》收錄楊一清的〈為修復茶馬舊制以撫馭番夷安靖地方事〉、〈為修復茶馬舊制第二疏〉、〈與內閣吏部諸先生第四書〉三文，內容即針對此項問題而發。

　　必須指出的是，楊一清的馬政文章不僅僅「茶馬互易」而已，尚有：鹽池開中與馬政的關係，如〈條陳鹽池開中疏〉（頁 1105）一文；提高養馬的苑僕卿貳的權位，「慎擇卿寺官員」如〈一為遵成命重卿寺官員以修馬政事〉（頁 1062）一文；講究修建營房馬廄，以達「寓兵於農，藏兵於馬」的目的，如〈為處置馬營城堡事〉（頁 1063）一文；稽查檢視官軍騎操餵養，孳牧馬匹的各項問題，如〈為稽考官軍騎操馬匹事〉（頁 1065）一文等等都是。楊一清後兼武英殿大學士，入參機務，嘉靖間又任兵部尚書、左都御史，總制陝西三邊軍務。《明史》本傳稱「故相行邊自一清始，

108　語見（清）張廷玉等撰《明史》（書同註 1），卷一百九十八，〈楊一清傳〉，頁 8,328。

溫詔褒美，比之郭子儀」[109]，以是之故，馬政之卓識與貢獻，多
為其軍勳所掩。楊一清之外，王瓊等三十人所論議的五十二篇馬
政文章，可觀之處尚多，不暇一一枚舉。

---

109 語見（清）張廷玉等撰《明史》（書同註 1），卷一百九十八，〈楊一清傳〉，
　　頁 8,328。

第八章 結 論

一、史料文獻價值

（一）吳晗〈影印明經世文編序〉一文的三項意見

《經世編》一書，目前最受到史學界的重視，本論文第一章的第二節〈研究文獻回顧與探討〉即指出：目前《經世編》的研究論著九成以上都是史學界的學者，為什麼呢？這與《經世編》具備豐富的史料文獻價值有關。

1.再現清代先世與明朝關系的史實空闕

針對《經世編》的史料文獻價值，吳晗先生在〈影印明經世文篇序〉一文中，曾有三段文字值得注意。其一即從清修《四庫全書》時將本書列為禁燬之作切入立論，吳氏云：

> 清乾隆時多次頒布禁燬書目，主要目的是要掩飾清代先世和明朝的關係，說成建州部族從來是一個獨立的民族，沒有受過明朝冊封等等，替祖先臉上抹金。《明經世文編》恰好收入清朝皇帝最不願意為人所知的一些歷史文獻，例如王瓊《王晉溪本兵敷奏·為計處夷情以靖地方事》，說出建州左衛一些首領「做賊」的行逕；張學顏《張心齋奏疏·撫遼疏》和〈申飭邊臣撫夷疏〉，說出建州領袖王台、王杲對明朝的不同態度；楊道賓《楊宗伯奏疏·海建二夷踰期

違貢疏》和〈海建夷貢補至南北部落未明遵例奏請乞賜詰
問以折狂謀事〉，說明建州和海西兩部對明朝的朝貢制度、
時間、人數和奴兒哈赤兵力情況；熊廷弼《熊經略集・敬
陳戰守大略疏》、〈上葉相公書〉、〈答友人書〉，更具體說出
李成梁如何計殺奴兒哈赤祖父叫場和他失，又封奴兒哈赤
為龍虎將軍，奴兒哈赤遠交近攻，日益強大的原委；姚希
孟《姚宮詹文集・建夷授官始末》，更是原原本本闡述了建
州和明朝的關係。這些真實的寶貴的史實，觸怒了清朝統
治者，《明經世文編》因之被列為禁書。現在這部書影印行
世了，這一段被埋沒的史實又重見天日了，值得我們高興。
（第一冊，頁1）

　　這段話指出《經世編》收錄關涉滿人（即清代先世）和明朝
之間的關係，是清廷的忌諱，因此在在纂修《四庫全書》時，將
《經世編》一書將以禁燬，這是符合歷史實情的見解。文中舉出
王瓊、張學顏、楊道賓、熊廷弼、姚希孟等五人的八篇文章為例
證。其中《經世編》收錄張學顏的《撫遼疏》有四篇文章，即吳
氏所指之二文〈貢夷怨望乞賜議處疏〉與〈申飭邊臣撫夷疏〉；張
學顏的另二文是〈逋民盡數歸順疏〉、〈條陳遼東善後事宜疏〉，也
皆與滿人（清代先世）有關。熊廷弼其人更是以經略遼東著名於
世，《經世編》收錄熊廷弼《熊經略集》，三卷，三十七篇文章，
28,618字。這些文章無一不與遼東、滿人有關[1]，絕非僅止於吳氏

1　《經世編》收錄熊廷弼共三十七篇文章，分別是：〈河東諸城潰陷疏〉、〈敬
　陳戰守大略疏〉、〈扶病看邊疏〉、〈答石副憲開道〉、〈與劉義齋道長〉、〈答友
　人〉、〈與徐耀玉職方〉、〈答高僉憲開道〉、〈與葉相公〉、〈答麻西泉總戎〉、〈答
　麻西泉總戎〉、〈與麻西泉總戎〉、〈約諸將〉、〈與徐耀玉職方〉、〈與李霖寰本
　兵〉、〈與五道〉、〈再與五道〉、〈與闔副憲海道〉、〈答戴通判〉、〈與王振宇總
　戎〉、〈與楊滄嶼中丞〉、〈答瀋陽王遊戎〉、〈答李孟日督餉〉、〈答周毓陽中丞〉、

所舉三文而已。更進一步觀察,《經世編》對之尚有詳註 1,003 字,代表著編輯群對熊廷弼撫遼政策的見解,也頗代表晚明人對滿族、清人先世的看法。熊氏的奏疏、文集在清初修《四庫全書》時被禁燬,與《經世編》被禁燬的原因並無太大的差別。

事實上,有關滿人(清代先世)與明朝之間的各種情形,《經世編》所收錄尚不僅僅這些而已,如于謙的〈剿賊納順疏〉(第一冊、頁 241)、〈議處賊卜花禿疏〉(第一冊、頁 249),稱「野人女直」、「狼子野心」;姚夔的〈捷音事疏〉(第一冊、頁 446),獎勵朝鮮攻打建州賊屬;余子俊的〈添設將官事〉(第一冊、頁 497),直斥「建州等衛女直,本以犬羊賤類」,竟敢破朝鮮國都等事;薛三才的〈請剿奴酋酌議兵食第一疏〉(第六冊、頁 4963)、〈請剿奴酋酌議兵食第二疏〉(第六冊、頁 4865);宋一韓的〈撫鎮棄地啗虜、請查勘以正欺君負國之罪疏〉(第六冊、頁 5123)、〈直陳遼左受病之原疏〉(第六冊、頁 5130);徐光啟的〈遼左阽危已甚疏〉(第六冊、頁 5379)、〈復熊芝岡經略二首〉(第六冊、頁 5448);宋懋澄的〈東征紀略〉(第六冊、頁 5532)等等都是。凡此,都符合吳晗所提及的論點,而可補其更多的例證。

此外,尚有文章的部分內容涉及者,如魏煥《巡邊總論・遼東鎮》一文,指出「女直」分:熟女直、生女直、女直野人、北山野人等等(第三冊,頁 2610)對了解清代先世的歷史,實有莫大的幫助。

另一方面,在清乾隆年間纂修《四庫全書》時,列入禁燬著

〈與丌掌科〉、〈答李孟白督餉〉、〈答周毓陽中丞〉、〈與官掌科〉、〈與周毓陽中丞〉、〈與內閣兵部兵科〉、〈與柴李賀三總兵〉、〈答監軍道邢參議〉、〈答監軍道邢參議〉、〈答監軍道高參政〉、〈答李孟白督餉〉、〈與監軍道高參政〉、〈與登萊道陶副史〉。

作之列者，《經世編》的編輯群不乏其人。如陳子龍的《干祿集》、
《廣參》，周立勳的《後場持雅錄》，宋存標的《秋士偶編》、《秋
士選詩》，楊廷樞的《後場經濟類編》，李愫的《素心堂詩文集》，
文秉的《甲乙事案》、《先撥志始》，方以智的《浮山全集》、《浮山
文集》、《流寓草》等等都是[2]。也就是說，在乾隆年間因禁毀而被
埋沒的史實中，對《經世編》的編輯群們加以研究，多少也有著
填補其空缺不足的效用。

2.研究明代史事助益甚大的史料價值

　　吳晗先生對《經世編》的史料價值的評價是很高的，特別是
收錄文章裡頭的各類記載，讓後人對當時的史事有更具體、清晰
的瞭解。吳氏云：

> 文編的史料價值，是很高的。例如宋濂〈渤泥入貢記〉、商
> 輅〈贈行人劉偕立使西南夷（滿剌加）序〉，涉及到明代和
> 南洋諸島的友好往來；吳桂芳〈議阻澳夷進貢疏〉、龐尚鵬
> 〈題為陳末議以保海隅萬世治安事〉，說明了澳門被蒲都麗
> 家（葡萄牙）所佔領，和澳門的情況；徐學聚〈報取回呂
> 宋囚商疏〉，說出當時呂宋慘殺華僑萬餘人的慘狀；姚夔〈捷
> 音手疏〉記成化三年明朝和朝鮮合攻建州殺李滿住之役；
> 余子俊〈添設將官事〉記建州三衛遷居蘇子河，明朝殺董
> 山事；宋懋澄〈東征紀略〉記楊鎬攻建州，三路覆軍情況；
> 毛伯溫〈廣時議以防虜患疏〉，記修建北京外城；楊榮〈固
> 安堤記〉記永定河水患；桂萼〈論開濬河道疏〉講北京河

---

2 這些著作收錄進（清）軍機處《禁書總目》、（清）榮柱刊《違礙書目》、（清）
　英廉等編《銷燬抽燬書目》等目錄裡，三目錄附見《四庫全書總目》（台北：
　藝文印書館，民78年1月6版），文中所舉之書分別見於：第六冊，頁212、
　頁206、頁165、頁76、頁149、頁171、頁156、頁75、頁111、頁67、頁
　149等。

道情況，楊鼎〈通惠河舊道事宜疏〉則更具體說明：「元時水在宮墻外，船得進入城內海子灣泊。今水從皇城中金水河流出，難循故道行船。」什剎海在元明兩代的不同情況；周忱〈與戶部諸公書〉，指出蘇松戶口流亡的嚴重性，並以太倉為例，批評了當時的敝政；耿裕〈災異疏〉說光是光祿寺的廚役，原額就有六千三百八十四名，後來又添了一千五百名，一個小衙門的人員如此龐大，其他衙門也就可想而知了：類此紀載，都對研究當時史事有極大的幫助。

（第一冊，頁6）

　　這段話提及《經世編》的各類史料價值，如明代南洋諸島（渤泥、滿刺加）、澳門、朝鮮等國的關係和情況，如北京河道事務，如蘇松戶口逃亡實情，如光祿寺廚役冗濫情形等等，的確都是十分珍貴的明史史料，為研究提供了絕佳的文獻。

　　若再深入而論，光是吳晗舉出的各項事務相關的文章，《經世編》收錄其實尚有不少。以「澳門」為例，除吳氏所舉龐尚鵬〈題為陳末議以保海隅萬世治安疏〉一文外，張愛妹先生在〈《明經世文編》中的澳門史料〉一文，更指出《經世編》中有關中葡關係與澳門的重要史料還有二十三篇文章[3]：

	作　者	篇　　名
1	林希元	與翁見愚別駕書
2	楊一清	放演火器事
3	朱　紈	閱視海防事疏
4	朱　紈	議處夷賊以明典型以消禍患事
5	朱　紈	海洋賊船出沒事疏

---

3 見張愛妹撰〈《明經世文編》中的澳門史材〉，《江海學刊》2001年第1期，頁161。

6	朱 紈	哨報夷船事疏
7	朱 紈	雙嶼填港工完事疏
8	朱 紈	閱視海防事
9	朱 紈	計處海防竈船事
10	朱 紈	議處海防事
11	徐 階	答廣東兵事論
12	馮 璋	通番舶議
13	劉 燾	總督閩廣初上本兵剿撫曾林二寇書
14	劉 燾	上閣部諸老蕩平曾賊始末緣由書
15	胡宗憲	廣東要害論
16	胡宗憲	廣福人通番當禁論
17	吳桂芳	議阻澳夷進貢疏
18	許孚遠	疏通海禁疏
19	黃承玄	條議海防事宜疏
20	李之藻	請譯西洋曆法等書疏
21	李之藻	制勝務須西銃敬述購募始末疏
22	徐光啟	略陳台銃事宜并申愚見疏
23	徐光啟	海防迂說

綜合這些史料，張氏甚至直言云：「有關早期中葡關係與澳門的史料，中國明代典籍記載甚多，其中，尤以《明經世文編》中收錄的澳門史料最為珍貴」[4]、「《明經世文編》中的史料，全方位的反映了早期中葡關係與澳門的情況」[5]。從中，《經世編》史料的高度價值，是很值得研究者加以重視的。

其次，吳氏藉《經世編》收錄文章指出，明廷和外國的關係，也不過蒲都麗加（葡萄牙）、呂宋、朝鮮等三國而已。事實上，明朝

4 見張愛妹撰〈《明經世文編》中的澳門史材〉，《江海學刊》2001 年第 1 期，頁 161。
5 見張愛妹撰〈《明經世文編》中的澳門史材〉，《江海學刊》2001 年第 1 期，頁 161。

全盛時外夷來貢之數極多,《經世編》卷十一,解縉的〈河清頌〉載:

> 永樂之年春正月戊戌,⋯⋯。然自陛下即位以來,四方萬
> 國之外,感恩慕德,高麗、日本、安南、占城、暹羅、爪
> 哇、西洋、琉球、真蠟、佛林、覽邦、緬甸、波勒、迤北、
> 兀良哈、女直、野人、西番、哈梅朵兒、烏思、泥巴、天
> 竺,否召不約,咸至于庭。瑞應大來,震動天地,太平之
> 業,將繇是而極盛。(頁82)

這段話,是成祖永樂年間的事情,至少就記錄了二十三個朝
貢明廷的國家名稱,將之對照清初頗負盛名的尤侗《明史‧外國
傳》,有:字異音同的譯名,如真蠟／真臘、佛林／拂菻、波勒／
婆羅等等;有國名完全相同者,如日本、琉球、安南、占城等等;
有些名稱不同,然指稱對象是一樣的,如高麗／朝鮮,西洋／佛
郎機;此外,尚有緬甸、迤北、女直、野人、哈梅朵兒、馬思、
泥巴、天竺等八國,尚且是尤書所欠缺者。被譽為「老名士」的
尤侗曾參與修撰《明史》,洞見歷代要荒朝貢之盛,尚不免有所缺
漏,治史之難於周全者每多如是。而《經世編》史料價值之高,
於此可見一斑。

3.明人選錄明文的文獻價值

站在書籍文獻的角度而言,隔代的著作亡佚十之四、五是經
常有的事情[6]。若有些文獻在當代就已有散佚的情形,若非藉部分
「類書」、「叢書」或「總集」類的著作而得以殘存的話,這些文

6　(元)馬端臨撰《文獻通考》(杭州:浙江古籍出版社,2000年1月2版),
　卷一百七十四〈經籍考‧總敘〉載:「(唐)今著於篇,其有名而忘其書者,
　十蓋五、六也,可不惜哉!⋯⋯慶曆距今未遠也,按籍而求之,十纔六、七,
　號為全本者,不過二萬餘卷,而脫簡斷編、亡散缺逸之數浸多。⋯⋯(宋)
　高宗渡江以來,書籍散佚,⋯⋯艱難以來,網羅散失,而十不得其四、五。」
　頁1,507、1,509、1,510。

獻恐怕就真的完全消失於世上了。依此而言,《經世編》是部明人編選明人文章的大部頭著作,在文獻價值上自有其特殊意義。吳晗先生即針對此點而云《經世編》:

> 材料的搜集,除了松江本地的藏書家以外,還通過文社的關係,吳、越、閩、浙、齊、魯、燕、趙各地的儒生、士大夫,都群策群力,訪求徵集,所得《文集》在千種以上。其中有些是文集作者子孫所收藏的,例如朱紈的《覽餘集》、錢薇的《承啟堂集》、徐階的《徐文貞公集》、王忬的《王司馬奏疏》、陸樹聲的《陸宗伯文集》、徐陟的《徐司寇奏疏》、宋懋澄的《九籥集》等都是。儘管如此,有些著名人物的文集,已經散佚,還是得不到。凡例說:「如韓襄毅(雍)、徐武功(有貞)皆本吳產,襄毅疏草、武功文集,訪其後人,竟未可得。瑯琊纓簪累葉,代有文人,而思質(王忬)司馬之集,已失其半。靈寶四許,鼎盛一時,問宦其地者,云諸集皆已散佚,訪求之難,大概可見。」明朝人選錄明朝人的文章,當時已經這樣困難,現在隔了三百二十多年,《文編》所收的《文集》,其中有些已經沒有傳本,只是通過《文編》的選錄而保存下來,意義就更重大了。(第一冊,頁 5-6)

這段話提到《經世編》收錄的有些文集是作者子孫所藏的,根據《經世編》在參閱者名字上方所標的親屬關係,可以看得更明白,如下:

	卷　　　數	文集的人名與書名	後代子孫參閱或校對
1	卷二百〇五、二百〇六	朱紈《朱中丞甓餘集》	曾孫朱質野臣較
2	卷二百十四、二百十五	錢薇《承啟堂集》	曾孫錢泮雍俌較[7]
3	卷二百四十四、二百四十五	徐階《徐文貞公集》	世姪孫孚遠按[8]
4	卷二百八十三	王忬《王司馬奏疏》	曾孫王瑞國參閱
5	卷二百九十一	陸樹聲《陸宗伯文集》	孫陸景元公美校[9]
6	卷三百五十六	徐陟《徐司寇奏議》	曾孫徐孚遠闇公校
7	卷五百〇二	宋懋澄《宋幼清九籥集》	姪徵璧尚木較

　　這些「後代子孫」全都是《經世編》的編輯群，其中徐孚遠、
宋徵璧同時具備「主編」、「參閱（校）者」的身分，其餘則特別
隸屬在「參閱（校）群」內。親自為自己先人的經世功業和言論
「參閱」、「參校」，誠如最後一本書的參校者宋徵璧在《經世編》
該文集卷末所云：「徵璧幼時受經于先世父，每見世父談論今古，
如懸河瀉溜，頃刻不停。恨未展其用，齎志以歿。李本寧、陳眉
公兩先生稱其有封侯之骨而不遇時，詎不信哉！」（第二冊，頁
5535）虔誠的追懷之情，溢於言表，自然地其文獻價值也是彌足
珍貴。六書之外，從《經世編》的〈總目〉尚列出王廷相《王氏
家藏文集》一卷、唐順之《唐荊川家藏集》四卷，理應是得之王、
唐後代所藏者。若依據清乾隆間的《四庫全書總目提要》觀察，《經
世編》所收的這類著作，多到之於「存目」之中，甚者如王忬、
徐陟則連「存目」都未列入。

　　吳晗先生又引了《經世編》主編之一的宋徵璧在〈凡例〉第
三十二條資料所指出：韓襄毅（雍）、徐武功（有貞）、王思質（忬）、

7　錢泮，字雍「誦」，而非雍「俌」，此處版刻刻涉及筆誤。
8　「按」字，應是「校」字之誤，此處版刻涉及筆誤。
9　「按」字，應是「校」字之誤，此處版刻涉及筆誤。

靈寶四許[10]等七人的文集,在編《經世編》時已經很難蒐集齊全了;明人選明文已經如此,降及於今,難度更高是很正常的事情。吳晗先生云「《文編》所收的文集,其中有些已經沒有傳本,只是通過《文編》的選錄而保存下來,意義就更重大了。」依清乾隆年間的《四庫全書總目》觀察,韓雍、徐有貞、許進、許誥四人尚有其書[11],王忬、許讚、許論三人則未有其目。順是而推,《經世編》所收的 429 人中,有《欽定四庫全書總目》所未收者不少,如:桂彥良、葉伯巨等 166 人都是[12]。同樣地,《經世編》所收 429

---

10 靈寶四許,應是指許進及其三子:許讚、許論和許誥,四人皆靈寶人,故稱「靈寶四許」。見《明史》(上海:上海古籍出版社,1995 年 12 月 11 刷),卷一百八十六,〈許進傳‧子誥、讚、論〉。然四許中,《經世編》並未選入許誥,〈凡例〉總提「四許」,應只是泛論而已。

11 據《欽定四書全書總目》(北京:中華書局,1997 年 1 月),韓雍有:《襄毅文集》,徐有貞有:《武功集》,許進有:《平番始末》,許誥有:《通鑑綱目前編》。

12 《皇明經世文編》所收 429 人中,《欽定四庫全書總目》未收者共有 166 人,分別是:桂彥良、葉伯巨、張輔、蹇義、胡淡、鄒緝、王翱、周忱、劉斌、孫原貞、王驥、范濟、朱鑑、楊鼎、馬昂、白圭、王竑、李秉、耿裕、林聰、項忠、章綸、王崇古、張海、劉健、郭登、楊洪、戈謙、余子俊、楊守陳、秦紘、徐廷章、丘濬、劉大夏、白昂、徐恪、韓文、李傑、楊璿、原傑、喬宇、彭澤、王憲、鄒應龍、林潤、張佳胤、趙錦、萬恭、塗澤民、徐陟、楊成、張學顏、李邦義、王得春、霍與瑕、張四維、陸光祖、陳有年、褚鈇、魏允貞、楊俊民、余有丁、許國、趙用賢、宋應昌、鄭洛、沈懋孝、萬象春、趙世卿、鍾羽正、王任重、李植、張養蒙、侯先春、許弘綱、劉應秋、曹時聘、薛三才、王德完、涂宗濬、梅國禎、楊道賓、許維新、王象乾、宋一韓、汪若霖、駱問禮、袁世振、周之龍、黃承玄、熊廷弼、丘禾嘉、左光斗、楊漣、魏大中、繆昌期、李應昇、侯震暘、楊師孔、宋懋澄、杜麟徵、何起鳴、李棠、韓大章、錢楩、蔣曇、王軒、鄭自璧、張珩、楊選、潘潢、鄒守愚、鄭一鵬、韋商臣、李士翱、方日乾、呂光洵、康太和、翁萬達、王學夔、王邦瑞、陳時明、許論、侯綸、張秉壺、趙伸、王朝用、姚淶、李承勛、梁材、柴昇、叢蘭、梁儲、范珠、朱應登、張文、許讚、劉玉、劉龍、董玘、黃綰、史道、余珊、謝汝儀、馬卿、章僑、趙炳然、王燁、馮璋、屠仲律、王忬、方廉、蕭端蒙、江東、王之誥、陸樹

人中，《明史·藝文志》未錄著作者不少，如王禕、桂彥良等 164
人都是[13]。合此二者觀察，不難發現為《欽定四庫全書總目》和
《明史·藝文志》二者同時所缺者計有桂彥良、葉伯巨、張輔、
胡濙等 116 人[14]，而這也正是《經世編》文獻價值頗值得注意之

德、王宗茂、翁大立、馬森、劉燾、陳以勤、高儀、陸穩、王崇古、方逢
時、霍冀等。

13 《皇明經世文編》所收 429 人中，《明史·藝文志》未有著作者共有 164 人，
分別是：王禕、桂彥良、葉伯巨、張輔、胡濙、王翱、劉斌、王驥、范濟、
朱鑑、馬昂、李賓、白圭、王竑、李秉、耿裕、項忠、章綸、鍾同、王崇
之、張海、楊洪、戈謙、秦紘、王越、徐廷章、白昂、徐恪、李傑、楊璿、
原傑、王復、王憲、李承勛、梁材、柴昇、叢蘭、梁儲、范珠、朱應登、
羅玘、張文、石珤、孫懋、方良永、史道、余珊、謝汝儀、馬卿、汪文盛、
章僑、蔣曙、王軏、毛憲、鄭自璧、張袞、楊選、潘潢、鄭一鵬、韋商臣、
李士翱、呂光洵、龔輝、錢薇、程文德、聶豹、錢琦、王學夔、毛鳳韶、
陳時明、曾忭、楊名、侯綸、張秉壺、趙伸、王朝用、曾銑、趙炳然、王
燁、阮鶚、任環、章煥、葛守禮、馮璋、屠仲律、王忬、方廉、蕭端蒙、
江東、王之誥、陸樹德、王宗茂、翁大立、靳學顏、劉燾、陳以勤、萬士
和、林燫、陸穩、鄒應龍、林潤、趙錦、萬恭、塗澤民、徐陟、龐尚鵬、
楊成、李邦義、王得春、霍與瑕、魏時亮、陸光祖、陳有年、孫丕揚、徐
元太、徐顯卿、徐貞明、支大綸、鄭洛、郭惟賢、沈懋孝、萬象春、趙世
卿、鐘羽正、王任重、李三才、李植、陳于陛、張養蒙、侯先春、史孟麟、
許弘綱、曹時聘、張棟、薛三才、王德完、涂宗濬、周孔教、梅國禎、楊
道賓、許維新、王象乾、陳懿典、宋一韓、汪若霖、余懋衡、王紀、袁世
振、周之龍、熊廷弼、丘禾嘉、朱燮元、魏大中、侯震暘、楊師孔、文震
孟、宋懋澄、黃廷鵠、杜麟徵、何起鳴、李棠、韓大章、吳仲、錢楩等。
14 《皇明經世文編》所收 429 人中，《欽定四庫全書總目》與《明史·藝文志》
二書同時未收錄著作共有 116 人，分別是：桂彥良、葉伯巨、張輔、胡濙、
王翱、劉斌、王驥、范濟、朱鑑、馬昂、白圭、王竑、李秉、耿裕、項忠、
章論、王崇之、張海、楊洪、戈謙、秦紘、徐廷璋、白昂、徐恪、李傑、
楊璿、原傑、王憲、李承勛、梁材、柴昇、叢蘭、梁儲、范珠、朱應登、
張文、史道、余珊、謝汝儀、馬卿、章僑、蔣曙、王軏、鄭自璧、楊選、
潘潢、呂光洵、鄭一鵬、韋商臣、李士翱、王學夔、陳時明、侯綸、張秉
壺、趙伸、王朝用、趙炳然、王燁、馮璋、屠仲律、方廉、蕭端蒙、江東、
王之誥、陸樹德、王宗茂、翁大立、劉燾、陳以勤、陸穩、鄒應龍、林潤、
趙錦、萬恭、塗澤民、徐陟、楊成、李邦義、王得春、霍與瑕、陸光祖、

處。

（二）收錄特殊文章足資研史者之參考

　　《經世編》收錄文章高達 3,158 篇，裡頭不乏特殊文章深具
史料價值而值得注意者，如底下十一篇文章：

　　1.劉天和的〈治河六柳〉一文，指出治河不免要護堤，護
　　堤則莫過於栽柳，然栽柳因效果、作法而有各種講究，
　　劉氏指出六項：臥柳、低柳、編柳、深柳、漫柳、高柳，
　　各種不同栽法，各種不同講究，既與治河有關，也與園
　　藝關係匪淺。《經世編》評註云：「予前見黃河決處新堤，
　　皆掩浮沙而成足之如踏絮中，此不過掩飾以卒一運耳。
　　如六柳之說皆見功於數年之後，今人安肯從事耶！」（第
　　二冊，頁 1582）可見六柳之法，頗有成效，為研究明代
　　治河、園藝的寶貴史料。

　　2.林希元的〈荒政叢言疏〉一文，接近萬字，全在談論朝
　　廷如何救荒於地方百姓。文中指出「救荒」有二難、三
　　便、六急、三權、六禁、三戒等事。二難：得人難、審
　　戶難；三便：極貧之民便賑米，次貧之民便賑錢，稍貧
　　之民便轉貸；六急：垂死貧民急饘粥，疾病貧民急醫藥，
　　病起貧民急湯米，既死貧民急募瘞，遺棄小民急收養，
　　輕重繫囚急寬恤；三權：借官錢以糴糶，興工役以助賑，
　　借牛種以通變；六禁：禁侵漁，禁攘盜，禁遏糴，禁抑

陳有年、鄭洛、沈懋孝、萬象春、趙世卿、鐘羽正、王任重、李植、張養
蒙、侯先春、許弘綱、曹時聘、薛三才、王德完、涂宗濬、梅國楨、楊道
賓、許維新、王象乾、宋一韓、汪若霖、袁世振、周之龍、丘禾嘉、侯震
暘、楊師孔、宋懋澄、杜麟徵、何起鳴、李棠、韓大章、錢楱、王忬、熊
廷弼、魏大中等。

價，禁宰牛，禁度僧；三戒：戒遲緩，戒拘文，戒遣使，通共六大綱、二十三目。（第二冊，頁 1626-1627）這些全是荒政救民的好意見，既週詳又具體，不但是當時朝廷救荒的準則，更是研究明代荒政的寶貴史料。

3.汪文盛的〈重明詔懲奸黨以隆新政疏〉一文，指出太監一人入宮、家人蒙利的情形，尤其是家人冒濫功爵、授職陞籍的「盛況」。汪氏云：「數內如蕭䕫、蕭通、蕭義，太監蕭敬家人也；陸宣、陸永、陸旺、陸恕，太監陸誾家人也；神政奸黨，神周家人也；秦玉、秦聰、秦琳、秦忠、秦鉞，太監秦德家人也；張余安、劉勤，太監今降級張永家人也；潘浩，太監潘亨家人；劉和，太監劉恭家人也；王彪，太監王銘家人也；甄忠，太監甄瑾家人也；鄧葉，太監鄧敏家人也；田廄，田監丞家人也；賈文鐸，太監賈和家人也；韋聰，太監韋興家人也；周浩、周堂，太監周景家人也；尹海，太監尹生家人也。中間或為錢憲之腹心，或為張銳之爪牙，或為江林之鷹犬，乘時射利，挾勢害人。正德年間，敗壞國家之典常，變亂祖宗之法度，盜竊朝廷之名器，吮剝生民之膏血，虧損海內之元氣，致四方之盜賊蜂起，召連年之災異相仍，皆此輩為之也。」（第二冊，頁 1758-1759）姓名、關係，清清楚楚，為研究明代宦官的寶貴史料。

4.霍韜的〈自陳不職疏〉一文，指出徐州雜役有：班夫、洪夫、淺夫、閘夫、泉夫、馬夫等役，「雜」役之雜，「年年拘役，無一丁免者」。（第三冊，頁 1929-1930）為研究明代稅役制度的寶貴的史料。

5.潘潢的〈議勘宣府新軍疏〉一文，所載嘉靖年間宣府各

鎮官軍若干名,各項費用、月俸、糧賞若干錢,馬、驢、騾若干匹,草料銀若干錢等等,一五一十,十分詳盡。無怪乎《經世編》評註云:「祖宗朝以江淮以南諸省供朝廷之用,以江淮以北諸省供九邊之須。其後邊屯、鹽法皆壞而各省起運錢糧,不為貪吏乾沒,即為解官花費。邊粟既日貴,邊餉又日缺,以致各邊督撫專恃內請,而大司農仰屋內帑,水衡、囷寺皆耗矣。嘉靖間九邊年例至二、三百萬,今且至九百餘萬,東南民力亦從此竭。潘公諸疏非有奇策,但載爾時各鎮出入經費甚詳,故存之以觀世變云。」(第三冊,頁 2039)可知潘文確實是研究明代邊餉、武備的寶貴史料。

6. 鄭若曾的〈湖防論〉一文,指出太湖各式各樣的船:海船、江船、內河船、湖泖船、山船、駁船、塘船、哨船、渡船、漁船;邊江船、廠稍船、小鮮船、剪網船、絲網船、劃船;趕網船、逐網船、罩網船、江網船、溏網船、鸕鷀船等等,種類之多令人咋舌。(第四冊,頁 2856-2857)為研究明代船隻的寶貴史料。

7. 王宗沐的〈糾劾誤國輔臣疏〉一文,指出奸相嚴嵩掌權時,各官須花費多少錢賄賂始能得職,如:州判要三百兩,通判五百兩,管事指揮三百兩,都指揮七百兩等等。王文更指出當時《謠》云:「臊子在門前,宰相還要錢」加以譏諷。(第四冊,頁 3117-3121)實為研究明代首輔、賄賂的寶貴史料。

8. 靳學顏的〈講求財用疏〉,內容之一有「積穀」事務。靳文指出敖倉、洛口倉、義倉、常平倉、官倉、社倉等等。(第四冊,頁 3148-3149)實為研究明代倉庫的寶貴史料。

9.王任重的〈邊務要略〉一文，指出：邊墻、虜情、要衝、墩臺、窖塹、井泉、征兵、戰馬、糧餉等九事，各事底下又有詳細的說明。如「虜情」事，內即將蒙古各族盛衰分合與大小強弱情狀，娓娓敘介，精要地呈現出來；對研究明代的「虜情」，頗有助益。如「要衝」事將延鎮地，分緩衝、似為急衝、急衝、要衝等不同地方，以利築城，或設堡防禦。它如「墩臺」、「窖塹」、「井泉」等等，尤非一般論議邊務者所提及者。（第五冊，頁4474-4483）實為研究明代邊防、軍事的寶貴資料。

10.徐光啟的〈移工部揭帖〉一文，指出「敵臺內外規制委折」所須注意的規格、尺寸、大小，用磚、用石、用灰等等，條列無遺。涉及：敵臺周圓、臺牆、臺柱、臺面、臺基、外井、內井、銃眼、望樓、通光眼、道城等等，各徑長、形狀、數量、磚、石、灰，工錢若干，皆一一指出；極周詳細密，極具體而又可勘驗。（第六冊，頁5451-5456）實為研究明代軍事、建築的寶貴史料。

11.韓大章的〈遵化廠夫料奏〉一文，指出：官方煉鐵的遵化廠，歷年使用多少民夫？每名民夫光口糧、衣布與減免若干？囚犯問結解到，又應如何處置？且該廠之鐵又分：生板鐵、熟鐵、銅鐵、鬆鐵、碎鐵等等各生產若干？如何開採？如何運送？如何管理？（第六冊，頁5552-5556）凡此，皆為研究明代礦冶的寶貴史料，詳細地記載在韓文之內者。

二、《皇明經世文編》的缺失

（一）吳晗先生所指出的三項缺失

本論文前十三章所論述者，皆側重在闡釋《經世編》的意義與價值，然不容諱言，《經世編》也因「成書倉促」、「出自眾手」等…因素而有些缺失存在。吳晗先生在〈影印明經世文編序〉就提到：

> 當然，由於編選時間過於短促，缺點是難免的。例如選文重複，楊溥《楊文定奏疏・預備倉奏》和《楊文貞集論荒政》文字完全相同；夏言《夏文愍公集・勘報皇莊疏》和〈查勘功臣田土疏〉也和林俊《林貞肅公集・傳奉敕諭查勘畿內田地疏》文字大半相同；梁儲〈請罷中官鹽引〉等疏和蔣冕〈乞取回劉允及停止張玉不差本〉題，實際上是同樣的；又如桂萼的〈四夷圖序〉和魏煥的〈經略總考〉的前三段，也是相同的。其次是斷限不嚴，如王禕〈送胡仲淵參謀序〉是元至正十五年寫的，金幼孜〈序瀼京百詠集〉是給元人楊允孚著作寫的序，都和明朝無關，就體例說，是不應該收入的。第三是有所顧忌，如鳳陽巡撫李三才〈請停礦稅疏〉，措詞激烈，在當時政治上是有作用的；但《文編》竟不收此文，而收入措詞和緩的停止蘆州開礦疏，顯然是去取不當。此外，有關萬曆三大案 —— 梃擊、紅丸、移宮，明人議論極多。有關東林黨的正面、反面文章也很多，《文編》也完全不收，看來也是有政治顧慮的。至於明末農民起義的史料，《文編》沒有收入，那是容易理

解的，因為編選《文編》時，農民起義正在發展中，有關
農民起義的章奏都還沒有收入文集，《文編》又何從編選
呢！（第一冊，頁 6-7）

　　簡言之，即「選文重複」、「斷限不嚴」和「有所顧忌」這三
項。嚴格說來，編選之書「有所顧忌」乃理所難免之事，特別是
文章內容與當代政治有密切的關係時。此外，「選文重複」和「斷
限不嚴」二項缺失，數量極少，如吳晗先生所指出者，完全重複
者僅二篇文章而已，部分重複者也不過六篇文章，斷限不嚴也僅
二篇文章，總共不過十篇文章，相較《經世編》全部三千一百五
十八篇文章而言，實在是微乎其微。在吳晗先生所指的三項缺失
外，《經世編》尚有若干缺失在焉，簡敘如下。

（二）明顯的錯字

　　《經世編》一書錯字，缺字不少，以明顯的錯字為例，筆者
在閱讀之餘，隨手記錄，至少就有 72 條之多。如下：

8-1　《皇明經世文編》版刻錯字校對表

	卷	葉	行	原文	改正	案語
1	卷 25	葉 6	行 13	而「享」等	亨	此指石亨而言
2	卷 25	葉 8	行 16	「失」京師國家根本之地	夫	此為語氣詞
3	卷 34	葉 8	行 10	獷獸出「押」	柙	
4	卷 34	葉 26	版心	卷之「一」	二	整卷皆「二」
5	卷 34	葉 29	版心	卷之「一」	二	整卷皆「二」
6	卷 39	葉 31	行 14	人心離合之「畿」	幾	
7	卷 44	葉 7	行 15	驛傳「什」物	食	
8	卷 45	葉 16	行 10	「丁」常九八	十	
9	卷 46	葉 18	行 2	左都御史李「賓」	賢	人名
10	卷 47	葉 7	行 9	（靖遠伯）「玉」驥	王	人名

11	卷 48	葉 4	行 14	條列一二「千」後	于	
12	卷 53	葉 14	行 18	戰「競」	兢	
13	卷 61	葉 27	行 18	「順天」八年	天順	朝代名
14	卷 63	葉 28	行 1	（漢之）張「艮」	良	人名
15	卷 68	葉 2	行 10	此第「三」阤	二	前有「一」阤、後有「三」阤
16	卷 77	葉 18	行 3	縱鷹「大」	犬	
17	卷 80	葉 11	行 18	彼此貪「綠」	緣	
18	卷 81	葉 10	行 7	「徒」一年	徙	
19	卷 82	葉 21	行 5	「上」地所產	土	
20	卷 82	葉 21	行 16	生靈之「困」	困	
21	卷 100	葉 2	行 9	有當擊「叩」擊之	即	與上文「有當為即為之」對句
22	卷 109	葉 27	行 17	張「錡」	綺	全文皆刻張「綺」
23	卷 130	葉 4	行 1	用人之智「云」其詐	去	上下文皆「去」其貪、怒等
24	卷 157	葉 17	行 14	所關「下」細	不	
25	卷 167	葉 34	行 13	「黑」氏兼愛	墨	
26	卷 187	葉 3	行 5	八十「一」萬石	七	前後文皆八十「七」萬石
27	卷 199	葉 16	行 8	「小」軍九千二百三名	少	指缺「少」，而非大「小」
28	卷 233	葉 8	行 6	張「東」壺	秉	人名
29	卷 234	葉 2	行 1	「索」羅帖木兒	字	人名
30	卷 245	葉 21	行 12	兵貴精不「一」多	貴	
31	卷 248	葉 18	行 1	每「員」三百人	貢	上下文皆「貢」字
32	卷 287	葉 6	行 11	殊為「例」置	倒	
33	卷 288	葉 8	行 16	鬻「鹽」之法	爵	上下文皆鬻「爵」
34	卷 289	葉 17	行 6	耕「藉」擠乳	籍	上下文皆耕「籍」擠乳
35	卷 293	葉 8	行 8	巧「倭」賊臣疏	佞	
36	卷 296	葉 13	行 5	以貽「王」上之憂乎	主	
37	卷 298	葉 18	行 6	用之「則」舒	者	上下文皆「者」
38	卷 299	葉 18	行 4	匹夫作難而「于」人嚮應	千	
39	卷 301	葉 30	行 1	進士之俸「少」而陞官又高	多	
40	卷 301	葉 30	行 2	舉人之俸「多」而陞官又劣	少	

41	卷 302	葉 6	行 2	不必　之「之」曰也	今	上下文皆「今」日
42	卷 303	葉 10	行 18	「晝」脂鏤水	晝	
43	卷 307	葉 21	行 4	在先任者含「互」無以為應	糊	
44	卷 315	葉 18	行 5	（揚兵耀武可）以「代」謀	伐	
45	卷 316	葉 31	行 18	「掩」「荅」果向（順也）	俺、答	上下文皆「俺」、「答」
46	卷 316	葉 32	行 7	不幾於「朱」策（耶）	失	
47	卷 319	葉 27	行 9	「母」或濫用	毋	
48	卷 322	葉 8	行 16	輕車二百五十六「兩」	輛	上下文皆「輛」字
49	卷 329	葉 7	行 2	論「刻」嚴氏	劾	
50	卷 344	葉 15	行 18	及修船什物銀「雨」	兩	
51	卷 344	葉 16	行 10	停造年例淺船若「于」隻	干	
52	卷 350	葉 18	行 14	賞過夷人數「日」	目	
53	卷 360	葉 3	行 15	（今）已「門」墾	開	
54	卷 366	葉 14	行 6	是以「王」石混淆	玉	
55	卷 371	葉 34	行 14	無非為市「木」	本	上下文皆市「本」
56	卷 371	葉 44	行 9	無得「千」擾	干	
57	卷 398	葉 1	行 9	取諸「幾」甸而自足	畿	上下文皆「畿」甸
58	卷 405	葉 22	行 3	「目」河州視之	自	
59	卷 411	葉 4	行 9	借徵「堆」鹽	淮	上下文皆「淮」鹽
60	卷 414	葉 20	行 5	是之「言冒」善任人	謂	
61	卷 426	葉 26	行 9	與國史「寶」錄	實	
62	卷 427	葉 8	行 15	可道不以觀望生「援」急	緩	
63	卷 447	葉 9	行 4	「一」曰簡有司以振吏治	三	前「二」、後「四」
64	卷 453	葉 26	行 10	薾「自」而憂	目	
65	卷 460	葉 2	行 12	宗藩要「倒」	例	書名
66	卷 461	葉 32	行 17	「胡」安石	王	人名
67	卷 464	葉 15	行 13	出「押」之虎	柙	
68	卷 467	葉 19	行 2	宜「淮」回籍調理	准	
69	卷 478	葉 8	行 12	應「桃」應築應塞	挑	
70	卷 496	葉 10	行 17	逐「老」逐、錮者錮	者	

| 71 | 補遺卷一 | 葉4 | 行12 | 祿「未」新增一分 | 位 | |
| 72 | 補遺卷一 | 葉11 | 行14 | 經畫未必其「隱」妥 | 穩 | |

　　這些都只是明顯的錯字罷了，還不包括「缺字」或「異字」的使用在內。相信有心的讀者仔細閱讀，一定可以找出比筆者所舉之例更多。

（三）同一著作參閱者雜多

　　《經世編》一書明顯的錯字眾多的原因，或許與本書急於出版付梓，於同一著作參閱者不一的情形頗多有關，如徐光啟的《徐文定公集》六卷出自六人之手，每卷的參閱者皆不同，分別是：宋存標、謝廷楨、張安茂、張密、姜雲龍、宋徵輿。如楊一清的《楊石淙文集》五卷，出自五人之手，分別是：宋存標、宋徵輿、夏鼎、彭賓、張安茂。又如萬曆名臣張居正的《張文忠公集》一書五卷，參閱者竟高達四人之多，分別是徐桓鑒、宋存標、宋徵輿、湯涵。同一著作，出自眾手參閱、參校，事權難於統一，混雜而易犯缺漏乃勢所難免之事。筆者統計《經世編》同一著作，參閱者卻不一者如下：

	作者	著　作	參閱〈校〉者
1	于　謙	于忠肅公文集	宋存標、宋徵輿
2	劉　健	劉文靖公奏疏	董雲申、顧開雍
3	馬文升	馬端肅公奏疏	黃子錫、黃孟瀾
4	丘　濬	丘文莊公集	朱茂暾、張垀、陳增齡
5	李承勛	李康惠公奏疏	宋存標、楊廷樞
6	梁　材	梁端肅公奏議	姚宗昌、姚宗典、楊廷樞

7	楊一清	楊石淙文集	宋存標、宋徵輿、夏鼎、彭賓、張安茂
8	胡世寧	胡端敏公奏議	吳祖錫、盛翼集、彭彥臣、吳嘉胤
9	桂　萼	桂文襄公奏議	宋徵輿、李恂
10	張　岳	張淨峰文集	夏允彝、宋存標
11	鄭　曉	鄭端簡公文集	唐允諧、沈嗣選
12	馬　卿	漕撫奏議	徐鳳彩、宋存標
13	胡　松	胡莊肅公奏議	陸慶曾、謝廷禎
14	趙貞吉	趙文肅公文集	盛翼進、彭賓
15	劉　燾	劉帶川書稿	周鍾、王會芬
16	楊　博	楊襄毅公奏疏	朱積、宋存標、李待問、吳嘉胤、邵梅芬
17	蕭端蒙	蕭同野集	宋徵輿、吳祖錫
18	戚繼光	戚少保文集	朱積、梅彥林
19	萬　恭	萬司馬奏議	謝廷禎、宋徵輿
20	魏時亮	魏敬吾文集	翁曆、宋徵輿
21	方逢時	方司馬奏疏	周季勳、宋卓
22	張居正	張文忠公集	徐桓鑒、宋存標、宋徵輿、湯涵
23	潘季馴	宸斷大工錄	宋學璟、宋卓、宋啟瑞、唐同伯
24	申時行	申文定公集	朱積、宋存標、李待問、吳嘉胤、邵梅芬
25	呂　坤	呂新吾先生文集	李憬、華嘉
26	侯先春	侯給諫奏疏	宋存標、盛翼進
27	涂宗濬	涂司馬北虜封貢始末	唐允諧、張安茂
28	熊廷弼	熊經略集	周永年、姚宗典、姚宗昌
29	李之藻	李我存集	王之翰、相熊
30	徐光啟	徐光啟	宋存標、謝廷禎、宋徵輿、張安茂、張密、姜雲龍

　　上列三十人、書之外，《經世編》所收其他人物的文集著作，
則為同一人參閱、參校。然而這三十人、書之分量，出自多手，
也代表每一本書的卷數都在二卷以上（含），合而觀之，分量也頗
為可觀，連帶地，讎校不精，也很可能肇端於此。

三、《皇明經世文編》的影響

　　再度強調，由晚明著名文人陳子龍所代表而編的《皇明經世文編》一書，是部史料豐富的學術鉅著，是本明人輯錄明代「經世文」最全面的書籍，同時也是晚明文人救亡圖存高度使命感的具體表現。然而，若以「動機」和「結果」覈驗的話，無疑地，這本書在政治領域裡是失敗的，因為就在《經世編》編纂後的第六年，李自成攻入北京，崇禎皇帝朱由檢自縊於壽皇亭，明亡，吳三桂引清兵入關，「清」取「明」而代之。

　　必須指出的是，政治的失敗並不必然就代表學術思想的錯誤，因為政治歸政治，學術思想歸學術思想，二者並非完全相同。《經世編》在政治領域雖然失敗，卻無法抹滅它在學術思想史上的崇高價值。學界目前多接納，並承認清初是經世致用思想發皇的時期，圍繞在大儒顧炎武、黃宗羲的研究論文，數量極為可觀[15]。然而「晚明」與「清初」本就是時間的連續，中間雖然改朝換代、天崩地裂，然而人還是人，儒者仍是儒者，思想家仍是思想家。包括顧炎武、黃宗羲在內，包括《經世編》許多的編群們，既是晚明人，同時也是清初人。《皇明經世文編》在前，清初經世著作在後，彼此有著類似的意見，也就不會令人感到過度詫異了。何佑森先生就曾比較二者而簡述如下[16]：

　　　　《文編》的相權演變為《明夷待訪錄》的〈置相篇〉和《潛

15　根據《中華民國期刑論文索引影像系統》，「黃宗羲」索引至少就有 34 篇，「顧炎武」索引至少就有 31 篇。
16　見何佑森撰〈清代經世思潮〉，《漢學研究》第 13 卷第 1 期，民 84 年 6 月，頁 4-5。

書》的〈任相篇〉。

《文編》的人才，用人，演變為《待訪錄》的〈取士篇〉。

《文編》的書院，演變為《待訪錄》的〈學校篇〉和《朱
　舜水集》的〈學校議〉。

《文編》的賦稅，演變為《待訪錄》的〈田制〉。

《文編》的省葬，演變為黃宗羲的《葬制或問》，《日知錄》
　的〈火葬〉等以及陳確的《葬書》。

《文編》的科舉，演變為黃宗羲《破邪論》中的〈科舉篇〉。

《文編》的宗室，演變為《日知錄》的〈宗室〉。

《文編》的冗官，演變為《日知錄》的〈省官〉。

《文編》的守令，演變為《日知錄》的〈守令〉。

《文編》的馬政，演變為《日知錄》的〈馬政〉。

《文編》的廩俸，演變為《日知錄》的〈俸祿〉。

《文編》的鑄錢，演變為《日知錄》的〈偽銀〉等。

《文編》的水利，演變為《日知錄》的〈水利〉。

《文編》的保甲，演變為《日知錄》的〈保甲〉。

《文編》的史職，演變為《日知錄》的〈史學〉等。

《文編》的儒學，演變為《潛書》的〈辨儒篇〉。

《文編》的講學，演變為《潛書》的〈講學篇〉。

　　其中，何佑森先生所提的《文編》即陳子龍等人所編的《皇
明經世文編》一書，《明夷待訪錄》的作者是黃宗羲，《日知錄》
的作者是顧炎武，《潛書》的作者是唐甄，《葬書》的作者是陳確，
《朱舜水集》的作者是朱之瑜，五人五書常是今日舉以為清初經
世思想的代表，然其與《經世編》課題相似的程序則頗為明確，
此所以何佑森說：「清初經世之學，不是突然出現，而是受了《明

經世文編》極大的影響。」[17]

不僅清初而已，《皇明經世文編》尚影響到晚清的經世思潮，被譽為「晚清經世運動之宣言。」[18]由賀長齡、魏源在道光六年（1862）所編的《皇朝經世文編》，實即遙承本書而來。賀書書名除以「皇朝」易「皇明」外，餘皆與之完全相同，不能說是無意為之的。清人俞樾就說：「自賀藕耕先生用前明陳臥子之例，輯《皇朝經世文編》，數十年來，海內風行，凡講求經濟者，無不奉此書為渠獲，幾於家有其書。」[19]可見從崇禎十一年（1638）到道光六年（1826），二百多年的時間，《皇明經世文編》仍有其一定的影響力。賀長齡的《皇朝經世文編》之後，陸續有光緒八年（1882）、饒玉成的《皇明經世文續編》，光緒十四年（1888）、葛士濬的《皇朝經世文續編》，光緒二十三年（1897）盛康的《皇朝經世文續編》，光緒二十四年（1898）、陳忠倚的《皇朝經世文三編》，光緒二十七年（1901）、邵之棠的《皇朝經世文統編》，光緒二十八年（1902）、何良棟的《皇朝經世文四編》，民國 51 年（1962）、吳湘湘的《民國經世文編》等等，以輯錄當代「經世」文為主要目的的作品；真要溯本探源，實皆遠祧《皇明經世文編》此書。

要之，《皇明經世文編》一書對清初、晚清乃至民國以後，實皆有其或直接、或間接的影響存焉。

---

17 見何佑森撰〈清代經世思潮〉，《漢學研究》第 13 卷第 1 期，民 84 年 6 月，頁 4-5。

18 語見劉廣京〈魏源之哲學與經世思想〉，《近世中國經世思想研討會論文集》，民 73 年 4 月。

19 語見《皇朝經世文續編》（台北：國風出版社，民 53 年 6 月），〈皇朝經世文續編序〉。

四、本書研究成果的總結

　　本書透過八章的篇幅來研究晚明經世學鉅著《皇明經世文編》及其相關問題，可以概要地以回答四個問題來做研究成果的總結。此四問題是：為什麼（Why）有《皇明經世文編》一書的誕生問世呢？是誰（Who）編纂這部晚明經世學鉅著呢？《皇明經世文編》這部鉅著從形式到內容究竟是什麼（What）呢？《皇明經世文編》是如何（How）選錄人物和文章呢？

　　本論文第二章、第三章之設，即是針對「為什麼有《皇明經世文編》一書誕生問世呢？」這一問題而發。也就是說《皇明經世文編》既是晚明經世思想糾葛中的產物，也同時是繼承同類經世著作而規模更大、更廣、更豐富的書籍。前者的重點集中在第二章，尤其是儒學、文人和政治的各項糾葛中，其中有儒者從內聖擴充到外王的政治理想，有君王從外霸的事實再回頭找內聖的說法，有文人經世的熱血直接灑射，有私德和國政的是非爭論，有魏相、張居正的經世典範的形成……。正是這些經世思想的糾葛，在晚明百孔千瘡的政局底下，刺激著陳子龍等文人去編纂出這部晚明經世學鉅著。另一方面透過經世編的文獻背景，將這本《皇明經世文編》與明代（乃至宋、元）同類經世著作相比較，也讓我們瞭解到經世思想與精神，不完全只表現在「詔令奏議」或「典章制度」身上而已；更重要的是「人」，有思想、有精神，會救亡圖存，會去實踐、改進的人 —— 名公、鉅卿，儒者、文人等等都是。《皇明經世文編》所收錄的正是以「人」為重心，「如采木於山，探珠於淵，多者多取，少者少取，至本集所不載，而經國所必須者，又為旁采以助高深」。這或許就是《皇明經世文編》

超越明代（乃至宋、元）同類著作的重要原因吧！

　　本論文第四章，即是針對「是誰編纂出《皇明經世文編》這部晚明經世學鉅著呢？」這一問題而發。根據筆者的研究，這本書是有個龐大的編輯群共同奉獻心力，雖然陳子龍、徐孚遠、宋徵璧三人是最重要的靈魂人物，然而其他人努力的心血也其實也不應該被忽略才對。精確地說，《皇明世文編》的編纂有：主編三人，以幾社、復社為主幹的編輯群二十四人，有參閱（校）者一百四十六人，更有顧問團高達一百八十六人。顧問有首席顧問松江太守方岳貢和布衣名流陳繼儒，顧問大多「進士」出身，名高望重，具指導後輩、提攜後輩、鼓勵後輩的作用，出「力」者有之，出「名」者有之，也可能有人出「錢」。編輯群與參閱（校）群，則應以幾社、復社人為多。其中，編輯群以進士居多、舉人次之，參閱群則相反，舉人居多，進士次之。而有趣的是，編輯群、參閱群與顧問團的成員之間，又多父子、兄弟、姻婭、師生間的關係存焉。主編、編輯群、參閱者與顧問團加總起來，共超過三百人。考查這三百多人的生平事跡，頗有一定的文獻難度，筆者竭盡心力蒐集、彙整，進而呈現在第四章裡。

　　本論文第五章之設，是針對「《皇明經世文編》是如何選錄人物和文章的呢？」這一問題而發。筆者指出《皇明經世文編》編選的三個原則：精神面、人物面和文章面。精神面主要在於繼承與改革儒學傳統。繼承的部分，如不廢道德的重要，積極入世、排斥佛老等等；改革的部分，如反宋代柔弱、王霸新辯等等，二者皆集中在富國強兵的追求上面。人物面主要在於「經濟之才不借異代」，所以集中選錄明代著名的經世大臣，而不涉其他時代。文章面則總原則在強調實用通今的特色，包括對明代典故的探討，關乎政治、文教、武備、皇室等等事務和文章等等；甚至還

兼及異同並存、少見與有名之作。也就是說在對「人」的重視以外，還有對明代典故、軍政大事等等的強調。透過本章，將可以更深入地瞭解到《皇明經世文章》何以選錄出高達四百二十九人、三千一百五十八篇文章的原則和精神。

　　本論文第六章與第七章之設，是針對「《皇明經世文編》這部鉅著的內容究竟是什麼呢？」這一問題而發的。筆者主要是根據主編宋徵璧的〈凡例〉第六到第二十一條資料所提及者而架構出來，內分「人物論」和「經世要職論」二項。第六章以「人物論」為主，基本上是以人物自身的特色做為鑑裁的說明，包括封爵的文臣、言足載道的大儒、雄心壯猷的武臣、文采斐然的文人、未能充分發揮經世事業的士人、不值得取法的大臣等等。第七章則以「經世要職論」為主，內又分身繫天下安危的內閣宰輔、獨立職掌的六部部臣、禦夷弭賊的總督巡撫，以及臺諫、翰苑與駟政等等。每一部分之人、事與職掌多與「經世」事務密切相關，而值得深入研究。

　　此外，本論文第八章結論，主要是闡釋《皇明經世文編》的史料文獻價值與影響，並指出這本著作的部分缺失。本章首先介紹吳晗先生所提及的三項意見：再現清代先世與明朝關係的史實空闕，研究明代史事助益甚大的史料價值，與明人選錄明文的文獻價值。從筆者所列舉的眾多例子裡，更可印證《皇明經世文編》高度的史料文獻價值。《經世編》的缺失，以及這本著作的影響，吳晗先生提出三項：選文重複、斷限不嚴，與有所顧忌。筆者在三項之外，尚指出：明顯的錯字和參閱者雜多二項。此外，筆者指出《皇明經世文編》一書對清初、晚清乃至民國以後，皆有其直接或間接的影響存焉。

五、未來展望

「經世學」是國學研究充滿潛力的一門學問，也是傳統文化研究值得開闢的一個領域。國學研究，歷來多以義理、詞章、考據三項加以概括。然而正如清人曾國藩所說：「有義理之學，有詞章之學，有經濟之學，有考據之學。義理之學，即《宋史》所謂道學也，在孔門為德行之科。詞章之學，在孔門為言語之科。經濟之學，在孔門為政事之科。考據之學，即今世所謂漢學也，在孔門為文學之科。此四者，闕一不可。」[20]也就是說國學研究，在義理、詞章、考據三項外，其實還有著足以與之並立為四的「經濟」領域。「經濟」，其實就是「經世」。準此而言，《皇明經世文編》正是隸屬這個領域的鉅著之一。中國文化向來有著關注現實問題和充滿憂患意識的特色存焉，這個特色在「經世思想」、「經世精神」表現得尤其明顯。環顧國內中文系所研究情形，實以義理、詞章、考據三領域居多，相較之下，「經世」這個領域則較為薄弱。正因為如此，筆者未來展望之一，即自我期許能在「經世」這個領域內繼續開闢課題，深入研究，使「經世」研究成為名符其實的「經世學」研究，期許自己能夠豐富國學的研究，能夠加深傳統文化的研究。

在「經世學」的領域裡，本論文選擇《皇明經世文編》一書為研究焦點，其實光就這本晚明經世學鉅著而言，本論文只是拋磚之作而已。以此為起點，未來尚可繼續研究的面向極多。如同類型經世著作的相互比較，進而探討名朝各代背後「經世」思想

---

20 語見《曾國藩全集》（台北：漢苑出版社，民 65 年 3 月），〈日記・問學・辛亥七月〉，頁 359。

的異同情形；如探究晚明文人殉節、抗清、降清,「知識分子的分化和兩面性」等問題；如《皇明經世文編》涉及的單一課題研究,驛遞、海塘、治安、宮闈、皇莊等等尚未被研究過的領究；如從「晚明」擴充到晚明文化、明史文獻,乃至整個明代的「經世學」研究……。要之,在本論文研究的基礎上,可以研究的課題數量不少,很值得繼續深入探索。

　　最後,在學術研究的理論、方法、系統等等方面,筆者也深自期許自己能夠再多方充實加強,進而提昇經世學的研究境界。當代新儒學大師牟宗三先生曾提及研究學問有所謂「第一序」(first order)和「第二序」(second order)的問題。第一序指:「直接從正面敘述,把它的內容簡單地表示出來」[21],第二序指:「就著你已經有的基本知識來重新加以衡量,來看看這裏面有什麼問題」[22]。依這個標準看來,本論文第一序的工作做得遠比第二序的工作來得多些。正因為如此,未來筆者將更重視「理解」(understanding)、詮釋(interpretation)、「揀擇」(selection)和「重建」(reconstruction)等等之涉及方法論的範疇,期許傳統的「經世學」研究能與「現代化」、「國際化」接軌,為國學與傳統文化的研究注入豐富的內涵。

---

21 語見牟宗三之《中國哲學十九講》(台北:臺灣學生書局,民75年),第一講,〈中國哲學之特殊性問題〉,頁1。
22 語見牟宗三之《中國哲學十九講》(書同註21),頁1-2。

附錄一：《皇明經世文編》各類文體數量

（1）疏 1669 篇
（2）書 546 篇
（3）序 203 篇
（4）議 195 篇
（5）記 121 篇
（6）論 48 篇
（7）策 38 篇
（8）頌 29 篇
（9）咨文 25 篇
（10）奏對 24 篇
（11）立移 21 篇
（12）雜記 8 篇
（13）碑 18 篇
（14）敍 35 篇
（15）揭 25 篇

（16）雜著 31 篇
（17）說 8 篇
（18）疏揭 9 篇
（19）詔誥 9 篇
（20）考 8 篇
（21）公移 6 篇
（22）雜說 5 篇
（23）揭帖 5 篇
（24）跋 2 篇
（25）題跋 4 篇
（26）制 2 篇
（27）志 8 篇
（28）銘 2 篇
（29）敕諭 2 篇
（30）表 3 篇

（31）狀 22 篇
（32）申文 1 篇
（33）諭 1 篇
（34）封事 2 篇
（35）略 1 篇
（36）策問 1 篇
（37）檄 4 篇
（38）露布 1 篇
（39）敕 4 篇
（40）題後 7 篇
（41）贊 2 篇
（42）告示 2 篇
（43）引 1 篇
（44）傳 1 篇

附錄二：《皇明經世文編》內容分類的各項數量

（依據朱士春《明經世文編分類目錄》再加以統計）

一、政治類：1041 篇（29 門）

1.總論：共 88 篇
2.禮樂：共 2 類，18 篇
　（1）禮：11 篇
　（2）樂：7 篇
3.曆法：共 13 篇
4.用人：共 28 篇
5.薦舉：共 11 篇
6.銓政：共 24 篇
7.職官：共 4 類，62 篇
　（1）論：17 篇
　（2）閣：21 篇
　（3）京官：8 篇
　（4）外任：16 篇
8.諫諍：共 10 篇
9.彈劾：共 26 篇
10.封贈：共 11 篇
11.理財：共 29 篇
12.錢幣：共 17 篇

13.賦役：共 66 篇
14.農政：共 24 篇
15.救荒：共 27 篇
16.倉儲：共 23 篇
17.漕運：共 42 篇
18.驛遞：共 8 篇
19.鹽課：共 70 篇
20.茶課：共 10 篇
21.商稅：共 13 篇
22.市舶：共 11 篇
23.研政：共 20 篇
24.戶政：共 15 篇
　（1）戶政：3 篇
　（2）流徒：7 篇
　（3）保甲：5 篇
25.刑法：共 26 篇
26.營造：共 51 篇
　（1）總論：4 篇

　（2）城垣：20 篇
　（3）房屋：20 篇
　（4）道路：2 篇
　（5）橋梁：5 篇
27.水利：共 170 篇
　（1）黃河：66 篇
　（2）運河：33 篇
　（3）各省水利：43 篇
　（4）隄閘：23 篇
　（5）海塘：5 篇
28.地方行政：共 33 篇
29.外交：共 95 篇
　（1）朝鮮：40 篇
　（2）安南：42 篇
　（3）其它：13 篇

二、文教類：共 292 篇（10 門）

1.太學：共 9 篇　　　5.輿地：共 44 篇　　　9.紀恩：共 24 篇
2.武學：共 8 篇　　　6.著作：共 61 篇　　　10.雜文：共 55 篇
3.科舉：共 6 篇　　　7.對策：共 40 篇
4.國史：共 16 篇　　　8.歌頌：共 29 篇

三、武備類：共 1610 篇（12 門）

1.軍政：共 102 篇　　　（1）邊議：252 篇　　　（7）四川：31 篇
　（1）總論：54 篇　　　（2）邊政：118 篇　　　（8）湖廣：24 篇
　（2）操練：36 篇　　　（3）綏輯：73 篇　　　（9）江西：45 篇
　（3）賞罰：12 篇　　　（4）韃靼：111 篇　　　（10）浙江：4 篇
2.將帥：共 23 篇　　　（5）女真：19 篇　　　（11）福建：7 篇
3.軍伍：共 23 篇　　　（6）西域：30 篇　　　（12）兩廣：60 篇
4.糧草：共 36 篇　　　11.治安：共 317 篇　　　（13）雲南：10 篇
5.軍器：共 37 篇　　　（1）北直：21 篇　　　（14）貴州：70 篇
6.馬政：共 64 篇　　　（2）南直：21 篇　　　12.海防：共 232 篇
7.城堡：共 70 篇　　　（3）山東：2 篇　　　（1）倭寇：176 篇
8.屯田：共 49 篇　　　（4）山西：5 篇　　　（2）其它：56 篇
9.京營：共 24 篇　　　（5）河南：9 篇
10.邊防：共 603 篇　　　（6）陝西：8 篇

四、皇室類：共 360 篇（12 門）

1.修省：共 33 篇　　　15 篇　　　10.內供：共 46 篇
2.講學：共 13 篇　　　6.承祧：共 22 篇　　　11.皇莊：共 7 篇
3.制誥：共 4 篇　　　7.宗藩：共 59 篇　　　12.宦官：共 77 篇
4.巡幸：共 22 篇　　　8.郊祀：共 26 篇
5.宮闈（附外戚）：共　　　9.陵廟：共 36 篇

附錄三：《皇明經世文編》所收篇章、字數、評註、旁圈最多二十人

篇章最多二十名

1.張居正　101 篇
2.楊一清　51 篇
3.丘　濬　50 篇
4.徐　階　47 篇
5.楊　博　46 篇
6.王守仁　45 篇
7.劉　燾　42 篇
8.塗澤民　40 篇
9.王世貞　39 篇
10.桂　萼　38 篇

11.高　拱　37 篇
　　熊廷弼　37 篇
12.馬文升　33 篇
　　徐光啟　33 篇
13.馮　琦　30 篇
14.楊士奇　28 篇
15.王錫爵　27 篇
16.于　謙　26 篇
　　夏　言　26 篇
17.葉　盛　25 篇

　　鄭　曉　25 篇
　　翁萬達　25 篇
　　王家屏　25 篇
18.李化龍　24 篇
　　胡宗憲　24 篇
19.劉　健　23 篇
　　戚繼光　23 篇
　　葉向高　23 篇
20.林希元　22 篇

字數最多二十人

1.徐光啟　59,558 字
2.楊一清　56,176 字
3.楊　博　46,658 字
4.王守仁　45,854 字
5.張居正　45,571 字
6.龐尚鵬　43,369 字
7.王崇古　43,123 字

8.霍　韜　42,252 字
9.潘　潢　41,875 字
10.丘　濬　41,252 字
11.梁　材　40,553 字
12.王世貞　37,915 字
13.袁世振　37,146 字
14.王宗沐　34,746 字

15.胡世寧　34,089 字
16.潘季馴　33,999 字
17.王　瓊　32,824 字
18.馬文升　31,113 字
19.戚繼光　30,992 字
20.涂宗濬　30,823 字

評注最多二十人

1.徐光啟　2,127 字
2.王守仁　1,659 字
3.王世貞　1,545 字
4.張居正　1,498 字
5.楊　博　1,377 字
6.趙貞吉　1,356 字
7.高　拱　1,282 字

8.于　謙　1,195 字
9.袁世振　1,169 字
10.丘　濬　1,151 字
11.胡宗憲　1,150 字
12.劉　燾　1,135 字
13.翁萬達　1,127 字
14.林希元　1,069 字

15.毛伯溫　1,049 字
16.楊一清　1,020 字
17.熊廷弼　1,003 字
18.王宗沐　856 字
19.梁　材　835 字
20.龐尚鵬　833 字

旁圈最多二十人

1.馮　琦　3,313 字
2.楊一清　2,741 字
3.王　瓊　2,463 字
4.徐光啟　2,446 字
5.王守仁　2,171 字
6.桂　萼　1,908 字
7.胡世寧　1,783 字

8.丘　濬　1,743 字
9.林希元　1,738 字
10.熊廷弼　1,694 字
11.趙貞吉　1,640 字
12.魏時亮　1,578 字
13.霍　韜　1,500 字
14.王崇古　1,368 字

15.劉　燾　1,260 字
16.袁世振　1,239 字
17.高　拱　1,168 字
18.于　謙　1,148 字
19.王世貞　1,159 字
20.張　岳　1,121 字

附錄四：《皇明經世文編》字數最多前一百篇文章

序號	姓　名	文　章　名	字　數
1.	余　珊	〈陳言時政十漸疏〉	13,716 字
2.	侯先春	〈安邊二十四議疏〉	13,689 字
3.	倪　岳	〈會議〉	12,542 字
4.	潘　潢	〈查核邊鎮主兵錢糧實數疏〉	12,135 字
5.	王崇古	〈陝西四鎮軍務事宜務〉	11,599 字
6.	何孟春	〈陳萬言以裨修省疏〉	10,774 字
7.	霍　韜	〈第三箚〉	10,112 字
8.	林希元	〈荒政叢言疏〉	9,350 字
9.	楊守陳	〈題禮儀事疏〉	8,793 字
10.	趙貞吉	〈三幾九弊三勢疏〉	8,621 字
11.	胡　松	〈陳愚忠效末議以保萬世治安事〉	8,548 字
12.	陳于陛	〈披陳時政之要乞採納以光治理疏〉	8,492 字
13.	徐貞明	〈西北水利議〉	8,474 字
14.	龐尚鵬	〈清理鹽法疏〉	8,342 字
15.	潘季馴	〈治河節解〉	8,004 字
16.	潘　潢	〈會議第一疏〉	7,994 字
17.	呂　坤	〈摘陳邊計民艱疏〉	7,971 字
18.	蔡汝楠	〈攄愚悃言邊情贊修攘以光神武事疏〉	7,911 字
19.	曾　銑	〈復套條議〉	7,843 字
20.	余懋衡	〈敬陳邊防要務疏〉	7,640 字
21.	徐光啟	〈漕河議〉	7,634 字
22.	管志道	〈直陳緊切重大機務疏〉	7,616 字
23.	趙用賢	〈議平江南糧役疏〉	7,579 字
24.	楊俊民	〈邊餉漸增供億難繼酌長策以圖治安疏〉	7,492 字
25.	曾　銑	〈復套條議〉	7,470 字
26.	鄭　洛	〈苟陳備禦海虜事宜以弭後患疏〉	7,396 字

27.	趙　伸	〈籌邊疏〉	7,351 字
28.	鄒元標	〈敷陳吏治民瘼懇乞及時修舉疏〉	7,344 字
29.	柴　昇	〈題為陳言救時弊以弭寇盜事〉	7,288 字
30.	涂宗濬	〈奏報閱視條陳十事疏〉	7,187 字
31.	靳學顏	〈講求財用疏〉	6,928 字
32.	魏時亮	〈題為聖明加意虜防恭陳大計一十八議疏〉	6,923 字
33.	吳時來	〈目擊時艱乞破常格責實效以安邊禦虜保大業疏〉	6,902 字
34.	王崇古	〈確議封貢事宜疏〉	6,880 字
35.	陳時明	〈嚴武備以壯國威疏〉	6,743 字
36.	王宗沐	〈海運詳考〉	6,712 字
37.	林　聰	〈修德弭災二十事疏〉	6,693 字
38.	魏時亮	〈題為摘陳安攘要議以裨睿採疏〉	6,586 字
39.	王任重	〈邊務要略二〉	6,523 字
40.	楊一清	〈為經理要害邊防保固疆場事疏〉	6,498 字
41.	馮時可	〈俺答前志〉	6,418 字
42.	王任重	〈邊務要略一〉	6,403 字
43.	趙炳然	〈題為條陳邊務以裨安攘事〉	6,312 字
44.	聶　豹	〈應詔陳言以弭災異疏〉	6,303 字
45.	馬　森	〈明會計以預遠圖疏〉	6,228 字
46.	徐光啟	〈海防迂說〉	6,161 字
47.	曾　銑	〈總題該官條議疏〉	6,115 字
48.	戚繼光	〈經略廣東條陳戡定機宜疏〉	6,101 字
49.	周之龍	〈漕河說〉	6,077 字
50.	梁　材	〈議覆陝西事宜疏〉	6,032 字
51.	李化龍	〈播州善後事宜疏〉	5,992 字
52.	茅　坤	〈條上李汲泉中丞海寇事宜〉	5,964 字
53.	胡世寧	〈備邊十策疏〉	5,886 字
54.	陳以勤	〈披衷獻議少裨聖政疏〉	5,753 字
55.	倪　岳	〈論西北備邊事宜疏〉	5,750 字
56.	涂宗濬	〈請嗣封爵以順夷情疏〉	5,725 字
57.	萬　鏜	〈應詔陳言時政以裨修省疏〉	5,476 字
58.	王宗沐	〈條列議單款且永為遵守疏〉	5,437 字
59.	林　俊	〈傳奉敕諭查勘畿內田地疏〉	5,347 字
60.	邢　侗	〈東事策〉	5,303 字
61.	楊繼盛	〈早誅奸險巧佞賊臣疏〉	5,122 字
62.	馮時可	〈俺答後志〉	5,069 字
63.	陸　粲	〈擬上備邊狀〉	5,037 字

64.	王 燁	〈陳膚見以贊修攘疏〉	5,026 字
65.	謝汝儀	〈救偏弊以裕馬政事〉	5,016 字
66.	高 儀	〈議革光祿積弊疏〉	5,000 字
67.	李夢陽	〈應詔上書疏〉	4,887 字
68.	胡宗憲	〈題為陳愚見以裨邊務事疏〉	4,860 字
69.	馬 卿	〈償運糧儲疏〉	4,838 字
70.	馬文升	〈為會集廷臣計議禦虜方略以絕大患事疏〉	4,816 字
71.	郭子章	〈播平善後事宜疏〉	4,705 字
72.	王 軏	〈重開通惠河疏〉	4,698 字
73.	梁 材	〈會議王祿運糧及內府收納疏〉	4,682 字
74.	戚元佐	〈議處宗藩事宜疏〉	4,671 字
75.	曾 銑	〈議收復河套疏〉	4,631 字
76.	王 憲	〈計處清軍事宜疏〉	4,610 字
77.	劉天和	〈條陳戰守便益以圖禦虜實效疏〉	4,589 字
78.	王宗沐	〈乞廣餉道以備不虞疏〉	4,587 字
79.	許孚遠	〈請計處倭酋疏〉	4,555 字
80.	駱問禮	〈恭遇聖志勵精效涓埃以贊盛大疏〉	4,540 字
81.	龐尚鵬	〈清理甘肅屯田疏〉	4,495 字
82.	許維新	〈平陽兵事略〉	4,479 字
83.	戚繼光	〈上應詔言乞晉恩賞疏〉	4,478 字
84.	張居正	〈陳六事疏〉	4,449 字
85.	潘 潢	〈申明守令條格疏〉	4,421 字
86.	黃承玄	〈修議海防事宜疏〉	4,397 字
87.	徐 恪	〈修政弭災疏〉	4,379 字
88.	胡世寧	〈為急處重邊以安全蜀疏〉	4,311 字
89.	汪道昆	〈遼東善後事宜疏〉	4,303 字
90.	王守仁	〈浰頭捷音疏〉	4,284 字
91.	李 賢	〈上中興正本疏〉	4,241 字
92.	梁 材	〈議勘光祿寺錢糧疏〉	4,200 字
93.	魏時亮	〈議處兵戎要務疏〉	4,168 字
94.	方逢時	〈為陳邊務申虜情以定國是以永計大事〉	4,168 字
95.	徐光啟	〈擬上安邊禦虜疏〉	4,130 字
96.	張 鹵	〈陳末議以備經畫以贊安攘疏〉	4,124 字
97.	袁世振	〈鹽法議六〉	4,119 字
98.	海 瑞	〈興國縣八議〉	4,089 字
99.	吳時來	〈應詔陳言邊務疏〉	4,059 字
100.	梁材	〈議處通惠河倉疏〉	4,041 字

附錄五：補（明）謝廷楨輯
《皇明經世文編姓氏爵里總目》

一、《皇明經世文編姓氏爵里總目》收錄人物之姓名簡表（依姓名筆劃多寡排列）

姓名（編號）	姓名（編號）	姓名（編號）	姓名（編號）	姓名（編號）	姓名（編號）	姓名（編號）
三畫	王　瓊（108）	五畫	何景明（126）	李士翺（416）	周　用（137）	胡宗憲（229）
于　謙（040）	王　翱（026）	丘　濬（081）	余　珊（151）	李之藻（396）	周　忱（027）	范　珠（114）
于慎行（362）	王　鏊（111）	丘禾嘉（404）	余子俊（074）	李化龍（346）	周　敘（029）	范　濟（035）
四畫	王　驥（034）	史　道（153）	余有丁（324）	李廷機（379）	周之龍（392）	茅　坤（223）
戈　謙（411）	王九思（128）	史孟麟（352）	余懋衡（389）	李邦義（303）	周孔教（368）	韋商臣（187）
支大綸（422）	王之誥（249）	左光斗（399）	余繼登（360）	李承勛（105）	周弘禴（056）	十畫
文震孟（405）	王世貞（282）	田汝成（224）	吳　仲（427）	李東陽（069）	宗　臣（281）	倪　岳（082）
方　廉（420）	王世懋（283）	申時行（315）	吳　節（030）	李春芳（242）	岳　正（039）	原　傑（073）
方日乾（419）	王以旂（162）	白　圭（053）	吳中行（309）	李時勉（024）	林　俊（092）	唐　樞（232）
方孝孺（010）	王任重（341）	白　昂（085）	吳時來（318）	李夢陽（125）	林　潤（278）	唐　龍（171）
方良永（135）	王守仁（122）	石　珤（132）	吳桂芳（290）	李維楨（383）	林　爛（270）	唐文獻（372）
方逢時（274）	王廷相（139）	六畫	吳國倫（284）	李應昇（403）	林　聰（058）	唐順之（226）
方獻夫（167）	王邦直（220）	任　環（231）	呂　坤（342）	李攀龍（280）	林希元（152）	夏　言（182）
毛　紀（121）	王邦瑞（164）	朱　升（007）	呂光洵（188）	杜騏徵（409）	金幼孜（020）	夏良勝（145）
毛　憲（172）	王叔英（013）	朱　紘（184）	宋　訥（004）	汪　循（130）	九畫	夏原吉（017）
毛伯溫（149）	王宗沐（291）	朱　賡（359）	宋　濂（001）	汪文盛（158）	侯　綸（206）	孫　陞（212）
毛鳳韶（200）	王宗茂（257）	朱　衡（258）	宋一韓（385）	汪若霖（387）	侯先春（350）	孫　懋（136）
王　忬（246）	王家屏（326）	朱　鑑（041）	宋儀望（299）	汪道昆（285）	侯震暘（426）	孫丕揚（314）
王　直（031）	王崇之（064）	朱應登（115）	宋應昌（331）	汪應軫（173）	姚　淶（214）	孫原貞（028）
王　竑（055）	王崇古（273）	朱燮元（394）	宋懋澄（407）	沈　鍊（256）	姚　夔（071）	孫慎行（377）
王　紀（390）	王得春（304）	江　東（248）	宋　秉（054）	沈一貫（358）	姚希孟（406）	席　書（168）
王　恕（045）	王朝用（210）	七畫	李　傑（095）	沈思孝（308）	姚廣孝（014）	徐　恪（086）
王　軏（169）	王象乾（381）	何　瑭（134）	李　棠（412）	沈懋孝（336）	姜　洪（113）	徐　陟（296）
王　復（098）	王慎中（234）	何良俊（183）	李　植（347）	貝　瓊（005）	姜　寶（317）	徐　問（160）
王　越（080）	王維楨（227）	何孟春（118）	李　賓（051）	邢　侗（386）	胡　松（218）	徐　階（217）
王　禕（003）	王德完（365）	何東序（316）	李　賢（042）	阮　鶚（230）	胡　淡（022）	徐　溥（076）
王　憲（104）	王學夔（199）	何起鳴（295）	李　默（194）	八畫	胡　儼（021）	徐元泰（323）
王　燁（228）	王錫爵（327）	何喬新（078）	李三才（345）		胡世寧（123）	徐光啟（397）

徐有貞 （043）	張四維 （310）	喬　宇 （102）	楊道賓 （370）	劉定之 （062）	魏大中 （401）
徐廷章 （413）	張孚敬 （165）	屠　勳 （093）	楊繼盛 （255）	劉應秋 （353）	魏允貞 （338）
徐貞明 （329）	張邦奇 （138）	屠仲律 （245）	溫　純 （320）	歐陽鐸 （235）	魏時亮 （306）
徐學聚 （356）	張佳胤 （286）	屠應埈 （211）	萬　恭 （293）	潘　潢 （179）	十九畫
徐學謨 （289）	張居正 （277）	彭　時 （063）	萬　鏜 （141）	潘季馴 （312）	羅　玘 （117）
徐獻忠 （236）	張秉壺 （207）	彭　韶 （084）	萬士和 （269）	練子寧 （011）	羅　倫 （089）
徐顯卿 （423）	張時徹 （216）	彭　澤 （103）	萬象春 （337）	蔡汝楠 （272）	譚　綸 （275）
桂　萼 （166）	張養蒙 （349）	曾　忭 （202）	葉　盛 （072）	蔣　冕 （116）	龐尚鵬 （297）
桂彥良 （008）	張學顏 （300）	曾　銑 （213）	葉向高 （380）	蔣　曙 （163）	二十畫
柴　昇 （106）	戚元佐 （321）	程文德 （195）	葉伯巨 （009）	褚　鈇 （319）	嚴　訥 （243）
殷士儋 （264）	戚繼光 （292）	程敏政 （096）	葉春及 （302）	鄭　雒 （332）	嚴　嵩 （193）
海　瑞 （266）	曹于汴 （384）	舒　芬 （156）	葛守禮 （239）	鄭　曉 （192）	蘇　祐 （191）
涂宗濬 （367）	曹時聘 （354）	費　宏 （101）	董　玘 （142）	鄭一鵬 （186）	蘇伯衡 （006）
秦　金 （161）	梁　材 （415）	項　忠 （059）	董　越 （094）	鄭自璧 （175）	二十一畫
秦　紘 （079）	梁　儲 （109）	馮　恩 （180）	董其昌 （373）	鄭若曾 （233）	顧　清 （120）
翁大立 （259）	梅國楨 （369）	馮　琦 （363）	解　縉 （012）	鄭善夫 （140）	顧憲成 （376）
翁萬達 （197）	章　煥 （237）	馮　璋 （241）	鄒　智 （087）	十六畫	二十二畫
耿　裕 （057）	章　僑 （159）	馮時可 （357）	鄒　緝 （025）	錢　琦 （198）	龔　輝 （189）
袁　袤 （190）	章　綸 （060）	馮從吾 （424）	鄒元標 （366）	錢　梗 （428）	
袁　煒 （240）	章　懋 （414）	黃　佐 （209）	鄒守愚 （181）	錢　薇 （417）	
袁世振 （391）	許　國 （325）	黃　綰 （147）	鄒應龍 （279）	霍　冀 （276）	
馬　昂 （050）	許　進 （090）	黃　福 （023）	靳學顏 （261）	霍　韜 （170）	
馬　卿 （155）	許　論 （205）	黃廷鵠 （408）	十四畫	霍與瑕 （305）	
馬　森 （260）	許　讚 （124）	黃承玄 （393）	熊廷弼 （395）	駱問禮 （388）	
高　拱 （263）	許弘綱 （351）	十三畫	管志道 （421）	十七畫	
馬文升 （075）	許孚遠 （330）	塗澤民 （294）	閏人詮 （244）	繆昌期 （402）	
高　儀 （268）	許相卿 （185）	楊　名 （204）	趙　伸 （208）	蕭　彥 （334）	
高攀龍 （398）	許維新 （375）	楊　成 （298）	趙　錦 （287）	蕭端蒙 （247）	
十一畫	郭　登 （046）	楊　洪 （049）	趙世卿 （339）	薛　瑄 （038）	
商　輅 （044）	郭子章 （344）	楊　博 （238）	趙用賢 （328）	薛三才 （364）	
崔　銑 （144）	郭正域 （371）	楊　廉 （088）	趙南星 （378）	薛應旂 （250）	
康　海 （127）	郭惟賢 （333）	楊　慎 （157）	趙炳然 （221）	謝　遷 （100）	
康太和 （418）	陳　循 （033）	楊　溥 （032）	趙貞吉 （222）	謝汝儀 （154）	
張　文 （119）	陳于陛 （348）	楊　鼎 （052）	趙時春 （225）	蹇　義 （016）	
張　位 （335）	陳以勤 （267）	楊　榮 （019）	十五畫	鍾　同 （061）	
張　岳 （174）	陳有年 （313）	楊　漣 （400）	劉　玉 （129）	鍾羽正 （340）	
張　治 （215）	陳時明 （201）	楊　選 （178）	劉　珝 （067）	韓　文 （091）	
張　海 （065）	陳組綬 （410）	楊　爵 （203）	劉　健 （068）	韓　雍 （070）	
張　珩 （177）	陳敬宗 （036）	楊　璪 （097）	劉　基 （002）	韓大章 （429）	
張　純 （047）	陳懿典 （382）	楊一清 （110）	劉　斌 （048）	韓邦奇 （150）	
張　翀 （254）	陸　深 （146）	楊士奇 （018）	劉　鳳 （288）	十八畫	
張　袞 （176）	陸　粲 （251）	楊守陳 （077）	劉　龍 （131）	儲　巏 （099）	
張　鹵 （301）	陸　穩 （271）	楊廷和 （112）	劉　燾 （265）	叢　蘭 （107）	
張　棟 （361）	陸光祖 （311）	楊俊民 （322）	劉　麟 （133）	歸有光 （307）	
張　寧 （066）	陸樹德 （253）	楊師孔 （425）	劉大夏 （083）	聶　豹 （196）	
張　輔 （015）	陸樹聲 （252）	楊寅秋 （355）	劉天和 （148）	魏　校 （143）	
張　瀚 （262）	十二畫				魏　煥 （219）

二、謝廷楨《皇明經世文編姓氏爵里總目》及筆者案語

1.宋　濂

字景濂，浦江人，元時為翰林編修，高帝徵至金陵，除江南儒學提舉，授太子經。洪武九年，翰林學士承旨致仕，正德中諡文憲。

【案】：宋濂，號潛溪，元時雖薦授翰林編修，實以親老辭不赴，隱居東明山著書，歷十餘年。後因長孫宋慎坐胡惟庸黨伏法，舉家謫茂州，道遇疾卒。濂博極群書，孜孜聖學，為文醇深演迤，與古作者並。一代禮樂制作，多所裁定。編撰有：《宋學士全集》、《龍門子》、《浦陽人物記》、《篇海類編》、《元史》、《洪武聖政記》、《龍門子凝道記》等書。生平事跡見：《宋元學案》卷 82、《明史》卷 128、《萬斯同明史》卷 171、《明史稿》卷 123、《明名臣行錄》卷 2 等。

2.劉　基

字伯溫，青田人，元時為處州府判，棄官歸。高帝聘至金陵，吳元年拜御史中丞，三年加弘文閣學士，封誠意伯，八年賜告歸，卒。正德九年特贈太師，諡文成。

【案】：劉基，通經史，工詩文，尤精天文兵法。佐太祖滅陳友諒，平張士誠，北伐中原，統一天下。基性剛嚴，與物多忤。歸隱後，口不言功，深自韜晦，卒為胡惟庸所陷。撰有：《誠意伯劉文成公文集》、《郁離子》、《覆瓿集》、《犁眉公集》、《寫情集》、《春秋明經》、《國初禮賢錄》、《白猿經風雨占候說》、《清類天文分野之書》、《披肝露膽經》、《佐元直指圖解》、《演禽圖訣》、《多

能鄙事》等書。生平事跡見：《明史》卷 128、《萬斯同明史》卷 171、《明史稿》卷 123 等。

3.王 禕

　　字子充，義烏人，元時上書，時宰不報，隱青巖山。戊戌徵至金陵，署中書省掾，累官翰林侍制。洪武五年六月，使雲南被害。建文元年，贈翰林院學士，奉議大夫，諡文節。開國以來，文臣得諡者，自公始。正統六年，改諡忠文。

　　【案】：王禕，幼聰慧，及長，師柳貫、黃溍，遂以文章名世。太祖召授江南儒學提學，後知南康府事，多惠政。洪武初，上疏言祈天永命，在忠厚寬大，雷霆霜雪，可暫而不可常。帝不能盡從也。修《元史》時，與宋濂同為總裁。撰有：《大事記續編》、《重修革象新書》、《王忠文公集》、《青巖叢錄》、《華川卮詞》等書。生平事跡見：《明史》卷 289、《萬斯同明史》卷 376、《明史稿》卷 270、《明名臣言行錄》卷 4、《明詩紀事》甲籤卷 5、《宋元學案》卷 70 等。

4.宋 訥

　　字仲敏，滑縣人，元時舉進士，洪武十三年徵至，除國子助教。十五年，初置殿閣大學士，遂以公為文淵閣臣，後遷祭酒，最稱職。二十三年卒于官，年八十。正德中諡文恪。

　　【案】：宋訥，號西隱，元至正進士，任鹽山尹，棄歸。明洪武二年，以儒士徵，預修《禮》、《樂》諸書。任國子祭酒時，嚴立學規，勤於講解。十八年復開進士科，所取士，國子監生占三之二。撰有：《西隱集》等書。生平事跡見：《明史》卷 137、《萬斯同明史》卷 178、《明史稿》卷 125 等。

5.貝 瓊

　　字廷琚，崇德人，隱居殳山。洪武初，徵修《元史》，累官國

子助教博士。

【案】：貝瓊，一名闕，一字廷臣，號清江。元末避亂殳山，博覽經史，尤工於詩。撰有：《清江文集》、《清江詩集》等書。生平事跡見：《明史》卷 137、《萬斯同明史》卷 386、《明史稿》卷 266、《明詩綜》卷 6、《明詩紀事》甲籤卷 6 等。

6.蘇伯衡

字平仲，或曰名平仲，字伯衡，子由九世孫，金華人。元鄉貢進士，入明選為國子學錄，陞學正，擢國史編修，以疾辭。二十一年，徵為考試官，復辭歸，以壽終于家。

【案】：蘇伯衡，博涉群籍，善古文，有名聲。《明史》載其與宋濂同鄉，濂致仕，薦伯衡代。後伯衡任處州教授時，坐箋表之誤，下吏死。二子恬、怡救父，并被刑。撰有：《蘇平仲集》、《空同子瞽說》等書。生平事跡見：《明史》卷 285、《萬斯同明史》卷 386、《明史稿》卷 226、《明詩綜》卷 4、《明詩紀事》甲籤卷 13 等。

7.朱 升

字允升，休寧人，元鄉貢進士，王師下徽州召見，吳元年授翰林侍講學士、知制誥，同修國史。洪武二年致仕。

【案】：朱升任翰林時，受命與諸儒修《女誡》，采古賢后妃事可法者編纂成書。太祖大封功臣，制詞多升撰，時稱典核。升自幼力學，至老不倦，尤邃經學，所作諸經旁注，辭約義精，學者稱楓林先生。撰有：《楓林集》、《周易旁注圖說》、《尚書旁注》、《楓林類選小詩》等書。生平事跡見：《明史》卷 136、《明史稿》卷 124、《國朝獻徵錄》卷 20、《明名臣言行錄》卷 5、《本朝分省人物考》卷 36 等。

8.桂彥良

初名德稱，以字行，慈谿人，元鄉貢進士。洪武六年，徵至闕下，擢太子正字。十一年，授晉王府右傳，十三年，罷王府傳相，改長史司右長史，十八年，以疾，賜歸。

【案】：桂彥良，號清溪。元鄉貢進士，仕至包山書院山長。洪武時為太子正字，後至左長史，上《太平治安十二策》，帝嘉其文通達事體，有裨治道，譽為「通儒」。撰有：《清節》、《清溪》、《山西》、《拄笏》、《老拙》等書。生平事跡見：《宋元學案》卷93、《明史》卷137、《萬斯同明史》卷178、《明史稿》卷125、《明詩綜》卷4等。

9.葉伯巨

字居升，寧海人，以明經陞入太學，分較平遙縣。洪武九年應詔陳言，觸上怒，瘐死獄中。

【案】：葉伯巨，洪武間星變，下詔求言，伯巨上《萬言書》言分封太侈、求治太急、用刑太繁，帝大怒，謂其離間骨肉，下獄，病死，追謚忠愍。生平事跡見：《明史》卷 139、《萬斯同明史》卷 179、《明史稿》卷 139、《國朝獻徵錄》卷 113、《國朝名世類苑》卷 25 等。

10.方孝孺

字希直，一字希古，寧海人。洪武十五年，以薦召見，二十五年，又以薦授漢府教授，蜀獻王聘為師。建文即位，召為侍講學士，比定官制，改為文學博士。靖難起，中朝詔檄，皆出公手，遂死節焉，萬曆時賜謚正學。

【案】：方孝孺，克勤子，從宋濂學，及門知名士，盡出所下。恆以「明王道、致太平」為己任。燕師入，詔使草詔，孝孺衰絰至，號哭徹殿陛，成祖降榻勞之，顧左右授筆札曰：「詔非先生草

不可！」孝孺擲筆於地曰：「死即死耳，詔不可草！」遂磔於市，姻族親友坐誅者數百人。學者稱正學先生，福王時追謚文正。撰有：《侯成集》、《希古堂稿》、《遜志齋集》、《方正學先生集》、《雜誠》等書。生平事跡見：《明史》卷 141、《萬斯同明史》卷 183、《明史稿》卷 132、《國朝獻徵錄》卷 20、《明詩綜》卷 16、《明儒學案》卷 43 等。

11.練子寧

名安，以字行，新塗人，洪武十八年進士第二，擢翰林修撰，陞副都御史、工部侍郎。建文即位，陞吏部，又改御史大夫，死於靖難。

【案】：練子寧，子高子，性忠烈，能文章。惠帝時，累官御史，執法不撓。燕兵入，子寧縛至，語不遜，斷其舌曰：「吾欲效周公輔成王。」手探舌血，大書地上曰：「成王安在？」遂被磔死。族其家，姻親俱戍邊。弘治中，王佐刻其遺文曰《金川玉屑集》，李夢陽又刻「金川書院」以祀之。撰有：《金川玉屑集》、《練中丞集》等書。生平事跡見：《明史》卷 141 等。

12.解　縉

字大紳，吉水人，洪武二十一年進士，以庶吉士、改御史，坐罪歸。凡數年，以違詔奔喪，謫海州衛吏。建文元年，召人翰林待詔，靖難後，召入文淵閣，以論交阯失旨，遂出為參議。永樂八年入奏事，會上北征，公為高煦所奏，下詔獄。十三年卒。

【案】：解縉，解編之弟。洪武間，曾草疏《萬言》指斥時政，帝稱其才。成祖入京，擢侍讀，命與黃淮、楊士奇等入直文淵閣，預機務，累進翰林學士，兼右春坊大學士。後以贊立太子，為漢王高煦所惡，竟逮下詔獄死。撰有：《文毅集》、《古今列女傳》、《解學士集》、《天潢玉牒》、《永樂大典》、《春雨雜述》等書。生平事

跡見：《明史》卷 147、《萬斯同明史》卷 194、《明史稿》卷 137、《明詩紀事》乙籤卷 3、《明詩綜》卷 17、《明名臣言行錄》卷 17 等。

13.王叔英

　　字元采，黃巖人，洪武二十年薦起，累官翰林修撰。靖難兵起，公奉詔至廣德州，遂自經。楊文貞，其所薦士也。

　　【案】：王叔英，一說名原采，以字行。洪武中為僊居訓導，擢知漢陽縣。建文立，詔為翰林修撰，上《資治八策》。燕兵至，奉命募兵廣德，知事不可為，乃沐浴具衣冠，書《絕命詞》，自經死。學者稱靜學先生。撰有：《靜學文集》等書。生平事跡見：《明史》卷 143、《明史稿》卷 132、《萬斯同明史》卷 186、《國朝獻徵錄》卷 21、《明名臣言行錄》卷 7、《明詩紀事》乙籤卷 1 等。

14.姚廣孝

　　初名天僖，長洲人，至正間為僧，改名宗衍，字斯道。洪武四年，詔取高僧，公至金陵，未幾，從燕王之國靖難，兵起軍中，進止皆公參贊，悉中機宜，改為左善世、陞少師，復姓改今名。上令蓄髮，懇辭。十六年，卒。贈太師、榮國公，諡恭靖。

　　【案】：姚廣孝，又號逃虛老人、獨菴老人、嬾閣翁等。工詩、畫。事道士席應真，得其陰陽術數之學，以勸燕王反，錄功第一。年八十四卒。編撰有：《逃虛子集》、《太祖實錄》、《永樂大典》等書。生平事跡見：《明史》卷 145 等。

15.張　輔

　　祥符人，河間忠武王子也，以靖難功歷陞指揮同知，初封新城侯。三下交南，進封英國公。正統十四年，死于土木之難，景泰元年，贈定興王，諡忠烈。

　　【案】：張輔，玉長子，字文弼，永樂間為右副將軍，平安南，

以其地內屬，封英國公。師還，安南復叛，輔往，復大破之，前後凡四至交阯，為交人所畏。歷事四朝，與蹇、夏、三楊等同心輔政，海內宴然。生平事跡見：《明史》卷 154、《萬斯同明史》卷 192、《明史稿》卷 136、《國朝耆獻類徵》卷 5 等。

16.蹇　義

字宜之，巴人，洪武十八年進士，授中書舍人。建文即位，陞吏部右侍郎。靖難後，轉左仕至吏部尚書，正統元年，卒，贈太師，諡忠定。

【案】：蹇義，初名瑢，奏事稱旨，帝問：「汝蹇叔後乎？」頓首不敢對。帝嘉其篤誠，為更名「義」。義熟典故，達治體。成祖朝，輔皇太子監國，軍國事皆倚辦。歷事五朝，並見委重。編撰有《仁宗實錄》、《寶訓》等書。生平事跡見：《明史》卷 149、《萬斯同明史》卷 196、《明史稿》卷 139、《國朝獻徵錄》卷 24、《明名臣言行錄》卷 18、《皇明名臣言行錄》卷 1、《本朝分省人物考》卷 108 等。

17.夏原吉

字維喆，湘陰人。由鄉薦授戶部主事。建文即位，陞右侍郎，靖難後，轉左進尚書，永樂時治水江南，諫北征，繫內官監。仁廟即位，復戶部尚書，宣德五年卒，贈太師，諡忠靖。

【案】：夏原吉，其先德興人，後家湘陰。歷事五朝，累官戶部尚書。宣宗時入閣，預機務，為政能持大體，為一代名臣。撰有：《夏忠靖公集》、《萬乘肇基錄》等書。生平事跡見：《明史》卷 149、《萬斯同明史》卷 196、《明史稿》卷 139 等。

18.楊士奇

初名遇，以字行，泰和人，建文以薦舉，除吳府審理副。靖難後，改編修、入直文淵閣，文皇北征，兩下公獄，卒釋之。累

官少師，兵部尚書。正統八年，卒，贈太師，諡文貞。

【案】：楊士奇，早孤力學，授徒自給。建文初，用薦入翰林，為編纂事，尋試吏部第一。成祖即位，累官左春坊大學士，進少傅。宣宗崩，皇太子方九齡，內庭頗有異議，士奇請見皇太子於文華殿，頓首稱萬歲，群臣皆賀，浮議乃止。正統中，進少師，以子稷下獄，憂死。士奇雅善知人，如推轂寒士，所薦達有初未識面者，居官廉能，為天下最。編撰有：《三朝聖諭錄》、《奏對錄》、《歷代名臣奏議》、《文淵閣書目》、《太祖實錄》、《代言錄》、《東里全集》等書。生平事跡見：《明史》卷 148、《萬斯同明史》卷 195、《明史稿》卷 138 等。

19.楊　榮

初名子榮，字勉仁，建文二年進士，為翰林編修。靖難後，召七臣入內閣，公年最少，上更名榮。以公曉暢軍旅，累從出塞，進文淵閣大學士、工部尚書，陞少傅，卒贈太師，諡文敏。

【案】：楊榮，字勉仁，性機警，有才智，見事敏捷，謀而能斷。歷仕成、仁、宣、英四朝，並見倚重。與楊士奇、楊溥並入閣，世稱「三楊」。撰有：《後北征記》、《楊文敏集》等書。生平事跡見：《明史》卷 148 等。

20.金幼孜

名善，以字行，新淦人，建文元年進士乙科，授戶科給事中。靖難後，入內閣，屢從北征，榆木川之變，實護喪焉。累官太子少保、禮部尚書，宣德六年卒，贈少保，諡文靖。

【案】：金幼孜，號退庵。幼孜簡易靜默，寬裕有容，眷遇雖隆而自處益謙，名其宴居之室曰「退庵」。疾革時，家人囑請身後恩，不聽，曰：「此君子所恥也！」撰有：《北征錄》、《金文靖集》、《春秋直指》、《春秋要旨》等書。生平事跡見：《明史》卷 147、

《萬斯同明史》卷 194、《明史稿》卷 137、《國朝獻徵錄》卷 12、《沈氏皇明名臣言行錄》卷 29、《明人小傳》卷 1、《本朝分省人物考》卷 62、《明詩綜》卷 17、《明詩紀事》乙籤、卷 3 等。

21.胡 儼

字若思，南昌人，洪武二十年，鄉舉會試乙科，授華亭教諭，永樂初，授翰林檢討，與解縉等七人同入閣，尋出為國子祭酒。洪熙元年，以太子賓客致仕，年八十三，卒。

【案】：胡儼，號頤庵，少嗜學，於天文、地理、律曆、醫卜，無不究覽，兼工畫、書。永樂初，儼入翰林，歷官國子祭酒，朝廷大著作，多出其手。居國學久，以身率教，動有師法。撰有：《頤庵集》、《頤庵文選》等書。生平事跡見：《明史》卷 147、《萬斯同明史》卷 194、《明史稿》卷 137、《國朝獻徵錄》卷 12、《明詩紀事》乙集、卷 3 等。

22.胡 濙

字源潔，武進人，建文二年進士。永樂中為給事中，累官禮部尚書，加少傅。天順元年，卒，年八十九，謚忠安。

【案】：胡濙，號芝軒，又號潔庵。歷事六朝，垂六十年，中外稱耆德。濙節儉寬厚，喜怒不形於色，能以身下人。在禮部久，表賀祥瑞，以官當首署名，人因謂其性善承迎。南城人龔謙多妖術，濙薦為天文生；又薦道士仰彌高曉陰陽兵法，使守邊，時頗譏之。撰有：《芝軒集》等書。生平事跡見：《明史》卷 169、《萬斯同明史》卷 214、《明史稿》卷 139、《皇明通紀直解》卷 5、《國朝獻徵錄》卷 33 等。

23.黃 福

字如錫，昌樂人，元鄉貢士。洪武中，上書論大計，上奇其才，三十一年超陞工部右侍郎。永樂初，郡縣交阯，公以尚書總

理藩憲。宣德中，累陞至南京戶部尚書，兼掌兵部留都，有文臣參贊機務，自公始也。正統五年卒，諡忠宣。

【案】：黃福，號後樂翁。鎮交趾，在任十九年，民敬慕如父。福歷事六朝，多所建白，憂國忘家，老而彌篤。撰有：《黃忠宣集》、《安南水程日記》、《安南事宜》等書。生平事跡見：《明史》卷154、《萬斯同明史》卷199、《明史稿》卷136、《皇明通紀直解》卷4、《國朝獻徵錄》卷31、《國朝名世類苑》卷1、9、11、15、26、32、35、《今獻備遺》卷9、《皇明名臣琬琰錄》卷18、《明名臣言行錄》卷18、《王氏皇明名臣言行錄》卷1、《沈氏皇明名臣言行錄》卷4、《昭代明良錄》卷10、《皇明人物考》卷3、《國朝列卿記》卷15、34、49、61、62、68、102、《明人小傳》卷1、《本朝分省人物考》卷72、98、《明詩綜》卷17、《明史竊》卷42、《皇朝名臣言錄》卷1、《續藏書》卷9、《明詩紀事》乙籤、卷3、《列朝詩集小傳》乙集等。

24.李時勉

名懋，以字行，安福人。永樂二年進士，以庶吉士授刑部主事，讒搆下獄，二十一年出獄，復其官。獻陵即位，公具疏諫，上怒縛至便殿，命力士捶十八，爪折其肋，幾死。明日改監察御史，明日又下獄。宣德元年，上以公觸仁考，怒命斬公西市，公得見上，上憐之，復其官，尋陞學士。正統三年，陞祭酒。景泰元年卒，諡文毅。

【案】：李時勉，號古廉。時勉童時，冬寒，以衾裹足，納桶中，誦讀不已。永樂時，與修《太祖實錄》，改翰林侍讀，性剛鯁，慨然以天下為己任。時勉為祭酒六年，列格、致、誠、正四號，訓勵甚切。崇廉恥、抑奔競，別賢否，示勸懲。諸生貧不能婚葬者，節省餐錢為贍給。督令讀書，燈火達旦，吟誦聲不絕，人才

盛於昔時。初謚文毅，成化五年，以其孫顒請，改謚忠文，贈禮部侍郎。撰有：《古廉集》等書。生平事跡見：《明史》卷 163、《萬斯同明史》卷 215、《明史稿》卷 143、《蘭臺法鑒錄》卷 3、《明人小傳》卷 1、《明詩綜》卷 18、《明詩紀事》乙籤、卷 9 等。

25.鄒　緝

字仲熙，吉水人，洪武中，以明經薦舉，永樂時，官至左庶子。

【案】：鄒緝，《明史》載其永樂中累官翰林待講，進「右」庶子，非「左」庶子，三殿災，緝上疏極陳時缺失，凡數千言，幾得禍。緝博極群書，居官勤慎，清操如寒士。其在東宮，所陳皆正道。撰有《素菴集》等書。生平事跡見：《明史》卷 164、《萬斯同明史》卷 206、《明史稿》卷 150、《國朝獻徵錄》卷 19、《明名人傳》卷 20、《明人小傳》卷 1、《本朝分省人物考》卷 64、《明詩綜》卷 17、《明詩紀事》乙籤、卷 5、《列朝詩集小傳》乙集等。

26.王　翱

字九皋，沿山人，永樂十三年進士，以翰林院庶吉士，歷陞僉都御史。正統初，鎮守江西四年，贊理松番六年，鎮陝西七年，提督遼東軍務，遂留撫十二年。出塞破虜，尋陞左都御史。景泰三年，召還臺，加宮保。成化三年致仕，卒贈太保，謚文蕭。

【案】：王翱，「鹽」山人。在銓部時，謝絕請謁，公餘宿直廬，非歲時朔望謁先祠，未嘗歸私第。每引選，或值召對侍郎代選歸，雖暮，必至署閱所選，惟恐有不當也。論薦不使人知，曰吏部豈快恩怨地耶？自奉儉素，景帝知其貧，為治第鹽山。《明史》載其謚為「忠肅」。生平事跡見：《明史》卷 177、《萬斯同明史》卷 226、《明史稿》卷 160、《明名臣言行錄》卷 23、《蘭臺法鑒錄》卷 5、《本朝分省人物考》卷 6 等。

27.周 忱

字恂如，吉水人，永樂二年進士，改庶吉士，授刑部主事。宣德五年，擢工部右侍郎，巡撫江南，凡在任二十二年，累陞戶部尚書，卒年七十三，謐文襄。

【案】：周枕，號雙崖。忱有經世才，浮沉郎署二十年，人無知者，獨夏原吉奇之。後以大學士楊榮薦，陞右侍郎，巡撫江南，總督稅糧，當時言理財者，無出枕右。其治以愛民為本，濟農倉之設也，雖與民為期約，至時多不追取。其所弛張變通，皆可為後法，諸府餘米數多至不可校，公私饒足，施及外郡。當地百姓為建立祠，處處祀之。編撰有：《永樂大典》、《雙崖集》等書。生平事跡見：《明史》卷153、《萬斯同明史》卷199、《明史稿》卷142等。

28.孫原貞

初名瑀，以字行，德興人，永樂十三年進士，授禮部主事。正統中，歷陞布政，以平盜功，進兵部尚書，巡撫浙江。天順初，致仕，成化十一年卒。

【案】：孫原貞撰有：《歲寒集》等書。生平事跡見：《明史》卷172、《萬斯同明史》卷213、《明史稿》卷156等。

29.周 敘

字功敘，吉水人，永樂十六年進士，累官至翰林侍講學士，雖以文學為職，尤注意國事，前後章論剴切。

【案】：周敘，一字「公」敘。年十一，能詩。永樂十六年，作《黃鸚鵡賦》稱旨，授編修。敘負氣節，篤行誼，曾祖以立在元時以宋、遼、金三史體例未當，欲重修。敘思繼先志，正統末請於朝，詔許自撰，詮次數年，未及成而卒。編撰有：《石溪文集》、《唐詩類編》、《詩學梯航》等書。生平事跡見：《明史》卷152、

《萬斯同明史》卷 233、《明史稿》卷 143 等。

30.吳　節

　　字與儉，安福人，宣德五年進士，由庶吉士。景泰、天順中，歷陞太常寺卿，兼侍讀學士，尋致仕，成化十七年卒，賜祭葬。

　　【案】：吳節撰有：《南雍舊志》、《吳竹坡詩文集》等書。生平事跡見：《國朝獻徵錄》卷 20 等。

31.王　直

　　字行儉，永樂二年進士，庶吉士。宣德初，進少詹，正統八年為吏部尚書，裕陵復位，請老去，卒年八十四，贈太保，諡文端。

　　【案】：王直，伯貞子，又號抑菴。歷仕仁、宣二朝，在翰林二十餘年，與王英齊名，並稱西王、東王。撰有：《抑菴集》等書。生平事跡見：《明史》卷 169、《萬斯同明史》卷 214、《明史稿》卷 139、《國朝獻徵錄》卷 24、《明名臣言行錄》卷 19、《明詩紀事》乙籤、卷 8 等。

32.楊　溥

　　字弘濟，石首人，建文二年進士，為翰林編修。靖難後，為東宮洗馬，上北征，官僚輒下獄，公一繫十年。獻陵即位，釋陞太常卿兼學士，入內閣，累陞至少保。統十一年，卒，贈太師，諡文定。

　　【案】：楊溥，與楊士奇、楊榮並稱三楊，以居第目士奇曰「西楊」，榮曰「東楊」，而溥嘗自署郡望曰南郡，因號為「南楊」，溥質直廉靜，無城府，性恭謹。每入朝，循牆而走，諸大臣論事爭可否，或至違言，溥平心處之，諸大臣皆歎服。時謂士奇有學行，榮有才識，溥有雅操，皆人所不及云。撰有：《水雲錄》等書。生平事跡見：《明史》卷 148、《萬斯同明史》卷 195、《明史稿》卷

138、《國朝獻徵錄》卷 12、《明名臣言行錄》卷 17、《明人小傳》卷 1、《本朝分省人物考》卷 79、《明詩綜》卷 17 等。

33.陳　循

字德遵，太和人，永樂進士第一，拜修撰。景泰初，累遷學士，入內閣，進戶部侍郎，再進尚書，英廟復辟，謫戍遼東，天順五年釋歸。

【案】：陳循，永樂十三年進士第一。景帝朝嘗集古帝王行事，名「勤政要典」上之。後因事上言，多足採者。然久居政地，刻躁為士論所薄。英宗復位，于謙、王文死，杖循百，戍鐵嶺衛。成化中，于謙事雪，循子引例請卹，乃復官賜祭。撰有：《芳洲集》、《東行百詠集句》、《勤政要典》等書。生平事跡見：《明史》卷168、《萬斯同明史》卷 216、《明史稿》卷 153、《皇明通紀直解》卷 6、《國朝獻徵錄》卷 13、《國朝名世類苑》卷 21、42、46、《國朝列卿記》卷 12、20、《內閣行實》卷 3、《明人小傳》卷 1、《本朝分省人物考》卷 64、《明詩綜》卷 18、《明詩紀事》乙籤、卷11、《列朝詩集小傳》乙集、《靜志舍詩話》卷 6 等。

34.王　驥

字尚德，束鹿人，永樂四年進士，由兵科給事中，歷仕順天府尹。宣德二年，陞行在兵部侍郎，坐事下獄，尋復陞尚書。正統二年，總甘涼軍務，虜引去。六年征雲南大捷，封靖遠伯。天順元年，復兼兵部尚書加祿，四年卒，年八十三，贈侯，謚忠毅。

【案】：王驥，長身偉幹，便騎射，剛毅有膽，曉暢戎略。麓川之役，總督軍務，踰孟養至孟　　海。地在金沙江西，去麓川千里，為自古兵力所不至。諸蠻震怖，凡三征麓川。年七十餘，仍躍馬食肉，盛聲伎如故。生平事跡見：《明史》卷 171、《明史稿》卷 146、《國朝獻徵錄》卷 9、《明名臣言行錄》卷 26 等。

35.范　濟

元末人，入明，因事謫戍興戈州衛。宣德初，上書言事，上感其言，擢為司訓。

【案】:生平事跡見:《明史》卷 164、《萬斯同明史》卷 210、《明史稿》卷 150 等。

36.陳敬宗

字光世，慈谿人，永樂二年進士，改庶吉士，累官至南京國子監祭酒，凡在任二十餘年，諸生多位至卿貳，公獨久不調，意豁如也。天順三年卒，年八十三，謚文定。

【案】:陳敬宗，號澹然居士，澹菴居士，又號休樂老人。編撰有:《永樂大典》、《澹然集》、《五經四書大全》等書。生平事跡見:《明史》卷 163、《萬斯同明史》卷 215、《明史稿》卷 143、《皇明通紀直解》卷 5、《國朝獻徵錄》卷 74、《國朝名世類苑》卷 2、9、11、15、30、《今獻備遺》卷 17、《明名臣言行錄》卷 27、《皇明名臣琬琰錄》卷 2、《王氏皇明名臣言行錄》卷 1、《國朝名臣言行錄》卷 1、《沈氏皇明名臣言行錄》卷 5、《昭代明良錄》卷 10、《皇明人物考》卷 4、《國朝列卿記》卷 160、《明人小傳》卷 1、《靜志居詩話》卷 6、《明儒言行錄續編》卷 1、《本朝分省人物考》卷 39、47、《明詩綜》卷 18、《明史竊》卷 61、《皇朝名臣言行錄》卷 2、《明書》卷 121、《續藏書》卷 19、《明詩紀事》乙籤卷 9、《列朝詩集小傳》乙集等。

37.劉　球

字求永，安福人，永樂十九年進士，由禮部主事，改翰林侍講，王振忌公，死于獄。景泰初，贈翰林學士，謚忠愍。

【案】:劉球為王振所害，狀甚慘。《明史》載，王振屬指揮馬順殺球，順深夜攜一小校，持刀至球所，球方臥起立，大呼太

祖、太宗，頸斷體猶植，遂支解之，瘞獄乃下。編撰有：《兩溪文
集》、《宣宗實錄》、《隸韻》等書。生平事跡見：《明史》卷 162、
《萬斯同明史》卷 219、《明史稿》卷 147 等。

38.薛　瑄

　　字德溫，河津人，永樂二十年進士，擢御史。正統元年初，
設提學憲臣，公出為山東僉事，尋召大理少卿，三楊欲公一見瑢
振，公正色拒之。振誣公，繫獄十四年，起大理丞，禦虜北門。
復辟，以禮部侍郎兼大學士入內閣，天順八年卒，謚文清。

　　【案】：薛瑄，號敬軒，少能詩，為學一宗程、宋，明理復性，
尤重躬行實踐，後世稱為河東派。撰有：《讀書錄》、《從政名言》、
《薛文清集》、《薛子道論》等書。生平事跡見：《明史》卷 282、
《萬斯同明史》卷 224、《明史稿》卷 159、《國朝獻徵錄》卷 13、
《明名臣言行錄》卷 28、《明人小傳》卷 1、《本朝分省人物考》
卷 100、《明詩綜》卷 18、《明史竊》卷 72、《明詩紀事》乙籤卷
12、《明儒學案》卷 7、《列朝詩集小傳》乙集等。

39.岳　正

　　字季方，正統十三年進士，及第，授編修。天順元年，改修
撰，尋召入內閣。曹石忌公才，以飛語中之，不數月，內批除欽
州同知，復為其黨中公私事，下公獄，謫戍肅州。曹石恐上思公，
放歸田，陞興化知府，三年致仕，未幾卒。嘉靖中，贈太常卿，
謚文肅。

　　【案】：岳正，自號蒙泉，學者稱蒙泉先生。正長身美鬚髯，
大學士李東陽、御史李經皆其壻也。正博學能文章，高自期許，
氣屹屹不能下人。在內閣才二十八日，勇事敢言，便殿論奏，至
唾濺帝衣。撰有：《深衣注疏》、《類博雜言》、《類博稿》等書。生
平事跡見：《明史》卷 176、《萬斯同明史》卷 124、《明史稿》卷

159、《國朝獻徵錄》卷 13 等。

40.于　謙

字廷益，錢塘人，永樂十九年進士。宣德元年授御史，從討漢庶人，巡按江西五年，陞兵部右侍郎，巡撫晉豫時，年三十三。上北狩，公輔郕王，景泰時加兵部尚書、太子太保，復辟後，以搆誅。成化二年，復公官。弘治三年特贈太傅，謚肅愍，後改忠肅。

【案】：于謙，《明史》贊論云：「于謙為巡撫時，聲績表著，卓然負經世之才。及時遭艱虞，繕兵固圍，景帝既推心置腹，謙亦憂國忘家，身繫安危，志存宗社，厥功偉矣！變起奪門，禍機猝發，徐、石之徒出力而擠之死，當時莫不稱冤。然有貞與亨、吉祥相繼得禍，皆不旋踵，而謙忠心義烈，與日月爭光，卒得復官賜卹，公論久而後定，信夫！」于謙撰有：《于忠肅集》等書。生平事跡見：《明史》卷 170、《萬斯同明史》卷 214、《明史稿》卷 153、《國朝獻徵錄》卷 38、《明名臣言行錄》卷 23 等。

41.朱　鑑

號簡齋，晉江人，永樂十五年，鄉舉。正統十三年，以僉都御史、巡撫山西。十四年，移守鴈門，尋陞副都，仍前任，景泰三年致仕。

【案】：朱鑑生平事跡見：《明史》卷 172、《萬斯同明史》卷 222、《明史稿》卷 149、《國朝獻徵錄》卷 55 等。

42.李　賢

字原德，鄧州人，宣德八年進士。正統元年，授驗封主事，陞選郎。十四年，扈駕土木。景帝立陞兵部右侍郎，尋改戶部。天順元年，入內閣，曹石譖公，與武功伯同下獄，尋釋，調福建參政，瀕辭，仍留吏部侍郎，進尚書。八年，太子即位，進少保。

成化二年，外艱，詔起復，是年冬卒，贈太師，諡文達。

　　【案】：李賢，舉鄉試第一。憲宗時，石亨、曹吉詳用事，賢顧忌不敢盡言，然每從容論對，所以裁抑者甚多。陳論持大體，尤以惜人才、開賢路為急。憲、孝之世，名臣相望，猶多賢所識拔。撰有：《明一統志》、《古穰集》、《古穰雜錄》、《天順日記》等書。生平事跡見：《明史》卷176、《萬斯同明史》卷224、《明史稿》卷159、《明人小傳》卷1、《明詩綜》卷20、《國朝獻徵錄》卷13等。

43.徐有貞

　　初名珵，後改今名，字元玉，吳人，宣德八年進士，改庶吉士。景帝即位，擢御史。四年，河決，陞僉都御史，治河績最著，後以奪門功，陞兵部尚書，封武功伯，世指揮使，入內閣。為曹石所譖，下獄，謫廣東參政，行至德州，復逮，詔獄，論斬，會災變，得宥，編置金齒，後賜歸田，卒于吳。

　　【案】：徐有貞，初名珵，字元五，號天全。土木堡事變時，言南遷事，見惡朝列，遂改今名。誣殺于謙、王文，中外側目。善畫山水。撰有：《武功集》等書。生平事跡見：《明史》卷171、《萬斯同明史》卷216、《明史稿》卷153、《國朝獻徵錄》卷10、《明詩綜》卷20等。

44.商　輅

　　字弘載，淳安人，宣德乙卯發解，正統九年會試，十年廷試，皆第一。景帝監國，入內閣，歷陞太常寺卿，兼翰林學士，天順復辟，除名。成化二年，驛召至京，復入內閣，累陞吏部尚書，謹身殿學士。十三年，加少保，致仕，卒贈太傅，諡文毅。

　　【案】：商輅，號素庵，鄉試、會試、殿試皆第一，終明之世，三試第一者，輅一人而已。輅為人平粹簡重，寬厚有容，至臨大

事，決大議，毅然莫能奪。撰有：《商文毅疏稿略》、《蔗山筆塵》、《商文毅公集》等書。生平事跡見：《明史》卷 176、《萬斯同明史》卷 224、《明史稿》卷 159 等。

45.王　恕

字宗貫，三原人，正統十三年進士，改庶吉士，累遷江西、河南布政使。成化元年，陞右副都御史。正德六年，進尚書，卒，年九十三，贈太師，謚端毅。

【案】：王恕，號石渠、一號介庵。在朝剛正清嚴，始終一致，所引薦皆一時名臣。撰有：《玩易意見》、《王端毅奏議》、《王介菴奏稿》、《王端毅文集》、《石渠意見》、《王端毅公奏議》、《石鐘山志》等書。生平事跡見：《明史》卷 182、《萬斯同明史》卷 238、《明史稿》卷 165、《明名臣言行錄》卷 32、《蘭臺法鑒錄》卷 3、《明儒學案》卷 9 等。

46.郭　登

字元登，武定侯英諸孫也，永樂二十二年充勳衛。正統初，屢立戰功，陞指揮僉事，十四年，上北狩，公守大同。景泰初，曾以八百騎破虜數萬，戰功第一，歷陞左都督，封定襄伯。天順元年，奪爵尋謫，戍未幾，召還，充團營總兵，卒贈侯，謚忠武。

【案】：郭登，幼英敏，及長，博聞強記，善議論，好談兵。儀觀甚偉，髯垂過腹。為將紀律嚴明，料敵制勝，動合機宜。生平事跡見：《明史》卷 173、《萬斯同明史》卷 217、《明史稿》卷 155、《國朝獻徵錄》卷 10、《明名臣言行錄》卷 26、《王氏皇明名臣言行錄》卷 4、《沈氏皇明名臣言行錄》卷 13、《昭代明良錄》卷 6、《皇明人物考》卷 2、《皇明詞林人物考》卷 3、《明人小傳》卷 1、《本朝分省人物考》卷 17、《明詩綜》卷 20、《明史竊》卷 93、《皇朝名臣言行錄》卷 3、《明書》卷 98、《列朝詩集小傳》乙

集等。

47.張　純

江陵人，永樂十九年進士。景泰三年，為左副都御史，尋陞南兵部尚書。天順元年，致仕卒。

【案】：張純，字志中。宣德初授監察御史，擢右僉都御史，巡撫畿郡，考察郡吏，風紀肅然，陞兵部尚書。純以忠愛為心，故上言皆帝王養民之事，及鰥寡顛連之狀，得大臣體。居官四十年，致仕。撰有：《新河成疏》、《存愚錄》、《泉河紀略》等書。生平事跡見：《國朝獻徵錄》卷 42 等。

48.劉　斌

順義人，正統十年進士，景泰中為給事中。

49.楊　洪

六合人，祖政以軍功世漢中百戶公，嗣官。調開平，累功陞都指揮。正統元年，以都督守獨石，十三年，封昌平伯，十四年，上北狩，公守宣府，坐事下獄，尋出公禦虜，有功，進封侯。景泰二年，還鎮宣府，卒贈穎國公，謚武襄。

【案】：楊洪，字宗道。御卒嚴肅，士馬精強，諸部憚之，呼為「楊王」。然未嘗專殺，又頗好文學。《明史》載其謚號為「武毅」。生平事跡見：《明史》卷 173、《萬斯同明史》卷 217、《明史稿》卷 155、《國朝獻徵錄》卷 10 等。

50.馬　昂

字志高，滄洲人，由鄉舉入國學，薦陞監察御史。正統八年，陞副都御史，參贊甘肅軍務，尋致仕。景泰四年，薦起總督軍務，巡撫兩廣。天順二年，陞兵部尚書，四年致仕，卒贈少保，謚恭襄。

【案】：馬昂生平事跡見：《萬斯同明史》卷 404、《國朝獻徵錄》卷 28、《國朝名世類苑》卷 1、15、《今獻備遺》卷 10、《皇

朝人物考》卷 4、《國朝列卿記》卷 32、47、59、72、107、122、125、130、《蘭臺法鑒錄》卷 6、《本朝分省人物考》卷 6、《明書》卷 154、《萬姓統譜》卷 85 等。

51.李　賓

字廷用，順義人，正統十年進士，授御史。景泰時，歷陞副都御史。天順初年，以平曹吉祥之亂，進左都、加太子少保。成化十三年致仕，弘治十八年卒，贈太子太保，諡襄敏。

【案】：李賓生平事跡見：《國朝獻徵錄》卷 54 等。

52.楊　鼎

字宗器，咸寧人，正統四年進士，授翰林院編修，常建言修飭戒備、通漕、三邊，不果行，胡虜大舉，詔公撫守近畿，經略有功，累遷至戶部尚書。成化十五年致仕，二十一年卒，諡莊敏。

【案】：楊鼎，家貧力學，舉鄉、會試第一。正統四年，殿試第二。鼎居侍從，雅欲以功名見，同輩誚其迂，鼎益自信也。鼎居戶部侍廉，然性頗拘。生平事跡見：《明史》卷 157、《萬斯同明史》卷 228、《明史稿》卷 152、《國朝獻徵錄》卷 28、《明名人傳》卷 13、《本朝分省人物考》卷 103 等。

53.白　圭

南宮人，正統七年進士，除監察御史，尋陞湔江布政。天順改元，轉都御史，巡撫湖廣，累陞兵部尚書，以軍功進太子少保，十一年卒。

【案】：白圭，字宗玉。任御史時，巡按江西 辨疑獄百餘。性簡重，公退即閉閣臥，請謁皆不得通。卒諡恭敏。生平事跡見：《明史》卷 172、《萬斯同明史》卷 229、《明史稿》卷 156、《國朝獻徵錄》卷 38、《國朝列卿記》卷 47、62、111、112、114、127 等。

54.李　秉

　　字執中，曹州人，正統元年進士，為監察御史。景泰二年，公以僉都參贊宣府軍務，總督邊儲，繼巡撫遼東。成化二年，以軍功加太子少保，還臺，四年為吏部尚書，五年致仕，卒，諡襄敏。

　　【案】：李秉，少孤力學，為人誠心直道，夷險一節，與王竑並負重望。去尚書後，家居二十年，中外薦疏十餘上，竟不起。弘治二年，卒，贈太子太保。生平事跡見：《明史》卷 177、《萬斯同明史》卷 226、《明史稿》卷 160、《國朝獻徵錄》卷 24 等。

55.王　竑

　　字公度，江夏人，正統四年進士，初為戶科給事中。景泰初，陞僉都御史，守居庸二年，總漕淮上，兼巡撫，清理鹽法。復辟，謫浙江參政，尋除名。天順五年，起公兵部尚書，未幾，去位卒，正德中，諡莊毅。

　　【案】：王竑，初號其室曰戇庵，既歸，改曰休庵，杜門謝客，鄉人希得見。先是鳳陽、淮安、徐州大水，道殣相望，竑上疏奏，不待報、開倉振之，活民至百八十五萬餘人，淮人立祠祀之。生平事跡見：《明史》卷 177、《國朝獻徵錄》卷 38 等。

56.周弘謨

　　字堯謨，長寧人，正統十年進士，歷官翰林宮坊。成化十四年，陞禮部右侍郎，十六年，陞尚書，二十三年，加太子少保。弘治元年致仕，三年卒，諡文安。

　　【案】：《明史》作周洪謨，周「弘」謨、周「洪」謨，二者實為同一人。洪謨博聞強記，善文詞，熟國朝典故，喜談經濟。洪膜矜莊寡合，與萬安同鄉，安居政府時，頗與之善，至是言官先後論奏，致仕歸。撰有：《箐齋讀書錄》、《南皋子集》、《箐齋集》、

《群經辨疑錄》等書。生平事跡見：《明史》卷 184、《萬斯同明史》卷 241、《明史稿》卷 168 等。

57.耿 裕

字好問，平定人，景泰五年進士，由庶吉士為工科給事中，以父清惠公在內臺，改檢討。成化二十二年，進禮部尚書，尋改南。弘治元年，召尚書禮部，六年，復尚書吏部。弘治八年卒，贈太保，謚文恪。

【案】：耿裕，刑部尚書耿九疇（即清惠公）之子。裕為人坦夷諒直，諳習朝章，秉銓數年，無愛憎，亦不徇毀譽，詮政稱平。自奉澹泊，兩世貴盛，父子並名德稱。生平事跡見：《明史》卷 183、《萬斯同明史》卷 238、《明史稿》卷 166、《皇明通紀直解》卷 7、《國朝獻徵錄》卷 24 等。

58.林 聰

字季聰，寧德人，正統四年進士，由刑科給事中。景泰三年，議易儲，忤旨改司直。裕陵復辟，超陞都御史，巡撫大同，累陞刑部尚書，太子少保，卒贈少保，謚莊敏。

【案】：林聰，任都給事中時，天下多故，聰慨概論事，無所諱。為諫官時，嚴重不可犯，實恂恂和易，不為嶄絕之行，以故不肖者畏之，而賢者多樂就焉。景泰時，士人夫激昂論事，朝多直臣，率聰與葉盛為之倡。生平事跡見：《明史》卷 177、《萬斯同明史》卷 227、《明史稿》卷 160 等。

59.項 忠

字藎臣，嘉興人，正統七年進士，授刑部主事。扈上北狩，羈虜中飼馬，走七晝夜，達宣府，陞陝西按察使。天順三年，以副都御史，留撫四年，討平土達滿四，六年討荊襄流民，累陞兵部尚書。汪直惡公，落職，尋直敗，復官，卒贈太子太保，謚襄毅。

　　【案】：項忠，號喬松。忠倜儻多大略，練戎務，彊直不阿，敏於政事，故所在著稱。生平事跡見：《明史》卷 178、《萬斯同明史》卷 229、《明史稿》卷 161、《皇明通紀直解》卷 7、《國朝獻徵錄》卷 38、《國朝名世類苑》卷 2、6、16、30、33、34、38、44、46、《明名臣言行錄》卷 10、《皇明人物考》卷 4、《國朝列卿記》卷 47、56、72、111、112、116、127、《明名人傳》卷 22、《本朝分省人物考》卷 44、《明詩綜》卷 20、《明史竊》卷 51、《皇朝名臣言行錄》卷 3、《明書》卷 100、《續藏書》卷 16、《靜志居詩話》卷 7 等。

60.章　綸

　　字太綸，樂清人，正統四年進士，為南京禮部主事，屢有論建。景泰中疏言上皇、汪后及沂王，上怒，下公獄。復辟，拜禮部侍郎，尋改南京吏部。成化十二年卒，特贈尚書，謚恭毅。

　　【案】：章綸，《明史》載其字為「大經」。綸性戇厚直，好直言，不為當事者所喜。為侍郎二十年，不得遷，請老去，久之卒。撰有：《拙齋集》、《困志集》等書。生平事跡見：《明史》卷 162、《萬斯同明史》卷 219、《明史稿》卷 147、《皇明通紀直解》卷 6、《國朝獻徵錄》卷 37 等。

61.鍾　同

　　字世京，永豐人，景泰二年進士，三年授御史，每陳時政闕失，因被杖，凡三下獄，竟死獄中。後贈大理寺左寺丞，謚恭愍。

　　【案】：鍾同撰有：《恭愍遺文》等書。生平事跡見：《明史》卷 162、《萬斯同明史》卷 219、《明史稿》卷 147、《國朝獻徵錄》卷 65、《國朝名世類苑》卷 2、46、《今獻備遺》卷 21、《明名臣言行錄》卷 21、《皇明名臣琬琰錄后》卷 11、《王氏皇明名臣言行錄》卷 2、《沈氏皇明名臣言行錄》卷 10、《昭代明良錄》卷 16、

《皇明人物放》卷 5、《蘭臺法鑒錄》卷 9、《本朝分省人物考》卷 66、《明史竊》卷 88、《皇朝名臣言行錄》卷 2、《明書》卷 106、《續藏書》卷 23 等。

62.劉定之

字主靜，永新人，正統元年進士，由翰林編修歷陞通政司參議，兼侍讀。成化二年，召入內閣，累進禮部侍郎，凡三年，卒，贈禮部尚書，諡文安。

【案】：劉定之，號呆齋，正統元年會試第一。定之幼有異稟，父授之書，日誦數千言，不令作文，一日偶見所為《祀　文》，大異之。定之謙恭質直，以文學名一時。嘗有中旨命製《元宵詩》，內使卻立以俟，據案伸紙，立成七言絕句百首。又嘗一日草九制，筆不停書。有質宋人名字者，就列其世次，若譜系然，人服其敏博。撰有：《易經圖釋》、《宋論》、《呆齋集》、《否泰錄》、《文安策略》等書。生平事跡見：《明史》卷 176、《萬斯同明史》卷 224、《明史稿》卷 159 等。

63.彭　時

字純道，安福人，正統十三年進士第一，歷官翰林侍讀，與商輅同入內閣。景泰初，以憂去。天順元年，復入內閣。成化五年，進吏部尚書、大學士如故。十一年，陞少保，卒贈太傅，諡文憲。

【案】：彭時，立朝三十年，孜孜奉國，持正存大體。公退，未嘗以政語子弟，有所論薦，不使其人知。時燕居無惰容，服御儉約，無聲樂之奉，非其義不取，有古大臣風云。撰有：《可齋雜記》、《彭文憲集》等書。生平事跡見：《明史》卷 176、《萬斯同明史》卷 224、《明史稿》卷 159、《國朝獻徵錄》卷 13 等。

64.王崇之

北直滑縣人，天順元年進士。

【案】：王崇之，字守節，天順進士。擢御史，北虜數寇遼陽，戰備廢弛，士若飢寒。崇之按遼，調劑振作，切中機宜。時中官汪直巡邊，貪橫不道，撫鎮以下，望風重賄，獨崇之不屈。直中傷之，謫廷安府推官。生平事跡見：《蘭臺法鑑錄》卷 10 等。

65.張　海

字文淵，德州人，成化三年進士，由戶科給事中，累陞順天府尹，弘治二年陞兵部侍郎，未幾，降山西參政，弘治十年，致仕卒。

【案】：張海，生平事跡見：《國朝獻徵錄》卷 40 等。

66.張　寧

字靖之，海鹽人，景泰五年進士，拜給事中，英宗將大用之，為大臣所忌，陞汀州知府，尋卒。

【案】：張寧，號方洲。寧才高，負志節，善章奏，聲稱籍甚。英宗嘗欲重用之，不果。久居諫恒，不為大臣所喜，既出守，益鬱鬱不得志，以病免歸。家居三十年，言者屢薦，終不復召。撰有：《方洲雜言》、《奉使錄》、《方洲集》等書。生平事跡見：《明史》卷 180、《萬斯同明史》卷 234、《明史稿》卷 163、《明名臣言行錄》卷 27、《明人小傳》卷 1、《明詩綜》卷 21 等。

67.劉　珝

字叔溫，壽光人，正統十三年進士，由庶吉士累陞侍講。成化十年，陞吏部左侍郎，明年兼翰林學士，入內閣，累進太子太保，謹身殿大學士，公惡鄙萬安，卒為所中，二十一年致仕去，仕贈太保，諡文和。

【案】：劉珝，號古直。成化間充講官，珝每進講，反覆開導，

詞氣侃侃，聞者為悚。學士劉定之稱為講官第一。憲宗亦愛重之，每呼「劉先生」，賜印章一文曰「嘉猷贊翊」。珝性疎直，自以宮寮舊臣，遇事無所回護。撰有：《劉古直集》等書。生平事跡見：《明史》卷168、《萬斯同明史》卷222、《明史稿》卷153等。

68.劉　健

字希賢，洛陽人，天順四年進士，授編修。成化中，累陞少詹。弘治元年，陞禮部侍郎，召入內閣，累進至少傅。十八年，進左柱國，支正一品俸。正德初，逆瑾恨公，奪公官，瑾誅，得復致仕，嘉靖時卒，年九十四，贈太師，諡文靖。

【案】：劉健，亮子，少端直，與同邑閻禹錫、白良輔遊，得河東薛瑄之傳。健器局嚴整，正己率下。朝退，僚屬私謁，不交一言。許進七人欲推焦芳入吏部，健曰老夫不久歸田，此座即焦有，恐諸公俱受其害耳。後七人果為焦所擠。東陽以詩文引後進，海內士皆抵掌談文學，健若不聞，獨教人治經窮理，其事業光明俊偉，明世輔臣，鮮有比者。編撰有：《英宗實錄》、《晦庵集》等書。生平事跡見：《明史》卷181、《萬斯同明史》卷237、《明史稿》卷164等。

69.李東陽

字賓之，茶陵人，以神童，景帝召見，成化三年進士，由翰林庶吉士累陞侍講學士。弘治八年入內閣，十一年以太子出閣，加太子少師，禮部尚書，兼文淵閣大學士。正德初，劉、謝皆去，公獨留，尋致仕，正德□□年，卒，贈太師，諡文正。

【案】：李東陽，四歲能作徑尺書，景帝召試之，甚喜，抱置膝上，賜果鈔。東陽事父淳，有孝行。初官翰林時，常飲酒至夜深，父不就寢，忍寒待其歸，自此終身不夜飲於外。為文典雅流麗，朝廷大著作多出其手。工篆隸，書碑版，篇翰流播四裔。獎

成後進，推挽才彥，學士大夫出其門者，悉粲然有所成就。自明興以來，宰臣以文章領袖縉紳者，楊士奇後，東陽而已。立朝五十年，清節不渝。既罷政居家，請詩文書篆者填塞戶限，頗資以給朝夕。一日，夫人方進紙、墨，東陽有倦色，夫人笑曰，今人設客，可使案無魚菜耶？乃欣然命筆，移時而罷，其風操如此。東陽卒正德十一年，享年七十。撰有：《懷麓堂集》、《懷麓堂詩話》、《燕對錄》、《東祀錄》、《新舊唐書雜論》、《聯句錄》等書。生平事跡見：《明史》卷 181、《萬斯同明史》卷 237、《明史稿》卷 164、《國朝獻徵錄》卷 14、《明名臣言行錄》卷 14、《明人小傳》卷 2、《明詩綜》卷 22、《明詩紀事》丙籤、卷 1、《列朝詩集小傳》丙集等。

70.韓　雍

　　字永熙，吳人，正統七年進士，為監察御史，景泰時以薦陞僉都御史，巡撫江西，年未三十。天順二年，巡撫大同，戎政大治，七年，陞兵部侍郎。天順末年，坐事左遷。成化元年，以都御史贊理兩廣軍務，討平斷藤峽，開府梧州，公得承制專決，尋引疾歸，卒年五十三，諡襄毅。

　　【案】：韓雍撰有：《襄毅文集》等書。生平事跡見：《明史》卷 229、《萬斯同明史》卷 229、《明史稿》卷 161、《國朝獻徵錄》卷 58、《國朝名世類苑》卷 3、5、9、11、15、30、32、43、45、《明名臣言行錄》卷 25、《昭代明良錄》卷 10、《皇明人物考》卷 6、《國朝列卿記》卷 52、79、94、103、107、124 · 125、《蘭臺法鑒錄》卷 8、《本朝分省人物考》卷 19、《明詩綜》卷 20、《明史竊》卷 53、《皇朝名臣言行錄》卷 2、《明書》卷 100、《續藏書》卷 16、《明詩紀事》乙籤、卷 17 等。

71.姚 夔

字大章，桐廬人，正統七年進士，為吏科給事中。景泰初，超陞南京禮部侍郎。成化七年，滿九載，加太子少保，未幾，卒，贈少保，諡文敏。

【案】：姚夔，鄉、會試皆第一。夔才器宏遠，表裏洞達，朝議未決者，夔一言立決。其在吏部，留意人才，不避親故。撰有：《姚文敏集》、《飲和堂集》等書。生平事跡見：《明史》卷177、《萬斯同明史》卷226、《明史稿》卷160等。

72.葉 盛

字與中，崑山人，正統十年進士，由兵科給事中。景泰三年，陞參政，督宣府軍餉。天順二年，召為僉都御史，巡撫兩廣。成化五年，陞禮部侍郎，改吏部，卒年五十五，諡文莊。

【案】：葉盛，號涇東道人，盛清修積學，尚名檢，薄嗜好，家居出入，常徒步。生平慕范仲淹，堂寢皆設其像，志在君民，不為身計，有古大臣風。撰有：《水東日記》、《菉竹堂稿》、《涇東稿》、《兩廣奏草》、《葉文莊奏疏》、《菉竹堂書目》等書。生平事跡見：《明史》卷177、《萬斯同明史》卷227、《明史稿》卷160、《皇明通紀直解》卷7、《明詩紀事》乙籤、卷17、《國朝獻徵錄》卷26等。

73.原 傑

字子英，陽城人，正統十年進士，由監察御史，歷陞右副都御史，巡撫山東，尋督撫江西，兼撫荊襄，進南京兵部尚書。成化十三年卒，贈太子少保，諡襄敏。

【案】：原傑，撫治荊襄流民，頗著功績，死時，鄖襄民為立祠。生平事跡見：《明史》卷159、《萬斯同明史》卷231、《明史稿》卷149、《國朝獻徵錄》卷42等。

74.余子俊

字士英，青神人，景泰二年進士，初授戶部郎，歷陞副都御史，巡撫延綏。十三年為兵部尚書，凡兩出總督。二十三年以左都御史致仕，卒年六十一，贈太保，諡肅敏。

【案】：余子俊，祥子。子俊沈毅寡言，有偉略，凡奏疏公移，必自屬草，每夜分方寢。嘗曰：謀國當身任利害，豈得遠怨市恩，為自全計。故榆林始事，怨讟叢起，子俊持之益堅，竟以成功，為數世利。性孝友，居母憂時，令子寬毋會試，曰非律令，吾心不忍也。生平事跡見：《明史》卷 178、《萬斯同明史》卷 229、《明史稿》卷 161、《國朝獻徵錄》卷 38 等。

75.馬文升

字負圖，鈞州人，景泰二年進士，為御史巡晉楚有名，累官至太子太師、吏部尚書，正德三年致仕，五年卒，贈太傅，諡端肅。

【案】：馬文升，貌瓌奇、多力，有文武才，長於應變，朝端大議，往往待之決。功在邊鎮，外國皆聞其名，尤重氣節、厲廉隅，直道而行，雖遭讒詬，屢起婁仆，迄不少貶。撰有：《馬端肅奏議》、《馬端肅三記》等書。生平事跡見：《明史》卷 182、《萬斯同明史》卷 238、《明史稿》卷 165、《皇明通紀直解》卷 7、《國朝獻徵錄》卷 14、24、《今獻備遺》卷 31、《明名臣言行錄》卷 31、《王氏皇明名臣言行錄》卷 5、《皇朝名臣言行錄》卷 3、《明書》卷 124、《皇朝名臣言行錄》卷 3、《沈氏皇明名臣言行錄》卷 15、《皇明人物考》卷 4、《蘭臺法鑒錄》卷 9、《明人小傳》卷 1、《本朝分省人物考》卷 85、《皇朝中州人物志》卷 9、《明詩綜》卷 21、《明史竊》卷 57、《續藏書》卷 16、《明詩紀事》丙籤、《國朝列卿記》卷 25、47、72、92、101、119、127、《國朝名世類苑》卷 2、6、14、19、21、26、28、32、33、36、38、42、43、45、

46 等。

76.徐　溥

字時用，宜興人，景泰五年進士，累官吏部侍郎。泰陵即位，入內閣，陞尚書。弘治七年，加少傅，十一年卒，贈太傅，諡文靖。

【案】：徐溥，號謙齋，性凝重有度，居內閣十二年，從容輔導，愛護人才，屢遇大獄，及逮繫言官，委曲調濟，安靜守成，天下陰受其福。撰有：《謙齋文錄》等書。生平事跡見：《明史》卷 181、《萬斯同明史》卷 237、《明史稿》卷 164、《國朝獻徵錄》卷 14、《明名臣言行錄》卷 29、《明詩綜》卷 21 等。

77.楊守陳

字維新，鄞人，景泰二年進士，由司經洗馬陞吏部侍郎，屢疏請老，以尚書致仕。成化末，卒，諡文懿。

【案】：楊守陳，號鏡川。祖範有學行，嘗誨守陳以精思實踐之學。孝宗時，上疏言帝王治世之道，帝深嘉納。編撰有：《憲宗實錄》、《文華大訓》等書。生平事跡見：《明史》卷 184、《萬斯同明史》卷 243、《明史稿》卷 168、《國朝獻徵錄》卷 26、《明名臣言行錄》卷 35、《皇明名臣言行錄》卷 2、《明人小傳》卷 1、《本朝分省人物考》卷 47、《明詩綜》卷 21 等。

78.何喬新

字廷秀，廣昌人，景泰五年進士，初授南禮部主事。成化十七年，陞副都御史，巡撫山西，督三關兵事，尋召為刑部尚書，請老，卒，諡文肅。

【案】：何喬新，文淵子，號椒丘。喬新學行、政事莫不優，忠勤剛介，老而彌篤。撰有：《元史臆見》、《周禮集注》、《策府群玉》、《勳賢琬琰集》、《椒丘集》等書。生平事跡見：《明史》卷 183、《萬斯同明史》卷 239、《明史稿》卷 166 等。

79.秦　紘

　　字世纓，單人，景泰二年進士，初為南京御史，劾中官，降北黃驛丞，累陞參政。成化十八年陞僉都御史，總制兩廣軍務。四年，陞南京戶部尚書，十一年，致仕。十四年，召公以原官兼憲職，巡撫陝西，加太子少保，十八年，卒，贈少保，諡襄毅。

　　【案】：秦紘，廉介絕俗，妻孥菜羹麥飯常不飽，性剛果勇，於除害不自顧慮，士大夫識與不識，稱為偉人。生平事跡見：《明史》卷 178、《萬斯同明史》卷 240、《明史稿》卷 161、《皇明通紀直解》卷 7、《國朝獻徵錄》卷 28 等。

80.王　越

　　字世昌，濬人，景泰二年進士，為御史，有名。天順末，以副都御史，巡撫大同。成化初，歷陞左都御史，掌院事。十三年，加太子太保、兵部尚書，屢出大同，以軍功封威寧伯。十八年，奪公封，編管陸安。弘治十年，起公總制寧夏、甘涼軍務，加少保，兼太子太傅，十一年，卒軍中，贈太傅，諡襄敏。

　　【案】：王越，號慥慥齋、雲山老懶等，長身多力，善射，涉書史，有大略。越姿表奇偉，議論飆舉，久歷邊鎮，身經十餘戰，知情敵偽，及將士勇怯，出奇制勝，動有成算。獎拔士類，籠罩豪傑，用財若流水，以故人樂為用。撰有：《王襄敏集》、《玉太傅集》等書。生平事跡見：《明史》卷 171、《萬斯同明史》卷 223、《明史稿》卷 146、《明名臣言行錄》卷 26、《蘭臺法鑒錄》卷 9、《明詩紀事》乙籤卷 18 等。

81.丘　濬

　　字仲源，瓊山人，景泰五年進士，由庶吉士累陞禮部侍郎，掌國子監事。弘治元年，陞禮部尚書。四年，加太子太保，兼文淵閣大學士，入內閣，八年卒，贈太傅，諡文莊。

　　【案】：丘濬，號深菴，又號瓊臺、瓊山先生。濬幼孤，母李氏教之，讀書過目成誦。家貧無書，嘗走數百里借書，必得乃已。濬廉介，所居邸第極湫溢，四十年不易。性嗜學，既老，右目失明，猶披覽不輟。然濬議論好矯激，聞者駭愕。撰有：《大學衍義補》、《大學衍義遺稿》、《朱子學的》、《家禮義節》、《投筆記》、《舉鼎記》、《羅囊記傳奇四種》、《英宗實錄》、《瓊台集》、《五倫全備忠孝記》等書。生平事跡見：《明史》卷 181、《萬斯同明史》卷 237、《明史稿》卷 164 等。

82.倪　岳

　　字舜咨，錢塘人，天順元年進士，歷陞侍讀學士。成化十三年，召入吏部，為尚書，十四年，卒，贈少保，諡文毅。

　　【案】：倪岳，謙子，號清谿，岳好學，文章敏捷，博綜經世之務。岳與父俱官翰林，俱諡文。撰有：《清谿漫稿》等書。生平事跡見：《明史》卷 183、《萬斯同明史》卷 181、《明史稿》卷 131、《國朝獻徵錄》卷 24 等。

83.劉大夏

　　字時雍，華容人，天順八年進士，為庶吉士授兵部職方郎中。弘治六年，以浙江左布政擢右副都御史，治河十年。虜入塞，以戶部侍郎出經畫。十三年，總督兩廣，尋陞兵部尚書。正德元年致仕，劉瑾矯制，下公獄，尋赦歸。瑾誅，復官，卒贈太保，諡忠宣。

　　【案】：劉大夏，仁宅子。大夏官職方郎中，通曉兵事，以疾歸，築草堂東山下以讀書，時稱東山先生。大夏嘗言，居官以己為先，不獨當戒利，亦當遠名。又言人生蓋棺論定，一日未死，即一日憂責未已。安南使者入貢，曰聞劉尚書戍邊，今安否？其為外國所重如此。撰有：《東山詩集》、《劉忠宣公集》等書。生平

事跡見：《明史》卷 182、《萬斯同明史》卷 239、《明史稿》卷 165 等。

84.彭　韶

字鳳儀，莆田人，天順元年進士，為刑部郎，建言兩下詔獄。成化六年，陞四川按察使，歷陞都御史，巡撫江南。順天、弘治初，入為吏部侍郎，四年，尚書刑部，六年致仕，卒，贈太子少保，諡惠安。

【案】：彭韶，號從吾。韶秉節無私，事關大體，皆抗疏極論，貴戚近習深疾之。撰有：《政書》、《彭惠安集》、《政訓》、《天曹日錄》等書。生平事跡見：《明史》卷 183、《萬斯同明史》卷 239、《明史稿》卷 166、《明詩綜》卷 22、《國朝獻徵錄》卷 44 等。

85.白　昂

武進人，天順元年進士，累官左都御史。成化七年，為刑部尚書，加太子太保。十二年致仕，十六年卒，贈太保，諡康惠。

【案】：白昂，字廷儀，性謙厚。嘗因災異，以全大信六事上疏僉內臺，入風紀臺，後官至掌邦刑，有平恕老成之譽。生平事跡見：《國朝獻徵錄》卷 44、《國朝列卿記》卷 56、72、80、94、95、102、142，《本朝分省人物考》卷 27、《掖垣人鑒》卷 8 等。

86.徐　恪

字公肅，常熟人，成化二年進士。以葉文莊疏薦，擢御史。十一年，陞湖廣參議，累官至工部侍郎，卒。

【案】：徐恪，性剛正，所至抑豪右，怯奸弊。及為巡撫，以所部多王府，持法尤嚴，宗人多不悅。去巡撫時，吏民罷市，泣送數十里不絕。生平事跡見：《明史》卷 185、《萬斯同明史》卷 244、《明史稿》卷 167、《國朝獻徵錄》卷 53、《明詩綜》卷 24 等。

87.鄒　智

字汝愚，合州人，成化廿三年進士，為庶吉士，巳酉以公妄言朝政，下獄。彭韶辭疾不判，免遷石城所吏目，總督秦紘重之，特遣督鹽，年二十六卒。

【案】：鄒智，號立齋，年十二能文，家貧，讀書焚木葉繼晷者三年。智詩文多發於至性，不假修飾，真氣流露。天啟初，追諡忠介。撰有：《立齋遺文》等書。生平事跡見：《明史》卷 179、《萬斯同明史》卷 246、《明史稿》卷 162、《皇明通紀直解》卷 9、《國朝獻徵錄》卷 22、《今獻備遺》卷 36、《明名臣言行錄》卷 38、《王氏皇明名臣言行錄》卷 10、《國朝名臣言行略》卷 3、《沈氏皇明名臣言行錄》卷 21、《昭代明良錄》卷 15、《皇明人物考》卷 6、《皇明應諡名臣備考錄》卷 3、《明人小傳》卷 2、《本朝分省人物考》卷 108、《明詩綜》卷 25、《明史竊》卷 89、《皇朝名臣言行錄》卷 4、《明書》卷 107、《續藏書》卷 21 等。

88.楊　廉

字方震，豐城人，成化十四年進士，由庶吉士拜給事中，累陞禮部侍郎，晉尚書，卒諡文恪。

【案】：楊廉，崇子，崇受業於吳與弼門人胡九韶。廉承家學，早以文行稱。廉與羅欽順善，為居敬窮理之學，文必根六經，自禮、樂、錢穀至星曆、算數，具識其本末，學者稱月湖先生。撰有：《月湖集》、《大學衍義節略》、《皇明名臣言行錄》等書。生平事跡見：《明史》卷 282、《萬斯同明史》卷 255、《明史稿》卷 264、《明人小傳》卷 2、《明詩綜》卷 25 等。

89.羅　倫

字彝正，永豐人，成化二年進士第一，授翰林修撰，時起復大學士李公賢，公抗疏劾之，遂落職，提舉泉州市舶司，四年召

還原官，改南京翰林院供職，十四年卒，諡文毅。

【案】：羅倫，號一峯。倫為人剛正，嚴於律己，義所在，毅然必為，於富貴名利泊如也。里居倡行鄉約，相率無敢犯。倫以金牛山人跡不至，築室著書其中，四方從學者甚眾，學者稱一峯先生。撰有：《一峰集》等書。生平事跡見：《明史》卷 179、《萬斯同明史》卷 245、《明史稿》卷 162、《明詩紀事》丙籤卷 5、《明儒學案》卷 45 等。

90.許　進

字季升，靈寶人，成化二年進士，除監察御史，巡甘肅、山東。弘治元年，以僉都御史，巡撫大同。九年，陞右都御史，撫陝西，尋以戶部侍郎，提督大同軍務。正德初，為兵部尚書，後改吏部，為劉瑾所惡，除籍。瑾誅，復官致仕，卒贈太子太保，嘉靖初，諡襄毅。

【案】：許進，號東崖，撫大同，士馬強盛，兵防修整。貢使每入關，率下馬脫弓矢入館，俛首聽命。進以才見用，能任人，性通敏，劉瑾弄權，稍委蛇，然瑾終惡之，以此去位。撰有：《平番始末》等書。生平事跡見：《明史》卷 188、《萬斯同明史》卷 250、《明史稿》卷 170、《皇明通紀直解》卷 8、《國朝獻徵錄》卷 24 等。

91.韓　文

字貫道，洪洞人，成化二年進士，為給事中，劾汪直，考訊幾死，出為湖廣參議，累官都御史，兵部尚書。弘治初，召為戶部尚書，正德初，瑾矯詔奪公官，尋逮詔獄，瑾誅，復官，致仕。嘉靖初，加太子太保，賜詔存問，卒贈太傅，諡忠定。

【案】：韓文，韓琦之後。文凝厚雍粹，居常抑抑，至臨大事，剛斷無所撓。文司國計二年，力持大體，務為國惜財，力遏權幸。

撰有：《忠定公集》等書。生平事跡見：《明史》卷 186、《萬斯同明史》卷 248、《明史稿》卷 170、《皇明通紀直解》卷 8、《國朝獻徵錄》卷 29、61、《今獻備遺》卷 31、《明名臣言行錄》卷 36、《王氏皇明名臣言行錄》卷 10、《國朝名臣言行錄》卷 3、《沈氏皇明名臣言行錄》卷 22、《皇明人物考》卷 5、《國朝列卿記》卷 29、33、50、111、120、129、《明人小傳》卷 2、《本朝分省人物考》卷 4、100、《明詩綜》卷 24、《明史竊》卷 48、《皇明名臣言行錄》卷 4、《明書》卷 107、《續藏書》卷 17、《明詩紀事》丙籤卷 5、《靜志居詩話》卷 8、《國朝名世類苑》卷 3、10、11、14、19、24、28、33、36、46 等。

92.林　俊

字待用，莆田人，成化三年進士，起家為郎，建言逮獄，尋復官，按權璫罪三，封還詔書，及為巡撫都御史，兩平大寇，累官刑部尚書。嘉靖初卒，贈太子少保，諡貞肅。

【案】：林俊，號見素、雲莊等。俊歷事四朝，抗辭敢諫，以禮進退，始終一節。撰有：《西征集》、《見素文集》等書。生平事跡見：《明史》卷 194、《萬斯同明史》卷 267、《明史稿》卷 178、《明詩綜》卷 25 等。

93.屠　勳

字元勳，平湖人，成化五年進士，累官至刑部尚書。正德十一年卒，諡康僖。

【案】：屠勳，號東湖，書室名太和堂。弘治初，官大理少卿，平定漳州溫文進之亂。撰有：《太和堂集》等書。生平事跡見：《萬斯同明史》卷 249、《國朝獻徵錄》卷 44 等。

94.董　越

字尚矩，寧都人，成化五年進士。弘治十三年，仕至南京工

部尚書，卒贈太子少保，諡文熙。

　　【案】：董越，成化五進士及第第三人，入直經筵，出使朝鮮。多所撰述，官至翰林學士，南京工部尚書。撰有：《圭峰文集》、《使東日錄》、《朝鮮賦》、《朝鮮雜志》等書。生平事跡見：《國朝獻徵錄》卷 52、《國朝列卿記》卷 20、45、63、《本朝分省人物考》卷 69、《明詩紀事》丙籤卷 6、《列朝詩集小傳》丙集等。

95.李　傑

　　字世賢，常熟人，成化二年進士，改庶吉士，授編修，累官禮部侍郎。正德元年，改禮部尚書，忤逆瑾意，致仕卒。

　　【案】：生平事跡見：《國朝獻徵錄》卷 33 等。

96.程敏政

　　字克勤，休寧人，成化二年進士，弘治十一年任詹事，尋加禮部右侍郎，卒贈禮部尚書。

　　【案】：程敏政，信子。敏政十歲以神童薦，詔讀書翰林院，學士李賢、彭時咸愛重之，李賢以女妻焉。敏政文章古雅，名臣子，才高、負文學，常俯視儕偶，頗為人所疾。撰有：《新安文獻志》、《明文衡》、《宋遺民錄》、《真西山心經附注》、《宋紀受終考》、《詠史集解》、《唐氏三先生集》等書。生平事跡見：《明史》卷 286 等。

97.楊　璿

　　字叔璣，無錫人，正統四年進士，授戶部主事，歷陞副都御史，撫治荊襄，改撫北直，節制邊關，巡撫河南。成化十四年卒，賜葬祭。

　　【案】：楊璿，號宜閑，撰有：《楊宜閑文集》等書。生平事跡見：《國朝獻徵錄》卷 60 等。

98.王　復

字初陽，固安人，正統七年進士，授給事中，陞通政參議，尋陞禮部侍郎，使虜迎駕，還陞通政使。成化初，擢兵部尚書，以陝西多故，出巡邊，得便宜行事，尋改工部尚書，致仕卒，贈太子太保，諡莊簡。

【案】：王復，聲容宏偉，善敷奏，好古嗜學，守廉約，與人無城府，當官識大體。撰有：《家禮辨定》、《季漢五志》、《武夷九曲志》、《三子定論》等書。生平事跡見：《明史》卷 177、《萬斯同明史》卷 228、《明史稿》卷 156、《國朝獻徵錄》卷 50、《國朝列卿記》卷 47、62、82 等。

99.儲　巏

字靜夫，泰州人，成化二十年進士，由考功司主事，歷陞戶部侍郎，逆瑾專政，公尋致仕，瑾誅，公起南京吏部，力辭得允，卒諡文懿。

【案】：儲巏，號柴墟，九歲能屬文，母疾，刲股療之，卒不起。家貧，力營墓域，旦哭冢，夜讀書不輟。巏體貌清羸，若不勝衣，淳行清修，介然自守。工詩文，好推引知名士，辟遠非類，不惡而嚴。撰有：《柴墟齋集》等書。生平事跡見：《明史》卷 286、《萬斯同明史》卷 255、《明史稿》卷 267 等。

100.謝　遷

字于喬，餘姚人，成化十一年進士第一，累陞侍講學士。弘治八年，入內閣，泰陵大漸，入受顧命。正德元年致仕，尋削籍。嘉靖六年春，復召入閣，明年乞歸，卒年八十，贈太傅，諡文正。

【案】：謝遷，號木齋，秉節直亮，與劉健、李東陽同心輔政，而見事尤敏，天下稱賢相焉。撰有：《歸田稿》等書。生平事跡見：《明史》卷 181、《萬斯同明史》卷 237、《明史稿》卷 164、《皇

明通紀直解》卷 9、《明詩紀事》丙籤卷 7、《國朝獻徵錄》卷 14
等。

101.費　宏

字口口，鉛山人，成化二年進士第一，歷禮部左右侍郎，至
尚書。正德六年，召入內閣，九年致仕。嘉靖初，起少保，入閣，
累加少師。六年，致仕卒，贈太保，謚文憲。

【案】：費宏，字子充，三入內閣，佐兩朝，殆十年中，遭讒
搆，訖以功名終。撰有：《費文憲集》、《宸章集錄》、《武廟初所見
事》等書。生平事跡見：《明史》卷 193、《萬斯同明史》卷 266、
《明史稿》卷 177、《明詩綜》卷 25、《明詩紀事》丙籤卷 9、《國
朝獻徵錄》卷 15 等。

102.喬　宇

字希大，樂平人，成化十八年進士，由知縣累官至吏部尚書，
謚莊簡。

【案】：喬宇，號白巖，祖毅、父鳳皆以清節顯，《明史》、《皇
明進士登科考》皆載其登成化二十年進士《姓氏爵里總目》載為
成化十八年，非也。宇幼從父京師學於楊一清，成進士後，復從
李東陽遊。詩文雄雋，兼通篆籀，性好山水，家居澹泊，服御若
寒士。撰有：《喬莊簡公集》等書。生平事跡見：《明史》卷 194、
《萬斯同明史》卷 267、《明史稿》卷 178 等。

103.彭　澤

字濟物，蘭州人，弘治三年進士，由刑部主事歷陞都御史，
巡撫遼東，總制川廣等處，加宮保，掌本院事，後為民。嘉靖初，
徵為兵部尚書，加少保，致仕。

【案】：彭澤，號幸庵。澤材武知兵，然性疎濶負氣，經略哈
密事頗不當，因此奪官為民，家居鬱鬱以終。隆慶初，復官，謚

襄毅。生平事跡見：《明史》卷 198、《萬斯同明史》卷 267、《明史稿》卷 179、《明詩綜》卷 21、《國朝獻徵錄》卷 39 等。

104.王　憲

字維綱，東平人，弘治三年進士，授知縣，入為御史，歷陞右都御史，巡撫遼東，後撫鄖陽、大同，陞兵部侍郎，尋晉尚書。嘉靖六年，以原官兼左都總制三邊，累請乞休，復起兵部尚書，卒，追贈少保，諡康毅。

【案】：王憲，嘉靖時，中官織花絨於陝，憲請罷之。又因九廟成，請釋還議禮得罪者，頗為士大夫所稱。生平事跡見：《明史》卷 199、《萬斯同明史》卷 272、《明史稿》卷 184、《國朝獻徵錄》卷 39、《蘭臺法鑑錄》卷 13、《本朝分省人物考》卷 95 等。

105.李承勛

字立卿，嘉魚人，弘治六年進士，初知太湖縣，歷陞副都御史，巡撫遼東，正德末，請告。嘉靖中，起吏部尚書，尋改刑部，疏論時事，改兵部尚書，兼都御史，提督團營，八年，為本兵，十年卒，贈少保，諡康惠。

【案】：李承勛，田子，沈毅有大略，帝所信任，自輔臣外獨承勛與胡世寧，大事輒咨訪，二人亦孜孜奉國，知無不言，世寧卒，半歲承勛亦卒，帝深嗟悼。生平事跡見：《明史》卷 199、《萬斯同明史》卷 269、《明史稿》卷 179、《國朝獻徵錄》卷 39、《明名臣言行錄》卷 48 等。

106.柴　昇

字公照，內鄉人，成化二十三年進士，擢給事中。正德二年，陞副都御史，巡撫江西，又改陝西，歷任都御史，兵、工二部尚書，尋歸。嘉靖元年，年八十，遣官存問，二年卒，贈太子少保。

【案】：柴昇生平事跡見：《國朝獻徵錄》卷 42、《本朝分省

人物考》卷 91 等。

107.叢　蘭

字廷秀，文登人，弘治三年進士，累官南京，工部尚書。嘉靖二年卒，贈太子少保。

【案】：叢蘭，春子，號半山，清謹伉直，劉瑾惡之。生平事跡見：《明史》卷 185、《萬斯同明史》卷 251、《明史稿》卷 167 等。

108.王　瓊

字德華，太原人，成化二十年進士，由工部主事，歷陞戶、兵、吏三部尚書，加少師。正德十六年下獄，謫戍綏德。嘉靖六年，起兵部尚書，提督陝西軍務，尋改吏部，卒。

【案】：王瓊，號晉溪。當正、嘉間，澤、瓊並有才略，相中傷不已，亦迭為進退，而瓊險忮，公論尤不予。然在本兵時功多，而其督三邊也，人以比楊一清云。撰有：《晉溪奏議》、《漕河圖志》、《掾曹名臣錄》、《北邊事蹟》、《西番事蹟》、《雙溪雜記》等書。生平事跡見：《明史》卷 198、《萬斯同明史》卷 253、《明史稿》卷 246、《國朝獻徵錄》卷 24、《明名臣言行錄》卷 46 等。

109.梁　儲

字叔厚，順德人，成化十四年進士，由庶吉士，歷陞吏部尚書，兼學士，為逆瑾所惡，改南，五年，召入內閣，十六年，累加少師致仕。嘉靖時，卒，贈太師，諡文康。

【案】：梁儲，號厚齋，晚號鬱州。儲受業陳獻章，舉成化十四年會試第一。撰有：《鬱州遺稿》等書。生平事跡見：《明史》卷 190、《萬斯同明史》卷 266、《明史稿》卷 177、《國朝獻徵錄》卷 15、《明人小傳》卷 2、《明詩綜》卷 25 等。

110.楊一清

字應寧，丹徒人，八歲為奇童，薦入翰林秀才，成化八年進

士，授中書舍人，十五年歷陞副都御史，督理茶馬鹽政，十八年，經略邊務。正德元年，改總制三邊，二年為瑾所忌引疾歸，五年，起公討賊寧夏，授策張永，竟誅瑾。十年，入內閣，尋歸。嘉靖四年，起公兵部尚書，兼憲職提督軍務，未幾，召入內閣，尋加少師，兼文華殿大學士，歸，八年削籍，九年卒，得復官，二十七年贈太保，諡文襄。

【案】：楊一清，號邃庵。一清博學，善權變，尤曉暢邊事，羽書旁午，一夕占十疏，悉中機宜，其才一時無兩，或比之姚崇云。撰有：《關中奏議》、《石淙類稿》等書。生平事跡見：《明史》卷 198、《萬斯同明史》卷 265、《明史稿》卷 176、《國朝獻徵錄》卷 15、《明人小傳》卷 2、《明詩綜》卷 24 等。

111.王　鏊

字濟之，吳人，成化十一年進士，初授翰林編修，累陞吏部侍郎，兼學士。正德元年，召入內閣，四年四月致仕，卒，贈太傅，諡文恪。

【案】：王鏊，琬子。鏊博學有識鑒，文章爾雅，議論明暢，晚著《性善論》一篇，王守仁見之，曰王公深造，世未能盡也。少善制舉義，後數典鄉試，程文魁一代，取士尚經術，險詭者一切屏去。弘正間，文體為一變。撰有：《姑蘇志》、《震澤集》、《震澤長語》、《春秋詞命》、《史餘》等書。生平事跡見：《明史》卷 181、《萬斯同明史》卷 248、《明史稿》卷 164、《明名臣言行錄》卷 41、《明詩綜》卷 25、《明詩紀事》丙籤卷 7 等。

112.楊廷和

字介夫，新都人，成化十四年進士，由翰林累陞少詹學士。正德二年，召入內閣，十一年憂，去服闋，復為內閣，迎立世廟，封伯爵，不受，一品考績，進太傅，力諍大禮去，削籍。隆慶時，

贈官，謚文忠。

【案】：楊廷和，春子，號石齋。廷和為人美風姿，性沈靜詳審，為文簡暢有法，好考究掌故、民瘼、邊事，及一切法家言，鬱然負公輔望。初廷和入閣，東陽謂曰，吾於文翰頗有一日之長，若經濟事須歸介夫。及武宗之終，卒安社稷，廷和力，人以東陽為知言。撰有：《楊文忠公三錄》等書。生平事跡見：《明史》卷190、《萬斯同明史》卷265、《明史稿》卷176、《國朝獻徵錄》卷15、《本朝分省人物考》卷107、《明詩紀事》丙籤卷7等。

113.姜　洪

字希範，廣德州人，成化十四年進士，官至巡撫，山西右副都御史，正德七年，卒。

【案】：姜洪，號敬齋。洪性廉直，身後喪不能舉，天啟初追謚莊介。撰有：《松岡集》。生平事跡見：《明史》卷 180、《萬斯同明史》卷247、《明史稿》卷169等。

114.范　珠

富順人，成化十一年進士。

115.朱應登

字升之，寶應人，弘治十二年進士，為南京戶部主事，歷陞參政，卒號凌谿先生。時顧華玉璘、劉元瑞麟、徐昌穀禎卿，與公為江東四才。

【案】：朱應登，號凌谿，詩宗盛唐，與李夢陽、何景明等稱十才子。詩調高古，所至以文學飾吏事。歷陝西提學副使，遷雲南參政，致仕卒。撰有：《凌谿集》等書。生平事跡見：《明史》卷 286、《萬斯同明史》卷388、《明史稿》卷267、《國朝獻徵錄》卷102、《明人小傳》卷2、《明詩綜》卷32、《列朝詩集小傳》丙集等。

116.蔣　冕

　　字敬之，全州人，成化二年進士，由庶吉士授編修，歷陞禮部尚書。正德十二年，入內閣，進少傅。嘉靖初，封伯，固辭，議禮不合，免歸，隆慶中諡文定。

　　【案】：蔣冕，號瓊臺，昇弟。冕清謹有器識，雅負時望。冕當正德之季，主昏政亂，持正不撓，有匡弼功。世宗初，朝政雖新，而上下扞格彌甚，冕守之不移。代廷和為首輔，僅兩閱月，卒齟齬以去，論者謂有古大臣風。撰有：《湘皋集》、《瓊臺詩話》等書。生平事跡見：《明史》卷 190、《萬斯同明史》卷 266、《明史稿》卷 177、《明詩綜》卷 25、《明詩紀事》丙籤卷 9、《國朝獻徵錄》卷 15 等。

117.羅　玘

　　字景鳴，建昌人，成化二十三年進士，改庶吉士。弘治二年，授編修，累陞吏部左侍郎。正德七年，致仕，世稱圭峰先生，卒贈禮部尚書，諡文肅。

　　【案】：羅玘，博學好古文，務為奇奧。每有作，或據高樹，或閉坐一室，瞑目隱度，形容枯槁，自此文益奇，玘亦厚自負，尤尚節義。學者稱圭峯先生。撰有：《類說》、《圭峰奏議》、《圭峰文集》等書。生平事跡見：《明史》卷 286、《萬斯同明史》卷 243、《明史稿》卷 267、《國朝獻徵錄》卷 27、《明詩紀事》丙籤卷 9 等。

118.何孟春

　　字子元，弘治六年進士，郴州人，由庶吉士授兵部職方郎，歷陞右都御史，巡撫雲南，尋遷南吏部侍郎，卒，所著有《餘冬錄序》、《閒日分義》，《撫滇條約》，隆慶中，贈禮部尚書，諡文簡。

　　【案】：何孟春，號燕泉。師事李夢陽，學問該博。官雲南巡

撫，討平十八寨叛蠻。嘉靖初，為禮部侍郎，時議大禮，上疏力
爭、奪俸。撰有：《何文簡奏議》、《餘冬序錄》、《何燕泉詩》、《家
語注》等書。生平事跡見：《明史》卷 191、《萬斯同明史》卷 375、
《明史稿》卷 181、《列朝詩集小傳》丙集等。

119.張　文

字京載，新喻人，弘治六年進士，官戶科都給事中。

【案】：張文，號雅素子，生平事跡見：《國朝獻徵錄》卷 80
等。

120.顧　清

字士廉，華亭人，弘治六年進士，由庶吉士累陞禮部右侍郎，
尋陞尚書，致仕，諡文僖。

【案】：顧清，號東江，室名傍秋亭。清學端行謹，恬於進取，
家居薦者相繼，悉報寢。撰有：《松江府志》、《傍秋亭雜記》、《東
江家藏集》等書。生平事蹟見：《明史》卷 184、《萬斯同明史》
卷 284、《明史稿》卷 168、《國朝獻徵錄》卷 36、《國朝列卿記》
卷 18、20、42、44、《明人小傳》卷 2、《本朝分省人物考》卷 25、
《明詩綜》卷 27、《明詩紀事》丙籤卷 1、《列朝詩集小傳》丙集、
《靜志居詩話》卷 9、《盛明百家詩》卷 2 等。

121.毛　紀

字維之，掖縣人，成化二十三年進士，由庶吉士，歷陞吏部
侍郎。正德十二年，入內閣，累加禮部尚書，加少保。嘉靖三年，
致仕，年八十三，卒，贈太保，諡文簡。

【案】：毛紀，號鼇峯逸叟。紀有學識，居官廉靜簡重，與廷
和、冕正色立朝，並為縉紳所倚賴。撰有：《密勿稿》、《歸田雜識》、
《辭榮錄》、《鼇峰類稿》、《聯句私鈔》等書。生平事跡見：《明史》
卷 190、《萬斯同明史》266、《明史稿》卷 177 等。

122.王守仁

字伯安，餘姚人，弘治十二年進士，抗疏乞誅逆瑾，謫龍場驛丞。瑾誅，歷陞都僉都御史，巡撫南贛，宸濠反，公討平之，詔錄公功封新建伯，兼南京兵部尚書，參贊機務，尋提督兩廣，卒贈侯，隆慶中諡文成。

【案】：王守仁，號陽明子，學者稱陽明先生。年十五，訪客山海居庸關，時闌出塞，縱觀山川形勝。好言兵，且善射。守仁天資異敏，其教專以致良知為主，學者翕然從之，世遂有陽明學云。《明史》贊曰，王守仁始以直節著，比任疆事，提弱卒，從諸書生，掃積年逋寇，平定孽藩。終明之世，文臣用兵制勝，未有如守仁者也。撰有：《王文成全書》、《陽明鄉約法》、《陽明保甲法》等書。生平事跡見：《明史》卷 195、《萬斯同明史》卷 273、《明史稿》卷 185、《明名臣言行錄》卷 50、《明詩紀事》丁籤卷 13、《明儒學案》卷 10 等。

123.胡世寧

字永清，仁和人，弘治六年進士，由推官歷陞江西按察使，備兵東鄉，抗疏劾宸濠，下錦衣獄，尋謫戍瀋陽。嘉靖初，擢僉都御史，巡撫四川，未幾，召為兵部侍郎，尋轉兵部尚書，加太子太保，九年卒，贈少保，諡端敏。

【案】：胡世寧，號靜庵。世寧風格峻整，居官廉，疾惡若讐，而薦達賢士如不及。撰有：《胡端敏奏議》等書。生平事跡見：《明史》卷 199、《萬斯同明史》卷 269、《明史稿》卷 179、《皇明通紀直解》卷 9、《國朝獻徵錄》卷 39 等。

124.許　讚

字廷美，靈寶人，弘治九年進士，授大明推官，召為監察御史。正德二年，以父進冢宰，改編修，逆瑾惡公，出為知縣，歷

陞至戶部尚書，去任。嘉靖十五年，起吏部尚書，加少保，二十三年，入內閣，二十五年，以致仕懇辭，削籍，尋卒，復公官。仍贈少師，諡文簡。

　　【案】：許讚，嘉靖中，嚴嵩柄政，多所請託，郎中王與齡勸讚發之，帝眷嵩，反切責讚，除與齡籍，讚自是懾嵩，不敢抗，頗以賄聞，鑾罷，嵩引之入閣，以本官兼文淵閣大學士，政事一決於嵩，讚伴唱而已。生平事跡見：《明史》卷 186、《萬斯同明史》卷 250、《明史稿》卷 170、《國朝獻徵錄》卷 16、《明詩紀事》丁籤卷 7 等。

125.李夢陽

　　字獻吉，慶陽人，弘治六年進士，授戶部主事，嘗監三關，被構下獄，尋得釋，十八年應詔陳言下獄。正德改元，為韓文草疏，請誅八閹，降布政司，經歷三年，以他事械赴京，尋釋。瑾敗，起為提學副使，落職閑住，嘉靖八年卒，後諡景文。

　　【案】：李夢陽，自號空同子。夢陽才思雄鷙，卓然以復古自命。弘治時，宰相李東陽主文柄，天下翕然宗之，夢陽獨譏其萎弱，倡言「文必秦漢，詩必盛唐」，非是者弗道。與何景明、徐禎卿等號七才子，皆卑視一世，而夢陽尤甚。撰有：《空同子集》、《弘德集》等書。生平事跡見：《明史》卷 286、《萬斯同明史》卷 388、《明史稿》卷 267、《國朝獻徵錄》卷 86、《明人小傳》卷 2、《本朝分省人物考》卷 106、《明詩綜》卷 29 等。

126.何景明

　　字仲默，信陽人，弘治十五年進士，授中書舍人，尋提學關中，未幾，卒，年三十九。公八歲能賦詩，十五舉于鄉，十九登進士，與李獻吉齊名，憂憤時事，尚節義，鄙榮利，並有國士之風。

　　【案】：何景明，號大復。景明文名頗著，與李夢陽並稱何李，

又與邊貢、徐禎卿並稱四傑，又為弘治七才子之一。撰有：《大復集》、《雍大記》、《四箴雜言》、《大復論》等書。生平事跡見：《明史》卷286、《皇明名臣言行錄》卷34、《列朝詩集小傳》丙集等。

127.康　海

字德涵，武功人，弘治十五年進士第一，入授修撰言官，以鄉里指為瑾黨，罷歸，卒。

【案】：康海，號對山、沜東漁父、漪西山人等。弘治十才子之一，與李夢陽相唱和，有盛名。與王九思共明樂律，能詞曲。正德初，坐劉瑾黨，免職。撰有：《對山集》、《沜東樂府》、《中山狼》、《武功縣志》等書。生平事跡見：《明史》卷 286、《萬斯同明史》卷388、《明史稿》卷267、《國朝獻徵錄》卷21等。

128.王九思

字敬夫，鄠縣人，弘治九年進士，授簡討，九年，考滿，調吏部，尋謫壽州同知。正德六年，致仕卒，年八十四，所著有《渼陂正續集》、《碧山續稿》、《新稿》行于世。

【案】：王九思，號渼波，以附劉瑾官至吏部郎中，瑾敗，降壽州同知，勤致仕。九思閑美風流、不拘禮節，善歌彈，工詞曲。與康海、何景明等號十才子。撰尚有：《碧山樂府》、《遊春記》等書。生平事跡見：《明史》卷286、《萬斯同明史》卷388、《明史稿》卷267、《明人小傳》卷2、《明詩綜》卷31、《明詩紀事》丁籤卷3、《列朝詩集小傳》丙集等。

129.劉　玉

字咸栗，萬安人，弘治九年進士，自縣令召為御史，疏論閹瑾，下獄。瑾誅，起副使，歷陞南僉都提督江防。嘉靖初，以平濠功，陞刑部侍郎，尋以事下獄，罷，歸，卒于家。隆慶初，詔贈刑部尚書，諡端毅。

【案】：劉玉，號蔾閣生。玉所居僅庇風雨，天文、地理、兵制、刑律皆有論著。撰有：《執齋集》等書。生平事跡見：《明史》卷 203、《萬斯同明史》卷 232、《明史稿》卷 158、《列朝詩集小傳》丙集等。

130.汪 循

字善甫，婺源人，弘治□□年進士，官至順天府判。

【案】：汪循，一字進之，號仁峯，弘治九年進士。正德初，劉瑾擅權，循一日三度抗疏，請裁革中官，又上《內修外攘十策》，言甚剴切，遭瑾忌，罷歸。撰有：《仁峰文集》、《鹿城書院集》、《方壺存稿》等書。生平事跡見：《明詩綜》卷 27 下、《明人小傳》卷 2、《紫墟文集》卷 7、《列朝詩集小傳》丙集等。

131.劉 龍

字舜卿，襄垣人，弘治十二年進士，授編修。正德初，改兵部郎，尋擢吏部，瑾誅，復翰林。嘉靖初，歷陞禮部侍郎，六年，陞南吏部尚書，又改南兵部參贊機務，尋致仕，三十二年，卒。明年，贈太子太保，諡文安。

【案】：劉龍，號紫岩，編撰有：《孝宗實錄》、《武宗實錄》、《紫岩集》等書。生平事跡見：《國朝獻徵錄》卷 42 等。

132.石 珤

字邦彥，邦彥，藁城人，成化二十三年進士，由庶吉士，累陞禮部尚書。嘉靖四年，入內閣，閣臣忌之，欲削公權，令兼學士，專管制敕。六年致仕，卒，初贈少保，諡文隱。嘉靖閣臣之廉貧亡踰公者，後改諡文介。

【案】：石珤，號熊峯，玉子。珤為人清介端亮，孜孜奉國，數以力行王道，清心省事，辨忠邪，敦寬大，毋急近效為帝言，帝見為迂濶弗善也。編撰有：《熊軒集》、《大明會典》、《恆陽集》

等書。生平事跡見：《明史》卷 190、《萬斯同明史》卷 266、《國朝獻徵錄》卷 15、《明史稿》卷 177、《明詩紀事》丙籤卷 9、《列朝詩集小傳》丙集等。

133.劉　麟

字元瑞，安仁人，弘治九年進士，除刑部主事，以忤逆瑾除名，瑾敗，遷按察使。嘉靖元年，擢副都御史，撫真定，累遷工部尚書，以諫織造，忤旨致仕。後以獻陵官殿雨漏，追論落職，卒年八十三，贈工部尚書，謚清惠。

【案】：劉麟，又字子振，號南垣老人、坦上翁。麟積學能文，與顧璘、徐禎卿稱「江東三才子」。撰有：《劉清惠集》等書。生平事跡見：《明史》卷 194、《萬斯同明史》卷 268、《明史稿》卷 178 等。

134.何　瑭

字粹夫，武陟人，弘治十五年進士，由庶吉士，累官至右都御史，嘉靖二十九年，卒，贈禮部尚書，謚文定。

【案】：何瑭，號柏齋。瑭年七歲見家有佛像，抗言請去之。十九讀許衡、薛瑄遺書，輒欣然忘寢食。是時王守仁以道學名於時，瑭獨默如。嘗言陸九淵、楊簡之學，流入禪宗，充塞仁義，後學未得游夏十一而議論即顏曾，此吾道大害也。里居十餘年，教子姓以孝弟忠信，一介必嚴，兩執親喪皆哀毀。撰有：《醫學管見》、《陰陽律呂》、《柏齋三書》、《柏齋集》等書。生平事跡見：《明史》卷 282、《萬斯同明史》卷 287、《疇人傳》卷 31 等。

135.方良永

字壽卿，莆田人，弘治三年進士，由戶部主事。正德時，歷陞山東布政。嘉靖初，擢都御史，撫治鄖陽，尋致仕，六年起應天巡撫，未任卒，賜謚簡肅。

【案】：方良永，號松厓。正德時，錢寧以鈔二萬鬻於浙，寧方得志，公卿臺諫無敢出一語，良永訟言誅之，聞者震悚。撰有：《方簡肅文集》等書。生平事跡見：《明史》卷 201、《萬斯同明史》卷 271、《明史稿》卷 180、《明名臣言行錄》卷 47、《國朝獻徵錄》卷 48 等。

136.孫　懋

字德夫，正德六年進士，知蒲城縣，召為給事中，疏劾江彬，諫止巡幸，陞按察使，以詰中校下詔獄，貶典史，累陞應天府尹，致仕，嘉靖三十年，卒，贈右都御史。

【案】：孫懋，號毅菴。俺答犯京師，詔儀馳鎮通州，仇鸞部卒掠民貲，捕笞之，枷市門外。鸞許於帝，逮訊，斥為民，卒。隆慶初，子緘訟冤，復官賜卹。撰有：《孫毅菴奏議》等書。生平事跡見：《明史》卷 203、《萬斯同明史》卷 286、《明史稿》卷 187、《國朝獻徵錄》卷 75 等。

137.周　用

字行之，吳江人，弘治十五年進士，由行人改給事中，歷陞藩臬。嘉靖初，擢副都御史，尋陞工部尚書，總督河道，嘉靖二十五年，陞吏部尚書，明年卒，諡恭肅。

【案】：周用，號白川。用掌憲時，慎自持而已，無所獻替。其後宋景、屠僑繼之，大署皆廉潔，與用相似。撰有：《周恭肅集》等書。生平事跡見：《明史》卷 202、《萬斯同明史》卷 289、《明史稿》卷 184 等。

138.張邦奇

字常甫，鄞縣人，弘治八年進士。由庶吉士累陞南京吏部尚書，已改兵部，參贊機務，嘉靖二十三年卒，諡文定。

【案】：張邦奇，號甬川、兀涯等。《明史》載邦奇弘治末年

進士，《皇明進士登科考》載其弘治十五年進士，《姓氏爵里總目》
誤載弘治五年進士，非也。邦奇之學以程朱為宗，與王守仁友善
而語每不合。躬修力踐，跬步必謹，晝之所為，夕必書於冊。性
篤孝，以養親故，屢起輒退。撰有：《學庸傳》、《五經說》、《兀涯
西漢書議》、《環碧堂集》、《紓玉樓集》、《四友亭集》等書。生平
事跡見：《明史》卷 201、《萬斯同明史》卷 287、《明史稿》卷 264、
《明人小傳》卷 2、《明詩綜》卷 28、《明儒學案》卷 52 等。

139.王廷相

　　字子衡，儀封人，弘治十五年進士，由庶吉士授給事中。正
德中，謫州判，稍遷知縣，復召為御史，為內臣所搆，下獄，謫
縣丞，遷知縣。嘉靖初，歷陞右都御史，巡撫四川，入為兵部尚
書，免歸卒，隆慶初，復其官，贈少保，諡肅敏。

　　【案】：王廷相，號浚川、平厓、秉衡等。廷相幼有文名，博
學好議論，以經術稱，於星歷、輿圖、樂律、河圖、雒書，及周、
邵、程、張之書，皆有所論駁。撰有：《王氏家藏集》、《內台集》、
《慎言》、《雅述》等書。生平事跡見：《明史》卷 194、《萬斯同
明史》卷 268、《明史稿》卷 178、《國朝獻徵錄》卷 39、《明詩紀
事》丁籤卷 3、《明儒學案》卷 50 等。

140.鄭善夫

　　字繼之，閩縣人，弘治十八年進士，為戶部主事，逆瑾用事，
謝政歸家，居數年。嘉靖改元，起吏部郎，病卒。

　　【案】：鄭善夫，號少谷。閩中詩文自林鴻、高棅後，閱百餘
年，善夫繼之，迨萬曆中年，曹學佺輩繼起，謝肇淛、鄧原岳和
之，風雅復振焉。撰有：《經世要錄》、《少谷山人集》、《鄭少谷集》
等書。生平事跡見：《明史》卷 286、《萬斯同明史》卷 387、《明
史稿》卷 267、《國朝獻徵錄》卷 27、《國朝名世類苑》卷 3、7、

13、14、39、《皇明應諡名臣備考錄》卷 10、《皇明詞林人物考》卷 5、《明人小傳》卷 2、《本朝分省人物考》卷 70、《明詩綜》卷 32、《明史竊》卷 94、《明詩紀事》丁籤卷 4、《明畫錄》卷 6、《國寶新編》、《列朝詩集小傳》丙集、《盛明百家詩》卷 1、《靜志居詩話》卷 10 等。

141.萬　鏜

字仕鳴，進賢人，弘治十八年進士，任刑部主事，調吏部，陞南京都御史。嘉靖初年，以言事免官，歸，會湖廣貴州苗叛，起公勤撫之，擢南京刑部尚書，考滿歸，嘉靖四十四年卒，年八十一。

【案】：萬鏜，號治齋、萬福子等。嘉靖中，應詔陳八事，請錄用得罪諸臣，被斥。家居十年，嚴嵩柄政，援引之，官至吏部尚書，每事委隨，卒為趙文華所排，黜為民。久之，卒。撰有：《治齋集》等書。生平事跡見：《明史》卷 202、《萬斯同明史》卷 289、《明史稿》卷 184、《國朝獻徵錄》卷 25、《國朝列卿記》卷 42、74、94、138、153 等。

142.董　玘

字文玉，會稽人，弘治十八年進士第二，授編修，為劉瑾所忌，出為知州，遷刑部郎，調吏部。瑾誅，還官翰林，累陞吏部左侍郎，兼學士，尋落職，卒，隆慶初，贈禮部尚書，諡文簡。

【案】：董玘，嘉靖初修《武宗實錄》，玘以焦芳所修《實錄》變亂是非，多不可信，請一并發出，重為校勘，疏上，士論翕然。其諸經筵陳奏，據經議禮，亦多類此。編撰有：《武宗實錄》、《孝宗實錄》等書。生平事跡見：《國朝獻徵錄》卷 26、《國朝名世類苑》卷 4、5、46、《昭代明良錄》卷 9、《國朝列卿記》卷 16、《明詩紀事》丁籤卷 10 等。

143.魏　校

字子材，崑山人，弘治十八年進士，正德元年，授刑部主事，轉兵部，歷陞太常卿，卒，諡恭簡。

【案】：魏校，號莊渠生。校私淑胡居仁主敬之學，而貫通諸儒之說，擇持尤精。撰有：《大學指歸》、《六書精蘊》、《周禮沿革傳》、《春秋經世》、《經世策》、《官職會通》、《莊渠遺書》等書。生平事跡見：《明史》卷 282、《萬斯同明史》卷 384、《明史稿》卷 364、《國朝獻徵錄》卷 70、《明儒學案》卷 3 等。

144.崔　銑

字子鍾，一字仲鳧，安陽人，弘治十八年進士，由翰林院庶吉士，累陞侍讀學士。嘉靖元年陞祭酒，未幾，擢南京禮部侍郎，卒贈尚書，諡文敏。

【案】：崔銑，陞子。銑少輕俊，好飲酒，盡數斗不亂。中歲自屬於學，言動皆有則，嘗曰學在治心，功在慎動。宗程朱，斥陽明為霸儒。撰有：《讀易餘言》、《彰德府志》、《洹詞》、《晦庵文鈔續集》、《文苑春秋》、《崔代小爾雅》、《士翼》、《後渠庸言》、《政議》等書。生平事跡見：《國朝獻徵錄》卷 37、《明史》卷 282、《萬斯同明史》卷 287、《明史稿》卷 267、《明儒學案》卷 48 等。

145.夏良勝

字于中，建德人，正德三年進士，起家刑部主事，調吏部，諫南巡下獄。嘉靖初，復其官，歷陞太常寺卿，降知州，八年，以議禮繫獄，謫戍遼陽，卒于衛。

【案】：夏良勝，少為督常副使蔡清所知，曰異日必為良臣，當無有勝子者，遂名良勝。撰有：《東洲初稿》、《中庸衍義》、《銓司存稿》、《詮司彙存》等書。生平事跡見：《明史》卷 189、《萬斯同明史》卷 262、《明史稿》卷 174 等。

146.陸　深

　　字子淵，上海人，弘治十八年進士，選庶吉士，授編修，忤逆瑾，改南禮部主事。瑾誅，復編修。嘉靖初，為經筵講官，言事謫延平同知，尋督學浙江，歷陞太常寺卿，兼侍讀學士，駕幸承天，以公掌行在院印，改正詹事，二十年致仕，卒贈禮部侍郎，諡文裕。

　　【案】：陸深，初名榮，號儼山、澹室、四酉齋等。善作文章，工書，仿李邕、趙孟頫，賞鑒博雅，為詞臣冠，然頗倨傲，人以此少之。撰有：《儼山集》、《南巡日錄》、《淮封日記》、《南遷日記》、《蜀都雜鈔》、《科場條貫》、《史通會要》、《同異錄》、《書輯》、《古奇器錄》、《河汾燕閒錄》、《停驂錄》、《傳疑錄》、《春雨堂雜鈔》、《五堂漫筆》、《金臺紀聞》、《春風隨筆》、《知命錄》、《溪山餘話》、《願豐堂漫書》等書。生平事跡見：《明史》卷 286、《萬斯同明史》卷 284、《明史稿》卷 168、《國朝獻徵錄》卷 18、《國朝列卿記》卷 16、159、《皇明詞林人物考》卷 5、《明人小傳》卷 2、《本朝分省人物考》卷 25、《明詩綜》卷 28、《明詞綜》卷 3、《明詩記事》丁籤卷 12、《列朝詩集小傳》丙集、《盛明百家詩》卷 2、《靜志居詩話》卷 9 等。

147.黃　綰

　　字宗賢，黃巖人，承祖文毅公，廕授後軍都事，大禮議起，公具疏與焉，自工部郎，歷陞禮部侍郎，奉敕撫大同，尋知貢舉，陞禮部尚書，充安南正使，罷歸，卒，所著有《石龍集》、《石龍奏議》、《思古堂筆記》等書，行于世。

　　【案】：黃綰，黃孔昭之孫，一字叔賢，號石龍、久庵等。綰嘗師謝鐸、王守仁。又撰有：《明道編》、《五經原古》等書。生平事跡見：《明儒學案》卷 13、《明史》卷 197、《萬斯同明史》卷

277、《明史稿》卷 183、《國朝獻徵錄》卷 34、《昭代明良錄》卷 9、《國朝列卿記》卷 16、45、96、《嘉靖以來首輔傳》卷 2、《本朝分省人物考》卷 54、93、《明書》卷 155 等。

148.劉天和

字養和，麻城人，正德三年進士，由□□□□□□，歷陞僉都御史，督理甘肅屯政，尋撫陝西，累陞兵部侍郎，加左都御史，總理三邊軍務，嘉靖十六年，陞尚書，二十四年卒，贈少保，諡莊襄。

【案】：劉天和，號松石。正德三年進士，授南京禮部主事。曾仿秦紘隻輪車，復製隨車小帳，修邊牆濠塹，敗吉囊，功勳頗著。撰有：《仲志集》、《問水集》等書。生平事跡見：《明史》卷 200、《萬斯同明史》卷 285、《明史稿》卷 186 等。

149.毛伯溫

字汝厲，吉水人，正德三年進士，由推官擢御史，歷陞巡撫山西，尋改順天。嘉靖十六年，陞兵部尚書，十八年，總理三關軍務，尋加太子少保，平安南，晉光祿大夫，二十三年為民。

【案】：毛伯溫，號東塘。嘉靖中，總督宣大、山西軍務，邊防賴焉。受命征安南，歲餘不發一矢而安南定。後以防事削籍歸，疽發背死。穆宗立，復官賜卹。天啟初，追諡襄懋。撰有：《毛襄懋集》、《東塘集》等書。生平事跡見：《明史》卷 198、《萬斯同明史》卷 292、《明史稿》卷 179、《明名臣言行錄》卷 53 等。

150.韓邦奇

字□□，朝邑人，正德三年進士，授吏部主事，歷陞南京右都御史，尋進兵部尚書，嘉靖三十六年卒，贈太子少保，諡恭簡。

【案】：韓邦奇，字汝節，號苑洛。任浙江按察僉事時，中官採富陽茶魚為民害，作歌哀之，遂被誣奏怨謗，逮繫奪官。邦奇

剛直尚節慨，性嗜學，自諸經子史及天文、地理、樂律、術數、兵法之書，無不通究。撰有：《易學啟蒙意見》、《禹貢詳略》、《苑洛志樂》、《洪範圖解》、《易占經緯》、《樂律舉要》、《苑洛集》等書。生平事跡見：《明史》201、《萬斯同明史》卷287、《明史稿》卷264、《國朝獻徵錄》卷42、《國朝列卿記》卷94、119、120、124、《國朝名世類苑》卷3、10、12、26、33、35、《明名臣言行錄》卷49、《國朝名臣言行錄》卷4、《明人小傳》卷2、《本朝分省人物考》卷140、《明詩綜》卷33、《明詞綜》卷3等。

151.余　珊

字□□，桐城人，正德三年進士。

【案】：余珊，字德輝。正德間，發中官之奸，被誣謫安陸通判，以討平梅花峒賊，遷四川兵備副使。嘉靖中，應詔疏陳《十漸略》，官至四川按察使。生平事跡見：《明史》卷208、《萬斯同明史》卷286、《明史稿》卷192等。

152.林希元

字茂貞，福建人，正德十二年進士，授大理寺評事。嘉靖初，條上新政，切中時弊，尋謫泗州判官，竟以抗節，不屈當路，棄官歸，凡三年，以薦累遷大理寺丞，尋以言事落職，知欽州，累陞兵備僉事，世稱次崖先生。

【案】：林希元，號次崖，以言事屢起屢躓。撰有：《易經存疑》、《朱子大同集》、《林次崖集》等書。生平事跡見：《國朝獻徵錄》卷102、《明史》卷282、《萬斯同明史》卷384、《明史稿》卷263、《明詩綜》卷36等。

153.史　道

字克弘，涿郡人，正德十二年進士，選庶吉士、授給事中，疏劾江彬，救王瓊之死。嘉靖初，下獄，尋起備兵穎川，歷陞都

御史，十五年，巡撫大同，陞兵部尚書，加太子少保，三十六年卒。

【案】：史道，號鹿野。道為兵科給事中，劾罷順天巡撫劉達已，救吏部尚書王瓊，請宥其死，瓊得遣戍。世宗修迎立功司禮，及潛邸內官俱蔭錦衣世職，道言恩太濫，不納。生平事跡見：《國朝獻徵錄》卷39、《萬斯同明史》卷172等。

154.謝汝儀

字國正，鄞縣人，正德九年進士，授餘干令，擢御史，累陞至按察司使，卒，所著有《果菴集》。

【案】：謝汝儀，號果菴。任監察御史時，劾外戚陳萬年，宦官王堂、時春及奸黨何明等罪狀。又疏乞寬議禮諸臣，請罪巨璫谷大用等，直聲大著。後自雲南參政遷江西按察史，便道歸省，遭祖母喪，遂以哀毀卒。汝儀在官清廉，卒之日，家無以為養，聞者悼之。撰有：《果菴集》等書。生平事跡見：《國朝獻徵錄》卷86、《萬斯同明史》卷301等。

155.馬　卿

字敬臣，林慮人，弘治十八年進士，選庶吉士。正德二年，授給事中，出為大名知府，歷任布政使。嘉靖二年，謫為知府，累陞副都御史總理漕運，卒於官。

【案】：馬卿，歷戶科給事中，劾內官劉瑾不法，出守大名。薊盜猖獗，卿至，為防禦計甚備，人人效死，聲震河朔，盜不敢犯。卿先為給事中時，僉都御史史甯杲已落籍，賂閹復官。卿聞，奮袂言曰：「世果無人，寧用駑如卿者可也，可復令渠壞朝廷事邪！」既而卿出守，杲以僉都御史巡撫真定，欲中傷之，不得間，名益彰。生平事跡見：《萬姓統譜》卷85、《萬斯同明史》卷284、《國朝獻徵錄》卷59、《明名臣言行錄》卷52、《國朝列卿記》110、

151、《本朝分省人物考》卷 89、《皇朝中州人物志》卷 14 等。

156.舒 芬

　　字國裳，浙江人，正德十二年進士第一，授修撰，會疏諫南巡，廷杖幾斃，謫福建市舶提舉。嘉靖二年，復官翰林，議禮執不當考獻帝之說，杖如前，尋丁艱歸，卒。

　　【案】：舒芬，正德十二年舉進士第一，世稱忠孝狀元。芬丰神玉立，負氣峻厲，端居竟日無倦容，夜則計過自訟，以昌明絕學為己任。其學貫串諸經，兼通天文、律曆，而尤精於《周禮》，學者稱梓溪先生，萬曆中追諡文節。撰有：《易箋問》、《書論》、《周禮定本》、《內外集》、《東觀錄》、《太極繹義》、《成仁遺稿》等書。生平事跡見：《國朝獻徵錄》卷 21、《明史》卷 179、《萬斯同明史》卷 262、《明史稿》卷 162、《明詩紀事》戊籤卷 13、《明儒學案》卷 53 等。

157.楊 慎

　　字用修，成都人，正德六年進士第一，授修撰。嘉靖初，為經筵講官，尋以議禮，跪門哭諫，下獄廷杖，謫戍雲南永昌衛，卒，以隆慶元年，贈光祿寺少卿。

　　【案】：楊慎，首輔楊廷和之子，號升菴、花朝、洞天真逸等。慎幼警敏，十一歲能詩，十二歲擬作〈古戰場文〉、〈過秦論〉，長老驚異。入京賦〈黃葉詩〉，李東陽見而嗟賞。明世記誦之博，著作之富，推慎為第一。撰有：《升庵全集》、《檀弓叢訓》、《奇字韻》、《古音駢字》、《古音叢目》、《古音獵要》、《古音餘》、《古音附錄》、《古音略例》、《轉注古音略》、《風雅逸篇》、《石鼓文音釋》、《六書索隱》、《經子難字》、《滇程記》、《滇載記》、《古雋》、《水經注碑目》、《墨池瑣錄》、《異魚圖贊》、《丹鉛餘錄》、《譚苑醍醐》、《謝華啟秀》、《均藻哲匠金桴》、《古今諺》、《古今風謠》、《升菴集》、

《金石古文》、《詩話補遺》、《南詔野史》等書。生平事跡見：《列
朝詩集小傳》丙集、《明史》卷192等。

158.汪文盛

字希周，崇陽人，正德六年進士，為推官，入為兵部主事。
武廟南征，公疏諫，械杖于廷。嘉靖初，擢為車駕郎中，歷陞至
按察使，尋以莫登庸竊據，擢公僉都御史，保釐南，詔陞為大理
寺卿。

【案】：汪文盛，巡撫雲南時，值安南之役，功成於毛伯溫，
然伐謀制勝，文盛功為多。文盛知福州時，有惠政，民為立節愛
祠。撰有：《白泉文集》、《白泉選稿》、《節愛汪府君詩集》等書。
生平事跡見：《國朝獻徵錄》卷68、《明史》卷198、《萬斯同明史》
卷292、《明人小傳》卷2、《本朝分省人物考》卷76、《明詩綜》
卷34等。

159.章　僑

字處仁，蘭谿人，正德十二年進士，授行人。嘉靖初，選給
事中，遇事盡言，八年出為衡州知府，累陞福建布政使，卒。

【案】：章僑生平事跡見：《明史》卷280、《明史稿》卷192
等。

160.徐　問

字用中，武進人，弘治十五年進士，除廣平推官，歷陞布政，
尋以副都御史，巡撫貴州，歷少司馬，晉戶部尚書，致仕，卒贈
太子少保，諡莊裕。

【案】：徐問，號養齋。問居官廉正，不避權倖，入官四十年，
家無長物。生平學宗紫陽，世稱養齋先生。撰有：《讀書箚記》、《山
堂萃稿》等書。生平事跡見：《國朝獻徵錄》卷31、《明史》卷201、
《萬斯同明史》卷271、《明史稿》卷180、《明詩綜》卷28、《明

儒學案》卷 52 等。

161.秦　金

字國聲，無錫人，弘治六年進士，由戶部主事，歷陞副都御史，巡撫湖廣。嘉靖二年為戶部尚書，六年引疾，十年復起為南戶、兵二部尚書，尋致仕，三十三年卒，謚端敏。

【案】：秦金，號鳳山。金為人樂易，及居官，以廉正自持，在戶部尤孜孜為國。撰有：《安楚錄》等書。生平事跡見：《國朝獻徵錄》卷 42、《明史》卷 194、《萬斯同明史》卷 268、《明史稿》卷 180、《明詩紀事》丁籤卷 6 等。

162.王以旂

字士招，江凌人，正德六年進士，授知縣，擢御史，累陞右都御史，掌南院。嘉靖二十六年，召為工部尚書，尋轉左都御史，明年，為兵部尚書，代曾銑為陝西總督，卒贈少保，謚襄敏。

【案】：王以旂，號石岡。世宗時，代曾銑總制三邊，屢破邊寇。在鎮六年，修延綏城堡四千五百餘所，又築蘭州邊垣。比卒，軍民為罷市。撰有：《漕河奏議》、《襄敏集》等書。生平事跡見：《明史》卷 199、《萬斯同明史》卷 272、《明史稿》卷 186、《國朝獻徵錄》卷 57、《蘭臺法鑒錄》卷 14、《明詩紀事》戊籤卷 11等。

163.蔣　曙

字□□，全州人，弘治九年進士，嘉靖五年，以工部侍郎，兼僉都御史，採木六年，卒于官。

164.王邦瑞

字惟賢，宜陽人，正德十二年進士，選庶吉士，改授知州，歷陞僉都御史，巡撫寧夏。嘉靖庚戌，陞本兵，尋奪職歸，三十九，起戎政尚書，明年卒，贈太子少保，謚毅襄。

【案】：王邦瑞，號鳳泉。嘉靖年間，俺答迫都城，邦瑞總督九門，攝兵部尚書事，兼督團營，尋改兵部左侍郎，條上《興革六事》，中言宦官典兵，古今大患，請盡撤提督監槍者，帝報從之。為人嚴毅有識量，歷官四十年，以廉節著。撰有：《王襄毅公集》等書。生平事跡見：《國朝獻徵錄》卷 39、《明史》卷 199、《萬斯同明史》卷 272、《明史稿》卷 184、《明名臣言行錄》卷 57、《明詩綜》卷 36 等。

165.張孚敬

初名璁，字秉用，永嘉人，正德十五年進士。嘉靖三年，以議禮陞兵部侍郎，六年，以禮部尚書，召入內閣，八年致仕，至天津，召還。十年，以雷震致仕，十一年，召還，又致仕。十三年，召還，加少師。十四年，病乞，休，尋卒贈太師，諡文忠。

【案】：張孚敬，初名璁，字秉用，後賜名孚敬，字茂恭。世宗議追崇所生，璁迎合帝意，力折廷臣，仕至華蓋殿大學士。為人剛明果敢，持身特廉，然性狠愎，報復相尋。撰有：《諭對錄》、《奏對錄》、《保和冠服圖》、《張文忠集》等書。生平事跡見：《明史》卷 196、《明史稿》卷 182、《明詩綜》卷 37、《靜志居詩話》卷 11 等。

166.桂 萼

字□□，安仁人，正德六年進士，由知縣遷刑部主事，議禮稱旨，累陞禮部尚書。嘉靖八年，入內閣，加少保，十年致仕，卒贈太傅，諡文襄。

【案】：桂萼，號古山。萼性猜狠，好排異己，以故不為物論所容。始與璁相得甚歡，比同居政府，遂至相失。撰有：《桂文襄奏議》、《輿圖記敘》、《經世民事錄》等書。生平事跡見：《明史》卷 196、《萬斯同明史》卷 276、《明史稿》卷 182 等。

167.方獻夫

字叔賢，南海人，弘治十八年進士，由庶吉士改禮部郎，歷
陞吏部尚書。嘉靖十一年，召入內閣，十三年晉少保，致仕，尋
卒，贈太保，諡文襄。

【案】：方獻夫，號西樵。獻夫緣議禮驟貴，與璁、萼共事，
持論頗平恕，故人不甚惡之。撰有：《周易傳義約說》、《西樵遺稿》
等書。生平事跡見：《國朝獻徵錄》卷 16、《明史》卷 196、《明史
稿》卷 182 等。

168.席　書

字文同，遂寧人，弘治三年進士，由知縣。正德中，歷陞布
政。嘉靖元年，以副都御史，巡撫湖廣，尋改南兵部侍郎，以議
禮稱旨，陞禮部尚書，六年，加武英殿大學士，三日卒，贈太傅，
諡文襄。

【案】：席書，號元山。書遇事敢為，性頗偏愎。撰有：《大
禮集議》、《漕船志》、《漕運錄》、《元山文選》等書。生平事跡見：
《國朝獻徵錄》卷 15、《明史》卷 197、《萬斯同明史》卷 277、《明
史稿》卷 183 等。

169.王　軏

江都人，開平衛籍，弘治十二年進士。嘉靖十五年，累陞南
京兵部尚書，十八年，致仕卒。

【案】：王軏，正德初，歷工部員外郎。嘉靖初，房山地震，
軏言召災有由，語多指斥、忤旨切責。後以老乞罷，以疏中言享
年若干，帝以為非告君體，勒以為民，久之，卒。生平事跡見：《明
史》卷 201、《萬斯同明史》卷 271、《明史稿》卷 180、《國朝列
卿記》卷 50、113 等。

170.霍　韜

字渭先，南海人，正德八年進士，未娶，引例告歸。嘉靖元年，起為職方主事，尋以議禮遷少詹兼侍講學士，累陞至禮部尚書，十九年，卒，贈太子太保，謚文敏。

【案】：霍韜，初號兀厓，後更號渭厓。正德九年會試第一。韜學博才高，量褊隘，所至與人競，帝心頗厭之，故不大用。先後多所建白，亦頗涉國家大計。撰有：《詩經解》、《象山學辨》、《程朱訓釋》、《西漢筆評》、《渭厓集》、《渭厓家訓》等書。生平事跡見：《國朝獻徵錄》卷 18、《明史》卷 197、《萬斯同明史》卷 277、《明史稿》卷 183、《國朝名世類苑》卷 2、19、24、26、33、30、35、36、37、38、《昭代明良錄》卷 9、《國朝列卿記》卷 16、《嘉靖以來首輔傳》卷 2、《皇明詞林人物放》卷 6、《明人小傳》卷 2、《本朝分省人物考》卷 110、《明詩綜》卷 35、《明史竊》卷 60、《明書》卷 155、《明詩紀事》戊籤卷 12、《明儒學案》卷 5、13等。

171.唐　龍

字虞佐，蘭谿人，正德三年進士，由知縣歷陞太僕寺卿，尋擢僉都御史，總督漕運，尋陞兵部尚書，總制三邊。嘉靖二十五年，改吏部，奪職，卒，贈少保，謚文襄。

【案】：唐龍，號漁石，受業於同縣章懋。龍為官有德政，又數敗吉囊及俺答，先後任刑部尚書、吏部尚書。撰有：《易經大旨》、《群忠錄》、《漁石集》等書。生平事跡見：《四庫全書總目》卷 176、《明史》卷 202、《萬斯同明史》卷 289、《明史稿》卷 184等。

172.毛　憲

字式之，武進人。正德六年進士，擢給事中，嘉靖十二年卒。

【案】：毛憲，別號古庵。官給事中時，內侍擅權，國事日非，憲疏大臣怙勢為姦利者數人，內外肅然。武宗建儲未健，舉朝諱不敢發，憲疏請不報，謝病歸。憲敦行誼，矜名節，學者稱古庵先生。撰有：《毗陵正學編》、《古庵文集》、《諫垣奏草》等書。生平事跡見：《國朝獻徵錄》卷 80、《萬斯同明史》卷 301、《明人小傳》卷 2、《本朝分省人物考》卷 28、《明詩綜》卷 34 等。

173.汪應軫

字子宿，山陰人，正德十二年進士，改庶吉士，與舒芬等上疏諫南巡，跪門廷杖，尋出知泗州。嘉靖登極，召為給事中，與張、桂不合，出為江西提學僉事，尋卒，學者私諡為清憲先生。

【案】：汪應軫，號清湖。以諫南巡被杖，出知泗州，州土瘠民惰，不知農桑，應軫教以蠶繅織作，由是民足衣食。世宗立，召為分科給事中，歲餘上三十餘疏，感切時弊。撰有：《清湖文集》等書。生平事跡見：《明史》卷 208、《萬斯同明史》卷 282、《明史稿》卷 192、《國朝獻徵錄》卷 86、《明人小傳》卷 2、《明詩綜》卷 36 等。

174.張　岳

字惟喬，泉州人，正德十二年進士，授行人，諫南巡，下獄杖闕下幾死。嘉靖初起原官，歷任鄖陽、江西、兩廣撫臣，陞右都掌院事，尋以楚苗猖獗，出公總督，三省底寧，分宜忌公，降兵部侍郎，卒復其官，贈太子少保，諡襄惠。

【案】：張岳，號淨峯。岳自幼好學，以大儒自期，嘗與陳琛、林希元閉戶讀書，出則徒步走市中，時稱泉州三狂。其學以程朱為宗，與陽明語多不契，往往執先入之言，攻擊良知。撰有：《小山類稿》等書。生平事跡見：《明儒學案》卷 52、《明史》卷 200、《萬斯同明史》卷 292、《明史稿》卷 186、《明詩綜》卷 36 等。

175.鄭自璧

字采東，祥符人，正德十二年進士，十四年，由庶吉士授給事中。嘉靖三年，陞兵科都諫，遇事敢言，六年降江陰縣丞。

【案】：鄭自璧，隸籍京師。自璧在諫垣最敢言，所言皆權倖，直聲震朝野，側目者共為蜚語，聞於上，遂謫江陰縣丞。命下，大臣幸其去，無救者。後廷臣屢論薦，竟不召。生平事跡見：《明史》卷 208、《萬斯同明史》卷 283、《明史稿》卷 192 等。

176.張　袞

字時華，江陰人，正德十六年進士，改庶吉士，授御史，已復改編修，累陞國子祭酒，尋以光祿寺卿致仕，嘉靖四十三年，卒。

【案】：張袞，一字補之，號水南。袞在諫垣時，建白頗多。嘉靖中，倭寇擾東南，家居危城中，馳書當政者，白以禦倭五事。撰有：《張水南集》等書。生平事跡見：《四庫全書總目》卷 176 等。

177.張　珩

字□□，石州人，正德十六年進士，授御史，陞僉都御史，巡撫延綏，已巡撫寧夏，總督陝西三邊。嘉靖二十五年，進戶部尚書，尋謫戍慶陽，已復起副都御史，巡撫延綏，遷兵部侍郎，卒。

【案】：張珩，字珮玉，號南川。珩居官以剛介著，而經略西陲之功最久且大。生平事跡見：《國朝獻徵錄》卷 58、《萬斯同明史》卷 284 等。

178.楊　選

字□□，章丘人，正德十六年進士，三十七年以僉都兩撫大同，陞兵部侍郎，尋下詔獄，卒。

【案】：楊選，字以公。《明史》、《皇明進士登科考》皆著其登嘉靖二十三年進士，《姓氏爵里總目》以其為正德十六年，非也。選累官薊遼總督，以卻敵功進兵部右侍郎。幸愛與把都兒大舉入寇，京師戒嚴。及寇退，坐守都不設備，戮於市。生平事跡見：《明史》卷 204、《萬斯同明史》卷 284、《明史稿》卷 186、《蘭臺法鑒錄「卷 17 等。

179.潘 潢

字□□，婺源人，正德十六年進士，由知縣擢戶部主事，歷陞戶部尚書。尋改南京兵部尚書，嘉靖三十四年卒，贈太子少保，諡簡肅。

【案】：潘潢，字薦叔，號樸溪。嘉靖時，潢初授樂清令，徵入禮部，進《大學衍義》，勸經筵御講。改吏部，前後累數十章，皆切至。署選官，冢宰囑以私，潢執不從。累遷戶部尚書，以議條例不合，徙南工部，再轉兵部，留守南都。致仕歸。編撰有：《明倫大典》等書。生平事跡見：《國朝獻徵錄》卷 42、《萬斯同明史》卷 270、《本朝分省人物考》卷 317 等。

180.馮 恩

字子仁，華亭人，嘉靖二年進士，以行人擢南臺御史，十一年，因彗星見，疏斥都御史汪鋐，詔下獄，以子行可詣闕乞代死，免死，戍雷州。隆慶初，即其家，拜大理寺丞，致仕卒。

【案】：馮恩，號南江。恩幼孤家貧，母吳氏親督教之。比長，知力學，除夜無米，且兩室盡濕，恩讀書牀上自若。官南京御史，極論大學士張璁、方獻夫、右都御史汪鋐奸狀，帝怒，下獄，朝審不屈，且面罵鋐。士民觀者如堵，皆歎曰是御史非但口如鐵，其膝、其膽、其骨皆鐵也，因稱「四鐵御史」。撰有：《芻蕘錄》、《芻蕘集》等書。生平事跡見：《明史》卷 209、《萬斯同明史》

卷 281、《明史稿》卷 193、《國朝獻徵錄》卷 65、《明史臣言行錄》
卷 56、《昭代明良錄》卷 17、《皇明應諡名臣備考錄》卷 3、《皇
明詞林人物考》卷 7、《本朝分省人物考》卷 26、《明書》卷 108
等。

181.鄒守愚

字君哲，莆田人，嘉靖五年進士，由戶部主事，歷陞僉都御
史，巡撫河南，晉戶部侍郎，三十四年奉命秩祀河嶽，卒于秦，
贈都御史，諡襄惠。

【案】：鄒守愚，嘉靖間嘗攝江西學政，所拔多名士。累官河
南左布政使，時師尚詔陷歸德，率兵平之，晉戶部右侍郎。撰有：
《俟知堂集》等書。生平事跡見：《國朝獻徵錄》卷 30、《萬斯同
明史》卷 284、《國朝列卿記》卷 120、《皇明詞林人物考》卷 6、
《本朝分省人物考》卷 74 等。

182.夏　言

字公謹，貴溪人，正德十二年進士，由行人，擢兵科給事中，
以議禮稱旨，進翰林侍讀學士。嘉靖十五年，入內閣，累加少師，
二十年削免，尋復職，二十一年，又革職，二十四年，復任，二
十七年，降尚書，致仕，十二月論斬。隆慶中，諡文愍。

【案】：夏言，號桂洲。言性機警，善屬文，頗驕滿。嚴嵩與
之同鄉，事言甚謹，而言以門客畜之，嵩甚銜恨。後言漸失帝意，
而嵩浸用事，遂日相齮齕，卒排擠使去，又誣以納賄，坐棄市。
撰有：《賜閑堂稿》、《桂洲集》、《南宮奏稿》等書。生平事跡見：
《國朝獻徵錄》卷 16、《明史》卷 196、《萬斯同明史》卷 188、《明
史稿》卷 182 等。

183.何良俊

字元朗，華亭人，少與弟良傅，負俊才，人以二陸比之。嘉

靖時，貢入太學，授南京翰林院，孔目所著有《柘湖集》。

【案】：何良俊，號柘湖居士、清溪漫叟、紫溪真逸、四友齋等。良俊與弟良傅共以俊才顯譽，篤學二十年不下樓，藏書四萬卷。室名清森閣。撰有：《四友齋叢說》、《何氏語林》、《何翰林集》等書。生平事跡見：《國朝獻徵錄》卷 23、《列朝詩集小傳》丁集上、《明史稿》卷 268 等。

184.朱紈

字子純，長洲人，正德十六年進士，由知縣陞職方郎，調吏部，累任至副都御史，巡撫南贛，嘉靖二十六年，改撫浙江，兼福建海道，有禦賊功，以海禁嚴，為閩人所搆，革職，聽勘，發憤，卒，所著有《甓餘集》。

【案】：朱紈，號秋厓。紈清強峭直，勇於任事，欲為國家杜亂源，乃為勢家構陷，朝野大息。自紈死，罷巡視大臣不設，中外搖手不敢言海禁事。未幾，海寇大作，毒東南者十餘年。又撰有：《茂邊紀事》等書。生平事跡見：《姑蘇鄉賢小紀》下、《明史》卷 205、《萬斯同明史》卷 295、《明史稿》卷 88、《國朝獻徵錄》卷 62、《本朝分省人物考》卷 22 等。

185.許相卿

字□□，海寧人。正德十二年進士，告歸，十六年，授給事中。嘉靖改元，抗疏論政令不當者數事，三年免歸，屢詔不起，尋卒。

【案】：許相卿，字伯台，號雲村老人。世宗時，宦官張銳、張忠有罪論死，帝欲寬之，相卿切諫口帝又蔭中官張欽義子李賢為錦衣世襲指揮，相卿言于謙子止錦衣千戶，王守仁子止錦衣百戶，中官廝養反過之，忠勛大臣裔曾不若近倖奴，誰不解體？言皆切至。為給事三年，所言皆不聽，遂謝病歸。撰有：《史漢方駕》、

《革朝志》、《雲村文集》等書。生平事跡見：《明史》卷 208、《萬斯同明史》卷 282、《明史稿》卷 192、《國朝獻徵錄》卷 80、《明詩紀事》戊籤卷 13 等。

186.鄭一鵬

字九萬，莆田人，正德十六年進士，選庶吉士，授給事中。嘉靖三年，伏闕請正大禮，廷杖，然志操益勵，先後論劾凡十餘疏，六年以言事，復廷杖削籍，卒，隆慶初贈光祿寺卿。

【案】：鄭一鵬，性亢直，居諫垣中最敢言。後因劾武定侯郭勛，坐妄奏，除名，卒。生平事跡見：《明史》卷 206、《萬斯同明史》卷 280、《明史稿》卷 190、《國朝獻徵錄》卷 80、《本朝分省人物考》卷 74、《明詩紀事》戊籤卷 14 等。

187.韋商臣

字希尹，長興人，嘉靖二年進士，由御史累陞四川參議，尋以考察罷。

【案】：韋商臣，厚子。嘉靖間，商臣以廷臣多無罪下吏貶謫，請平反以弭災患，帝謫以沽名賣直，謫清江丞。稍遷河南僉事，風裁凜然。討平永寧巨寇，尋為權貴中傷，以四川參議落職歸，卒。生平事跡見：《國朝獻徵錄》卷 98、《明史》卷 208、《萬斯同明史》卷 281、《明史稿》卷 189、《明人小傳》卷 1、《本朝分省人物考》卷 46、《明詩綜》卷 39、《靜志居詩話》卷 11 等。

188.呂光洵

字信卿，新昌人，嘉靖十一年進士，由知縣入為御史，言九邊事，凡十餘奏，尋擢副都御史，督餉南畿，四十二年，巡撫雲南，晉南京工部尚書，歸卒。

【案】：呂光洵，號可園。光洵官右都御史時，平雲南諸蠻之叛，遷南京工部尚書。光洵書室名「皆山堂」。撰有：《三巡奏議》、

《皆山堂稿》、《可園詩鈔》、《元史正要》等書。生平事跡見：《國朝獻徵錄》卷 52、《萬斯同明史》卷 271、《明詩綜》卷 41 等。

189.龔　輝

字實卿，餘姚人，嘉靖二年進士，授工部主事，奉敕採木，屢疏請停，免，得旨，允其奏，累陞布政使二十三年，擢副都御史，提督南贛軍務，二十九年，陞工部侍郎，致仕，卒，所著有《西槎疏草》、《全陝政要》諸書。

【案】：龔輝，號笑齋。嘉靖時營仁壽宮，輝以營繕司主事督木四川，得大木五千餘株，部簡欲再倍其數，民情洶洶，輝乃繪山川險惡、轉運艱苦等狀，為圖以進，竟得停止。生平事跡見：《國朝獻徵錄》卷 51、《國朝列卿記》卷 104、110、《本朝分省人物考》卷 51 等。

190.袁　袠

字永之，吳人，嘉靖五年進士，選庶吉士，授兵部武選主事，為胡端敏公所重，以失火下獄，謫戍湖州，尋赦歸，累陞廣西提學。卒。

【案】：袁袠七歲能詩，任庶吉士時，張璁惡之，出為刑部主事，累遷廣西提學僉事，兩廣自韓雍後，監司詣督府率庭跪，袠獨長揖，無何，謝病歸。撰有：《世緯》、《胥臺集》等書。生平事跡見：《明史》卷 287 等。

191.蘇　祐

字允吉，濮縣人，嘉靖五年進士，授縣令，徵為御史，出按宣大監軍，討平亂，卒尋陞僉都御史，巡撫保定，移撫山西，二十八年，以兵部左侍郎總督宣大邊務，凡十年，進兵部尚書，分宜忌公，削籍為民。萬曆元年，復官致仕，卒，所著有《三關紀要》、《逌旃瑣言》、《奏議》等書。

【案】：蘇祐，一字舜澤，號穀原。祐好為詩，粗豪伉浪，奔放自善。又撰有：《穀原文草》、《穀原集》等書。生平事跡見：《國朝獻徵錄》卷 57、《國朝列卿記》卷 94、118、《蘭臺法鑒錄》卷 15、《皇明詞林人物放》卷 7、《明人小傳》卷 3、《本朝分省人物考》卷 96、《明詩綜》卷 4、《明詩紀事戊》卷 16、《列朝詩集小傳》丁集上、《盛明百家詩》卷 2 等。

192.鄭　曉

字窒甫，海鹽人，嘉靖二年進士，授職方主事，著《九邊圖誌》，議禮下獄，被杖，尋遷吏部，分宜忌之，詔貶和州判官，後累陞右都御史，協理戎政，掌部事。楊襄毅宣大還，公遷刑部尚書，以言官論列削籍，卒，復官，隆慶初賜祭葬，贈太子少保，諡端簡。

【案】：鄭曉，號淡泉。曉通經術，習國家典故，時望蔚然，為權貴所扼，志不盡行。既歸，角巾布衣與鄉里父老遊處，見者不知其貴人也。撰有：《九邊圖志》、《吾學編》、《禹貢圖說》、《鄭端簡公文集》、《四書講義》、《今言》、《古言》等書。生平事跡見：《明史》卷 199、《萬斯同明史》卷 270、《明史稿》卷 178、《皇明通紀直解》卷 9、《國朝獻徵錄》卷 45、《國朝各世類苑》卷 4、6、8、29、42、《明名臣言行錄》卷 52、《國朝列卿記》卷 101、133、145、154、《皇明詞林人物考》卷 8、《明人小傳》卷 2、《本朝分省人物考》卷 45、《明詩綜》卷 39、《明史竊》卷 64、《明書》卷 132、《續藏書》卷 18、《靜志居詩話》卷 11 等。

193.嚴　嵩

字惟中，分宜人，正德□□年進士，由庶吉士歷陞吏部尚書。嘉靖二十一年，入內閣，二十九年，夏言以罪去，獨為首相，攻者數起卒不去，至四十一年始致仕，尋以子世蕃貪縱，棄市，削

其恩廕，并籍其家。嵩死時，寄食墓舍，不能具棺槨，亦無弔者，
年八十六。

【案】：嚴嵩，一字介谿，又號勉庵，《明史》、《皇明進士登
科考》載其弘治十八年進士。嵩善伺帝意，所言多稱旨，以是專
權用事，結黨營私，與子世蕃肆行奸惡，內外重臣多被斥戮。御
史楊繼盛劾其十大罪五奸，嵩以他事構殺之。後世蕃為御史鄒應
龍等所劾，伏誅，嵩被黜為民。嵩工詩、古文，詩猶獨出冠時。
嘗讀書鈐山，乃號其居曰「鈐山堂」。撰有：《鈐山堂集》等書。
生平事跡見：《國朝獻徵錄》卷 16、《明史》卷 308、《萬斯同明史》
卷 401、《明史稿》卷 286 等。

194.李　默

字時言，歐寧人，正德十六年進士，授庶吉士，改戶部主事，
改吏部，尋謫寧國判，歷陞吏部侍郎，尋進尚書，分宜與趙文華
忌公，疏公謗訕，下獄，卒。隆慶初，詔復官，遣官諭祭營葬如
例。

【案】：李默，嘉靖間累官翰林學士，為趙文華所搆，下獄瘐
死。默博雅有才辨，以氣自豪。同考武試得陸炳為門生，炳貴，
盛力推轂，默由外吏驟顯，有所恃，不附嵩。凡有銓除，與爭可
否，氣甚壯，然性褊淺，用愛憎為軒輊，頗私鄉舊，以恩威自歸，
士論亦不甚附之。萬曆中，賜諡文愍。撰有：《建寧人物傳》、《孤
樹裒談》、《群玉樓集》等書。生平事跡見：《國朝獻徵錄》卷 25、
《明史》卷 202、《萬斯同明史》卷 289、《明史稿》卷 184、《明
人小傳》卷 2、《明詩綜》卷 37 等。

195.程文德

字□□，永康人，嘉靖八年進士，由編修，以論汪鋐下獄，
謫典史，歷陞吏部侍郎，尋加學士，掌詹事府事，管撰玄文，不

稱旨，調南吏部，尋削籍。卒後復其官，仍贈禮部尚書，謚文恭。

【案】：程文德，字舜敷，號松溪。文德初受業章懋，後從王守仁遊。任南京工部右侍郎時，疏辭勸帝享安靜和平之福，帝以為謗訕，除其名。既歸，聚徒講學，卒，貧不能殮。撰有：《松溪集》、《程文恭遺稿》等書。生平事跡見：《明史》卷 283、《明儒學案》卷 14 等。

196.聶　豹

字文蔚，永豐人，正德十一年進士，由華亭知縣，歷陞僉都御史，巡撫順天。嘉靖三十一年，陞兵部尚書，尋致仕卒。隆慶元年，贈少保，謚貞襄。

【案】：聶豹，號雙江，豹初好王守仁良知之說，與辨難，心益服。後聞守仁歿，為位哭，以弟子自處。豹繫獄時，著《困辨錄》，於王守仁說頗有異同云。撰有：《困辨錄》、《雙江文集》等書。生平事跡見：《明儒學案》卷 17、《明史》卷 202、《萬斯同明史》卷 272、《明史稿》卷 184、《國朝獻徵錄》卷 39 等。

197.翁萬達

字仁夫，揭陽人，嘉靖五年進士，由戶部主事，歷陞梧州知府，尋擢征南副使，以軍功陞一級。二十三年，擢副都御史，巡撫陝西，修築邊牆，議復河套，尋以破虜，陞兵部尚書，丁艱，起復，以疏中字誤訛為民，尋詔，復公兵部尚書，而公卒矣，隆慶年謚襄敏。

【案】：翁萬達，號東涯。萬達事親孝，父歿，負土成墳。好談性命之學，與歐陽德、羅洪先、唐順之、王畿、魏良政善。通古今，操筆頃刻萬言，為人剛介坦直，勇於任事，履艱危，意氣彌厲。臨陣嘗身先士卒，尤善御將士，得其死力。嘉靖中，邊臣行事適機宜，建言中肯窾者，萬達稱首。生平事跡見：《明史》卷

198、《萬斯同明史》卷 296、《明史稿》卷 179、《國朝獻徵錄》卷
39、《明詩紀事》戊籤卷 16 等。

198.錢琦

　　字公良，海鹽人，正德三年進士，起家部郎，力諫南巡，仕
至太守，卒，所著《東畬集》。

　　【案】：錢琦，號東畬。知盱眙縣，力禦流賊，邑賴以全。後
陞臨江知府，調思南，請老歸。又撰有：《錢子測語》、《禱雨錄》
等書。生平事跡見：《明詩紀事》丁籤卷 14、《明名人傳》卷 9、《明
人小傳》卷 2、《明詩綜》卷 33、《盛明百家詩》卷 2 等。

199.王學夔

　　字一臣，安福人，正德九年進士，初任刑部主事，調考功郎，
諫南巡，跪門五日，廷杖幾死。嘉靖初，陞太僕卿，尋陞副都御
史，撫治鄖陽，累晉南京兵部尚書。隆、萬間，兩膺存問，卒年
九十四，諡莊簡。

　　【案】：王學夔，號兩洲。正德九年進士第一。嘉靖初，奏請
裁戚畹，又申救言官，歷考功文選郎中，廉謹為時所稱。生平事
跡見：《明史》卷 203、《萬斯同明史》卷 285、《明史稿》卷 287、
《明名臣言行錄》卷 58、《國朝列卿記》卷 42、77、112、138、
145、154 等。

200.毛鳳韶

　　字瑞成，麻城人，正德十五年進士，為御史，有直聲，尋謫
嘉定州判官，終雲南僉事，有《聚峰文集》藏于家。

　　【案】：毛鳳韶，號聚峰。任浦江知縣，有善政，擢監察御史，
上《弭災八事》。災按陝西、雲南，墨吏皆解印綬去。又撰有：《浦
江志略》等書。生平事跡見：《蘭臺法鑒錄》卷 14、《本朝分省人
物考》卷 78 等。

201.陳時明

字際豐，堂邑人，正德十六年進士。嘉靖元年，授給事中，六年陞左參議，尋致仕，卒。

202.曾 忭

字汝誠，泰和人，嘉靖五年進士，授知縣，選給事中，尋掌兵垣，十四年為民。穆廟登極，復職仍晉階，致仕。

【案】：曾忭撰有：《前川奏疏》等書。生平事跡見：《四庫全書總目》卷 56 等。

203.楊 爵

字伯修，富平人，嘉靖八年進士，授行人，改御史，上封事，兩繫詔獄，凡八年，釋歸為民，卒。隆慶元年，追贈光祿寺卿，諡忠介。

【案】：楊爵，號斛山。嘉靖時，郭勛用事，歲頻旱，帝日夕建齋醮，經年不視朝，爵上疏極諫，帝震怒，立下詔獄，歷五年得釋，抵家甫十日，復逮繫獄，又三年始還。撰有：《周易辨錄》、《楊忠介集》等書。生平事跡見：《明史》卷 209、《萬斯同明史》卷 297、《明史稿》卷 193、《明人小傳》卷 2、《明詩綜》卷 41、《明儒學案》卷 9 等。

204.楊 名

字實卿，遂寧人，嘉靖八年進士一甲，授編修，建言為民。

【案】：楊名，嘉靖時鄉試第一、廷試第三，授編修。慧星見，應詔上書切陳，言帝喜怒失中，用舍不當，語切直，帝大怒，下詔獄拷訊，究主使，數瀕死，無所承言。詔讁戍瞿塘衛，尋釋歸，屢薦不召。名居奉親孝，親歿，與弟台廬於墓終喪，卒。編撰有：《生賢集》。生平事跡見：《明史》卷 207、《萬斯同明史》卷 281、《明史稿》卷 191、《明名臣言行錄》卷 56 等。

205.許　論

字廷議，靈寶人，嘉靖五年進士，由推官為兵部主事，上《九邊圖說》，歷陞僉都御史，巡撫薊州，尋陞兵部侍郎，總督宣大諸軍，三十五年詔進本兵，加太子太保，尋復總宣大軍務，四十四年卒，諡恭襄。

【案】：許論，許進之子。論好談兵，幼從父歷邊境，盡知扼塞險易，因著《九邊圖論》上之，帝喜，頒邊臣議行，自是以知兵聞。以軍功積官兵部尚書，時嚴嵩父子用事，將帥率以賄進，執政丁汝夔等咸不得善去，論時已老，重自顧念，一切聽嵩指揮，望由此損。後以侵冒奪官。生平事跡見：《明史》卷 186、《萬斯同明史》卷 250、《明史稿》卷 172、《國朝獻徵錄》卷 35、57、《國朝列卿記》卷 116、117 等。

206.侯　綸

字□□，太原人，正德六年進士，歷陞兵部侍郎，嘉靖二十六年，起戶部侍郎，總督糧儲，二十九年，致仕卒。

207.張秉壺

字國鎮，莆田人，嘉靖十七年進士，二十二年，由知縣拜給事中，三十年，陞尚寶司卿，改太僕，三十五年免官，卒。

208.趙　伸

字□□，掖縣人，正德九年進士，仕至僉都御史。

209.黃　佐

字□□，香山人，正德十五年進士，累官副御史，總督兩廣軍務。

【案】：黃佐，字才伯，號泰泉。正德中舉鄉試第一。《皇明進士登科考》載其正德十六年進士，《姓氏爵里總目》載其十五年進士，非也。佐學以程朱為宗，惟理氣之說，獨持一論。平生譔

述至二百六十餘卷，所著《樂典》，自謂洩造化之秘。年七十七卒，穆宗詔贈禮部右侍郎，諡文裕。撰有：《泰泉鄉禮》、《樂典》、《革除遺事節本》、《廣州人物傳》、《嘉靖廣西通志》、《南廱志》、《唐言》、《泰泉集》、《六藝流別》等書。生平事跡見：《明史》卷 287、《萬斯同明史》卷 287、《明史稿》卷 268、《國朝列卿記》卷 160、《皇朝詞林人物考》卷 6、《明人小傳》卷 2、《明儒言行錄續編》卷 2、《本朝分省人物考》卷 111、《明詩綜》卷 37、《明詩紀事》戊籤卷 7、《明儒學案》卷 51、《列朝詩集小傳》丁集上、《盛明百家詩》卷 1、《靜志居詩話》卷 11 等。

210.王朝用

字□□，南充人，正德十五年進士，嘉靖十五年，時為兩淮巡鹽御史。

【案】：王朝用，《皇明進士登科考》載其正德十六年進士，《姓氏爵里總目》載其十五年進士，非也。

211.屠應埈

字文升，平湖人，文僖子也，嘉靖五年進士，由庶吉士，授刑部主事，尋復官翰林，晉諭德，解職歸，卒，所著有《蘭暉堂集》。

【案】：屠應埈，號漸山，刑部尚書屠勳之子。應埈工詩文，書室名「蘭暉堂」。生平事跡見：《明史》卷 287、《萬斯同明史》卷 268、《國朝獻徵錄》卷 19 等。

212.孫　陞

字志高，餘姚人，忠烈子也，嘉靖十四年進士，由僉吉士陞禮部侍郎，尋晉尚書，卒諡文恪。

【案】：孫陞，孫燧之季子。陞為時人稱為篤行君子。編撰有：《忠烈編》、《孫文恪集》等書。生平事跡見：《萬斯同明史》卷

271、《明史稿》卷 208、《國朝獻徵錄》卷 36 等。

213.曾　銑

字□□，黃巖人，嘉靖八年進士，由知縣為御史，巡按遼東，會兵變，公捕首惡誅之，遂大定。因不次見擢，比總督陝西，時首倡復套議，大學士言，力持其議，分宜授旨仇鸞，遂以結交近侍，律論死。隆慶初，事白，贈尚書，諡襄愍。萬曆中，詔建祠以祀之云。

【案】：曾銑，自為諸生，以才自豪。銑有膽略，長於用兵，立志復河套。銑廉，既歿，家無餘貲。撰有：《復套議》等書。生平事跡見：《明史》卷 204、《萬斯同明史》卷 294、《明史稿》卷 188、《國朝獻徵錄》卷 58 等。

214.姚　淶

字惟東，慈谿人，嘉靖二年進士第一，授修撰，議禮被杖，尋復官，累陞侍讀學士，卒，作有《邊圖海運策》。

215.張　治

字文邦，茶陵人，嘉靖二年進士，為庶吉士，授編修，二十七年，累陞至南京吏部尚書，明年入內閣。未幾，卒，贈少保，諡文隱，隆慶初改文毅。

【案】：張治，《皇明進士登科考》載其乃正德十六年進士，《姓氏爵里總目》為嘉靖二年，非也。治性卞急而志意慷慨，接人樂易，喜獎掖士類，語及治亂之故，毅然以經濟自許。撰有：《龍湖文集》等書。生平事跡見：《萬斯同明史》卷 266、《明人小傳》卷 2、《明詩綜》卷 37 等。

216.張時徹

字惟靜，四明人，嘉靖二年進士，初授禮部主事，歷任藩司，以副都御史，巡撫四川，改江西，三十四年，累陞南京兵部尚書，

尋致仕歸，卒。

【案】：張時徹，張邦奇之族父，然少邦奇二十歲，受業邦奇，有文名。官南京兵部尚書時，以倭入寇，勒歸，寄情文酒而不忘用世之志。撰有：《芝園定集》、《善行錄》、《明文範》、《攝生眾妙方》、《救急良方》等書。生平事跡見：《明史》卷 201、《萬斯同明史》卷 287、《明史稿》卷 264、《明人小傳》卷 2、《明詩綜》卷 39 等。

217.徐　階

字子升，華亭人，嘉靖二年進士，授編修，以議孔子像，出為延平推官，歷陞副使，尋以太子出閣，召拜洗馬，累遷至禮尚書，三十一年，召入內閣，嵩去，公為首揆，凡七年。隆慶二年，致仕，卒，贈太師，諡文貞。

【案】：徐階，生甫周歲，墮瑂井，出三日而蘇。五歲從父道括蒼，墮高嶺，衣掛於樹，不死，人咸異之。階立朝有相度，保全善類，嘉、隆之政，多所匡救，閒有委蛇，亦不失大節。撰有：《岳廟集》、《世經堂集》、《少湖文集》等書。生平事跡見：《明史》卷 213、《明儒學案》卷 27 等。

218.胡　松

字汝茂，滁州人，嘉靖八年進士，由知州歷陞副都御史，巡撫江西，陞南京兵部尚書，尋改吏部，嘉靖四十五年，卒于位，贈太子少保，諡莊肅。

【案】：胡松，潔己清修，富經術，鬱然有聲望。晚主銓柄，以提拔淹滯為己任。撰有：《滁州志》、《唐宋元名表》、《胡恭肅集》等書。生平事跡見：《明史》卷 202、《萬斯同明史》卷 289、《明史稿》卷 184、《皇明通紀直解》卷 10、《明詩紀事》戊籤卷 17等。

219.魏　煥

　　字原德，長沙人，嘉靖八年進士，兵部職方郎，擢四川僉事，所著有《續九邊圖考》。

　　【案】：魏煥，頗明習世務，留心邊防。撰有：《九邊圖考》、《蜀東撫苗實錄》等書。生平事跡見：《本朝分省人物考》卷 81 等。

220.王邦直

　　字東溟，即墨人，由明經，嘉靖中，為鹽山丞，上書條奏十事，優旨褒答，後精研律呂，著《樂書正聲》四十卷，人比之韓洛苑云。

　　【案】：王邦直，號東溟，世稱東溟先生。邦直於嘉靖間上書論時政，坐是閑廢，閉戶二十年乃成《律召正聲》一書。生平事跡見：《四庫全書總目》卷 39 等。

221.趙炳然

　　字□□，劍州人，嘉靖八年進士，授御史，歷陞都御史，巡撫湖廣、浙江，晉兵部尚書，出總宣大山西邊務，尋回掌部事。隆慶三年，卒，贈太子太保，諡恭襄。

　　【案】：趙炳以，字子晦，《明史》、《皇明進士登科考》皆載其嘉靖十四年進士，《姓氏爵里總目》為嘉靖八年，非也。炳然清勤達理，所至有聲績。生平事跡見：《明史》卷 202、《萬斯同明史》卷 270、《明詩綜》卷 184、《國朝獻徵錄》卷 39、《蘭臺法鑒錄》卷 16、《明名人傳》卷 25 等。

222.趙貞吉

　　字孟靜，內江人，嘉靖十一年進士，選庶吉士，庚戌，虜薄都城，公以諭德兼御史，領敕宣諭，督戰，尋下獄，被杖謫荔波典史，累陞戶部侍郎，為相嵩所忌，奪其官。隆慶改元，起公官，

三年，召入內閣，仍兼都察院左都。四年，歸卒，贈少保，謚文肅。

【案】：趙貞吉，號大洲。貞吉六歲日誦書一卷，及長，以博洽名，最善王守仁學。貞吉博學才高，然好剛使氣，動與物迕。久列大臣，或名呼之，人亦以是多怨。高拱、張居正名輩出，貞吉後而進用居先，咸負才好勝，不相下，竟齟齬而去。撰有：《文肅集》。生平事跡見：《明史》卷 193、《萬斯同明史》卷 330、《明史稿》卷 177、《國朝獻徵錄》卷 17、《明名臣言行錄》卷 63、《國朝列卿記》卷 145、163、《明人小傳》卷 3、《本朝分省人物考》卷 170、《明詩紀事》戊籤卷 19、《明儒學案》卷 33、《列朝詩集小傳》丁集等。

223.茅　坤

字順甫，歸安人，嘉靖五年進士，為縣令，入為司勳，累陞至大名備兵副使，尋奪官，世稱鹿門先生。

【案】：茅坤，號鹿門。坤善古文，最心折唐順之。順之喜唐宋諸大家文，所著《文編》，唐宋人自韓、柳、歐、三蘇、曾、王八家外無所取，故坤選《八大家文鈔》，其書盛行海內，鄉里小生無不知茅鹿門者，鹿門、坤別號也。編撰有：《白華樓藏稿》、《玉芒山房稿》、《徐海本末》、《史記鈔》、《浙省分署紀事本末》、《唐宋八大家文鈔》等書。生平事跡見：《明史》卷 287、《明史稿》卷 268、《國朝獻徵錄》卷 82、《皇朝詞林人物考》卷 9、《明人小傳》卷 3、《本朝分省人物考》卷 46、《明詩綜》卷 42、《明詩紀事》戊籤卷 20、《列朝詩集小傳》丁集上、《盛明百家詩》卷 2、《靜志居詩話》卷 12 等。

224.田汝成

字叔禾，錢塘人，嘉靖五年進士，累官提學副使。

【案】：田汝成，博學，工古文，尤善敘述。歷官西南，諳曉先朝遺事。所撰諸書甚多，見稱於時，時推其博洽。撰有：《西湖遊覽志》、《田叔禾集》、《遼記》、《炎徼紀聞》、《行邊紀聞》、《龍憑紀略》、《武夷遊詠》等書。生平事跡見：《明史》卷 287、《明史稿》卷 268、《皇明詞林人物考》卷 7、《明人小傳》卷 2、《明詩紀事》戊籤卷 16 等。

225.趙時春

字景仁，平涼人，嘉靖五年進士，改庶吉士，授戶部主事，數上疏言事，下獄為民，暨改編修，兼司經局校書，疏請正東官，以崇國本，又罷為民，尋以薦為職方郎，歷陞都御史，巡撫山西，提督鴈門關，尋解官，聽調卒。

【案】：趙時春，號浚谷。時春幼與群兒嬉，輒列旗幟，部勒如兵法。嘉靖五年會試第一。官山西巡撫時，思以武功自奮，旋遇寇於廣武，一戰而敗。然當時將帥避寇，時春功雖不就，天下皆壯其氣。時春讀書善強記，文章豪肆，與唐順之、王慎中齊名。詩亢浪自喜，類其為人。撰有：《平涼府通志》、《趙浚谷集》等書。生平事跡見：《明史》卷 200、《萬斯同明史》卷 285、《明史稿》卷 186、《明名臣言行錄》卷 53、《明詩綜》卷 40 等。

226.唐順之

字應德，武進人，嘉靖八年進士，授兵部主事，轉吏部，尋以科道部屬，咸選入翰林，公遂與焉。尋為右司諫，以言事為民，薦起職方郎，奉敕經略浙江倭寇，陞僉都巡撫，乃管前事，三十九年，卒。

【案】：唐順之，號荊州，嘉靖八年會試第一。順之於學無所不窺，自天文、樂律、地理、兵法、弧矢、勾股、壬奇、禽乙，莫不究極原委。盡取古今載籍，區分部居，為左、右、文、武、

儒、稗六編傳於世，學者不能測其實也。為古文，洸洋紆折，有大家風。生平苦節自厲，輟扉為床，不飾裀褥，又聞良知說於王畿，閉戶兀坐，匝月忘寢，多所自得。撰有：《句股測望論》、《句股容方圓論》、《弧矢論》、《分法論》、《荊川集》、《廣石戰功錄》、《右編》、《史纂左編》、《兩漢解疑》、《兩晉解疑》、《諸儒語要》、《荊州裨編》、《南北奉使集》等書。生平事跡見：《明史》卷 205、《萬斯同明史》卷 295、《明史稿》卷 186、《明儒學案》卷 26 等。

227.王維楨

字允寧，華州人，嘉靖十四年進士，選庶吉士，授檢討，累陞國子祭酒，三十四年，關中地震，人民壓死者過半，公亦不免焉。

【案】：王維楨，號槐野。維楨頎而晳，自負經世才，職文墨，不得少效於世，使酒漫罵，人多畏而遠之。於文好司馬遷，於詩好杜甫，而其意以夢陽兼此二人，終身所服膺效法者，夢陽也。撰有：《王氏存笥稿》等書。生平事跡見：《明史》卷 286、《明史稿》卷 267、《國朝獻徵錄》卷 74、《明人小傳》卷 3、《明詩紀事》戊籤卷 19 等。

228.王　燁

字孟韜，金壇人，嘉靖十四年進士，為吉安推官，擢給事中，數言事，皆劌切，論分宜，遷僉事，尋落職，卒，有《樗菴集》行世。

【案】：王燁，《明史》作王「曄」，字韜孟，實同一人。燁在臺垣，嘗劾罷方面官三十九，直聲甚著。比歸，環堵蕭然。生平事跡見：《明史》卷 210、《萬斯同明史》卷 298、《明史稿》卷 194、《國朝獻徵錄》卷 95、《本朝分省人物考》卷 29 等。

229.胡宗憲

字□□，績溪人，嘉靖十七年進士，為縣令，擢御史，巡按湖廣，尋以倭警，拜僉都御史，總督浙直江福軍務，屢戰奏捷，卒以計殲，渠魁，倭寇悉平，晉少保兼太子太保，兵部尚書，以人言落職，械至京師，卒于獄，天下惜之。已復官，萬曆十七年，時予祭葬。

【案】：胡宗憲，字汝貞，萬曆初復官，諡襄懋。撰有：《籌海圖編》等書。生平事跡見：《明史》卷 205、《萬斯同明史》卷 295、《明史稿》卷 186、《國朝獻徵錄》卷 57、《明名臣言行錄》卷 59 等。

230.阮鶚

字□□，桐城人，嘉靖二十三年進士，授刑部主事，改御史，歷陞僉都御史，巡撫浙江，與總督胡定計擒斬徐海等，尋移鎮閩，坐糜費，被逮落職，尋卒。

【案】：阮鶚，字應薦，號函峯。巡撫浙江、福建時，初不主撫，乃兵敗，惟斂括民財，以賂寇為事。後黜為民，所侵餉數，浮於宗憲，追還之官。撰有：《禮要樂則》等書。生平事跡見：《明史》卷 205、《萬斯同明史》卷 295、《明史稿》卷 186、《國朝獻徵錄》卷 63、《蘭臺法鑑錄》卷 16、《本朝分省人物考》卷 35 等。

231.任環

字應乾，潞安人，嘉靖二十三年進士，由知縣尋為蘇州同知，三十二年，值倭寇東南，公獨訓練民兵，與力戰，屢捷，擢按察司僉事，備兵蘇松，尋以公加副使，廕一子，千戶世襲，陞參政，丁憂歸，卒，後贈光祿寺卿。

【案】：任環，號復菴。環在行間，與士卒同寢食，所得賜予，悉分給之。軍事急，終夜露宿，或數日絕餐。嘗書姓名於肢體，

曰戰死、分也，先人遺體，他日或收葬。將士皆感激，故所向有
功。撰有：《山海漫談》等書。生平事跡見：《明史》卷 205、《萬
斯同明史》卷 295、《明史稿》卷 180 等。

232.唐　樞

字□□，歸安人，嘉靖五年，為刑部主事，以問李福達獄，
革職為民，條陳禦倭之策，最為詳核，所著有《木鐘臺集》。

【案】：唐樞，字惟中，號一菴。樞少學於湛若水，深造實踐，
又留心經世，暨九邊及越、蜀、滇、黔，險阻阨塞，無不親歷，
躝屬茹草，至老不衰。撰有：《易脩墨守》、《周禮因論》、《春秋讀
意》、《國琛集》、《湖州府志》、《宋學商求》、《因領錄》、《唐集輯
要》、《疑誼偶述》、《一菴雜問錄》、《轄圜窩雜錄》、《酬物難》、《咨
言》、《景行館論》、《積承錄》、《一菴語錄》、《木鐘臺集》等書。
生平事跡見：《明史》卷 206、《萬斯同明史》卷 280、《明史稿》
卷 190、《明儒學案》卷 40 等。

233.鄭若曾

字□□，□□人，嘉靖倭寇浙直時，都御史曹邦輔辟為記室
參軍，後胡宗憲亦雅重之，凡誓師與紀功之言，皆其筆也。

【案】：鄭若曾，字伯魯，號開陽，昆山人。若曾少師魏校，
又師湛若水、王守仁，有經世之志，佐胡宗憲幕，平倭有功。撰
有：《籌海圖編》、《江南經路》、《四隩圖論》、《黃河圖議》、《江防
圖考》、《萬里海防圖》、《海防圖論》、《鄭開陽雜著》等書。生平
事跡見：《四庫提要》卷 69 等。

234.王慎中

字道思，晉江人，嘉靖十四年，由禮部主事，為山東學憲，
有文名，其文與唐荊川，專宗宋人，世所謂晉江、毘陵者是也。

【案】：王慎中，號遵巖居士，後號南江。《明史》、《皇明進

士登科考》皆作嘉靖五年進士，《姓氏爵里總目》為嘉靖十四年，非也。慎中為文初法秦漢，謂東京下無可取，已悟歐、曾作文之法，乃盡焚舊作，一意師傚，尤得力於曾鞏。與唐順之齊名，天下稱之曰王唐。家居，問業者踵至。撰有：《遵巖集》、《玩芳堂摘稿》等書。生平事跡見：《明史》卷287、《明史稿》卷268、《國朝獻徵錄》卷92、《明人小傳》卷2、《明詩紀事戊》卷10等。

235.歐陽鐸

　　字崇道，泰和人，嘉靖□□年進士，由行人，歷陞南院副都御史，尋撫應天，定田賦之法，凡數十百條，遷少宰，未幾，乞休歸，卒，贈工部尚書，謙恭簡。

　　【案】：歐陽鐸，號石江。《明史》、《皇明進士登科考》皆著其舉正德三年進士，《姓氏爵里總目》以其為嘉靖年間，非也。鐸有文學，內行修潔，仕雖通顯，家居蕭然。撰有：《歐陽恭簡公集》等書。生平事跡見：《國朝獻徵錄》卷26、《明史》卷203、《萬斯同明史》卷285、《明史稿》卷187等。

236.徐獻忠

　　字伯臣，華亭人，嘉靖初，鄉舉，為奉化令，歸卒。

　　【案】：徐獻忠，號長谷。官奉化令，有政績。與董宜陽、張之象、何良修俱以文章氣節名，時稱四賢。王世貞私諡貞憲。撰有：《吳興掌故集》、《水品》、《樂府原》、《金石文》、《六朝聲偶》、《長谷集》等書。生平事跡見：《明史》卷287、《明史稿》卷268、《明詩綜》卷48等。

237.章　煥

　　字□□，吳縣人，嘉靖十七年進士，三十四年，累陞光祿寺卿，三十八年，以副都御史，專督漕運，明年坐事下獄，謫戍。

　　【案】：章煥，字憲懋，歷官都御史，撫治鄖陽及襄陽。政事、

文章，為當時所推重。撰有：《華陽漫稿》等書。生平事跡見：《國朝列卿記》卷 120、154、《明人小傳》卷 3、《明詩綜》卷 42 等。

238.楊　博

字惟約，蒲州人，嘉靖八年進士，由知縣陞職方郎，超拜僉都御史，巡撫甘肅，歷陞兵部尚書，尋改吏部。隆慶二年，請告，四年起冢宰，行兵部事。萬曆初，晉少師，兼太子太師，尋致仕，卒，贈太傅，諡襄毅。

【案】：楊博，官戶部郎中時，隨大學士翟鑾巡九邊，所過山川形勢，土俗好惡，士卒多寡強弱，皆疏記之。吉囊、俺答迫邊，尚書張瓚一切倚辦博。帝或中夜降手詔，博隨事條答，皆稱旨。博臨安危有識量，出入中外四十餘年，始終以兵事著。又力解大臣危禍，人稱長者。撰有：《本兵疏議》等書。生平事跡見：《明史》卷 214、《萬斯同明史》卷 296、《明史稿》卷 198、《國朝獻徵錄》卷 25、《明名臣言行錄》卷 65、《明人小傳》卷 2、《本朝分省人物考》卷 100、《明詩綜》卷 41 等。

239.葛守禮

字與立，德平人，嘉靖八年進士，授推官，擢兵部主事，二十七年，以副都御史，巡撫河南，尋總督宣大，歷陞左都掌院事，致仕歸，卒，贈太子太保，諡端肅。

【案】：葛守禮，號與川。嘉靖七年舉鄉試第一。守禮性清廉，時徐階、高拱、張居正更用事，交相軋，守禮周旋其間，正色獨立，人以為難。撰有：《端肅公集》等書。生平事跡見：《明史》卷 214、《萬斯同明史》卷 340、《明史稿》卷 198、《國朝獻徵錄》卷 54、《明名臣言行錄》卷 64 等。

240.袁　煒

字懋中，慈谿人，嘉靖二十六年進士，授編修，歷陞禮部尚

書，四十一年，召入內閣，累加少傅，四十四年，卒，諡文榮。

　　【案】：袁煒，嘉靖十七年會試第一，殿試第三。煒性行不羈，才思敏捷，嘉靖帝中夜出片紙命撰《青詞》，舉筆立成。帝畜一貓死，命詞臣撰詞以醮，煒詞有化獅作龍語，帝大喜悅。其詭詞媚上，多類此。與李春芳、嚴訥、郭朴等人，時人譏為「青詞宰相」。撰有：《袁文榮詩略》等書。生平事跡見：《明史》卷193、《萬斯同明史》卷288、《明史稿》卷177、《皇明通紀直解》卷10、《明詩紀事》戊籤卷20等。

241.馮　璋

　　字□□，慈谿人，嘉靖十七年進士。

　　【案】：馮璋，字如之，號養虛，生平事跡見：（光緒二十五年）《慈谿縣志》卷28等書。

242.李春芳

　　字子實，興化人，嘉靖二十六年進士第一，累官禮部尚書，四十四年，入內閣，穆宗初，為首輔，尋致仕，卒，贈太師，諡文定。

　　【案】：李春芳，號石麓。春芳撰《青詞》，大被帝眷。春芳自學士至柄政，凡六遷，未嘗一由廷推。春芳恭慎，不以勢凌人，居政府持論平，不事操切，時人比之李時，其才力不及也，而廉潔過之。撰有：《貽安堂集》等書。生平事跡見：《明史》卷193、《萬斯同明史》卷330、《明史稿》卷177、《國朝獻徵錄》卷16、《本朝分省人物考》卷13等。

243.嚴　訥

　　字敏卿，常熟人，嘉靖二十年進士，選庶吉士，累陞禮部尚書，無何，冢宰缺，上手詔用公，四十四年，召入內閣，尋致仕，卒，贈少保，諡文靖。

【案】：嚴訥，號養齋。世宗時，訥與李春芳入直西苑，撰《青詞》，超受翰林學士。帝齋居西苑，侍臣直廬皆在苑中，訥晨出理部事，暮宿直廬，供奉《青詞》小心謹畏，至成疾，久不愈。撰有：《嚴文靖公集》、《春秋國華》等書。生平事跡見：《明史》卷193、《萬斯同明史》卷330、《明史稿》卷177等。

244.聞人詮

字□□，餘姚人，嘉靖五年進士。

【案】：聞人詮，字邦正。人詮從王守仁學，任御史，巡視山海關，修城堡四萬餘丈。遷南京提學御史，校刻《五經》、《三禮》、《舊唐書》，獎勵實學，又校定《陽明文錄》。復官至湖南副使。撰有：《東關圖》、《南畿志》等書。生平事跡見：《蘭臺法鑒錄》卷15、《明人小傳》卷2、《明史稿》卷40、《明詩紀事》戊籤卷16、《列朝詩集小傳》丁集上等。

245.屠仲律

字□□，平湖人，嘉靖二十九年進士。

246.王 忬

字民應，太倉州人，嘉靖二十年進士，授行人，選御史，按順天，值庚戌之變，公守通州，擢僉都御史，巡撫浙江，三十三年，移撫大同，已移節鎮薊遼，進右都御史，尋下獄死。隆慶改元，子世貞，白冤狀詔，復原職，贈兵部尚書。

【案】：王忬，一字思質，號書應。子世貞，文名頗盛。忬以謹厚稱，才本通敏，其拜都御史及屢更督撫也，皆帝所特簡，所建請無不從。為總督，數以敗聞，由是漸失寵。既有言不練主兵者，益大恚，謂忬怠事負我。生平事跡見：《明史》卷204、《明史稿》卷188、《皇明通紀直解》卷9、《國朝獻徵錄》卷58、《蘭臺法鑒錄》卷16等。

247.蕭端蒙

字日啟，潮州人，嘉靖二十年進士，授庶吉士，改御史，按貴州，疏設撫臣增試，三十三年，復命，卒。

248.江　東

字□□，朝城人，嘉靖八進士，由戶部主事，歷陞副都御史，巡撫遼東，尋總督三邊，陞兵部侍郎，協理戎政，兼督宣大薊遼等六鎮，嘉靖四十四年卒，贈少保，謚恭襄。

【案】：江東，字伯陽，號芳溪、我溪等。生平事跡見：《國朝獻徵錄》卷 57、《國朝列卿記》卷 119、《本朝分省人物考》卷 96 等。

249.王之誥

字□□，石首人，嘉靖二十三年進士，累官僉都御史，巡撫遼東，四十五年，陞兵部侍郎，總督宣大，以軍功加右都御史。隆慶元年，回籍，五年為南京兵部尚書。萬曆元年，改刑部，尋終養歸，十七年，卒。

【案】：王之誥，字告若。居正喪父奪情，杖諸臣闕下，歸葬還闕，之誥以詔還，直臣收人心為勸。卒贈太子太保，謚端襄。生平事跡見：《明史》卷 220、《萬斯同明史》卷 318、《明史稿》卷 240、《皇明應謚名臣備考錄》卷 9、《本朝分省人物考》卷 79 等。

250.薛應旂

字□□，武進人，大嘉靖十四年進士，累官提學副使。

【案】：薛應旂，字仲常，號方山。應旂初官浙江提學副使，屢遷南京考功郎中，忤嚴嵩，謫建昌通判。撰有：《宋元資治通鑑》、《考亭淵源錄》、《甲子會紀》、《四書人物考》、《高士傳》、《薛子庸語》、《薛方山紀述》、《憲章錄》、《方山文錄》等書。生平事跡

見：《明史稿》卷 316、《明詩綜》卷 42、《明詩紀事戊》卷 19、《明儒學案》卷 25 等。

251.陸　粲

字浚明，長洲人，嘉靖三十五年進士，選庶吉士，授給事中，尋以論廠衛，劾張桂，凡兩下獄，謫都勻驛丞，遷永新知縣，尋致仕歸。

【案】：陸粲，一字子餘，號貞山。粲任給事中時，挺勁敢言。任永新知縣時，善治盜。後以念母乞歸，母沒，未終喪卒。撰有：《左傳附註》、《春秋胡氏傳辨疑》、《左氏春秋鑴》、《陸子餘集》等書。生平事跡見：《明史》卷 206、《萬斯同明史》卷 283、《明史稿》卷 190、《國朝獻徵錄》卷 80、《明名臣言行錄》卷 56、《皇明應諡名臣備考錄》卷 3、《皇明詞林人物考》卷 7、《明人小傳》卷 2、《本朝分省人物考》卷 23、《續吳先賢讚》卷 6、《明詩綜》卷 40、《明書》卷 180、《明詩紀事》戊籤卷 16、《列朝詩集小傳》丁集上、《盛明百家詩》卷 1、《靜志居詩話》卷 12 等。

252.陸樹聲

字與吉，華亭人，嘉靖二十年進士，選庶吉士，嘉靖四十五年，累陞至吏部侍郎，屢疏乞休。萬曆元年，陞禮部尚書，尋致仕歸，卒年七十九，贈太子太保，諡文定。公清風高節，海內所仰者，五十餘年。子司寇，名彥章者，能先世其家聲云。

【案】：陸樹聲，號平泉、無諍居士、適園居士等。樹聲初冒林姓，及貴乃復。家世業農，樹聲少力田，暇即讀書，舉嘉靖二十年會試第一。樹聲端介恬雅，翛然物表，難進易退。通籍六十年，居官未及一紀。撰有：《平泉題跋》、《茶寮記》、《汲古叢語》、《病榻寤言》、《耄餘雜識》、《長水日鈔》、《陸學士雜著》、《陸文定公書》等書。生平事跡見：《明史》卷 216、《萬斯同明史》卷

317、《明史稿》卷 230、《皇明通紀直解》卷 10、《國朝獻徵錄》卷 34、《明名臣言行錄》卷 66、《國朝列卿記》卷 22、《明人小傳》卷 3、《本朝分省人物考》卷 26、《明詩綜》卷 43、《明書》卷 134、《明詩紀事》戊籤卷 21、《列朝詩集小傳》丁集中、《靜志居詩話》卷 12 等。

253.陸樹德

字與成，華亭人，文定弟也，嘉靖三十六年進士，由推官拜刑部主事，尋改給事中，累陞僉都御史，巡撫山東，卒。

【案】：陸樹德生平事跡見：《明史》卷 227、《萬斯同明史》卷 316、《明史稿》卷 211、《國朝獻徵錄》卷 63、《國朝列卿記》卷 136、150、《本朝分省人物考》卷 26、《明書》卷 134 等。

254.張　翀

字于儀，柳州人，嘉靖三十二年進士，授刑部主事，上疏劾嚴嵩父子奸狀，下詔獄，戍都勻。隆慶初，召補吏部，尋陞僉都御史，巡撫南贛，四年，巡撫湖廣。萬曆二年，起總督漕運，入為刑部侍郎，卒。

【案】：張翀撰有：《渾然子》等書。生平事跡見：《明史》卷 192、《萬斯同明史》卷 360、《明史稿》卷 194、《明人小傳》卷 3、《明詩綜》卷 44 等。

255.楊繼盛

字仲芳，保定人，嘉靖二十六年進士，授南吏部主事，三十年，遷兵部郎，疏斥馬市，被逮，貶狄道典史，陞知縣，遷戶部郎，又遷刑部郎，尋調兵部武選，三十二年，論嚴嵩十罪五奸詔，下獄杖一百，在獄三年，竟死西市。萬曆元年，贈太常寺少卿，諡忠愍。

【案】：楊繼盛，號椒山。繼盛家貧，七歲失母，益刻苦力學。

繼盛以劾嚴嵩，竟棄西市，年四十。臨刑賦詩曰：「浩氣還太虛，丹心照千古。生平未報恩，留作忠魂補。」天下相與涕泣傳誦之。撰有：《楊忠愍集》等書。生平事跡見：《明史》卷 209、《四庫提要》卷 72 等。

256.沈　鍊

字純甫，麗水人，嘉靖十七年進士，為縣令，遷錦衣衛經歷，疏劾嚴嵩，謫戍保安，尋為楊順、路楷所搆殺。隆慶初，得白，贈公光祿寺卿，并捕順、楷下獄，抵罪。

【案】：沈鍊，號青霞山人。鍊為人剛直，嫉惡如讎，然頗疏狂，每飲酒，輒箕倨笑傲，旁若無人。撰有：《青霞集》等書。生平事跡見：《明史》卷 209、《萬斯同明史》卷 298、《明史稿》卷 193、《皇明通紀直解》卷 10、《國朝獻徵錄》卷 81 等。

257.王宗茂

字時育，京山人，嘉靖二十六年進士，授行人，尋拜御史，疏劾嚴嵩八大罪，謫平陽縣丞，尋卒。隆慶初，贈光祿寺卿。

【案】：王宗茂，號虹塘山人。宗茂以劾嚴嵩，自謂必死，乃得貶，恬然出都。到官半歲，以母憂歸，嵩無以釋憾，奪父橋官，橋竟憤悒卒。嵩罷相之日，宗茂亦卒。生平事跡見：《明史》卷 210、《萬斯同明史》卷 298、《明史稿》卷 194、《國朝獻徵錄》卷 66、《本朝分省人物考》卷 29 等。

258.朱　衡

字士南，萬安人，嘉靖十一年進士，由知縣，擢刑部主事，歷陞副都御史，巡撫山東，召為工部侍郎，四十一年，改吏部，四十三年，擢工部尚書，總理河漕，尋召還。萬曆二年，致仕，卒。

【案】：朱衡，官工部尚書，經理河漕，裁抑浮費，節省甚多。

衡性強直，遇事不撓，不為張居正所善。萬曆初，言官劾其剛愎，無人臣禮，乞休歸。撰有：《道南源委錄》等書。生平事跡見：《明史》卷 223、《四庫全書總目》卷 61 等。

259.翁大立

字元本，餘姚人，嘉靖十七年進士，累陞工部侍郎。隆慶五年，改兵部。萬曆初，為南京工部尚書，尋改兵部，致仕。

【案】：翁大立，隆慶初督河道，河大決淮、徐間，大立疏言時事五患，且繪圖以獻，請付公卿博議，速求拯濟之策，並請開濬新河，帝從之。生平事跡見：《明史》卷 223、《萬斯同明史》卷 312、《明史稿》卷 260、《明人小傳》卷 3、《明詩綜》卷 42 等。

260.馬　森

字□□，懷寧人，嘉靖十四年進士，初為戶部主事，榷稅九江，出為郡守，遷副使，歷陞戶部尚書。萬曆八年，卒，賜祭葬如例。

【案】：馬森，字孔養。森歷太平知府，有善政。累遷理寺卿，屢駁疑獄，號稱明允。隆慶初為戶部尚書，勸帝力行節儉。後以母老，乞養歸。森初學於王守仁門人黃直，里居力贊巡撫龐尚鵬行一條鞭法，鄉人德之，為立報功祠。諡恭敏。生平事跡見：《明史》卷 214、《萬斯同明史》卷 340、《明史稿》卷 198、《國朝列卿記》卷 91、《明名人傳》卷 26、《明人小傳》卷 3、《明詩綜》卷 42、《明詩紀事》戊籤卷 19 等。

261.靳學顏

字□□，濟寧人，嘉靖十四年進士，由推官至左布政，入為太僕卿，以副都御史巡撫山西，進吏部侍郎，卒。

【案】：靳學顏，字子愚，任南陽推官，以廉平稱。巡撫山西，應詔陳言理財萬餘言。學顏內行修潔，見高拱以首輔掌權專恣甚，

遂謝病歸。撰有：《兩城集》等書。生平事跡見：《明史》卷 214、《萬斯同明史》卷 350、《明史稿》卷 198、《國朝獻徵錄》卷 26、《明名臣言行錄》卷 58、《明代明良錄》卷 10、《皇明詞林人物考》卷 8、《明名人傳》卷 28、《明人小傳》卷 3、《本朝分省人物考》卷 95、《明詩綜》卷 42、《明史分稿殘編》下、《明詩紀事》戊籤卷 19、《列朝詩集小傳》丁集等。

262.張　瀚

　　字子文，錢塘人，嘉靖十四年進士，由工部主事，歷陞副都御史，巡撫陝西。隆慶末，陞南工部尚書。萬曆元年，改吏部，五年忤江陵，致仕，二十一年，卒，謚恭懿。

　　【案】：張瀚，《明史》載其為「仁和」人。首輔張居正奪情，瀚心非之。居正復令客說之，希為廷臣交相留居正，瀚獨不與，撫膺太息曰：「三綱淪矣！」居正怒，嗾給事中王道成、御史謝恩啟摭他事劾之。撰有：《奚囊蠹餘》、《臺省疏稿》、《明疏議輯略》等書。生平事跡見：《明史》卷 225、《萬斯同明史》卷 312、《明史稿》卷 290、《明詩綜》卷 42 等。

263.高　拱

　　字肅卿，新鄭人，嘉靖二十年進士，選庶吉士，授編修，穆宗為裕王，公為講官，累遷至禮部尚書。隆慶元年，召入內閣，加少傅，尋養病歸，二年，復以原官，起掌吏部，與江陵協策，封奊俺答，後無邊患者五十年。隆慶六年，罷歸，卒謚文襄。

　　【案】：高拱，世宗諱言立太子，而景王未之國，中外危疑。拱侍裕邸九年，啟王益敦謹孝，敷陳剴切。王甚重之，手書「懷賢忠貞」字賜焉。拱練習政體，負經濟才，所建白皆可行。拱性直而傲，同官殷士儋輩不能堪，居正獨退然下之，拱不之察也，終為居正所排而逐之。拱卒，廷議論拱功贈太師。撰有：《春秋正

旨》、《問辨錄》、《日進直講》、《防邊紀事》、《綏廣紀事》、《伏戎紀事》、《掌銓題稿》、《南宮奏牘》、《獻忱集》、《綸扉內稿外稿》、《本語》、《病榻遺言》、《玉堂公草》、《政府書答》、《高文襄公集》等書。生平事跡見：《明史》卷 213 等。

264.殷士儋

字正甫，歷城人，嘉靖二十六年進士，選庶吉士，授檢討，隆慶二年，累陞至禮部尚書，兼詹事，四年召入內閣，五年致仕，卒贈太保，諡文通。

【案】：殷士儋，任裕王講官，凡關君德、治道、輒危言激論，王為動色。高拱專政，屢加排擠，遜避以歸。築盧瀠水之濱，以經史自娛。初諡文通，後改諡文莊，學者稱棠川先生。撰有：《金輿山房稿》等書。生平事跡見：《明史》卷 193、《萬斯同明史》卷 330、《明史稿》卷 197 等。

265.劉　燾

字丕冒，天津人，嘉靖十七年進士，起家部郎，四十二年，陞僉都御史，總督薊遼，尋以軍功加右都，總督兩廣。隆慶二年，晉兵部侍郎，四年陞左都御史，提督神樞營，未任卒。

266.海　瑞

字汝賢，瓊山人，嘉靖時以鄉舉為教諭，陞知縣，入為戶部主事，上疏下獄。隆慶登極，時出公獄，還其官，累陞僉都御史，巡撫應天，尋解官歸。萬曆初，起都御史，掌南院，卒于官，贈太子少保，諡忠介。

【案】：海瑞，號剛峯。世宗享國日久，不視朝，深居西苑，專意齋醮，督撫大臣爭上符瑞，瑞獨上疏切諫。帝得疏大怒，抵之地，顧左右曰：「趣執之，無使得遁！」瑞生平為學以剛為主，因自號剛　　天下稱剛　　先生。卒時，瑞無子，僉都御史王用

汲入視葛幃敝籯，有寒士所不堪者，因泣下醵金為斂，小民罷市。喪出，江上白衣冠，夾岸酹而哭者，百里不絕。撰有：《備忘集》、《元祐黨人碑考》等書。生平事疏見：《明史》卷 226、《萬斯同明史》卷 370、《明史稿》卷 210、《國朝獻徵錄》卷 64 等。

267.陳以勤

　　字逸甫，南充人，嘉靖二十年進士，為庶吉士，三十一年，為裕邸講讀官，歷陞詹翰。隆慶元年，召入內閣，累加少傅，四年致仕，卒，贈太保，諡文端。

　　【案】：陳以勤，侍講於穆宗潛邸九年，啟沃最多。穆宗立，手詔以禮部尚書兼文淵閣大學士，上謹始十事，又陳時務因循之弊。見同列多黨比，力求去。生平事跡見：《明史》卷 193、《萬斯同明史》卷 330、《明史稿》卷 177、《國朝獻徵錄》卷 17、《昭代明良錄》卷 9、《國朝內閣名臣事略》卷 10、《明名人傳》卷 7、《本朝分省人物考》卷 180 等。

268.高　儀

　　字子象，錢塘人，嘉靖二十年進士，選庶吉士，為裕邸講官，四十五年，累陞禮部尚書。隆慶五年，召入內閣，未一年，即致仕，正江陵、新鄭用事時也。

　　【案】：高儀，性簡靜，寡嗜欲，無妾媵，舊廬燬於火，終身假館於人。及沒，幾無以為殮。卒贈太子太保，諡文端。生平事跡見：《明史》卷 193、《萬斯同明史》卷 197、《明史稿》卷 197、《國朝獻徵錄》卷 17、《昭代明良錄》卷 9 等。

269.萬士和

　　字思節，宜興人，嘉靖二十年進士，改庶吉士，陞禮部主事，歷任藩臬，擢副都御史，督餉南畿。萬曆元年，陞禮部尚書，三年致仕，卒贈太子少保，諡文恭。

【案】：萬士和，父吉，有學術。積忤首輔張居正，給事中朱南雍承國劾之，遂謝病去。編撰有：《履菴集》、《二妙集》等書。生平事跡見：《明史》卷 220、《萬斯同明史》卷 318、《明史稿》卷 240、《國朝獻徵錄》卷 34、《明詩紀事》戊籤卷 21 等。

270.林　燫

字貞卿，閩縣人，嘉靖二十六年進士，瀚之孫、廷機子也，選庶吉士，授檢討，歷官國子祭酒。萬曆五年，晉南禮部尚書，八年卒。

【案】：林燫，號對山，燫諡文恪，與祖父並得諡，明代尚書惟林氏一家而已。撰有：《文恪集》等書。生平事跡見：《明史》卷 163、《萬斯同明史》卷 250、《明史稿》卷 168、《明詩綜》卷 43 等。

271.陸　穩

字汝成，湖州人，嘉靖二十三年進士，由刑部主事，歷陞布政使，四十年，擢右都御史，提督南贛軍務，以平賊功，遷兵部侍郎，仍撫其地，尋改南京兵部侍郎，罷歸卒。

272.蔡汝楠

字子木，德清人，嘉靖二十三年進士，為行人，累陞副都御史，巡撫河南，嘉靖四十年，為兵部侍郎，尋改南工部，卒于官。

【案】：蔡汝楠，號白石。汝楠兒時聽湛若水講學，輒有解悟。始好為詩，有重名。中年好經學，及官江西，與鄒安一、羅洪先游，學益進，然詩由此不工云。撰有：《自知堂集》、《說經劄記》、《武夷遊詠》等書。生平事跡見：《明儒學案》卷 40、《明史》卷 287、《明史稿》卷 268、《明詩綜》卷 41、《明詩紀事》戊籤卷 18 等。

273.王崇古

字學甫，蒲州人，嘉靖二十年進士，授刑部主事，歷陞都御史，巡撫寧夏。隆慶初，總督三邊，改宣大。萬曆五年，陞兵部尚書，未幾歸，十六年卒。贈太保，諡襄毅。公在宣大時，畫俺答事，定封貢，縛叛人，約屬夷，邊患遂息，最為踔絕云。

【案】：王崇古，號鑑川。崇古喜譚兵，具知諸邊阨塞，身歷行陣，修戰守，納降附，數出兵搗巢。崇古身歷邊鎮，勳著邊陲。封貢之初，廷議紛呶，有危討感帝者，閣臣力持之，乃得成功。順義歸款二十年，崇古乃歿。生平事跡見：《明史》卷 222、《萬斯同明史》卷 313、《明史稿》卷 250、《明名臣言行錄》卷 65、《明詩紀事戊》卷 21 等。

274.方逢時

字行之，嘉魚人，嘉靖二十年進士，由知縣累陞僉都御史，巡撫大同，總督薊遼，把漢之降、俺荅之欵，與有力焉，累陞太子太保，兵部尚書，四十四年卒，予恤典祭葬，擬諡。

【案】：方逢時，才略明練，處置邊事皆協機宜，其功名與崇古相亞，稱方王云。逢時致仕歸時，御書「盡忠」字賜之。生平事跡見：《明史》卷 222、《萬斯同明史》卷 313、《明史稿》卷 250、《明人小傳》卷 3、《明詩綜》卷 43 等。

275.譚　綸

字子理，宜黃人，嘉靖二十三進士，初任南庫部，會倭薄留都，公募壯士禦卻之，以知兵名，凡再奪情，勦廣寇、殲倭奴，歷任督撫陝西、兩廣、薊遼等處，尋陞兵部尚書。萬曆五年，致仕，尋卒，諡襄敏。

【案】：譚綸，終始兵事垂三十年，積首功二萬一千五百。嘗戰酣，刃血漬腕，累沃乃脫。與戚繼光共事齊名，稱譚戚。撰有：

《譚襄敏奏議》等書。生平事跡見：《明史》卷 222、《萬斯同明
史》卷 313、《明史稿》卷 250、《國朝獻徵錄》卷 39、《明名臣言
行錄》卷 65 等。

276.霍　冀

字堯封，孝義人，嘉靖二十三年進士，授推官，選為御史，
尋擢僉都御史，出撫寧夏，久之，晉兵部左侍郎，總督陝西四鎮
兵務。隆慶二年，召為本兵，四年閑住，卒。復其官，給恤典如
例。

【案】：霍冀撰有：《九邊圖說》等書。

277.張居正

字時大，江陵人，嘉靖二十六年進士，改庶吉士，授編修。
隆慶元年，以裕邸講臣，召入內閣。萬曆初，新鄭去位，公為首
揆，慨然以天下為己任，輔政數年，海內稱其功，累加至太師，
卒贈上柱國，諡文忠，尋為言者追論，削奪，後論定，復官。

【案】：張居正，字「叔」大，號太岳。穆宗時，先後與徐階、
高拱、李春芳同輔政。神宗時，為首輔，綜核名實，信賞必罰，
公文糾核甚嚴，政體為肅。為相十年，海內稱治，帝稱為元輔張
少師先生，待以師禮。撰有：《書經直解》、《太岳集》、《太岳雜著》、
《帝鑑圖說》等書。生平事跡見：《明史》卷 213、《萬斯同明史》
卷 320、《明史稿》卷 197、《明人小傳》卷 3、《明詩綜》卷 43 等。

278.林　潤

字若雨，莆田人，嘉靖三十五年進士，由知縣擢南臺御史，
首論鄢懋卿，及劾嚴世藩，累陞副都御史，巡撫江南，卒。

【案】：林潤，隆慶元年以右僉都御史巡撫應天諸府。屬吏懾
其威名，威震慄。潤至，則持寬平，多惠政，吏民皆悅服。潤鄉
郡興化陷倭，特疏請蠲復三年，發帶金振恤，鄉人德之。喪歸，

遮道四十里，為位祭哭凡三日。生平事跡見：《明史》卷 210、《萬斯同明史》卷 360、《明史稿》卷 194、《明詩紀事己》卷 12 等。

279.鄒應龍

字翼之，長安人，嘉靖三十五年進士，為御史，巡按江西，疏列分宜貪穢，上納其言。萬曆初，累官兵部左侍郎，尋以巡撫雲南失事，論奪，十六年復其官，卒賜祭葬如例。

【案】：鄒應龍，號蘭谷。應龍有才氣。初以劾嚴嵩得名，驟致通顯。後以劾馮保僭肆，為所深銜；為給事中裴應章劾憒事，削籍，卒於家。應龍歿後，遺田不及數畝，遺址不過數楹。生平事跡見：《明史》卷 210 等。

280.李攀龍

字于鱗，歷城人，嘉靖二十三年進士，授刑部主事，出為順德守，擢陝西提學副使，無何，請予告歸。隆慶初，用薦起按察使，尋以憂歸，卒。

【案】：李攀龍，號滄溟。九歲而孤，家貧，自奮於學。攀龍始官刑曹時，與李春芳、謝榛等人倡詩社，後又與王世貞、徐中行等人稱五子、七子，諸人多少年，才高氣銳，互相標榜，視當世無人。攀龍才思勁鷙，名最高，推為一代宗匠。編撰有：《詩學事類》、《韻學事類》、《韻學淵海》、《滄溟集》、《唐詩選》、《白雪樓詩集》、《詩文原始》、《古今詩刪》、《李滄溟集選》等書。生平事跡見：《明史》卷 287、《萬斯同明史》卷 388、《明史稿》卷 268、《蘭臺法鑒錄》卷 92、《明人小傳》卷 3、《明詩綜》卷 46、《明詩紀事》己籤卷 1 等。

281.宗　臣

字子相，興化人，嘉靖二十九年進士，為吏部考功郎，外補閩藩學副，疾卒。

【案】：宗臣，由刑部主事調考功，謝病歸，築室百花洲上，讀書其中。起故官。後為嚴嵩所惡，出為福建參議，倭薄域，臣守西門，納鄉人避難者萬人，臣卒，官士民皆哭。撰有：《宗子相集》、《子相文選》等書。生平事跡見：《明史》卷 287、《萬斯同明史》卷 388、《明史稿》卷 268、《明詩綜》卷 46 等。

282.王世貞

字元美，太倉州人，嘉靖二十六年進士，除刑部主事，陞青州兵備，父大司馬忬，為分宜所陷，公棄官歸，隆慶元年，誦父冤，起補大名，尋以副都御史，撫治鄖陽，累陞南京刑部尚書，卒贈太子少保。

【案】：王世貞，號鳳洲，弇州山人等。世貞始與李攀龍一狎文壇，攀龍歿，獨操柄二十年，才最高弟，望最顯，聲華意氣籠蓋海內。一時士大夫及山人詞客、衲子羽流，莫不奔走門下。片言褒賞，聲價驟起。撰有：《史乘考誤》、《弇山堂別集》、《嘉靖以來首輔傳》、《書苑補益》、《弇州山人題跋》、《異物彙苑》、《彙苑詳註》、《觚不觚錄》、《世說新語補》、《鳳溯筆記》、《弇州稿選》、《尺牘清裁》、《全唐詩說》、《弇州山人四部稿》、《讀書後》、《王氏書苑》、《畫苑》等書。生平事跡見：《明史》卷 287、《萬斯同明史》卷 388、《明史稿》卷 268、《國朝獻徵錄》卷 45、《明詩綜》卷 46、《明詩紀事》己籤卷 1 等。

283.王世懋

字敬美，世貞弟也，嘉靖三十八年進士，值大司馬喪，歸。隆慶元年，拜禮部主事，十二年，累陞福建提學副使，尋進南京太常卿，卒。

【案】：王世懋，好學善詩，文名亞其兄。世貞力推引之，以為勝己。攀龍、道昆輩因稱為少美。撰有：《王奉常集》、《藝圃擷

餘》、《窺天外乘》、《遠壬文》、《卻金傳》、《學圃雜疏》、《閩部疏》、
《三郡圖說》、《名山游記》、《澹思子》、《經子臆解》、《望峯錄》、
《讀史訂疑》、《三酉委談》、《關洛記游稿》等書。生平事跡見:《明
史》卷 287、《萬斯同明史》卷 388、《明史稿》卷 268、《明人小
傳》卷 3、《明詩綜》卷 47、《明詩紀事》己籤卷 7 等。

284.吳國倫

　　字明卿，興國人，嘉靖二十九年進士，由中書舍人，擢給事
中，坐與王李交通，浮薄，外謫。

　　【案】:吳國倫，號北園。國倫才氣橫放，好客輕財，歸田後，
聲名籍甚。求名之士，不東走太倉，則西走興國。萬曆時，世貞
既沒，國倫猶無恙，在七子中最為老壽。撰有:《甔甀洞稿》、《陳
張木末略》等書。生平事跡見:《明史》卷 287、《萬斯同明史》
卷 388、《明史稿》卷 268 等。

285.汪道昆

　　字伯玉，歙縣人，嘉靖二十六年進士，起家部郎，歷陞僉都
御史，撫治鄖襄。隆慶四年，改撫湖廣，明年為少司馬，尋卒。

　　【案】:汪道昆，王世貞同年進士，道昆令義烏，教民講武，
人人能投石超距，世稱義烏兵。後備兵閩海，與戚繼光募義烏兵
破倭寇。道昆嘗與李攀龍、王世貞輩切劘為古文辭，世貞稱道昆
文簡而有法，由是名大起。世貞亦嘗貳兵部，天下稱兩司馬。撰
有:《太函集》、《副墨》等書，生平事跡見:《明史》卷 287、《萬
斯同明史》卷 388、《明史稿》卷 268、《明人小傳》卷 3、《本朝
分省人物考》卷 37、《明詩綜》卷 47、《明詩紀事》己籤卷 3 等。

286.張佳胤

　　字肖甫，銅梁人，嘉靖二十九年進士，為滁縣令，有政聲，
累陞副都御史，巡撫應天，移撫宣府，入為兵部侍郎，浙江兵變，

奉旨往鎮，四日底定，破倭于溫州，晉兵部尚書，世稱公有文武才，三十九年卒，擬諡。

【案】：張佳胤，《明史》作張佳「允」，實同一人。號居來山人。佳胤嘗與王世貞諸人唱酬，為嘉靖七子之一卒贈少保，天啟初諡襄憲。撰有：《居來山房集》等書。生平事跡見：《明史》卷222、《萬斯同明史》卷313、《明史稿》卷250、《明人小傳》卷3、《明詩綜》卷47等。

287.趙　錦

字元朴，餘姚人，嘉靖二十三年進士，由知縣徵為南臺御史，三十一年疏論分宜，下獄廷杖，削籍。隆慶元年，起御史，二年，巡撫貴州，召為工部侍郎。江陵用事，公致位，十一年為左都御史，十九年為刑部尚書，不赴，卒，贈太子太保。

【案】：趙錦，號麟陽。錦始終厲清操，篤信王守仁學，而教人則以躬行為本。守仁從祀孔廟，錦有力焉。又錦實仁厚之人，時稱長者云。卒諡端肅。生平事跡見：《明史》卷210、《萬斯同明史》卷360、《明史稿》卷194、《蘭臺法鑒錄》卷17、《本朝分省人物考》卷51等。

288.劉　鳳

字子威，吳人，嘉靖□□年進士，授御史，出為藩臬，其文詰屈，于騷賦尤長。

【案】：劉鳳，號樅庵，嘉靖二十三年進士。官至河南僉事，書室名「匪載閣」。撰有：《續吳賢贊》、《雜俎》、《子威集》等書。生平事跡見：《四庫全書總目》卷60。

298.徐學謨

字思重，嘉定人，嘉靖二十九年進士，累官湖廣巡撫。萬曆初，為禮部尚書，時宗伯久屬詞臣，公以外吏入，明習典故，人

皆服之，尋卒。

【案】：徐學謨，初名學詩，字叔成、思重、子言等，號太室。撰有：《春秋億》、《世廟識餘錄》、《萬曆湖廣總志》、《春明稿》、《徐氏海隅集》、《歸有園稿》等書。生平事跡見：《萬斯同明史》卷312、《皇明詞林人物考》卷10、《明人小傳》卷3、《明詩綜》卷44等。

290.吳桂芳

號潭石，新建人，嘉靖二十三年進士，授刑部主事，倭寇方訌，出公守楊州，歷陞左布政，擢鄖陽巡撫，尋以兵部侍郎，總督兩廣，滿三載，召入署部事，尋晉工部尚書，總督河漕，卒于官，贈太子太保。

【案】：吳桂芳，字子實。撰有：《師暇裒言》等書。生平事跡見：《明史》卷223、《萬斯同明史》卷315、《明史稿》卷260等。

291.王宗沐

字□□，臨海人，嘉靖二十三年進士，累官工部侍郎，公管理河漕，最為稱職。

【案】：王宗沐，字新甫，號敬所。宗沐與同官李攀龍、王世貞輩以詩文相友善，尤習吏治，任江西提學副使時，修白鹿洞書院，引諸生講習其中。天啟初，追諡襄裕。撰有：《海運詳考》、《海運志》、《敬所文集》等書。生平事跡見：《明史》卷223、《萬斯同明史》卷314、《明史稿》卷260、《明詩紀事》己籤卷8、《明儒學案》卷15等。

292.戚繼光

字元敬，登州衛人，由指揮使，征閩浙倭寇有功。萬曆初，總理薊遼，加左都督少保，江陵復改鎮嶺南。公用兵善節制，以

己意創障法，南北著大勳，其鎮薊門也，用南兵勤訓練，凡墩臺營壘之制，至今師之，時俺答欸土蠻寇遼，薊門宴然，公是以不得封，如遼東李氏矣。

【案】：戚繼光，號南塘，晚號孟諸。家貧，好讀書，通經史大義。所部號戚家軍，兵精械利，名聞天下。其治軍嚴軍紀，信賞罰，嘗以臨陣回顧，斬其長子。繼光戰功顯赫，號稱一代良將。撰有：《紀效新書》、《練兵實記》、《長子心鈴》、《涖戎要略》、《武備新書》、《止止堂集》等書。生平事跡見：《明史》卷 212、《萬斯同明史》卷 319、《明史稿》卷 196 等。

293.萬　恭

字□□，南巴人，嘉靖二十三年進士，歷官僉都御史，巡撫山西，尋陞□部侍郎。

【案】：萬恭，字肅卿，號洞陽子。恭強毅敏達，一時稱為才臣。恭遷陞至兵部侍郎。生平事跡見：《明史》卷 223、《萬斯同明史》卷 350、《明史稿》卷 260、《國朝列卿記》卷 94 等。

294.塗澤民

字□□，漢州人，嘉靖二十三年進士，歷仕福建巡撫。

295.何起鳴

字來山，內江人，嘉靖二十九年進士，累陞工部侍郎，萬曆十三年，以營陵功進尚書，十五年致仕，辛卯卒，贈太子少保。

【案】：何起鳴，字應歧，號來山。生平事跡見：《掖垣人鑑》卷 14 等。

296 徐　陟

字子明，華亭人，文貞弟也。嘉靖二十六年進士，為職方郎，歷陞刑部侍郎。

【案】：徐陟，大學士徐階之弟，《皇明經世文編》主編之一

徐孚遠乃其曾孫。

297.龐尚鵬

字□□，南海人，嘉靖三十二年進士，為御史，巡按浙江，疏易兩役為條鞭，至今便之，累陞副都御史，巡撫甘肅，累加兵部侍，尋卒。

【案】：龐尚鵬，字少南。尚鵬介直，無所倚，所至搏擊豪強，吏民震悟。督鹽政者，以事權見奪，欲攻去之。尚鵬後得罪張居正，被劾，罷去。天啟中，賜諡惠敏。撰有：《百可亭摘稿》、《安邊書》等書。生平事跡見：《明史》卷 227、《萬斯同明史》卷 316、《明史稿》卷 211、《國朝獻徵錄》卷 55、《明名臣言行錄》卷 65、《皇明應諡名臣備考錄》卷 6、《蘭臺法鑒錄》卷 17、《明人小傳》卷 3、《本朝分省人物考》卷 111、《明詩綜》卷 44、《明詩紀事》己籤卷 11、《靜志居詩話》卷 13 等

298.楊　成

字□□，長洲人，嘉靖三十五年進士，累官副都御史，巡撫江西。萬曆八年為南工部尚書，十年，改禮部，予告，十七年起南兵部尚書參贊機務，加宮保，致仕，卒，諡莊簡。

【案】：楊成，字汝大，一字允大，號震崖，生平事跡見《別號錄》卷四。

299.宋儀望

字望之，永豐人，嘉靖二十六年進士，為吳縣令，擢御史，未幾，超為大理寺丞，尋落職，補知州，歷陞至副都御史，巡撫江南，晉大理寺卿，卒。

【案】：宋儀望，知吳縣時，惠績甚著。後徵御史，陳時務十二策，劾胡宗憲、阮鶚等奸食狀，為嚴嵩所忌，坐浮躁貶。萬曆中，以忤張居正，被劾歸。儀望少師聶豹，私淑王守仁，又從鄒

守益、歐陽德、羅洪先遊，守仁從祀，儀望有力焉。撰有：《華陽館文集》等書。生平事跡見：《明史》卷 227、《萬斯同明史》卷 316、《明史稿》卷 211、《明儒學案》卷 24 等。

300.張學顏

　　字子愚，肥鄉人，嘉靖三十二年進士，授知縣，選給事中，陞僉事。隆慶五年，以僉都御史，巡撫遼東。萬曆六年，陞戶部尚書，尋改兵部，累加太子太保。

　　【案】：張學顏，號心齋。學顏故為居正所厚，與李成梁共事久，物論皆以學顏黨於居正、成梁。生平事跡見：《明史》卷 222、《萬斯同明史》卷 313、《明史稿》卷 250 等。

301.張　鹵

　　字召和，儀封人，嘉靖三十六年進士，為縣令，擢給事中。隆慶五年，巡撫浙江，已移撫保定，陞大理寺卿，左遷南太常，致仕卒。

　　【案】：張鹵，號滸東。累擢右僉都御史，巡撫保定，大璫馮保家保定，欲為建坊，鹵不可，保銜之。後以忤張居正致仕。撰有：《嘉隆疏草》、《張滸東集》等書。生平事跡見：《萬斯同明史》卷 316、《國朝獻徵錄》卷 68、《明詩綜》卷 44 等。

302.葉春及

　　字化甫，歸善人，領嘉靖鄉薦伏闕上書，論時政，授惠安令，為權貴所疾，中以考功法都御史艾穆疏薦，守興國，累遷戶部郎中，卒，所著有《絅齋集》。

　　【案】：葉春及，號絅齋。隆慶初，由鄉舉授教諭，上書陳時政三萬餘言，都人傳誦。遷惠安令，民感其德。春及工詩文。又撰有：《石洞集》等書。生平事跡見：《明史》卷 229、《明史稿》卷 213、《明人小傳》卷 3、《本朝分省人物考》卷 112、《明詩紀

事》已籤卷 10 等。

303.李邦義

字宜之，連州人，嘉靖三十五年進士，授知縣，擢給事中，四十五年，陞順天府丞，歷陞太常寺卿。隆慶三年，自陳調南京用，尋以疾，請歸，卒。

【案】：李邦義，號喻齋。

304.王得春

字茂先，安邑人，嘉靖三十二年進士，授推官，擢給事中，四十年，降太興縣丞，歷陞雲南僉事。隆慶五年，罷歸。

305.霍與瑕

字子璧，南海人，尚書韜子也，嘉靖三十八年進士，擢御史，凡所論列，皆有關實政。

【案】：霍與瑕，一字勉衷。任慈谿知縣，鄢懋卿巡監行部，與瑕不禮，劾罷。生平事跡見：《明史》卷 197、《萬斯同明史》卷 277、《明史稿》卷 183、《本朝分省人物考》卷 111 等。

306.魏時亮

字舜卿，南昌人，嘉靖三十八年進士，授中書舍人，擢給事中。隆慶三年，陞太僕寺卿，四年免歸。萬曆十二年奉旨敘錄，起光祿寺卿，歷副都御史，晉南刑部尚書。

【案】：魏時亮，一字工甫。時亮初好交遊，負意氣，嘗劾罷左都御史張永明，為時論所非。時亮亦悔之。中遭挫抑，潛心性理之學。天啟中，諡莊靖。撰有：《大儒學粹》等書。生平事跡見：《明史》卷 221、《萬斯同明史》卷 318、《明史稿》卷 270、《皇明應諡名臣備考錄》卷 6、《明詩綜》卷 44 等。

307.歸有光

字熙甫，崑山人，嘉靖乙丑年進士，累官至太僕寺丞，卒。

【案】：歸有光，號震川。有光九歲能屬文，弱冠盡通五經、三史諸書，師事同邑魏校。有光為古文，原本經術，好太史公書，得其神王。撰有：《易經淵旨》、《三吳水利錄》、《諸子彙函》、《震川文集》等書。生平事跡見：《明史》卷 287、《萬斯同明史》卷 384、《明史稿》卷 268、《明詩綜》卷 44 等。

308.沈思孝

字□□，嘉興人，嘉靖四十四年進士，為刑部郎，疏論江陵，廷杖謫戍，萬曆二十三年，為都御史，協理戎政，尋致仕。

【案】：沈思孝，《明史》、《皇明進士登科考》皆載隆慶二年進士，《姓氏爵里總目》則為嘉靖四十四年，非也。思孝素以直節高天下，然尚氣好勝，動輒多忤，頗被物議，引疾歸。撰有：《秦錄》、《晉錄》、《溪山堂草》等書。生平事跡見：《明史》卷 229 等。

309.吳中行

字□□，武進人，隆慶辛未五年進士，選庶吉士，校編修，疏論江陵奪情事，廷杖削籍，十

一年，特旨起用，歷陞論德，尋乞歸，起南掌院，不赴率，賜祭。

【案】：吳中行，號復菴，父性、兄可行皆進士。中行成隆慶五年進士，張居正座主也。然張居正奪情，中行與趙用賢、艾穆、沈思孝、鄒元標等五人皆被廷杖，直聲震天下。中行與用賢並稱吳趙。撰有：《賜餘堂集》等書。生平事跡見：《明史》卷 229、《萬斯同明史》卷 225、《明史稿》卷 213 等。

310.張四維

字子維，蒲坂人，嘉靖三十二年進士，選庶吉士，授編修，累陞吏部郎，引疾歸。萬曆二年，以原官起公，三年，召入內閣，

累加少師，十一年，丁憂，十三年，卒，贈太師，諡文毅。

【案】：張四維，號鳳磐。四維倜儻有才智，明習時事。萬曆間以張居正薦，得為禮部尚書東閣大學士，入贊機務，謹事居正，不敢相可否。居正卒，四維當國，力反前事，時望頗屬。有：《條麓集》等書。生平事跡見：《明史》卷 219、《萬斯同明史》卷 311、《明史稿》卷 210 等。

311.陸光祖

字與繩，平湖人，嘉靖二十六年進士，由濬縣令，為吏部文選郎，歷陞工部侍郎，尋告歸。江陵沒，薦起吏部侍郎，尋改南刑部，萬曆十九年為冢宰，明年致仕，二十五年卒，諡莊簡。

【案】：陸光祖，號五臺，祖淞、父杲皆進士。光祖清強有識，練達朝章，每議大事，一言輒定。再居吏部，推轂人材，不忘舊惡，人服其量。生平事跡見：《明史》卷 224、《萬斯同明史》卷330、《明史稿》卷 280、《皇明通紀直解》卷 10、《國朝獻徵錄》卷25、《明名臣言行錄》卷 68、《昭代明良錄》卷 14、《國朝列卿記》卷 132、133、《明人小傳》卷 3、《本朝分省人物考》卷 45、《明詩綜》卷 43、《明書》卷 133、《續藏書》卷 18、《明詩紀事》己籤卷 9 等。

312.潘季馴

字□□，烏程人，嘉靖二十九年進士，累陞副都御史，兼理河道。萬曆十二年為民，十九年復起工部尚書，提督河道，尋致仕。

【案】：潘季馴，字時良，號印川。季馴前後四奉命治河，功績最著。在工二十七年，習知地形險易，增築設，置官建閘，下及木石椿埽，綜理纖務，靡不究心。撰有：《河防一覽》、《兩河管見》、《兩河經略》、《潘司空奏疏》、《留餘堂集》等書。生平事跡

見：《明史》卷 223、《萬斯同明史》卷 314、《明史稿》卷 260、《國朝獻徵錄》卷 59、《蘭臺法鑒錄》卷 17、《明人小傳》卷 3、《本朝分省人物考》卷 46、《明詩綜》卷 44 等。

313.陳有年

字登之，餘姚人，嘉靖四十一年進士，授刑部主事。萬曆元年，調吏部郎，與江陵忤歸，十二年以原官起公，歷遷僉都御史，巡撫江西，累陞至吏部尚書，卒贈太子太保，謚恭介。

【案】：陳有年，號心穀，克宅子。有年風節高天下，兩世膴仕無宅居，其妻孥至以油幕障漏。其歸自江西，故盧火，乃僦一樓居妻孥，而身栖僧舍，其刻苦如此。生平事跡見：《明史》卷 224、《萬斯同明史》卷 330、《明史稿》卷 280、《國朝耆獻類徵》卷 25、《明名臣言行錄》卷 68、《本朝分省人物考》卷 51、《明書》卷 134 等。

314.孫丕揚

字□□，富平人，嘉靖二十五年進士，授行人，選御史，為僉都御史，巡撫保定，累陞吏部尚書，萬曆四十二年卒，謚□□。

【案】：孫丕揚，字叔孝，任御史時，歷按畿輔，矯然有風裁。萬曆帝重丕揚老成清德，眷遇甚隆。年八十三，卒，贈太保，天啟初追謚恭介。撰有：《格物論》、《論學編》等書。生平事跡見：《明史》卷 224、《萬斯同明史》卷 330、《明史稿》卷 280 等。

315.申時行

字汝默，吳人，嘉靖四十一年進士第一，授修撰。萬曆元年，晉宮庶，凡勸講者六年，累陞吏部侍郎，召入內閣，十二年，累加至少師，十九年，致仕，卒年八十，贈太師，謚文定。

【案】：申時行，以文字受知張居正，蘊藉不立崖異，居正安之。後繼張四維為首輔，政務寬大，世稱長者。時鄭貴妃生子常

洵，頗萌奪嫡意，時行屢請建諸，不從。撰有：《書經義講會編》、《召對錄》、《賜閒堂集》等書。生平事跡見：《明史》卷218、《萬斯同明史》卷311、《明史稿》卷210、《皇明通紀直解》卷10、《明詩紀事》己籤卷14等。

316.何東序

　　字崇教，猗氏人，嘉靖三十二年進士，除戶部主事，尋司餉遼東，擢副使，備兵紫荊，超拜僉都御史，巡撫榆林，禦吉能賓兔，奏捷，晉一階，丁憂歸，卒，所著有《九愚山房集》、《榆關奏議》。

　　【案】：何東序，號尚山，門人私諡文欽，室名九愚山房。生平事跡見：《萬斯同明史》卷316、《明詩紀事》己籤卷11等。

317.姜　寶

　　字鳳阿，丹陽人，嘉靖三十年進士，由庶吉士、歷陞詹翰，萬曆十五年，為南京禮部尚書，尋加太子少保致仕。

　　【案】：姜寶，號鳳阿，阿附嚴嵩，出任四川提學僉事。撰有：《周易傳義補疑》、《春秋事義全考》、《姜鳳阿文集》等書。生平事跡見：《萬斯同明史》卷340、《明史稿》卷217等。

318.吳時來

　　字維修，仙居人，嘉靖三十二年進士，授松江府推官，擢給事中，比以言事，謫戍象所。隆慶元年，起吏科，尋以僉都巡撫廣東，調副使未任，萬曆十二年起通政，遷吏部侍郎，累陞左都御史，十八年，卒于官，贈太子少保，諡忠恪，後以人言追奪。

　　【案】：吳時來，號梧齋。任給事中時，出使琉球，劾嚴嵩父子招權不法，嵩陷之，戍橫州。撰有：《江防考》、《悟齋稿》等書。生平事跡見：《明史》卷210、《萬斯同明史》卷360、《明史稿》卷194等。

319.褚鈇

字世威，榆次人，嘉靖四十三年進士，由郎署。萬曆二十一年，累陞戶部侍郎，兼副都御史，總理糧儲，二十三年，晉戶部尚書，總督漕運，尋致仕卒。

【案】：褚鈇編有：《匯古著菁華》等書。

320.溫純

字希文，三原人，嘉靖四十四年進士，授知縣。隆慶二年，擢給事中，發大璫陳洪奸狀，直聲甚振，以失新鄭意，出為參政。隆慶末，以原官起用，不數月，周歷諸卿，與江陵左，謝病去。江陵沒，擢兵部侍郎，巡撫浙江，累陞至左都御史，加太子太保，卒贈少保，諡□□，公屢拂柄相，而卒以通顯終，世稱其有三原之風焉。

【案】：溫純，一字景文，號一齋。純清白奉公，五主南北考察，澄汰悉當，肅百僚，振風紀，時稱名臣。天啟初，追諡恭毅。撰有：《溫恭毅公集》等書。生平事跡見：《明史》卷220、《萬斯同明史》卷331、《明史稿》卷240、《明史名臣言行錄》卷71等。

321.戚元佐

字希仲，秀水人，嘉靖四十一年進士，為禮部，穆廟登極，典禮多所匡贊，歷陞尚寶司卿，卒。

【案】：戚元佐，號中岳。元佐工畫，長於詩文。撰有：《青黎集》、《檇李往哲傳》、《宗藩議》等書。生平事跡見：《本朝分省人物考》卷44、《明人小傳》卷3、《明詩綜》卷44等。

322.楊俊民

初名州民，登第，改今名，字伯章，襄毅子也，嘉靖四十一年進士，授戶部主事。萬曆六年，撫治鄖陽，移鎮山東，尋督理濟河，巡撫鳳陽，累陞戶部尚書，卒贈少保，兼太子太傅。

【案】：楊俊民，博子，萬曆中累官分部尚書，小人競請開礦，俊民爭不得，稅使四出，天下騷然，時議咎之。撰有：《河南忠臣集》、《烈女集》等書。

323.徐元泰

字大來，宣城人，嘉靖四十三年進士，累官右都御史，巡撫四川，陞兵部右侍郎。萬曆二十一年，為南京兵部尚書。

【案】：徐元泰，《本朝分省人物考》、《四庫全書總目》皆載徐元「太」，實同一人也。一字汝賢，知魏縣、吏部主事、順天府尹，為四川巡撫時，討蜀酋。編撰有：《喻林》等書。生平事跡見：《本朝分省人物考》卷 38 等。

324.余有丁

字丙仲，鄞縣人，嘉靖四十一年進士，授編修，累陞吏部侍郎。萬曆十年召入內閣，十二年卒，贈太保，諡文敏。

【案】：余有丁撰有：《余文敏集》等書。

325.許　國

字維禎，歙人，嘉靖四十三年進士，由庶吉士授檢討，累官禮部尚書，入內閣，十九年，以力請冊立，不得旨，遂致仕歸，卒，贈太保，諡文穆。

【案】：許國，舉鄉試第一。國性木強，遇事輒發，無大臣度。然廉慎自守，故在閣九年，雖累遭攻擊，不能被以污名。生平事跡見：《明史》卷 219、《萬斯同明史》卷 310、《明史稿》卷 210、《國朝獻徵錄》卷 17、《明詩紀事》己籤卷 15 等。

326.王家屏

字忠伯，大同山陰人，隆慶二年進士，選庶士授編修。萬曆十二年，累陞吏部侍郎，召入內閣十四年，憂去服闋，復任，二十年致仕，三十二年卒，贈少保，諡文端。

【案】：王家屏，入預機務時，申時行當國，許國、王錫爵次之，家屏居末，每議事，秉正持法，不亢不隨。家屏性忠讜，好直諫。時請冊立皇太子甚眾，帝皆黜之，家屏引疾求罷。撰有：《王文端集》、《王文端奏疏》等書。生平事跡見：《明史》卷 217、《萬斯同明史》卷 311、《明史稿》卷 200、《明名臣言行錄》卷 72、《明詩綜》卷 51、《明詩紀事庚》卷 9 等。

327.王錫爵

字元馭，太倉人，嘉靖四十一年進士，授編修。萬曆元年，充《穆宗實錄》總裁，累陞禮部侍郎，十二年以尚書召入內閣，十九年，告假歸省，明年還朝，二十二年進少傅，致仕，卒贈太保，諡文肅。

【案】：王錫爵，號荊石。嘉靖會試第一，廷對第二。以禮部尚書兼文淵閣大學士，首請禁詔諛，抑奔競，戒虛浮，節佟靡，闢橫議，簡工作，帝咸褒納。後為言官所攻，乃自劾乞罷。

撰有：《王文肅集》及《王文肅奏草》等書。生平事跡見：《明史》卷 218、《萬斯同明史》卷 311、《明史稿》卷 210、《國朝獻徵錄》卷 17、《明詩紀事》己籤卷 14 下等。

328.趙用賢

字汝師，常熟人，隆慶五年進士，授檢討。萬曆五年，疏論江陵不奔喪，被杖削籍，十一年，起原官，累陞吏部侍郎，乞休之疏凡十二上，至二十一年歸，尋卒，諡文毅。

【案】：趙用賢，官檢討時，疏論張居正奪情，與吳中行同杖戌。用賢剛直嫉惡，議論風發。官庶子時，常言蘇松嘉湖財賦半天下，民生坐困，條十四事上之，執政以為吳人不當言吳，事格不行。撰有：《松石齋集》、《三吳文獻志》、《國朝典章》、《因革錄》等書。生平事跡見：《明史》卷 229、《萬斯同明史》卷 325、《明

史稿》卷213、《皇明通紀直解》卷11、《國朝獻徵錄》卷26、《明名臣言行錄》卷73、《昭代明良錄》卷9、《明人小傳》卷3、《本朝分省人物考》卷24、《明詩綜》卷4、《明詩紀事》己籤卷5、《列朝詩集小傳》丁集等。

329.徐貞明

字伯繼，貴溪人，隆慶五年進士，由知縣擢給事中。萬曆三年，降太平知事，累陞至尚寶司丞，十三年，陞本司少卿兼河南道御史，督理墾田水利，言西北水利者，莫備于公，惜未竟其用。

【案】：徐貞明，九思子。貞明譜究京畿水利，選上條議，又著《潞水客談》以暢其說。事初興，貞明遍歷諸河，窮源竟委，將大行疏濬，而奄人勳戚之占閒田為業者，恐水田興而己失其利也，爭言不便為蜚語，聞於帝，事竟停罷，貞明亦謝職歸。撰有：《潞水客談》等書。生平事跡見：《明史》卷223、《萬斯同明史》卷329、《明史稿》卷260等。

330.許孚遠

字孟中，德清人，嘉靖四十一年進士，授工部主事，調吏部，建言謫運判。萬曆二年，遷南吏部郎，久之，以僉都巡撫福建，歷陞兵部左侍郎，三十二年，卒贈工部尚書。

【案】：許孚遠，號敬菴。孚遠篤信良知，而惡夫援良知以入佛者，從孚遠遊者，馮從吾、劉宗周、丁之薦皆為名儒。撰有：《敬和堂集》等書。生平事跡見：《明史》卷283、《萬斯同明史》卷328、《明史稿》卷265、《國朝獻徵錄》卷41、《明儒學案》卷41等。

331.宋應昌

號桐岡，仁和人，嘉靖四十四年進士，由知州歷陞副都御史，巡撫山東。萬曆二十年，倭奴突入朝鮮，國王李松走竄，拜兵部

侍郎，經略朝鮮，得首功，尋乞致仕歸，為言官論列削籍，三十三年卒，詔復其官。

【案】：宋應昌，巡撫山東時，上海防事宜，預策倭將為患，進選將、練兵、積粟三策，已而語驗，廷議服其先見。後經略朝鮮，假便宜行事，與李如松襲取平壤，進攻開城、黃梅、平畿、江源四道，悉下。時兵部尚書石星惑於封貢之說，議撤兵，應昌請留兵協守，星不聽，應昌度事難辨，引疾乞休。撰有：《朝鮮復國經略》等書。生平事跡見：《萬斯同明史》卷 332、《明史稿》卷 212 等。

332.鄭　雒

字□□，安肅人，嘉靖□□□年進士，累陞副都御史，總督宣大，萬曆十一年進兵部尚書，十七年入為協理戎政，二十一年出為三邊經略，封貢既定，歸我叛人，修飭邊政，讋講諸虜，其功最著，三十二年卒，贈太保，諡襄敏。

【案】：鄭雒，字即鄭「洛」，禹秀，嘉靖三十五年進士。洛生平事跡見：《明史》卷 222、《萬斯同明史》卷 313、《明史稿》卷 250、《蘭臺法鑒錄》卷 17、《明人小傳》卷 3、《本朝分省人物考》卷 5、《明詩綜》卷 44、《明史分稿殘編》下、《明詩紀事》己籤卷 12 等。

333.郭惟賢

字希宇，晉江人，萬曆甲戌年進士，為御史，以建言歸，尋起僉都御史，巡撫湖廣，萬曆二十三年，陞副都協理院事，乙巳起戶部右侍郎。

【案】：郭惟賢，字哲卿，號希宇、熙宇、希所、愚庵等。張居正死，惟賢請召吳中行、趙用賢等，謫山東縣丞，後還故官，復因疏救董基忤旨，調南就理評事。編撰有：《三忠集》。生平事

跡見：《明史》卷 227、《萬斯同明史》卷 334、《明史稿》卷 211
等。

334.蕭　彥

字思學，涇縣人，隆慶五年進士，授杭州推官，擢給事中。
萬曆十三年陞太常寺少卿，尋以僉都巡撫貴州，調雲南，十七年，
撫鄖陽，尋總督兩廣，陞戶部侍郎，卒于官。

【案】：蕭彥，以僉都御史巡撫貴州，改雲南，時用師隴川，
兵素驕，給餉少緩，遂作亂。彥調土，漢兵夾攻之，脅從皆撫散。
彥從同縣查鐸學，有志行，服官明習天下事，所在見稱，後贈右
都御史，諡定肅。撰有：《掖垣人鑑》等書。生平事跡見：《明史》
卷 227、《萬斯同明史》卷 316、《明史稿》卷 210、《小腆紀年》
卷 2 等。

335.張　位

字□□，南昌人，隆慶二年進士，選庶吉士，累官禮部侍郎。
萬曆十九年，召入內閣，二十六年，晉少保，尋以人言閑住，卒。

【案】：張位，字明成。位初官翰林，頗有聲望，及入政府，
招權示威，素望漸衰，坐事除名為民，卒。天啟中復官，贈太保，
諡文莊。撰有：《問奇集》、《詞林典故》、《警心類編》、《周易參同
契註解》、《悟真篇註解》、《閒雲館集鈔》等書。生平事跡見：《明
史》卷 219 等。

336.沈懋孝

字晴峰，平湖人，隆慶二年進士，入翰林，尋陞南司業，以
科場事謫判兩淮，遂拂衣歸，所著有《長水集》。

【案】：沈懋孝，字幼真，號晴峯、賁園等。

337.萬象春

字仁甫，無錫人，萬曆五年進士，由庶吉士授給事中，十三

年，陞參政，歷陞左布政，二十五年，以副都御史，巡撫山東，
尋晉兵部侍郎卒。

【案】：萬象春，以右副都御史巡撫山東，倭躪朝鮮，濱海郡
邑悉戒嚴，象春拊軍民，供饋運，應機立辦。生平事跡見：《明史》
卷 227、《萬斯同明史》卷 334、《明史稿》卷 221、《明詩紀事》
庚籤卷 12 等。

338.魏允貞

字見泉，南樂人，萬曆五年進士，由推官擢御史，以言事謫
外，自謫籍，陞郎署，累官副都御史，為山西巡撫，甚有惠政，
凡朝廷大事，無不盡言，有乃心王室之風，惜子廣微附逆，敗其
家聲云。

【案】：魏允貞，字懋忠，「見泉」乃其號也，官御史時，言
輔臣侵部權以行私，詔責其言過當，貶許州判官，累遷右副都御
史，屢疏陳時政缺失。生平事跡見：《明史》卷 232、《萬斯同明
史》卷 335、《明史稿》卷 210、《明名臣言行錄》卷 71、《明詩紀
事》庚籤卷 12 等。

339.趙世卿

字南渚，歷城人，隆慶五年進士，授南京兵部主事，上匡時
封事，語侵江陵，陞長史，尋以察去。江陵去，累陞戶部侍郎，
三十年，晉大司農，三十九年去位，卒。

【案】：趙世卿，素勵清操，當官盡職，帝重之而不能用，後
連章乞去，不報，乘柴車徑去，帝亦不罪。生平事跡見：《明史》
卷 220、《萬斯同明史》卷 324、《明史稿》卷 240、《本朝分省人
物考》卷 94 等。

340.鍾羽正

字叔廉，益都人，萬曆八年進士，十三年由知縣擢給事中，

十九年，陞吏科都給事中，疏陳時政，最為詳切，二十年以言事奉旨降雜職，尋為民。

【案】：鍾羽正，一字淑廉，號龍原、龍淵。

341.王任重

字□□，晉江人，隆慶二年進士，由知縣歷陞行太僕寺卿，萬曆二十一年，陞雲南參政。

【案】：王任重，字尹卿，號玉溪。

342.呂　坤

字叔簡，寧陵人，萬曆二年進士，累官山西巡撫御史，二十一年，陞刑部侍郎，疏陳織造、採木、開礦皇店之害，并上《閨範圖說》，為邪臣所疾，幾中以危法，尋以病歸。

【案】：呂坤，號心吾、去偽齋、樅館。坤剛介峭直，留意正學，居家之日，與後進講習，所著述多出新意。天啟初，贈刑部尚書。撰有：《呻吟語》、《四禮疑》、《四禮翼》、《交泰韻》、《閨範》、《實政金》、《去偽齋文集》、《呂公實政錄》等書。生平事跡見：《明史》卷 226、《萬斯同明史》卷 335、《明儒學案》卷 54 等。

343.沈　鯉

字□□，歸德人，嘉靖四十三年進士，由庶吉士累陞官詹，萬曆十二年，為禮部尚書，十六年致仕，三十年，上思其忠，召入內閣，屢以國本為言，凡四年，累加少傅，致仕，歸卒，贈□□諡文端。

【案】：沈鯉，字仲化。鯉屏絕私交，好推轂賢士，不使人知。任禮部尚書時，詳稽先朝典制，定中制，頒行天下，又奏行學政八事，請復建文年號，修《景帝實錄》。拜東閣大學士，加少保，進文淵閣。首勸帝聽言圖事，以薦賢為第一義。極陳礦稅害民狀，幾得停止，與沈一貫共事相左，遂致仕歸。編撰有：《亦玉堂稿》、

《文雅社約》、《景泰實錄》等書。生平事跡見：《明史》卷 217
等。

344.郭子章

字青螺，泰和人，隆慶五年進士，累陞都御史，巡撫貴州，
釁服水西，與李襄毅共平播囚，功最著，得世蔭。

【案】：郭子章，字相奎，號「青螺」，又號蠙衣生。子章天
才卓越，於書無所不讀，著述甚富。撰有：《蠙衣生易解》、《平播
始末》、《郡縣釋名》、《阿育土山志》、《聖門人物志》、《豫章書》、
《蠙衣生劍記》、《蠙衣生馬記》、《粵草》、《黔草》、《晉草》、《蜀
草》、《楚草》、《家草》、《豫章詩話》等書。生平事跡見：《萬斯同
明史》卷 333、《皇明詞林人物考》卷 2、《明人小傳》卷 3、《明
詩綜》卷 51、《明詩紀事》庚籤卷 10、《靜志居詩話》卷 15 等。

345.李三才

字道甫，臨潼人，居通州，萬曆二年進士，仕至工部尚書，
漕運總督，以上疏剖別邪正，削籍去，公恢奇自喜，學本縱橫，
世之君子，皆以為豪傑焉。

【案】：李三才，才大而好用機權，善籠絡朝士，撫淮十三年，
結交遍天下。性不能持廉，此故為眾所毀。其後擊三才者，若邵
輔忠、徐兆魁輩，或以附魏忠賢，名麗逆案。而推轂三才，若顧
憲成、鄒元標、趙南星、劉宗周，皆表表為時名臣，故世以三才
為賢。生平事跡見：《明史》卷 232、《萬斯同明史》卷 335、《明
史稿》卷 226、《明人小傳》卷 3、《明詩綜》卷 52 等。

346.李化龍

字于田，章丘人，萬曆十一年進士，由縣令歷陞太僕寺卿，
尋以僉都御史，巡撫遼東，屢戰敗虜，晉少司馬。楊應龍反，擢
總督軍務，以平播功，進少保，予世襲，三十二年，河決，拜工

部尚書，總督河道，力主開泇，漕運賴以濟焉，三十七年陞兵部尚書，加少傅，四十年卒，贈太師，諡襄毅。

【案】：李化龍，具文武才，播州之役，以劉綎驕蹇，先摧挫之，而薦其才，故綎為盡力。開河之功，為漕渠永利。撰有：《平播全書》、《治河奏疏》、《場居集》、《田居稿》、《河上稿》、《遼東奏議》等書。生平事跡見：《明史》卷 228、《萬斯同明史》卷 333、《明史稿》卷 212、《蘭臺法鑒錄》卷 20、《明人小傳》卷 3、《明詩綜》卷 52 等。

347.李　植

字培卿，大同人，萬曆十一年進士，為御史，有直聲，爭大峪壽陵，忤政府，後至遼東巡撫副都御史，卒。

【案】：李植，承式子。生平事跡見：《明史》卷 236、《萬斯同明史》卷 325、《明史稿》卷 213、《蘭臺法鑒錄》卷 19、《明詩綜》卷 95 等。

348.陳于陛

字元忠，南充人，太傅文端子也，隆慶二年進士，選庶吉士，授編修。萬曆二十二年，歷陞至禮部尚書兼翰林學士，未幾，召入內閣，二十四年，卒于官，贈太保，諡文憲。

【案】：陳于陛，以勤子，號玉壘。于陛少從父習國家故實，為史官，益究經世學，以前代皆修國史而明獨無，因請設局編輯，詔從之，以于陛為副總裁。終明世，父子為宰輔者，惟南充陳氏，世以此漢韋年焉。撰有：《萬卷樓稿》、《意見》等書。生平事跡見：《明史》卷 217、《萬斯同明史》卷 310、《明史稿》卷 200、《國朝獻徵錄》卷 17、《昭代明良錄》卷 9、《明人小傳》卷 3、《本朝分省人物考》卷 180、《明詩綜》卷 51、《明詩紀事》庚籤卷 9 等。

349.張養蒙

　　字泰亨，澤州人，萬曆五年進士，由庶吉士授給事中，十九年，陞太僕寺卿，累陞副都御史，二十五年，因征倭，陞戶部侍郎，總督運餉于朝鮮，二十七年回部，三十年卒，贈戶部尚書，諡毅敏。

　　【案】：張養蒙，少負才名，明習天下事。居言職，慷慨好建白。養蒙居官，極陳時政闕失，規諫君心，然帝多不省。生平事跡見：《明史》卷 235、《萬斯同明史》卷 335、《明史稿》卷 211 等。

350.侯先春

　　字元甫，無錫人，萬曆八年進士，授太常寺博士，擢給事中，累陞兵科都諫，二十九年，以言事謫按察司知事，歷陞文選主事。

　　【案】：侯先春，號少芝 。生平事跡見：（清嘉慶十八年）《無錫金匱縣志》。

351.許弘綱

　　字少微，東陽人，萬曆八年進士，為御史，有直聲，尋以建言削籍，後以薦起副都御史，為兩廣總督，四十一年，以副都署院事，尋致仕歸。

　　【案】：許弘綱，字張之，號「少微」，書室名群玉山房。生平事跡見：《千頃堂書目》、（清道光八年）《東陽縣志》。

352.史孟麟

　　字際明，無錫人，萬曆十一年進士。由庶吉士授給事中，二十九年，陞太常少卿，以憂歸，四十二年，以原官起用，尋致仕。

　　【案】：史孟麟，號玉池。世稱啟新先生。孟麟素砥名節，復與東林講會，時望益重。孟麟潛心理學，建明道書院，一時俊彥多出其門。撰有：《亦為堂集》等書。生平事跡見：《明史》卷 213、

《萬斯同明史》卷 340、《明史稿》卷 216、《明儒學案》卷 60 等。

353.劉應秋

字兌陽，吉水人，萬曆十一年進士一甲，歷陞國子祭酒，二十七年，建言謫外。光廟登極，以東宮舊恩，贈禮部侍郎，諡文節。

【案】：劉應秋，字士和，號「兌陽」、雲嶠等。應秋官至祭酒，時詞臣多優遊養望，而應秋獨負才氣，好譏評時事，以此取忌，竟被黜歸，數年卒。撰有：《尚書旨》等書。生平事跡見：《明史》卷 216、《萬斯同明史》卷 326、《明史稿》卷 230 等。

354.曹時聘

字□□，獲鹿人，隆慶五年，歷部郎，累官工部侍郎，總理河道，卒，與祭葬如例。

【案】：曹時聘，字希尹，號嗣山，生平事跡見：（清乾隆六年）《獲鹿縣志》卷 11 等書。

355.楊寅秋

字時中，泰和人，萬曆二年進士，歷官四川副使，著有《平播錄》。

【案】：楊寅秋，字義叔，號臨皋。寅秋以平貴州苗夷功，累官廣西未安察司副使，左江兵備道。及征楊應龍，寅秋為監軍，離安楊之黨，卒平播亂，為文和平典雅。撰有：《臨皋文集》等書。生平事跡見：《蘭臺法鑒錄》卷 19 等。

356.徐學聚

字敬輿，蘭谿人，萬曆十一年進士，授知縣，十七年，擢給事中，十九年，陞僉事，累陞布政，三十二年，陞右僉都御史，巡撫福建，尋回籍，卒。

【案】：徐學聚撰有：《歷朝瑁鑑》、《明朝典彙》等書。生平

事跡見：《萬斯同明史》卷 328、《明人小傳》卷 3、《明詩綜》卷
54、《明詩紀事》庚籤卷 14 等。

357.馮時可

　　字元成，華亭人，恩子也，隆慶五年進士，以職方郎起家，
歷任藩臬公，有文章聲，晚而彌勤。

　　【案】：馮時可，字敏卿，號「元成」，又號與川，恩次子。
官湖廣布政使參政時，有治績。其著作為海內所重。撰：《左氏釋》、
《左氏訂》、《上注雜識》、《雨航雜錄》、《超然樓集》、《天池集》、
《石湖集》、《淵霞集》、《西征集》、《北征集》等書。生平事跡見：
《萬斯同明史》卷 388、《明史稿》卷 193、《昭代明良錄》卷 17、
《明人小傳》卷 3、《明詩綜》卷 51、《明詩紀事》庚籤卷 10、《靜
志居詩話》卷 15 等。

358.沈一貫

　　字□□，鄞縣人，隆慶二年進士，選庶吉士，累陞南京禮部
尚書。萬曆二十年，召入內閣，為首揆者凡九年，屢為言者所攻，
三十四年，與歸德同致仕，卒諡文恭。

　　【案】：沈一貫，字肩吾。一貫之入閣也，為錫爵、志皋所薦。
輔政十有三年，當國者四年，枝拄清議，好同惡異，與前後諸臣
同。至楚宗、妖書、京察三事，觸犯不□，論者醜之，雖其黨不
能解免也。一貫歸，諸追劾不已，其鄉人亦多受世詆諆云。撰有：
《易學》、《敬事草》、《經世宏詞》、《吳越游稿》、《弇州稿選》、《翰
林館課》、《喙鳴軒詩集》、《臺館鴻章》等書。生平事跡見：《明史》
卷 218 等。

359.朱　賡

　　字少欽，山陰人，隆慶二年進士，由庶吉士授編修，十六年，
累陞禮部尚書，二十九年，召入內閣，四明、歸德同日歸，遂秉

政，三十六年卒，諡文穆。

【案】：朱賡，公節子。一貫、鯉去位後，賡獨當國，年七十二矣，朝政日弛，中外解體。賡卒於官，遺疏陳時政，語極悲切。撰有：《朱文懿文集》、《勘楚始末》等書。生平事跡見：《明史》卷 219、《萬斯同明史》卷 311、《明史稿》卷 220、《明人小傳》卷 3、《明詩綜》卷 51 等。

360.余繼登

字世用，交河人，萬曆五年進士，由庶吉士，累陞禮部侍郎，二十七年，進本部尚書，明年卒于官，諡文恪。

【案】：余繼登，號雲衢。繼登樸直慎密，寡言笑，當大事，言議侃侃。居家廉約，學士曾朝節嘗過其里，蓬蒿滿徑，及病革視之，擁粗布衾羊毳覆足而已。幼子應諸生試，夫人請為一言，終不可。撰有：《典故紀聞》、《淡然軒集》等書。生平事跡見：《明史》卷 216、《萬斯同明史》卷 317、《明史稿》卷 230 等。

361.張　棟

字□□，崑山人，萬曆五年進士，授新建令，選給事中，尋以國本抗疏，削籍為民，卒贈太常寺卿，擬諡。

【案】：張棟，字伯任，一字可菴。官給事中時，請躬度田虛賦，吳中白糧為累，疏請令民出資助漕舟附載，為政府所革，遂乞歸。尋起兵科事中，出巡固原，單騎歷險，盡得邊事虛實，多所論建。撰有：《可菴書牘》等書。生平事跡見：《萬斯同明史》卷 337、《明史稿》卷 215、《明名臣言行錄》卷 76 等。

362.于慎行

字無垢，一字可遠，東阿人，隆慶二年進士，選庶吉士，授編修，累陞禮部尚書，三十三年，疏請冊立，不報，引疾歸，三十六年，召入內閣，未任，卒贈太子太保，諡文定。

　　【案】：于慎行，學有原委，貫穿百家。神宗時，詞館以慎行及臨朐馮琦，文學為一時冠。撰有：《穀城山館詩文集》、《讀史漫錄》、《筆塵》等書。生平事跡見：《明史》卷 217、《萬斯同明史》卷 310、《明史稿》卷 200、《國朝獻徵錄》卷 17、《明名臣言行錄》卷 72 等。

363.馮　琦

　　字□□，臨朐人，萬曆五年進士，選庶吉士，累陞禮部侍郎，尋改本部尚書，卒謚文敏。

　　【案】：馮琦，字用韞，一字琢庵。琦累遷禮部尚書，蒞政勤肅，力抑營競，學有根柢，數陳讜論，中外想望丰采，帝欲用為首輔，未果而卒。撰有：《北海集》、《經濟類編》等書。生平事跡見：《明史》卷 216、《萬斯同明史》卷 317、《明史稿》卷 230、《明名臣言行錄》卷 74、《昭代明良錄》卷 9、《皇明應謚名臣備考錄》卷 6、《明人小傳》卷 3、《本朝分省人物考》卷 97、《東林列傳》卷 15、《明詩綜》卷 53、《明詞綜》卷 4、《明詩紀事》庚籤卷 12、《列朝詩集小傳》丁集中等。

364.薛三才

　　字中孺，定海人，萬曆十四年進士，改庶吉士，十六年授給事中，陞參政，三十七年以副都御史巡撫宣府，四十一年陞右都御史，總督薊遼，尋卒，謚恭敏。

　　【案】：薛三才，一字仲儒，號青雷。任兵科給事中，數論邊事，詆李成梁昌功欺罔，遷禮部給事中。張濤言事被謫，三才論救。生平事跡見：《萬斯同明史》卷 336、《明史稿》卷 270、《明人小傳》卷 3、《本朝分省人物考》卷 48、《明詩綜》卷 55、《明史分稿殘編》下等。

365.王德完

字子醇，廣安州人，萬曆十四年進士，改庶吉士，十六年，授給事中，二十八年，建言廷杖為民。天啟初，起太僕卿，左副都御史，推方為圓，不滿人望焉，尋卒。

【案】：王德完，號希泉。帝寵鄭貴妃，德完諫言下詔獄。德完直聲震天下，及居大僚，持論每與鄒元標等異。生平事跡見：《明史》卷 235、《萬斯同明史》卷 337、《明史稿》卷 215、《本朝分省人物考》卷 180 等。

366.鄒元標

字爾瞻，吉水人，萬曆五年進士，疏劾江陵，廷杖，謫戍貴州，十一年，起用擢給事中，十二年，復以言事調南京刑部照磨，十三年，陞兵部職方司主事，尋歸家居，凡三十年。天啟中，累陞左都御史，三年致仕，卒諡忠憲。

【案】：鄒元標，號南皋。元標九歲通經，官左都御史時，嚴正立朝，為人所憚。晚年還朝，不為危言激論，與物無猜，然小人以其東林也，猶忌之，將搆之，乃致仕歸。撰有：《鄒南皋語義合編》、《願學集》等書。生平事跡見：《明史》卷 243、《萬斯同明史》卷 344、《明史稿》卷 227、《皇明通紀直解》卷 11、《明名臣言行錄》卷 80、《明人小傳》卷 3、《明儒言行錄續編》卷 2、《續表忠記》卷 1、《東林列傳》卷 13、《明詩綜》卷 53、《明詩紀事》庚籤卷 12、《明儒學案》卷 23、《靜志居詩話》卷 15 等。

367.涂宗濬

字□□，南昌人，萬曆十一年進士，由知縣拜御史，尋為副都御史，巡撫延綏，尋總督宣大，撫卜失兔有功，還朝，推兵部尚書，未任卒。

【案】：徐宗濬，字鏡原，撰有：《續韋齋易義虛裁》等書。

生平事跡見：《明名臣言行錄》卷 75、《蘭臺法鑒金》卷 20、《本朝分省人物考》卷 58、《明史分稿殘編》卷下等。

368.周孔教

字懷魯，臨川人，萬曆庚辰年進士，累陞通政司使，三十二年，以僉都御史，巡撫應天，三十六年，總理河道。

【案】：周孔教，一字明行，號行在、行再。撰有：《周中丞疏稿》、《千金堤志》、《救荒事宜》等書。生平事跡見：《萬斯同明史》卷 334、《蘭臺法鑒錄》卷 20 等。

369.梅國禎

字克生，麻城人，萬曆十一年進士，為固安令，徵拜御史，會哱承恩之變，公抗疏請為監軍，卒平之，俘承恩以獻，論功僅遷太僕卿，未幾，巡撫大同，進兵部侍郎，督三鎮邊務，卒贈右都御史。

【案】：梅國禎，一字客生。國禎少雄傑自喜，善騎射。生平事跡見：《萬斯同明史》卷 333、《明史稿》卷 212、《明名臣言行錄》卷 75、《蘭臺法鑒錄》卷 20 等。

370.楊道賓

字□□，晉江人，萬曆十四年進士第二，授編修，遷祭酒，三十六年為禮部侍郎，卒，贈禮部尚書，諡文恪。

【案】：楊道賓，字惟彥，號荊巖。道賓頗習朝典，所疏陳多中時弊。生平事跡見：《明史》卷 216、《萬斯同明史》卷 317、《明史稿》卷 230、《明人小傳》卷 3、《明詩綜》卷 55 等。

371.郭正域

字美命，江夏人，萬曆十四年進士，選庶吉士，為編修，累陞禮部侍郎，以言事忤政府意，妖書事起，為邪人所構，幾致不測，得罷歸，卒諡文毅。

【案】：郭正域，博通載籍，勇於任事，有經濟大略，自守介然，故人望歸之。扼於權相，遂不復起。撰有：《批點考工記》、《明典禮志》、《韓文杜律》等書。生平事跡見：《明史》卷 226、《萬斯同明史》卷 317、《皇明通紀直解》卷 11、《明名臣言行錄》卷 74、《皇明應諡名臣備考錄》卷 8、《明人小傳》卷 3、《本朝分省人物考》卷 76、《東林列傳》卷 15、《明詩綜》卷 54、《明書》卷 135、《明詩紀事》庚籤卷 14、《靜志居詩話》卷 15 等。

372.唐文獻

字元徵，華亭人，萬曆十四年進士第一，拜翰林修撰，累陞左庶子，充東宮講官，與江夏郭美命友善，妖書事起，公正言，相明頗賴以免焉，晉禮部右侍郎，卒贈禮部尚書，光宗推舊恩，晉太子少保，諡文恪。公在講席及掌計，俱有彊直聲。

【案】：唐文獻，萬曆十四年進士第一。初文獻出趙用賢門，以名節相矜許。掌翰林，當考察，執政欲庇一人，執不許。室名占星堂。撰有：《占星堂集》等書。生平事跡見：《明史》卷 216、《萬斯同明史》卷 317、《明史稿》卷 230 等。

373.董其昌

字玄宰，華亭人，萬曆十七年進士，由庶吉士，歷藩臬，天啟初，推光廟講官，舊恩召為太常卿，仕至禮部尚書，掌詹事府，卒贈太子太傅。公樂易容物，書法為本朝之冠。

【案】：董其昌，號思白，又號書光。其昌天才俊逸，少負重名，善書工畫，自成一家，名聞外國。性和易，通禪理，蕭閒吐納，終日無俗語，人擬之米芾、趙孟頫云。撰有：《畫禪室隨筆》、《容臺詩文集》、《學科考略》、《筠軒清祕錄》等書。生平事跡見：《明史》卷 288、《萬斯同明史》卷 388、《明史稿》卷 269、《明人小傳》卷 3、《明詩綜》卷 55、《明詩紀事》庚籤卷 7、《列朝詩

集小傳》丁集、《靜志居詩話》卷 16 等。

374.焦　竑

　　字弱侯，日照人，居應天，萬曆十七年進士第一，授修撰，為日講官，坐言事謫外。

　　【案】：焦竑，號澹園。為諸生早有盛名，性復疏直，時事有不可，輒形之言論，政府惡之。竑博極群書，家中藏書兩樓，皆手自校定。善為古文，典正馴雅，卓然名家。年八十卒，福王時追諡文端。撰有：《易筌》、《禹貢解》、《遜國忠臣錄》、《澹然集》、《支談》、《焦弱侯問答》、《焦氏筆乘》、《焦氏類林》、《玉堂叢話》、《老子翼》、《莊子翼》、《陰符經解》、《獻徵錄》、《熙朝名臣實錄》、《俗書刊誤》、《國史經籍志》、《中原文獻》等書。生平事跡見：《明史》卷 288、《萬斯同明史》卷 385、《明史稿》卷 269、《本朝分省人物考》卷 130、《明儒學案》卷 35 等。

375.許維新

　　字周翰，山東人，萬曆十四年進士，由部郎為松江守，有惠政，仕至納言。天啟初，致仕。

　　【案】：許維新，號曲翁、繩齋、葺齋居士等。生平事跡見：《陳眉公先生全集》卷 35 等書。

376.顧憲成

　　字涇陽，無錫人，萬曆八年進士，授戶部主事，調吏部，謫判桂陽州，後以舉清廉第一，仍還吏部，尋削籍歸。講學于龜山，先生之道南祠，世所謂東林也。後起光祿寺卿，不就，卒諡端文。

　　【案】：顧憲成，字叔時，號涇陽，學者稱涇陽先生。憲成姿性絕人，幼即治程朱之學。既廢，與弟允成倡修東林書院，與高攀等講學其中。講習之餘，往往諷議朝政，裁量人物，士大夫翕然應和之，由是東林之名大著，而忘者日多。魏忠賢用事，群小

附之，作《東林點將錄》，舉凡正人君子，率目為東林，抨擊無虛日，遂成朋黨之禍。撰有：《小心齋箚記》、《涇皋藏稿》、《顧端文遺書》等書。生平事跡見：《明史》卷231、《萬斯同明史》卷344、《明史稿》卷216、《皇明通紀直解》卷11、《明名臣言行錄》卷77、《皇明應諡名臣備放錄》卷4、《續表忠記》卷1、《本朝分省人物考》卷28、《東林列傳》卷2、《明書》卷115、《明詩紀事庚》卷13、《恩卹諸公志略》卷2、《明儒學案》卷58、《煙艇永懷》卷2等。

377.孫慎行

字□□，武進人，萬曆三十五進士，入詞林，歷陞禮部尚書。

【案】：孫慎行，字聞斯，一字淇澳。紅丸案後，慎行道論首輔方從哲之罪，而廷臣希附內廷之旨，多右從哲，慎行憤而謝病歸。及閹黨作《三朝會典》，翻紅丸案，慎行被指為罪魁，議戍寧夏。會魏忠賢敗，得免。慎行立朝端直，論諫極切。致仕後，操行純正，為搢紳冠。撰有：《元晏齋困思鈔》、《事編內篇》等書。生平事跡見：《明史》卷243、《萬斯同明史》卷344、《明史稿》卷227、《明儒學案》卷59等。

378.趙南星

字夢白，高邑人，萬曆二年進士，授推官，擢戶部主事，尋改吏部，癸巳，內計澄汰殆盡，致削籍，林居三十年。天啟元年，以工部侍郎掌都察院事，臺綱肅清，尋晉吏部尚書，逆賢以公為黨魁，因推山西巡撫事，逐之去，大禍既作，以八十冢臣，戍死代州，天下傷焉。崇禎時，贈太子太保，諡忠毅。

【案】：趙南星，性方嚴，官考功郎中時，主京察，貶斥無私。光宗立，拜左都御史，慨然以整齊天下為己任。熹宗時，進吏部尚書，銳意澄清，致遭魏忠賢之忌，矯旨削籍，戍代州卒。撰有：

《史韻》、《學庸正說》、《趙忠毅集》等書。生平事跡見：《明史》卷 243、《萬斯同明史》卷 243、《明史稿》卷 227、《明名臣言行錄》卷 79、《明人小傳》卷 3、《明詩綜》卷 52、《明詩紀事》庚籤卷 11 等。

379.李廷機

字九我，晉江人，萬曆十一年進士，選庶吉士，歷陞禮部侍郎，三十五年，召入內閣，為言者屢攻首尾，四年竟未入直，致仕歸，卒謚文節。

【案】：李廷機，字爾張，號九我，雲龕先生。廷機舉順天鄉試第一，性廉潔，然深刻偏愎，不諳大體。編撰有：《漢唐宋名臣錄》、《宋賢事彙》等書。生平事跡見：《明史》卷 217、《萬斯同明史》卷 310、《明史稿》卷 220、《明名臣言行錄》卷 72、《明人小傳》卷 3、《明詩綜》卷 54 等。

380.葉向高

字□□，福清人，萬曆十一年進士，選庶吉士，累陞禮部尚書，三十七年，召入內閣，明年山陰卒，公遂當國，凡五年，致仕歸。天啟初，起為首揆，逆賢擅政，公引疾歸，卒謚文忠。

【案】：葉向高，字進卿，號臺山、紫雲、黃蘗山人等。萬曆帝在位久，朝事廢弛，又寵鄭貴妃，福王不肯之國，向高居相位，每事爭執，多所救正。數陳時政得失，帝不能用，遂乞休歸。光帝立，召為首輔。天啟改元，魏忠賢擅政，欲興大獄，憚向高舊臣，不敢逞，善類以保全。向高知時事不可為，力求去位，忠賢遂日益羅織，善類為之一空。編撰有：《說類》、《蒼霞草》、《編扉奏草》等書。生平事跡見：《明史》卷 240、《萬斯同明史》卷 342、《明史稿》卷 200、《明名臣言行錄》卷 72、《明人小傳》卷 3、《續表忠記》卷 2、《東林列傳》卷 17、《明詩綜》卷 54、《明詩紀事》

庚籤卷 14、《列朝詩集小傳》丁集、《靜志居詩話》卷 15 等。

381.王象乾

　　字□□，新城人，中隆慶五年進士，由知縣累陞布政，巡視北口道，節省欵賞數十萬，尋為川貴總督加副都御史，總督薊遼，四十年，陞大司馬，署冢宰，凡二年，封印自歸。天啟初，起總督薊遼，撫定插漢，予告。今上初，復召總督宣大，以病歸，年九十二卒。

　　【案】：王象乾，之垣子，字子廓，一字霽宇。代李化龍經理播州，討平砂溪、銅仁諸苗。巡撫宣府，在任七年，邊境無事。崇禎初，瑚敦圖入山西，時象乾年八十三，被任總督宣大山西軍務，瑚敦圖受約束如故。象乾機警有膽略，前後歷官督撫，威名著九邊。生平事跡見：《萬斯同明史》卷 348、《明史稿》卷 228、《勝朝殉節諸臣錄》卷 9 等。

382.陳懿典

　　字□□，嘉興人，萬曆二十年進士，選庶吉士，累官翰林院學士，卒。

　　【案】：陳懿典，字孟常，號如岡、吏隱齋，秀水人。官至中允，乞假歸。崇禎初，起為少詹事，不赴。撰有：《讀左漫筆》、《讀史漫筆》等書。生平事跡見：《四庫全書總目》卷 30 等。

383.李維楨

　　字本寧，京山人，隆慶戊辰年進士，為庶吉士，時有文章聲，與婁江、新都友善，後外歷藩臬，仕至南京禮部尚書。

　　【案】：李維楨，號杜多居士、雲中君等。浮沈外僚三十年，天啟初，以布政使家居，年七十餘，召編修《神宗實錄》。書室名大泌山房。撰有：《史通評釋》、《黃帝祠額解》、《大泌山房集》等書。生平事跡見：《明史》卷 288、《萬斯同明史》卷 388、《明史

稿》卷 269、《明人小傳》卷 3、《明詩綜》卷 47 等。

384.曹于忭

　　字自梁，安邑人，萬曆二十年進士，授推官，三十年擢為給事中，四十年陞太常寺卿，累遷南右都御史，天啟四年，為民，崇禎改元，起左都，尋患病卒。

　　【案】：曹于忭，熹宗時，官左遷都御史，佐趙南星主京察，力扶善類，為魏忠賢所斥。崇禎初，官左都御史，振舉憲規，臺中肅然。于忭篤志力學，立朝不阿，有古大臣之風。書室名仰節堂。撰有：《共發編》、《仰節堂集》等書。生平事跡見：《明史》卷 254、《萬斯同明史》卷 358、《明史稿》卷 239 等。

385.宋一韓

　　字聞遠，陳州衛人，萬曆二十年進士，授推官，三十年擢給事中，四十年建言，降南京大理寺評事，四十二年敘兵科功，陞俸一級，尋卒。

386.邢　侗

　　字子愿，臨朐人，萬曆甲戌進士，累官藩臬，善書法，世稱邢董云。

　　【案】：邢侗，萬曆二年進士。侗善畫、工詩文，書法與董其昌、米萬鍾、張瑞圖共稱邢張米董，築來禽館於古黎丘。撰有：《來禽館集》等書。生平事跡見：《明史》卷 288、《明史稿》卷 269、《蘭臺法鑒錄》卷 19、《明人小傳》卷 3、《明詩綜》卷 52、《明詩紀事》庚籤卷 7、《明畫錄》卷 7、《列朝詩集小傳》丁集、《靜志居詩話》卷 15 等。

387.汪若霖

　　字時甫，光州人，萬曆二十年進士，授行人，二十八年選為給事中，三十四年，歷陞禮科都給事中，是年以建言謫穎州判官，

尋卒。

【案】：汪若霖，治子。若霖屢直言上諫，忤帝意，遂出為潁州判官，卒。生平事跡見：《明史》卷230、《萬斯同明史》卷340、《明史稿》卷219等。

388.駱問禮

字□□，武康人，萬曆二十六年進士，由知縣授兵部主事，三十六年，擢為御史，至四十三年，告病歸。

【案】：駱問禮，字纘亭，號鍾山主人。隆慶初，陳皇后移別宮，問禮偕同官張應治力諫，不報，謫楚府知事。萬曆初，屢遷湖廣副使，卒。生平事跡見：《明史》卷215、《萬斯同明史》卷390、《明史稿》卷199等。

389.余懋衡

字平伯，婺源人，萬曆二十年進士，授知縣，擢御史，三十九年，陞大理寺丞，天啟初，累陞吏部尚書，四年，養病，尋削籍。

【案】：余懋衡，字持國，一字平伯，號少原，世稱少原先生。懋衡以永新知縣徵授御史，疏陳殿工礦稅為害百姓實情，梁永大恨，使其黨樂綱賄膳夫毒懋衡，未死。天啟間，懋衡以璫勢方張，堅臥不起。既而奸黨張訥醜詆講學諸臣，以懋衡、從吾及孫慎行為首，遂削奪。崇禎初，復其官。撰有：《語錄》、《經翼》、《關中集》等書。生平事跡見：《明史》卷232、《萬斯同明史》卷236、《明史稿》卷226等。

390.王　紀

字□□，芮城人，萬曆□□年進士，授禮部主事，屢疏乞建國本，歷陞刑部尚書，以輔臣沈漼諂事客氏，公歷陳其奸，遂削籍去，卒謚莊毅。

【案】：王紀，字惟理，萬曆十七年進士。紀任池州推官，入為祠祭主事，歷儀制郎中，秉禮持正，時望蔚然。後閹黨羅織善類，紀先卒，乃免。崇禎元年，復元官，贈少保，廕一子。撰有：《畿南奏議》等書。生平事跡見：《明史》卷 241、《萬斯同明史》卷 343、《明史稿》卷 226、《明名臣言行錄》卷 79、《東林列傳》卷 13 等。

391.袁世振

字仲建，祁州衛人，萬曆二十六年進士，授知縣，歷陞戶部郎中，四十三年，陞疏理兩淮鹽法副使，立新舊間撤之法，人甚便之，尋中考功法鐫秩去。

392.周之龍

字左卿，湘潭人，萬曆二十九年進士，授刑部主事，調工部郎中，管理漕運，所著有《河漕一覦》。

【案】：周之龍，號孺東，世稱孺東先生。生平事跡見：（清嘉慶二十三年）《湘潭縣志》卷 8 等書。

393.黃承玄

字與參，嘉興人，萬曆□□年進士，歷陞應天府府尹，尋以副都御史，巡撫福建，卒。

【案】：黃承玄，字履常，號「與參」，室名盟鷗堂。黃承玄撰有：《河漕通考》、《安平鎮志》、《北河紀略》等書。

394.朱燮元

字□□，山陰人，萬曆十一年進士，歷陞四川布政，奢酋之變，即擢巡撫，尋為貴州總督，歷加兵部尚書、少師左柱國。

【案】：朱燮元，字懋和。《明史》載其萬曆二十年進士，《姓氏爵里總目》為萬曆十一年，非也。燮元身長八尺，腹大十圍，飲啖兼二十人。鎮西南久，軍貲贖鍰，歲不下數十萬，皆籍之於

官。治事明決，軍書絡繹，不假手幕佐。行軍務持重，謀定後戰，尤善用間。使人各當其材。犯法，即親愛必誅；有功，廝養不遺賞也。馭蠻以忠信，不妄殺，苗民懷之。初官陝西時，遇一叟，載與歸，盡得其風角、占候、遁甲諸術。將別，語燮元曰，幸自愛，他日西南有事，公當之矣！內江牟康民者，奇士也，兵未起時，語人曰，蜀且有變，平之者朱公乎！已而果然。撰有：《督蜀疏草》、《朱襄毅疏草》、《朱少師奏疏》等書。生平事跡見：《明史》卷 249、《萬斯同明史》卷 346、《明史稿》卷 233、《明名臣言行錄》卷 84、《明人小傳》卷 3、《明詩綜》卷 57 等。

395.熊廷弼

　　字□□，江夏人，萬曆二十六年進士，授推官，擢御史，按遼策奴酋之必叛，屢上疏陳列，四十八年，東事起，陞大理寺丞，兼御史，為宣慰，尋陞兵部侍郎，經略遼東。天啟元年，遼陽陷，起兵部尚書、經略，廣寧陷，與王化貞同入關，逮繫論死。廷弼負氣自用，然論遼事不可掩，雖服國法，論者以為不死于封疆，而死於門戶云。

　　【案】：熊廷弼，字非白，一字飛百，號芝岡。舉萬曆二十五年鄉試第一。廷弼知兵，有膽略，由御史出按遼東，杜餽遺、核軍實，風紀大振，後以事免。楊鎬為清軍所敗，復起，代鎬經略遼東，撫綏軍民，軍勢復振。又以姚宗文讒，再罷。及瀋、遼繼失，再召經略軍務，定三方並進之策，而巡撫王化貞不受調度，為清軍所敗，棄廣寧而走，廷弼護潰民入關，並逮論死，傳首九邊，遠近嗟憤。撰有：《熊芝岡詩文集》、《按遼疏稿》等書。生平事跡見：《明史》卷、《明史稿》卷 223、《明詩綜》卷 58 等。

396.李之藻

　　字我存，仁和人，萬曆戊戌年進士，為部郎，罷歸。東事起，

以薦累陞太僕寺少卿，贊理軍務，後卒于家。公曉暢兵法，亦精
於泰西之學也。

【案】：李之藻，一字振之，號淳庵居士、漢庵逸民等。之藻
與徐光啟篤信西洋人利瑪竇之學。所譯《理探一書》為名學最初
之譯本。撰有：《判宮禮樂疏》、《圜容較義》、《新法算書》、《渾蓋
通憲圖說》、《天學初函》、《同文算指通編》、《理探一書》等書。
生平事跡見：《四庫全書總目》卷 82 等。

397.徐光啟

字子先，上海人，萬曆三十二年進士，選庶吉士，累陞少詹
事，值遼事，起兼御史練兵，天啟中罷歸。今上登，極起禮部尚
書，修治曆法，尋召入內閣，卒諡文定。公博學多聞，于律曆、
河渠、屯田、兵法，靡不究心，獨得泰西之祕，其言咸裨實用云。

【案】：徐光啟，號玄扈。時適義大利人利馬竇在華供職，光
啟從入天主教，加名保祿，從學天文、曆算、火器，盡其術，遂
遍習兵機、屯田、鹽筴諸書，尤精於曆。後與義大利人龍華民、
鄧玉函、羅雅谷等修正曆法，頗稱詳密。中國人之精研西學者，
自光啟始，譯著書籍甚多。撰有：《農政全書》、《徐氏卮言》、《幾
何原本》、《詩經六帖重訂》、《新法算書》、《測量法義》等書。生
平事跡見：《明史》卷 251、《萬斯同明史》卷 356、《明史稿》卷
235 等。

398.高攀龍

字士鱗，無錫人，萬曆□□□年進士，任行人，疏侵閣臣，
降揭陽典史。天啟改元，起光祿丞，尋超拜左都御史，與趙忠毅
對掌銓憲，首糾大墨崔呈秀，明歲聞逮治命，謂大臣義不辱國，
草遺表，從容赴水死，後贈兵部尚書，諡忠憲。

【案】：高攀龍，一字景逸，萬曆四十七年進士。攀龍少讀書，

輒有志程朱之學。初海內學者率宗王守仁，攀龍心非之，與顧憲成同講學東林書院，以靜為主，操履篤實，粹然一出於正，為一時儒者之宗。海內士大夫，無論識與不識，稱高顧無異詞。撰有：《周易簡說》、《二程節錄》、《春秋孔義》、《正蒙釋》、《高子遺書》等書。生平事跡見：《明史》卷 243、《萬斯同明史》卷 344、《明史稿》卷 227、《皇明通紀直解》卷 13、《明詩紀事》庚籤卷 16 等。

399.左光斗

字□□，桐城人，萬曆三十五年進士，授中書舍人，擢御史，慨然以澄清為任，首上移宮停封疏，婦寺切齒之，歷陞僉都御史，因楊忠烈二十四大罪之疏既入，魏璫并逐公，次年被逮榜死。今上登極贈太子少保。公深沈、饒智略，數年間力持清議，故小人恨公，甚于忠烈云。

【案】：左光斗，字遺直，號滄嶼。光斗被搆時，忠賢遣使往逮，父老子弟擁馬首，號哭聲震原野，緹騎亦為雪涕。撰有：《左忠毅集》等書。生平事跡見：《明史》卷 244、《萬斯同明史》卷 351、《明史稿》卷 231、《明詩綜》卷 60 等。

400.楊　漣

字大洪，應山人，萬曆四十一年進士，為常熟令，舉清廉第一，選給事中，因論醫藥事，光廟鑒其忠，遂與大臣同受顧命，累遷副都御史，逆賢禍國，列二十四大罪請誅之，削籍去，次年就逮榜死，後贈□□□□，謚忠烈。

【案】：楊漣，字文孺，號大洪。漣為人磊落，負奇節。漣於獄中遭酷法拷訊，體無完膚，斃死獄，年五十四。漣素貧，產入官不及千金，母、妻止宿譙樓，二子至乞食以養。徵贓令急，鄉人競出貲助之，下至賣菜傭亦為輸助，其節義感人如此。崇禎初，

贈太子太保、兵部尚書。撰有：《楊忠烈集》等書。生平事跡見：
《明史》卷 244、《萬斯同明史》卷 351、《明史稿》卷 231、《明
人小傳》卷 4、《明詩綜》卷 60 等。

401.魏大中

字孔時，嘉善人，萬曆四十四年進士，授行人，擢給事中，
力攻奸輔，方從哲、沈㴶為邪類所嫉，逆賢禍起，罷歸，明年被
逮榜死，今上初贈太常寺少卿，諡忠節。

【案】：魏大中，自為諸生時，讀書砥行，從高攀龍受業，家
酷貧，意豁如也。舉於鄉，家人易新衣冠，怒而毀之。大中與漣、
光斗同夕斃，血肉狼籍，屍潰敗，至不可識。撰有：《藏密集》等
書。生平事跡見：《明史》卷 244、《萬斯同明史》卷 351、《明史
稿》卷 231、《皇明通紀直解》、《明詩紀事庚》卷 6 等。

402.繆昌期

字當時，江陰人，癸丑進士，翰林庶吉士，以忤璫，逮問死
詔獄。

【案】：繆昌期，萬曆四十一年進士，授檢討，時有東林之目，
給事中劉文炳疏攻之，移疾去。天啟初還朝，遷左贊善，進諭德。
楊漣劾魏忠賢，有言漣疏乃昌期代草者，忠賢恨之。昌期乞假歸，
尋以汪文言獄詞連及，削籍提問，竟斃之獄中。福王時，追諡文
貞。撰有：《從野堂集》等書。生平事跡見：《明史》卷 245、《萬
斯同明史》卷 352、《明史稿》卷 232、《皇明通紀直解》卷 14、《明
詩紀事庚》庚籤卷 6 等。

403.李應昇

字仲達，江陰人，丙辰進士，由推官拜御史，以忤璫，逮問
死詔獄。

【案】：李應昇，萬曆四十四年進士，授南康推官，出無辜十

九人於死，置大猾數人重辟，士民服其公廉。崇禎初贈太僕卿，福王時，追謚忠毅。撰有：《落落齋遺集》、《西臺小疏》等書。生平事跡見：《明史》卷 245、《萬斯同明史》卷 352、《明史稿》卷 232、《明名臣言行錄》卷 82、《明人小傳》卷 4、《明詩綜》卷 61 等。

404.丘禾嘉

字少鶴，貴州人，由鄉舉，歷任遼東巡撫，大凌之議，與樞輔不合，然大凌卒不守云。尋陞太僕寺卿，卒。

【案】：丘禾嘉，字獻之，號滄園，貴州新添衛人。舉萬曆四十一年鄉試，好談兵。禾嘉持論每孫承宗異，不為所善，時有詆諆，既遭喪敗，廷論益不容，遂堅以疾請。生平事跡見：《明史》卷 261、《萬斯同明史》卷 364、《明史稿》卷 236 等。

405.文震孟

字文起，長洲人，天啟二年進士第一，拜修撰，建言降外，逆賢竊政，革職為民。今上初，起侍讀，數上封事，論劾長垣，及請重定《實錄》，尤為切要，八年，入內閣，以爭言官事，忤首揆意，罷歸，卒。

【案】：文震孟，號藥圃，世稱湛持先生。文徵明之曾孫。震孟剛方貞介，有古大臣風，惜三月而斥，未竟其用。福王時，追謚文肅。撰有：《姑蘇名賢小記》等書。生平事跡見：《明史》卷 251、《萬斯同明史》卷 356、《明史稿》卷 235 等。

406.姚希孟

字孟長，吳縣人，萬曆四十七年進士，改庶吉士，授檢討，逆賢竊柄，革職為民。今上初，起右贊善，累陞詹事，掌南京翰林院，卒。公端直沉凝，負公輔之望，與文公震孟稱舅甥，一時齊名云。

【案】：姚希孟，號現聞居士。希孟生十月而孤，母文氏勵志鞠之。稍長，與舅文震孟同學，並負時名。撰有：《循滄集》等書。生平事跡見：《明史》卷216、《萬斯同明史》卷362、《明史稿》卷230等。

407.宋懋澄

字幼清，華亭人，中萬曆壬子鄉試，閱覽負奇，所著有《九籥正續集》。

【案】：宋懋澄，號嗣源，書室名九籥樓，中萬曆四十年鄉試。生平事跡見：（清光緒五年）《華亭縣志》。

黃廷鵠

字孟舉，青浦人，中萬曆己酉鄉試，歷任順天經歷，崇禎初年，上《為臣不易錄》。

【案】：黃廷鵠，字淡志，一字澹志，號孟舉、瞿星，書室名希聲館，中萬曆三十七年進士。生平事跡見：（清光緒五年）《青埔縣志》卷19等書。編撰有：《白鹿洞書院志》等書。

409.杜麟徵

字仁趾，青浦人，崇禎辛未進士，授刑部主事，調兵部職方司主事，卒。

【案】：杜麟徵，杜喬林之子，崇禎四年進士，授刑部主事。麟徵少從父宦，曉習吏事。尚書使掌章奏。時太監張彝憲等總理部事，監宣大諸鎮，麟上書極諫。舉天啟近事為戒，舉朝歎服。又上書論時政得失，有賈朝、遺風。丁母憂，歸，卒年三十九。有《浣花遺稿》行世，生平事跡見：《復杜姓氏傳略》卷3。

410.陳組綬

字伯玉，武進人，崇禎甲戌進士，授兵部職。方司主事，卒，所纂有《職方圖考》。

【案】：陳組綬，崇禎七年進士。撰有：《詩經副墨》等書。

《姓氏補遺》

411.戈　謙

代州人，永樂九年進士，擢給事中，遇事敢言。十八年陞大理寺卿。洪熙元年免朝參，未幾，陞副都御史，馳驛往四川，罷伐木之役。宣德元年為民，尋卒。

412.李　棠

字宗楷，縉雲人，宣德五年進士，由刑部員外，擢侍郎，尋巡撫廣西，未及三年，獲俘馘以萬計，朝廷嘉其勳，兼提督征蠻軍務事，天順中卒。

【案】：李棠，任刑部主事時，為尚書魏源所器。金濂代源，以剛嚴懾下，棠與辨論是非，謑訶不為所動，濂亦器之。後棠不得竟黃竑獄，鬱鬱累疏，謝病歸，不攜嶺一物，以清節顯。生平事跡見：《明史》卷 159 等。

413.徐廷章

字公器，羅山人，景泰二年進士，拜給事中，正門達之罪，直聲震中外，累陞都御史，巡撫寧夏，寧夏故無邊墻，套虜數入，廷章修築之，迄今以為保障。

【案】：徐廷章生平事跡見：《萬斯同明史》卷 231、《明史稿》卷 161、《國朝名世類苑》卷 41、《古今圖書集成》卷 59 等。

414.章　懋

字德懋，金華人，成化二年進士，入為庶吉士，諫上元張燈，左遷臨武知縣，累陞福建僉事，尋謝事歸。讀書講學，凡二十年，學者稱楓山先生，弘治中，起南司業。正德初，以少宗伯致仕。

嘉靖初，陞南京禮部尚書，卒贈太子太保，諡文懿。

【案】：章懋，號楓山，又號闇然子，晚號穀濱遺老。成化二年會試第一，年四十一致仕。既歸，屏跡不入城府，奉親之暇，專以讀書講學為事，弟子執經者日益進，貧無供具，惟脫粟菜羹而已。四方學士、大夫高其風，稱為楓山先生。撰有：《楓山語錄》、《楓山集》等書。生平事跡見：《明史》卷 179、《萬斯同明史》卷 215、《明史稿》卷 162、《明詩紀事丙》卷 5、《明儒學案》卷 45、《國朝獻徵錄》卷 36 等。

415.梁　材

字大用，應天籍，大成人，弘治十二年進士，由縣令、歷陞布政。嘉靖六年，擢副都御史，巡撫江西，尋總督雲貴川廣糧餉，晉□□部尚書，劾翊國公郭勳，反為所中，遂落職，歸卒。隆慶初，贈太子太保，諡端肅。

【案】：梁材，號儉庵。當嘉靖中歲，大臣或阿上取寵，材獨不撓，以是終不容。自材去，邊儲國用大窘，世宗乃歎曰，材在當不至此。生平事跡見：《明史》卷 194 等。

416.李士翱

字汝翔，長山人，嘉靖二年進士，拜御史，累陞工部尚書，尋改戶部尚書，卒。

417.錢　薇

字懋垣，海鹽人，嘉靖十一年進士，授官行人選為給事中，公留心邊務，論列治體，皆歷歷言之，十七年以言事罷為民，卒，降慶元年贈太常寺少卿，著有《承啟堂稿》、《國朝名臣事實》、《備邊策》、《河套議》、《海防略》藏于家。

【案】：錢薇，號海石。薇受業湛苦水，官行人，泊然自守，與同年生蔣信輩朝夕問學。因星變，極言主德之失，帝深銜之。

426.侯震暘

　　字起東，嘉定人，萬曆三十八年進士，初授行人，擢給事中。天啟四年，調外任。崇禎改元，起原官，卒贈太常寺卿。

　　【案】：侯震暘，字得一，號起東、啟東、五觀、吳觀等。震暘有廉直聲，初忤大學士張居正，後忤閹黨魏忠賢。崇禎初，詔復故官，震暘已前卒。生平事跡見：《明史》246 等。

427.吳　仲

　　【案】：《姓氏爵里總目》僅列其名，並無文字加以介紹。吳仲，字亞夫，一字亞甫，號劍泉，武進人。正德十二年進士，官至處州府知府。撰有：《通惠河志》等書。生平事跡見：《四庫全書總目》卷 75 等。

428.錢　梗

　　【案】：《姓氏爵里總目》僅列其名，並無文字加以介紹。錢梗，字世材，號立齋，山陰人。生平事跡見：《紹興縣志資料》第一輯等。

《皇明經世文編姓氏爵里總目》漏列者

429.韓大章

　　【案】：《姓氏爵里總目》未列韓大章之名，然《皇明經世文編》補遺卷二收錄韓文〈遵化廠夫料奏〉。韓大章，生平事跡待考。

參考文獻

壹、書　目

一、《皇明經世文編》的三個本子

1. 《明經世文編》，（明）陳子龍等編，北京：中華書局，1962 年 6 月。

2. 《皇明經世文編》，（明）陳子龍等編，台北：國風出版社，民國 53 年 11 月。

3. 《明經世文編》，（明）陳子龍等編、望陸選錄，《台灣文獻叢刊》第 289 種，台北：臺灣銀行（《台灣文獻叢刊》第 289 種），民國 60 年 3 月。

二、經世（經濟）文編專書

（明代以前【含】以本論文「第三章」所敘為主，
清代【含】以後則依書名經世、經濟為主）

（一）古籍類（略依作者朝代先後排列）

1. 《通典》，（唐）杜佑撰，《景印文淵閣四庫全書》第 603-605 冊，

台北：臺灣商務印書館。

2. 《大學衍義》，（宋）真德秀撰，《四部叢刊》，台北：臺灣商務印書館。

3. 《皇極經世書》，（宋）邵雍撰，台北：廣文書局，民國 77 年。

4. 《宋名臣言行錄》，（宋）朱熹編，《景印文淵閣四庫全書》第 449 冊，台北：臺灣商務印書館。

5. 《文公先生經世大訓》，（宋）朱熹撰、（明）余祐編，明嘉靖五年湖廣布政司刊本，台北國家圖書館館藏。

6. 《經濟文衡》，（宋）朱熹撰、（宋）滕拱編，《景印文淵閣四庫全書》第 704 冊，台北：臺灣商務印書館。

7. 《宋朝諸臣奏議》，（宋）趙汝愚編，上海：上海古籍出版社，1999 年。

8. 《帝王經世圖譜》，（宋）唐仲友撰，《四庫全書珍本》第 228-230 冊，台北：臺灣商務印書館，民國 64 年。

9. 《通志》，（宋）鄭樵撰，杭州：浙江古籍出版社，1988 年 11 月。

10. 《文獻通考》，（元）馬端臨撰，杭州：浙江古籍出版社，2000 年 1 月 5 版。

11. 《經濟文集》，（元）李士瞻撰、（明）李伸編，《四庫全書珍本》一集，台北：臺灣商務印書館，民國 70 年。

12. 《大學衍義補》，（明）邱濬撰，北京：京華出版社，1999 年 4 月。

13. 《歷代名臣奏議》，（明）楊士奇、黃淮等撰，影印國立中央圖書館珍藏善本，台北：臺灣學生書局，民國 53 年。

14. 《經世要談》，（明）鄭善夫撰，《叢書集成新編》第 14 冊，台北：新文豐出版公司，民國 74 年。

15. 《春秋經世》，（明）魏校撰，《四庫全書存目叢書》第 117 冊，

台南：莊嚴出版社，1996 年。

16.《經世策》，（明）魏校撰，《四庫全書存目叢書》第 6 冊，台南：莊嚴出版社，1996 年。

17.《皇明經濟文錄》，（明）萬表編，《四庫禁燬書叢刊》第 18 冊，北京：北京出版社，2000 年。

18.《荊川先生右編》，（明）唐順之編，《四庫全書存目叢書》第 71 冊，台南：莊嚴出版社，1996 年。

19.《歷代史纂左編》，（明）唐順之編，《四庫全書存目叢書》第 137 冊，台南：莊嚴出版社，1996 年。

20.《荊川稗編》，（明）唐順之編，《景印文淵閣四庫全書》第 953-955 冊，台北：臺灣商務印書館。

21.《皇明名臣經濟錄》，（明）黃訓編，明嘉靖辛亥原刊配補鈔本，台北國家圖書館館藏。

22.《皇明名臣經濟錄》，（明）黃訓編、（明）陳九德刪訂，明刊本，台北國家圖書館館藏。

23.《古今經世格要》，（明）鄒泉撰，《四庫全書存目叢書》第 177 冊，台南：莊嚴出版社，1995 年。

24.《皇明疏議輯略》，（明）張瀚等編，明嘉靖三十年大名府刊本，台北國家圖書館館藏。

25.《函史》，（明）鄧元錫編，《四庫全書存目叢書》第 25 冊，台南：莊嚴出版社，1996 年。

26.《增定國朝館課經世宏辭》，（明）王錫爵輯、沈一貫參訂，明萬曆十八年周曰校萬卷樓刻本，《四庫禁燬書叢刊》集部第 92 冊，2000 年。

27.《皇明館課經世宏辭續集》，（明）王錫爵、陸羽中之輯，明萬曆二十一年周曰校刻本，《四庫禁燬書叢刊》集部第 92 冊，2000

年。

28.《經世大論》,(明)李材編,明萬曆丁亥豫章李氏鄖陽刊本,台北國家圖書館館藏。

29.《經世要略》,(明)萬廷言撰,明萬曆庚戌豫章萬氏刊本,台北國家圖書館館藏。

30.《皇明疏鈔》,(明)孫旬編,明萬曆甲申兩浙都轉運鹽使司刊本,台北國家圖書館館藏。

31.《皇明經世實用編》,(明)馮應京編,《四庫全書存目叢書》第 267 冊,台南:莊嚴出版社,1996 年。

32.《經濟類編》,(明)馮琦編,《景印文淵閣四庫全書》第 960-963 冊,台北:臺灣商務印書館。

33.《皇明兩朝疏鈔》,(明)顧爾行編,明萬曆戊寅大名府刊本,台北國家圖書館館藏。

34.《萬曆疏鈔》,(明)吳亮編,明萬曆己酉萬全刊本,台北國家圖書館館藏。

35.《學古適用篇》,(明)呂純如撰,《四庫全書存目叢書》第 136-138 冊,台南:莊嚴出版社,1995 年。

36.《經世環應編》,(明)錢繼登撰,《四庫全書存目叢書》第 143、144 冊,台南:莊嚴出版社,1995 年。

37.《圖書編》,(明)章潢撰,《景印文淵閣四庫全書》第 968-972 冊,台北:臺灣商務印書館。

38.《昭代經濟言》,(明)陳子壯編,《叢書集成簡編》本,台北:臺灣商務印書館,民國 54 年。

39.《八編類纂》,(明)陳仁錫編,明天啟間原刊本,台北國家圖書館館藏。

40.《皇明經濟文輯》,(明)陳其愫編,明天啟丁卯餘杭陳氏原刊

本，台北國家圖書館館藏。

41.《經世石畫》，（明）辛全撰，明崇禎二年洪洞韓居貞等刊本，台北國家圖書館館藏。

42.《國朝名公經濟文鈔》，（明）張文炎編，《四庫全書存目叢書》第 347 冊，台南：莊嚴出版社，1997 年。

43.《皇明留臺奏議》，（明）朱吾弼等編，明萬曆三十三年原刊本，台北國家圖書館館藏。

44.《皇明奏疏類鈔》，（明）汪少泉編，明隆萬間原刊本，台北國家圖書館館藏。

45.《經世挈要》，（明）張燧撰，《四庫禁燬書叢刊》第 75 冊，北京：北京出版社，2000 年。

46.《大統皇曆經世》，（明）胡獻忠撰，《四庫全書存目叢書》第 69 冊，台南：莊嚴出版社，1995 年。

47.《經略復國要編》，（明）宋應昌撰，明萬曆間原刊本，台北國家圖書館館藏。

48.《經略熊先生集》，（明）熊廷弼撰，明末廣陵汪修能重刊本，台北國家圖書館館藏。

49.《兩河經略疏》，（明）潘季馴撰，《景印文淵閣四庫全書》第 430 冊，台北：臺灣商務印書館。

50.《經世捷錄》，（明）鄭仲夔撰，明崇禎間原刊本，台北國家圖書館館藏。

51.《江南經略》，（明）鄭若曾撰，《景印文淵閣四庫全書》第 728 冊，台北：臺灣商務印書館。

52.《經世奇謀》，（明）俞琳編，明婺源俞氏刊本，台北國家圖書館館藏。

53.《御選明臣奏議》，（清）乾隆皇帝選，《景印文淵閣四庫全書》

　　第 445 冊，台北：臺灣商務印書館。

54.《皇朝經世文編》，（清）賀長齡編，台北：國風出版社，民國
　　54 年 3 月。

55.《皇朝經世文編續編》，（清）盛康編，《近代中國史料叢刊》，
　　台北：文海出版社，民國 61 年。

56.《皇朝經世續編》，（清）葛士濬編，台北：國風出版社，1964
　　年 6 月。

57.《皇朝經世三編》，（清）陳忠倚輯，台北：國風出版社，1965
　　年 3 月。

58.《皇朝經世文編四編》，（清）何良棟編，《近代中國史料叢刊》，
　　台北：文海出版社，民國 61 年。

（二）近人著作（依出版時代先後）

1.《民國經世文編》，吳湘湘主編，台北：文星書店，1962 年 6 月。

2.《明代經世文分類目錄》，（日本）山根幸夫等編，日本：東洋
　　文庫，1986 年 3 月。

3.《經世思想與文學經世 —— 明未清初經世文論的研究》，林保淳
　　撰，台北：文津出版社，1991 年 12 月。

4.《中國實學思想史》，葛榮晉主編，北京：首都師範學出版社，
　　1994 年 6 月。

5.《中國經世史稿》，鄺士元撰，台北：里仁書局，1995 年 2 月 2
　　版。

6.《明辭釋義輯錄 —— 明經世文編》，林燊祿輯，台北：稻鄉出版
　　社，2001 年 4 月。

7.《晚清經世實學》，馮天瑜、黃長義撰，上海：上海社會科學院
　　出版社，2002 年 12 月。

三、一般書目

（一）古籍類（依據《四庫全書總目提要》分類，各類著作略依作者朝代先後）

●經　部

1. 《周易注疏》，（魏）王弼、（晉）韓康伯注、（唐）孔穎達等疏，《十三經注疏》第 1 冊，台北：藝文印書館，民國 78 年 1 月。

2. 《尚書正義》，舊題（漢）孔安國傳、（唐）孔穎達疏，《十三經注疏》第 1 冊，台北：藝文印書館。

3. 《詩經注疏》，（漢）毛亨傳、（漢）鄭玄箋、（唐）孔穎達等正義，《十三經注疏》第 2 冊，台北：藝文印書館，民國 78 年 1 月。

4. 《周禮注疏》，（漢）鄭玄注、（唐）賈公彥疏，《十三經注疏》第 3 冊，台北：藝文印書館，民國 78 年 1 月。

5. 《儀禮注疏》，（漢）鄭玄注、（唐）賈公彥疏，《十三經注疏》第 4 冊，台北：藝文印書館，民國 78 年 1 月。

6. 《禮記正義》，（漢）戴聖編、（漢）鄭玄注、（唐）孔穎達疏，《十三經注疏本》第 5 冊，台北：藝文印書館。

7. 《春秋左傳正義》，舊題（周）左丘明撰、（晉）杜預注、（唐）孔穎達疏，《十三經注疏本》第 6 冊，台北：藝文印書館，民國 78 年 1 月。

8. 《春秋公羊傳注疏》，（漢）公羊壽傳、（漢）何休解詁、（唐）徐公彥疏，《十三經注疏》第 7 冊，台北：藝文印書館，民國 78 年 1 月。

9. 《春秋穀梁傳注疏》，（晉）范寧集解、（唐）楊士勛疏《十三經

注疏》第 7 冊，台北：藝文印書館，民國 78 年 1 月。

10.《論語正義》，（魏）何晏注、（宋）邢昺疏，《十三經注疏》第 8 冊，台北：藝文印書館，民國 78 年 1 月。

11.《孟子正義》，（漢）趙歧注、舊題（宋）孫奭疏，《十三經注疏》第 8 冊，台北：藝文印書館，民國 78 年 1 月。

12.《四書章句集注》，（宋）朱熹撰，台北：漢京文化事業有限公司，1987 年 10 月。

●史　部
①正史類

1.《史記》，（漢）司馬遷撰，《二十五史》本第 1 冊，上海：上海古籍出版社，1995 年 12 月 11 刷。

2.《漢書》，（漢）班固撰、（唐）顏師古注，《二十五史》本第 1 冊，上海：上海古籍出版社，1995 年 12 月 11 刷。

3.《後漢書》，（南朝宋）范曄撰，上海：上海古籍出版社，1995 年 12 月 11 刷。

4.《明史》，（清）張廷玉等撰，《二十五史》第 10 冊，上海：上海古籍出版社，1995 年 12 月 11 刷。

5.《明史外國傳》，（清）尤侗撰，台北：臺灣學生書局，民國 66 年 6 月。

6.《二十二史箚記》，（清）趙翼撰，《四部備要》本，台北：臺灣中華書局。

7.《清史稿》，（清）趙爾巽等編，《二十五史》第 11、12 冊，上海：上海古籍出版社，1995 年 12 月 11 刷。

8.《明宰輔考略》，（清）黃大華撰，《二十五史補編》第 6 冊，北京：中華書局，1998 年 2 月 7 刷。

9.《明七卿考略》，（清）黃大華撰，《二十五史補編》第 6 冊，北京：中華書局，1998 年 2 月 7 刷。

②編年類

1.《明通鑑》，（清）夏燮撰，上海：上海古籍出版社出版，1995 年 12 月 4 刷。

2.《歷代名人年譜》，（清）吳榮光撰、李宗顥補遺，北京：北京圖書館出版社，2002 年 11 月。

3.《崇禎長編》，台北：廣文書局，民國 53 年。

4.《明太祖實錄》，台北：中央研究院歷史語言研究所。

5.《明太宗實錄》，台北：中央研究院歷史語言研究所。

6.《明仁宗實錄》，台北：中央研究院歷史語言研究所。

7.《明英宗實錄》，台北：中央研究院歷史語言研究所。

8.《明憲宗實錄》，台北：中央研究院歷史語言研究所。

9.《明孝宗實錄》，台北：中央研究院歷史語言研究所。

10.《明武宗實錄》，台北：中央研究院歷史語言研究所。

11.《明世宗實錄》，台北：中央研究院歷史語言研究所。

12.《明穆宗實錄》，台北：中央研究院歷史語言研究所。

13.《明神宗實錄》，台北：中央研究院歷史語言研究所。

14.《明光宗實錄》，台北：中央研究院歷史語言研究所。

15.《明熹宗實錄》，台北：中央研究院歷史語言研究所。

③紀事本末類

1.《明史紀事本末》，（清）谷應泰撰，台北：三民書局，民國 58 年 4 月。

④別史類

1.《明朝小史》,（明）呂毖輯著,影印國立中央圖書館清初刊本,
　台北：正中書局,民國 70 年 8 月。

2.《藏書》,（明）李贄撰,台北：臺灣學生書局,1995 年 10 月 3
　刷。

3.《續藏書》,（明）李贄撰,台北：臺灣學生書局,1995 年 10
　月 3 刷。

4.《史闕》,（明）張岱撰,影印清道光年吳興鄭氏刊本,台北：
　華世出版社,民國 66 年 9 月。

5.《明紀史闕》,（明）張岱撰,影印舊抄本,台北：華世出版社,
　民國 66 年 9 月。

6.《明史》,（清）萬斯同撰,《續修四庫全書》第 324～329 冊,
　上海：上海古籍出版社,1995 年。

7.《史外》,（清）汪有典撰,周駿富輯《明代傳記叢刊・綜錄類㉛），
　台北：明文書局。

⑤雜史類

1.《東林事略》,（明）吳應箕,《中國野史集粹》第 1 冊,成都：
　巴蜀書社,2000 年 9 月。

2.《社事始末》,（明）杜登春撰,《百部叢書・藝海珠塵本》,台
　北：藝文印書館。

3.《復社紀事》,（清）吳偉業撰,周駿富輯《明代傳記叢刊・學
　林類⑥附一》,台北：明文書局。

4.《復社紀略》,（清）陸世儀撰,周駿富輯《明代傳記叢刊・學
　林類⑥附一》,台北：明文書局。

5.《東林黨籍考》,（清）李棪撰,周駿富輯《明代傳記叢刊・學

林類⑤》，台北：明文書局。

　⑥傳記類

1.《皇朝中州人物志》，（明）朱睦㮮撰，周駿富輯《明代傳記叢刊‧綜錄類 ⑭，台北：明文書局。

2.《皇明詞林人物考》，（明）王兆雲輯，周駿富輯《明代傳記叢刊‧學林類⑭，台北：明文書局。

3.《明史竊列傳》，（明）尹守衡著，周駿富輯《明代傳記叢刊‧綜錄類目⑤，台北：明文書局。

4.《皇明進士登科考》，（明）俞憲撰，明嘉靖增補本，台北：臺灣學生書局，1969 年 12 月。

5.《蘭臺法鑑錄》，（明）何出光、陳登雲等撰、喻思恂續，《北京圖書館古籍珍本叢刊》第 16 冊，北京：書目文獻出版社，1988 年。

6.《皇明應謚名臣備考錄》，（明）林之盛編述，周駿富輯《明代傳記叢刊‧名人類㉑》，台北：明文書局。

7.《明季北略列傳》，（清）計六奇編輯，周駿富輯《明代傳記叢刊‧綜錄類 ⑮》，台北：明文書局。

8.《皇明三元考》，（明）張弘道、張凝道同輯，周駿富輯《明代傳記叢刊‧遺學林類⑯》，台北：明文書局印行。

9.《南雍志列傳》，（明）黃佐撰，周駿富輯《明代傳記叢刊‧學林類⑲》，台北：明文書局。

10.《今獻備遺》，（明）項篤壽撰，周駿富輯《明代傳記叢刊‧名人類⑤》，台北：明文書局。

11.《國朝獻徵錄》，（明）焦竑撰，周駿富輯《明代傳記叢刊‧綜錄類㉖》，台北：明文書局。

12. 《明分省人物考》，（明）過庭訓纂集，周駿富輯《明代傳記叢刊‧綜錄類㊱》，台北：明文書局。

13. 《煙艇永懷》，（明）龔立本撰，周駿富輯《明代傳記叢刊‧綜錄類㉞》，台北：明文書局。

14. 《狀元圖考》，（明）顧祖訓編、（明）吳承恩訂補、（清）陳枚續補，周駿富輯《明代傳記叢刊‧學林類⑰》，台北：明文書局印行。

15. 《宋元學案》，（明）黃宗羲撰、（清）全祖望補修，台北：華世出版社，1987 年 9 月。

16. 《明儒學案》，（明）黃宗羲撰，台北：華世出版社，1987 年 2 月。

17. 《永曆實錄》，（明）王夫之撰，《船山全書》第 11 冊，長沙：嶽麓書社，1996 年 10 月 2 刷。

18. 《明史稿列傳》，（清）王鴻緒等撰，周駿富輯《明代傳記叢刊‧綜錄類⑨》，台北：明文書局印行。

19. 《國朝列卿紀》，（明）雷禮纂輯，周駿富輯《明代傳記叢刊‧名人類⑦》，台北：明文書局。

20. 《皇明十六種小傳》，（明）江盈科撰，收入《江盈科集》中，長沙：岳麓書社，1997 年 4 月。

21. 《皇明四朝成仁錄》，（明）屈大均撰、葉恭綽校，周駿富輯《明代傳記叢刊‧名人類㊻》，台北：明文書局。

22. 《明儒言行錄》，（清）沈佳撰，周駿富輯《明代傳記叢刊‧學林類②》，台北：明文書局。

23. 《明代千遺民詩詠》，（清）張其淦撰、祁正注，周駿富輯《明代傳記叢刊‧遺逸類①》，台北：明文書局。

24. 《無聲詩史》，（清）姜紹書輯，周駿富輯《明代傳記叢刊‧藝林類②》，台北：明文書局印。

25.《史外》，（清）汪有典撰，周俊富輯《明代傳記叢刊・綜錄類㉛》，台北：明文書局。

26.《明名臣言行錄》，（清）徐開任編，周駿富輯《明代傳記叢刊・名人類⑲》，台北：明文書局。

27.《崇禎忠節錄》，（清）高承埏輯，周駿富輯《明代傳記叢刊・名人類㊺》，台北：明文書局。

28.《東林列傳》，（清）陳鼎撰，董治安主編《二十五史外人物總傳要籍集》四庫全書本，台北：新文豐出版社，1975 年 11 月。

29.《列朝詩集小傳》，（清）錢謙益撰，台北：世界書局印，1961 年 2 月。

30.《二學集碑傳》，（清）錢謙益撰，周駿富輯《明代傳記叢刊・綜錄類㊶》，台北：明文書局印行。

31.《東林同難錄》，（清）繆敬持輯，周駿富輯《明代傳記叢刊・學林類④》，台北：明文書印行。

32.《南疆繹史勘本列傳》，（清）溫睿臨撰、（清）李瑤校，周駿富輯《明代傳記叢刊・綜錄類⑫》，台北：明文書局。

33.《皇清書史》，（清）李放撰，董治安主編《二十五史外人物總傳要籍集成》，濟南：齊魯書社，2000 年 6 月。

34.《復社姓氏傳略》，（清）吳山嘉錄，周駿富輯《明代傳記叢刊・學林類⑥》，台北：明文書局，道光 11 年南陔堂藏版。

35.《小腆紀傳》，（清）徐鼒撰，徐承禮補遺，周駿富輯《清代傳記叢刊・遺逸類④》，台北：明文書局。

36.《天啟崇禎兩朝遺詩小傳》，（清）陳濟生等撰，台北：世界書局，1965 年 2 月。

37.《清學案小識》，（清）唐鑑撰輯，《人人文庫》，台北：臺灣商務印書館，1969 年 12 月。

38.《續表忠記》，（清）趙吉士纂、（清）盧宜彙輯，周駿富輯《明代傳記叢刊‧名人類㊲》，台北：明文書局。

39.《明鼎甲徵信錄》，（清）閻湘蕙編輯、（清）張春齡增訂，周駿富輯《明代傳記叢刊‧名人類⑱》，台北：明文書局印行。

40.《清史列傳》，（清）國史館編、王鍾翰點校，北京：中華書局，1987 年。

41.《皇明遺民傳》，朝鮮闕名撰，董治安主編《二十五史外人物總傳要籍集成》，濟南：齊魯書社，2000 年 6 月。

⑦載記類

1.《幸存錄》，（明）夏允彝，《台灣文獻叢刊》第 235 種，台北：臺灣銀行，1967 年 9 月。

2.《南都死難紀略》，（清）顧苓撰、夔寧校點，《南明史料（八種）》，南京江蘇古籍出版社，1999 年 8 月。

⑧地理類

1.《東林書院志》，（清）高隆、高桂撰，《中國歷代書院志》本第 7 冊，南京：江蘇教育出版社，1995 年 9 月。

2.《重修華亭縣志》，（清）楊開第修、姚光發等纂，《中國方志叢書》華中地方第四五號，台北：成文出版社，清道光四年。

⑨職官類

1.《掖垣人鑑》，（明）張元汴撰，《四庫全書存目叢書》史部第 259 冊，台南：莊嚴出版社，1996 年。

2.《欽定歷代職官表》，（清）紀昀等撰，上海：上海古籍出版社，1993 年 10 月 2 刷。

⑩政書類

1.《明會要》，（清）龍文彬撰，北京：中華書局，1998 年 11 月 3 刷。

⑪目錄類

1.《文淵閣書目》，（明）楊士奇等編，《明代書目題跋叢刊》讀書齋叢戊本，北京：書目文獻出版社，1994 年 1 月。

2.《秘閣書目》，（明）錢溥撰，《明代書目題跋叢刊》，北京：書目文獻出版社，1994 年 1 月。

3.《晁氏寶文堂書目》，（明）晁瑮撰，北京：書目文獻出版社，1994 年 1 月。

4.《內閣藏目錄》，（明）孫能傳等奉敕，《明代書目題跋叢刊》適園叢書本，北京：書目文獻出版社，1994 年 1 月。

5.《菉竹堂書目》，（明）葉盛撰，《明代書目題跋叢刊》粵雅堂叢書本，北京：書目文獻出版社，1994 年 1 月。

6.《世善堂藏書目錄》，（明）陳第撰，《明代書目題跋叢刊》知不足齋叢書本，北京：書目文獻出版社，1994 年 1 月。

7.《澹生堂藏書目》，（明）祁承爜撰，《明代書目題跋叢刊》會稽徐氏刊本，北京：書目文獻出版社，1994 年 1 月。

8.《國史經籍志》，（明）焦竑撰，《明代書目題跋叢刊》，北京：書目文獻出版社，1994 年 1 月。

9.《經義考》，（清）朱彝尊撰，影印《四部備要》本，北京：中華書局出版，1998 年 11 月。

10.《銷燬抽燬書目》，（清）英廉等編，收於《四庫全書總目》，台北：藝文印書館，民國 78 年 1 月 6 版。

11.《違礙書目》，（清）榮柱刊，收於《四庫全書總目》，台北：

藝文印書館，民國 78 年 1 月 6 版。

12.《禁書總目》，（清）軍機處編，收於《四庫全書總目》，台北：
藝文印書館，民國 78 年 1 月 6 版。

13.《欽定四庫全書總目》，（清）紀昀等撰，北京：中華書局，1997
年 1 月。

14.《湖北藝文志附補遺》，（宣統）湖北通局編纂、石洪運校注補
遺，武漢：湖北教育出版社，2002 年 8 月。

⑫史評類

1.《史通》，（唐）劉知幾撰，上海：上海古籍出版，1978 年。

2.《陔餘叢考》，（清）趙翼撰、楊家駱主編，台北：世界書局，
民國 59 年 6 月三版。

●子　部

①儒家類

1.《朱子語類》，（宋）黎靖德編，台北：文津出版社，1986 年 12 月。

②兵家類

1.《紀效新書》，（明）戚繼光撰，《景印文淵閣四庫全書》第 728
冊，台北：臺灣商務印書館。

2.《練兵實紀》，（明）戚繼光撰，《景印文淵閣四庫全書》第 728
冊，台北：臺灣商務印書館。

3.《練兵雜紀》，（明）戚繼光撰，《景印文淵閣四庫全書》第 728
冊，台北：臺灣商務印書館。

③農家類

1.《農政全書校注》,(明)徐光啟撰、石漢聲校注,台北:明文書局,1981 年 9 月。

④雜家類

1.《日知錄集釋》,(明)顧炎武撰、(清)董汝成集釋,《四部備要》本,台北:臺灣中華書局。

2.《春明夢餘錄》,(清)孫承澤撰,《景印文淵閣四庫全書》第868 冊,台北:臺灣商務印書館。

⑤類書類

1.《冊府元龜》,(宋)王欽若、楊億等奉敕撰《景印文淵閣四庫全書》第 907 冊,台北:台灣商務印書館。

⑥小說家類

1.《池北偶談》,(清)王士禛撰、靳斯仁點校,北京:中華書局,1997 年 12 月 3 刷。

⑦道家類

1.《莊子集釋》,(清)郭慶藩編、王孝魚整理,台北:木鐸出版社,1982 年 9 月。

2.《抱朴子》,(晉)葛洪撰、(清)孫星衍校正,台北:世界書局,1967 年 9 月。

●集　部

①別集類

1.《李白集校注》,(唐)李白撰、瞿蛻園校注,台北:洪氏出版社,民國 70 年 4 月再版。

2. 《晦菴先生朱文公集》,(宋)朱熹撰,《四部叢刊初編》,上海:
   商務印書館。

3. 《陳亮集》,(宋)陳亮撰,台北:漢京文化事有限公司,1983
   年 12 月。

4. 《宋學士文集》,(明)宋濂撰,《四部叢刊初編》本,上海:商
   務印書館。

5. 《誠意伯文集》,(明)劉基撰,《四部叢刊初編》本,上海:商
   務印書館。

6. 《遜志齋集》,(明)方孝孺撰,《四部叢刊初編》,上海:商務
   印書館。

7. 《清江貝先生集》,(明)貝瓊撰,《四部叢刊初編》本,上海:
   商務印書館。

8. 《王陽明全集》,(明)王守仁撰、吳光等編校,上海:上海古
   藉出版社,1997 年 8 月 3 刷。

9. 《王陽明傳習錄詳評集註》,(明)王守仁撰、陳榮捷集註,台
   北:學生書局,1983 年 12 月。

10. 《王陽明傳習錄 詳註集評》,(明)王守仁撰、陳榮捷編,台
    北:台灣學生書局,1983 年 12 月。

11. 《龍谿王先生全集》,(明)王畿撰,影印日本江戶年間和刻本,
    台北:廣文書局。

12. 《荊川先生外集》,(明)唐順之,《四部叢刊初編》本,上海:
    商務印書館。

13. 《張太岳集》,(明)張居正撰,影印明萬曆刻本,上海:古籍
    出版社,1984 年 2 月。

14. 《張文忠公全集》,(明)張居正撰,【日本】京都:中文出版
    社,1980 年 1 月。

15. 《袁宏集箋校》，（明）袁宏道撰、錢伯城箋校，上海古籍出版社，1981 年。

16. 《高子遺書》，（明）高攀龍，《影印文淵閣四庫全書》第 1292 冊，台北：臺灣商務印書館。

17. 《舜水全集》，（明）朱舜水撰，台北：世界書局，民國 52 年 2 月。

18. 《安雅堂稿》，（明）陳子龍撰，偉文圖書出版社，1971 年 9 月。

19. 《湘真閣稿》，（明）陳子龍撰、方雲校點，瀋陽：遼寧教育出版社，2001 年 2 月。

20. 《明夷待訪錄》，（明）黃宗羲撰，台北：新興書局，1956 年 1 月。

21. 《蓼齋集》，（清）李雯撰，《四庫禁燬書叢刊》集部第 111 冊，清順治十四年石維崑刻本，2000 年

22. 《柳如是集》，（清）柳如是撰、周書田校輯，瀋陽：遼寧教育出版社，2001 年 2 月。

23. 《牧齋初學集》，（清）錢謙益撰，《四部叢刊初編》集部，上海：商務印書館。

24. 《牧齋有學集》，（清）錢謙益撰，《四部叢刊初編》集部，上海：商務印書館。

25. 《石園文集》，（清）萬斯同撰，《續修四庫全書》第 1415 冊，上海：上海古籍出版社，1995 年。

26. 《全祖望集彙校集注》，（清）全祖望撰、朱鑄禹彙校集注，上海：上海古籍出版社，2002 年 12 月。

27. 《北游錄》，（清）談遷撰、汪北平點校，北京：中華書局，1997 年 12 月 3 刷。

28. 《曾國藩全書》，（清）曾國藩撰，台北：漢苑出版社，1976 年 9 月。

29.《南雷文定》,(明)黃宗羲撰,《人人文庫》,台北:台灣商務
　　印書館股份有限公司,1970 年 4 月。

②總集類

1.《元文類》,(元)蘇天爵,台北:世界書局,1967 年 12 月再版。
2.《明文衡》,(明)程敏政編,《景印文淵閣四庫全書》第 1374
　　冊,台北:臺灣商務印書館。
3.《明文英華》,(明)杭永年編,《四庫禁燬書叢刊》集部第 34
　　冊,北京:北京出版社,2000 年。
4.《皇明文範》,(明)張時徹編,《四庫全書存目叢書》集部第
　　303 冊,台南:莊嚴出版社,1997 年。
5.《瀚海》,(明)沈佳胤撰,《四庫禁燬書叢刊》集部第 20 冊,
　　北京:北京出版社,2000 年輯。
6.《明文奇賞》,(明)陳仁錫編,《四庫全書存目叢書》集部第
　　358 冊,台南:莊嚴出版社,1997 年。
7.《幾社壬申合稿》,(明)杜騏徵等輯,明末小樊堂刻本,北京
　　中國科學院圖書館藏。
8.《盛明百家詩選》,(明)朱之藩編,《四庫全書存目叢書》集部
　　第 331-332 冊,台南:莊嚴出版社,1997 年。
9.《明文海》,(明)黃宗羲編,《四庫全書珍本》七集,台北:臺
　　灣商務印書館,民國 66 年。
10.《明文授讀》,(明)黃宗羲編,《四庫全書存目叢書》集部第
　　400、401 冊,台南:莊嚴出版社,1997 年。
11.《明詞綜》,(清)王昶輯,收入《詞苑叢談》,台北:臺灣商
　　務印書館,民國 57 年。
12.《明詩紀事》,(清)陳田撰,周駿富輯《明代傳記叢刊・學林

類 11》，台北：明文書局。

13.《明詩綜》，（清）朱彝尊撰，台北：世界書局，1989 年 4 月 3 版。

14.《明文在》，（清）薛熙編，《四庫全書存目叢書》第 408 冊，台南：莊嚴出版社，1997 年。

③詩文評類

1.《文章辨體序說》，（明）吳納撰，北京：人民文學出版社，1998年 5 月。

2.《文體明辨序說》，（明）徐師曾撰，北京：人民文學出版社，1998 年 5 月。

3.《靜志居詩話》，（清）朱彝尊撰，北京：人民文學出版，1998年 2 月。

（二）近人著作（依出版年月先後）

1.《徐闇公先生譜》，陳乃乾、陳洙纂輯，《臺灣文獻叢刊》第一二三種，台北：臺灣銀行，1961 年 10 月。

2.《黃黎州學譜》，謝國楨撰，台北：臺灣商務印書館，1967 年 9 月。

3.《顧寧人學譜》，謝國楨撰，台北：臺灣商務印書館，1967 年 9 月。

4.《晚明史籍考》，謝國楨撰，台北：藝文印書館，1968 年 4 月。

5.《明清之際黨社運動考》，謝國楨撰，《人人文庫》，台北：台灣商務印書館，1968 年 6 月二版。

6.《明代內閣制度》，杜乃濟撰，《人人文庫》，台北：臺灣商務印書館，1969 年 8 月 2 版。

7.《明代史》，孟森撰，台北：華世出版社，民國 64 年。

8.《中國哲學史》，勞思光撰，香港：香港中文大學，1980 年 11 月 3 版。

9.《明代考據學研究》，林慶彰撰，台北：台灣學生書局，民國 72 年 7 月。

10.《書林清話》，葉德輝撰，台北：世界書局，民國 72 年 10 月 4 版。

11.《書林雜話》，葉德輝撰，李淩、長澤規矩也校補，台北：世界書局，民國 72 年 10 月 4 版。

12.《中國哲學原論原教篇》，唐君毅撰，台北：台灣學生書局，民國 73 年 2 月。

13.《國史大綱》，錢穆撰，台北：國立編譯館出版，1984 年 10 月修訂十一版。

14.《明遺民錄》，孫靜庵撰，杭州：浙江古籍出版社，1985 年 7 月。

15.《中國思想史》，韋政通撰，台北：大林出版社，民國 74 年 7 月。

16.《中國文化的省察—牟宗三先生講演錄》，牟宗三講，台北：聯經出版事業公司，1986 年 2 月 4 刷。

17.《中國政治思想史》，蕭公權撰，台北：聯經出版事業公司，民國 75 年 3 月 4 刷。

18.《舊學輯存》，張舜徽撰，濟南：齊魯書社，1988 年。

19.《國史新論》，錢穆撰，台北：東大圖書出版社，民國 78 年增訂初版。

20.《中國史研究指南・Ⅳ明史、清史》，高明士主編，台北：聯經出版事業公司，1990 年 5 月。

21.《中國哲學史》，馮友蘭，《民國叢書》，上海：上海書店，民國 79 年。

22.《陳子龍柳如是詩詞情緣》，孫康宜、李奭學，台北：允晨出

版社，1992 年。

23.《臺灣通史》，連橫撰，台北：眾文圖書有限公司，民國 83 年
　　5 月 2 刷。

24.《晚明思潮》，龔鵬程撰，台北：里仁書局，1994 年 11 月。

25.《中國近三百年學術史》，錢穆撰，台北：台灣商務印書館發，
　　1995 年 9 月臺二版。

26.《劍橋中國明代史》，（美）牟復禮、（英）崔瑞德主編，北京：
　　中國社會科學出版社，1995 年 11 月 3 刷。

27.《柳如是別傳與國學研究》，胡守為主編，杭州：浙江人民出
　　版社，1996 年 4 月 2 刷。

28.《明代內閣政治》，潭天星撰，北京：中國社會科學出版社，
　　1996 年 6 月。

29.《中國學術名著提要‧政治法律卷》，周谷域主編，上海：復
　　旦大學出版社，1996 年 9 月。

30.《晚明思想史論》，嵇文甫撰，北京：東方出版社，1996 年 9
　　月 2 刷。

31.《纂修四庫全書檔案》，張書才主編，上海：上海古籍出版社，
　　1997 年 7 月。

32.《陳子龍傳》，朱東潤，《中國歷代著名文學家評傳》，濟南：
　　山東教育出版社，1997 年 9 月。

33.《中國歷代著名文學家評傳》，呂慧鵑等編，濟南：山東教育
　　出版社，1997 年 9 月。

34.《中國思想傳統的現代詮釋》，余英時撰，江蘇：江蘇人民出
　　版社，1998 年 6 月 4 刷。

35.《晚明學術與知識分子論叢》，周志文撰，台北：大安出版社，
　　1999 年 3 月。

36.《明史新編》，傅衣凌編、楊國楨、陳支平撰，台北：昭明出版社，1999 年 9 月。

37.《國家圖書館善本書志初稿》，國家圖書館編，台北：國家圖書館，1999 年 6 月。

38.《明代監察制度研究》，張治安撰，台北：五南圖書出版有限公司，2000 年 12 月 1 刷。

39.《柳如是別傳》，陳寅恪撰，北京：生活・讀書・新知・三聯書局，2001 年 1 月。

40.《枯榮之間》，劉新鳳撰，北京：中華書局，2001 年 1 月。

41.《中國古代政治思想史》，劉澤華、葛荃主編，天津：南開大學出版社，2001 年 6 月 4 刷。

42.《朱元璋傳》，吳晗撰，天津：百花文藝出版社，2001 年 3 月 4 刷。

43.《明清之際江南詞學思想研究》，李康化撰，成都：巴蜀書社，2001 年 11 月。

44.《元代史學思想研究》，周少川撰，北京：社會科學文獻出版社，2001 年 10 月。

45.《墮落時代》，費振倫撰，台北：立緒文化事業有限公司，2002 年 5 月。

46.《晚明詩歌研究》，李聖華撰，北京：人民文學出版社，2002 年 10 月。

47.《晚明文學思潮研究》，吳承學、李光摩編，武漢：湖北教育出版社，2002 年 10 月。

48.《宋史理學概述》，錢穆撰，收入《錢賓四先生全集》第 9 冊，台北，聯經出版社。

貳、期刊論文（依出版年月先後）

1. 〈皇明經世文編選目〉，張舜徽撰，《中國史論文集》， 1956 年 9 月。

2. 〈正在影印中之皇明經世文編〉，李光濤撰，《明清史研究論集》，頁 58-63，1967 年。

3. 〈宋明以來儒家經世思想諭釋〉，張灝撰《近世中國經世思想研討會論文集》，頁 3-19，民 73 年 4 月。

4. 〈魏源之哲學與經世思想〉，劉廣京撰，《近世中國經世思想研討的論文集》，頁 359-392，民 73 年 4 月。

5. "Ching-Shih Thought and the Societal Changes of the Late Ming and Early Ching Periods: Some Preliminary Considerations"，墨子刻撰，《近世中國經世思想研討的論文集》，頁 21-49，民 73 年 4 月。

6. 〈明末清初的經世致用之學〉，山井湧撰，《史學評論》，12 期，1986 年 7 月。

7. 〈晚明的實學思潮〉，王家儉撰，《漢學研究》第七卷，頁 279-320，民國 78 年 12 月。

8. 〈明末清初經世思想興起因素平議〉，韓學宏撰，《中華學苑》，第四十四期，頁 135-149，民 86 年 4 月。

9. 〈《明經世文編》及其經世思想〉，馬濤撰，《中國實學思想史》中卷，頁 117-155，1994 年 9 月。

10. 〈清代經世思潮〉，何佑森撰，《漢學研究》，第 13 卷第 1 期，頁 1-14，民 84 年 6 月。

11. 〈《切問齋文鈔》與明清「經世文編」〉，周積明撰，《孔孟月刊》

第 34 卷第八期，頁 21-29，民 85 年 4 月。

12.〈明代道制考論〉，何朝暉撰，《燕京學報》，新六期，頁 51-81，1996 年 5 月。

13.〈戰後台灣學界對經世問題的探討與反省〉，丘為君、張運宗撰，《新史學》，七卷二期，頁 181-231，1996 年 6 月。

14.〈皇明經世文編與徐文定公集〉，方豪撰，《大陸雜志》第 25 卷第 19 期，頁 15-19，1997 年。

15.〈從明人編著經世文編略探明代經世思想的函義－兼論近人對經世思想之研究〉，區志堅撰，《中國文化研究》春之卷（總 23 期），頁 92-99，1999 年。

16.〈《明經世文編》中的澳門史料〉，張愛妹撰，《江海學刊》第一期，頁 161，2001 年。

17.〈戚繼光奏議研究〉，張德信撰，《明清論叢》第二輯，頁 20-59，2001 年 4 月。

參、博碩士論文

1.林麗月 嚴 73 年 7 月 《明末東林運動新探》 台北：國立臺灣師範大學歷史研究所（《博士論文》）。

2.劉莞莞 民 74 年 6 月 《復社與晚明學輩》 台北：國立政治大學中國文學研究所（《碩士論文》）。

3.黃克武 民 74 年 6 月 《【皇朝經世文編】學術、治體部分思想之分析》 台北：國立臺灣師範大學歷史研究所（《碩士論文》）。

4.許淑玲 民 75 年 6 月 《幾社及其經世思想》 台北：國立臺灣師範大學歷史研究所（《碩士論文》）。